V&R

Forschungen zur
Kirchen- und Dogmengeschichte

Herausgegeben
von Adolf Martin Ritter

Band 70

Vandenhoeck & Ruprecht
in Göttingen

ERNST FEIL

RELIGIO

Zweiter Band

Die Geschichte
eines neuzeitlichen Grundbegriffs
zwischen Reformation und Rationalismus
(ca. 1540–1620)

Vandenhoeck & Ruprecht
in Göttingen

Religio. Band I:
Die Geschichte eines neuzeitlichen Grundbegriffs
vom Frühchristentum bis zur Reformation
(Forschungen zur Kirchen- und Dogmengeschichte, Band 36). 1986

Die Deutsche Bibliothek – CIP-Einheitsaufnahme

Feil, Ernst:
Religio / Ernst Feil. –
Göttingen: Vandenhoeck und Ruprecht
Bd. 2. Die Geschichte eines neuzeitlichen Grundbegriffs
zwischen Reformation und Rationalismus (ca. 1540–1620). – 1997
(Forschungen zur Kirchen- und Dogmengeschichte; 70).
ISBN 3-525-55178-9

© 1997 Vandenhoeck & Ruprecht in Göttingen
Printed in Germany. – Das Werk einschließlich aller seiner Teile
ist urheberrechtlich geschützt. Jede Verwertung außerhalb
der engen Grenzen des Urheberrechtsgesetzes ist ohne
Zustimmung des Verlages unzulässig und strafbar.
Das gilt insbesondere für Vervielfältigungen, Übersetzungen,
Mikroverfilmungen und die Einspeicherung und Verarbeitung
in elektronischen Systemen.
Gedruckt mit Unterstützung der Deutschen Forschungsgemeinschaft
Gesetzt aus Garamond auf CCS Textline Herkules PRO
Satz und Druck: Gulde-Druck GmbH, Tübingen
Bindearbeiten: Hubert & Co., Göttingen

Inhalt

Vorwort 7

Einführung 11

1. *Im Gefolge des Renaissance-Humanismus* 25
   Juan Luis Vives (1493–1540) 25
   Geronimo Cardano (1501–1576) 49

   Ergänzende Einblicke in den humanistischen Sprachgebrauch 75
   Lilius Gregorius Gyraldus (1479–1552) 75
   Michel Eyquem de Montaigne (1533–1592) 76
   Guillaume du Choul (1547–1581) 79
   Nicolaus Taurellus (1547–1606) 81
   Julius Caesar Vanini (1584–1619) 81
   Zusammenfassung 88

2. *Anfänge altprotestantischer Schultheologie* 89
   Zur Einführung 89
   Andreas Hyperius (1511–1563/64) 89
   Martin Chemnitz (1522–1586) 91
   Lucas Osiander (1534–1604) 93
   Leonhard Hütter (1563–1616) 95
   Johann Gerhard (1582–1637) 102

   Ergänzende Hinweise 111
   Ioannes Rivius (1500–1553) – Georg Witzel (1501–1573) –
   Caelius Secundus Curio (1503–1569) – Nicolaus Hemmingius (1513–1600) –
   Benedictus Aretius (1522–1574) – Johann Wigand (1523–1587) –
   Michael Neander (1525–1595) – David Chytraeus (1531–1600) –
   Christoph Pezel (1539–1604)
   Zusammenfassung 115

3. *Spanische Spätscholastik* 117
   Francisco de Vitoria (1483/93–1546) 117
   Domingo de Soto (1494–1560) 127
   Luis de Molina (1535–1600) 128
   Gabriel Vázquez (1549–1604) 128
   Francisco de Suárez (1548–1619) 130
   Zusammenfassung 147

4. Beiträge zur „Politica" 149
Jean Bodin (1529/30–1596) 149
Lambertus Danaeus (1530–1595) 161
Joachim Stephani (1544–1623) 166
Justus Lipsius (1547–1606) 177
Innocent Gentillet (1550–1595) 187
Guilelmus Rossaeus (1553–1629) 189
Johannes Althusius (1557?–1638) 195
Bartholomäus Keckermann (1571–1609) 200
Zusammenfassung 205

5. Einblicke in den theologischen Sprachgebrauch 211
Die Ausgangslage vor der Reformation 211
Iohannes Stamler 211

Darlegung und Verteidigung der wahren „religio Christiana" 214
Guillaume Postel (1510–1581) 215
Henri Estienne (1528–1598) 218
Pierre Viret (1511–1571) 220
Petrus Ramus (1515–1572) 223
Philippe Duplessis-Mornay (1549–1623) 230

Unionstheologische Bemühungen 242
Albertus Pighius (1490–1542) 242
Georg Cassander (1513–1566) 247

Kontroverstheologische Abgrenzungen 248
Jerónimo Osório (1506–1580) 248
Franciscus Sonnius (1507–1576) 249
Martin Kromer (um 1512–1589) 250
Ninian Winzet (1518–1592) 252
Thomas Beaux-amis (1524–1589) 252
Jacobus Pamelius (1536–1587) 254
Johannes Pistorius (1546–1608) 257
Jean Boucher (1548–1644) 258
Zusammenfassung 259

6. Zu Übersetzungen des Korans – Ein Exkurs 262

7. Anfänge einer „religio naturalis" 269
Christophe de Cheffontaines (1532–1595) 271
Jean Bodin (1529/30–1596) 278
Pierre Charron (1541–1603) 314

Zusammenfassung 334
Literaturverzeichnis 345
Namenregister 355
Sachregister 360

Vorwort

Mit diesem Band zur Begriffs- und Problemgeschichte der „Religio" zwischen Reformation und Rationalismus im 16. und beginnenden 17. Jahrhundert möchte ich einen weiteren Beitrag zu einem größeren Projekt veröffentlichen. An seinem Beginn 1980 stand der Plan, neuzeitlichen Konstellationen der Trias „Glaube – Vernunft – Religion" nachzugehen. Mein Interesse galt der Frage, wie die „Vernunft" in der Neuzeit eine immer dominierendere Position erlangen und ob bzw. wie sich ein – z.B. christlicher – „Glaube" ihr gegenüber behaupten konnte. Von Anfang an aber schien es mir unerläßlich, auch und nicht zuletzt die bislang, soweit ich sehen konnte, noch völlig ungeklärte Rolle der „Religion" in diesen Auseinandersetzungen zwischen „Glaube" und „Vernunft" zu untersuchen.

Als Teilaspekt dieser neuzeitlichen Entwicklung konnte ich 1987 unter dem Titel „Antithetik neuzeitlicher Vernunft" einen Beitrag zur „Autonomie" der „Vernunft" sowie zur „Irrationalität" des „Glaubens" vorlegen.

Bald nach Beginn der Studien stellte sich mir die zunächst unverfänglich erscheinende Frage, welche Bedeutung „religio" wohl von ihren antik-römischen Anfängen und in der christlichen Tradition bis in die Neuzeit gehabt haben mag. Die Frage bezog sich auf den doppelten Sinn von „Bedeutung", nämlich, was Menschen meinten, wenn sie „religio" sagten, und welchen Stellenwert die mit ihr bezeichnete Haltung und die aus ihr resultierenden Handlungsweisen besaßen. Statt, wie ich glaubte, in einigen Monaten eine Antwort auf diese Fragen zu finden, geriet ich auf einen – scheinbaren – Umweg, nämlich die vorneuzeitliche Geschichte dieses Terminus und seiner Relevanz zu eruieren. Das Ergebnis konnte ich 1986 unter dem Titel „Religio. Die Geschichte eines neuzeitlichen Grundbegriffs vom Frühchristentum bis zur Reformation" vorlegen.

Seinerzeit habe ich dieses Buch mit einer gewissen Sorge veröffentlicht, da sein Ergebnis bisherigen Annahmen grundlegend widerspricht. Mich hätten noch erheblich größere Bedenken geplagt, hätte mir nicht schon vor der Publikation Geronimo Cardano beträchtliche Gewißheit vermittelt. Bald nach der Veröffentlichung hat mich dann ein Kenner speziell frühneuzeitlicher Theologie mit seiner freundlichen Feststellung beruhigt, man werde umlernen müssen.

Doch brauchte es hierzu einige Zeit. Zunächst fand 1989 auf Einladung von Gérard Vallée und Michel Despland in Hamilton/Ontario ein Kongreß statt, auf dem Wilfred Cantwell Smith, Michel Despland und ich die differierenden Konzepte miteinander ins Gespräch bringen konnten, 1992 dokumentiert in dem von den Veranstaltern edierten Band „Religion in History". Inzwischen aber wird meine These speziell von seiten der Religionswissenschaft verhandelt, wohl erstmalig von Kurt Rudolph auf dem Kongreß der International Association for the History of Religions in Rom 1990, wie der von Ugo Bianchi 1994 herausgegebene Dokumentationsband „The Notion of ‚Religion' in Comparative Research" zeigt. Einer 1990 an mich ergangenen Einladung von Werner Loh, die These in der Zeitschrift „Ethik und Sozialwissenschaften" zur Diskussion zu stellen, konnte ich leider erst 1995 folgen. Doch stellt die damit angeregte intensive, z. T. auch heftige Diskussion für mich insgesamt eine beträchtliche Ermunterung dar, meine Untersuchungen fortzuführen.

Dankbar bin ich, daß ich nun diesen zweiten Band zum Verständnis der „religio" vorlegen kann. In ihm wird eine erste Wegstrecke beschrieben, die der Terminus und die mit ihm bezeichnete Wirklichkeit in die westliche Welt der Neuzeit hinein genommen hat. Damit kann ich zugleich einen Teil jener Erwartung erfüllen, die sich an eine Schlußbemerkung der „Religio" von 1986 geknüpft hat, die Geschichte dieses Terminus in der Neuzeit zu verfolgen.

Nachdenklich macht mich, daß es ein Jahrzehnt gedauert hat, bis ich diesen Teil veröffentlichen kann; und es tröstet nicht eben viel, wenn die Ergebnisse zum 17. und 18. Jahrhundert in erheblich kürzerer Zeit folgen werden. Der gutachterliche Rat der Deutschen Forschungsgemeinschaft, ich sollte mich auf wenige ausgewählte Positionen beschränken, ist verständlich. Das Problem ist nur, daß ich nicht wüßte, welche die für dieses Thema maßgeblichen Autoren sind; schließlich habe ich gerade bei Außenseitern wie Roger Bacon und Geronimo Cardano wesentliche Ergebnisse gefunden. So gab und gibt es keine andere Wahl, als die mühselige Suche auf den verschlungenen Wegen der Geschichte fortzusetzen in der Hoffnung, daß ich auf wichtige Positionen gestoßen bin. Es bleibt zu hoffen, daß weitere Studien die bisherigen Forschungsergebnisse differenzieren und vielleicht auch korrigieren.

Daß zur Frage nach „Glaube" und „Vernunft" diejenige nach „Religion" von Anfang an mitgestellt worden ist, worin selbstverständlich auch eine Ausweitung liegt, hat im Laufe der Untersuchungen eine gewisse Zweckmäßigkeit bestätigt, am Leitfaden des Verständnisses der „Religion" auch deren Verhältnisbestimmung zu „Glaube" und „Vernunft" zu verfolgen.

Damit ist der ursprüngliche Plan ein wenig modifiziert, gleichermaßen die Trias „Glaube – Vernunft – Religion" durch die Neuzeit hindurch zu untersuchen. Daß auch die Geschichte der „Vernunft" so selbstverständlich nicht ist, hat nicht zuletzt Jürgen Mittelstraß konstatiert. Hierin liegt eigentlich insofern eine Überraschung, als es der Neuzeit doch wesentlich um eben diese „Vernunft" ging.

Wenn ich nun diesen Band veröffentlichen kann, so habe ich vielfältigen Dank abzustatten. Dieser gilt vor allem Frau Bärbel Gabi für die sorgfältige Eingabe der Diktate und aller folgenden schier nicht endenden Korrekturen in den Computer. Unterstützt haben mich anfangs Dipl.-Theol. Sigrid Pohl und Dipl.-Theol. Bruno Landthaler und dann des längeren Dr. Michael Rieger, Dr. Petra Ritter Müller, Dr. Hubert Filser und über viele Jahre mein Oberassistent PD

Dr. Raimund Lachner. Sie alle haben die Abfassung der Manuskripte durch umfangreiche Recherchen vorbereitet und die Texte abschließend überprüft. Für diese aufwendige und mühevolle Mitarbeit bin ich sehr dankbar, wohl wissend um das Privileg, für eigene Forschungsarbeiten die Hilfe zumal derjenigen in Anspruch nehmen zu dürfen, die aufgrund ihrer Teilzeitstellen die eigenen Projekte in unbezahlter Arbeitszeit voranbringen müssen.

Wesentlich unterstützt wurde die Arbeit aber auch durch die Finanzierung einer Viertelstelle eines wissenschaftlichen Mitarbeiters für vier Jahre von seiten der Deutschen Forschungsgemeinschaft, für die sich Dr. Sylvester Rostosky eingesetzt hat, durch die Ergänzung mit nicht abgerufenen Mitteln der Universität, die Bernd Aust von deren Verwaltung möglich machen konnte, und schließlich durch die Gewährung einer halben Mitarbeiterstelle für eineinhalb Jahre, die eine Stiftung auf Vermittlung des Generalsekretärs des Stifterverbands für die Deutsche Wissenschaft Dr. Horst Niemeyer speziell für die Endkontrolle dieses und des folgenden Teils beisteuerte.

In den langen Durststrecken, die ein solches Projekt mit sich bringt, erfuhr ich manche persönliche Unterstützung, so vor allem von Carsten Colpe durch seine Zustimmung zu meiner These, von Ulrich Kabitz nicht zuletzt durch den Rat, den Abschnitt über die Schultheologie zu belassen, von Karl und Renate Homann sowie von Ilona Riedel-Spangenberger durch den ständigen Gedankenaustausch und – vor allen anderen – von meiner Frau durch ihre Begleitung in all den Jahren.

Sehr danke ich Dr. Arndt Ruprecht für sein stetes Interesse, Reinhilde Ruprecht für die Mühen der Drucklegung, Prof. Dr. Adolf Martin Ritter für die Aufnahme in diese Reihe, PD Dr. Raimund Lachner und Dr. Hubert Filser für die sorgfältige Anfertigung der Register und schließlich der Deutschen Forschungsgemeinschaft für einen Druckkostenzuschuß, der die Veröffentlichung wesentlich unterstützt hat.

Nachdem inzwischen die Deutsche Forschungsgemeinschaft die Mittel für eine Mitarbeiterstelle zunächst für zwei Jahre bewilligt hat, sehe ich mich auch – sub conditione Iacobea „So Gott will, werden wir leben und dieses und jenes tun" (Jak 4,15) – in der Lage und gehalten, vor allem dieses Projekt bis zur ursprünglich in Aussicht genommenen Zeit um 1830 zu Ende zu führen.

Gilching bei München, im Oktober 1996 *Ernst Feil*

Einführung

Zur Themenstellung

Mein Projekt, am Leitfaden des Terminus „Religion" zugleich dessen Verbindungen zu „Glaube" und „Vernunft" aufzuhellen, verfolgt wesentlich systematische Interessen. Es geht darum, präzisere Einsichten in die historische Genese neuzeitlicher Vorstellungen und Einstellungen zu gewinnen, um diese so genauer in ihrem Sinn und ihrer Bedeutung, in ihren Vorzügen, aber auch in ihren Grenzen erfassen zu können. In diesem Sinne „Begriffsgeschichte" zu betreiben, kann nicht den Vorwurf nach sich ziehen, eben nur „Historie" zu eruieren, will man nicht etwa die Seriosität von Unternehmen in Abrede stellen, wie sie das „Historische Wörterbuch der Philosophie" von Joachim Ritter und Karlfried Gründer oder auch die „Geschichtlichen Grundbegriffe. Historisches Lexikon zur politisch-sozialen Sprache in Deutschland" von Otto Brunner, Werner Conze und Reinhart Koselleck darstellen.

Begriffsgeschichtlich fundierte Rückfragen an die Eignung des Terminus „Religion" kann man nicht mit einem Hinweis auf die Existenz der Sache, auf die ‚religiösen Phänomene' zurückweisen. Denn es gibt keine Phänomene, es sei denn, man benenne sie. Die Bezeichnung „religio" gibt es allerdings schon lange, freilich nur in der lateinischen Tradition. Somit geht es gerade darum, ihre Geschichte und hier ihre neuzeitliche Neukonstituierung nachzuweisen.

Als Sachfrage steht im Hintergrund des Projekts, wie neuzeitlich nicht nur wahre Erkenntnis, sondern mindestens ebensosehr aus ihr resultierendes sittlich gutes Handeln erreicht werden kann. Sucht man dieser Frage nachzugehen, liegt es auf der Hand, sich den Termini „Glaube" und „Vernunft" als Leitbegriffen zuzuwenden. Denn nach gängiger Annahme dienten vielfältige Bemühungen in der Neuzeit dem Ziel, die „Vernunft" als letzte Instanz des Denkens und Wollens zu etablieren. Um dies zu erreichen, war es dann vonnöten, die überkommene Bedeutung des „Glaubens" zu überwinden. Als selbstverständlich gilt jedenfalls, daß „Glaube" und „Vernunft" wenn nicht schon im Ausgang des Mittelalters, so spätestens in der frühen Neuzeit in einen Gegensatz zueinander getreten sind, einen Gegensatz, den sie freilich immer schon dargestellt hätten, hätte man die ganze Wahrheit schon erkannt. Entsprechend herrscht die Meinung vor, daß nicht nur faktisch, d.h. geschichtlich bedingt, sondern grundsätzlich „Glaube" und „Vernunft" einander widerstreiten.

Vorbereitet wurde dieser Gegensatz durch die Annahme einer „doppelten Wahrheit", nämlich der Glaubenswahrheit und der von ihr unterschiedenen Vernunftwahrheit, woraus im Laufe der Zeit die Überzeugung entwickelt wurde, daß es die eine dieser beiden „Wahrheiten", nämlich die des „Glaubens", gar nicht gibt.

Von selbst versteht sich freilich dieser Gegensatz von „Glaube" und „Vernunft" inzwischen nicht mehr. Er hat seitens der Wissenschaftstheorie eine gewichtige Infragestellung erfahren. Wenn die Position des sogenannten kritischen Rationalismus auf einem „Glauben", ja, einem „irrationalen *Glauben an die Vernunft*" beruht, wie Karl Popper ausdrücklich klargestellt hat[1], so läßt sich eine Antithese „Glaube – Vernunft" nicht mehr oder mindestens nicht mehr in der bisherigen Weise aufrechterhalten. Die kritische Rückfrage an diese Antithese bedeutet nicht, den Rang der „Vernunft" zu bestreiten, wohl aber, ihre Bestimmung in neuer Weise suchen zu müssen. Damit ergibt sich zugleich eine Veranlassung, erneut auch nach Bedeutung und Berechtigung eines „Glaubens" zu fragen.

Im folgenden soll jedoch nicht allein und speziell von „Glaube" und „Vernunft" die Rede sein, es soll nicht einfach die Entwicklung ihres Gegensatzes in der Neuzeit verfolgt werden. Es geht vielmehr wesentlich um „Religion". Die Arbeitshypothese lautet nämlich, daß diese in den Bemühungen um Begründung und Legitimation letzter Gewißheit eine Neukonzeption erfahren hat, die keine Entfaltung antiker und mittelalterlicher „religio" darstellt. Entsprechend konnte die „Religion" erst mit dieser neuzeitlichen Version eine wichtige Brückenfunktion übernehmen. Dies gilt zunächst im Sinn des Übergangs: Zum einen entlastete sich der Mensch von jenem „Glauben", der von außen, vom Hören kommt, indem er speziell auch die als „Gefühl" gefaßte „Religion" in seiner Innerlichkeit vorfand. Zum anderen gelang die Profilierung der „Vernunft" – so die Hypothese – durch die Formulierung einer „Religion", die weniger eine Alternative zum „Glauben" als vielmehr dessen Ersatz bedeutete. Ihre systematisch letzte Ausformung erhielt diese Intention in dem Vorschlag, daß „Religion" als „absolute Religion" die positive mit ihrem „Glauben" überwinden und so den Gegensatz von „Glaube" und „Vernunft" aufheben sollte.

Daraus resultierte als zweite und ungleich einschneidendere Brückenfunktion, daß sich diese vom „Glauben" gelöste, nicht mehr in einer geschichtlichen Offenbarung wurzelnde „Religion" selbst überwinden ließ und sich somit der ältere Gegensatz „Glaube – Vernunft" auch in der emanzipierten Version „Religion – Vernunft" erledigte. Denn nicht nur jeglicher „Glaube", sondern auch die „Religion" erschien nunmehr als „irrational" und damit als illusionär.

Wenn auch „Religion" gegenwärtig – abgesehen vielleicht von bestimmten, an die Theologie bzw. Religionsphilosophie des 19. Jahrhunderts anknüpfenden Positionen – weder in ihrer Brückenfunktion noch als Vermittlungsinstanz jene Bedeutung hat halten können, die sie neuzeitlich zu erringen vermochte, darf dennoch ihr herausragender Rang im Verlauf der Neuzeit vermutet werden. Daher erweist es sich als angebracht, zur Erörterung neuzeitlicher Legitimations-

---

[1] Karl Popper, Die offene Gesellschaft und ihre Feinde II: Falsche Propheten. Hegel, Marx und die Folgen (= UTB 473), München ⁴1975, 285.

bemühungen über „Glaube" und „Vernunft" hinaus nicht nur „Religion" einzubeziehen, sondern die maßgeblichen Konstellationen dieser drei Begriffe am Leitfaden der „Religion" zu untersuchen.

„Glaube – Vernunft – Religion" kommen darin überein, daß sie in neuzeitlichen Fundierungsbemühungen als Auszeichnungen des Subjekts gelten. Es hätten sich die Untersuchungen auch auf solche Gegebenheiten beziehen können, durch die sich der Mensch letzter Gewißheit versichert, wo immer er meint, nicht selbst Maß aller Wirklichkeit sein zu können: Gott, Welt, Natur. Es scheint aber, daß ein Übergang von der Orientierung an Transzendenz und Kosmos zu derjenigen am Menschen, seiner Vernunft und Innerlichkeit erfolgte. Besonders instruktiv dürfte sich diese neuzeitliche Entwicklung ablesen lassen an der Letztbegründung des Rechts, die von einem göttlichen Recht über ein Naturrecht zu den Menschenrechten fortgeschritten ist. Vor allem dem Terminus „Natur" dürfte in diesem Zusammenhang eine zentrale Bedeutung zukommen. Es wäre zu prüfen, aus welchen Gründen er eingeführt und zentral wurde, um dann weithin wieder an Bedeutung zu verlieren oder gar aufgegeben zu werden. Denn inzwischen werden naturrechtliche durch vertragstheoretische Legitimationsversuche ersetzt. Von hierher dürfte aufschlußreich sein, die möglicherweise parallele Geschichte von „Religion" und „Natur" einerseits wie die von „Vernunft" und „Natur" andererseits zu verfolgen. Es könnte sich herausstellen, daß „Religion" und „Natur" gleichermaßen dazu gedient haben, Übergänge von der überkommenen Fundierung in einem göttlichen Recht über eine gar nicht säuberlich voneinander unterschiedene natur- bzw. vernunftrechtliche Begründung zu einer solchen in den Menschenrechten zu ermöglichen, nach deren Formulierung die Zwischenglieder nicht mehr gebraucht wurden.

Statt von diesen vorgegebenen oder von Menschen verursachten, aber nicht beliebig verfügbaren Fundierungen auszugehen, war es schon aus Gründen der Arbeitsökonomie geboten, sich auf die Orientierung am Menschen zu beschränken. Wurzelt ein göttliches Recht in einem „Glauben" an Gott, so gründen Naturrecht und Menschenrechte in der „Vernunft". Dabei stellt die naturrechtliche Fundierung einen Übergang dar, insofern sie anfänglich einen der „natürlichen Vernunft" zugänglichen scheinenden und somit gleichsam naturalen (und nicht schon supernaturalen) Schöpfungsglauben impliziert, ohne daß damit der Boden eben der „Vernunft" verlassen wäre. Somit stellen die genannten Legitimationsmodelle die Frage nach „Glaube" und „Vernunft".

Welche Rolle aber spielt die „Religion"? Wenn sie heute vielfach auf die Seite eines „Glaubens" gerückt erscheint, so daß sie als „irrational" qualifiziert werden mag, fragt sich, warum sie bis vor kurzem noch verbreitet als höchste Auszeichnung des Menschen aufgefaßt werden konnte, die eben nicht im Gegensatz, sondern in Übereinstimmung mit der „Vernunft" gestanden hat.

Die vorliegende Arbeit geht deswegen von der Vermutung aus, daß „Glaube" und „Vernunft" auf dem Hintergrund ihrer mittelalterlichen Formulierungen in der Neuzeit wesentlich veränderte Relationsbestimmungen erfahren haben, die sich besonders gut an der Entwicklung neuzeitlicher „Religion" ablesen lassen. Es gilt also zu zeigen, auf welchen Wegen, und möglichst auch, aus welchen Gründen aus einer ursprünglichen Korrelation von „Glaube" und „Vernunft" schließlich eine Antithese entstehen und zugleich „Religion" eine solche Bedeutung gewinnen konnte, daß sie mindestens zeitweilig den gleichen Rang wie „Glaube" und „Vernunft", wenn nicht gar einen noch höheren als diese zugewiesen erhielt.

Indem die folgenden Untersuchungen einen historisch ausgerichteten Beitrag zur systematischen Klärung neuzeitlicher Legitimationsbemühungen zu leisten suchen, unterscheiden sie sich von den meisten Publikationen, die sich gegenwärtig mit diesem Problem beschäftigen. Diese intendieren eine Lösung explizit oder implizit auf methodischem Weg. Da sie jedoch zahlenmäßig ständig zunehmen, ohne einem Konsens irgendwo näherzukommen, scheint der Schluß nicht unberechtigt, daß der neuzeitlich schon früh unternommene Versuch einer methodischen Legitimierung je länger, um so weniger zum Ziel gelangt. In welchem Maße dies der Fall ist, läßt sich aus der verbreiteten Annahme ersehen, daß sich letzte Wahrheit nirgends ausmachen und daher eine letztverbindliche Handlungsanweisung aus ihr nicht ableiten lasse. Wie sich freilich der Verzicht auf die Annahme, letzte Wahrheit erkennen bzw. Werte und Normen letztverbindlich begründen zu können, mit der These verbinden läßt, daß wir uns der Wahrheit immer mehr annähern können, bleibt unerfindlich. Woher nämlich sollten wir wissen, daß bislang unfalsifizierte Hypothesen und Theorien der Wahrheit schon näherkommen, statt daß sie – mindestens vorläufig – nur besser funktionieren? Denn wenn die Wahrheit schlechthin letztlich verborgen bleibt, gibt es auch keinen Maßstab zur Beurteilung einer Annäherung an sie.

Daß es ursprünglich gerade auf dem Weg der Methode um Wahrheit ging, läßt sich bei René Descartes ersehen. Dieser suchte in Übernahme humanistischer Anregungen more geometrico zu unbezweifelbarer Erkenntnis und durch sie – was vielfach übersehen wird – zu entsprechend begründetem Handeln zu kommen. Daß Descartes nicht mit dem methodischen Zweifel auskam, sondern zur Abwendung einer Täuschung durch einen genius malignus auf Gott zurückgriff, wird heute oft außer acht gelassen, als ärgerliche Inkonsequenz kritisiert oder aber als zeitgenössisch unvermeidliche Schutzbehauptung gegen die Behelligung durch kirchliche Sanktionen entschuldigt. Daß es Descartes mit dieser Berufung auf Gott ernst gewesen sein kann, scheint entsprechend verbreitet kaum mehr vorstellbar. Dabei wird übersehen, daß bis vor wenigen Jahrzehnten wenn nicht Gott, so immerhin die „Religion" mit ihrer Zuwendung zu einem kosmischen Absoluten Intellektuelle aller Disziplinen vielfach noch an einer verläßlichen und letztverbindlichen Überzeugung festhalten ließ. Diese beruhte auf einem gemeinsamen Fundament, die „Religion" sei ebenso in sich sinnvoll wie sinnstiftend für den Lauf der Welt und des menschlichen Lebensweges.

Vorarbeiten der Untersuchung

Die Voraussetzung, möglichst keine noch so selbstverständlich scheinende Annahme ungeprüft zu übernehmen, hätte nun nahegelegt, die ursprüngliche Bedeutung und Beziehung von „Glaube" und „Vernunft" zu untersuchen und ihre weitere Geschichte zu verfolgen. Daß die beiden Termini nicht vom Anbeginn unserer abendländischen Tradition an einen Gegensatz darstellen konnten, folgt schon daraus, daß „πίστις" überhaupt erst durch Paulus zu einem zentralen Terminus geworden ist, der seither die christliche und abendländische Geschichte nachhaltig geprägt hat. Doch stellte sich damit noch längst nicht automatisch ein Gegensatz zur „Vernunft" ein. Auch gab es noch keineswegs eine Festlegung auf einen bestimmten Terminus für unsere Bezeichnung „Vernunft". Selbst bei Anselm von Canterbury, dessen „fides quaerens intellectum" eine jahrhundertelang maßgeblich wirksame Relationsbestimmung von „Glaube" und „Vernunft" darstellt, wechselt „intellectus" mit „ratio" und anderen Termini, so daß auch hier von einer terminologischen Festlegung noch nicht die Rede sein kann. Daß „Glaube" und „Vernunft" für Anselm noch keinen Gegensatz darstellten, darf hier angenommen werden.

Gleichwohl verbot es sich aus Zeitgründen, die Relation von „fides" und „ratio" bzw. „intellectus" in ihrer vorneuzeitlichen Geschichte zu untersuchen. Schließlich gibt es zu diesem Thema einige Abhandlungen[2], wenngleich deren Ergebnisse aufgrund eines inzwischen differenzierten Forschungsstandes noch einmal überprüft werden müßten. Der Verzicht, diesen Termini des näheren nachzugehen, betrifft besonders die Frage einer sogenannten doppelten Wahrheit, die möglicherweise vom Averroismus des Hochmittelalters an eine Rolle gespielt hat. Ob und gegebenenfalls seit wann diese Konzeption existiert hat und seit wann sich hinter ihr die Leugnung der später sogenannten Offenbarungswahrheit verborgen hat, steht somit dahin. Nachgegangen werden müßte jedenfalls der Entwicklung, die von der Fundierung der Wahrheit in Gott als letztem Grund über die Annahme einer doppelten Wahrheit zur Etablierung einer den (christlichen) „Glauben" ablehnenden Vernunftwahrheit führte, freilich um den Preis, daß sich diese auf die Dauer nur noch als hypothetische Wahrheit formulieren ließ. Der Kampf gegen die Glaubenswahrheit endete mit einem Verzicht auf letztlich begründbare und somit auf letztverbindliche Vernunftwahrheit.

Da mir die Bedeutungsgeschichte von „religio" – vielleicht nicht einmal zu Recht – fraglicher erschien als diejenige von „fides" und „ratio", sollten einige kurze Nachforschungen Aufschluß über die vorneuzeitliche Geschichte dieses Terminus geben. Nachdem sich aber bald herausstellte, daß eine kontinuierliche Entwicklung bis zu einem neuzeitlichen Begriff von „Religion" nicht vorausgesetzt werden konnte, erwiesen sich detaillierte Analysen als angebracht. Sie

---

[2] Vgl. bes. Walter Betzendörfer, Glauben und Wissen bei den großen Denkern des Mittelalters. Ein Beitrag zur Geschichte des Zentralproblems der Scholastik, Gotha 1931.

dienten dem Ziel, den Terminus „religio" von seinen Anfängen bei den lateinischen Kirchenvätern so weit zu verfolgen, bis sich erstmalig eine Konzeption abzeichnete, die mindestens der Struktur nach auf die neuzeitliche „Religion" hinauslief.

Das Ergebnis dieser Untersuchungen[3] läßt sich folgendermaßen zusammenfassen: Als Ausgangspunkt diente ein Vorverständnis der für die Neuzeit wesentlich gewordenen Konzeption von „Religion", die am nachhaltigsten Friedrich Daniel Ernst Schleiermacher in seinen Reden „Über die Religion" sowie Immanuel Kant in seinen Ausführungen über „Die Religion innerhalb der Grenzen der bloßen Vernunft" bestimmt haben. Als „Religion" gilt seither vor allem jene innerliche, hinter allen Manifestationen liegende eine Wirklichkeit, die als bei allen Menschen und zu allen Zeiten gleiche zugleich als höchste Auszeichnung des Menschen qualifiziert wird. Näher charakterisiert erscheint sie als „Gefühl", sei es für das Unendliche, sei es für den Kosmos.

Auf der Folie dieses neuzeitlich dominanten Verständnisses hebt sich die ursprüngliche klassisch-römische Bedeutung von „religio" deutlich ab. Dieser Terminus steht grundsätzlich auf einer Ebene mit anderen Verhaltensweisen und Handlungen wie „pietas", „cultus", aber auch „cerimoniae" oder „ritus"; er bedeutet entsprechend die spezielle, konkrete Sorgfalt des Menschen, nämlich, soweit sich rekonstruieren läßt, „genau", vielleicht sogar „ängstlich genau das zu beachten, was den Göttern gegenüber zu tun ist". Einen sehr seltenen profanen Gebrauch – „religio iudicis" – können wir hier übergehen. „Religio" stellt infolgedessen noch keine Sammelbezeichnung und keinen Oberbegriff dar für alle Verhaltensweisen und Handlungen, die den Göttern gegenüber einzunehmen oder zu verrichten waren. Der Terminus umfaßt noch nicht ipso facto Gebet, Opfer, Eid, darüber hinaus bezeichnet er nicht eine anthropologische Gegebenheit. Erst recht dient er nicht dazu, die eigene „Frömmigkeit" („pietas"), „Verehrung" („cultus") und „scheue Beachtung" („religio") von derjenigen anderer Völker zu unterscheiden. So können die Römer nicht in unserem Sinne von ‚römischer Religion' sprechen im Unterschied etwa zur ‚griechischen', ‚ägyptischen' ‚jüdischen' und erst recht nicht zur ‚christlichen Religion'. Solche Abgrenzungen verschiedener Arten von Götter- bzw. Gottesverehrung, die jeweils einen bestimmten Typos unter dem gemeinsamen Oberbegriff ‚religio' darstellen, suchten und brauchten die Römer gar nicht zum Ausdruck zu bringen. Denn einerseits vermögen sie neue Götter und folglich auch deren Verehrung problemlos zu assimilieren, wovon das Pantheon zeugt; zum anderen aber erscheinen die Christen als „gottlos", als „ἄθεοι". Als Indiz für einen speziellen Gebrauch darf gelten, daß gerade bei Cicero häufig „religio" neben anderen Termini wie insbesondere „pietas" steht, daß sich also sehr oft Doppelformulierungen finden. Insgesamt verwenden die Römer gern „pietas et religio", „religio et

---

[3] Ernst Feil, Religio. Die Geschichte eines neuzeitlichen Grundbegriffs vom Frühchristentum bis zur Reformation.

ritus", wo für uns „Religion" als Sammel- und Oberbegriff alles andere umfaßt, was sich auf Götter bzw. Gott bezieht. Und wenn sie nur ein Wort zur Bezeichnung der Vollzüge zu den Göttern verwenden wollen, benützen sie statt „religio" ebenso andere Ausdrücke wie „pietas", wobei sich als allgemeinste Bezeichnung wohl „deos colere" herausgebildet haben dürfte.

Noch viel weniger kann bei den Griechen etwa von ‚graeca religio' die Rede sein, läßt sich „religio" nicht einmal annähernd in ihre Sprache übersetzen. Bei ihnen hat sich auch kein anderes Wort als generelle Bezeichnung für alles herausgebildet, was den Göttern gegenüber zu tun ist. Sie sagen statt dessen nur konkret etwa „εὐσέβεια", „εὐλάβεια", „θεράπεια" und besonders „τοὺς θεοὺς νομίζειν", wenn sie die verschiedenen Aspekte der Beziehung des Menschen zu den Göttern zum Ausdruck bringen wollen.

Bedeutet also „religio" für die Römer eine sehr spezifische und keine umfassende Bezeichnung, so bleibt dieser Terminus für die Christen von den Anfängen an eher bedeutungslos. Sie bedürfen seiner nicht zur Bezeichnung ihrer ureigenen Sache, die ja wesentlich in griechischer Sprache formuliert ist. Allenfalls geht es den lateinischen Kirchenvätern darum, gegen die Römer den Anspruch zu erheben, daß nicht diese, sondern die Christen als Verehrer des einen, allein wahren Gottes zugleich die wahre „religio", den wahren „cultus" ausüben.

Erst recht behält „religio" im Mittelalter den strikten Bezug auf den "cultus". Sie gehört nämlich nicht zu den theologischen Tugenden, deren Übung oder Vernachlässigung allein über Heil und Unheil des Menschen entscheiden. Vielmehr bleibt sie wie schon bei Cicero eine Untertugend der „iustitia" und bezeichnet, was der Mensch natürlicherweise (und d.h. nicht erst aufgrund der Gnade Gottes) gemäß der moralischen und als solcher natürlichen Tugend der Gerechtigkeit Gott zu erweisen hat. Als spezifisch christlicher Terminus bedeutet „religio" eine Gemeinschaft, die von Berufs wegen ihr Leben der „Gottesverehrung" widmet. Neben „religio" in diesem Sinn, der gegen Ende des christlichen Altertums aufkam, braucht man spätestens seit dem Mittelalter auch den Terminus „ordo", der sich dann im Laufe der Zeit als unser Lehnwort „Orden" durchgesetzt hat, während die Mitglieder dieser Institutionen nach wie vor, so etwa im Codex Iuris Canonici, „religiosi" heißen.

Konsequent fungiert „religio" auch im Mittelalter grundsätzlich noch nicht als Oberbegriff für verschiedene Überzeugungen, so daß der Terminus nicht in gleichem Maße für Christen wie für Juden und noch viel weniger für Moslems oder gar für Heiden verwandt wird. Keineswegs bezeichnet er faktisch gleichberechtigt die verschiedenen ‚Religionen', wie dies neuzeitlich geschieht. Lediglich kann er etwa wie „fides" oder „doctrina" in einer Art kollektiven Singulars als Sammelbezeichnung dienen, ohne in dieser Funktion dominant zu sein. Demgegenüber hat sich als Sammel- bzw. Oberbegriff wohl erst im Hochmittelalter und hier im Kontext der Astrologie völlig eindeutig „secta" im Sinne von „Gefolgschaft" (und nicht von ‚Sekte') und vor allem „lex" herausgebildet. Den Islam insgesamt bezeichnet man vor allem als „lex Mahumeti", wie man „lex Christi" oder selbstverständlich „lex Moysis" sagt. Auch die entsprechenden adjektivischen Formulierungen „lex Mahumetana", „lex Christiana" und „lex Judaica" finden sich. Braucht man also einen Sammel- und Oberbegriff, mit dem jeweils eine Überzeugung mit allen zu ihr gehörenden einzelnen Anschauungen, Einstellungen und Handlungsweisen zusammengefaßt und diese zugleich mit anderen verglichen oder von ihnen unterschieden werden soll, so dient hierzu grundsätzlich nicht ‚religio'. Zu sehr bleibt „religio" als positiv besetzte Bezeichnung präsent, die in ihrer eigentlichen Bedeutung allein den Christen zukommt, während die anderen Überzeugungen als „religio falsa" in Wirklichkeit nur „superstitio" darstellen.

Aufgrund dieses Ergebnisses kann von einer kontinuierlichen, allmählichen Entwicklung zu einem neuzeitlichen Verständnis von „Religion" keine Rede sein. Es läßt sich lediglich beobachten, daß im Verlauf der zweiten Hälfte des 15. Jahrhunderts im Sprachgebrauch der Humanisten – und hier wiederum insbesondere in astrologischen Spekulationen – „religio" an Häufigkeit zunimmt, ohne jedoch schon eine dominante Bedeutung gegenüber „lex" und „secta" zu erreichen. Entsprechend zeigen sich auch bei den Humanisten noch keine Ansätze zu einer ‚Theorie der Religion' oder zu einer ‚Religionsphilosophie'. Dies ergeben genauere Analysen gerade jener Bücher, die immer wieder dafür stehen: Nikolaus von Kues, der seine Abhandlung „De pace fidei" (und nicht ‚religionis') überschreibt, und Marsilio Ficino, der als Titel nicht ‚De Christiana Religione', sondern „De religione Christiana et fidei pietate opusculum" wählt. Leider blieb dieser genaue Titel, der mir seinerzeit bei der Ausarbeitung schon begegnet war, in meiner Arbeit unberücksichtigt, wohl auch, da der von mir benutzte Text den Kurztitel trägt und Ficino selbst diesen einmal brieflich erwähnt. Dabei bestätigt gerade die Doppelung von „religio" und „pietas" die These von einer noch bei Ficino wesentlich anderen Konzeption von „religio", als sie sich neuzeitlich entwickelte. Dies gilt selbst dann, wenn man die Nebenordnung nur als stilistischen Pleonasmus ansehen will; neuzeitlich läßt sich „Religion" nicht mehr alternativ oder additiv zu ‚pietas' verwenden. Grundsätzlich bleibt also auch im Humanismus bis ins 16. Jahrhundert hinein „religio" eine konkrete Tugend auf der gleichen Ebene wie andere auch. Diese Bedeutung behalten faktisch auch die Reformatoren bei.

Eine einzige Ausnahme, nämlich ein aufsehenerregender Text Philipp Melanchthons von 1540 hat sich bislang finden lassen. In einer Eingabe an den Kurfürsten Johann Friedrich von Sachsen, die auch Luther und andere mitunterzeichnet haben, ist von französischen „Weltweisen" die Rede, die allen Streit von der „Religion" für „Wortgezenck" halten und von einer bei allen Völkern zu allen Zeiten einen Religion ausgehen, nur die Namen seien jeweils andere. Dieser Text spricht nicht davon, daß im Ursprung eine „religio" bestanden hat, die dann geschichtlich allenthalben korrumpiert wurde, sondern daß sie aktuell bei allen Völkern erhalten geblieben ist und von den unterschiedlichen Namen und d.h. von den unterschiedlichen Manifestationen nicht beeinträchtigt wird.

Es hat sich bis jetzt nicht klären lassen, ob jemand diese Konzeption von „Religion" vertreten hat; es genügt jedoch für ihr theoretisches Konzept, daß Melanchthon eine solche „Religion" Gegnern der Reformation in Frankreich unterstellt hat. Es darf angenommen werden, daß tatsächlich eben dieses theoretische Konzept im Laufe der Neuzeit weit verbreitet und schließlich dominant gebraucht worden ist. Dabei wird diese Formulierung nicht dadurch beeinträchtigt, daß Melanchthon selbst „Religion" im Grunde noch konkret und d.h. im tradierten Sinn versteht und überdies als Terminus keinesfalls vorrangig verwandt hat.

Selbst wenn also diese Formulierung Melanchthons noch keine wirkliche Zäsur des Bewußtseins bedeutet und wenn sie unbekannt und folgenlos geblieben ist – sie stand ja nicht in einer Publikation und erst recht nicht in einer solchen, die Aufsehen erregt hat –, konnte mit dieser Formulierung, die ziemlich unvermittelt auftaucht, die bisherige Untersuchung der vorneuzeitlichen Geschichte des Terminus „religio" beendet werden. Zu prüfen bleibt freilich, ob sich konkrete Adressaten aufspüren lassen, gegen die ein solcher Vorwurf gerichtet werden kann und die sich gegen ihn zur Wehr gesetzt hätten, sofern sie nicht ausdrücklich einem solchen Konzept als dem ihren und einem der Sache angemessenen zustimmten. Somit muß hier auch offenbleiben, ob zur fraglichen Zeit überhaupt jemand bereits in der Lage war, und wenn dem so ist, wagen durfte, sich zu einem solchen Konzept zu bekennen. Es könnte nicht verwundern, wenn es eher Gegnern unterstellt worden wäre als daß es de facto vertreten wurde. Daher kann vorerst noch unerörtert bleiben, ob jemand tatsächlich eine einzige „Religion" angenommen hat, dergegenüber äußere Manifestationen relativiert bzw. faktisch suspendiert worden sind. Die Formulierung eines solchen theoretischen Konzepts läßt immerhin die Möglichkeit seiner praktischen Realisierung in erreichbare Nähe treten.

Überblickt man die gesamte Entwicklung bis in die Mitte des 16. Jahrhunderts, so zeichnet sich also noch keineswegs eine Entwicklung ab, die zu einer neuzeitlichen Konzeption von „Religion" führt. Anzumerken bleibt überdies, daß „religio" noch weit in die Neuzeit hinein, nämlich solange das Lateinische die Wissenschaftssprache blieb, nicht als Fremdwort hervorsticht, sondern ein ganz normales, gleichsam umgangssprachliches Wort bleibt, das nichts anderes als „scheue, sorgfältige Beachtung dessen, was Gott gegenüber zu tun ist" bedeutet. Es empfiehlt sich somit, in allen lateinischen Texten den Terminus „religio" zu übersetzen, statt hier schon das Fremdwort einzuführen.

Achten wir auf den vielfältigen Sprachgebrauch bis in das 16. Jahrhundert hinein, in dem „religio" keinerlei besonderen Vorrang einnimmt, ergibt sich als Konsequenz: Es wäre neuzeitlich auch eine andere Entwicklung denkbar gewesen, die statt „religio" die zunächst eingeführten Termini „secta" oder „lex" weiterhin bevorzugt hätte und so statt zu einer „Religionswissenschaft" zu einer ‚Sekten'- oder ‚Lexwissenschaft' hätte führen können.

Zu Aufgabe und Methode der Untersuchung

Die bisherigen Untersuchungen haben eine erstaunliche Kontinuität des Verständnisses der „religio" ergeben. Im Verlauf der Neuzeit muß daher eine Entwicklung erfolgt sein, die schließlich – wenn auch vielleicht nur vorübergehend – zu einer überragenden Stellung der „Religion" führte. Daß diese einen solchen Rang erhielt, daß überdies eine „Religionsphilosophie" auch als Aufhebung der Theologie entworfen werden konnte, war noch Mitte des 16. Jahrhunderts nicht nur nicht selbstverständlich, sondern noch nicht einmal zu erwarten.

Die weiteren Studien haben dementsprechend die Aufgabe, zunächst die Entwicklung des Terminus „Religion" nachzuzeichnen, bis sich Verbindungen zu den Termini „Glaube" und „Vernunft" ergeben, die sich bis etwa 1550 nicht haben nachweisen lassen. Soweit „Glaube(n)" und „Vernunft" miteinander in Beziehung oder entgegengesetzt werden, soweit etwa hinsichtlich der Unsterblichkeit der Seele die „Vernunft" als so begrenzt angesetzt wird, daß in dieser Frage nur der „Glaube" eine Antwort findet – so bei Pietro Pomponazzi zu Beginn des 16. Jahrhunderts –, erscheint „religio" davon nicht betroffen; sie bleibt zu bedeutungslos. Erst aufgrund einer neuzeitlichen Entwicklung läßt sich somit eine Relationsbestimmung von ihr zu „Glaube" und „Vernunft" vornehmen. Da in der Neuzeit zunächst zögernd und selten, dann aber grundlegend und später breitenwirksam der christliche Glaube überhaupt infrage gestellt und ein Gegensatz zwischen „Glaube" und „Vernunft" angenommen wird, ergibt sich die Frage, welche Bedeutung und Funktion „Religion" in der Verschiebung dieser Gegebenheiten hat. Es besteht Anlaß zu fragen, ob „Religion" neuzeitlich für sämtliche christlichen „Konfessionen" – auch dieser Terminus hat sich erst entwickelt und versteht sich nicht von selbst! – oder vielleicht mehr für den Bereich des Protestantismus wichtig wird. Schließlich und nicht zuletzt geht es darum, ob „Religion" eher in einem kirchen- bzw. glaubensfernen oder gar -feindlichen Außenbereich an Bedeutung gewinnt gleichsam als Legitimationskategorie eines von Kirche und Glaubensüberzeugung unabhängigen Rekurses auf Transzendenz oder ob und gegebenenfalls seit wann „Religion" eher innerkirchlich als Brücke zu einer antichristlichen und inzwischen verbreitet eher unchristlichen Umwelt dient.

Damit nehmen die Untersuchungen ein Thema auf, das nur selten in ähnlicher Richtung bearbeitet worden ist. Es berührt sich mit der zu Unrecht weithin unbekannt gebliebenen Untersuchung von Konrad Feiereis „Die Umprägung der natürlichen Theologie in Religionsphilosophie"[4]. Diese Studie zur Genese der „Religionsphilosophie" im deutschen Sprachraum führt zu dem Ergebnis, daß diese als Ablösung von jener „theologia naturalis" konzipiert wird, die sich im

---

[4] Konrad Feiereis, Die Umprägung der natürlichen Theologie in Religionsphilosophie. Ein Beitrag zur deutschen Geistesgeschichte des 18. Jahrhunderts (= Erfurter theologische Studien 18), Leipzig 1965.

Übergang vom Mittelalter zur Neuzeit als genuin kirchliche herausgebildet hatte. Die Aufgabe dieser „Religionsphilosophie" besteht darin, eben jene kirchliche Bindung abzustreifen, die zuvor als unaufgebbar galt.

Die Untersuchungen berühren sich sodann mit der umfassenden Studie von Michel Despland „La religion en occident"[5]. In ihr sind auch für den folgenden Zeitraum eine Fülle von Namen und Strömungen genannt und kurz skizziert, so daß sie durchgängig weiterhin zu vergleichen ist. Die hier vorzulegenden Untersuchungen haben freilich an durchaus wichtigen Stellen recht andere Akzente ergeben, als Despland sie gesetzt hat. Diese Differenz liegt nicht zuletzt in der differenten Methode begründet, die von meiner vorausgegangenen Studie übernommen wurde: Je nach Notwendigkeit werden möglichst umfangreiche Texte berücksichtigt, um den Gebrauch von „religio" bei den ausgewählten Autoren auch in der Hinsicht zu klären, wo dieser Terminus fehlt und welche alternativen Termini die Funktion übernehmen, wo wir „Religion" erwarten und sagen dürfen.

Darüber hinaus gibt es Berührungen mit thematisch benachbarten Studien zum Beginn der Neuzeit. Nennen möchte ich hier wenigstens die Arbeit von Joseph Lecler, Geschichte der Religionsfreiheit im Zeitalter der Reformation, I-II (1955, dt. 1965), Henri Busson, Le Rationalisme dans la littérature française de la Renaissance (1533–1601) (1957, 1971), Hans-Martin Barth, Atheismus und Orthodoxie. Analysen und Modelle christlicher Apologetik im 17. Jahrhundert (1971), Christopher J. Betts, Early Deism in France (1984), sowie schließlich Alan Kors, Atheism in France (1990).

Gerade im Anschluß an die Arbeit von Hans-Martin Barth habe ich mich gefragt, ob sich meine Darstellung nicht durch eine thematische Zusammenfassung verkürzen ließe. Doch besteht dann nicht mehr die Möglichkeit, ein differenziertes Bild der einzelnen Positionen und damit auch ihrer Differenzen zu gewinnen, da sie nicht gesondert behandelt werden. So habe ich mich entschlossen, die ursprüngliche Vorgehensweise beizubehalten, jeweils die Autoren für sich darzustellen, so daß der Leser möglichst genau überprüfen kann, welcher Sprachgebrauch sich eruieren ließ. Selbst wenn dadurch immer nur einzelne Positionen dokumentiert werden, ergibt sich damit ein detailliertes Bild der Gemeinsamkeiten und Verschiedenheiten.

Daß eine Auswahl von Autoren vorgenommen werden mußte, ließ sich auch jetzt nicht vermeiden. Damit besteht die Gefahr, daß wichtige Autoren oder Beiträge unberücksichtigt bleiben. Die folgenden Untersuchungen beziehen sich zwar auf einen erheblich kürzeren Zeitraum als die vorausgegangenen, doch hat die Zahl der Autoren in einem solchen Maße zugenommen, daß Vollständigkeit unerreichbar bleibt. Es besteht gleichwohl die Hoffnung, daß die wesentlichen Phasen jener Enwicklung eruiert werden konnten, die zu einer grundlegenden

---

[5] Michel Despland, La Religion en occident. Évolution des idées et du vécu (= Héritage et projet 23), Montréal 1979.

Variation und Innovation des Verständnisses der „religio" und damit zu einem Bedeutungszuwachs führten. Denn erst danach erhielt sie einen Rang, der sie mit „Glaube" und „Vernunft" in Beziehung treten oder sie gar überflügeln ließ.

Meine historisch orientierten Untersuchungen stehen, wie abschließend noch einmal unterstrichen werden soll, im Interesse der systematischen Frage, wie sich letzte und letztverbindliche Standpunkte finden und legitimieren lassen. Damit soll ein Beitrag geleistet werden zu einer gegenwärtig zentralen Problematik. Die Eruierung der Genese neuzeitlicher Konstellationen von „Glaube – Vernunft – Religion" kann zu der Erkenntnis führen, daß die weitere Geschichte möglicher Konstellationen offener ist, als gegenwärtig verbreitet angenommen wird. Insbesondere gilt die spezielle Aufmerksamkeit der Frage, ob „Religion" auch über die bisherigen Phasen der Neuzeit hinaus eine zentrale Kategorie darstellt, mit der sich bestimmte Phänomene angemessen und als zentrale Wirklichkeit erweisen lassen. Dies muß nicht der Fall sein. Es kann sich nämlich herausstellen, daß sich die seit einer gewissen Zeit mit „Religion" bezeichnete Wirklichkeit so nicht mehr vorfindet. Schließlich leben wir nicht mehr in einer Phase der Empfindsamkeit. Es kann aber auch sein, daß man die mit „Religion" intendierten und interpretierten Phänomene von allem Anfang an besser nicht mit diesem Terminus bezeichnet hätte. Auch mit dem Terminus „Phlogiston" suchte man ja eine Wirklichkeit zu bezeichnen, die nicht einfach frei erfunden war; nur ergab sich auf die Dauer, daß die Verbrennung nicht durch einen gemeinsamen Stoff vor sich ging. Entsprechend könnte der Terminus „Religion" mindestens im systematischen Kontext auch wieder aufgegeben werden, weil die Wirklichkeit, die er bezeichnen sollte, besser anders benannt wird. Angeboten hätte sich am ehesten ‚pietas' mitsamt der zugehörigen Übersetzung ‚Gottseligkeit', die der Pietismus pointiert hat. Es ergäbe sich dann lediglich eine historisierte Fassung von „Religion", dergestalt nämlich, daß im Verlauf der Neuzeit mindestens seit Schleiermacher bis hin in die ersten Jahrzehnte des 20. Jahrhunderts nicht zuletzt Intellektuelle mit diesem Terminus eine Erfahrung bezeichnet haben, die sie zutiefst betraf und die ihnen als höchste Auszeichnung des Menschen erschien. Doch wie es sich mit ihr verhält, sollen die weiteren Studien des näheren eruieren[6].

Zur Textgestaltung

Um der leichteren Lesbarkeit willen wurde auf längere Originalzitate im Text verzichtet. Stattdessen sind die wichtigsten Stellen im Original in den Anmerkungen wiedergegeben. Diese Belege nicht zu sehr zu reduzieren, erscheint deswegen als angezeigt, da im Unterschied zur früheren Untersuchung nun viele

---

[6] Sollten sich im weiteren Verlauf der Studien ergänzende Aufschlüsse über den in diesem Band behandelten Zeitraum ergeben, werden sie im folgenden Band mitgeteilt.

Texte benutzt wurden, die lediglich in Bibliotheken wie der Münchener Staatsbibliothek oder Universitätsbibliothek sowie der Herzog-August-Bibliothek in Wolfenbüttel vorhanden sind und die daher anderswo nur sehr schwer oder gar nicht eingesehen werden können. Auf manche Autoren mußte auch für die folgenden Untersuchungen verzichtet werden, da deren Werke in München nicht vorhanden sind und auch nicht beschafft werden konnten.

Im Unterschied zu dem früheren Band handelt es sich nun weithin nicht mehr um lange handschriftlich tradierte Texte, sondern um Originaldrucke, die zitiert werden. Daher habe ich auch nicht die frühere Praxis beibehalten, Texte aneinander anzugleichen, da sie lediglich in den Editionen verschieden geschrieben waren. Vielmehr gilt das Bestreben nun der möglichst getreuen Wiedergabe der jeweiligen Belege. Freilich läßt sich die Vielfalt der Variationen mancher Drucke nicht mehr dokumentieren; beispielhaft hierfür sei auf Justus Lipsius verwiesen, wo sich nebeneinander Klein- und Großdruck, fette und normale Typen, dazu lateinische und gotische Schrift finden, so daß hier Vereinfachungen unvermeidbar waren.

Nicht original belassen werden um der Lesbarkeit willen Buchtitel, die in Versalien gedruckt sind. Auch sind diese gegebenenfalls gekürzt. Schließlich wird der Verfasser in der Regel im Nominativ an den Anfang gesetzt. Bei der Umsetzung der Versalien in Kleinschrift wird möglichst die Schreibweise innerhalb des Textes beibehalten, doch läßt sich die Umsetzung von „V" in „u" oder „v" nicht immer eruieren; hier wurde dann „u" bevorzugt. Die Jahreszahlen werden belassen, doch kann die altertümliche Schreibweise für „M" und „D" nicht übernommen werden, wobei man sich wundert, daß ein Wechsel zwischen beiden Schreibweisen in ein und derselben Edition möglich ist.

Abkürzungen werden weitestgehend aufgelöst und offensichtliche Druckfehler möglichst stillschweigend korrigiert.

So erscheinen im Text der Arbeit nur die einzelnen Termini oder kurze, leicht verständliche Formulierungen der Originale; sie werden dabei jeweils in den Nominativ gesetzt.

Bei Editionen, die keine reprographische Wiedergabe originaler Drucke sind, wird der in diesen gebotene Text übernommen und nicht nach einer alten Ausgabe zitiert. Reprographische Nachdrucke sind durch den Zusatz „ND" kenntlich gemacht.

Die einzelnen original zitierten Termini oder Ausdrücke sind jeweils durch doppelte Anführungszeichen kenntlich gemacht, wenn sie bei dem betreffenden Autor bzw. in der eben verhandelten Zeit nachgewiesen werden können. Fehlen sie hier, sind sie in einfache Anführungszeichen gesetzt.

Die Schreibweise von „religio" wechselt nicht nur nach Editionen, sondern auch innerhalb eines Drucks. Bei der Zitation einer bestimmten Stelle wird die dort vorliegende Schreibweise übernommen. Sonst wird die Kleinschreibung bevorzugt. – Eigens vermerkt sei, daß bei der Paraphrasierung des englischen „the religion" das lateinische Femininum belassen wurde („die ‚religion'").

Zitate innerhalb zitierter Texte sind in den Originalen nicht selten kursiv wiedergegeben; hier wird der Eindeutigkeit wegen in der Regel auf die Kursivierung verzichtet und das Zitat im Zitat durch einfache Anführungszeichen kenntlich gemacht. Nicht übernommen wird, wenn in lateinischen Abhandlungen deutsche und d.h. in deutscher Schrift wiedergegebene Zitate enthalten sind; sie erscheinen stattdessen in einfachen Anführungsstrichen.

Auslassungen im Text sind nur mit Punkten (und nicht mit hinzugefügten eckigen Klammern) gekennzeichnet; sollten einmal Auslassungen im Original zu finden sein, wird dies eigens vermerkt.

Umlaute (z.B. mit einem „e" über dem Vokal) werden der heutigen Schreibweise entsprechend wiedergegeben. Akzente in lateinischen Zitaten werden nicht übernommen.

Sprachgepflogenheiten der Zeit werden beibehalten; so verwende ich im deutschen etwa „Mohammedaner", wenn und weil im Original etwa „Mahumentani" steht, die heutige Bezeichnung ‚Moslems' aber nicht üblich ist.

Die Stellenangaben in den Anmerkungen nennen zunächst, soweit vorhanden, die Unterteilungen der Texte und dann die Seitenzahlen der benutzten Ausgabe, damit die Belege auch in anderen jeweils zugänglichen Ausgaben leichter aufgefunden werden können.

1. Im Gefolge des Renaissance-Humanismus

Juan Luis Vives

Beginnen sollen unsere Untersuchungen mit Juan Luis Vives (1493–1540)[1], der für unser Thema einige Aufschlüsse zu geben verspricht. Denn einmal verfügt er über eine umfassende humanistische Bildung, wobei Marsilio Ficino von besonderer Bedeutung sein dürfte. Zum anderen umgreift er verschiedene Traditionen: Aus jüdischer Familie stammend, wurde er mit dieser im Zusammenhang mit spanischen Zwangsmaßnahmen Glied der Kirche und blieb – anders als seine Eltern, die sich wieder zum Judentum zurückwandten – weiterhin Christ. Zudem verbrachte er als Spanier den größten Teil seines Lebens in den Niederlanden. Zu unserem Thema trägt er dadurch bei, daß er gegen Ende seines Lebens eine spezielle Verteidigung christlichen Glaubens gegen Juden und Mohammedaner verfaßt hat, mit der er eine nachhaltige Wirkung zu erzielen vermochte.

Vives hatte schon zur Disposition gestanden für die vorausgegangenen Untersuchungen über „Religio"; er hätte dort seinen Platz gefunden zum Abschluß der Autoren des Humanismus (4.14). Doch selbst wenn er nur wenig später als Thomas Morus (1478–1535) und im selben Jahr wie Guillaume Budé (1467–1540) gestorben ist, gehört er einer deutlich jüngeren Generation an als sie und als Pietro Pomponazzi (1462–1525) oder Niccolò Machiavelli (1469–1527). Auch ist er noch ein Jahrzehnt jünger als Martin Luther (1483–1546) und Huldrych Zwingli (1484–1531). Nicht Philipp Melanchthon (1497–1560), sondern erst Johannes Calvin (1509–1564) war beträchtlich jünger als er. Doch da diese beiden Reformatoren lediglich aus rein chronologischen Gründen an eine spätere Stelle hätten gerückt werden müssen, während sie doch thematisch eindeutig zur Reformation gehören und deren Darstellung nicht auseinandergerissen werden sollte, sprach einiges dafür, beide im Anschluß an Luther noch im ersten Band zu berücksichtigen, Vives aber dort nicht mehr aufzunehmen.

Blieb bei der damaligen Bearbeitung der eben genannten Autoren noch offen, ob Vives überhaupt eingehender dargelegt werden sollte, ergaben sich inzwischen zuzügliche Gründe dafür aus der Forschungsliteratur. Ihr zufolge beginnt Vives seine Apologie „mit einem allgemeinen Religionsbegriff", der „Religion

---

[1] Juan Luis Vives, geboren in Valencia, lebte nach Studien der Philosophie an der Pariser Universität seit 1512 in Brügge, dozierte später in Löwen und 1523–1528 in Oxford; im Zusammenhang der Eheschließung Heinrichs VIII. verlor er seine Stellung und verbrachte seine letzten Lebensjahre in großer Armut in Brügge. Vgl. dazu die biographischen Hinweise bei Paul Graf, Ludwig Vives als Apologet. Ein Beitrag zur Geschichte der Apologetik, (Diss.) Freiburg 1932, 8–14.

als zum Wesen des Menschen gehörig" bestimmt[2]. Es findet sich die anscheinend ganz selbstverständliche These, daß das nach dem schuldhaften Fall in der Erlösung bewirkte „Neue, ohne welches das Heil der Menschen verspielt ist, an die Religion als den grundlegenden Begriff zurückgebunden" wird[3]. Es besteht also die Ansicht, daß Vives den Weg zum Heil des Menschen mit der „Religion" identifiziert[4]. Mit dieser Konzeption gilt Vives als direkter Nachfahre Marsilio Ficinos[5], dem bereits ein solcher Religionsbegriff mit gleich weit reichender Bedeutung attestiert wird. Nirgends scheint man einen Zweifel an dieser Konzeption im Hinblick auf Vives zu hegen. Vergebens bleibt bei den in dieser Forschungsliteratur zitierten Autoren auch die Suche nach einem Hinweis darauf, daß – abweichend von Ficino – Vives immerhin einen anderen Titel für sein Buch wählt, überschreibt er es doch nicht mit Ficinos Formulierung „De Christiana religione" oder „De religione Christiana et fidei pietate"[6], wie der exakte Titel lautet, sondern „De veritate fidei Christianae". Ob dieser Titel einfach als bedeutungslos gelten darf? Hinreichende Gründe sprechen folglich dafür, sich mit diesem Buch zu beschäftigen; denn hierdurch läßt sich die Position des für unsere Fragestellung nach wie vor außerordentlich wichtigen Ficino in der Wiedergabe bei Vives dokumentieren und zudem genauer analysieren, ob und gegebenenfalls in welcher Hinsicht Vives sie weiterführt. Damit kann zugleich die Beurteilung seiner Ausführungen in der Forschungsliteratur auf ihre Stichhaltigkeit untersucht werden.

Zum allgemeinen Gebrauch von „religio"

Vives hat sein Werk in fünf Bücher aufgeteilt. Im ersten setzt er bei der Frage an, wer der Mensch ist und welches Ziel seiner Vollendung dient. Von hierher wechselt er zur Frage nach Gott über, der allein Ziel des Menschen sein kann. Seine Überlegungen kann Vives, wie die Überschrift dieses Buches zeigt, in einer alternativen Formulierung wiedergeben, sie lautet nämlich „Liber primus, qui est de Homine, et Deo, sive de fundamentis totius pietatis" – auch hier heißt es nicht ‚religionis'! Das zweite Buch enthält Überlegungen über Jesus Christus, d.h. über die Menschwerdung Gottes, Leben und Wirken, Tod und Auferstehung Jesu Christi. Im dritten und vierten Buch behandelt Vives in Dialogform kontro-

---

[2] Franz-Josef Niemann, Jesus als Glaubensgrund in der Fundamentaltheologie der Neuzeit. Zur Genealogie eines Traktats (= Innsbrucker theologische Studien 12), Innsbruck 1983, 135. – Vgl. hier, Anm. 4, den Hinweis zur vermutlichen Fertigstellung der Apologie 1539.

[3] Gerhard Heinz, Divinam christianae religionis originem probare. Untersuchung zur Entstehung des fundamentaltheologischen Offenbarungstraktates der katholischen Schultheologie (= Tübinger theologische Studien 25), Mainz 1984, 30.

[4] Ebd. 28.

[5] F.-J. Niemann, aaO.

[6] Marsilio Ficino, De religione Christiana et fidei pietate, in: ders., Opera omnia, hg. von Paul Oskar Kristeller (= Monumenta politica et philosophica rariora), I 1, Basilea 1576, ND Torino 1959.

verse Themen zwischen Christen und Juden bzw. zwischen Christen und Mohammedanern; während er in der Überschrift des dritten Buches nur „contra Judaeos quod Jesus est Messias" sagt, formuliert er in der Überschrift des vierten Buches „contra sectam Mahometi". Die Juden werden also nicht näher mit einem Terminus sachlicher Art bezeichnet, wohl aber die Mohammedaner. Das kurze fünfte Buch resümiert die Argumente, wobei auch hier die Formulierung der Überschrift „de praestantia doctrinae Christianae" nicht von ungefähr gewählt sein dürfte. Thematisch geht es, wie dann die Überschrift des letzten Kapitels „De fundamento fidei Christianae" besagt, über die christliche „fides". Auch hier erscheint der Terminus sehr wohl überlegt.

Schon die Titel der fünf Bücher bedeuten somit eine Differenzierung, insofern keiner von ihnen „religio" enthält. Um so dringender erscheint die Frage, welche Bedeutung und welchen Stellenwert dieser Terminus bei Vives besitzt.

Eine Durchsicht der ganzen Schrift „De veritate fidei Christianae" ergibt, daß Vives nur an einigen Stellen des näheren auf unser Thema eingeht. Darüber hinaus läßt sich bei ihm ein durchaus aufschlußreicher Sprachgebrauch ersehen, der Methode erkennen läßt, obgleich er keine ausdrückliche Begründung erfährt und einer solchen also auch nicht bedarf. Denn warum sollte Vives begründen, was er für selbstverständlich hält?

Im folgenden soll zunächst der allgemeine Sprachgebrauch erhoben werden, weil sich aus ihm Interpretationsanweisungen für jene Stellen ergeben dürften, an denen Vives der „religio" verstärkte Aufmerksamkeit widmet.

Schon die Einleitung bestätigt den bisherigen Eindruck, Vorsicht walten zu lassen bezüglich der Interpretation des Terminus „religio". Denn Vives stellt hier die „fides" in den Vordergrund, deren Wahrheit er gemäß menschlicher Vernunft, „humana ratione", nachweisen will; entsprechend kehrt auch „fides" in diesem Vorwort häufig wieder, andere Termini dagegen fehlen[7]. Als „Christiana fides" stellt Vives ihr nicht eine andere, sondern die „secta" gegenüber, der der Jude, der Sarazene und die anderen anhängen[8].

Achten wir in den Ausführungen des ganzen Werkes zunächst auf die Termini „fides", „religio" und „pietas", soweit Vives sie durch ein Personalpronomen oder ein Adjektiv näher charakterisiert, so ergibt sich: Nimmt schon an Häufigkeit bei weitem die erste Stelle „pietas" ein – sie nennt Vives etwa doppelt so oft

---

[7] Joannes Ludovicus Vives Valentinus, De Veritate Fidei Christianae (1543), in: ders., Opera omnia, hg. von Gregorius Majansius, VIII, Valentiae MDCCXC, ND London 1964, 1–4: Praefatio. – Die von G. Heinz benutzte Ausgabe, nämlich die in Basel 1544 erschienene 2. Auflage enthält einen weiterführenden Titel, insofern die fünf Bücher bezüglich ihres Inhalts umschrieben werden, „in quibus de religionis nostrae fundamentis, contra Ethnicos, Judaeos, Agarenos, sive Mahumetanos, et perverse Christianos plurima subtilissime simul atque exactissime disputantur", aaO. 300. – Im folgenden wird jeweils, soweit erforderlich, das Buch in römischer und das Kapitel in arabischer Ziffer sowie nach einem Semikolon die Seite der benutzten Ausgabe zitiert, sofern es sich nicht um eine Vielzahl von Belegen handelt, die dann der Übersichtlichkeit halber jeweils nur mit der Seitenzahl angegeben werden.

[8] Ebd. 4.

wie „religio" –, so bestimmt er sie meist näher als „pietas nostra"[9] und einmal als „pietas vestra"[10] im Hinblick auf die Christen; einige Male spricht Vives von „pietas sua" im Sinn von Gottes[11] bzw. Christi „pietas"[12]. Selten sagt er „Christiana"[13] bzw. „Christi pietas"[14]. Diesen zahlreichen Aussagen stehen nur ganz wenige Ausnahmen gegenüber, in denen „pietas sua" in einer Aussage des Christen über die Juden[15] steht, wozu noch ein Beleg kommt, in dem Vives den Juden für sich selbst von „pietas nostra" sprechen läßt[16]. Doch handelt es sich bei diesen nicht eigentlich um „pietas", sondern, wie der Christ zum Juden sagt, allein um „impietas vestra"[17]. Auf die Mohammedaner wendet Vives „pietas" nicht an.

Dieser Terminus erscheint in der genannten Spezifizierung durch „nostra" oder durch „Christiana" o.ä. weitaus am häufigsten. Etwa nur halb so oft verwendet Vives „religio nostra"[18], „Christiana religio" bleibt selten[19], und nur einmal heißt es in einer betonten Aussage „Moysaica religio, et Christiana" in Absetzung vom „cultus idolorum"[20]. Wenn sich auch wiederum nur einmal „religio vestra" im Hinblick auf die Mohammedaner findet[21], so steht dem gegenüber, daß es sich bei ihnen nach einer eigenen Feststellung von Vives um nichts anderes als um „vestra superstitio"[22] handelt.

Kaum häufiger als „religio nostra" läßt sich „fides nostra" nachweisen[23], einmal auch „fides vestra" in einer Aussage über die Christen[24]. Gelegentlich findet sich „Christiana fides"[25] oder „fides Christi catholica"[26]. Dagegen läßt sich nur sehr selten eine Verwendung von „fides nostra"[27] für die Juden bzw. von „fides vestrorum Rabbinorum" belegen[28]. Im Zusammenhang mit den Mohammedanern fehlt auch „fides".

Schon diese Zusammenstellung erweist sich als aufschlußreich: Die drei Termini, die eine positive Bedeutung haben, verwendet Vives in aller Regel nur für

---

[9] So ebd. 14, 16 (2 mal), 23, 95, 144, 152, 163, 169, 171, 212, 225, 300, 384, 401, 432, 436.
[10] Ebd. V 1; 430.
[11] Ebd. II 8; 170.
[12] Ebd. 11; 192, IV 14; 415.
[13] Ebd. II 11; 193.
[14] Ebd. 17; 222.
[15] Ebd. III 7; 285.
[16] Ebd. 1; 257.
[17] Ebd. 5; 278.
[18] Ebd. 16, 135, 228, 300, 371, 385, 435, 453, 455.
[19] Ebd. II 17; 225.
[20] Ebd. 18; 232.
[21] Ebd. IV 9; 387.
[22] Ebd. 7; 383.
[23] Ebd. 16, 29, 227, 436, sodann in den Schlußpassagen mehrfach 454ff.
[24] Ebd. IV 2; 367.
[25] Ebd. Praefatio 4; III 1, 248 und wieder am Schluß V; 457.
[26] Ebd. II 17; 223.
[27] Ebd. III 9; 305.
[28] Ebd. 1; 254.

die Christen. Die verschwindenden Ausnahmen betreffen sodann noch eher die Juden als die Mohammedaner. Besonders bemerkenswert erscheint die schon rein zahlenmäßige Dominanz von „pietas". Nicht von ungefähr vermeidet es Vives konsequent, einen der drei Termini als Oberbegriff auf Juden, Christen, Mohammedaner und, soweit sie als vierte Überzeugung eigens genannt sind, auf Heiden gemeinsam anzuwenden.

Ergänzend sei vermerkt, daß auch die bereits bekannten neutralen Termini „lex" und „secta" in den entsprechenden Zuordnungen durch die Possessivpronomina wie „nostra" oder „vestra" oder aber in Verbindung mit den jeweiligen Personen bzw. in den entsprechenden adjektivischen Formulierungen vorkommen. Sie eignen sich ja über den spezifischen Gebrauch für jeweils eine Überzeugung hinaus als Oberbegriff für verschiedene. Doch ist wiederum Vorsicht geboten. Denn während „lex" auch auf die Christen Anwendung findet[29], bleibt „secta" in seltenen Fällen den Juden[30] und normalerweise den Mohammedanern vorbehalten[31]. Wenn diese beiden Termini verschiedene Überzeugungen gemeinsam benennen, tritt der gleichfalls nicht zufällige Sachverhalt zutage, daß mit „lex" Christen, Juden und Mohammedaner gemeinsam bezeichnet werden können[32], während sich „secta" nur für Juden, Heiden und Mohammedaner als Oberbegriff findet[33]. Meist jedoch stellt Vives die verschiedenen Überzeugungen namentlich nebeneinander, ohne daß er sie mit einem gemeinsamen Terminus bezeichnet[34].

Zum gleichen Ergebnis führen jene Stellen, an denen Vives die soeben genannten Termini ohne Possessivpronomen oder sonstige nähere Kennzeichnung gebraucht. „Pietas" und „religio" bleiben auch hier grundsätzlich den Christen vorbehalten. Dabei kehrt die Häufigkeit beider Termini wieder, verwendet Vives doch „pietas" auch sonst etwa doppelt so oft wie „religio"[35]. Überdies ver-

---

[29] Vgl. z.B. in einem Ausspruch des Christen gegenüber dem Mohammedaner „lex mea" und „tua" ebd. IV 18; 427; für Juden und Christen „lex sua" 17; 425; vgl. auch „lex Christi" II 14; 204, schließlich „lex nostra" für die Christen V 9; 449, 452.

[30] Vgl. ebd. Praefatio; 4, ferner III 1; 248.

[31] Vgl. z.B. das diesem Thema gewidmete Buch IV durchgängig.

[32] Vgl. bes. ebd. IV 1; 366, wo zunächst der Christ sagt: „Ecquae tandem est lex illius? nam nos Christianam esse dicimus, Judaei Mosaycam, vos Mahumeticam: quid dicebat praeceptor tuus?" Vgl. auch 13; 403, wo „lex Abrahae", „lex coelitus data Mahumeti", „lex Moysis" und schließlich „lex Nazarenorum" nebeneinanderstehen.

[33] Ebd. II 18; 233, wo die „sectae" dann benannt werden als „Judaei, gentiles, Agareni". Die letztere Bezeichnung der Sarazenen leitet sich nach einer bereits bei Hieronymus nachweisbaren Etymologie von Abrahams Magd Agar/Hagar her, von der die Sarazenen abstammen sollen (vgl. hierzu Carl Arnold Willemsen, Sarazenen, in: LThK² IX 326), die hier dann pars pro toto sämtliche Mohammedaner bezeichnen.

[34] Vgl. ebd. I 10; 80f, wo neben Christen, Juden und Agarenern die Philosophen, nämlich die der Heiden, stehen; vgl. auch 178 (ohne die Christen), bes. 194, ferner 169, 201, 233, 366, 428. Die Reihenfolge schwankt, zuerst genannt werden die Juden 233, 426, 428, die Christen 80, 169, 366, die „gentiles" 201.

[35] Vgl. außer den noch im einzelnen zu besprechenden Stellen, s.u., für „pietas" bes. ebd. 19

wendet er gern an ein und derselben Stelle beide Termini abwechselnd nebeneinander[36], ohne daß sich ein Unterschied zwischen ihnen und somit ein Grund für die wechselnde Wortwahl ersehen ließe; es bleibt daher nur der Schluß, daß Vives vielfach nicht inhaltlich, sondern nur stilistisch differenzieren will[37]. Jedenfalls läßt sich aus dieser zahlenmäßigen Überlegenheit von „pietas" das Sacharguement folgern, daß er diesen Terminus nachhaltig bevorzugt.

Daß Vives die inhaltlich positiven Termini in der Regel auf die Christen anwendet, zeigt sich auch darin, daß er in den Streitgesprächen mit den Juden (Buch III) und den Mohammedanern (Buch IV) „religio", wiederum von wenigen Ausnahmen abgesehen, nur dem Christen in den Mund legt und zumeist auf die Christen bezogen sein läßt[38]. Nicht anders verhält es sich mit „pietas"; auch dieser Terminus bleibt im wesentlichen den Christen reserviert[39]. Den Juden kann Vives gelegentlich immerhin auch „fides nostra" sagen lassen[40]. Doch verbindet er hiermit letztlich eben keine Anerkennung, sondern lediglich eine gewisse Bevorzugung der Juden vor den Mohammedanern. Abgesehen davon geht es ihm jedoch um die „religio vera" bzw. „vera, sanctaque religio"[41], deren Ausschließlichkeit er freilich nicht genügend zum Ausdruck bringt, wenn er sie auch „summa ... religio"[42] nennen kann, da der Superlativ eine Relation zu anderen ‚religiones' implizieren kann. Er spricht ebenso von „vera pietas"[43], die er auch als „sancta pietas"[44] bezeichnet. Die „lex ... antiqua" der Juden wurde durch die „nova" abgelöst[45]; durch die Auferweckung Jesu entstand eine „novitas pietatis"[46]. In der Formulierung einer „vera lex" bringt Vives zum Ausdruck, daß mit der Menschwerdung auch die Frage nach der Wahrheit eben des Gesetzes entschieden worden ist, woran er keinen Zweifel läßt[47].

---

bis 26, 73–75, 161–171, 183–188, 221–231, 278–285; für „religio" 21–24, 177–179, 224–231, 260–268, 278f.

[36] Vgl. z.B. ebd. 21, 278, 300, 345.

[37] Vgl. den inhaltlich nicht begründeten Wechsel beider Termini besonders an den u. im einzelnen zu besprechenden Texten, in denen Vives des näheren auf „religio" bzw. „pietas" eingeht.

[38] Für das Gespräch mit den Juden in Buch III vgl. die Aussage des Christen 258, 260–263, 268, 278f, bes. 286, 300, 304, 334, 345, 362, im Hinblick auf den Juden 323; in der Rede des Juden vgl. nur 334, wo vielleicht ein Zitat vorliegt. Für das Gespräch mit dem Mohammedaner in Buch IV vgl. die Aussagen des Christen 367, 371, 376, 385, 391, 413, im Hinblick auf den Mohammedaner 387.

[39] Ebd. III 1; 257 spricht der Jude von der „pietas nostra". Eine gleiche Aussage gibt es vom Mohammedaner nicht, er spricht nur zweimal ohne besondere Betonung von „pietas", IV 14; 410. Der Christ konstatiert von Mohammed, dieser habe gesagt, er übe u.a. „pietas", doch faktisch habe er Krieg geführt, 4; 374. Vgl. auch die merkwürdige Aussage des Christen im Hinblick auf Mohammed, er habe eine „pietatis formula" eingeführt, 370, 379, vgl. auch 377.

[40] Ebd. III 9; 305, vgl. auch 11; 340.

[41] Ebd. II 10; 186, ferner III 7; 286, 5; 278 mit beiden Adjektiven.

[42] Ebd. II 17; 225.

[43] Ebd. 294, 345, 355, vgl. 300.

[44] Ebd. II 17; 224.

[45] Ebd. III 7; 288.

[46] Ebd. 11; 354, vgl. II 17; 230, vgl. auch 231, wo von den „religiones antiquae" die Rede ist.

[47] Ebd. II 7; 166.

Bezüglich des neutralen Terminus „secta" soll nur noch vermerkt werden, daß er noch „Gefolgschaft" meint, wie sich durch die verschiedentliche Verwendung von „sectatores" bzw. „sectari" zeigt[48]. Und wenn Vives „celebres sectae" sagt[49], so dürfte er hiermit eben philosophische Schulen meinen, wobei er des öfteren mit „philosophi" die Gruppe der Heiden bezeichnet[50].

Daß Vives die Wahl seiner Termini jedoch nicht mit letzter Sorgfalt vornimmt, zeigt dann die gelegentliche pauschale und unspezifische Formulierung „aliae sectae et religiones", von denen er den Christen sprechen läßt[51]. Hierher gehört wohl auch, daß er in Aufnahme antiker Tradition „religiones patrias"[52] sagt, womit noch nicht verschiedene ‚Religionen', sondern eben die verschiedenen Beachtungen der jeweiligen Verehrung eines bestimmten Gottes gemeint sein dürften. Auffälligerweise verwendet Vives den so gut wie ungebräuchlichen Plural „pietates"[53]. Daß er diesen Terminus auch profan versteht als „pietas in patriam"[54], zeigt nur, wie sehr er dem Sprachgebrauch klassischer Latinität verpflichtet bleibt.

Aufschlußreich erscheint, daß Vives nur gleichsam nebenbei die beiden positiven Termini „pietas" und „religio" auch einmal inhaltlich umschreibt. Dabei verwendet er gleichlautende Bestimmungen: beide werden ausdrücklich als „scientia colendi Dei" definiert[55]. Dabei darf „scientia" nicht als theoretische Bezeichnung im Sinne von „Wissenschaft" verstanden bzw. mißverstanden werden; die gleichfalls gebrauchten Wendungen wie „cognitio", „sentire, ac existimare" meinen ein praktisches Wissen, gemäß unserem Sprachgebrauch, zu wissen, was in einer bestimmten Hinsicht zu tun ist. Nicht umsonst wird „pietas" als eine Tugend des näheren umschrieben mit „cura Dei colendi"[56].

Entsprechend finden sich auch die genannten Termini bevorzugt in Passagen, in denen es um den kultischen Bereich geht. Die „vera, sanctaque religio" nennt

---

[48] Vgl. „sectatores", ebd. 26, 152, 358 u.o., „sectari" etwa 70, 281.
[49] Ebd. I 4; 24.
[50] Vgl. ebd. I 10; 80, s. dazu o. Anm. 33; vgl. ferner bes. II 11; 194, wo es von Christus heißt: „Magnitudinem suam, et paternum in nos affectum patefecit, quod in loquendo captui se illorum accommodavit cum quibus ageret; nec dixit quicquam ad ostentationem suae sapientiae, quod fecisset quisquis in tam novis, et mirabilibus praeceptis vitae captasset auctoritatem, et fidem; quod fecerunt Mahometus in Alcorano, Rabini Judaeorum in Thalmud, et philosophi gentium. Quicquid vero diceretur mundanum, Christus ad negotium salutis nostrae referebat propter quod unum venerat". Vgl. schließlich IV 14; 403.
[51] Vgl. ebd. III 1; 258, vgl. V 5; 436, hier zudem mit der Entgegensetzung „pietas nostra" und „religio sua".
[52] Ebd. II 17; 228.
[53] Ebd. I 9; 75.
[54] Ebd. 73, vgl. II 17; 226, wohl auch III 11; 330.
[55] Ebd. II 6; 158: „Dei enim cognitio, et colendi scientia, quae religio dicitur", ferner 9; 183: „Haec est scientia colendi Dei, quae pietas nuncupatur"; vgl. 13; 203: „quid est pietas, si haec non est id de Deo sentire, ac existimare, per quod crescat mihi de illo fiducia, et amem illum ardentius?" Vgl. auch III 11; 355: „scientia verae pietatis, quae est dominum cognoscere, et sequi".
[56] Ebd. I 9; 74.

Vives im Zusammenhang mit „veri Dei cultus ac pietas", im weiteren Verlauf mit „verus cultus divinitatis" und „ritus, et caeremoniae"[57]. Dabei können die neutralen Termini wie „lex, et ceremoniae vestrae" durchaus auch von den anderen Überzeugungen, hier von den Juden, verwandt werden, was für „pietas" so nicht gilt[58]. „Religio" und „cultus" kann Vives nebeneinanderstellen; in einer Art Pleonasmus will er nur unterstreichen, was Gott angenehmer ist; aber auch hier geht es natürlich letztlich um den „verus Dei cultus"[59]. Im Unterschied zur jüdischen „lex" bezeichnet Vives die Beachtung dieses Gesetzes für die Christen als nicht „corporaliter", sondern „spiritaliter"[60]. Doch darf man in solchen Aussagen noch keine Verlegung in die ‚Innerlichkeit' sehen, sondern einen Bezug auf jene prophetische Verkündigung insbesondere des Jeremia, der gegen eine falsche Gesetzlichkeit polemisiert hatte. Gegenüber dieser jüdischen „lex", die den Christen als „antiquata" gilt[61], erweist sich die christliche „lex" als eine nicht nur einem Volk[62], sondern als allen Völkern gegebene und somit als „lex universalis" gegenüber der „lex peculiaris" der Juden[63]. Entsprechend kann von der „religio vera universa" die Rede sein[64], die die eigentliche „vera, ac germana", d.h. die wahre und echte „religio" ist[65]. Sie ist der einzige Weg zur Unsterblichkeit[66].

Auf dem Hintergrund dieses allgemeinen Sprachgebrauchs sollen nun jene Stellen des näheren analysiert werden, an denen Vives sich auch in inhaltlicher Hinsicht zu unserem Thema äußert.

Das Verhältnis von „ratio" und „pietas"

Zu Beginn des ersten Buches formuliert Vives grundlegende Aussagen über das Ziel der Dinge und des Menschen. In diesem Kontext fallen wichtige Aussagen über die menschliche „ratio". Vives beschreibt sie als einen Bach aus der Quelle Gottes, der um so reiner fließt, je ursprünglicher, je näher und ähnlicher er Gott als seinem Ursprung bleibt; und was Gott, der Quelle, entspricht, kann der menschlichen Vernunft nicht fremd sein. Gott und Wahrheit stehen also in einer solchen Nähe zusammen, daß auch ein böser Geist – man fühlt sich an René Descartes (1596–1650) erinnert – mit seiner Schlauheit die Wahrheit nicht zer-

---

[57] Ebd. III 5; 278f, vgl. II 8; 169, II 17; 230f, IV 12; 401, vgl. III 7; 287 „sacrae ritus, ac ceremoniae, quae ad cultum divinum sunt constitutae", vgl. auch 288 sowie 8; 299.
[58] Ebd. III 7; 284.
[59] Ebd. 286f.
[60] Ebd. 290, vgl. 289 den Hinweis auf das ins Herz geschriebene Gesetz, vgl. auch 10; 318.
[61] Ebd. 7; 288.
[62] Ebd. II 3; 152, III 7; 285.
[63] Ebd. III 10; 312, vgl. 8; 298.
[64] Ebd. V 2; 431, s. dazu u. Anm. 112.
[65] Ebd. I 3; 21.
[66] Ebd. III 1; 262 „sub specie religionis, quae via est ad immortalitatem unica".

stören kann, sosehr die Wahrheit der Dinge auch unsere Vernunft übersteigen mag[67].

Weil dem so ist, können auch keine Vernunftargumente gegen die „pietas nostra" formuliert werden; denn „überragen" bedeutet alles andere als „entgegensetzen"[68]. Vives lehnt also einen Widerspruch zwischen menschlicher Vernunft und unserer „pietas" ausdrücklich ab. Wenig später bekräftigt er, daß nichts wahrer ist als die „fides nostra"[69]. Dabei weist er die „aliae religiones falsae" zurück und nennt als deren Vertreter den Juden, der für die „lex sua", und den Mohammedaner, der für die „secta sua" eintritt. Dagegen setzt er die „nostra religio", deren Rang sich umso deutlicher abhebt, je heftigere Gegnerschaft ihr entgegentritt[70]. An dieser Stelle haben wir zusammen mit der sachlichen Aussage zugleich ein Beispiel für die kontroverstheologische Terminologie, in der Vives „fides", „pietas" und „religio" für die Christen in Anspruch nimmt und ihnen nur „falsae religiones" entgegensetzt, die er „lex" und „secta" nennt.

In der Relationsbestimmung von „fides" und „ratio" nimmt der unter den anderen bevorzugte Terminus „fides" den Vorrang ein: die „ratio" kann nicht „fidei mensura" sein[71], worin Vives jedoch keine Beeinträchtigung menschlicher „ratio" sieht. Und so fordert er nicht, daß sie „canon et norma fidei" sei[72]. Er beklagt auch die höchst ungelegene Distinktion zwischen „lumen fidei" und „lumen naturae", wobei er voraussetzt, daß die göttliche Vernunft unsere beeinträchtigte menschliche Vernunft überragt, statt daß diese als Fundament der ganzen „pietas" dienen kann[73].

---

[67] Ebd. I 3; 13f.

[68] Ebd. 14: „Multo est aliud superari, quam adversari. Quocirca quae contra pietatem nostram finguntur rationes, vel vanae sunt prorsus, et primo ipso aspectu deridiculae et contemnendae, vel dolosa aliqua, et fraudulenta specie contectae, atque involutae."

[69] Ebd. 16.

[70] Ebd.: „Quod si nihil est fide nostra verius, quid rationes reformidamus quarum nulla est contra nos, omnes stant a nobis? Rationis quidem umbra, et imago pugnare quandoque in nos potest, ratio ipsa non potest, et illas umbras levi momento lux nostra dispellet. Aurea est pietas nostra, aurea, non deaurata, quo magis sacrificatur, et retegitur, hoc pulchrior et praestantior existit: puriorem, ac nitidiorem illam reddit bellum, quam pax adversus gentes, adversum haereticos, qui scoria, et rubigine conabantur eam obducere: puritatem excellentiae suae magis ostendit, quo est acrius agitata, et concussa. Haec est sapientia, quam Dominus daturum se suis est pollicitus, cui artes, ingenia, calliditates, fraudes, atque astutiae omnes hominum non possent obsistere. Non est ergo nobis metuendum, ne pietas nostra, detractis velamentis, foeditatem ullam oculis contuentium ostendat. Metuant hoc aliae religiones falsae, atque umbratiles, in quibus nihil est solidi, ideoque attingi se se non sinunt. Judaeus gravatur cum Christiano de lege sua conferre; Mahometus de secta sua disputari omnino vetuit: ne attingatis vitrum tenuissimum, falsum, inane; levissimo contactu statim friatur. Nostra religio intus etiam est, quam exterius formosior, solidior, firmior."

[71] Ebd. 17.

[72] Ebd. 18.

[73] Ebd.: „Quid, quod eorum multi non lucem, et rationem divinam ad divina haec volunt adhiberi, sed humanam istam tot infectam, et depravatam sordibus, ut ea sit velut fundamentum totius pietatis. Hinc nata est importunissima illa distinctio de lumine fidei, et lumine naturae, quod alia vera sint hoc lumine, falsa sint illo, alia e contrario".

Argumente für die Unsterblichkeit

Nachdem unser Thema in den einleitenden Passagen dieses ersten Buches eine gewisse Beachtung erfuhr, fehlt es, bis Vives gegen Ende bei der Frage nach der Unsterblichkeit der Geister einige Aussagen dazu beisteuert. In den dazwischen liegenden Fragestellungen insbesondere über Gott und seine Schöpfung spielt es keine Rolle.

Uns mag überraschen, welche Aufmerksamkeit damals die Frage nach der Unsterblichkeit gefunden hat. Heftig umstritten war sie nicht zuletzt wegen der These von Pietro Pomponazzi (1462–1525), die Unsterblichkeit der Seele könne nicht mit der natürlichen Vernunft, sondern nur im Glauben erkannt werden[74]. In der Formulierung des Vives lautet die fragliche Alternative, daß die Seele „in fide pietatis" unsterblich, „in lumine naturae" dagegen sterblich sei[75]. Unmittelbar vor dieser Aussage hatte Vives festgestellt, daß die Annahme der Unsterblichkeit der Vernunft als Fundament der gesamten „probitas ac religio" nicht in den Glaubensartikeln stehe, weil das Wissen sie begreifen kann. Vives lehnt hier ausdrücklich eine „gemina veritas", eine „zwillinggeborene Wahrheit" ab, wobei es überrascht, daß er nicht ‚duplex veritas' sagt. Aber selbst wenn eine zweifache ‚Wahrheit', die philosophische und die theologische, nicht einfach völlig verschieden und d.h. geschieden, sondern so nahe verwandt und wohl auch ähnlich wie Zwillinge wäre, kann Vives nur eine einfache, einzige Wahrheit akzeptieren.

Für uns formuliert Vives hier aufschlußreich, insofern er wiederum zwischen „religio" und „pietas" abwechselt und beide mit „natura" kontrastiert. Die klassische Gegenüberstellung von „ratio" und „natura" findet damit eine instruktive Parallele, wobei Vives in der entscheidenden Wendung „fides pietatis" und eben nicht ‚religionis' sagt[76].

Als zentrales Argument für die Möglichkeit, auf natürliche Weise die Unsterblichkeit insbesondere auch der menschlichen Seele zu erkennen, nennt Vives, daß im Menschen etwas auf einen himmlischen, göttlichen Ursprung hindeutet[77]. Daraus resultiert für ihn eine Existenz des Menschen über dieses Leben hinaus, da es in ihm eine Vollendung dieses Ursprungs nicht gibt. Die Vollen-

---

[74] E. Feil, Religio, 224ff.

[75] L. Vives, De Veritate I 12; 109; die ganze Stelle lautet: „Quibus de causis, et rationibus adducor ut existimem sententiam hanc de animae immortalitate, quum sit tanti ponderis, totius probitatis ac religionis fundamentum, non esse inter fidei articulos relatam, quod scientia possit comprehendi: nam quibus tandem, aut quot argumentis assequemur scientiam, si haec non suffecerint? Quidam affectantes videri philosophi, ajunt in fide pietatis animam esse immortalem, in lumine autem naturae mortalem: quo quid dici potest imperitius aut dementius? Quasi nos quid videatur disputemus, non quid sit; nos vero nec fidei lumen, nec naturae inquirimus, sed veritatem ipsam, quae non gemina est, sed unica."

[76] Derselbe Sachverhalt bereits zu Beginn dieses Kapitels, ebd. 95, wo Vives Erfahrungen mit Verstorbenen als „quae sunt nostrae pietatis, hoc est, supra naturam" bezeichnet.

[77] Ebd. 95.

dung kann auch nicht im Körper liegen[78], so daß nur die Annahme einer unsterblichen Seele bleibt. Diese Qualität der Seele sucht Vives durch verschiedentliche Vergleiche mit den Tieren zu begründen[79], die eine dem Menschen gemeinsame oder ähnliche Körperlichkeit besitzen[80]. Als besonderen Unterschied notiert er, daß die menschliche Seele nicht einem Vermögen der Natur, sondern einem eigenen Schöpfungsakt Gottes entstammt[81]. Hieraus folgt ein gleichwohl natürliches Verlangen nach Unsterblichkeit[82]. Als körperliches Zeichen dieser Ausrichtung nennt Vives das zum Himmel gerichtete Gesicht des Menschen und seine aufrechte Haltung[83], als geistiges Zeichen seine Unbegrenztheit[84]. Besondere Bedeutsamkeit findet jedoch das Argument von der Vergeblichkeit der menschlichen Konstitution, wonach der Mensch, würde er mit dem Tod völlig enden, nicht erreichen würde, worauf er von Natur tendiert[85]. Würde aber das Verlangen des Menschen nach Unvergänglichkeit ungestillt bleiben, so wäre die Schöpfung vergeblich und der Majestät und Weisheit Gottes unwürdig, es gäbe darüber hinaus keine Vorsehung des Weltenlenkers; denn diese drei Dinge gehören für Vives zusammen: *„Dei religio, Dei providentia, animae nostrae immortalitas"*[86]. Im folgenden erläutert Vives die Zusammenstellung dieser drei zusammengehörigen Aspekte, so daß das eine nicht ohne das andere bestehen kann: Ohne Unsterblichkeit gibt es keine Belohnung und Bestrafung, die wir in diesem Leben nur miteinander vermischt feststellen; dann aber besteht auch keine Sorge Gottes für uns, und wenn dies der Fall ist, warum sollte Gott dann von uns verehrt werden? Somit wäre die „religio Dei, ac pietas" leer. Dagegen steht, daß wir und alle noch so barbarischen Nationen natürlicherweise zu irgend einer „religio" geführt werden und verschiedene Tugenden, unter ihnen die „pietas", üben. Es ergibt nach Vives keinen Sinn, wenn Gott als Betrachter und Richter der Welt nicht existierte; dem widerspricht das Zeugnis, daß wir in seiner Sorge sind und einen Lohn der „pietas" erwarten[87]. Diese Einschätzung findet Vives

[78] Vgl. etwa ebd. 93, 94, 97 usw.
[79] Vergleiche mit Tieren finden sich auch sonst, ebd. 31, 35, 50.
[80] Ebd. I 12; 94.
[81] Ebd. 98, vgl. schon 97.
[82] Ebd. 99.
[83] Ebd. 101.
[84] Ebd. 94 bzw. 99.
[85] Ebd. 102f.
[86] Ebd. 103; hier auch das Folgende im Text.
[87] Der Text lautet: „Vana ergo omnis creatio, et Dei majestate, immensaque sapientia indigna, quod absit; immo nec ulla est rectoris mundi providentia; haec enim tria ita sunt connexa, et conjuncta existimatione ac persuasione, divelli, ac dissociari ut nullo modo nec possint, nec fas sit, *Dei religio, Dei providentia, animae nostrae immortalitas:* quisquis unum istorum tentarit labefactare, aliorum quoque fidem concutiet. Nam si animae non sunt immortales, bene aut secus factorum nullae sunt poenae, nulla praemia; haec enim omnia in decursu praesentis aevi permista et confusa cernimus, ut nihil aliud sit hominum vita, quam merum latrocinium: nulla est ergo Deo cura de nobis; quod si nos non curat, quorsum a nobis coletur? vana, et stulta persuasio fuerit religio Dei, ac pietas; at nos tamen homines omnes, et nationes quantumcunque barbaras, et ab humanitatis institutione

nicht nur bei gelehrten und von der „humanitas" unterwiesenen Nationen, sondern auch bei wilden und äußerst barbarischen Völkern bis hin zu den Indern und den Bewohnern der Neuen Welt. Denn auch diese erwarten für ihre Seelen einen Ort, wohin sie nach dem Tod gehen und eine Entsprechung finden für das, was sie im Leben getan haben. Nachdrücklich lehnt Vives jene Ethik ab, die in innerweltlichen Genüssen das höchste Ziel sieht und zugleich die Seele sterblich sein läßt, wodurch dann jegliche „religio", „cultus et amicitia" der Götter, „providentia" sich erübrigen. Durch solch schlechte Überzeugung konnte die Unsterblichkeit der Seele nicht unversehrt bleiben und ebensowenig die mit ihr verbundene „causa providentiae, et pietatis"[88].

Was bedeutet in diesen Ausführungen „religio"? Während Vives zu Beginn und am Ende des Kapitels „pietas" verwendet, nennt er an dieser pointierten Stelle bevorzugt „religio". Die Verbindung der drei, für Vives zusammenhängenden „*Dei religio, Dei providentia, animae nostrae immortalitas*" läßt sich nur als Wechsel von Genitivus subiectivus und obiectivus interpretieren, so daß sich die „religio" auf Gott, die „providentia Dei" aber auf den Menschen bezieht. Trotzdem verdient diese Interpretation den Vorzug, weil in den übrigen Aussagen dieses Textes „religio" oder „pietas" sich jeweils an Gott wenden. Zum Verständnis beider Termini trägt bei, daß Vives an einer Stelle die „religio" in diesem Kontext ausdrücklich zu den Tugenden rechnet und sie mit allen anderen Tugenden auf die Unsterblichkeit der Seele bezieht[89]. Man darf sich also durch seine Aussage nicht irreführen lassen, daß die Menschen „naturaliter" zur „religio" geführt werden[90]. Dies gilt nach Vives nur im gleichen Sinne, wie die Menschen auch von Natur etwa zur Gerechtigkeit oder zur Rechtschaffenheit geführt werden, nicht aber in dem Sinne, daß sich eine ‚religio naturalis' als eine anthropologische Gegebenheit konstatieren läßt. Auch bevorzugt Vives keineswegs „religio", wenn er ebensogut „providentia et religio"[91] wie „providentia, et pietas"[92] sagen kann. Kurz: Auch die „religio" gehört zu den Tugenden, mit ihr meint Vives somit eine „sorgfältige Aufmerksamkeit" für Gott, genauer: für die Vereh-

---

alienas atque abhorrentes, animadvertimus adduci naturaliter ad religionem aliquam, laudare ac probare modestiam, moderationem, gratitudinem, pietatem, mansuetudinem, patientiam, aequitatem; fieri ergo non potest, quin haec sint bona, et contrariis potiora; cujus rei nulla est ratio, si Deus non sit spectator, ac judex: testantur igitur nos illi curae esse, et pietatis praemium alibi expectandum."

[88] Ebd. 103f: „Ex professoribus autem sapientiae ignobilissimi, et qui in deliciis extremum bonorum suorum posuerant, animam fecerunt mortalem, scilicet iidem illi, qui religionem omnem, qui cultum et amicitiam divorum, qui providentiam, qui divos ipsos funditus extirpaverunt. Post haec autem per pravam persuasionem eversa, non erat animorum immortalitas incolumis mansura, quae conjuncta, et complicata est cum causa providentiae, et pietatis". Vgl. schon 93 und noch einmal 107.

[89] Ebd. 106f: „Accedit judicio et maximorum hominum, et maximae partis humani generis justitia, probitas, religio, et virtutes omnes, quae omnia immortalitate animae nituntur."

[90] Vgl. dazu o. Anm. 87.

[91] Ebd. 107. – Ein Zusammenhang von „religio" und „providentia" findet sich bereits bei Marsilio Ficino, Theologia Platonica XIV 9; in: ders., Opera omnia I 1, 320, vgl. E. Feil, Religio, 202.

[92] L. Vives, De Veritate I 12; 104.

rung Gottes, mit der der Mensch auf die „Vorsorge, Vorsehung" Gottes antwortet. Ohne nähere Differenzierung vermag ja Vives „religio Dei, ac pietas" nebeneinanderzustellen[93]. Und daß „pietas" eine naturale Verpflichtung des Menschen Gott gegenüber wie auch anderen Autoritätspersonen gegenüber bezeichnet, wird in der lateinischen Tradition nirgends bestritten.

Wie sehr sich Vives gerade mit diesen Aussagen auf die Tradition bezieht, zeigt nicht nur sein Argument, daß es ein reziprokes Verhältnis zwischen Gott und Mensch gibt, aufgrund dessen allein „religio" sinnvoll erscheint, weil Gott zuvor für ihn sorgt. Diese Begründung findet sich in aller Ausdrücklichkeit bereits bei Cicero[94]. Darüber hinaus nimmt Vives in dieser Passage offensichtlich Argumente auf, die Marsilio Ficino (1433–1499) im gleichen thematischen Zusammenhang verwandt hat: Zu nennen ist hier die aufrechte Haltung des Menschen als Zeichen dafür, daß er sich göttlichen Dingen zuwendet, das gemeinsame Vorkommen von „providentia" und „religio", die Charakterisierung der „religio" als einer, die dem Menschen „naturalis" ist, die Austauschbarkeit von „religio" und „pietas", um nur die wichtigsten Gemeinsamkeiten zu nennen. Im Grunde geht Ficino sogar noch weiter, insofern er von einer „communis quaedam religio" spricht[95]. Aufgrund dieser besonderen Übereinstimmung darf angenommen werden, daß Vives in seiner Konzeption der „religio" bzw. „pietas" nicht über diejenige Ficinos hinausgeht. Gerade dadurch aber bestätigt sich die Annahme, daß auch bei Vives „religio" jene Tugend ist, die der Mensch in seinen Vollzügen Gott gegenüber zu verwirklichen hat, nicht aber schon eine neuzeitliche, hinter den einzelnen Manifestationen liegende eine ‚Religion'.

„Religio" und „pietas" des Anfangs

Das zweite Buch über Jesus Christus beginnt mit einem heilsgeschichtlichen Rückblick auf Adam, seinen Fall, den ihn so bewegenden Mord an Abel sowie auch auf den Trost, den Gott ihm gibt durch die Verheißung der Wiedergutmachung und Erlösung. Aufgrund der hiermit geweckten Hoffnung überliefert Adam seinen Nachkommen Vertrauen und Glauben, verbunden mit einer Art „pietas", den einzigen Gott zu ehren und zu achten, ihm zu gehorchen und ihn

---

[93] Ebd. 103, den Text vgl. o. Anm. 87.
[94] Vgl. Marcus Tullius Cicero, De natura deorum I 3f, vgl. E. Feil, Religio, 43 mit Anm. 26.
[95] Marsilio Ficino, De religione Christiana [et fidei pietate] II, vgl. den Beleg bei E. Feil, Religio, 194 Anm. 16. – Bei Marsilio Ficino findet sich neben dem o. Anm. 91 genannten Zusammenhang von „religio" und „providentia" auch die parallele Verwendung von „religio" und „pietas", Theologia Platonica XIV 9; 320, vgl. E. Feil, Religio, 202, ferner die Aussage über den aufrechten Gang sowie darüber, daß die „religio" nicht letztlich vergeblich sein kann, vgl. den zuletzt genannten Beleg bei M. Ficino, aaO. 319 bzw. 320; vgl. schließlich die Aussage, daß die „religio" dem Menschen, wie es bei Ficino heißt, „communis" und „naturalis" ist, ebd. 320, und 10; 324, vgl. E. Feil, Religio, 203. – Die wichtigsten der Übereinstimmungen finden sich auch bei Marsilio Ficino, De religione Christiana et fidei pietate, vgl. E. Feil, Religio, bes. 191 ff, 198.

zu lieben[96]. Doch die Nachfahren weichen immer weiter ab und geraten immer mehr in eine „grandis oblivio Dei". Nur Noe entzieht sich diesem Unheil und verehrt rein und heilig das „numen"[97]. Es mag überraschen, daß Vives hier diesen Terminus zur Gottesbezeichnung wählt, der eher im klassischen Latein als in seiner eigenen Formulierungsweise gängig ist. Vives beschreibt dann kurz die weitere Geschichte, daß nämlich von diesem einen Ehepaar Noe und seiner Frau eine ungeheure Zahl von Menschen abstammt.

Auf dem Hintergrund dieser Geschichte stellt Vives sodann die Frage, ob jemand Zweifel daran haben könne, in welchem Maße die Menschen durch unzugängliche Wohnorte aus dieser „nostra religio culta et habitata"[98] zu einer verschiedenen, besser, zu einer entgegengesetzten übergegangen sind. Und er beschreibt, daß es aufgrund der neuerdings möglichen Entdeckungen Zugang zu allen Kontinenten und daß es unter all diesen Menschen sogar Wassermenschen gibt, ein Zeichen dafür, wie ungeheuer verstreut und verschieden menschliche Wohngegenden sein können.

In diesen Vorbemerkungen zu seinem zweiten Buch über Jesus Christus verweist Vives also auf die Urgeschichte, damit aber auch auf den Sündenfall und hebt hervor, daß gleichsam aus dem Anfang durch Adam noch eine bestimmte „pietas", wie er hier sagt, weitergegeben worden ist, nämlich „Dei cognitio, cultusque", wie es dann wenig später heißt. Nur im Hinblick auf die eigene Zeit spricht er von der „nostra religio", übrigens ohne auf die inzwischen erfolgte Menschwerdung zu verweisen. Für die gegenwärtige Situation ist aber eine „vetus ignorantia" verbreitet, die zu einer unserer „religio" entgegengesetzten geführt hat, wobei Vives für die Gegenseite den Terminus „religio" nicht wiederholt. Jedenfalls verwendet Vives auch in dieser Einführung zunächst „pietas", ehe er von „religio" spricht.

Nach dem Exkurs über die differenten Lebensorte der Menschen kehrt Vives dann im ersten Kapitel „De religione priscorum hominum" zu Noe zurück. Dieses Kapitel, das die wohl wichtigsten Aussagen über die „religio" in sämtlichen fünf Büchern enthält, beginnt Vives gleichwohl wiederum mit der „pietas", und er fügt gleichberechtigt die „colendi numinis ratio" hinzu; beide lehrte Noe seine Söhne, wie er sie selbst von seinen Vorfahren empfangen hat. Infolge der Verteilung der Söhne und ihrer Familien über weite Erdteile behielten die Menschen, was ihnen natürlich war, so, das „numen" zu ehren; doch änderten sie die

---

[96] L. Vives, De Veritate II; 134, wo es von Adam heißt: „qua spe fretus majore animo ferebat tantum pondus laboris, eamque ipse spem et fiduciam filiis ac nepotibus quasi per manus tradidit, simul cum aliqua ratione pietatis, quae illi tamquam stellula inter nubes densissimas conservata est, Deum unicum, qui universa condidisset, colendum esse ac reverendum, huic obtemperandum, hunc amandum, in illo inesse bona omnia, procul autem ab illo calamitates, labores, cuncta mala."

[97] Ebd. 135: „Noe, qui a rationibus vitaeque aliorum instituto longissime recederet, et numen pure, ac sancte coleret." – Vives verwendet auch zuvor hinsichtlich der Nachkommen Adams den Terminus „numen" statt „deus".

[98] Ebd.

Weise und den Weg nach ihrem Gutdünken, so daß eine Vielzahl von „religiones" entstand. Eben die „religio" bezeichnet Vives als allen Menschen von Natur eigen, und er führt die Tatsache an, daß sie sich bei allen Menschen findet, so auch bei denen der neu entdeckten Welt, die zwar ohne Kultur und alles, was zu ihr gehört, leben, nicht aber ohne „religio". Daraus folgert Vives, daß diese um so mehr als alle anderen menschlichen Künste und Erfindungen der Natur entstammt. Daß nicht bei allen die gleiche, wohl aber irgendeine „religio" gepflegt wird, veranlaßt ihn zu der Feststellung, daß die „religio" als Gattung den Menschen „naturalis" ist, so daß sich lediglich die Arten und Eigenschaften ihrer Gestalt unterscheiden[99].

Im folgenden weist Vives darauf hin, daß ursprünglich die „religio" allein als Weisheit galt, daß Gott den Menschen soviel an Erkenntnis über sich konzedierte, als der „pietas" genügte, daß Lukian von Samosata die überkommene „religio" den Menschen nahm, ohne ihnen eine neue zu geben, und, weil er ihnen die alte nahm, zu nichts anderem in der Lage war als einen Menschen ohne Humanität zurückzulassen. In diesen Ausführungen wechselt Vives die Termini, überdies verwendet er „religiones" im Plural, ohne deutlich zu machen, was er näherhin auch mit diesem Plural bezeichnen will. Wie sehr er die Bezeichnungen austauscht, zeigt sich in der anschließenden Verwendung von „Deorum cultus", von denen er auch im Plural spricht, so daß „religiones" eher die Beachtung der

---

[99] Ebd. II 1; 136f: „Porro Noë filios suos, quam ipse a suis accepisse majoribus pietatem, et colendi numinis rationem edocuit; sed illi cum liberis, et familia ad diversas mundi partes digressi, quod erat naturale facile retinuerunt; colendum quidem esse numen, modum tamen, et viam mutaverunt, quisque arbitratu suo, unde deorum, et religionum tanta multitudo ac varietas exorta. Religionem vero a natura esse humanis pectoribus inditam, ostendit consensus generis humani: dicam hoc verbis Ciceronis, lib. de Legibus primo. De ipsis quidem hominibus inquit: *Nulla gens est, neque tam immansueta, neque tam fera, quae non etiam si ignoret qualem habere Deum deceat, tamen habendum sciat*: Deprehensum est hoc non solum in nationibus terrae hujus nostrae, quam continentem vocant scriptores, sed in novo hoc orbe, ad quem magnis navigationibus Hispani penetrarunt; invenerunt enim nostri homines gentes permultas, quae sine litteris, sine legibus, sine rege, sine republica, sine artibus aevum degerent, non tamen sine religione; ut appareat verius esse a natura religionem, quam reliquas hominum artes, atque inventiones. Nam sicut facultates omnes, atque appetitus animi, et corporis inditas a natura censemus, quoniam tametsi non eadem semper appetunt aut agunt, aliquid tamen et agunt, et expetunt; ita de religionis est cura sentiendum, non eadem omnibus religio, aliqua tamen cuique, sicuti non omnes eadem comedunt, nec omnes rebus eisdem capiuntur, et delectantur; quia tamen esse omnes, ac delectari animadvertimus, id esse naturale pronuntiamus: eundem in modum religio naturalis est in genere; species autem, formae qualitates, hominum sunt." – An dieser Stelle läßt sich nicht zwingend entscheiden ob „naturalis" als Adjektiv zu „religio" oder als Prädikatsnomen aufzufassen ist. Für letzteres spricht außer dem Duktus der ganzen vorausgegangenen Argumentation die unmittelbar vorhergehende Wendung „id esse naturale", in der es sich eindeutig um ein Prädikatsnomen handelt. Unterstützt wird diese Auffassung durch den sonstigen Sprachgebrauch in dieser Abhandlung, in der Vives nirgends ‚religio naturalis' verwendet. – Für die Bestätigung dieser Interpretation danke ich Dr. Gerhart Schneeweiß vom Institut für klassische Philologie der Universität München. – Eine Parallele, an der „naturalis" wohl auch als Prädikatsnomen fungiert, findet sich bei M. Ficino, Theologia Platonica XIV 10; in: ders., Opera Omnia II 1, 324, s.o. Anm. 91 u. 95: „At inquiet forte Protagoras non esse naturalem religionem, sed uideri, quoniam a teneris unguiculis eam conbibimus."

jeweiligen Vollzüge gegenüber verschiedenen Gottheiten, etwa Jupiter, Juno, Ares, und weniger die der Römer, der Ägypter, der Juden meint; sodann spricht Vives von „secta", als ob er das Repertoire der Termini vervollständigen wollte.

Im Anschluß an diese Ausführungen kommt dann die für unseren Zusammenhang wichtigste Aussage: Wie zuvor der „religio", so gibt er auch der „pietatis cura" die Bestimmung bei, daß sie dem Menschen „naturaliter" eingegeben ist. In dieser Hinsicht schätzt er also beide, „religio" und „pietas", völlig gleich ein. Die Gleichwertigkeit bestätigt sich in der folgenden Präzisierung, daß ein „monstrum", aber nicht mehr ein Mensch ist, wer ohne irgendeine „religio" lebt. Interesse verdient auch, wie Vives die Aussage weiterführt; er weist nämlich darauf hin, daß die Nachkommen des Noe, rohe Menschen, nicht mehr jenen Gott, der der Herr der Natur ist, verehrt haben, sondern sinnlich wahrnehmbare Gegenstände der Welt als Götter ansahen. Auch hier findet sich somit wieder die Abfallstheorie, nach der der ursprünglich gegebene Stand einer wirklichen „religio" des unsichtbaren Gottes nicht gehalten werden konnte. Der Mensch umgab sich durch die Krankheiten der „religiones" gleichsam mit einer Mauer, so daß er nicht zum „cultus" des wahren Gottes und zum Weg der Glückseligkeit gelangen konnte[100].

Diese Weiterführung der Gedanken hat freilich beträchtliche Rückwirkungen auf die vorangegangene Behauptung, daß die „religio" als Gattung dem Menschen natürlich, ihrer Art nach jedoch vom Menschen jeweils verschieden geformt und gestaltet ist. Es gibt nämlich für Vives nicht wirklich solche verschiedenen faktisch gleichwertigen Gestaltungen, sondern nur den Abfall von jener „religio" oder „pietas", die dem Menschen zwar von Natur eingestiftet ist, die er jedoch in seiner Geschichte verspielt hat, so daß er den Weg zum Heil gerade nicht finden kann. Überdies spricht Vives nicht von einer ‚religio' bzw. ‚pietas naturalis', die ihrerseits freilich mindestens zunächst auch nur eine bestimmte Art neben (mindestens einer) anderen wie etwa einer ‚religio revelata' sein könnte, für die dann gemeinsam ‚religio' als Oberbegriff fungiert hätte. Somit hält Vives ein Dilemma aufrecht, daß zwar von Natur her „religio" oder „pietas" zum Menschen gehören, faktisch aber durch den Abfallprozeß die Menschen ohne sie leben und damit im Grunde Menschen ohne „humanitas" sind. Denn die „insaniae religionum" können eben gerade nicht den Anspruch erheben, „verus Dei cultus" zu sein.

Als nächsten wichtigen Vertreter einer angemessenen Verehrung Gottes nennt Vives Abraham. Aufsehenerregend dürfte sein, daß Vives Gott hier mit den Termini „coeli numen et naturae rex" umschreibt. Daß sich die Beziehung

---

[100] L. Vives, De Veritate II 1; 138: „Ergo ut ad propositum sermonis revertamur, pietatis cura indita est naturaliter homini; quod si ita est, monstrum profecto est hominis non homo, qui sine religione ulla vivit." In der Folge entstand aller mögliche Irrglaube, insofern schöne, nützliche oder überraschende Dinge für Götter gehalten wurden, aber auch der Himmel, die Sterne, Elemente oder auch Tiere u.a.m. Vives resümiert: „ita in dies augendis hujusmodi insaniis religionum, magnum, densumque sibi homo murum circundabat, ne ad verum Dei cultum perveniret, et ad viam suae beatitudinis".

Gottes zur „natura" hier wiederholt, dürfte kaum zufällig oder aus stilistischen Gründen erfolgen. Vielmehr scheint Vives den Zusammenhang zwischen Gott und Natur einerseits und zwischen Verehrung Gottes und Mensch andererseits zum Ausdruck bringen zu wollen. Beachtung verdient überdies, daß Vives dem Abraham nicht nur die Darbringung „äußerer Opfer" zubilligt, sondern eine solche in Liebe und Vertrauen. Wie stark dieses Sich-Verlassen auf Gott war, zeigt sich im bedingungslosen Befolgen des Befehls, die Heimat zu verlassen und sich auf den Weg zu machen. Nicht von ungefähr entstammt Christus, wie Vives sagt, seinem Geschlecht. Gehalten hat sich diese großväterliche „pietas" auch bei Jakob, Abrahams Sohn[101]. Und wenn dessen Söhne in Ägypten mit einem Höchstmaß an „impietas" in Berührung kamen und Gott vergaßen, dessen „religio" sie von ihren Vorfahren ererbt hatten, so setzte Gott es ins Werk, sie gemäß seiner Verheißung an Abraham von der Knechtschaft und von der „idolatria" zu befreien[102].

An dieser für uns außerordentlich wichtigen Stelle bleibt der Befund somit widersprüchlich: Vives stellt nachhaltig heraus, daß „religio" oder „pietas" dem Menschen „naturaliter" gegeben, ihm „naturalis" sind. In diesem Zusammenhang erklärt er „religio" als Gattungsbegriff. In der Wirklichkeit jedoch gibt es dann nicht verschiedene Arten ihrer Realisierung, sondern jeweils nur die eine, nämlich die Beachtung des einen wahren Gottes, jenes „numen", an das sich Noe und Abraham gehalten haben, den Herrn der Natur, und niemanden sonst. Die Widersprüchlichkeit dieser beiden nebeneinanderstehenden Argumentationen scheint Vives nicht bewußt zu sein. Jedenfalls gibt es keinerlei Anzeichen und auch keine Bemühung, einen Ausgleich zu versuchen. Daraus resultiert, daß „religio" und „pietas" ebenso wie „cultus" nur im Bezug auf den einen wahren Gott zu Recht diesen Namen verdienen, während ihr Gegenteil „impietas" und „idolatria" bedeuten, wie es in diesem Kapitel ausdrücklich heißt.

Der Grund für eine solche Unausgewogenheit dürfte wohl darin liegen, daß Vives auch hier Gedanken der Tradition aufnimmt, die sich etwa wiederum bei Marsilio Ficino nachweisen lassen. Schon dieser hatte in einer unspezifischen Weise im Hinblick auf die „religio" von „genus" und „species" gesprochen[103], ohne daß er den Terminus tatsächlich als Gattungsbegriff verwendet. Aber nicht nur dies, auch andere Aussagen finden sich bereits bei ihm, so etwa diejenige, daß die „religio" den Menschen ebenso von Natur eigen, „naturalis" ist wie Es-

---

[101] Ebd. 139.
[102] Ebd. 140: „quarum multa est mentio apud rerum scriptores. Contraxerant illi quoque ex Aegyptiorum convictu, plurimum impietatis; et oppressi laboribus, intentique semper praesenti necessitati, longa hauserant oblivia Dei illius, cujus religionem a suis majoribus acceperant; quumque maturum jam consilio divino videretur, et Palaestinam stirpi Abrahae, sicut erat pollicitus, tradere, et populum suum a servitute corporum atque idolatria liberare, Moysen Hebraeum de tribu Levitica delegit, ducem sui populi".
[103] Vgl. Marsilio Ficino, Epistolae VIII, in: ders., Opera omnia I, 2, 872, vgl. E. Feil, Religio, 205 Anm. 92.

sen und Trinken, ohne daß deswegen schon alle dasselbe äßen[104] (wobei „edere" übrigens nicht als Genusbezeichnung fungiert). Aus solcher Parallelität darf geschlossen werden, daß Vives ohne Zitation sich auf diese Tradition beruft.

Kritischer Rekurs auf die astrologische Tradition

Die nächste erwähnenswerte Stelle zu unserem Thema findet sich gleichfalls im zweiten Buch. Nach der Behandlung der Menschwerdung und ihrer Folgen wendet sich Vives in den letzten Kapiteln der Frage nach der Kirche zu. Speziell greift er die These auf, daß die Kirche im Laufe der Geschichte vergehe. Diese These vom Untergang der Kirche findet sich in der astrologischen Tradition. Widersprochen haben ihr bereits Augustinus (354–430) und insbesondere Giovanni Pico della Mirandola (1463–1494). Auf sie beruft sich Vives denn auch ausdrücklich. Er stellt heraus, daß weder die „religio" noch der menschliche Wille dem Himmel und den Sternen unterworfen sind, daß es keine Vereinigung von Sternen gibt, die ihre Wirkung auf so lange Zeit ausdehnen kann, daß der Himmel vielmehr von Gott gelenkt und regiert wird und somit nicht Ursache schlechter „leges" (was hier wohl als Terminus technicus für die verschiedenen Überzeugungen steht!) und der „impietas" (sic!) sein kann. Auch können von ihm nicht solche Dinge abstammen, die der Güte und Weisheit Gottes widerstreiten. Das Gegenteil läßt die Ordnung und die weise Einrichtung der gesamten Natur erkennen. Vives bestärkt seine Argumentation mit der Frage, warum nicht, wenn irgendeine „religio" der Kraft einer Konjunktion entstammt, bei Nachlassen dieser Konjunktion die entsprechende „religio" gleichfalls wieder vergeht. Als Beleg nennt er die „Moysaica religio, et Christiana", die ja bis zur Stunde andauern. Und er fügt hinzu, daß doch solche Konjunktionen wie früher heute wiederkehren, die seinerzeit nach Ptolemäus „auctores religionum" gewesen sind, ohne jedoch neuerdings eine Verehrung der „idola" wie seinerzeit hervorzurufen. Vives schließt die Argumentation damit, daß er keine weitere Diskussion für nötig hält, da er nachgewiesen hat, daß Gott der Urheber unserer „religio" ist[105].

---

[104] Der Vergleich für die Verbreitung der „religio" mit dem Essen und Trinken bei allen findet sich auch bei Marsilio Ficino, Theologia Platonica XIV 10; 324, vgl. E. Feil, Religio, 203 Anm. 75.
[105] L. Vives, De Veritate II 18; 232f: „Quod si virtute magnae alicujus conjunctionis religio aliqua nascitur, abolita illa virtute, aboleri quoque religionem est necesse; nulla autem siderum est conjunctio, cujus virtus durare per tot annos fingatur etiam ab astrologis, quot annis et cultus idolorum, et Moysaica religio, et Christiana perdurant: triplicitates vero siderum quae olim erant, hodie sunt; etiam quas auctores esse religionum Ptolomaeus ponit: cur igitur nemo nunc colit idola ut olim? Sed hac de re non videtur mihi necessarium esse anxie disputare, postea quam ostensum est auctorem religionis nostrae esse Deum, hunc vero bonum, et clementem, qui benignitatem suam in universas generationes effundit usque ad consummationem generis humani. Si quid ille naturaliter est acturus, ut in causis sit id naturalibus informatum concedi potest; sin vero supra naturam est acturus, nihil necesse est ut sit in causis naturalibus, nempe coelo, et sideribus vel insertum, vel indicatum."

Vives bezieht sich somit ausdrücklich auf die Tradition und hier namentlich auf Pico[106]. Er verwendet die gleiche Terminologie wie diese Tradition, wenn er „leges", „religio" bzw. „religiones" sagt, ihnen jedoch gemäß eigenem Sprachgebrauch „impietas" – statt der üblichen ‚superstitio' – entgegensetzt. Daß er auch an dieser Stelle nicht „religio" bevorzugt, läßt sich daraus ersehen, daß er im weiteren Verlauf dieses Kapitels „pietas" und zum Abschluß die nachdrückliche Formulierung „colenda sancta pietas" verwendet. Auch braucht er die Bezeichnung „sectae, Judaei, gentiles, Agareni"[107].

Die „pietatis nostrae summa"

Die letzte Stelle, die sich eingehend mit unserem Gegenstand befaßt, steht im abschließenden fünften Buch, in dem Vives zugleich sämtliche Ausführungen zusammenfaßt. Er beginnt mit dem Hinweis auf die Zerrissenheit des Menschengeschlechts aufgrund sehr verschiedener Meinungen und Sentenzen über die „religio" und stellt noch einmal die Frage, was denn nun wahr, was zu befolgen ist. Nicht anschließen kann er sich der Meinung jener, die alles verwerfen, keinen „ritus colendi numinis" als wahr und die „pietas" als eine fiktive Bezeichnung ansehen. In diesem Zusammenhang nimmt er Stellung zu jenem alten Vorwurf, nach dem die Tradenten jedweder „pietas" als verschmitzte Menschen und als „impostores", als „Betrüger" gelten, was seit alters von Mose, Jesus und Mohammed gesagt wird. Wie wir heute wissen, läßt sich dieser Vorwurf bis ins 6. Jahrhundert über arabische Zeugnisse bis auf indische Ursprünge zurückführen; in der Folge wurden eine Vielzahl von namhaften Autoren eines einschlägigen Buches genannt, ohne daß sich dieses hat nachweisen lassen, bis dann vielleicht doch schon um die Mitte des 16. Jahrhunderts die Schrift „De tribus Impostoribus" verfaßt wurde, in der dieser Betrugsvorwurf seinen massivsten Ausdruck gefunden hat[108]. Vives setzt sich in seiner Apologie des christlichen

---

[106] Vgl. Joannes Picus Mirandulanus, Disputationes in Astrologiam, in: ders., Opera omnia I, Basileae o.J. (1572), ND hg. von Eugenio Garin, I, Torino 1971, vgl. E. Feil, Religio, 209ff.

[107] L. Vives, De Veritate II 18; 233.

[108] Vgl. J. Presser, Das Buch „De Tribus Impostoribus" (Von den drei Betrügern), Amsterdam MCMXXVI; vgl. auch die Hinweise bei F.-J. Niemann, Jesus als Glaubensgrund, 140, sowie Gerhard Bartsch, Einleitung, in: De Tribus Impostoribus. Anno MDIIC. Von den drei Betrügern 1598 (Moses, Jesus, Mohammed), Zweisprachige Ausgabe, hg. von G. Bartsch, Berlin 1960. Wurde dieser Verleumdungsvorwurf bislang auf den für das Seldschukenreich bedeutenden Wesir Nizâm al Molk (1018–1092) zurückgeführt, der ihn dem Eroberer von Mekka (924) Abû Tâhir in den Mund legte, so hat inzwischen Friedrich Wilhelm Niewöhner, Veritas sive Varietas. Lessings Toleranzparabel und das Buch Von den drei Betrügern (= Bibliothek der Aufklärung 5), Heidelberg 1988, bes. 174ff, 196ff, 211ff, wichtige neue Ergebnisse vorgelegt; demnach ist dieses sagenumwobene, vielen Autoren zugewiesene und erst 1753 (mit dem falschen Datum 1584) gedruckte Buch auf Wurzeln in einem indischen Epos zurückzuführen, das im 6. Jahrhundert nachweisbar ist; verfaßt wurde es am ehesten von einem Marranen der 2. oder 3. Generation, d.h. im 16. Jh., vgl. ebd. 388–399.

Glaubens mit diesem zentralen und umfassenden Vorwurf auseinander, indem er ihn für Mohammed allein gelten läßt und bekräftigt, Mose und erst recht Christus dagegen entlastet. Er verweist auf die schon in der Antike formulierte und nun auf die Begründer der drei maßgeblichen Überzeugungen angewandte These, ohne irgend eine „religio" ließen sich die Völker nicht regieren; so hätten schon Minos, Lykurg und andere gesagt, die irgendeine „forma religionis" für notwendig erachtet hätten; bekanntlich hat auch Niccolò Machiavelli (1469–1527) diese Ansicht wiederholt[109]. Gegen solche Behauptung wendet Vives ein, daß sie nicht durch Vernunft, sondern durch Wut und Haß gegen jeglichen „cultus" der Gottheit begründet ist. Zur Entlastung des Mose führt er an, daß dieser das widerspenstige Volk nicht durch den Vorwand der „religio", sondern durch die Kraft der Wunderzeichen den Weg durch die Wüste führen konnte. Zur generellen Verteidigung weist Vives dann darauf hin, daß, wären Mose und Jesus Christus Betrüger, der gleiche Vorwurf für alle anderen zuträfe, die zur „religionis ratio" hinführten, da nämlich die „religio" nichts wäre und Gott nicht für die Menschen sorgte; ebenso wären alle Philosophen Betrüger, die die Menschen zur rechten Tugend und zur Menschlichkeit formten. Denn könnte ohne „pietas", ohne Vorsehung Gottes noch eine Tugend übrigbleiben? Konsequent wären aber nicht nur sie alle, sondern Gott selbst Betrüger, der den Menschen ein Verlangen nach „religio" eingegeben hat[110].

---

[109] E. Feil, Religio, 227ff.

[110] L. Vives, De Veritate V 1; 428f: „Multi, quum genus hominum tot dissectum opinionibus, sententiisque de religione contemplantur, attoniti, ac dubii exclamant, quidnam horum est verum, quid sequendum? Sunt qui in discordia contraria sentientium coarctati, quasique in magnas adducti difficultates, dum non ferunt pondus aliquod cogitationis, et considerationis ut cognoscant quid in quaque insit opinione veri, damnant omnia, nullum ritum colendi numinis verum esse, et pietatem ipsam fictum esse nomen pronuntiant absque re ulla, et eos qui rationem aliquam pietatis tradiderunt hominibus vafros fuisse homines, atque impostores, ut Moysen, Jesum, et Mahumetem; Moysen fucum fecisse filiis Israelis, Christum nobis, Mahumetem Arabibus; nec populos regi posse, et quo velis adduci, nisi specie quadam religionis; cujus rei plurima sunt exempla, velut Minois, Lycurgi, Sertorii, Africani majoris; eamque ad rem utilem esse formam religionis aliquam: ad quod dictum non ratione impelluntur ulla, sed rabie quadam, et odio adversus cultum omnem divinitatis. De Mahumete paulo post: Certe Moyses non tam per desertum continuit populum illum contumacem religionis obtentu quam illi toties spernebant, quam vi, et admirabilitate prodigiorum: quod si Moyses, ac Jesus Christus impostores fuerunt, omnes ergo quotquot ad religionis rationem aliquam homines sunt adhortati, eodem concludentur vitio, quoniam religio nihil est, nec Deus curat res humanas. Itaque philosophi omnes deceptores, tum et ii quoque qui virtutem docent animosque formant ad rectum, et ad humanitatem; quippe amota pietate, et quod ad eam sequitur Dei providentia, quae potest virtus post rectum superesse? immo nec animus ipse est aliquid; et si quid habemus ingenii, id totum consumendum est in conquirendis corporis utilitatibus, et voluptatibus. Legum latores igitur, parentes, educatores, magistri, non impostores modo, sed saevi, ac crudeles, qui libidines animi coercerent, et unumquemque ita formant, finguntque, ut publico bono magis serviat, quam proprio.

Sed quid homines ad aestimationem revocamus? Deus ipse primus deceptor, et maximus, qui religionis cupiditatem, respectumque humanis mentibus indidit; sed istis ut religio, et mens nihil sunt, ita nescio an aliquod sit numen: quinam igitur restant vere sapientes, laude omni digni, quibusque humanum genus nunquam sit solvendo, duces ad omne bonum?"

In dieser sehr konzentrierten Aussage verwendet Vives wiederum die verschiedenen Termini, wobei er „religio" zwar bevorzugt, aber nicht ausschließlich gebraucht. Dabei läßt sich keinerlei Unterschied zwischen diesem Terminus und „pietas" erkennen.

Dasselbe Bild geben die folgenden Argumentationen, in denen Vives dann ausdrücklich Mohammed bezichtigt, die Araber durch den Vorwand der „religio" getäuscht zu haben. Wer jedoch sagt, die Völker würden nicht anders als durch die „religio" gelenkt wie Pferde durch den Zügel und die Stiefel, der bezeugt durch diesen Vergleich lediglich, welchen Respekt er vor der „religio" hat, die den Menschen eingegeben ist; er bestätigt, daß menschliche Unkenntnis ebenso, wie sie andere Fertigkeiten des Menschen in ihr Gegenteil verkehrt, so auch die „religio" in „superstitio" degenerieren läßt. Wie aber die Juden ihre „ritus", die „Agareni" die ihren bevorzugen, so sind die Christen überzeugt, daß allein in ihrer „pietas" das Heil liegt[111].

Im folgenden zweiten Kapitel, einem „Epilog", faßt Vives noch einmal zusammen, daß der Mensch vor allem anderen die Natur und Kraft Gottes bedenken soll; das Wissen von ihm als dem besten, größten (hier nimmt Vives Bezug auf die römische Formel vom „Deus optimus maximusque"), dem ewigen, unbegrenzten und seligsten ist der menschlichen Seele eingegeben und eingeformt und nicht von irgendeinem Lehrer vermittelt, es ist den Menschen also vom Mutterschoß eigen, eingemeißelt von Natur im Herzen eines jeden. Ehrung und Sorge für Gott stellen somit die wichtigsten Aufgaben des Menschen dar. Die der Seligkeit Gottes fähige und bedürftige Seele kann ihre Erfüllung nicht finden, wenn sie nicht Gott verbunden und dadurch gleichsam selbst Gott wird. Die „religio vera" – um diese geht es also! – achtet auf die Vereinigung mit Gott, daß der Mensch wie Gott wird und die Seligkeit gewinnt. Das kann nicht anders geschehen als dadurch, daß die „religio vera universa" direkt oder indirekt sich auf die Liebe zu Gott bezieht, wobei Vives die „religio" noch spezifiziert als das göttliche Wesen, das „numen" zu ehren, sich ihm zu nähern und zu verbinden[112]. Es geht also in bevorzugtem Maße darum, daß der Mensch sich ganz Gott anheimgibt, wozu ihn von Natur aus die „religio" ausstattet, aber eben nicht jedwede, sondern nur die eine wahre allumfassende, nämlich jene, die Christus den

---

[111] Ebd. 429f: „Nec dicimus veritas mentitur fallaciam, sed fallacia veritatem: quod sit in universum dictum de omni bonorum, ac malorum similitudine, nam quod ajunt, non aliter gubernari populos, et gentes religionis specie, quam equos freno, et calcaribus, eumque in usum conducibilem esse religionem, hoc vero religionis vim, et naturam non tollit, sed confirmat, ostendit enim adeo esse religionis respectum humanis pectoribus insitum, ut vel sola religionis specie homines ducantur, sicut facie virtutis, et arte prudentiae.

... Itaque naturalis est homini pietas: sed humana ignorantia, ut rectae prudentiae, aliisque artibus aliquid admiscet pravi quo vitiantur, ita et religioni, quo illa in superstitionem saepe degenerat. Sed pergit impius quaerere, et putat se urgere graviter: Judaei asseverant ritus illos suos esse a Deo; Agareni, major pars humani generis, suos praeferunt; vos Christiani in vestra sola pietate salutem esse sitam".

[112] Ebd. 430ff, vgl. Anm. 113.

Menschen gebracht hat, wie Vives im folgenden ausführt. Und zusammenfassend stellt Vives kurz und knapp fest: „haec est pietatis nostrae summa."[113] Es dürfte ein eindeutiges Zeichen für das Gewicht dieses Terminus sein, daß es hier nicht ‚religionis nostrae summa' heißt.

Nach weiteren, unser Thema weniger berührenden Kapiteln kommt Vives im abschließenden zehnten Kapitel dieses Buches „De fundamento fidei Christianae" noch einmal auf die Bedeutung, die Wahrheit und Unbezweifelbarkeit dieser „fides nostra" zurück. Er hebt hier hervor, daß wir für die göttlichen und ewigen Wirklichkeiten geschaffen sind und Gott für uns sorgt; wenn er aber voraussorgt, gibt es auch „cultus" und „religio" in der menschlichen Seele, wenn aber „religio", gibt es nur diese unsere, weil keine sonst gefunden werden kann, die geeigneter oder angemessener den Weg zum Ziel der „religio" weist[114]. Vives schließt mit einer – wieder im Wechsel von „pietas" und „religio" formulierten – Passage, die sich gegen die Verderber der „pietas" wendet und darüber klagt, daß in Sachen der „pietas" auch diejenigen etwas sagen, die keine Ausbildung und keinen Verstand haben, während sonst nur die Kundigen und Weisen Gehör finden. Gegen diese vom „Gott dieser Welt" ins Werk gesetzte Zerstörung, gegen den Haß auf die „sancta religio" bittet Vives als letztes um das Licht, die Augen der Blinden zu öffnen[115].

---

[113] Ebd. 2; 431: „Itaque considerare convenit ante alia omnia, qualis sit Dei natura, et virtus; esse illum qui praesit mundo optimum, maximum, aeternum, infinitum, beatissimum; ita est humanis animis insitum, atque informatum, ut non a magistro ullo, et doctrina acceperit, sed id secum eduxerit ex matris utero, insculptum a natura ipsa in corde uniuscujusque. Secundum hoc considerandum est, qui nos simus, hoc est, quae res tandem sit homo ipse, constans ex corpore, et animo, potiorem illius partem esse animum, ideoque ad hujus cultum, et curam praecipuas ejus cogitationes debere referri; animum autem immortalem esse, divinae beatitudinis capacem, ad quam consequendam omnes nervos, viresque debet intendere; assequi autem eam non potest, nisi quum Deo ita conjugatur, ut quodam modo fiat Deus; conjunctionem hanc nullum glutinum potest praestare, nisi solus Dei amor; quod si religio vera ad conjunctionem cum Deo debet tota spectare, ut homo per eam velut Deus quidam fiat, et beatitate divina fruatur aevo sempiterno, fieri non potest aliter, quin religio vera universa, qua recta, qua oblique, ad Dei amorem pertineat, nec quenquam posse viam hanc religionis tradere, hoc est, colendi numinis, et se illi applicandi, et conjungendi, nisi is qui probe et hominem norit, et Deum, et sciat quo nodo possint connecti, qualis est solus Deus".

[114] Ebd. 10; 454f: „Haec est fides nostra, certissima, atque indubitabilis, quia certissimum, atque infallibile habet fundamentum, nempe bonitatem, sapientiam, et potentiam Dei, tum nostrorum animorum excellentiam, quibus nihil est neque verius, nec humanis mentibus certius. Atqui virtutibus illis Dei, fides nostra innititur, et reputatione ad res nos esse factos non caducas et viles, sed divinas et sempiternas; nam si sapientia est in Deo et bonitas, prospicit humanis rebus; si prospicit, est cultus illius aliquis in humanis animis, et religio; si religio, haec nostra; nulla enim alia inveniri potest aptior, et congruentior, quae viam et finem statuit religionis, maxime et religioni aptos, et homini conducentes: si enim Deus beatus est, et bonus, vult nos participes esse suae beatitudinis, et nos illius sumus idonei, ac capaces".

[115] Ebd. 457f: „illudque est in rebus pietatis miserrimum, et quod magna arte curat noster hostis, ut iis, qui si quid quacumque de re loquantur, ridebunt omnes, de coelis, de elementis, de moribus, de civitate, sine litteris, sine ingenio, et judicio, omnia inepta, et stulta, si quid dicant adversus pietatem, auscultant multi, et scrupulis se torquent; alii magnam sapientiae opinionem captant, nihil credendo; alii filii hujus saeculi, in rebus vitae acuti, in religione nihil cernentes, quam alii eis tribuunt de inge-

Auch in diesem letzten Buch betont Vives also, daß die „religio" in den Menschen vom Mutterschoß an hineingesenkt bzw. daß die „pietas" ihm natürlich ist[116]. Beide Formulierungen finden sich in unmittelbarer Nähe und bringen offensichtlich den gleichen Sachverhalt zum Ausdruck. Daraus folgt jedoch keineswegs, daß nun die verschiedenen praktizierten Formen gleichberechtigt nebeneinander stehen, Vives betont vielmehr angesichts der anderen „sectae, ac religiones"[117], daß nur die „fides Christiana" für sich in Anspruch nehmen kann, „vera" zu sein[118]. Nur im Hinblick auf die Christen kann Vives „religio vera universa"[119] sagen, deren Degenerierung also eben nicht mehr ‚religio', sondern nur noch „superstitio" heißen kann[120]. Lediglich indirekt wendet Vives die positiven Bestimmungen wie „pietas" und „religio" auch auf die anderen Überzeugungen an, so, wenn er von der Verschiedenheit der Meinungen über die „pietas" spricht und dabei einzelne, nämlich „Judaei" und „Agareni" sowie die „Christiani" nennt[121]. Sonst spricht er neutraler, indem er etwa die Juden und die Mohammedaner annehmen läßt, ihre „ritus" bezögen sich auf Gott, während die Christen nur in ihrer „pietas" das Heil sehen[122]. Solche Differenzierungen des Sprachgebrauchs wird man schwerlich als zufällig ansehen dürfen.

Auch in dem soeben erläuterten fünften Buch greift Vives mit der Aussage, daß die „religio" den Weg weist, wie der Mensch Gott wird, auf die Tradition zurück; denn auch diese Aussage findet sich bereits bei Marsilio Ficino[123], eine platonisierende Annahme, die sicherlich cum grano salis genommen werden muß.

Zusammenfassung

Im Rückblick zeigt sich, daß und in welchem Maße Vives zumindest hinsichtlich seines Verständnisses der „religio" die Tradition aufnimmt, und zwar besonders

---

nio existimationem in rebus vitae, tribuunt in rebus pietatis; de nulla re audet pronuntiare, nisi doctus, exercitatus, prudens; de pietate quilibet, qui nec habet exercitium nec spiritum; alii nollent audire, qui, sicuti est in libro Job, dicunt Deo, *Recede a nobis, scientiam viarum tuarum nolumus*; sunt, quibus Deus hujus mundi per praestigias suas et dolos fascinavit corda, et odio sanctae religionis quam rationem in aliis rebus erusbescerent petere, efflagitant in mysteriis divinis; utcumque res se habeant, nos, quantum fuit facultatis nostrae, lucem protulimus; si qui vel claudent oculos, vel non proferent quo minus sit illis usui, nec nostra fuerit culpa, nec ipsius lucis, non tamen sine dolore nostro: *Dominus Jesus, qui caecorum oculos aperuit, dignetur sanare oculos omnium, atque aperire, ut sanctam suam et saluberrimam intueantur lucem.*"

[116] Ebd. 1; 430, s.o. Anm. 111.
[117] Ebd. 5; 436.
[118] Ebd. 10; 457.
[119] Ebd. 2; 431.
[120] Ebd. 1; 430.
[121] Ebd.
[122] Vgl. den o. Anm. 111 zit. Text.
[123] Vgl. den Text o. Anm. 113 und dazu Marsilio Ficino, Theologia Platonica XIV 10; aaO. 325, vgl. E. Feil, Religio, 203 mit Anm. 80.

Giovanni Pico della Mirandola und Marsilio Ficino. Freilich nennt er seine Gewährsleute nur ausnahmsweise namentlich.

Die eingehende Berücksichtigung der Tradition dürfte auch der Grund dafür sein, daß Vives in den zuvor behandelten Abschnitten zwar „religio" und „pietas" gleichstellt, insofern beide dem Menschen von Geburt an eingepflanzt und ihm somit „naturalis" sind, daß sich aber vielleicht dort ein gewisser Überhang in der Verwendung von „religio" ergibt, wo er frühere Argumentationen rezipiert, wohingegen er in seiner eigenen Zusammenfassung „pietas" vorzieht. Diese Bevorzugung befindet sich sowohl in dem wichtigen Epilog, in dem er von der „pietatis nostrae summa" spricht, sowie speziell im Schlußkapitel, sofern er hier nicht „fides nostra" sagt, die er auch in der Kapitelüberschrift nennt.

Gerade aufgrund der Verwendung von „pietas" tritt bei Vives insgesamt „religio" gegenüber den zitierten Autoren eindeutig zurück, bei denen sich eine so nachhaltige Verwendung des von Vives bevorzugten Terminus „pietas" nicht findet.

Aus all dem muß geschlossen werden, daß sowohl „pietas" als auch „religio" eine konkrete Einstellung bzw. Verhaltensweise der Menschen im Hinblick auf Gott bzw. seiner Verehrung bedeuten und daß sie nur im christlichen Glauben die Qualifikation „vera" verdienen. Die auch bei Vives eher nebensächliche Feststellung einer „religio" als „genus" macht ihm keineswegs des näheren zu schaffen; denn es gibt – konsequent zur systematischen Distinktion formuliert – eben auch nur eine einzige „species" bzw. „forma" der Realisierung dieser Gattung, während alle anderen grundsätzlich degeneriert sind. Ausnehmen läßt sich vielleicht jene jüdische Phase, die als Vorbereitung auf Jesus Christus gilt, sowie insbesondere die Zeit jener Patriarchen, denen Gott im Hinblick auf seinen Heilsplan in besonderer Weise seine Verheißung angedeihen ließ.

Für diese auch in der Tradition gegebene konkrete Fassung von „pietas" und „religio" spricht, daß Vives beide Termini im positiven Sinne grundsätzlich für die Christen und gelegentlich für die Juden im Gegensatz zu den Mohammedanern reserviert. Aber schon für die Juden wählt er lieber die Formulierung „lex Judaica" bzw. „Moysaica", mag er doch ihnen nicht den gleichen Rang zubilligen wie der eigenen christlichen Position. Insofern bestätigt Vives in seinem Sprachgebrauch eindringlich und eindeutig die bisherigen Analysen. Wenn seine Apologetik neue Akzente setzen sollte[124], so bedeutet dies also nicht, daß sich auch schon eine Differenzierung und universalisierende Abstrahierung des Begriffes „religio" finden ließe. Keineswegs formuliert er einen allgemeinen Begriff von ‚Religion' im neuzeitlichen Sinn. Diesbezüglich bedarf die Forschungsliteratur einer erheblichen Präzisierung[125]. Denn Vives geht es um die

---

[124] F.-J. Niemann, Jesus als Glaubensgrund, 141.
[125] Es erstaunt, wie konstant in bezug auf Vives von „Religionen" gesprochen wird, ohne zu bemerken, daß in den als Beleg beigegebenen Originalzitaten anderes, speziell „pietas" steht, als ob dies gar nichts bedeutete, vgl. dazu auch P. Graf, Ludwig Vives als Apologet, bes. 104, wo Graf immer wieder von „Religion/Religionen" spricht und schließlich sagt: „Die erste Zweifelsfrage, wie

Einzigartigkeit der christlichen „religio" oder, wie er bevorzugt sagt, der christlichen „pietas".

Gerade dieser Aspekt muß abschließend noch einmal unterstrichen werden: Nicht nur eine überschlägig doppelt so häufige Verwendung von „pietas" im Vergleich zu „religio", sondern auch eine sachliche Bevorzugung von „pietas" dort, wo Vives selbst formuliert und nicht zunächst die Tradition aufnimmt, zeigt die Bedeutung dieses Terminus. Hätte der Sprachgebrauch von Vives Schule gemacht, so würde, was vom Sachverhalt her sehr wohl möglich gewesen wäre, „pietas" jene herausragende Bedeutung und Funktion erhalten haben, die „religio" erlangen konnte, so daß wir heute statt von „Religionen" von ‚Pietäten' sprechen würden. Grundsätzlich gäbe es nämlich keine Bedenken, den Sprachgebrauch einer ‚vergleichenden Pietätswissenschaft' oder einer ‚Pietätsphilosophie' zu bilden.

Da Vives mit seiner Verwendung von „religio" noch nicht einmal den Sprachgebrauch erreicht, der sich bei Humanisten des 15. Jahrhunderts wie Marsilio Ficino und Giovanni Pico della Mirandola findet, bestätigt er eindrucksvoll die Ergebnisse der bisherigen Untersuchungen. Daraus ergibt sich, daß ein offenkundiger Beginn eines neuzeitlichen Verständnisses von „religio" noch gesucht werden muß.

GERONIMO CARDANO

Es mag vielleicht verwundern, daß die Untersuchungen mit Geronimo Cardano (1501–1576)[1] fortgesetzt werden sollen. Denn dieser noch ganz vom Humanismus bestimmte Arzt, Philosoph und Mathematiker zählt heute nicht zu den Großen der Geistesgeschichte. Bekanntheit besitzt er nämlich am ehesten dadurch, daß er manche wichtigen Beobachtungen und Entdeckungen in Medizin oder Mathematik und Naturwissenschaften mitgeteilt oder selbst gemacht hat

---

man dann von den drei Religionen die wahre zu erkennen vermöge, sei nicht schwer zu lösen. Daß es nur eine einzige wahre Religion geben könne, betont unser Apologet mit aller Entschiedenheit in der Auseinandersetzung mit dem Islam, auch in der Schrift ‚De vita sub Turca': *Unus est finis*, quo omnes tendimus, nempe felicitas illa sempiterna. *Una via*, qua ingrediundum, *vera pietas* (sic!)." Im gleichen Zusammenhang spricht Graf hinsichtlich Pomponazzis von den drei „Religionsstiftern", während der beigegebene Text „tres leges" sagt. Ganz selbstverständlich wendet Graf „Religion" auch auf den Islam an, vgl. 88; ihm fällt nicht auf, daß es etwas auf sich haben könnte, wenn es im Vives-Zitat, einem Ausruf angesichts der Bedrohung durch die Mohammedaner, heißt: „Pietas in periculo"; in demselben Satz fährt Graf fort, daß dieser Ruf zeigt, was die Türkenherrschaft „für die bürgerliche Freiheit und für die christliche Religion bedeuten würde".

[1] Geronimo Cardano war nach Studien in Pavia, Mailand und Bologna und einer medizinischen Promotion seit 1534 Professor der Mathematik und Medizin in Mailand, 1543–1560 mit einer längeren Unterbrechung in den 50er Jahren Professor der Medizin in Pavia und wechselte dann nach Bologna. 1570 wurde er in einen Inquisitionsprozeß verwickelt. Anschließend lebte er in Rom. Vgl. dazu Jean-Claude Margolin, Cardano, in: Dictionnaire des Philosophes, hg. von Denis Huisman, I, Paris 1984, 468–471.

(so z.B. die nach ihm benannte Kardan-Welle), wofür er sich auf eine beträchtliche Kenntnis der Tradition stützen konnte. Auch seine astrologischen Interessen dürften ihn noch nicht attraktiver machen. Dennoch ist hier Vorsicht geboten; es hat sich ja gezeigt, daß astrologische Spekulationen immer wieder Anlaß für intensive Erörterungen über die verschiedenen Überzeugungen gegeben haben; denn nach alter Tradition wurden Heiden, Juden, Christen, Mohammedaner und andere, meist sechs solcher Überzeugungen, aus Konjunktionen der Sterne abgeleitet. Es bestünde von daher Anlaß, Cardano als Angehörigen des späten Humanismus wie als Astrologen in unsere Untersuchungen einzubeziehen, um zu sehen, inwiefern er bisherige Argumentationen aufgenommen hat oder vielleicht auch über sie hinausgegangen ist. Hinzukommt, daß er eine beträchtlich verbreitete und langdauernde Wirkung hatte. Zeichen dafür sowie ein wichtiger Grund, sich mit ihm zu befassen, ist die Beachtung, die Gotthold Ephraim Lessing ihm in der für uns wichtigen Hinsicht mit seiner Abhandlung „Rettung des H. Cardanus" gewidmet hat. Dadurch gewinnt Cardano auch für uns eine ganz spezielle Bedeutung.

Der gängige Sprachgebrauch Cardanos

Cardano hat keine einschlägige Arbeit verfaßt, die unserer Fragestellung in besonderer Weise nahekäme. Wohl aber hat er nach seinem autobiographischen Zeugnis mehrere Kapitel in verschiedenen Büchern der „religio" gewidmet, die jedoch in seinen Opera Omnia nicht zu finden sind[2].

Enthalten sind in den publizierten Werken dagegen zwei für uns ergiebige thematische Abschnitte, denen nun des näheren nachgegangen werden soll. Der erste steht in Cardanos Autobiographie und trägt die Überschrift „Religio et Pietas". Cardano begründet in diesem Text, daß er angesichts vielfältiger Bedrängnis vor allem von Männern, die nicht nur „a religione alieni", sondern Feinde waren, in besonderem Maße die Güte Gottes erfahren hat. Daher kann es nicht verwundern, wie er ausführt, daß er „religio" und „Dei cultus" hochge-

---

[2] Hieronymus Cardanus, De Libris propriis, in: ders., Opera omnia, Lugduni MDCLXIII, ND Stuttgart-Bad Cannstatt 1966, I 67f, vgl. 104f, wo sich der Hinweis auf De Arcanis aeternitatis VI 19, findet; dieses Kapitel trägt die Überschrift „Religio an vtilis ad artem militarem, et quae, et quomodo". Freilich findet sich in einem Abdruck dieser Schrift, ebd. X, nur eine sehr verkürzte Abhandlung gegenüber den in der Übersicht in De Libris propriis genannten Büchern und Kapiteln, in der sich auch das Kapitel über die „religio" nicht findet. – In De Libris propriis I 62f, vgl. 99, ist auf mehrere einschlägige Kapitel in De Fato verwiesen, das jedoch in den Opera omnia nicht enthalten ist; es wird auch in De Libris propriis I 121 lediglich unter den lesenswerten, nicht aber unter den edierten Schriften genannt. – Im folgenden werden die einzelnen Schriften Cardanos zunächst mit Angabe des Titels und, soweit diese Unterteilung vorgenommen ist, des Buches der jeweiligen Schrift in lateinischer und des Kapitels in arabischer Schrift sowie nach einem Semikolon der Band der Opera omnia in römischer Ziffer, die Seite in arabischer Ziffer und die rechte bzw. linke Spalte dieser Seite mit a bzw. b angegeben.

achtet hat³. Während die Bemerkung über die Männer, denen er begegnet ist, keine Rückschlüsse auf die nähere Bedeutung von „religio" zuläßt, zeigt sowohl die Kapitelüberschrift als auch die Aussage über sich selbst, daß er diesen Terminus auf der gleichen Ebene wie „pietas" oder „cultus" gebraucht; der Begriff hat also eine spezielle Bedeutung, die durch die adjektive Formulierung „obseruantissimus" unterstrichen wird, mit der sein Verhältnis zur „religio" wie zum „cultus" zum Ausdruck gebracht wird. Jedenfalls meint „religio" etwas, was man genau beachten kann.

Im folgenden stellt Cardano fest, hinsichtlich der „pietas" sorgfältiger geworden zu sein, als er gegen eine lebensgefährliche Erkrankung seines Sohnes ankämpfte⁴. Wie sich aus diesem Abschnitt ergibt, hebt Cardano als einen wichtigen Punkt seiner Autobiographie hervor, daß er durch Gottes wie auch der seligen Jungfrau Maria und des seligen Martin Hilfe in Gefahr und Leiden beschützt wurde. Infolgedessen hat er „religio" und „pietas" hochgeachtet. Auch hier findet sich wieder die Nebenordnung beider Termini. „Religio" hat also noch kein Übergewicht erreicht, so daß „pietas" im Sinne einer Tugend Gott gegenüber ihr untergeordnet wäre. Vielmehr bezeichnet „religio" mit den anderen Termini zusammen Cardanos konkrete Verhaltensweise Gott gegenüber.

Genauere Auskunft gibt der andere Abschnitt, den Cardano „De Religione" überschrieben hat. Er findet sich in einer kleinen Schrift über politische Themen und enthält Ausführungen über die Bedeutung der „religio" für ein Gemeinwesen. Daher dürfte der Schluß berechtigt sein, daß gerade die „religio" eine besondere Zuordnung zu öffentlichen Belangen hat. Der Terminus erscheint durchgängig ohne Zusätze oder Parallelformulierungen; er versteht sich also für Cardano von selbst. „Religio" wird von ihm neben Schätzen, Frauen und Soldaten als eines der schwierigen und wichtigen Dinge für ein Gemeinwesen genannt. Als notwendig und nützlich erweist sie sich 1. wegen der Wahrheit – denn Gott existiert –, sodann 2. wegen des Dankes für Wohltäter, weil ohne sie die Ordnung des Universums nicht bestehen kann, und schließlich 3. für Krieg und Frieden; die „religio" bewirkt, daß die Menschen sicher und voller Hoffnung leben können, und dies besonders im Krieg, und daß sie nicht nur durch Furcht, sondern auch durch die gleichen heiligen Handlungen und in denselben Gotteshäusern zusammenleben⁵. Cardano empfiehlt, daß es in einem Gemeinwesen

---

[3] Hieronymus Cardanus, De Vita propria 22; I 15 a: „Vnde nil mirum, si religionis, et Dei cultus fuerim obseruantissimus."

[4] Ebd.: „Circa pietatem etiam diligentior, contra filij mortem ac dolorem pugnaui".

[5] Hieronymus Cardanus, Politices seu Moralium Liber vnus 12; X 65b: „Qvatuor sunt difficillima in Republica seu regno praeter ea quae iam explicata sunt Religio, opes, Mulieres, et milites. Religio propter tria necessaria est atque vtilis, primum ob veritatem: etenim Deum esse constat et substantias illas diuinas nunc vero et animi et quaecunque huiusmodi quae nescire malum cum sit, scire bonum erit. Gratia quoque cum reddenda sit autoribus bonorum nostrorum seruandusque ordo vniversi sine Religione non possunius (sic!) esse, ne Deus tandem nos supplicio vt ingratos afficiat. Tertium est vtilitas tam in pace quam bello: in bello quidem quoniam sperantes, superesse non formidant mortem: et meritorum etiam expectatione secundum virtutem viuunt, non solum in bello sed

nicht zwei Häupter gibt, daß also geistliche und weltliche Herrschaft in einer Hand sind. Die „religio" hat ihre Bedeutung für beide Bereiche, und wenn der König zugleich „princeps ... religionis" ist, kann sie überall wirken und zugleich seiner Vollkommenheit dienen[6].

Die längeren Überlegungen über die richtige Form des Gemeinwesens, zu denen gerade die Tyrannis nicht gehört, ergeben weitere Hinweise, daß die „religio" für den Bestand des Staates eine wesentliche Rolle spielt. Doch lassen sich keine Aufschlüsse darüber gewinnen, was denn „religio" konkret bedeutet. Cardano hebt lediglich hervor, daß sie „bene constituta" sein muß und daß sie dann das höchste Gut darstellt; denn um soviel ist die „superstitio" schlechter, als die „religio" besser ist, und dann träte der Fall ein, daß es besser wäre, wenn es gar keine „religio" gäbe[7]. Es steht dahin, ob aus der Aussage, die „religio" solle gut eingerichtet sein, schon gefolgert werden kann, daß sie, modern gesprochen, institutioneller Regelungen fähig ist. Sie hängt jedenfalls mit Vollzügen oder Anweisungen zusammen, zumal mit dem „cultus", besonders mit dem „cultus Dei optimi Maximique"[8], den nicht die Römer, sondern die Christen ausüben. Als konkrete Handlung erscheint „religio", wenn sie zu Beginn eines Krieges oder Kampfes geübt werden soll[9]. Und daß die „religio" bei den Juden die Bestimmung aufweist, am Sabbat nicht zu kämpfen – was höchst gefährlich ist und von Cardano entsprechend kritisiert wird –, läßt gleichfalls darauf schließen, daß

---

etiam in pace. In bello autem magis eminet virtus." Es folgt ein Beispiel für hohen kriegerischen Einsatz „ob egregiam quam habent spem de diuinis Religionis praemiis". Und nach Aussagen über die Wichtigkeit der „Religio" und Beeinträchtigungen durch mangelnde Kenntnis oder falsche Lehre etwa von „haeretici" und „athei" folgt dann die Feststellung: „nam in populis atque omnibus his qui non secundum virtutem viuunt, tria magna commoda exhibet Religio. Primum vt securi ac spe pleni viuant quod et in bello maxime necessarium est et in pace valde vtile atque iucundum: secundum vt vniter viuant non solum metu contenti, sed etiam eisdem sacris eidemque templo destinati. Tertium est vt quae admittuntur flagitia tuto, velut venena vel ob potentiam ministrorum, aut cludendo leges; aut minima quaedam quae a legibus contineri non potuerunt caueant homines. – Auf den Krieg kommt Cardano noch öfter zu sprechen, vgl. 69 a: „Nulla autem gens aut Reipublicae pars religione tantum indiget, quantum milites primum ob fortitudinem in pugnando bifariam, et vt mortem discant contemnere, et vt victoriae spe quam a Deo consequi confidant acriter pugnent."

[6] Ebd. 68a: „Itaque si Rex idem princeps sit religionis, nihil sine religione fiet, et ipse castior et melior erit."

[7] Ebd. 65b: „Habet praeterea Religio etiam quippiam incomparabile vt totam nostram vitam edulcoret: seu enim in aduersis mortem facit vltimum malorum suauem, et in secundis temperat immodicos furores, et societatem conciliat vt longe melius voluptatem sentiamus, diutiusque illa perfruamur. Quamobrem summum bonum est Religio bene constituta: et summa sapientia illam recte instituere". Ebd. 66a: „superstitio tanto deterior quanto Religio melior ... Quae enim falsa sunt in Religionem totum vt contemnatur efficiunt. Diximus autem melius esse, vt nulla esset Religio quam vt contemnatur. Porro Religionis bona et commoda debent esse non solum erga totam Rempublicam sed etiam singulos ciues. Et vt callidis maxime viris aduersetur, nam hi illa abutuntur."

[8] Ebd. 67a.

[9] Ebd. 67b: „Nunquam de religione verba sunto, nisi tribus in casibus, pro Sacris suo tempore ex instituto peragendis cum bellum aut praelium inchoandum est: tunc enim supplicandum, et cum saeuimus et innocentes opprimimus tunc locus sit religioni."

dieser Terminus die Beachtung einer bestimmten Vorschrift und des ihr entsprechenden Vollzugs bzw. der ihr entsprechenden Unterlassung eines Tuns besagt[10]. Wenn sich jedoch die Formel „religionis cultus" findet, erscheint „cultus" spezieller gebraucht als „religio". Im ganzen läßt sich aus diesem Text lediglich dieser unbefriedigend bleibende Befund erschließen, daß „religio" ohne nähere Bestimmung gebraucht wird, ein Gebrauch als Sammel- bzw. Oberbegriff jedoch nicht erwiesen werden kann. Dies zeigt sich besonders deutlich darin, daß Cardano einmal die Mohammedaner mit den Juden vergleicht und hier von „Mosis lex" spricht; anschließend setzt er die Mohammedaner mit den Christen in Beziehung, ohne auch in diesem Zusammenhang ‚religio' zu verwenden; derselbe Sachverhalt wiederholt sich wenig später, wo er Christen, Juden und Götzendiener („populi Idololatrarum") zusammen nennt, wobei er wiederum keine gemeinsame Bezeichnung verwendet. Gerade in diesem Abschnitt über „religio" kann dieser Sachverhalt kein Zufall sein[11]. Der Terminus fungiert also grundsätzlich nicht als gemeinsame Bezeichnung für verschiedene Überzeugungen und wird ihnen auch nicht jeweils einzeln zugebilligt. Somit dürfte „religio" in diesem Text konkret eine Beachtung von Vorschriften oder Handlungen insbesondere im Kontext öffentlicher Belange meinen, die sich unmittelbar vor allem auf Soldaten auswirkt: sie stärkt nämlich ihren Mut[12]. Die Klarheit wird nicht gefördert, wenn Cardano an einer Stelle von irgendeiner und dazu noch von einer geglaubten „religio" spricht und ihr Bedeutung für drei Bereiche zuweist, nämlich einmal für die „leges", die sich auf menschliche Handlungen und Gedanken beziehen, sodann für solche „leges", die sich auf die heiligen Dinge erstrecken, und schließlich für die „mores"[13]. Gerade in diesem Text, den Cardano mit Aussagen über die „fides" weiterführt, ergeben sich keine Hinweise auf die genaue Bedeutung von „religio" und auch nicht auf ihre genaue Relation zur „lex".

Stichproben im Werk Cardanos ergaben, daß sich anderwärts die generell scheinende Formulierung „nostra religio" findet[14]. Zudem wird „religio" auch sonst dem öffentlichen Bereich zugeordnet[15]. Ferner charakterisiert Cardano sie

---

[10] Ebd. 70; hier auch das Folgende im Text.
[11] Ebd. 66b-67a bzw. 68b.
[12] Ebd. 69b heißt es: „Sunt enim partes Reipublicae tres Militia Religio et Sapientes. Constat Respublica tribus robore animae et est in sapientibus, et corporis et enim in militibus, et authoritate atque consensu et est in sacerdotibus." Im folgenden, 70a-b, wird dazu ausgeführt: „Religioni militia sub inteat: Sacerdotes autem sapientibus: sapientum vim hebetet auctoritas militaris: hoc autem quomodo, inferius docebo: nam nunc satis sit milites qui rationi parere non possunt neque enim milites essent, pareant religioni; religio autem commodis militum omnino seruiat ... Ergo quantum religio necessaria, sit ad militiam dictum est ... Necesse est igitur religionis cultum seruare". Vgl. auch die Aussagen im folgenden Kapitel 13; X 71a. – Daß aber der Krieg vorgeht, vgl. ebd. 67a.
[13] Vgl. ebd. 66a: „Itaque circa tria maxime Religio vnaquaeque versatur credita leges atque mores: leges autem duplices, aliae quidem de actionibus, cogitationibus, aliae autem circa sacra."
[14] Hieronymus Cardanus, De Arcanis aeternitatis 20; X 42b.
[15] Hieronymus Cardanus, De Sapientia V; I 575a.

dadurch, daß die Weisheit sie zu pflegen lehrt[16]. Damit erscheint sie als etwas, was bewußt ausgeübt werden muß.

Eine begrenzte Bedeutung von „religio" läßt sich darin sehen, daß sie ein Teil der Theologie ist, und zwar jener, in dem vom „cultus Deorum" und den „caeremoniae" die Rede ist[17]. Vermag also „religio" die Verehrung durch Kultushandlungen zu bezeichnen, bleibt sie damit insgesamt beschränkt auf bestimmte Verhaltensweisen des Menschen.

Überdies kann „religio Christiana" auch deswegen noch nicht als generell verwandte Bezeichnung gelten, weil Cardano ebensogut auch „Christiana lex" oder „Christi lex" sagen kann[18]. Freilich läßt sich aus dem Zusammenhang solcher Formulierungen nicht ersehen, in welchem Umfang nun „lex" gebraucht wird: Handelt es sich wie beim Gesetz des Mose um die konkrete Zusammenfassung der Weisungen Christi oder um einen Oberbegriff für den christlichen Glauben und alle Einrichtungen und Vollzüge, die zu ihm gehören? Diese Unsicherheit findet darin eine Stütze, daß es schließlich auch „pietas Christiana" heißen kann[19]. „Pietas" jedoch ist grundsätzlich konkret eine Tugend, wie Cardano eigens zum Ausdruck bringt[20]. Es bleibt also bei einer variablen Terminologie. Dies zeigt sich auch darin, daß parataktisch von „religio" und „fides" die Rede sein kann[21]. Selbst wenn also „religio", „lex" oder auch „pietas" im generellen Sinn verwandt werden, verlieren sie damit nicht ihre konkrete und damit begrenzte ursprüngliche Bedeutung.

Der hiermit vorgelegte Überblick bestätigt also die bisherigen Ergebnisse: „Religio" meint eine konkrete Verhaltensweise, die sich in besonderer Weise in den öffentlichen Vollzügen realisiert. Noch der Humanist des 16. Jahrhunderts kennt diesen Terminus speziell in der Nebenordnung zu anderen, er sagt „religio et cultus", „religio et pietas" oder auch „religio et fides". Ins Deutsche lassen sich diese Ausdrücke nicht direkt übertragen, weil wir sowohl „religio" als auch „cultus" und „pietas" nicht mit einem jeweils speziellen Ausdruck wiedergeben können, der sich überdies präzise vom anderen abgrenzen läßt. Es empfiehlt sich jedenfalls, in einer deutschen Übersetzung keine Lehnworte zu verwenden, da diese uns auf eine falsche Spur bringen; statt dessen müssen wir uns mit Formulierungen wie „Gottesverehrung und Frömmigkeit" (für „religio et pietas"), oder „fromme Scheu und Verehrung" (für „religio et cultus") behelfen. Verwenden wir in der Übersetzung „Religion", können wir nicht einfach „Religion und

---

[16] Hieronymus Cardanus, De Consolatione II; I 596b: „Habet (sc. homo) ... Sapientiam, qua Deum agnoscit, Religionem colit."

[17] H. Cardanus, De Libris propriis; I 143a: Pars theologiae „de cultu Deorum, et ceremoniis ... appellaturque religio." Vgl. ebd. 149b: „Religio, quae caeremonias scriptis mandari vult, vt conseruentur".

[18] H. Cardanus, De Arcanis aeternitatis 20; X 42a, vgl. ebd. 6 (eigentlich 7); X 13a: „Nos Christi lege docemur instruimurque ad pietatem". Vgl. ferner ders., De Consolatione II; I 590b.

[19] Hieronymus Cardanus, De Rerum Varietate XVII 94; III 337a.

[20] Hieronymus Cardanus, Proxeneta, seu de Prudentia Civili 23; I 369a.

[21] Hieronymus Cardanus, De Vtilitate ex aduersis capienda IV 12; II 271b.

Frömmigkeit" nebeneinanderstellen, fällt doch letztere unter die „Religion", die für unser Verständnis eine strikt übergeordnete Bedeutung gewonnen hat.

Der Beitrag astrologischer Schriften

Dem hiermit umrissenen Befund widerspricht die Forschungsliteratur, die sich einer „critica delle religioni"[22] oder intensiver noch den „horoscopes des religions"[23] bei Cardano gewidmet hat. Durchweg lautet dessen Sprachgebrauch nach diesen Arbeiten „religione" bzw. „religion" in unserem Sinn von „Religion". Besonders auffällig trifft dies für einen umfangreichen, ins Französische übersetzten Text aus Cardanos astrologischen Schriften zu, in dem der Terminus „religion" schlechterdings dominiert; nur sehr selten stößt man auf die Bezeichnung „loi", „Gesetz"[24]. Durch diese Passagen scheint unsere These völlig er-

---

[22] Giancarlo Zanier, Cardano e la critica delle religioni, in: Giornale critico della Filosofia Italiana 54 (1975) 89–98.

[23] Jerzy Ochman, Les horoscopes des religions établis par Jérôme Cardan (1501–1576), in: Revue de Synthèse 96 (1975) 35–51.

[24] Der (mit einem falschen Beleg angegebene) Text bei Ochman lautet, 38f (die Ziffern im Zitat verweisen auf die am Ende der Anm. genannten Termini des Originaltextes, der Anm. 25 wiedergegeben ist; zur Verdeutlichung wurden die entscheidenden Termini der französischen Übersetzung im folgenden – zuzüglich zur Kursivierung der lateinischen Originaltermini bei Ochman – kursiv wiedergegeben): „Les *religions*[1] doivent leur naissance et leur début à leurs planètes. Ainsi la *religion*[2] *judaïque* (est née) à l'Orient, parce que Saturne y est souverain; la *religion*[2] de Mahomet, à l'Occident, parce que Mars y domine. Jupiter domine au Nord et c'est pourquoi la *religion*[1] *chrétienne* a ses fondements dans cette partie du monde, malgré qu'à cause de ses connexions avec la *religion*[2] *judaïque*, elle ait commencé à l'Orient. Puisque la *religion*[1] *païenne* est née sous le signe de Vénus, elle s'est développée au Sud, c'est-à-dire en Assyrie, Babylonie, chez les Chaldéens. (Hier sind zwei Sätze ohne Kennzeichnung ausgelassen.) De très grands soucis se présenteront aux *religions*[1] au moment où leurs conjonctions les plus grandes (*conjunctiones maximae*) seront dans les triangles opposés. Le Bélier le Lion et le Sagittaire forment le triangle de la *religion*[2] *chrétienne*. Ce triangle est dominé par Jupiter car le Soleil leur est commun. Le Taureau, la Vierge et le Capricorne marquent le triangle de la *religion païenne*[3], car c'est Vénus qui est son souverain et la Lune leur est commune. Le triangle de la *religion*[2] *judaïque* forment les Gémeaux, la Balance et le Verseau: Saturne est son souverain, Mercure leur est commun, car il est propice à tous les trois. C'est pourquoi les *lois*[4] postérieures n'abandonnent pas la *loi*[5] *judaïque*, mais l'acceptent, parce que Mercure, dont ont besoin *toutes les religions*[1], est dominé par le triangle judaïque. C'est pourquoi la substance de *sa religion*[1] sert de fondement aux autres. Le triangle marqué par le Cancer, le Scorpion et les Poissons, gouverne la *religion*[2] *musulmane*, parce que Mars domine cette *religion*[6] née d'une conjonction moyenne en l'an du Christ 591 dans la constellation du Cancer, qui a subsisté jusqu'à 789 dans les signes du Verseau. Personne ne doute que c'est dans ce temps-là que Mahomet est né et qu'il a promulgué *sa loi*[4]. Aussi le Christ est-il né six ans après la conjonction très grande (*conjunctio maxima*) dans le Bélier et a promulgué *sa loi*[4] quand sa conjonction était dans le triangle du Bélier, du Lion et du Sagittaire. Ainsi qu'à la base du temps et de la région d'où elles proviennent, ainsi qu'à la base des moeurs (qu'elles prêchent) on voit que les triangles et les planètes imposent les règles et les cadres aux *religions*[1]. Les triangles s'opposent les uns aux autres, comme les planètes l'une à l'autre. Le triangle du Bélier à celui du Cancer, car Mars et Jupiter sont ennemis, et comme la force de la lumière des deux planètes est très intense, elle provoque une bataille continue entre les *religions*[2]. Analogiquement le triangle du Bélier s'oppose au triangle

schüttert. Die Überprüfung der Originale ergab jedoch: Mit nur einer Ausnahme findet sich an allen Stellen, an denen nun „religion" steht, im Original entweder gar kein entsprechender Begriff oder aber „lex"[25]. Damit kehrt sich das Bild

---

des Gémeaux, parce que Vénus et Saturne sont très grands ennemis, mais la force de leur lumière est faible (...). Chaque *religion*[1], d'ordinaire la suivante, détruit les autres".
[1] = lex/leges
[2] = im Original fehlt ein entsprechender Terminus
[3] = idololatrica (sc. lex)
[4] = hier entspricht die Übersetzung dem Original, das jeweils lex bzw. leges nennt
[5] = lex fehlt im Original
[6] = religio (nur an dieser Stelle)
Die bei Ochman ebd. 39f übersetzten Texte ergeben das völlig gleiche Bild.

[25] Um den Unterschied zwischen Übersetzung und Original ermessen zu können, muß man letzteres im Zusammenhang lesen: Hieronymus Cardanus, Claudij Ptolemaei Pelusiensis libri qvatuor, De Astrorum Judiciis cum expositione Hieronymi Cardani II textus 17; V 188 (im folgenden nach der Kopfleiste der Ausgabe abgekürzt als Comment. in Ptolemaeum; es werden zunächst jeweils die Bücher Cardanos in römischer und die Texte des Ptolemaeus sowie Cardanos zugehörige Kommentare in arabischer Ziffer zitiert; dann wird nach einem Semikolon die Seitenzahl dieses Bandes angeführt); der vollständige Text Cardanos, der für unser Thema früher einsetzt als die Übersetzung von Ochman, lautet (auch hier wurde die Kursivierung hinzugefügt; der Beginn der Übersetzung ist durch den Absatz kenntlich gemacht, der sich nicht im Original findet): „Circa haec notandum est quod *leges* omnes, vt Haly dicit, in medio habitabilis promulgantur, et ex illo in extrema peruentunt: quia Mercurius dominus est eius partis, scilicet mediae, vt declaratum est. *Leges* autem multis verbis indigent et rationibus, ac mutatione institutae vitae, quae omnia a Mercurio significantur. Nihilominus Mercurius per se non potest dare *legem*, sed socius sit Saturno et significat *legem Iudaeorum*: quae est durissima, et foedissima, et cum auaritia, et vsura, et diuortio, et connubiis citis, et lepra et immunditiae gentis. Et cum his tamen stabilitatem magnam et constantiam, et obseruationem ipsorum praeceptorum vsque ad *superstitionem*, et associatur Ioui, et significat *legem Christianorum* quae est munditiei, *pietatis*, castitatis, misericordiae, probitatis, et in qua plura fuerunt regna et honos summus sacerdotij: quia Iupiter praeest sacerdotio, et non admittit diuortium. Et associatur Mercurius Marti, et significat *legem Mahumeti*, et arma, ac bella, violentiam et saeuitiam. Et associatus Veneri significat *legem Idola colentium* varia et diuersa: totam plenam voluptatibus, lasciuia. Et *qualibet lex* associatur stellarum inerrantium dominationi praeter planetas ob longitudinem temporis quo manent: nimis enim multi circuitus essent planetarum, si ad illos solum referrentur, vtpote Saturnus qui circuit coelum in triginta annis, et iam *lex Iudaeorum* inchoauit annis ter mille septuaginta sex vt centum reuolutiones ac tres insuper exegerit. Praeterea multa sunt quae *legibus* peculiaria sunt, et haec a mistione procedunt planetarum cum fixis et luminaribus, et etiam planetae ipsi commiscentur vt vidimus ac videbimus. Et earum etiam promulgatio habet causas superiores Deum et Dei inimicos, nos autem mundana solum attingimus.
(Hier beginnt die Übersetzung von Ochman:) Et *leges* habent ortus ac initia a suis planetis velut *Iudaica* ab oriente, quia Saturnus orienti praeest. *Mahumeti* autem ab occidente, quia Mars occidenti dominatur. Et Iouis imperium est a septentrione, ideo in ea parte fundata est *lex Christiana*, licet et ipsa ab oriente, propter coniunctionem cum *Iudaica*, originem sumpserit. *Idolorum* autem *lex* quoniam a Venere exortum habuit, initium sumpsit a meridie, scilicet, Assyria, Babylonia et Chaldaeis. (Die folgenden zwei Sätze sind bei Ochman ausgelassen:) Primus enim Belus Assyriorum Rex adorari se praecepit. Haec autem dicta sunt quae ab Haly excidantur non obiter, sed vt accidentia quae in *legibus* contingunt et mutationes, et *haereses* ex astris praeuideri possint. Affligentur autem *leges* maxime vt in trigonis oppositis coniunctiones maximae fuerint. Est autem trigonus *Christianae* Aries, Leo, Sagittarius, et eius dominus Iupiter, quia Sol communis est. *Idololatricae* Taurus, Virgo, Capricornus, et eius dominus Venus, nam Luna communis est. *Iudaicae* Gemini, Libra, Aquarius, et eius

um: Nicht „Gottesverehrung", sondern „Gesetz" dient als Terminus technicus, mit dem Cardano grundsätzlich die verschiedenen Überzeugungen benennt, wenn er eine für alle gemeinsame Bezeichnung braucht. Die eine Ausnahme in diesem Text lautet „religio illa" im Hinblick auf die Mohammedaner, wobei sich nahelegt, daß Cardano hier präzise „Gottesverehrung, Gottesbeachtung" meint. Insgesamt jedenfalls ergibt sich ein völlig eindeutiger Befund.

Die hiermit aufgeworfene Problematik gibt Anlaß, Cardanos Darlegungen zur Astrologie im ganzen genauer durchzusehen. Es überrascht zunächst der Umfang dieser Schriften, sodann und vor allem aber der Rang, den Cardano der Astrologie beimißt. Ausdrücklich nennt er sie „altissima", da sie sich auf die himmlischen und zukünftigen Dinge bezieht und infolgedessen die Qualifikationen „diuina" und „vtilissima" verdient[26]. Aber nicht nur dies, sie gilt darüber hinaus als schönste, arbeitsreichste und schwierigste Wissenschaft[27]. Dieser Einschätzung der Astrologie widerspricht nur die Feststellung, daß die Theologie einen noch höheren Stellenwert besitzt[28]. Es braucht hier nicht verfolgt zu werden, ob diese Rangordnung mit der Theologie an der Spitze einer Pflichtübung Cardanos entspringt oder wirklich seine Überzeugung wiedergibt; es genügt der Nachweis, daß die Astrologie zu seiner Zeit und bei ihm selbst die größte Wertschätzung und Bedeutung zugemessen erhält: Wenn es irgendeine *„ars necessaria, disciplinaue vtilis, aut contemplatio iucunda, vel diuina sapientia"* – also auch „göttliche Weisheit" – gibt, dann ist die Astrologie nicht nur eine von ihnen, sondern die „praestantissima"[29].

Diese Bewertung verwundert lediglich deswegen, weil Cardano eine moderne

---

dominus Saturnus, nam Mercurius communis est quia omnibus fauet. Et ideo *posteriores leges Iudaicam* non deserunt, sed recipiunt: quia Mercurius quo *omnes leges* indigent, proprie dominatur trigono Iudaeorum. Ideo decreta *eius legis* tanquam fundamenta ab aliis recipiuntur. Trigonus autem Cancri, Scorpionis et Piscium *Mahumeticae* praeest, nam Mars *religioni illi* dominatur, et initium dedit coniunctio media anno Christi 591. in Cancro, quae postmodum perseuerauit vsque ad annum 789. in signis aqueis: nemini autem dubium est quod Mahumetes natus est, intra hos terminos, *legemque ipsam* promulgauit. Christus quoque natus est post sex annos a coniunctione maxima in Ariete, promulgauitque *legem* ea coniunctione in trigono Arietis, Leonis et Sagittarij vigente. Itaque tum ab origine temporis, tum regionum vbi coeperunt, tum moribus, patet hos trigonos hosque Planetas, *has leges* moderari. Aduersantur autem trigoni prout et Planetae: trigonus quidem Arietis trigono Cancri, quia Mars et Iupiter inimici sunt, et maxime potentes ambo, ideoque diuturnum bellum. Similiter trigonus Tauri trigono Geminorum, quia Venus et Saturnus inimicissimi, sed ambo debiles tamen. Vnaquaeque etiam *lex*, maxime posterior, alias destruit. Haec autem alibi dicta sunt; sed haec praesenti proposito sufficiunt."

[26] Hieronymus Cardanus, Aphorismorum Astronomicorum Segmenta septem, Segmentum I nr. 20; V 30a (im folgenden werden die Segmente jeweils in der römischen Unterteilung und in der arabischen Numerierung Cardanos sowie nach einem Semikolon die Seite der zitierten Ausgabe angegeben): „Astrologia altissima scientiarum est, tum quia de coelestibus, tum quia de futuris, quorum scientia non solum diuina est, sed etiam vtilissima."

[27] Ebd. nr. 34; 31b; vgl. III nr. 107f; 49a und VII nr. 138; 84a.

[28] H. Cardanus, Comment. in Ptolemaeum II 51; V 206a.

[29] Hieronymus Cardanus, Synesiorum Somniorum Omnis Generis Insomnia explicantes libri IV, Encomium Astrologiae; V 727.

Charakterisierung der Prinzipien der Wissenschaft vornimmt, nämlich „ratio, sensus, experimentum"[30]. Daß letzteres in der Astrologie schwerlich vorkommen dürfte, scheint ihn und übrigens auch seine Zeitgenossen nicht gestört zu haben. Im Gegenteil, sie waren der Seriosität der Astrologie als „scientia"[31] völlig überzeugt.

Für unser Thema verdient zunächst Beachtung, daß die astrologischen Spekulationen trotz ihres beträchtlichen Umfangs nur höchst selten und nirgends thematisch auf die verschiedenen Überzeugungen und ihre Beziehungen zueinander zu sprechen kommen. Insbesondere bleibt der Terminus „religio" völlig marginal. Dies zeigt sich etwa darin, daß bei Aufzählungen der von den Sternen ausgehenden Wirkungen von ‚religio' ebensowenig gesprochen wird wie von den verschiedenen ‚leges'[32]. Sodann fällt auf, daß Cardano in Zusammenhängen, für die wir ‚religio' erwarten, diesen Terminus gerade vermeidet. Es scheint, daß er statt dessen eher von „pietas" spricht, wobei hier offen bleiben muß, ob sich damit bereits eine gewisse Verschiebung auf einen eher persönlichen Aspekt des Menschen andeutet. Jedenfalls läßt er eine Rechtfertigung der Astrologie und die Zurückweisung des Vorwurfs, sie sei „superstitiosa", darin gipfeln, daß sie uns von der „vera pietas" und „aeterna foelicitas" nicht abziehen könne, es sei denn durch unsere Schuld[33]. In einem solchen für ihn zweifellos bezeichnenden und wichtigen Kontext findet sich also ‚religio' nicht.

Angesichts der Tatsache, daß unser Thema auch im astrologischen Kontext im Grunde nebensächlich bleibt und in wichtigen Zusammenhängen andere Termini als ‚religio' verwandt werden, müssen nun zwei Aspekte erörtert werden, nämlich die Ausführungen über die verschiedenen Überzeugungen, die wir „Religionen" nennen, und zum anderen der Gebrauch von „religio".

Von anderen Überzeugungen spricht Cardano noch am ehesten in seiner umfangreichsten astrologischen Arbeit, einem Kommentar zum Buch des Ptolemäus „De Astrorum Judiciis"[34]. Die Bedeutung dieses ägyptischen Astronomen aus der ersten Hälfte des 2. Jahrhunderts war für Cardano immerhin noch so groß, daß er sich veranlaßt sah, dessen Darlegungen über die Vorhersage der Zu-

---

[30] H. Cardanus, Aphorismorum Astronomicorum I nr. 13; 29a.
[31] Ebd. I nr. 33f; 31; vgl. ferner die o. Anm. 27 mitgeteilten Belege.
[32] Ebd. VI nr. 156; 66a, vgl. z.B. ebd. III nr. 137; 50a, ebd. IV nr. 50; 55a wird als Wirkung „cultus Dei", nicht ‚religio' genannt.
[33] Ebd.: Operis peroratio; V 92: „Quanquam astra coeli, multorum euentuum vera ac certa signa sint, multaque significent, quae nos nostra industria vitare non possumus, nos tamen ea neutiquam metuere, multominus pro diis colere. Sed eorum significata, si bona sint, aquabili animi moderatione: Sin mala, summa fortitudine expectare et excipere debemus, praesertim cum nos a vera pietate, ac aeterna foelicitate abstrahere, nisi nostra culpa non possint. Hanc sententiam si retinuerimus, Astrologia non modo superstitiosa non erit, verum etiam pietati non vulgariter inseruiet, cum nos in prosperis ad animi moderationem, in aduersis, ad fortitudinem informet, maxime, si vera pietas accedat, quae credat, Deum horribiles astrorum minas pro sua potentia facile auertere posse, et pro sua bonitate, ad nostras preces, non raro auertere solere."
[34] H. Cardanus, Comment. in Ptolemaeum; 93–368.

kunft umfassend zu interpretieren. Nach Auskunft seines Vorworts wundert sich Cardano, daß diese Arbeit des Ptolemäus bislang nur geringe Beachtung und Kommentierung gefunden hat, so daß er seine Mühe als notwendig ansieht; denn außer dem Araber Haly Heben Rodoa wüßte er niemanden zu nennen, der ihm darin vorangegangen wäre[35].

Cardano folgt in seiner Kommentierung den vier Büchern des Ptolemäus. Im ersten geht es um die allgemeinen Anweisungen und d.h. gleichsam um die Prinzipien, nach denen sich die Wirkungen der Sterne angeben lassen; hierzu gehören die Konstellationen der Sterne untereinander sowie die zur Erde. Das zweite Buch handelt von den generellen Folgen, die die Sterne auf das Universum oder bestimmte seiner Teile, speziell auf ganze Völker, Gebiete oder Städte ausüben; hierzu zählen insbesondere auch Zeit und Art der Wirkungen. Im dritten und vierten Buch finden sich Erörterungen über spezielle Wirkungen auf Menschen, so im dritten über solche Auswirkungen, die sich auf das Menschsein beziehen, während im vierten insbesondere jene genannt sind, die bestimmte Beziehungen betreffen, wie die auf Männer und Frauen, auf Gatten, Söhne, Freunde und schließlich auf den Tod[36].

Die unser Thema betreffenden Aussagen Cardanos haben keinen Anlaß in Formulierungen des Ptolemäus, sondern gehen auf die eigene Interpretation zurück. In gewisser Ausführlichkeit kommt Cardano auf die verschiedenen Überzeugungen nur im zweiten Buch[37], der Behandlung allgemeiner Wirkungen insbesondere im Hinblick auf ganze Regionen und somit nicht auf einzelne Menschen zu sprechen. Daß solche Wirkungen erfolgen, steht für ihn außer Zweifel[38], sowenig plausibel sie uns erscheinen mögen. Sie werden bestimmt durch die sogenannten „paralleli", d.h. die Weltabschnitte an der Himmelskugel, durch die ganzen „anguli", nämlich die Winkel, durch die Lage zur „ecliptica", der Sonnenbahn, und schließlich durch die Lage zur Sonne[39].

In einer ungewöhnlich langen Textpassage des Ptolemäus, die Cardano zitiert, werden die verschiedensten Gebiete der damaligen Welt nach diesen Kriterien beschrieben; von ihrer Lage hängt ab, ob die Menschen freiheitsliebend, tapfer und wild sind[40], Gesetze erlassen[41], Kenntnis mathematischer Disziplinen besit-

---

[35] Ebd. 94; der hier genannte Gewährsmann ist Abu l-Hassan Ali Ibn Ridwan (+ 1068); auf diesen Astrologen und Mediziner stützt sich Cardano immer wieder, vgl. zu ihm Carl Brockelmann, Geschichte der arabischen Literatur, I, Leiden ²1943, 637; The Encyclopaedia of Islam, III, Leiden 1971, 906f.

[36] Vgl. die Inhaltsangabe von H. Cardanus, Comment. in Ptolemaeum; 93, ferner die Einleitungen zu den einzelnen Büchern, bes. III; 242f.

[37] Ebd. II; 169.

[38] Die Überschrift des zweiten Buchs „De Iudiciis Astrorum" erläutert Cardano dann mit „Apotelesmata", d.h. Auswirkungen, ebd. II; 169a.

[39] So im Ptolemaeus-Text ebd. 9; 176a.

[40] Ptolemaeus-Text ebd. 16 (irrtümlich 56); 184a.

[41] Ebd. 184b, „leges" hier nicht näher erläutert.

zen und Sternbeobachtung pflegen[42] oder ob sie wenig tapfer, gottlos und nachstellend[43] sowie ganz und gar nicht rechtschaffen sind und sich gegenseitig berauben und bekriegen[44]. In all diesen Charakterisierungen kommt nur ganz am Ende vor, daß es auch solche Gebiete gibt, in denen die Menschen heilige Geheimnisse einrichten[45], in göttlichen Dingen erfahren sind[46] oder das „numen", d.h. die göttliche Macht, sei es die der Venus[47], sei es die des Jupiter und des Saturn[48], ehren. Nur für eine Konstellation, die Ägypten, Äthiopien und benachbarte Gebiete betrifft, nennt Ptolemäus Götzendienst, Götterdienst, wobei die Einwohner verschiedene Einrichtungen und Gebräuche, aber keine einheitliche Verehrung der Göttermächte praktizieren[49]. Nirgends sagt Ptolemäus ‚religio', auch gibt es keinen Hinweis auf verschiedene ‚leges' im Sinn von verschiedenen Überzeugungen hinsichtlich der Verehrung der Götter.

In seinem Kommentar zu dieser umfangreichen Klassifikation wiederholt Cardano die hauptsächlichen Konjunktionen und weist ihnen die entsprechenden Eigenschaften zu. Hier nennt er einmal die Charakterisierung „divini cultus obseruatores" und einmal „superstitiosi", für die er jedoch hinzufügt, daß diese Gott sehr fürchten, nur gibt es viele „haereses" und viele „ritus"[50]. Wiederum findet sich ‚religio' ebensowenig wie ein Hinweis auf verschiedene ‚leges'.

Um so auffälliger verfährt Cardano beim folgenden, wie üblich sehr kurzen Ptolemäus-Text, der von der Verbindung von Sternen und Zeichen mit einzelnen Völkern handelt. Hier stellt Cardano besonders den Merkur heraus[51], der als Herr der Mitte der bewohnten Welt gilt und überdies bestimmte Auswirkungen auf die verschiedenen „leges" hat, ohne diese jedoch selbst setzen zu können; dazu bedarf er der Verbindung mit anderen Sternen: mit dem Saturn, um die Juden, mit dem Jupiter, um die Christen, mit dem Mars, um die Mohammedaner, und schließlich mit der Venus, um die zu bezeichnen, die Götzenbilder verehren[52]. Im folgenden weist Cardano die verschiedenen „leges" den vier Himmelsrichtungen zu, die Juden dem Osten, die Mohammedaner dem Westen, die Christen dem Norden bzw. in gewisser Konstellation dem Osten und schließlich die Götzenverehrer dem Süden. Nach einer Zuordnung der ver-

---

[42] Ebd. 185a.
[43] Ebd.
[44] Ebd. bf.
[45] Ebd. 184b „arcanorum sacrorum et initiorum institutores".
[46] Ebd. 185b „periti rerum diuinarum".
[47] Ebd. 184b, 185b.
[48] Ebd. 185b.
[49] Ebd. 186b: „Vnde gentes hae pro communi stellarum istarum vespertino imperio Deorum sunt reuerentes, superstitiosi, seruientes diis, eiulatores, mortuos suos occultantes terra et amouentes e conspectu, propter vespertinum habitum, institutis et ritibus variis, neque vno cultus numinum genere vtuntur."
[50] Ebd. 187af.
[51] Ebd. 17; 188, vgl. die Wiedergabe des Textes o. Anm. 25.
[52] Die hier genannten Konjunktionen weichen von denen der Tradition wesentlich ab.

schiedenen „leges" zu den Tierkreiszeichen und der Erörterung ihrer Entstehungszeit schließt Cardano den Abschnitt mit dem Hinweis, daß jede „lex" die jeweils frühere zerstört.

In diesem Text bestätigt Cardano unsere bisherigen Ergebnisse eindrucksvoll, weil er die verschiedenen Überzeugungen konstant „leges" nennt, die „lex Judaeorum", die „lex Christianorum", die „lex Mahumeti" (merkwürdigerweise auf die individuelle Person Mohammeds bezogen) und schließlich die „lex Idola colentium".

Sowohl in diesem wie im unmittelbar folgenden zweiten Text[53] werden die „leges" dann des näheren charakterisiert. Die Juden beschreibt Cardano zunächst sehr negativ als widerlich und habsüchtig, sie praktizieren Ehescheidung und unerlaubte Ehe, sind mit Pest und Unreinheit behaftet; positiv hebt er hervor, daß sie in großer Beständigkeit und Gesetzestreue leben, die aber bis zum Götzendienst gehen kann; im zweiten Text erwähnt Cardano, daß sie den einen Gott verehren, sehr fleißig, aber auch geschwätzig, erbärmlich und mit Geld beschäftigt sind. Die Christen charakterisiert Cardano als einzige uneingeschränkt positiv, nämlich als rein, fromm, keusch, ehrerbietig gegenüber dem Priestertum, was mit Jupiter zusammenhängt; im zweiten Text fügt er hinzu, daß sie, wie die Juden den Sabbat, so den Sonntag zur Ehrung Gottes verwenden, daß ihre „lex" mehr Wahrheit enthält und die Menschen einfacher macht – hier verwundern freilich die Komparative! –. Die Mohammedaner gelten Cardano als kriegerisch, gewaltsam und heftig bzw. grausam, was die Astrologen auf den Einfluß des Mars zurückführen; im zweiten Text bezeichnet er sie darüber hinaus wegen eines hinzukommenden Einflusses der Venus als unerschöpflich sinnlich und polygam und wegen eines Zusammenhangs mit dem Mond als in höchstem Maße rastlos tätig und umherschweifend; letzteres veranlaßt sie auch, den Mond auf ihren Fahnen zu tragen. Die Götzendiener schließlich werden kurz und bündig höchst negativ als sehr begierig und zügellos beschrieben.

---

[53] Ebd. 18; 189af: „nam Iudaei vnum Deum colebant, volebat videri Ptolemaeus quod Iudaei occupassent illas prouincias, hocque studium fuerat Regum ipsorum Aegyptiorum, vt eo praetextu quod et saepe fecerunt, Iudaeam inuaderent.
Animaduertendum quod ad trigonos attinet atque leges: Mahumeticam quae sub Marte est sibi adiungere Venerem vel Lunam, vt in triangulo visum est Venerem ob inexhaustam libidinem, diemque illi dicatum colunt, Lunam quod laboriosissimi sint atque vagi, eiusque in vexillis imaginem referunt. Ob vtramque autem plures accipere vxores lex illa permittit. Iudaica autem Mercurium Saturno adiungit, vnde ipsi maxime sunt industrij, loquaces et miseri, et parandae rei pecuniariae dediti. Christiani Ioui iunctum habent Solem, illiusque diem colunt Dominicum, sicut et Iudaei Sabbatum propter Saturnum. Sol autem significat iustitiam et veritatem. Christiana autem lex plus continet veritatis, et simpliciores reddit homines. Idolorum lex Veneri Lunam adiungit orientalem, sicut Mahumetica occidentalem: Ob id multos deos, multasque illorum formas fingebat pro varietate formarum Lunae. Obseruabat autem Calendas a nouiluniis sumptas more totius Graeciae et antiqui ritus Romanorum. Inditum enim est vnicuique legi, prouinciae, genti, regno, ciuitati, familiae, denique domini cuique vt aliquid eorum obseruent quae a dominatrice stella significantur, vel etiam ipso nomine ad eam pertinent." – Diesen Text hat J. Ochman, aaO. 39f, in der gleichen Manier übersetzt wie den o. Anm. 24 zitierten.

Ungewohnt erscheint die Reihenfolge, in der Cardano die einzelnen „leges" bespricht: Während die Juden und die Götzendiener jeweils den gleichen, nämlich den ersten bzw. den letzten Platz einnehmen, erhalten im ersten Text die Christen den zweiten und im folgenden den dritten Platz, so daß sie also mit den Mohammedanern die Reihenfolge tauschen. Gründe für eine solche Anordnung lassen sich nicht erkennen[54].

Die herausragende Stellung des Christentums unterstreicht Cardano in einem späteren Text dieses zweiten Buches[55]: Indem er sich selbst zu ihm hinzurechnet und von „nostra lex" spricht, bezeichnet er diese als „lex" der Frömmigkeit, der Gerechtigkeit, des Glaubens, der Einfachheit, der Liebe, es gibt keine strahlendere als die „Christiana lex".

Wie in diesen Passagen, die als einzige etwas ausführlicher auf die verschiedenen Überzeugungen eingehen, so verwendet Cardano auch an den übrigen Stellen des Ptolemäus-Kommentars grundsätzlich den Terminus „leges", und dies ganz besonders im zweiten Buch[56]. Dabei bleibt zuweilen offen, was mit diesem Begriff genauer bezeichnet werden soll, ob ein eher weltliches „Gesetz" oder aber „Gesetze"[57], die es vom Ursprung und Wesen her mit einem Bezug zu Gott bzw. zu den Göttern und d. h. Götzen zu tun haben[58]. Immerhin zeigt die Benennung von vier „leges", daß es sich um solche handelt, die über die Grenzen von Gemeinwesen und – mit Ausnahme der Juden – von Völkern hinausgehen, deren Zusammenfassung zu einer bestimmten „lex" sich wesentlich anhand einer gemeinsamen Beziehung zu Gott oder zu den Göttern angeben läßt. Dieser Tenor einer nicht einfach weltlichen Bedeutung von „lex" zeigt sich auch in solchen Formulierungen, in denen Cardano „haereses graues, et magnas, Mahumeti, et aliorum quorundam dogma, lex"[59] und „noui ritus legis et diuini cultus"[60] nebeneinanderstellt oder für die Christen die „nostra lex" als „lex pietatis" bestimmt[61].

---

[54] Hieronymus Cardanus, De Supplemento Almanach 22; V 590, findet sich dieselbe Reihenfolge mit den Christen auf dem zweiten Platz, in Cardanos De Subtilitate XI; III 551bf, findet sich eine andere Reihenfolge mit den Heiden an erster Stelle, denen Juden, Christen und schließlich die Mohammedaner folgen, wobei auch diese Reihenfolge nicht begründet wird; nirgends fand sich ein Hinweis auf die alte Überzeugung, die Juden seien die ältesten.

[55] H. Cardanus, Comment. in Ptolemaeum II 55/Servatoris Genesis; V 221, vgl. unten Anm. 72 und den Text unten Anm. 73.

[56] Ebd. I 13; 103b u. I 15; 106b; für Buch II vgl. außer den bereits zitierten Stellen 7; 173b für Mohammedaner und manche andere, 12; 180b, 19; 190a für Christen und Mohammedaner, 24; 192a für Christen, Mohammedaner und andere, 37; 199a, 39; 200a, 45; 203a, 54; 210b, 211b-213b, 217a, Servatoris Genesis; 222b; in III nur 27; 266b für die Christen, unspezifisch 79; 307b, in IV nur 74; 356b.

[57] Ebd. IV 4; 314a, wo Cardano „lex humana" und „coelestis" unterscheidet.

[58] Vgl. II 37; 199a, 39; 200a. Insbesondere gilt dies von jenen Texten, die Cardano von Ptolemäus übernimmt, II 16; 184b. Verschiedentlich findet sich zudem „mutatio legum" bzw. „mutationes ... morum ac legum" oder „mutationes ... legum ac morum", II 37; 199a; 45; 203a. Bei Ptolemäus läßt sich nirgends die genauere Fassung von „lex" ersehen.

[59] Ebd. II 7; 173b.

[60] Ebd. 12; 180b.

[61] Ebd. Servatoris Genesis; 221a.

Verschiedentlich spricht Cardano – hier Ptolemäus folgend[62] – von den Änderungen[63], dem Untergang[64] und schließlich von der Einrichtung neuer „leges"[65]. Diese Änderungen leiten sich von den Bewegungen der Sterne her[66]. Nicht genauer erläutert Cardano, inwiefern sich die „leges" so leicht ändern; und auch ihre Entstehung wirft lediglich für die Christen und die Mohammedaner keine Probleme auf, ganz im Gegensatz zur These vom Untergang der „leges", der für seine Zeit faktisch nur bei den Götzenverehrern stattgefunden hat. Gegen die zuvor genannte Aussage vom Untergang der jeweiligen „leges" durch die ihnen nachfolgenden hebt er bezüglich der Juden einmal hervor, daß die folgenden die jüdische „lex" nicht aufgegeben, sondern rezipiert haben, so daß diese gleichsam als deren Fundament dient[67]. Dies gilt selbst dann, wenn er sagt, daß niemand eine „lex" umstößt, der nicht eine neue begründen will[68]. Insgesamt zeigen diese Aussagen, daß Cardano in Detailfragen bezüglich der „leges" wenig genau verfährt, daß er aber ihrem Werden und Vergehen nachhaltige Aufmerksamkeit widmet.

Mit den bisher dargelegten Aussagen passen zwei kurze Formulierungen Cardanos nicht recht zusammen: Einmal führt er alle „leges" auf eine Erlaubnis Gottes zurück[69], während doch sonst nur die Sterne für ihre Entstehung und Eigenart maßgeblich schienen. Zum anderen spricht er von den „leges", die dem ganzen Menschengeschlecht gemeinsam sind, wobei er hier, wie aus dem folgenden hervorgeht, durchaus nicht den menschlichen Bereich, sondern jene Gesetze meint, die die Haltung gegenüber Gott betreffen. Denn zu ihnen gehören eben auch solche, die sich auf „sacra" und dergleichen beziehen[70]. In dieser Hinsicht stellt Cardano jedoch sonst nirgends eine Gemeinsamkeit heraus, im Gegenteil, er notiert beträchtliche Widersprüchlichkeit. Der Sinn dieser letzten Aussage läßt sich somit nicht erschließen.

Gerade aus der soeben genannten Formulierung kann aber gefolgert werden, daß hier wie im Ptolemäus-Kommentar überhaupt „lex" jene Stelle einnimmt, die neuzeitlich „Religion" übernommen hat, daß also Haltungen und Vollzüge gegenüber Gott bzw. den Göttern grundsätzlich dann nicht mit ‚religio' be-

---

[62] S.o. Anm. 58.
[63] H. Cardanus, Comment. in Ptolemaeum I 15; 106b, II 37; 199a, 54; 217a.
[64] Ebd. 39; 200a, wo von „mutationes et interitus" die Rede ist; Cardano fügt hinzu, daß die „leges" „saepius et facile mutantur", ebd. 54; 211b, 212a; daß jede „lex" die andere zerstört, vgl. 17; 188b.
[65] Ebd. 50; 206a, Servatoris Genesis; 221a, 222b.
[66] Ebd. 37; 199a.
[67] Ebd. 17; 188b.
[68] Ebd. Servatoris Genesis; 222b.
[69] Ebd. 54; 211b: „Leges autem permissione Dei sunt."
[70] Ebd. 37; 199a: „Leges autem ipsae solae inter omnes communes sunt toti humano generi ... Necesse est igitur vt talia signa rebus quae ad leges pertinent: vt sunt sacra, ceremoniae, haereses, emendatio, quam vocant reformationem, sacerdotia, redditus, Pontificatus, ac talia praesint."

nannt werden, wenn ein Sammel- und Oberbegriff gebraucht wird, der alle einzelnen hierzu gehörenden Verhaltensweisen und Handlungen umschließt.

Welch dominante Bedeutung „lex" bei Cardano besitzt und behält, zeigt sich nicht zuletzt im Horoskop Jesu Christi. Der einschlägige Text, der Cardano einigen Ärger eingebracht hat[71] und der wohl deswegen nicht in allen Ausgaben abgedruckt ist[72], verwendet diesen Terminus: Unsere „lex" nennt Cardano eine der Frömmigkeit, der Gerechtigkeit, des Glaubens (!), der Einfachheit, der Liebe, aufs beste eingerichtet, und sie findet kein Ende, es sei denn nach der Wiederkehr der Eklipsen, wodurch ein neuer Status des Universums eintritt[73]. Dieser letzte Satz, der ein Ende christlichen Glaubens erst verneint und dann doch zuläßt, dürfte insbesondere Anlaß zu Angriffen auf Cardano gegeben haben. Dabei verteidigt er sich gegen das Mißverständnis, die Gottheit Christi oder die Verkündigung seiner „lex" hänge einfach von den Sternen ab; denn wie Christus eine bestimmte Natur empfangen hat, ohne daß dadurch die Wirkung Gottes aufgehoben wird, so wird auch hinsichtlich der „leges" die Wirkung Gottes durch die Sterne nicht aufgehoben, da Gott die Sterne geschaffen hat. Unter dieser Prämisse bleibt Cardano dabei, daß von den Konjunktionen der Sterne und

---

[71] J. Ochman, Les horoscopes, 45f, mit Hinweis auf Julius Caesar Scaliger.

[72] Ebd. bes. mit Anm. 46. – Vermutlich deswegen erscheint dieser – auch im vorausgegangenen – wiederholt zitierte Text nicht mit einer Kapitelbezeichnung und ohne Angabe eines Ptolemäus-Textes mit einer eigenen Überschrift „Servatoris Genesis"; aus dem gleichen Grund dürfte sich hier auch die Doppelpaginierung finden, denn die ausgedruckten Seitenzahlen 221f folgen unmittelbar anschließend noch einmal mit einem Text, der auch die Numerierung der Ptolemäus-Zitate fortführt. Es hat den Anschein, als ob der Text hier nachträglich wieder eingefügt worden wäre.

[73] H. Cardanus, Comment. in Ptolemaeum II Servatoris Genesis; 221a-b: „Et est Genesis Domini nostri Iesu Christi, in qua tot videbis et tanta mirabilia, vt iudices, quod etsi naturalibus rationibus solum insinuendum esset, Christi natiuitatem fuisse admirabilem, naturamque illi tribuisse quantum concursu omnium caelorum excogitari poterat, et naturaliter legem nostram esse legem pietatis, iustitiae, fidei, simplicitatis charitatis, optimeque institutam: nullumque habituram finem, nisi post reditum eclipticarum, in quo fiet nouus status vniuersi. Nec tamen me velle credas dicere, quod vel diuinitas in Christo, vel miracula eius, vel vitae sanctitas, vel legis promulgatio ab astris pendeant: Sed sicut natura illum ornauit optimo temperamento, pulchritudine corporis, sanitate perpetua, grauitate intuitus, quae omnia ferme ex Iosephi in de bello Iudaico testimonio colliguntur, sic etiam Deus optimus et gloriosus optima constitutione astrorum atque admirabili, genesin illius adornauit … tum vero omnibus quae successerunt de vitae sanctitate, de morum grauitate, de sapientia, de persecutione, de lege optima promulganda, de maiestate et concursu populorum, de morte denique ac mortis tempore, adeo congruentia, vt nil exactius posset excogitari. Hac igitur fiducia, quod diuina mens velit alicuius propositi causa hanc tantam rem cuulgandam (?) (quam iam viginti annis atque amplius cum struxissem, non ausus sum ob religionem edere) duxi. Neque in numerum coaptandam tantam luminis maiestatem censui: sed opportune hic inserendam putaui, quod res maximae, atque generalissimae hic traderentur: Nulla vero illustrior toto orbe fuit quam Christianae legis promulgatio (omitto nunc diuinitatem) siue ad legis magnitudinem, quae totum orbem complexa est, siue diuturnitatem, vt quae jam mille quingentis viginti annis perseuerat, sed quod aduersus Caesares orbis dominos (vix credas) vulgata sit, seu quod omnibus maius est, quod aduersus vitia: Vt ne glorientur qui laxatis habenis liberioris vitae, suum dogma latius breui diffuderunt: Sic enim Mahumetes, sic reliqui."

den Tierkreiszeichen die Biographie Jesu Christi bestimmt wurde und mit ihr auch die Verkündigung seiner „lex".

Diesem Ergebnis von der herausragenden Bedeutung des Begriffes „lex" widerspricht nicht, daß Cardano in seinen astrologischen Ausführungen auch, allerdings sehr selten, „religio" verwendet. Im ersten Buch findet sich sogar eine Nebenordnung beider Termini: Anläßlich kritischer Bemerkungen über das Weissagen („diuinare"), das viele Astrologen keineswegs, wie behauptet, beherrschen, nennt Cardano zwölf Bedingungen für dessen angemessene Ausübung; an zwölfter Stelle bezeichnet er die Kenntnis verschiedener Dinge wie die der Landschaft, der Seefahrt, der Heilkunst, der Haltung der Menschen und der Sitten einer Region und eben auch der „leges, et religio" als unerläßlich[74]. Bemerkenswerterweise spricht er hier von „leges" wie auch sonst im Plural und von „religio" im Singular; und da er beide in einer Aufzählung nennt, macht er deutlich, daß er sie nicht für Synonyma hält. Allerdings läßt er nicht erkennen, welchen näheren Sinn er der „religio" beimißt[75]. Lediglich stellt er ihren Rang heraus, wenn er sie in einem umgekehrt proportionalen Verhältnis zu einem schlechten Priester sieht[76]. Auch die Feststellung, daß Jupiter „religionis author" ist[77], gibt uns keinen Aufschluß über die Bedeutung. Der einzige Ptolemäus-Text, der diesen Begriff enthält[78], führt gleichfalls nicht weiter. Übermäßig wichtig erscheint die „religio" dann nicht, wenn sie in Aufzählungen von Tugenden fehlt, unter denen sich immerhin „pietas" und „fides" (hier wohl nicht im theologischen Sinn) und als deren Gegenteil „superstitio" finden[79].

Dieser seltenen, nirgends näher spezifizierten Verwendung von „religio" entspricht, daß sich nur an einer Stelle der ausdrückliche und eindeutige Wechsel von „religio Christiana" und „lex Christiana" nachweisen läßt, dem wohl wegen der unmittelbaren Nähe die Wendung „religio Mahumetana" folgt[80]. Cardano kennt also den Gebrauch von „religio" in derselben Funktion wie „lex". Doch ändert dieser Beleg nichts daran, daß „lex" faktisch allein als gemeinsamer Oberbegriff für die verschiedenen Überzeugungen dient.

So bleibt nur noch zu vermerken, daß Cardano auch den Terminus „secta" kennt, mit dem seit dem hohen Mittelalter neben „lex" die verschiedenen Überzeugungen bezeichnet wurden. Er nennt diesen Begriff zwar häufiger als „reli-

---

[74] Ebd. I 13; 103b, vgl. 17; 107b.
[75] Ebd. vgl. 15; 106; unklar bes. II Servatoris Genesis; 221b.
[76] Ebd. I 14; 104b: „Quid enim sanctius religione? quid iniquius perdito sacerdote?"
[77] Ebd. III 76; 306b; anschließend verweist Cardano auf Philosophen, die es ablehnen, daß eine Krankheit ihren Ursprung in der „religionis opinio" habe, woraus sich wiederum kein Rückschluß auf die Bedeutung ergibt.
[78] Ebd. 73; 300b.
[79] Ebd. 64; 293b.
[80] Ebd. II 54; 210b. Vgl. die sachliche Parallele, wo „religio" durch „Mahumetica" spezifiziert wird, wobei das zugehörige Substantiv vielleicht noch „lex" ist, 17; 188b.

gio", verwendet ihn aber insgesamt doch höchst restriktiv und grundsätzlich nur in bezug auf die Mohammedaner[81].

Zusammenfassen läßt sich der Befund aus dieser Schrift zu Ptolemäus dahingehend, daß Cardano die verschiedenen Überzeugungen anspricht, ohne sich mit ihnen eingehend zu beschäftigen. Dabei nennt er bis zu vier solcher Überzeugungen, manchmal setzt er auch nur drei von ihnen miteinander in Beziehung, die für ihn und seine Zeit eine Rolle spielen[82]. Von verschwindenden Ausnahmen abgesehen, benennt er sie, wenn überhaupt, mit dem Sammel- und Oberbegriff „lex". Zu ihr gehörende Termini wie „pietas", „ritus", „cultus"[83] und andere finden sich durchaus[84]. Daß Cardano jedoch nicht von jeglicher Wertung absieht, zeigt sein Gebrauch von „haeresis"[85] oder „impietas"[86] und natürlich von „superstitio". So sehr die verschiedenen „leges" also hinsichtlich der Einwirkung der Sterne auf sie gleichrangig erscheinen, so diametral entgegengesetzt werden sie durch solche negativen Charakterisierungen wie auch durch die Benennung der vierten „lex" als „lex Idola colentium" abgewertet. Es trifft freilich zu, daß diese negative Einschätzung nicht sehr zum Tragen kommt.

Die übrigen astrologischen Schriften dieses fünften Bandes der Opera omnia ergeben keine weiteren Erkenntnisse[87]. Sie bestätigen lediglich das bisherige Ergebnis bezüglich der Terminologie wie auch einen eindeutigen Vorzug der Christen. Aus diesem Grunde ruft Cardano ihnen zu: „Erhebt Eure Häupter, wer es fassen kann, der fasse es"[88].

---

[81] Ebd. 7; 174a „secta Mahumetis", 54; 217a „secta Mahumetica" und noch einmal „illius secta"; im Text des Ptolemäus findet sich III 11; 255b „diuersae sectae" ohne nähere Spezifikation.
[82] Ebd. IV 21; 330a u. 26; 332b.
[83] Vgl. bes. ebd. II 12; 180b: „ritus" und „cultus"; 16 (irrtümlich 56); 185b: „pietas".
[84] Vgl. bes. ebd. die o. Anm. 70 zitierte Stelle aaO. II 37; 199a.
[85] Z.B. ebd. II 16; 187b, 54; 210b, 211a, 213b.
[86] Z.B. ebd. III 72; 299b.
[87] Zu „lex" vgl. Hieronymus Cardanus, De temporum et Motuum Erraticarum restitutione 11; 11b; ders., Aphorismorum Astronomicorum Segmenta septem I nr. 68; 32b, V nr. 183; 67a; ders., De Septem Erraticis Stellis; 422b, 428a; ders., De exemplis centum geniturarum, 8; 463a-b „Christiana lex" und „Mahumeti (sc. lex)", letztere im Wechsel mit „secta illa"; schließlich ders., De Supplemento Almanach, 22; 590b; die einzige etwas ergiebigere Stelle lautet: „Leges Christianae et Iudaicae a Deo sunt, fortuna tamen militantium a superioribus gubernatur. Iudaica, a Saturno, vel eius stella, vel potius vtroque. Christiana, a Ioue et Mercurio. Mahumethi, a Sole et Marte aequaliter dominantibus: vnde iustitiam custodit, verum cum impietate et crudelitate magna. Idololatrica, a Luna et Marte. Soluitur autem vnaquaeque lex suo contrario. Saturnum debellat Iupiter autoritate, et Mercurius ratione. Iouem et Mercurium debellat Mars, non audiens rationes, et saeuiens contra autoritatem. Martem et Solem debellant Saturnus et Venus, haec lasciuia, ille dolis. Martem et Lunam, Sol et Iupiter destruunt autoritate, dignitate, et veritate. Ob hoc Christiani erigite capita, qui potest capere, capiat." – Zu „religio" vgl. in den gleichen Schriften, Aphorismorum Astronomicorum I nr. 37; 31a, II nr. 207; 43a, III nr. 117; 49b; bes. VII; 83a-b; De Septem Erraticis Stellis; 383a; Synesiorum Somniorum Omnis Generis Insomnia explicantes libri IV, I 42; 637a, 66; 667a.
[88] Vgl. den soeben in Anm. 87 zit. Text aus De Supplemento, 590b.

Der Anlaß für Lessings Verteidigung des Cardano

Nach diesen Untersuchungen zu den astrologischen Schriften müssen wir nun auf die schon genannten Aussagen Cardanos eingehen, mit denen sich Lessing befaßt hat[89]. Sie finden sich in Cardanos umfangreicher und wichtiger Arbeit „De Subtilitate"(1552). In deren 21 Büchern hat er gleichsam eine philosophisch-theologische Summe vorgelegt. Zunächst behandelt er die Prinzipien Materie und Form, dann die Elemente Himmel und Licht, anschließend die Lebewesen, besonders den Menschen und speziell seine Seele; ferner erörtert er die Wissenschaften sowie einige besondere Fragen, etwa zu den Dämonen, und schließlich „De Deo et universo". In diesen umfangreichen Darlegungen kommt „religio" so gut wie nicht vor.

Der uns interessierende Text findet sich im 11. Buch „De Hominis necessitate et forma". Cardano legt zunächst die Erschaffung des Menschen und seinen besonderen Rang dar, aufgrund dessen der Mensch mehr ist als nur ein Lebewesen. Seine Stellung erläutert Cardano dann an den Gründen, derentwegen der Mensch erschaffen wurde, daß er nämlich die göttlichen Dinge erkennen und über die sterblichen Wesen herrschen soll. So steht der Mensch zwischen Gott, dem er in seiner Fähigkeit zu erkennen, und den Tieren, denen er in seiner Mangelhaftigkeit ähnlich ist[90].

Im folgenden wendet sich Cardano den charakteristischen Merkmalen des Menschen zu, so seinem Erkenntnisvermögen. Hier stellt er auch die Fähigkeit des Menschen heraus, mit Verstand, Sprache und seinen Händen jenen Mängeln des Lebens abzuhelfen, die ihm von Geburt an eigen sind. Schließlich notiert Cardano das Interesse des Menschen, das Weltall kennenzulernen. In diesem Zusammenhang folgt eine Bemerkung, daß die Menschen sich in ihren Meinungen über Gesetze, in Sprache, Provinzen und Sitten voneinander unterscheiden. Dieser Unterschied hat zur Folge, daß bei den Mohammedanern der Christ und bei beiden der Jude nicht mehr als ein „schlechter und sehr billiger Hund" gilt, der alle möglichen Grausamkeiten zu erleiden hat. Cardano schließt diesen Abschnitt mit der Feststellung, daß es vier Hauptgruppen gibt, nämlich die Götzendiener, die Juden, die Christen und die Mohammedaner. Und dann folgt die das bisherige Ergebnis bestätigende Stelle, an der die verschiedenen Überzeugungen wieder nicht als ‚religiones', sondern als „leges" bezeichnet werden:

„Leges autem quatuor, Idolorum Iudaeorum, Christianorum, et Mahumetanorum."[91]

---

[89] Gotthold Ephraim Lessing, Die Rettung des Hier. Cardanus, in: Werke, hg. v. Herbert G. Göpfert in Zusammenarbeit mit Karl Eibe u.a., VII (Theologiekritische Schriften), Darmstadt 1976, 9–32.

[90] Hieronymus Cardanus, De Subtilitate XI; III 551a: „Homo igitur intelligendo diuis similis efficitur, prauitate autem bellus." – Es schließt sich die Wiederholung einer schon zuvor gemachten Aussage an, daß der Mensch auch insofern zwischen Gott und den Tieren steht, als nur er täuschen kann, Gott und die Tiere aber nicht.

[91] Ebd. 551b: „Dissidebant inter se enim homines, ac nunc etiam non minus quam belluae ab illis,

Die Bezeichnung „leges" behält Cardano in den folgenden Aussagen bei, in denen er die Argumente einer Prüfung unterzieht, mit denen jede der vier Gruppen ihren Wahrheitsanspruch zu begründen sucht.

Die Anbeter der Götzen[92], d.h. besonders die Römer, suchen ihre „lex" etwa mit ihrer Überlegenheit im Krieg gegen die Juden zu erweisen, durch die sie die Überlegenheit der Verehrung vieler Götter über die Verehrung des einen Gottes unter Beweis stellen wollen. Die Ehrung vieler Götter hat zudem den Vorteil, daß für die kleinen Sorgen nicht der höchste Gott bemüht werden muß. In dieser „lex" gibt es Wunder und Orakel wie bei den anderen auch. Durchgängig spricht Cardano hier von der betreffenden „lex" im Unterschied zu den „leges alienae".

An zweiter Stelle treten die Juden gegen die Christen auf[93]. Auch sie verteidigen die „nostra lex", und dies insbesondere damit, daß die Christen ihre „lex" übernommen haben oder daß die Juden den einen Gott in einer Reinheit verehren, wie dies bei den Christen (wegen der Trinität) nicht der Fall ist. Schließlich haben sie gleichfalls Wunder und Weissagungen aufzuweisen.

Sodann stellt Cardano die Christen den Mohammedanern gegenüber. Zwischen ihnen findet ein heftiger Kampf statt, weil beide Seiten sich auf starke Kräfte stützen und über große Herrschaftsbereiche verfügen. Als Argumente der Christen nennt Cardano zunächst das Zeugnis der Propheten, sodann die Wunder Christi, ferner die Übereinstimmung mit der „Philosophia moralis, aut naturalis" und schließlich das besondere Wachstum der christlichen „lex"; denn die „lex ipsa nostra" ist von sehr wenigen Armen gegen viele Kaiser verkündet worden und hat den ganzen Erdkreis in Besitz genommen[94].

Schließlich werden die Beweisgründe der „Mahumetani" vorgelegt. Sie berufen sich darauf, daß sie gegenüber den Christen in Gott die Einfachheit verehren, während jene (wegen der Trinität) nicht als Verehrer eines einzigen Gottes erscheinen; sie verweisen sodann auf die Erfolge ihrer „lex", auf ihre Siege, die eroberten Provinzen, so daß nur durch das Entgegenkommen ihres Kaisers zu-

---

lege lingua, prouinciis, moribus. Neque enim pluris est apud Mahumeti cultores Christianus, neque apud vtrosque Iudaeus, improbo, ac vilissimo cane: irridetur, vrgetur, vapulat, spoliatur, denique occiditur, in seruitutem adigitur, stupris violentis, foedisque tractationibus vexatur, vt non tanta a tigride cui catulos subduxerit homo, passurus sit. Leges autem quatuor, Idolorum Iudaeorum, Christianorum, et Mahumetanorum."

[92] Ebd.: „Idolorum cultor suam praefert legem quatuor argumentis. Primum quod pugna superior euaserit aduersus Iudaeos toties, donec eam legem deleuerit: quare non magis placuisse Dei cultum vnius quam multorum, opifici summo ac rectori ..."

[93] Ebd. 552a: „Sic illa euersa, Iudaeus aduersus Christianos insurgit. Si quae fabulae in nostra lege contineantur, omnes ad vos transierunt, qui nostram legem recipitis."

[94] Während Cardano für die Götzenverehrer und die Juden im Text, ebd. 551bf, wiederum von „lex" bzw. von „contentio inter ipsas leges alias" oder von „lex alia" bzw. „sua" spricht, verwendet er sie für die Christen nur im Schlußabschnitt, ebd. 552a: „Accedit vltimo pro Christianis coniectura, quod paucissimis imperitis, pauperibusque aduersus tot Caesares, ditissimosque sacrificos idolorum, lex ipsa nostra promulgata sit, orbemque totum etiam haeresibus debilitata intestinis occupauerit."

weilen noch der „cultus" des christlichen Erdkreises vorkommt[95]. Auch hinsichtlich der Sittlichkeit sind sie – so ihr Argument – den Christen überlegen. Endlich weisen sie auf Wunder hin, etwa, mit Feuer gebrannt, von Eisen geschnitten zu werden, ohne eine Spur von Schmerz davonzutragen.

Überraschend an diesem Vergleich – Cardano spricht ausdrücklich von „contentio inter ipsas leges alias" – erscheint für uns, daß bei den Heiden, nämlich besonders den Römern, und bei den Juden jeweils abschließend Argumente formuliert werden, die gegen die Wahrheit ihrer „lex" sprechen. Bei Christen und Mohammedanern finden sich keine solche Schlußbemerkungen, so daß auch kein ausschlaggebendes Argument für die alleinige Wahrheit der christlichen „lex" formuliert wird. Es bleibt eine Dominanz der beiden „leges" der Christen und der Mohammedaner, die zur Zeit Cardanos nach wie vor von großer politischer Bedeutung sind.

In dieser Gegenüberstellung der verschiedenen Überzeugungen wird „religio" nur einmal en passant seitens der Mohammedaner im Zusammenhang mit dem „cultus" der Christen gebraucht[96], woraus deren spezielle Bedeutung folgt. Konsequent werden die Überzeugungen selbst in der Gegenüberstellung zueinander jeweils ausschließlich „lex" genannt, sofern sie nicht als Personen, als „Idolorum cultor", „Iudaeus", „Christianus" und schließlich als „Mahumetani" angesprochen werden. „Lex" erscheint hier ebenso als Sammelbezeichnung für jede einzelne dieser Überzeugungen wie als gemeinsamer Oberbegriff, unter den sie alle gemeinsam subsumiert werden können. Auch die Christen sprechen von sich selbst ausdrücklich als von der „lex ipsa nostra".

Dieser Text aus „De Subtilitate" unterscheidet sich dadurch von den vorausgegangenen, in denen Cardano die vier „leges" nebeneinanderstellt, daß die Reihenfolge gegenüber diesen differiert; denn der „Idolorum cultor" nimmt die erste Stelle ein, ehe dann in historischer Abfolge Juden, Christen und Mohammedaner genannt werden. Diese Umstellung läßt es als erwägenswert erscheinen, daß hinter der früheren Reihenfolge, nach der die jüdische „lex" die erste Stelle einnahm, sich die Annahme verbarg, sie sei auch die älteste. Geäußert hat sich Cardano diesbezüglich nicht. Der zweite Unterschied ist darin zu sehen, daß hier die abschließende negative Bewertung bezüglich der Mohammedaner fehlt, was ein wichtiger Grund für die Kritik war, die Cardano gerade mit diesem Text geerntet hat. Wie lange sich diese gehalten hat, zeigt sich in dem noch zwei Jahrhunderte später erfolgenden Rehabilitierungsversuch Lessings, von dem dann zu reden sein wird, wenn wir uns mit Lessing befassen.

---

[95] Ebd. 552a-b: „Succedit argumentum ex euentu, cum tot victorias iam obtinuerint, tot occupauerint prouincias, vt vix Mahumetanae legis Christiana certa pars dici posset, ni beneficio Caesaris nostri iam alius orbis Christiani cultus religione passim imbutus esset." Im folgenden heißt es dann bezüglich des wechselseitigen Verhältnisses weiter: „Vita vero illorum atque mores mutatis vicibus, cum nos Mahumetem, illi Christum imitari videantur, legi suae non paruam tribuit autoritatem".
[96] Den Text s. die vorige Anm.

Zusammenfassung und Ergänzung

Die bisher vorgelegten Texte sowie die einschlägigen Stellen in den thematisch wichtigsten Bänden der Opera omnia[97] ergeben insgesamt einen Befund, den man mit Fug und Recht eindeutig nennen darf: Cardano kennt selbstverständlich „religio", wenn er sich auch mit ihr nicht näher befaßt. Lediglich in einem autobiographischen Text und in einer Überlegung über das Gemeinwesen widmet er ihr einen eigenen Abschnitt. Soviel sich aus dem Gebrauch erkennen läßt, besagt „religio" eine bestimmte und eng umgrenzte Verhaltensweise, die darauf achtet, daß die gebotenen Handlungen den Göttern bzw. Gott gegenüber sorgfältig vollzogen werden. Sie bringt somit eine Verpflichtung zum Ausdruck, die insbesondere im Staatswesen den entschiedenen Einsatz fordert, zumal bei Soldaten. In der Skala der Bewertung nimmt sie nicht den höchsten Stellenwert ein, sie dient vielmehr als Mittel zum Zweck. Cardano kritisiert heftig, wenn aufgrund der „religio", etwa, weil am Sabbat nicht gekämpft werden darf, militärisch gebotenes Handeln unterbleibt; denn dies zieht entsprechend katastrophale Folgen für das Gemeinwesen nach sich. Ausdrücklich ordnet er – in einer an Niccolò Machiavelli erinnernden Weise – die „religio" der Staatsraison unter[98]. Diese Ein- bzw. Unterordnung war freilich schon gut römisch.

Gegen jegliche Erwartung findet sich „religio" bei Cardano an einer Stelle als profaner Terminus; hier läßt sich überdies seine Bedeutung recht gut ersehen. Cardano berichtet über Ämter im antiken Rom und in diesem Zusammenhang auch über einen „dictator", der während eines Krieges oder einer besonders großen Seuche wegen einer gewissen „religio" auf sechs Monate gewählt wurde[99]. Läßt sich hier keinerlei Bezug zu den Göttern feststellen und somit vermuten, daß es sich um einen profanen Gebrauch des Wortes handelt, so erhärtet sich diese Annahme im folgenden Text. Hier geht es darum, daß zum „dictator" nur ein „consularis vir" bestimmt werden kann. Im Anschluß daran gibt Cardano als Begründung an: Es war „religio", daß der Konsul den Diktator bei Sonnenuntergang ernannte[100]. Der Bezug zu den Göttern fehlt hier nicht nur faktisch, er hätte wohl auch keinen Sinn. Denn es handelt sich um einen Brauch, den Cardano durch die Verwendung von „religio" als einen herausstellt, der sorgfältig,

---

[97] Durchgesehen wurden die Bände I (Philologica, Logica, Moralia), II (Moralia und Physica) und bes. III (Physica) und X (Miscellen, Fragmente und Paralipomena); VI (Arithmetik, Geometrie und Musik) sowie VI-IX (Medizin) wurden nicht nachgesehen; aus VI weist J. Ochman einen Beleg nach.

[98] S. den o. Anm. 11 zit. Text Politices sev Moralium liber vnus 12; X 69bff.

[99] Hieronymus Cardanus, Paralipomenon XIV 5; X 547a: „Dictator cuius summa erat potestas, nec vllus magistratus vim aliquam habebat praeter tribunos intercedendi. Maximo discrimine belli, aut in maxima peste creabatur religionis cuiusdam causa, et habendorum comitiorum causa".

[100] Die ganze Stelle, ebd. b, lautet: „Hi tres magistratus non creabantur centuriatis comitiis, nec vllis aliis, sed Interregem eligebant Patritij soli: nulla in hoc autoritas Plebi vel populo: Dictatorem dicebat consul, alter mandante Senatu, sed tamen oportebat eligi consularem virum. Religio erat vt occidente Sole illum nominaret tacite Consul."

peinlich genau beachtet werden muß. Eben dieser Sinn ließ sich für „religio" bereits bei den Römern nachweisen. An dieser Stelle zeigt sich, daß er bis zu Cardano in Geltung geblieben ist.

Damit darf die Annahme als erwiesen gelten, daß „religio" einen konkreten Vollzug bezeichnet. Dieser Begriff steht somit auf einer Ebene neben „pietas", „cultus", „ritus", aber auch, freilich sehr selten, neben „fides"[101]. Er umfaßt somit keinesfalls all diese Vollzüge und Tugenden als Sammel- bzw. Oberbegriff. Die Konkretion dieses Terminus wird dadurch bestätigt, daß als Gegensatz „superstitio" dient[102]. In diesem Sinn gibt es nur eine legitime „religio". Der Plural ‚religiones' fand sich in den überprüften Texten nirgends[103].

Aufgrund dieses eindeutigen Gebrauchs läßt sich sagen, daß „religio" seine konkrete Fassung nicht verloren hat, wenn Cardano – höchst selten und sozusagen ausnahmsweise – den Terminus doch einmal verwendet, um die Vollzüge der Christen insgesamt zu bezeichnen[104] und – noch einmal seltener – ihn über die Christen hinaus gebraucht; dabei bleibt er freilich an den ausgewiesenen Fundstellen den Mohammedanern vorbehalten[105], ein Beleg für „religio" in Anwendung auf die Juden oder die Götzendiener ließ sich nicht nachweisen.

Ebenso und ebenso selten findet sich auch „Christianus cultus" in Entgegensetzung zum „Iudaeorum ritus"[106]. Die Entgegensetzung dieser beiden Überzeugungen zeigt, daß sie jeweils als ganze gemeint sind und somit von den entsprechenden Termini gleichfalls pars pro toto bezeichnet werden. Im Zusammenhang mit der „christiana lex" sagt Cardano gleichfalls nur ausnahmsweise auch „haec fides"[107] und „Christi fides"[108] oder „fides nostra"[109], ohne daß an diesen Stellen auf andere Überzeugungen Bezug genommen wäre; dasselbe gilt

---

[101] Vgl. z.B. H. Cardanus, De Rerum Varietate VIII 40; III 146b.
[102] Ebd. XV 80; III 292b; ders., De Subtilitate XVIII; III 644a.
[103] Vgl. H. Cardanus, Comment. in Ptolemaeum I 13; V 103b heißt es sicher nicht zufällig „leges, et religio".
[104] Vgl. die z.T. o. zit. Belege in De Rerum Varietate XVI 93; III 330a ohne Vergleich mit anderen; De Subtilitate, im Widmungsbrief Cardanos; III 354 „defensores Christianae religionis", sodann noch einmal „religio Christiana"; ebd. VIII; III 502a mit der Formulierung „aduersus pertinaces Iudaeos, aut superbos Mahumeti cultores, aut garrulos Philosophos"; Comment. in Ptolemaeum II 54; V 210b, hier im Wechsel „religio Christiana" und „lex Christiana", vgl. auch die folgende Anm.; schließlich De Arcanis aeternitatis 17; X 32a, wo auf „religio nostra" dann noch „Mahumetani" und „Christiani" folgen.
[105] H. Cardanus, Paralipomenon 9; X 437a heißt es „religio ... Christiana" und dann „Mahumeti", ohne daß „religio" wiederholt würde; vgl. dagegen Comment. in Ptolemaeum II 54; V 210b, wo es ausdrücklich „religio Mahumetana" heißt.
[106] H. Cardanus, De Arcanis aeternitatis 19; X 39a; vgl. ebd. 11; X 18b, wo es zuvor, 17bf, verschiedentlich „lex" geheißen hatte.
[107] H. Cardanus, De Rerum Varietate XV 81; III 294a, hier neben den „idola colentes" und den „Iudaei".
[108] H. Cardanus, De Subtilitate XII; III 564b: „beatus Bonifacius, qui Germanos ad Christi fidem vertit"; vgl. De Arcanis aeternitatis 20; X 41a u. b.
[109] H. Cardanus, De Rerum Varietate XV 81; III 295b.

für die an einer einzigen Stelle gefundene Formulierung „pietas Christiana"[110]. Einmal ließ sich auch „Christiana fides" in unmittelbarer Nähe zu „Religio nostra" nachweisen[111]; allerdings spricht Cardano in diesem Zusammenhang nicht von anderen, so daß man die genaue Funktion, die die Termini hier haben, nicht ermitteln kann. Als zusammenfassende Bezeichnung gibt es sonst nur noch selten und meist für die Mohammedaner „secta", wobei Cardano zweifelsfrei nicht ‚Sekte', sondern „Gefolgschaft" meint; eine gewisse Abwertung dieses Begriffes dürfte freilich darin zu sehen sein, daß seine Anwendung auf die Christen faktisch unterbleibt[112].

Aufgrund dieser schwerlich vollständigen, sicher jedoch repräsentativen Belege kann der zuvor verschiedentlich nachgewiesene Befund dahingehend generalisiert werden, daß grundsätzlich „lex" als genuiner Sammel- und Oberbegriff für sämtliche vier verschiedenen Überzeugungen dient. Nirgends konnte ein anderer Terminus nachgewiesen werden, der alle vier oder, da die Götzenverehrer verschiedentlich fehlen, wenigstens Juden, Christen und Mohammedaner umfaßt[113]. Natürlich behält „lex" auch seine ursprüngliche Bedeutung als „Gesetz", ohne das kein Gemeinwesen existieren kann. Man darf schließen, daß Cardano in Übereinstimmung mit der Tradition diesen Ausdruck wegen seiner Neutralität gewählt hat.

Mit diesem völlig eindeutigen Resultat bleibt Cardano beträchtlich hinter den Sprachgewohnheiten zurück, wie sie sich bei Giovanni Pico della Mirandola

---

[110] Ebd. XVII 94; III 337a, wo vielleicht eher kein genereller Gebrauch vorliegt.

[111] H. Cardanus, De Arcanis aeternitatis 20; X 41a.

[112] Vgl. neben der bereits zit. Stelle Comment. in Ptolemaeum II 54; V 217a „secta Mahumetica" und ebd. I 7; V 174a „secta Mahumetis" die ebd. zitierten und von Cardano nicht weiter kommentierten Formulierungen des Ptolemäus „diuersae sectae" II 49; V 205a sowie III 11; V 255bf und „aduersariae sectae" II 49; 205a; vgl. darüber hinaus ders., De Rerum Varietate II 13; III 33a ohne nähere Spezifizierung „plurimae sectae"; vgl. ferner ebd. XVI 93; III 328b „secta ... illa" unter Bezugnahme auf eine Philosophenschule sowie schließlich als Ausnahme XV 80; III 292a „Lutheranorum secta".

[113] Vgl. bes. die o. ausführlich besprochenen Texte. Darüber hinaus vgl. H. Cardanus, De Rerum Varietate XV 81; III 297af mit der Formulierung „nostra fides" und wenig später „lex Christi", von der Cardano hofft, sie unter den „barbares gentes" verkündet werden; im unmittelbaren Anschluß daran spricht er noch einmal von den „Gentiles et Mahumetani", eine der seltenen Stellen, wo ersterer Terminus überhaupt verwandt wird. Aus dem Zusammenhang wird deutlich, daß hier die Christen insgesamt anderen gegenübergestellt werden. Vgl. bes. De Arcanis aeternitatis 13; X 28a, wo Cardano von den „mutatae ... leges" und dann von der „Mahumethi lex", der „Christiana lex" und schließlich von „Indi. Occidentales qui Idola colebant" spricht. Vgl. ebd. 20; X 42a, wo er die „Christi lex" den „Hebraei" gegenüberstellt. Die Gegenüberstellung von „lex Christiana" und „opinio sapientum Philosophorum" vgl. Paralipomenon 17; X 443b. Die nur namentliche Gegenüberstellung der Römer, Juden, Christen und Mohammedaner vgl. De Arcanis aeternitatis 16; X 31b, die der Juden, Mohammedaner und Christen noch einmal Comment. in Ptolemaeum IV 26; V 332b, ebd. 21; V 330a auch die Christen, Juden, die Heiden („Gentes"), dann auch die „Evangelicos" und schließlich die Mohammedaner. Die letzten drei Belege beziehen sich jeweils auf die Frage nach der Ehe bzw. der Ehescheidung. Diese Texte zeigen, daß Cardano grundsätzlich die Aufteilung in vier „leges" bzw. Gruppen bevorzugt.

(1463–1494) herausgebildet hatten[114]. Denn dieser konnte „religio" bereits, wenn auch unter Beibehaltung seines grundsätzlich konkreten Sinnes, neben „lex" und „secta" zur Bezeichnung jener sechs Überzeugungen verwenden, von denen mindestens seit Roger Bacon (1220 – nach 1292)[115] im christlichen Bereich immer wieder die Rede war.

Damit tritt der zweite Unterschied in Erscheinung: Bei Cardano fand sich – mindestens bislang – keine direkte Aufnahme dieser langen Tradition von den sechs „leges", wobei als sechste oder zuweilen auch zuzüglich zu ihnen als siebte die noch ausstehende „lex Antichristi" trat. Es mag überraschen, daß Cardano diese Tradition nirgends rezipiert oder wenigstens erwähnt, daß er auch deren einschlägige Autoren, insonderheit als ihren Gegner Pico nennt, den er natürlich gekannt hat[116]. Bislang zeigt sich kein Grund für die Beschränkung auf vier „leges", von denen Cardano freilich weiß, daß es sich dabei um eine Typisierung handelt; denn er ist sich sehr wohl darüber im klaren, daß man nicht wirklich von einer einheitlichen „Idolorum lex" sprechen kann[117].

Cardanos Aussagen über die verschiedenen „leges" haben wichtige, vielleicht die wichtigsten Wurzeln in der Astrologie. Durch ihre Abhängigkeit von den Sternen stehen sie grundsätzlich auf der gleichen Ebene, selbst wenn Cardano verschiedentlich, aber eben nicht immer, die christliche als höchste bewertet. Merkwürdigerweise bringt er den Mohammedanern eine solch beträchtliche Wertschätzung entgegen, daß der einzigartige Vorzug der Christen im Vergleich dazu verblaßt und die Frage nach der ‚religio vera' im Sinne der einzig wahren Gottesverehrung nicht mehr gestellt wird. Daher dürfte es denn auch kein Zufall sein, daß in den umfangreichen überprüften Texten sich dieser Begriff nirgends fand und auch seine Entgegensetzung ‚religio falsa' fehlt. Es steht dahin, ob der ungeheure militärische und politische Erfolg der Mohammedaner Anlaß zu dieser Bewertung gab oder eine nicht offen ausgesprochene persönliche Einstellung, die zu realisieren Cardano freilich nur mit großen Schwierigkeiten möglich gewesen wäre. Wie dem auch sei, Cardano sieht im Erfolg ein wichtiges Kriterium zur Beurteilung. Sicherlich hat er die einzelnen „leges" intensiv an die jeweiligen Gemeinwesen gebunden, wenn er feststellt, daß nicht die „leges" die Gemeinwesen, sondern umgekehrt die Gemeinwesen die „leges" konstituieren[118].

Mit seiner Konzeption liefert Cardano einen außerordentlich wichtigen Beitrag für unsere Untersuchungen: Noch bis über die Mitte des 16. Jahrhunderts

---

[114] E. Feil, Religio, 208–213.
[115] Ebd. 116–121.
[116] H. Cardanus, Aphorismorum Astronomicorum Segmenta I nr. 63; V 32b.
[117] H. Cardanus, De Arcanis aeternitatis 11; X 18a: „Idolorum autem cum vna non esset forma, nec vna lex dici potuit, licebat per tempora ex vno ritu in alium transire." Und dann fügt er eine aufschlußreiche Aussage über die Entstehung der „leges" an: „Romae Peregrinos Deos susceperunt, mutatae saepius caeremoniae, Aegyptus alia aliis coluit temporibus et vt dicam non imperium ex lege sed ex imperio lex ortum habuit, quod si imperia finita ante fuerunt necesse est et leges cum iis interiisse."
[118] Vgl. die vorige Anm.

hinaus gibt es keinen einerseits radikalisierten, andererseits aber neutralisierten Begriff von ‚religio', der zugleich eine generalisierte Verwendung ermöglicht. Denn für Cardano bleibt „religio" eine ganz bestimmte, gleichberechtigt neben anderen stehende Tugend, womit ihre Radikalisierung zu einer gleichsam anthropologischen Gegebenheit ausgeschlossen wird. Zugleich folgen aus ihr nicht alle einzelnen Einstellungen und Handlungen gegenüber Göttern bzw. Gott; sie sorgt lediglich dafür, und hier zeichnet sich eine gewisse umfassendere Funktion ab, daß die einzelnen Vollzüge und Vorschriften gegen Götter oder Gott in frommer Scheu nach der gewohnten Tradition ausgeführt werden, in persönlicher Hinsicht sekundiert von der gleichberechtigten „pietas", die die persönliche Ehrerbietung meinen dürfte. Es zeigt sich also, daß bei Cardano diese klassischen Bedeutungen erhalten geblieben sind; beide wie andere Vollzüge auch sind für ihn so selbstverständlich, daß er sie nicht eigens definiert.

Bei Cardano bahnt sich also die spätere Entwicklung noch keineswegs an. Denn um als Sammelbegriff aller Handlungen und Vollzüge gegenüber Göttern bzw. Gott dienen zu können, muß „religio" aus ihrer unmittelbaren konkreten Bedeutung herausgelöst werden, sie muß insbesondere von den jeweils konkreten Vollzügen gelöst werden, sie muß hinter manifeste Haltungen und Handlungsweisen verlegt werden, und zwar so, daß ihre differenten Erscheinungsweisen nicht mehr primär zu ihr gehören, sondern mindestens zweitrangig für sie selbst ihr eine nun generelle und bezüglich der einzelnen Manifestationen neutrale Verwendung ermöglichen. Es darf also auch im Hintergrund nicht mehr die Frage nach der wahren „religio" von letztlich doch ausschlaggebender Bedeutung sein, vielmehr muß der Terminus so neutral geworden sein, daß er, ohne gleich an „superstitio" denken zu lassen, hinsichtlich der verschiedensten Bräuche Göttern oder Gott gegenüber gleichermaßen gebraucht werden kann.

Erst dann läßt sich nämlich ein genereller Religionsbegriff konzipieren, wenn eine nur scheinbar paradoxe Radikalisierung und Neutralisierung erfolgt ist. Sowenig Cardano selbst an der Frage der Wahrheit der „religio" ernsthaft interessiert erscheint, sowenig hat er doch den Begriff „religio" schon so von der Konkretion abstrahiert, daß er ihn gleichberechtigt auf die verschiedenen Überzeugungen anwenden mochte. So bleibt nur das Ergebnis, daß Cardano noch hinter Autoren wie Pico della Mirandola oder Vives, aber eben auch hinter den tatsächlichen oder vermeintlichen Opponenten Philipp Melanchthons zurückbleibt. Denn letzterer hatte bereits bei Gegnern eine solche „Religion" wahrgenommen, die hinter allen ihren Erscheinungsformen liegt. Den Schritt zu einer solchen, ein neuzeitliches Verständnis von „Religion" vorbereitenden Konzeption hat Cardano nicht vollzogen, er hat ihn noch nicht einmal in die Wege geleitet[119].

---

[119] Untersucht wurde die Auseinandersetzung mit Cardano, die der Humanist und Arzt Julius Caesar Scaliger (1484–1558) geführt hat. Vgl. Iulius Caesar Scaligerus, Exotericarum exercitationum Liber quintus decimus, de Subtilitate, ad Hieronymum Cardanum, Lutetiae MDLVII. Hier fand

Ergänzende Einblicke in den humanistischen Sprachgebrauch

In die Prüfung einbezogen werden auch einige humanistische Beiträge, um wenigstens anhand von Stichproben aus diesem Bereich bisherige Befunde zu überprüfen.

LILIUS GREGORIUS GYRALDUS

Als erster soll Lilius Gregorius Gyraldus (1479–1552) berücksichtigt werden[1]. Wie in seiner Zeit bereits verbreitet, wollte auch er seine Aufmerksamkeit den antiken Göttern widmen. Um sich vor Mißhelligkeiten zu schützen, schickte er in seinem Buch eine sehr ausdrückliche Beteuerung voraus, daß er den einen wahren und dreifaltigen Gott verehre[2].

Über die antiken Verhältnisse war er genau informiert. Dies zeigt die präzise Wiedergabe dessen, was bei den Römern „religio" bedeutet[3]. Einen Angelpunkt stellt für ihn das Tetragramm dar, das bei den Juden grundgelegt war, nämlich (in lateinischer Transskription) „Iheuhe" bzw. „Adonai", und sich bis zu den Christen mit dem Namen „IESV" findet. Aber auch die meisten anderen Völker verwenden eine vier Buchstaben umfassende Gottesbezeichnung, wie Gyraldus an einer Reihe von Beispielen demonstriert, so „θεός" und „Αλλα". Als Fazit für diese Gottesbezeichnung und d.h. gleichsam als „generale nomen" nennt er „Deus"[4]. Mit dieser Bezeichnung wird benannt, was jegliche „religio" ehrfurchtsvoll achtet[5]. Der „divinitatis cultus" heißt bei den Lateinern, wie Gyraldus hervorhebt, „Religio", deren Etymologie er entfaltet[6]. Auch stellt er deren

---

sich zu unserem Thema kein nennenswerter Beitrag; an einer einschlägigen Stelle hat Scaliger lediglich von „leges" und „sectae" vgl. Exercitatio 258 nr. 1; 332 r, wie auch von den „Mahumetanae sectae", nr. 2; ebd., gesprochen. Nirgends aber geht es des näheren um die ‚religio'; lediglich bezüglich der „pietas" bringt er eine sonst nicht nachgewiesene Unterscheidung, Exercitatio 317 nr. 3; 430 vb: „Pietas non una. Erga Deum cultus est. Pietas civilis est caritas cum respectum ad Deum."

[1] Dieser humanistisch gebildete Kleriker verbrachte sein Leben an verschiedenen Adelshöfen, ehe er nach Rom und nach dessen Plünderung wieder zurück in seine Heimat Ferrara ging, wo er in großer Armut starb.

[2] Lilius Gregorius Gyraldus, De Deis Gentium varia et multiplex Historia, in qua simul de eorum imaginibus et cognominibus agitur, vbi plurima etiam hactenus multis ignota explicantur, et pleraque clarius tractantur, Basileae MDXLVIII (die Datierung findet sich am Ende des Buches). Vgl. den Catalogus, hier Syntagma I: De Deis in uniuersum, et qui primi deos colere instituerunt, et quam uarie de deis philosophi senserunt. Tum de deis Miscellaneis et Topicis, demum quam uaria et diuersa a priscis pro deis culta sunt, a 3v.

[3] Ebd. 7.

[4] Ebd. 2–7.

[5] Ebd. 7: „unde Deus dictus est, quod omnis religio sit timori".

[6] Ebd.: Über Cicero, Laktanz, Augustinus hinaus auch Massurus Sabinus und Gellius u.a.; tatsächlich spielt Gellius eine selten genannte Rolle!

Zusammenhang mit „Sanctitas" und „Pietas" heraus. Schließlich fügt er griechische Entsprechungen hinzu[7].

Man kann somit von einer detaillierten Kenntnis der Antike sowie der Patristik in der ersten Hälfte des 16. Jahrhunderts ausgehen. Daraus läßt sich folgern, daß ebenso präzise die antike wie patristische Vorstellung von „religio" geläufig war[8]. Gegenüber vielfältiger „superstitio"[9] gilt für Gyraldus selbst nur die „nostra religio sanctissimae Trinitatis"[10]. Doch nicht ihr, sondern den verschiedenen antiken Göttern gelten die umfangreichen Darlegungen bei Gyraldus.

Michel Eyquem de Montaigne

Es bedarf keiner besonderen Begründung, Michel Eyquem de Montaigne (1533–1592) zu behandeln[1]. Angesichts seiner Bedeutung für die Moralphilosophie interessiert natürlich, ob er sich des näheren mit der „religion" befaßt hat und so zu unserem Thema einen speziellen Beitrag leistet.

Montaigne vertritt, auf eine breite Kenntnis antiker Autoren gestützt, eine skeptische Grundhaltung, da die widersprüchlichen Auskünfte der Tradition kaum eine einhellige und somit gesicherte Position zulassen. Mit seiner Reserve gegenüber der Vernunft verbindet er das Plädoyer, tradierte Überzeugungen beizubehalten.

Die hier zu behandelnden „Essais" spiegeln allenthalben Montaignes Position wider; sein geringes Zutrauen zur menschlichen Vernunft läßt sich auch durch die Erfahrung nicht zureichend überwinden[2]. Am ehesten vermögen die Natur bzw. die Naturgesetze einen Ausweg zu bieten[3], sucht man eine einigermaßen verläßliche Grundlage und Orientierung für das Leben. Es scheint, daß die Vielzahl der Geschichten und Beispiele dann doch so etwas wie Hinweise für die Gestaltung des Lebens geben sollen. Der Lebensbewältigung durch menschliche Kunst traut Montaigne aber gleichfalls nicht; statt sich in Krankheit auf ärzt-

---

[7] Vgl. ebd.: „εὐσέβεια et θρησκεία", „θεοσέβεια", „λατρεία", „δουλεία", „ὑπερδουλεία" und „τελετή".
[8] Etwa mit Cicero kann dann im antiken Sinn von „religiones" die Rede sein, ebd. 46, vgl. 51, 23.
[9] Ebd. 2, 17, 19 u.ö.
[10] Ebd. 3.

[1] Michel Eyquem Montaigne übte verschiedene öffentliche Tätigkeiten aus, so als Berater am Hofe Heinrichs II. seit 1554 und dann in Bordeaux, wo er 1557–1569 Parlamentsrat und 1581–1585 Bürgermeister war. Zeitweilig nach 1571 und vollends nach 1585 lebte er zurückgezogen auf seinem Gut und befaßte sich hier vornehmlich mit seinen literarischen Arbeiten.
[2] Michel de Montaigne, Essais, ed. par Albert Thibaudet, Paris 1953, 1194f, hier bes. III 13;1197f. – Deutsche Ausgabe: Auswahl und Übersetzung von Herbert Lüthy (= Manesse, Bibliothek der Weltliteratur), Zürich 1953, 842f, 846. – Im folgenden werden zunächst, soweit erforderlich, das Buch in römischer, das Kapitel in arabischer und nach einem Semikolon die Seitenangabe der französischen Ausgabe, dazu in Klammern die der deutschen Übersetzung angegeben.
[3] Ebd. 1196, 1246 (844, 875).

liche Kenntnis zu verlassen und sich an Ärzte zu wenden, hält er es mit der Natur und zieht es vor, sich die Sterbesakramente geben zu lassen[4]. Dabei dürfte schwerlich der Glaube das Fundament seiner Lebenseinstellung gewesen sein. Montaigne blieb zwar katholisch und empfahl auch, weiterhin bei dieser Überzeugung zu bleiben[5], dies aber eben eher aus Tradition als aus lebendigem Engagement für Glaube und Kirche.

Hierzu paßt, daß Montaigne Fragen des Glaubens und der „religion" in seinen „Essais" überraschend wenig Aufmerksamkeit widmet, was deswegen besonders verwundert, weil sie Zeit seines Lebens so vielfältige blutige Auseinandersetzungen auslösten. Es findet sich kein einschlägiges Kapitel, wenn man einmal von jenem „Über das Beten" absieht[6].

Damit ist ein erster Befund schon festgestellt: Trotz der durch die unterschiedlichen Überzeugungen um so heftigeren Kämpfe nimmt Montaigne dieses Thema fast nicht in seine Überlegungen auf; nur selten spricht er von den Wirren bezüglich der „religion"[7]. Und über die Mahnungen hinaus, sich an die Tradition zu halten, unterbreitet er auch keine Vorschläge, den Streit der Überzeugungen beizulegen.

Montaignes Sprachgebrauch läßt auch keine weitere Erkenntnis darüber zu, warum er unmittelbar zwischen „religion" und „creance"[8] oder „foy" wechselt[9], warum er überhaupt „religion" sagt. Auffällig oft verwendet er „nostre religion"[10], ebenso aber auch „nostre foy"[11] oder „nostre creance"[12]. Im Gegenüber zu unserer „religion" spricht er dann im Hinblick auf andere Überzeugungen von „sa religion" bzw. „leur religion"[13] oder allgemein von „autres religions"[14]. Er verwendet „religion" also durchaus über den christlichen Bereich hinaus, problemlos findet sich etwa die Bezeichnung „religion de Mahumet"[15]. Doch sucht man vergeblich nach einer Stelle, an der er „religion" ausdrücklich als gemeinsame Bezeichnung für verschiedene Überzeugungen einschließlich der Christen gebraucht. Es fehlt

---

[4] Ebd. III 9; 1100 (770).
[5] Vgl. etwa ebd. II 12; 641 f (473 f).
[6] Ebd. I 56; 353–363 (301–311).
[7] Ebd. 27; 217 (218). Im folgenden werden wie schon zuvor nur einzelne Stellen als Beispiele genannt ohne Anspruch auf Vollständigkeit.
[8] Vgl. ebd., ferner 32; 255 (244 f).
[9] Ebd. 255 (245), wo unmittelbar im selben Satz „foy" und „creance" wechseln, vgl. auch II 12; 484 (424 f).
[10] Ebd. I 14; 73 f (95), hier im Wechsel mit „leur ancienne creance" für die spanischen Juden! Für die Christen vgl. II 12; 482 (422). Vgl. ferner I 32; 255 (244), II 12; 486 (426), 489 (429), 555 (444), 641 (473), II 19; 754 (545).
[11] Ebd. II 12; 484 (425).
[12] Ebd. 489 (429); vgl. den Wechsel von „relligion (sic!) Catholique" und „creance reformée" I 56; 356 (305).
[13] Ebd. II 12; 482 (423), im Hinblick auf andere 19; 754, in der deutschen Übersetzung, (544), fälschlich wiedergegeben mit „ihren Glauben"; ferner 29; 794 (554).
[14] Ebd. 12; 489 (429); vgl. 572 (449).
[15] Ebd. 595.

auch eine pointierte Verwendung von „religion" für die neu entstandenen Überzeugungen oder auch eine Formulierung, als ob jetzt zwei ‚religions' in Frankreich zuzulassen oder wieder zu vereinigen seien. Eher stößt man auf eine Gegenüberstellung einer Auszeichnung unserer „religion" im Unterschied zu Verhaltensweisen oder Handlungen, die allen „religions" gemeinsam sind[16].

Die eingehendsten Aussagen zu unserem Thema finden sich in dem schon zuvor herangezogenen wichtigen zwölften Kapitel des zweiten Buches, der „Apologie des Raimundus Sabundus", dessen „Theologia naturalis" Montaigne auf Anraten seines Vaters ins Französische übersetzt hatte. Die Verteidigung dieser Übersetzung, die mit über zweihundert Druckseiten fast den sechsten Teil der gesamten „Essais" umfaßt und somit allein schon fast eine Monographie darstellt, spricht freilich auch nicht ex professo unser Thema an. Es finden sich aber eine Reihe von einschlägigen Aussagen, die in den jeweiligen Zusammenhang eingebunden sind.

Eine merkwürdige Feststellung dieses Kapitels lautet, daß der Glaube die Geheimnisse unserer „Religion" lebendig macht[17]. Wird dann im anschließenden Text gesagt, daß auch die Menschen und die natürlichen Dinge in den Dienst unserer „foy" gestellt werden und wir Gott nicht nur in Geist und Seele ehren, sondern auch durch eine „reverence corporelle" und durch „choses externes"[18], so beziehen sich diese Aussagen auf den Glauben, nicht auf die „religion". Und auch im Hinblick auf ihn heißt es gerade nicht ‚innerlich', sondern mit den tradierten Charakterisierungen Geist und Seele könnte auch, wie seit dem Propheten Jesaia üblich, ‚Herz' gesagt sein. Der Gegensatz zu ‚innerlich' heißt denn auch nicht ‚äußerlich', sondern „körperlich" bzw. „äußere Dinge". Ein Gegensatz ‚innerlich – äußerlich' existiert noch nicht. Dafür spricht auch, daß Montaigne wenig später von einer „religion purement mentale" spricht[19].

Der Zusammenhang aber, in dem diese Formulierung steht, erweist sich als sehr aufschlußreich. Montaigne referiert, daß Paulus in Athen unter „Toutes les religions" jene am ehesten entschuldbar fand, die sich auf eine „Divinité cachée et inconnue" bezog, während Pythagoras dieser Wahrheit noch einmal näherkam, wenn er auf eine erste Ursache schloß, die unbestimmt, ohne Umschreibung und Erklärung ist. Dieser Vorstellung wollte Numa in Rom entsprechen durch die „religion purement mentale", aber eben ohne Erfolg! Denn der menschliche Geist vermag, wie Montaigne fortfährt, sich im Unbestimmten bzw. Unveränderlichen und Ungestalteten nicht zu halten[20]. Nicht nur, daß hier

---

[16] Ebd. 485 (426).
[17] Ebd. 484 (424): „C'est la foy seule qui embrasse vivement et certainement les hauts mysteres de nostre Religion".
[18] Ebd. 484 (425); in diesem Zusammenhang, 484f (424f), findet sich auch „creance".
[19] Ebd. 572 (450).
[20] Ebd. 572f (450f): „Pythagoras adombra la verité de plus pres, jugeat que la connoissance de cette cause premiere et estre des estres devoit estre indefinie, sans prescription, sans declaration; que ce n'estoit autre chose que l'extreme effort de nostre imagination vers la perfection, chacun en amplifi-

„mentale" als Gegensatz zu „limites corporels" fungiert, diese geistige „religion" bleibt zugleich unrealisiert und unrealisierbar.

Ganz nebenbei bringt Montaigne eine für unsere Fragestellung zentrale Aussage: Im Kapitel über die möglichste Beibehaltung einmal geltender Gesetze weist er auf sonderbare Gewohnheiten hin, die es unter Menschen gibt. Aussparen will er in diesem Zusammenhang jedoch die als Betrug („imposture") der „religions" bezeichneten Bräuche[21]. Er fügt hinzu, es sei verzeihlicher, sich diesbezüglich in solche abwegigen Vorstellungen zu verlieren, weil dieser Gegenstand sich außerhalb unserer Vernunft befindet, es sei denn, jemandem sei eine außerordentliche Erleuchtung zuteil geworden. Auch die „religion" befindet sich somit schon außerhalb menschlicher Vernunft, nicht erst die ‚foy'. Wie auffällig diese These gewesen sein muß, läßt sich an der entgegengesetzten nachhaltigen Tradition ersehen, die Gott und die ihm gebührende Ehrung als natürlich und d.h. als moralische Tugend einschätzt, wofür die natürliche Vernunft als zuständig und völlig ausreichend gilt.

Haben allein die vom Himmel kommenden Dinge Recht und Macht, uns zu überzeugen, vermögen allein sie Wahrheit zu sein, so ist auch diese gefährdet bzw. verdunkelt durch unser schlechtes Vermögen, diese Wahrheit ungetrübt entgegenzunehmen; nur durch Gottes spezielle und übernatürliche Gnade und Gunst vermag das „Bild" Gottes in unserer kleinen irdischen Wohnung Platz zu finden[22]. Der Skeptizismus Montaignes schlägt also allenthalben durch, nimmt er doch lediglich aus, was durch eine spezielle Offenbarung vermittelt ist.

GUILLAUME DU CHOUL

Guillaume du Choul (1547–1581)[1] hat sich in seinem zunächst in französischer Sprache geschriebenen und erst später ins Lateinische übertragenen Buch der „religion" der alten Römer gewidmet[2]. Da er sich nicht zu aktuellen Fragestel-

---

ant l'idée selon sa capacité. Mais si Numa entreprint de conformer à ce projet la devotion de son peuple, l'attacher à une religion purement mentale, sans objet prefix et sans meslange materiel, il entreprit chose de nul usage: l'esprit humain ne se sçauroit maintenir vaguant en cet infini de pensées informes; il les luy faut compiler en certaine image, à son modelle. La majesté divine s'est ainsi pour nous aucunement laissé circonscrire aux limites corporels: ses sacramens supernaturels et celestes ont des signes de nostre terrestre condition; son adoration s'exprime par offices et paroles sensibles: car c'est l'homme, qui croid et qui prie."

[21] Ebd. I 23; 138f (158).
[22] Ebd. II 12; 633f (465).

[1] Guillaume du Choul war von Beruf Richter in Südfrankreich und galt als „einer der fleißigsten Untersucher der Antiquitäten zu seiner Zeit", so bei Johann Heinrich Zedler, Grosses vollständiges Universal-Lexicon V, Halle und Leipzig 1733, ND Graz 1961, 2200; weder hier noch bei Christian Gottlieb Jöcher, Allgemeines Gelehrten-Lexicon, Leipzig 1750, ND Hildesheim 1960, I, 1888, sind die Lebensdaten von du Choul angegeben. Überraschenderweise geht die Nouvelle Biographie générale, XV, Paris 1856, 2f, nicht über die bei diesen Autoren mitgeteilten Fakten zur Biographie hin-

lungen geäußert hat, erübrigt es sich, eine nähere Bestimmung der Position zu versuchen, die dieser (wohl katholische) Adelige in den Auseinandersetzungen seiner Zeit bezogen hat.

Inhaltlich werden in diesem Buch zahlreiche antike Münzen dargestellt und erklärt. Dabei erfolgen immer wieder Hinweise auf Götter und Opfer bzw. Opfergaben, so daß es nicht wundern kann, daß häufig von „religion" gesprochen wird; auch die im Titel des Buches genannte Formulierung kehrt verschiedentlich wieder[3]. Dabei fallen „religion" ebenso wie „sacrifice" in diesem französischen und d.h. romanischen Text weniger auf, als wenn sie in einer germanischen Sprache als Lehnwort aufträten.

Die Bezeichnung „religion" verwendet du Choul auch für die Christen, verschiedentlich heißt es „nostre religion"[4] oder auch „nostre religion Chrestienne"[5]. Freilich kann du Choul gleichermaßen „foy Chrestienne" sagen[6]. Daß „religion" auch übergeordnet gebraucht werden kann, legen Formulierungen wie „pieté de la religion"[7] oder „cerimonies de la religion"[8] nahe. Doch die Präzisierung „religion faulse, superstitieuse et controuuée" im Gegensatz zur „nostre qui est vraye et venue de Dieu"[9] belegt den überkommenen Sprachgebrauch, wie er seit der Antike üblich ist. Dieser wird bestätigt durch die mehrfache Nebenordnung von „pieté et religion"[10] oder die von „oraison et religion"[11] und „discipline et religion"[12]. Nebengeordnet zu anderen Termini kann „religion" nämlich nur in einem begrenzten Sinn verwandt werden und eine spezielle Haltung oder Handlung bezeichnen, wie sie etwa auch durch „pieté" wiedergegeben wird.

Nimmt man alle diese Aussagen zusammen, so ergibt sich, daß „religion" zwar sehr wohl von den alten Römern ausgesagt wird – was nicht verwundern kann –, daß dieser Terminus selbstverständlich auch im Französischen gebraucht wird, daß er jedoch grundsätzlich noch keine abstrahierte und generalisierte Bedeutung aufweist. Andernfalls ließe sich „superstition" nicht mehr als Gegensatz zu „religion" bilden[13].

---

aus, auch verzeichnet noch nicht einmal sie die Lebensdaten. Diese sind nachgewiesen in: Index Bio-Bibliographicus notorum hominum, Pars C, Sectio generalis, XXXVI, Osnabrück 1985, 708f.

[2] Guillaume du Choul, Discours de la Religion des anciens Romains, Lyon MDLVI; vgl. die lateinische Fassung: Veterum Romanorum Religio, Castrametatio Disciplina militaris ut et Balneae, Ex antiquis Numismatibus et lapidibus demonstrata, Amstelodami 1685. Im folgenden wird nur die französische Originalfassung benutzt.

[3] Ebd. 306, vgl. 148 „la religion ancienne des Romains".
[4] Vgl. z.B. ebd. 214, 225, 275.
[5] Vgl. ebd. 263, 309, vgl. auch 119 u.ö.
[6] Ebd. 169.
[7] Ebd. 5, 122, 126.
[8] Ebd. 242, vgl. 261.
[9] Ebd. 263, vgl. 312.
[10] Ebd. 258, 293, vgl. 62, 119, ähnlich 305.
[11] Ebd. 251.
[12] Ebd. 227.
[13] Ebd. 50, vgl. 312.

Nicolaus Taurellus

Als Autor, der sich besonders dem Verhältnis von Philosophie und Theologie gewidmet hat, verdient Nicolaus Taurellus (1547–1606) erwähnt zu werden[1]. Sein besonderes Interesse galt der in der reformatorischen Tradition eigentlich obsoleten Metaphysik, wobei er sich intensiv gegen den Averroismus wandte.

Sein einschlägiges Buch „Philosophiae Triumphus" weist insbesondere einen wichtigen Akzent auf, der später herausragende Bedeutung erhält, nämlich die häufige Parallele von „Gott" und „Natur"[2]. Als Zeichen hierfür kann dienen, daß Taurellus das alte Axiom, daß Gott nichts vergeblich macht, in der Weiterführung aufnimmt: „Nil frustra Deus, naturaque faciunt."[3] Sein Anliegen gilt der Frage, warum man nicht zugeben soll, daß die Philosophie Fundament der Theologie ist[4]. Bei der Erörterung des Verhältnisses von Glauben und Erkennen, nimmt er denn auch jenes „credas ... ut intelligere possis"[5] auf, das er mit Anselm von Canterbury für richtig hält, und dies nicht nur hinsichtlich der „sacrae", sondern auch der „humanae ... disciplinae"[6]. In seinen Überlegungen zum Verhältnis von Glauben und Erkennen spricht er überraschenderweise ‚religio' gar nicht an. Für ihn stellt sich hier kein Problem, keine Aufgabe, mit der er sich auseinandersetzen müßte. Dies muß deswegen verwundern, weil er sehr wohl im Rahmen dieser „Metaphysica philosophandi methodus" auch Themen aufgreift, die eher in die Theologie selbst hineingehören, wie die Sünde und die Auferstehung des Leibes[7].

Julius Caesar Vanini

An Julius Caesar Vanini (1584–1619) läßt sich demonstrieren, daß das Leben am Beginn des 17. Jahrhunderts keinesfalls ungefährlicher war als am Anfang des sechzehnten für solche Autoren, die der Häresie oder des Atheismus verdächtig

---

[1] Nicolaus Taurellus (ursprünglich: Öchslein), lehrte seit 1570 in Basel und seit 1580 in Altdorf, und hier insbesondere Ethik und Medizin. – Vgl. dazu Johann Heinrich Zedler, Grosses vollständiges Universal-Lexicon XLII, Halle und Leipzig 1744, ND Graz 1962, 401ff.

[2] Nicolaus Taurellus, Philosophiae Triumphus, hoc est, Metaphysica philosophandi methodus, qua Divinitus inditis menti notitijs, humanae rationes eo deducuntur, ut firmissimis inde constructis demonstrationibus, aperte rei ueritas elucescat, et quae diu Philosophorum sepulta fuit authoritate, Philosophia uictrix erumpat, Basileae MDLXXIII (die Datierung findet sich am Ende des Textes, 375); vgl. (am Beginn des Bandes, angegeben mit der jeweiligen Nummer) Theses 87, 130, über „natura" Theses 90, 95, 109ff. Über die Differenz von Philosophie und Theologie vgl. Theses 44, 46f, 97. – Über Philosophie und Theologie vgl. dann im Buch selbst bes. S. 75ff, 216.

[3] Ebd., Axioma (im Anschluß an die Theses) s.v. Deus, d 5r.

[4] Ebd. Theses 166, d 3r, vgl. am Schluß des Buches, S. 374.

[5] Ebd. S. 213.

[6] Ebd.

[7] Vgl. die Abschnitte am Ende des Buches über den Menschen, S. 344–366.

waren. Denn er wurde wegen Atheismus und Gotteslästerung zum Tode verurteilt und hingerichtet[1]. Schließlich gilt er heute noch verbreitet als Vertreter einer pantheistischen Metaphysik, die er dann aber in eine materialistische, als Atheismus eingeschätzte Naturphilosophie umformte[2]. Seine Gefährlichkeit hält man nach einem bis heute gültigen Urteil schon damit für nachgewiesen, daß er von Averroes und Pomponazzi abhängt[3]. Daß ein solcher Autor unser Interesse erweckt, liegt auf der Hand.

Sieht man sich die erste seiner beiden einschlägigen Schriften genauer an[4], die den Vorwurf einer pantheistischen Metaphysik begründete, wird man nachhaltig verunsichert. Denn ausdrücklich läßt sich eine solche Konzeption nicht finden. Vanini will vielmehr die verschiedenen philosophischen Richtungen bekämpfen, die sich vom christlichen Standpunkt aus nicht halten lassen, insbesondere jene, die als „Atheismus" gelten, worüber freilich nicht einfach Einigkeit besteht. Im Grunde finden sich in diesem Buch eher die Auskünfte eines tradierten Traktats „De Deo uno" als pantheistische Reflexionen. Nachdem jedoch bereits zu Lebzeiten die Ehrlichkeit Vaninis bestritten war, bleibt bis jetzt die Ungewißheit, ob die verschiedenen und sehr nachdrücklichen Beteuerungen seiner – katholischen! – Rechtgläubigkeit aus echter Überzeugung stammen oder aber vorgetäuscht sind. Nach heutigen Beurteilungsmöglichkeiten wird man bei ihm wie auch bei anderen Autoren[5] mit guten Gründen annehmen dürfen, daß die geäußerten Positionsbestimmungen im Zweifelsfalle die Wahrheit wiedergeben[6]. Wenn Vanini schon mit diesem Buch, das immerhin mit aus-

---

[1] Julius Caesar (eigentlich Lucilio) Vanini, geboren bei Lecce in Süditalien, lebte nach juristischen und theologischen Studien in Neapel bzw. Padua, dann unstet auf Reisen. In England verließ er die katholische Kirche, wurde aber trotzdem inhaftiert. Später befand er sich in Italien, Südfrankreich, Paris und zuletzt in Toulouse.
Wie leicht ein Theologe diszipliniert wurde, zeigt sich auch bei seinem Kontrahenten François Garasse S.J. (1585–1631), der nach anfänglicher Zustimmung der Sorbonne eine Verurteilung dieser Fakultät erfuhr, deswegen von seinen Oberen in die Krankenpflege geschickt wurde und bei der Betreuung von Pestkranken starb. Vgl. dazu Otto Baumhauer, Garasse, François, SJ, in: LThK² IV 516. Vgl. ferner Ioannes Franciscus Buddeus, Theses theologicae de Atheismo et superstitione variis observationibus illustratae et in usum recitationum academicarum editae, Traiecti ad Rhenum 1737, 88–92.

[2] Vgl. die hierfür repräsentative Brockhaus Enzyklopädie, Wiesbaden ¹⁹1974, 368 s.v. Vanini, Lucilio.

[3] Johannes Hegyi, Vanini, Lucilio, in: LThK² X 613.

[4] Julius Caesar Vaninus, Amphitheatrum Aeternae, Providentiae, Divino-magicum, Christiano-Physicum, nec non Astrologo-catholicum. Adversus veteres Philosophos, Atheos, Epicureos, Peripateticos, et Stoicos, Lugduni 1615.

[5] Vgl. z.B. Pietro Pomponazzi, der neuerdings als treuer Sohn der Kirche verteidigt wird, vgl. etwa Ernst Behler, Pomponazzi, Pietro, in: LThK² VIII, 604f.

[6] Vgl. J. C. Vaninus, Amphitheatrum, 70, wo er sich als Sohn der „Romana Ecclesia" bezeichnet; vgl. die Ergebenheitsaussage im Brief an den Leser, ++ 1v, ferner die Aussage ex. 27, S. 164: „Ego Christianus nomine, cognomine Catholicus nisi ab Ecclesia, quae veritatis est certissima, et infallibilis magistra, edoctus essem ...", dies als Einleitungsbemerkung zur Feststellung, daß er sonst die Unsterblichkeit der Seele kaum geglaubt hätte. Vgl. auch ex. 44, S. 293 die Bemerkung im Zusammen-

drücklicher kirchlicher Approbation gedruckt wurde[7], in den Verdacht der Abweichung von katholischerLehre kommen konnte, so dürften dies Aussagen wie die folgende bewirkt haben, er hätte ohne kirchliche Lehre die Unsterblichkeit der Seele – ein damals immer noch ungeheuer wichtiges und umstrittenes Thema – nicht angenommen[8]. Aus dem gleichen Grund gilt er wohl auch als Anhänger Pomponazzis, was freilich deswegen nicht so einfach zutrifft, weil er manche heftige Kritik an ihm geübt hat[9]. Für die Orthodoxie Vaninis spricht, daß er gegen eine gewichtige Überlieferung die Lehre von der Ewigkeit der Welt, wie sie seit Aristoteles und Averroes vertreten wurde[10] und durch die Philosophie besonders in Padua beträchtliche Bedeutung erlangte, ablehnt und ausdrücklich die „creatio ex nihilo" annimmt[11]. Daß er auch heute noch schon für dieses Buch eine Abweichung von der Orthodoxie bescheinigt erhält, hat wohl nicht zuletzt seinen Grund darin, daß Fritz Mauthner (1849–1923) in seiner umfangreichen Darstellung des Atheismus aus eigenem Interesse heraus Vanini für sich in Anspruch genommen hat[12].

Wie viele andere Autoren beginnt auch Vanini seine Ausführungen mit dem Nachweis, daß Gott ist und was er ist, ehe er sein eigenes Thema anschlägt, nämlich die „Dei Providentia". Diese erweist Vanini mit den verschiedensten Argumentationsgängen, etwa aus der Schöpfung der Welt, der Bewegung der Sterne, aus Sprüchen und Orakeln, wobei er die jeweiligen Opponenten widerlegt. Vanini bespricht ebenso die Schwierigkeiten, die der Annahme der göttlichen Vorsehung entgegenstehen, nämlich die Existenz der Sünde, verbunden mit der These, daß Gott der Urheber und damit für sie verantwortlich sei, der freie Wille oder die Frage, ob die Welt besser hätte geschaffen werden können – eine Leib-

---

hang mit seiner Darlegung über die Handlung unseres Wissens „si ita Sanctosanctae Romanae placet Ecclesiae". Eher verdächtig, weil zu stark, klingt die Bemerkung „subiiciens hoc idem sicuti caetera omnia infallibili Sacrosanctae Romanae Ecclesiae iudicio", ex. 49, S. 320. – Im folgenden werden in der Regel mit dem Zusatz ex. zunächst die einzelnen Exercitationes und dann nach einem Semikolon die Seite der zitierten Ausgabe angegeben.

[7] Vgl. die dem Buch beigegebene „Approbatio", ++ 2r mit der Aussage, daß in dem Buch nichts „a Catholica et Romana fide alienum" enthalten ist. Es folgt auf der nächsten Seite dann eine ausdrückliche „Imprimendi facultas".

[8] Ebd. ex 27; 164.

[9] Vgl. nach einer Erklärung seiner Referenz gegenüber Pomponazzi, ex. 6; 36 die nachfolgende noch vorsichtige Distanzierung ebd. 38, die Antwort auf die These von der Unerkennbarkeit der Unsterblichkeit der Seele, die ja auch Pomponazzi vertrat, ex. 28; sowie ex. 8; 57 mit einer Distanzierung von Pomponazzi und Cardano, 171 und insbesondere die ausdrückliche Distanzierung ex. 50; 328 „amicus Pomponatius, magis autem amica veritas".

[10] Vgl. die Widerlegung ex. 4; 15ff.

[11] Ebd. ex. 4; 18 mit der ein wenig zweifelhaften Aussage, daß auch bei Aristoteles Gott der „effector mundi" sei.

[12] Vgl. Fritz Mauthner, Der Atheismus und seine Geschichte im Abendlande, ND der Ausgabe Stuttgart 1920–1923, II, Frankfurt 1989, 207ff. Vermutlich hängen die Beurteilungen Vaninis in den gängigen Lexika – freilich bis hin zum LThK[2] – nicht zuletzt von Mauthners polemischer Position ab.

niz vorwegnehmende Thematik –. Merkwürdig lange beschäftigt er sich mit den „monstra", ob sie der göttlichen Vorsehung unterliegen oder nicht. Schließlich befaßt er sich ohne besondere Ordnung mit einer Reihe von Themen, die z.T. zuvor schon Behandeltes wieder aufnehmen, wie etwa Gottes Urheberschaft der Sünde oder seine Handlungsfreiheit gegenüber der ihm eigenen Notwendigkeit. Durchzogen werden die Ausführungen durch ständige Berücksichtigung gegnerischer Positionen, so neben Aristoteles und Averroes in herausragendem Maße Cardano.

Mehr noch als diese Inhaltsskizze zeigt ein Einblick in das Buch, daß es Vanini um Apologetik gegen bestimmte, aus der philosophischen Tradition stammende Infragestellungen geht. Er sucht sie von den Voraussetzungen jener Gottes- und Schöpfungslehre her zu widerlegen, die als theologische gilt, obwohl sie von der rein natürlichen Vernunft ausgeht. Dies drückt sich etwa darin aus, daß die Schöpfung nicht am Handeln Gottes, sondern an der Notwendigkeit der „causa" festgemacht wird[13]. Vanini hält sich somit grundlegend an jene Tradition der Theologie und der in ihrem Dienste stehenden Philosophie, wie sie seit der Aristoteles-Rezeption zur Zeit der Scholastik formuliert worden ist. In diesem Sinne scheint es auch berechtigt, Vanini eine größere Nähe zur Schule von Padua und somit zu Pomponazzi zu attestieren statt zu jener eher platonischen Richtung, wie sie insbesondere in Florenz dominierte. Insgesamt gilt sein Interesse jedoch der Verteidigung rechtgläubiger Theologie und der Zurückweisung gegnerischer Argumentationen.

Bemerkenswert erscheint der Umgang mit Gegnern. Hier hat Vanini schnell die Klassifikation „Atheist" zur Hand, und zwar nicht nur für antike Autoren, etwa Diagoras, sachlich auch für Protagoras, die Epikureer und andere[14], sondern auch und gerade für seine Zeit. Niccolò Machiavelli beispielsweise erhält die Bezeichnung „Atheorum ... princeps"[15]. Speziell als „Athei" gelten die Epikureer, und zwar auch die „moderni" des 16. Jahrhunderts[16], und dies wohl vor allem deswegen, weil sie die Unsterblichkeit der Seele ablehnen[17]. Für seine Zeit setzt er diese Strömungen so hoch ein, daß er von einem Atheismus „qui nunc grassatur"[18] spricht.

In diesen apologetischen Auseinandersetzungen geht Vanini nicht ex professo auf „fides" und „ratio" und noch weniger auf „religio" ein. Wohl aber nimmt er in seinen ausführlichen Darlegungen über die Frage, ob sich die „providentia"

---

[13] J.C. Vaninus, Amphitheatrum ex. 4; 12ff.
[14] Ebd. ex. 9; 78, zu Protagoras vgl. die rückblickende Bemerkung ex. 26; 149, zu den Epikureern, die mit Epikur weniger die Existenz Gottes als vielmehr seine „providentia" leugnen, ebd. 150, vgl. ex. 27; 164.
[15] Ebd. ex. 6; 35; vgl. 36 „infoelix Atheus".
[16] Ebd. ex. 26; 150f.
[17] Ebd. 27; 163f.
[18] Ebd. 28; 170, vgl. auch ex. 10; 83, ex. 12; 92 (fälschlich 90) und ex. 13; 93 (fälschlich 73).

Gottes mit Gegebenheiten dieser Welt verträgt, solche Argumente auf, die unser Thema berühren.

Dies geschieht insbesondere anläßlich seiner Besprechung astrologischer Positionen. Hier kennt er sich sehr wohl aus: Er verweist auf Ptolemäus[19] ebenso wie auf die frühen Araber[20]; vor allem aber setzt er sich mit Cardano auseinander[21]. Dabei nimmt er sowohl in Zitaten, aber auch in eigenen Ausführungen den Sprachgebrauch Cardanos auf; selbst spricht er von „Mosayca, et Christiana Lex"[22] oder von „Lex Christiana" neben „Lex Gentilium"[23]. In den von Cardano zitierten Aussagen heißt es „Lex Iudaica", „Christiana", „Mahometica" und „Idololatria"[24] bzw. für die Christen „lex nostra" als „lex pietatis, iustitiae, fidei, simplicitatis, charitatis"[25]. Auch „Secta" fehlt nicht[26].

In seinen eigenen Worten wechselt Vanini aber problemlos über zu „Christiana religio"[27]. Im Plural kann er ebenso von „leges"[28] wie von „religiones"[29] sprechen, doch ist hier Vorsicht geboten; denn diese plurale Verwendung bleibt eher sehr selten, ganz abgesehen davon, daß „religio" an den meisten Stellen auf die Christen beschränkt bleibt. Daß sie auch hier konkret im Sinne einer bestimmten Tugend gemeint ist, zeigen die prägnanten Gegenbezeichnungen „superstitio", insbesondere als „Turcica superstitio", und im Hinblick auf sie als „Idololatria"[30]. Für Vanini befindet sich also theologisch die „Christiana religio" keineswegs auf einer Ebene mit irgendeiner sonstigen „lex". Nicht von ungefähr verwendet er in diesen beiden einschlägigen Exercitationes 7 und 8 nirgends eine Formulierung wie ‚religio Turcica' und noch nicht einmal ‚religio Moysaica' oder ‚Iudaica'. Dies muß deswegen auffallen, weil er letztere Überzeugung in besonderer Weise neben die christliche stellt und eine „Apologia pro Mosayca et Christiana lege" vornimmt[31]; er begründet diese damit, daß Christus nicht gekommen ist, die „lex Hebraeorum" aufzulösen, sondern sie zu erfüllen[32]. Auch sachlich übernimmt Vanini gerade nicht die astrologischen Spekulationen, im

---

[19] Vgl. etwa ex. 7; 44ff u.ö.
[20] So auf Haly Abenzagel ex. 6; 38.
[21] Vgl. (hier und im folgenden bei mehreren Belegen nur mit Angabe der Seitenzahlen) ebd. 21ff, 39ff, 44ff, 49f, 53ff, 58–67, auch 179, 243ff, auch sonst bezieht sich Vanini oft auf Cardano, vgl. 84f, 171ff.
[22] Ebd. ex. 6; 38, vgl. ex. 7; 43; ex. 8; 63f.
[23] Ebd. ex. 8; 62.
[24] Ebd. ex. 8; 53 mit Hinweis auf Cardano, De Supplemento Almanach cap. 22, bei Vanini aaO. 53–56 u. 58–67, wo sich noch zahlreiche Belege aus Cardano zur Astrologie finden.
[25] Ebd. 64, vgl. auch ex. 7; 47.
[26] Ebd. ex. 8; 61, vgl. 63 „Turcica secta", 64 „Gentilium secta".
[27] Ebd. 57, 60, 64, 66; auch sonst findet sich diese Bezeichnung, vgl. ex. 7; 47, 50f, ex. 15; 101.
[28] Ebd. ex. 8; 66, vgl. 57, im Zitat auch 58f, 61.
[29] Ebd. ex. 7; 47, ex. 8; 58.
[30] Ebd. 61, vgl. 62.
[31] Ebd. 64.
[32] Ebd. 62.

Gegenteil, er legt häufigen Protest ein[33]: Sie gelten ihm als „sacrilega doctrina", als „impietas nefaria", ist doch die „Christiana religio" von Gott selbst eingerichtet, so daß eben diese „Christi lex" nicht aus einer Konjunktion der Sterne entstanden sein kann[34].

Für unser Thema erscheint besonders aufschlußreich, daß Vanini trotz seiner umfassenden Kenntnis, die ihm allein schon seine Aufenthalte in den verschiedensten Ländern Europas vermittelt haben, nirgends auf Bodin rekurriert. Er bleibt vielmehr ausschließlich bei einer Terminologie, die hinter diesen zurückreicht. Vanini findet von seiner Konzeption her nirgendwo Interesse an einer ‚religio naturalis'. Er bleibt vielmehr gerade in unserer Frage einer Position verbunden, wie sie innerkirchlich vertreten worden ist.

Nach diesem Befund interessiert uns um so mehr die zweite Schrift von Vanini, in der sich die befremdende Charakterisierung der „Natura" als Königin und Göttin findet[35]. Auch dieses Buch erschien mit der Zustimmung zweier Doktoren der Pariser Theologischen Fakultät, wonach nichts der „Religio Catholica, Apostolica et Romana" widerstreitet. Der Autor entwickelt hier in Dialogform so etwas wie eine Naturphilosophie. Nach Darlegung über Himmel und Luft im ersten Buch behandelt er im zweiten die Verbindung von Wasser und Erde sowie im dritten die Zeugung der Lebewesen; im vierten Buch erörtert er die „religio Ethnicorum". Nur das letzte Buch überschreitet somit sein eigentliches Thema.

In der Terminologie der Argumentation geht Vanini hier über seine frühere Schrift hinaus. Sachlich bezeichnet er die Welt als endlich und unendlich zugleich, als eine und nicht-eine, als ewig und nicht-ewig[36]. Gleichwohl erscheint die Exi-

---

[33] Ebd. 77.
[34] Ebd. 57, vgl. auch das Folgende; hier, 58, auch eine Kritik an Pomponazzi. Zur Kritik an der Astrologie in diesem Zusammenhang vgl. das Folgende bis 67.
[35] Julius Caesar Vaninus, De Admirandis Naturae Reginae Deaeque Mortalium Arcanis, Libri quatuor, Lutetiae 1616. – Im folgenden wird, soweit erforderlich, zunächst das Buch in römischer und der Dialog in arabischer sowie nach einem Semikolon in arabischer Ziffer die Seite der zitierten Ausgabe angegeben.
[36] Ebd. I 6; 29f: „Ut igitur istud argumentum diluam, maiorem propositionem, quae affirmat omne [30] finitum esse corruptibile, falsam esse assero. Quippe intellectus noster est finitus, non corruptibilis tamen: Itaque neque Coelum quamvis sit finitum: ratio est, quia uterque habet causam infinitam, quae quidem causa cum facere non posset infinitum potestate aequale sibi, fecit Aevo infinitum sibi simile. Coelum igitur finitum magnitudine ac potestate dicendum est, duratione vero infinitum, propterea quod alium Deum Deus facere nequivit, fecisset autem, si fecisset infinitum potestate, idcirco infinitum Aevo fecit, quia sola haec creatae rei perfectio evenire poterat. Sed subtilius rem expendam: Primum principium non potuit quicquam efficere, quod sui esset aut simile penitus, aut dissimile: Non simile, quia quod fit patitur, quod patitur a potiore, non a simili patitur. Dissimile non potuit, quia actio et agens in ipso non differunt. Quamobrem cum Deus sit unus, mundus fuit unus et non unus, cum sit omnia, mundus fuit omnia et non omnia, cum sit aeternus, mundus fuit aeternus, et non aeternus. Quia unus est, aeternus, non enim habet comparem aut contrarium: quia non unus, non aeternus, ex contrariis enim, ac mutua corruptione grassantibus partibus constitutus, eius igitur aeternitas in successione, unitas in continuatione."

stenz[37] und auch Schöpfertätigkeit Gottes keineswegs angetastet[38]. Außerdem wendet Vanini sich durchgängig so nachhaltig gegen die „Athei"[39], daß man schwerlich dies alles für Tarnung halten mag. Hinzukommt, daß Vanini sich sowohl im Verlauf seiner Ausführungen[40] als auch abschließend der „Romana Ecclesia" zurechnet und ihrer Lehre Respekt entgegenbringt[41]. Er weist auf die Ursünde hin[42]; überdies verteidigt er die Auferstehung gegenüber den „Athei"[43]. Seine dem Gesprächspartner Alexander in den Mund gelegte Selbstbezeichnung „Nos Christiano-Catholici" wird man ihm daher nicht absprechen können.

Terminologisch verfährt Vanini hinsichtlich unserer Fragestellung jedoch freier als in der früheren Abhandlung. Schon die Überschrift des vierten Buchs spricht von der „Religio Ethnicorum". In die Naturphilosophie fügt sich dieser Abschnitt insofern ein, als es hier um den „finis" des Menschen gehen soll und somit um Gott[44]. Freilich wertet Vanini nicht schon die jeweilige „Religio" gleich, sondern weist etwa die der Türken, Inder und zeitgenössischen Häretiker als „absurdissima" zurück[45]. Dabei bringt er zum Ausdruck, daß es eine ungeheure Zahl von Toren gibt, die sich für die „patria Religio" bekriegen. Interessanterweise verwendet er durchgängig „Religio" im Singular, und noch dort, wo er von einem Übergang von der einen „Religio" zur anderen spricht, findet sich keine Ausnahme[46]. Neben der nun seltenen Bezeichnung „lex"[47], am ehesten noch als „Mosaica et Christiana lex"[48], und der noch selteneren „Secta"[49] überwiegt jetzt also „Religio", gelegentlich nebeneinandergestellt „lex et Religio"[50]. Dabei hält Vanini noch fest, daß die „Ethnica religio" nur „falsa" sein kann[51], so daß im Grund nur die „Christiana religio"[52] die Bezeichnung „religio" zu Recht trägt, die Vanini zusammen mit der „Mosaica" scharf gegen die „Athei" absetzt[53]. Es gibt also jedenfalls die Frage, in welcher „Religio" Gott wahrhaft und

---

[37] Ebd. IV 56; 426: „Vulgi oculos hae oblectant picturae, non sapientum, qui cum agnoscant Deum esse summum, simplex, et aeternum ens".
[38] Vgl. z.B. ebd. III 39; 247.
[39] Vgl. (ohne Angabe des Buchs und des Dialogs) ebd. 91, 112f, 326, 328, 331, 371, 420, 422, 439f, 494.
[40] Vgl. ebd. IV 50; 357, 57; 450, ferner 60; 487.
[41] Ebd. 495.
[42] Ebd. 56; 421, vgl. III 37; 235, und 41; 260.
[43] Ebd. IV 60; 494.
[44] Ebd. 50; 352f.
[45] Ebd. 357.
[46] Ebd. 52; 387.
[47] Vgl. im Zitat von Cardano, ebd. 50; 354 (fälschlich 534), ferner 52; 386 und bes. 387; als „Christiana lex" etwa 357, 359.
[48] Ebd. II 21; 123, III 48; 329.
[49] Ebd. IV 57; 442 „Mahumetica Secta".
[50] Ebd. 52; 389.
[51] Ebd. 50; 367.
[52] Vgl. etwa ebd. 353, 356.
[53] Vgl. ebd. 57; 429f (fälschlich 294), zusammen mit der „Mosaica" III 49; 343.

fromm verehrt wird[54]. In dieser Formulierung bleibt einerseits präsent, daß „Religio" es mit der Verehrung Gottes zu tun hat, zum anderen wird Gott „in ... Religione" verehrt, was wohl auf einen institutionellen Charakter schließen läßt, so daß man einer „Religio" zugehören kann.

So sehr Vanini mit diesem Sprachgebrauch über die erste Schrift hinausgeht, so verläßt er weder inhaltlich noch terminologisch den bisherigen Rahmen in seinen eher philosophisch betriebenen Reflexionen über Gott.

Nur ausnahmsweise findet sich eine Formulierung, die heterodox klingt, so etwa, wenn Vanini von der „Natura" spricht, die Gott ist[55]. Aber hier bleibt der Zweifel, ob Vanini nicht eher philosophische Positionen referiert, die er nicht teilt, als daß er diese Aussage selbst vertritt, die mit anderen über Gott als den Schöpfer der Welt nicht zusammenpaßt[56]. Nirgends findet sich bei Vanini ein auch nur einigermaßen deutlich ausgesprochener Atheismus oder eine Häresie, zu der er natürlich nicht hinzugezählt werden möchte[57], da dies ein Todesurteil begründen könnte. Vanini läßt ja auch das „Trinitatis mysterium" nicht aus[58].

Insgesamt also erweist sich Vanini insofern als sehr aufschlußreich, weil er zunächst den bisherigen Sprachgebrauch insbesondere von Cardano nachhaltig übernimmt und zur speziellen Charakterisierung anderer Überzeugungen „lex" und „Secta" sagt; dann aber spricht er in seiner zweiten Schrift überraschend häufig von „Religio", ohne allerdings auch hier die Abgrenzung gegenüber anderen Überzeugungen auszulassen. Einen wirklichen Grund für seine Verurteilung und Hinrichtung haben diese Schriften somit nicht ergeben.

Zusammenfassung

Die hier referierten humanistischen Positionen ergeben über eine Bestätigung der Analysen zu Vives und Cardano hinaus einmal einen aufschlußreichen Einblick in das Interesse, das antiken Gegebenheiten gilt. Sodann zeigen sie eine beträchtliche Abstinenz, sich zeitgenössischen Problemen zuzuwenden. Schließlich findet sich bei Vanini eine noch sehr nachhaltige Verwendung von „lex" als Bezeichnung für die verschiedenen Überzeugungen; selbst wenn sich dieser Sprachgebrauch von Cardano herleitet, bleibt er eben doch bis in den Beginn des 17. Jahrhunderts hinein gültig und verständlich.

---

[54] Ebd. IV 50; 366: „Sed in quanam Religione vere et pie Deum coli vetusti Philosophi existimarunt?"
[55] Ebd.: „In unica Naturae lege, quam ipsa Natura, quae Deus est (est enim principium motus) in omnium Gentium animis inscripsit".
[56] Ebd. 365: „Ergo vere Deus infinitas, mundus non vere, non simpliciter, non a se, sed quadam quasi adulatione, ut ita loquar."
[57] Vgl. ebd. III 49; 349 „haeretici".
[58] Ebd. IV 50; 365.

2. Anfänge altprotestantischer Schultheologie

Zur Einführung

Gegenwärtig kann man durchaus gewürdigt finden, daß Theologen der nachreformatorischen Zeit der „religio" in der Grundlegung ihrer Lehrbücher einen wichtigen Platz eingeräumt haben[1]. Doch steht zu vermuten, daß hierzu ein langer Weg zurückzulegen war. Von daher gilt es im folgenden, den Stellenwert der „religio" bei einer Reihe von Autoren genauer zu analysieren, um ihre tatsächliche Bedeutung in der frühen protestantischen Theologie herauszuarbeiten.

ANDREAS HYPERIUS

Aus der Übergangszeit von der Reformation zur Entfaltung einer Schultheologie soll zunächst Andreas Hyperius (1511–1563/64) berücksichtigt werden[2]. Denn er hat, offensichtlich in Anknüpfung an Philipp Melanchthons berühmte „Loci communes rerum theologicarum" von 1521, seinerseits „Loci communes" verfaßt, nun aber nicht mehr der Theologie, sondern der „Christiana religio"[3]. Aus seiner Schrift läßt sich nicht ersehen, warum er einen solchen Wechsel in der Terminologie vornimmt. Gerade deswegen legt sich eine genauere Untersuchung nahe, weil zur Diskussion steht, ob er hiermit an Johannes Calvin oder an Huldrych Zwingli anknüpft und ob er deren unspezifischen Gebrauch beibehält[4].

Das einleitende Kapitel widmet Hyperius allein der „Sacra Scriptura". Gelegentliche Aussagen, etwa, daß alle durch das eine Wort des einen Gottes zu einer „religio" zusammenwachsen sollen[5], zeigen allenfalls einen ganz selbstverständ-

---

[1] Vgl. die Hinweise bei Wolfhart Pannenberg, Systematische Theologie, I, Göttingen 1988, 133f.

[2] Andreas Hyperius (eigentlich Gerardus) wählte seinen Namen nach seinem Geburtsort Ypern. Nach Studien in Löwen und einem Aufenthalt in seinem Elternhaus ging er 1528 nach Paris, wo er Theologie und Medizin studierte; dann setzte er seine Studien in Köln, Marburg, Erfurt, Leipzig und Wittenberg fort und erhielt 1535 ein gut dotiertes Diploma einer französischen Abtei. Nach Bekanntwerden seiner Studien in Deutschland wurde er der Ketzerei verdächtigt, ging dann nach England und lebte seit 1540 wieder in Antwerpen und anderen Städten, bis er nach Marburg kam, wo er die letzten 25 Jahre seines Lebens verbrachte.

[3] Andreas Hyperius, Methodi Theologiae, siue praecipuorum Christianae religionis Locorum communium Libri tres, Basileae 1567.

[4] Vgl. E. Feil, Religio, 253–266.

[5] A. Hyperius, Methodi Theologiae lib. 1: De dignitate uerbi Dei: ac primum de neceßitate, et origine, nr. 3; 27; vgl. in demselben Buch S. 34, 36, 42. – Hier wie im folgenden werden zunächst die Un-

lichen Gebrauch dieses Terminus[6]. Interessanterweise spricht Hyperius in auffälliger Häufigkeit nur bei dem Thema „Kirche" von „religio"; dabei kann er diesen Terminus parallel mit „ecclesia" verwenden, die er überdies beide schon von Anbeginn der Schöpfung des Menschengeschlechts an gegeben sieht[7]. So bestehen beide auch nach dem Fall Adams und d.h. ewig weiter[8]. Diese Charakterisierung bedeutet zugleich, daß Hyperius von „religio" im Zusammenhang mit der sichtbaren Kirche spricht[9]; als „coetus religionis"[10] gehört sie in den Bereich, der sich manifestiert. So verwendet er diesen Terminus auch, wenn er herausstellt, daß auf die Zerstörung der (manifesten) Ehrung Gottes in einer Gegend ihre Entfaltung in einer anderen folgt; als Beispiel nennt er den Untergang der Ostkirchen, nach dem sich die „religio" in den westlichen Provinzen mehrte und ausweitete[11].

Schon diese Hinweise zeigen zur Genüge, daß Hyperius zwar den Begriff „religio" verwendet, ihn aber nicht spezifisch weiterführt. Indirekt läßt sich lediglich erschließen, daß er sich auf den eher sichtbaren Bereich bezieht, wie auch die Überschrift über die kurze Darstellung der Glaubenslehre für den Gymnasialbereich besagt, die Hyperius „Elementa Christianae religionis" genannt hat[12]. Erhärten läßt sich dieses Ergebnis anhand der „Topica Theologica" des Hyperius[13]. Gerade auch diese ausführliche Arbeit enthält nirgends eine detailliertere

---

terteilungen der Abhandlung sowie nach einem Semikolon die Seiten der zitierten Ausgabe angegeben.

[6] Gelegentlich heißt es auch „religio Christiana", lib. 1, nr. 4; 233.

[7] Vgl. ebd. lib. 3: De Ecclesia ante lapsum hominis; 535: Deus „conducet illud non mediocriter ad piorum consolationem: quinetiam munientur pij ad constantiam in religionis sincerae confeßione, et ad perseuerandum in Ecclesia, quoties recordabuntur, Ecclesiam et religionem Christianam statim ab initio fuisse a Deo institutam. Fides nanque in semen benedictum, conterens caput serpentis, id est in Christum, Christianos facit."

[8] Ebd.: Ecclesia post lapsum hominis; 539: „Ecclesiam igitur et religionem Christianam esse aeternam, liquido constat." Vgl. ebd. 541 die Aussage der „certitudo et aeternitas Ecclesiae atque religionis Christianae".

[9] Ebd.: Vtrum uera Ecclesia sit uisibilis; 547f: „Visibilem esse Ecclesiam, ut statuamus, omnes illi impellunt Scripturarum loci, qui describunt eam esse coetum hominum, et quidem tractantium uerbi Dei, ita ut alij doceant, alij discant, omnes uero fidem atque doctrinam sanam de unius Dei et Christi uero cultu confiteantur: praeterea utentium Sacramentis a Deo institutis: postremo etiam, uita ac moribus quoad fieri potest contestantium, se religionem sinceram ex animo amplecti. Huiusmodi autem actiones, uerbi inquam tractatio, confeßio fidei, Sacramentorum dispensatio, exerceri non possunt, quin sensibus deprehendantur."

[10] Ebd.: Quibus notis uera Ecclesia dignoscatur; 552.

[11] Ebd.: De Ministerio Ecclesiastico; 709.

[12] Andreas Hyperius, Elementa Christianae Religionis, Marpurgi MDLXIII, hg. von Walter Caspari, Erlangen und Leipzig 1901, 23–76; vgl. bes. die Einführung, 27–37, mit verschiedentlicher Nennung der „christiana religio", 27, 28, 32, 37; vgl. „religio nostra", 29, 31; vgl. ferner „religio", 33, 34, 35, auch „Christi ac pura religio", 35; ebenso spricht Hyperius von „Christiana pietas", 30, vgl. 33; auch von „Christiana doctrina", 31, und „pietatis studium", 32. In dem Lehrgespräch zwischen Pädagogen und Schüler aber kommt faktisch „religio" nicht mehr zur Sprache.

[13] Andreas Hyperius, Topica Theologica, Tiguri MDLXIII, vgl. hier, 92r, eine Aussage, die auf eine strikt traditionelle Bedeutung der „religio" schließen läßt, nämlich, daß die Leviten „religionis

Beschäftigung mit diesem Thema. Damit darf als Ausgangspunkt festgehalten werden, daß zu dieser Zeit kein Interesse an einer spezielleren theologischen Reflexion über die „religio" bestand.

Martin Chemnitz

Ein frühes Stadium altprotestantischer Schultheologie bietet auch Martin Chemnitz (1522–1586)[1]. In seinen ausführlichen „Loci Theologici" formuliert er vor dem eigentlichen ersten Thema „De Deo" keine näheren Überlegungen zur Grundlegung[2]. Ein äußerst knapper einleitender Abschnitt zu Gebrauch und Nutzen[3] sowie zu spezifischer Erinnerung[4] reflektiert noch nicht einmal über die biblische Grundlegung. Daß hierin schon bald ein Mangel gesehen wurde, zeigt der Abschnitt über sie, den der Herausgeber an die unabgeschlossen gebliebenen „Loci" angefügt hat[5]. Aber auch sie bleiben sehr kurz.

Den wohl geplanten ausführlicheren Abschnitt über den Magistrat[6] hat Chemnitz nicht mehr verfaßt, so daß auch hier nicht ersichtlich ist, ob er das uns interessierende Thema aufgegriffen hätte oder nicht. Lediglich die Aufgabe des Magistrats hat er benannt, nämlich zu veranlassen, daß die Untertanen in der „pietas" leben, worin die erste Sorge der „religio" besteht[7]. Im Zentrum des Interesses steht also diese „pietas".

Bei der Behandlung des Dekalogs spricht Chemnitz gleichfalls nicht über die

---

tractationi erant prae caeteris destinati". Auch Formulierungen wie „sana doctrina religionis", 18r, oder „vera dogmata religionis nostrae", 17v, bleiben völlig im traditionellen Rahmen.

[1] Martin Chemnitz studierte in Frankfurt und Wittenberg, wo er zu dem entfernt verwandten Philipp Melanchthon Verbindung aufnahm. Nach Studien der Mathematik und der Astrologie (und d.h. der Astronomie) wurde er Bibliothekar in Königsberg, studierte dann Theologie, seit 1554 bei Melanchthon in Wittenberg. Seit 1554 Coadjutor des Superintendenten in Braunschweig, übernahm er dessen Amt seit 1567. Seine besondere Bedeutung liegt in den Bemühungen, eine Luther und Melanchthon verbindende lutherische Theologie zu entwickeln, wie sie sich dann in der Konkordienformel niedergeschlagen hat. Überdies setzte er sich kritisch mit den Jesuiten in Deutschland sowie mit dem Konzil von Trient auseinander.

[2] Martinus Chemnitius, Loci Theologici ... Quibus et Loci communes D. Philippi Melanchthonis perspicve explicantur, et quasi integrum Christianae doctrinae corpus, Ecclesiae DEI sincere proponitur, Editi opera et studio Polycarpi Leyseri D., Editio novissima ..., Francofvrti et Wittebergae MDCLIII (erstmalig postum 1591 von P. Leyser ediert). – Diese Ausgabe ist in den Teilen I-III jeweils neu paginiert.

[3] Ebd. 9a-12b.
[4] Ebd. 14a-17a.
[5] Ebd. Pars III, 215b-216b.
[6] Vgl. das „Schema", Pars I, 14. Vgl. auch den Abschnitt über die Ehe, Pars III, 195b-196b.
[7] Ebd. Pars II: De quarto praecepto, 63a: „Primum ... officium magistratus est, curare, ut subditi vivant in pietate, hoc est, prima cura debet esse religionis, ut populo vera de Deo doctrina proponatur, et de veris cultibus erudiatur, prohibeat externas (!) blasphemias, tollat impios cultus, et quicquid pietati adversatur, Jud. 17 v. 6." Dafür muß der Magistrat ein gutes Beispiel geben.

‚religio', wohl aber über Sünden beim „cultus Dei", nämlich über „idololatriae"[8]; und bei der Erläuterung der einschlägigen griechischen Bezeichnungen sagt er nur, daß das Lateinische keine entsprechend verschiedenen Benennungen kennt; an dieser Stelle läßt er ‚religio' außer Betracht[9].

Wie sehr Chemnitz, wenn überhaupt, „religio" noch in der tradierten Bedeutung verwendet, zeigt sich bei dem Thema „Eid", das er beim Verbot behandelt, Gottes Namen zu mißbrauchen; hier nennt er die „Religio Jurisjurandi"[10]. Damit kann er nur die genaue, ehrfurchtsvolle und vielleicht auch scheue Beachtung des Eides und d.h. seiner Ablegung und Befolgung meinen.

Natürlich kennt Chemnitz die Bezeichnung „Christi religio" bzw. „religio Christiana"[11]. Wenn er aber „Ethnica religio" sagt[12], so läßt er keinen Zweifel daran, daß sie nur eine „superstitio" darstellt[13]. Demgegenüber wirft er den „Pontificii" vor, es mit der „religio" nicht genau zu nehmen[14]. Ohne besondere Probleme kann er über den christlichen Bereich hinaus lediglich von der „religio Israëlitica" sprechen[15].

Alles in allem findet also die „religio" noch keinerlei Aufmerksamkeit. Chemnitz bleibt bei dem Stand, der seinerzeit selbstverständlich ist[16]. Damit ist die Ausgangslage für die entstehende Orthodoxie deutlich markiert.

---

[8] Ebd.: De primo praecepto, 35b; hier stellt Chemnitz nebeneinander *„Ethnici, ... Iudaei, ..., Pharisaei, ... Mahometistae"* und läßt die *„Cultus Pontificii"* folgen.

[9] Ebd. 41a, wo Chemnitz λατρεία, θρησκεία, θεοσέβεια nennt.

[10] Ebd.: De secundo praecepto, 48b; unmittelbar anschließend heißt es unter Verweis auf Jos 9, 18, daß dieser nicht die „religio Jurisjurandi" verletzen wollte.

[11] Ebd.: De primo praecepto, 36a.

[12] Martinus Chemnicius, Examinis Concilii Tridentini, ... Opus integrum, quatuor partes vno Volumine complectens: Ad Veritatis Christianae et Antichristianae falsitatis cognitionem, perquam vtile et necessarium, Genevae MDCLXVII, Pars IV: De Reliquiis Sanctorum, 668a.

[13] Ebd.: De Imaginibus, 677a, wo die „Ethnici" und „Pontificii" genannt sind; Chemnitz unterstreicht seine Aussage mit einem Zitat aus Augustinus, De Civitate Dei IV 27, wonach im Zusammenhang mit dem römischen Pontifex Scaevola die Gemeinwesen in der „religio" getäuscht wurden.

[14] Ebd. Pars I: De Operibus Infidelium, 108b; hier wendet sich Chemnitz gegen die „Pontificii" im Zusammenhang mit Andradius: „Idem enim ipsis (sc. Pontificiis) est, quamcumque quis religionem amplectatur, siue sit Philosophica, siue forsan Turcica: modo ipsis status regni sui saluus maneat."

[15] Ebd. Pars III cap. 2, 525b.

[16] Vgl. Martinus Chemnitius, Theologiae Jesuitarum Brevis ac Nervosa Descriptio et Delineatio: Ex praecipuis capitibus Censurae ipsorum, quae Anno MDLX, Coloniae edita est, Francofvrti et VVittebergae MDCLIII beigebunden: Joannes Rivius Atthendoriensis, Tractatus De Erroribus Pontificiorum, seu de abusibus Ecclesiasticis o.O. u. o.J.; am Ende, 54b, datiert: Misenae MDXLVI; hier werden als die drei wichtigsten Dinge in der „religio" genannt „verus cultus DEI, observationes et ritus Ecclesiastici, disciplina et mores seu exercitia pietatis, quae opera bona vocant"; doch statt dessen übt die „Ecclesia pontificia" nur „superstitiones", M. Chemnitius, Theologiae Jesuitarum, 53b.

LUCAS OSIANDER

In seiner „Institutio Christianae religionis" hat der wiederum gut ein Jahrzehnt jüngere Lucas Osiander (1534–1604)[1] eine umfassende Behandlung der christlichen Glaubensinhalte vorgelegt, die freilich faktisch gleichzeitig mit der von Chemnitz entstanden ist. In der Praefatio betont er, die Lehre in allen Teilen der „Christiana religio" umfassen zu wollen, wie sie in den Symbola sowie in den grundlegenden Schriften der Reformation enthalten sind[2]. Er wiederholt hier auch den Titel des Buches, in dem er ja die „religio" eigens nennt[3]. Doch in dem einführenden Kapitel, das er dem ersten thematischen Abschnitt „De Deo" voranschickt, behandelt er lediglich die Heilige Schrift. Der Theologie und mit ihr der „religio" widmet er keinerlei weitere Aufmerksamkeit. Auch bei einem Hinweis auf die verschiedenen „cultus diuini" angesichts der Vielfalt der Völker findet sich dieser Terminus nicht; vielmehr sagt Osiander nur, daß die weiseren Völker glauben, nach einem Leben der „integritas" und „pietas" ewigen Lohn zu erhalten[4]. Lediglich bei der Feststellung, daß diese Völker doch keine Kenntnis der rechten Gottesverehrung hätten und folglich in „error et impietas" Gott vernachlässigten, bemerkt Osiander, daß sie folglich in Dunkelheiten der „religio"[5] verfielen. Auch bei der Erwähnung der verschiedenen „cultus", „caeremoniae" und „ritus"[6] spricht er nicht von ‚religio'. Insgesamt geben die grundlegenden Ausführungen keinen Anlaß dafür, daß er diesen Terminus im Titel verwendet.

Im anschließenden Durchgang durch die einzelnen Schriften des Alten und Neuen Testaments, die Osiander in diesem ersten Kapitel vornimmt, verwendet er en passant „religio", so wenn er die „controuersiae religionis" anspricht[7], denen gegenüber es darum geht, keine andere „religio" als die von Gott geoffen-

---

[1] Lucas Osiander, geboren in Nürnberg als Sohn von Andreas Osiander (der als Professor in Königsberg den Osiandrischen Streit auslöste), nahm nach dem Theologiestudium in Königsberg und Tübingen verschiedene Pfarrämter in Württemberg wahr und wurde 1567 Hofprediger in Stuttgart. 1599 des Landes verwiesen, kehrte er bald wieder nach Stuttgart zurück. Er war heftig in die nachreformatorischen Auseinandersetzungen verwickelt und vertrat dabei gegen Zwingli, aber auch gegen Melanchthon eine lutherische Position besonders im Streit mit den Jesuiten. Er nahm an zahlreichen (kontroverstheologischen) Gesprächen teil und hinterließ eine Fülle von Werken nicht zuletzt zu pastoralen Themen.
[2] Lucas Osiander, Institutio Christianae religionis, Tubingae MDLXXXII, Praefatio, 4v: „amplecti vero in omnibus partibus Christianae religionis eam doctrinam, quae sacris literis, tribus Symbolis (Apostolico, Nicaeno, et Athanasiano) Augustanae Confessioni ... et Formulae Concordiae consentanea est".
[3] Ebd. 5r.
[4] Ebd. 1, 2; 1. – Hier wie im folgenden wird zunächst das Kapitel und der numerierte Abschnitt sowie nach einem Semikolon die Seitenzahl der benutzten Ausgabe zitiert.
[5] Ebd. 1, 4; 2.
[6] Ebd. 1, 3–5; 2. Osiander sagt auch „Idololatricae cultus", 1, 5; 3.
[7] Ebd. 1, 10; 6.

barte anzunehmen[8], sodann, wenn er „vera religio" und „falsa religio" voneinander unterscheidet[9], wenn er die „religio ... Israelitarum"[10] oder die „religio Christiana"[11] eigens benennt, und schließlich, wenn er von den Schwachen in der „fides" spricht, die wir nicht beleidigen oder von der „syncera religio" abbringen sollen[12].

Allem Anschein nach bezeichnet Osiander, wenn er „religio" sagt, hiermit eher Äußerungen des christlichen Glaubens, während der bevorzugte Begriff „pietas" sich eher auf die persönliche Einstellung bezieht[13]. Stets verwendet er dabei „religio" im Singular, gibt es für ihn doch nur die eine, nämlich die eigene, christliche.

Die Überprüfung verschiedener Abschnitte, die eine Affinität zu unserem Thema versprechen, ergab keinen anderen Befund. Nirgends findet sich ein spezieller Abschnitt hierzu, ein Zeichen für einen selbstverständlichen Gebrauch des Terminus, ohne daß er ein besonderes theologisches Gewicht besitzt[14].

So darf als Resümee festgehalten werden, daß die Verwendung von „religio" im Titel dieser frühen Darlegung des christlichen Glaubens vom lutherischen Standpunkt aus einem früheren Brauch entspricht, wie er bei Calvin oder Zwingli vorliegt. Doch folgt daraus nicht, daß sie genauerer Reflexion bedarf oder zentrale Bedeutung besitzt. Folglich kann noch nicht einmal als besondere These herausgestellt werden, daß Osiander die „religio" als geoffenbart bezeichnet. Denn auch diese Bemerkung erscheint viel zu sehr nebenbei. Auch reflektiert er nicht, daß er „religio" nur für die eigene Überzeugung verwendet, ohne von ihr her schärfere Angriffe gegen andere zu führen.

Besonders auffällig erscheint nun, daß Osiander in der deutschen Übersetzung, die er gleichzeitig hat erscheinen lassen, im Titel zwar weiterhin von „Religion" spricht, an einer Reihe von überprüften Stellen aber eine andere Übersetzung verwendet, „glauben"[15], „lehr"[16], „warheit deß heiligen Euangelij"[17] oder „Christenlicher bekantnus"[18]. Diese hier aufgeführten Belege lassen darauf

---

[8] Ebd. 1, 11; 9; vgl. 1, 16; 13, daß die Könige von Juda die „religio collapsa" wieder reinigten.

[9] Ersteres ebd. 1, 68; 59; letzteres 1, 38; 31f.

[10] Ebd. 1, 38; 31; im Unterschied zu der eben genannten „impietas et falsa religio". Vgl. 10, 24; 430 „Religio Israelitica".

[11] Ebd. 1, 62; 54, vgl. „Religio nostra", 1, 22; 18.

[12] Ebd. 1, 51; 43.

[13] Vgl. ebd. (nur mit Angabe der Seiten zitiert) 1, 7, 49, als „vera pietas", 18, 57. Häufig spricht Osiander von „pius", 10, 27 u.ö.

[14] Vgl. cap. 6 „De lege"; 242–273, cap. 10 „De bonis operibus", bes. 10, 4; 401 über den „cultus"; 10, 5; 404f über die „Vota Monastica"; 10, 18; 417–419 über die guten Werke; schließlich 10, 42–48; 451–466 über den Magistrat.

[15] Lucas Osiander, Gründtlicher Vnderricht/auß Heyliger Göttlicher Schrifft/von allen Articuln vnser Christlichen Religion, Tübingen 1582, ebd. 1, 4; 3 (vgl. o. Anm. 4). – In der deutschen Fassung der Vorrede nimmt er „Religion" auf, vgl. A [8]v.

[16] Ebd. 1, 11; 17 (vgl. o. Anm. 7).

[17] Ebd. 1, 68; 105 (vgl. o. Anm. 8).

[18] Ebd. 1, 62; 96 (vgl. o. Anm. 10). Gelegentlich übersetzt Osiander auch völlig frei, vgl. 1, 38; 57

schließen, daß die Abänderung Methode besitzt und „Religion" als Terminus in der deutschen Fassung möglichst vermieden wird. Es läßt sich nicht ersehen, ob Osiander so verfährt, um näher an der Volkssprache zu bleiben, den Terminus also nicht für genügend verständlich hält oder ob er das Lehnwort umgehen will, wogegen aber der beibehaltene Titel spricht. So läßt sich nicht entscheiden, ob dieser Begriff, der doch auch in der deutschen Sprache dieser Zeit einigermaßen verbreitet ist, Osiander nicht verständlich oder nicht passend genug erscheint.

Auch im Abschnitt über den Magistrat wendet Osiander der „religio" keine Aufmerksamkeit zu[19]. Er warnt lediglich die Untergebenen, gegen den Magistrat aufständisch zu werden und diejenigen höher zu bewerten, die die Aufgaben der „Religio" aufständisch zu betreiben suchen[20].

Jedenfalls aber zeigt sich, daß die „religio" bei Osiander keine Aufwertung erfahren hat[21]. Zu vermerken bleibt lediglich, daß er bereits „pietas" mit „Gottseligkeit" wiedergibt[22].

Leonhard Hütter

Als früher Vertreter einer jüngeren Generation der altprotestantischen Theologie findet Leonhard Hütter (1563–1616)[1] Berücksichtigung. Ein Einblick in seine knappen „Loci Theologici" ergibt, daß er in ihnen nur ausnahmsweise von „religio" spricht. Das mag seinen Grund darin haben, daß er hier ausgewählte Merksätze aus verschiedenen Quellen lutherischer Tradition sowie der Confessio Augustana oder der Formula Concordiae zusammengestellt hat, die mit theologischen Belegen etwa von Melanchthon, Chemnitz oder Hunnius ergänzt sind. Immerhin versteht es sich nicht von selbst, daß er in seiner Grundlegung nur die „Scriptura Sacra" behandelt, in der dann verständlicherweise die „religio" nur eine periphere Rolle spielt. Unspezifisch nennt er sie zusammen mit

---

(vgl. o. Anm. 9). Nur im negativen Fall verwendet er 1, 10; 11 „strittige Religionssachen" (vgl. o. Anm. 6).

[19] L. Osiander, Institutio, 10, 42–48; 451–466.

[20] Ebd. 10, 47; 463: „Denique subditi summopere caueant, ne quid seditiose contra magistratum suum agant, neue Religionis negotia conatibus seditiosis praetexant, quia Deus inultum non sinit, cum cupiditatibus carnalibus sanctum ipsius nomen tanquam operculum imponitur."

[21] Vgl. aber noch L. Osiander, Gründtlicher Vnderricht, Aiij r, „Religionsachen", vgl. 131, Aiij v „Religions stritten", Avii v „Christliche Religion", 11 „strittige Religions sachen" sowie 23, 24, 27, 60 „Religion" im Hinblick auf die Juden. Die Belege zeigen jedoch nur, wie sporadisch „Religion" vorkommt.

[22] Ebd. 1, 2; 2, 11; 13, 56; 87 (vgl. o. Anm. 13).

[1] Leonard Hütter (Hutterus), geboren in der Nähe von Ulm, studierte Philosophie und Philologie in Straßburg, wo er 1583 Magister wurde, wechselte zur Theologie über, die er dann in Leipzig, Heidelberg und Jena weiter verfolgte; seit 1596 war er Professor der Theologie in Wittenberg. Dabei knüpfte er in besonderem Maße an Luther an. Neben der Entwicklung der theologischen Lehre war er in heftige Kontroversen verwickelt, so nicht zuletzt mit Robert Bellarmin.

den „cultus divini" im Abschnitt vom Gesetz Gottes[2]. Mehrfach spricht er sie nur an im Abschnitt über die „Libertas Christiana et ritus ecclesiastici sive Adiaphora"; aber auch hier dominiert „cultus", während „religio" parallel mit „doctrina" erscheint[3]. Wie sehr diese Terminologie noch der Tradition verhaftet bleibt, zeigt die Behandlung der monastischen Gelübde, in der Hütter feststellt, daß die „iustitia" mit Paulus nicht durch unsere „observationes et cultus" gesucht werden kann, sondern durch die „fides"; daher sind Mönchsgelübde „impia" und folglich irrig, konsequent zu der Lehre der Mönche, daß „fictitiae religiones" und folglich die Gelübde Genugtuung für die Sünde bewirken[4].

Daß für Hütter kein Anlaß bestand, sich mit der „Religio" des näheren auseinanderzusetzen, zeigen auch seine „Libri Christianae Concordiae"[5], in denen er eine Reihe besonders umstrittener Themen wie die Sünde, den freien Willen, die Rechtfertigung aus Glauben oder auch die Christologie erörtert. Sogar bei Streitfragen, etwa zu den kirchlichen Zeremonien, kommt er nicht auf unser Thema zu sprechen. Lediglich im Vorwort nennt er die „diversissimae Religiones"[6], von denen die „Pontificij et Lutherani" eigens genannt werden; im Interesse des Friedens müssen sie zusammenwachsen[7]. „Religio" bezeichnet hier dasselbe wie unser heutiger Ausdruck ‚Konfession'[8].

Eine Überraschung ergeben dann die postum veröffentlichten „Loci". Hütter beginnt diese sehr umfangreiche Darstellung der Glaubenslehre freilich noch ganz traditionell mit einem eingehenden Einleitungskapitel über die „Sacra Scriptura"[9]. Hiermit kann er den Erfordernissen seiner Zeit offensichtlich noch

---

[2] Leonhard Hutter, Compendium Locorum Theologicorum (1610), hg. von Wolfgang Trillhaas (= Kleine Texte für Vorlesungen und Übungen 183), Berlin 1961, loc. 10 nr. 14; 46. – Hier und im folgenden werden die einzelnen Loci und die Nummern der Abschnitte sowie nach einem Semikolon die Seite der zitierten Ausgabe angegeben.

[3] Ebd. loc. 18 nr. 13f; 88f; nur hier, nr. 16; 89, findet sich „religio Christiana".

[4] Ebd. loc. 26 nr. 8; 121: „Constat autem Monachos docuisse, quod fictitiae religiones, et cumprimis vota Monastica satisfaciant pro peccatis, mereantur gratiam et iustificationem."

[5] Leonhartus Hutterus, Libri Christianae Concordiae: Symboli Ecclesiarum γνησίως Lutheranarum, novissimo hoc tempore, longe augustissimi, VVitebergae MDCVIII.

[6] Ebd., Epistola *4v im Anschluß an ein einschlägiges Zitat von Johannes Sleidanus (1505–1556) von 1555.

[7] Die Bezeichnung „Catholica Religio" bzw. „Religio Pontificia" findet sich in ebd. noch ** 2r-3v.

[8] Wo Hütter den Türken eine „Fides Historica" zubilligt, ebd., art. 3 De Justitia Fidei, aaO. 313, fehlt ‚Religio'. Bemerkenswerterweise spricht er in demselben Artikel, 351, von Irrtümern nach dem Tode Luthers, die teils von den Theologen der Augsburger Konfession, teils von den „Romanenses" anläßlich des „liber Interim sive Interreligionis" hervorgebracht worden sind. Diese höchst seltene Bezeichnung „interreligio" hat sich nicht durchgesetzt.

[9] Leonhartus Hütterus, Loci Communes Theologici, ex Sacris Literis diligenter eruti, Veterum Patrum testimoniis paßim roborati, et conformati ad methodum Locorum Philippi Melanthonis, adeoque singulari dexteritate ita explicati, ut divina veritas ex iis facile cognosci, et adversariorum sophismata sufficienter refutari poßint, Wittebergae MDCXIX.

Von „religio" spricht Hütter in dieser Einleitung nur in zwei Propositionen, die die Auffassung der Jesuiten wiedergeben, so q. 3, 2 prop. 2; 41f: „Qui enim salvam volunt esse religionem, omnino

genügen. In ihm führt er vor allem die Auseinandersetzung mit den Gegnern, vornehmlich den Jesuiten und ihrem Repräsentanten Robert Bellarmin (1542–1621)[10]. Schließlich geht es um den Nachweis der herausragenden Bedeutung der Heiligen Schrift, neben der die Tradition kein weiteres selbständiges Zeugnis der Offenbarung darstellen kann. Eine Besinnung auf die Theologie selbst hat Hütter hier nicht geführt. Von „religio" spricht er denn auch nur zur Zurückweisung jesuitischer Ansichten[11].

Demgegenüber spricht Hütter überraschend häufig und eingehend von der „religio" in Kapiteln und Abschnitten, in denen es um die Außenbeziehungen der Lutheraner vor allem zu den „Calviniani" und den „Pontificij" geht[12], so speziell bei der Behandlung der Adiaphora[13], der Bündnisse von Christen[14] und schließlich der Pflichten des „Magistratus Civilis" bzw. „Politicus"[15].

Terminologisch gesehen verfährt Hütter ziemlich freizügig. Natürlich hält er an der „una vera Religio"[16] als der „vera et orthodoxa Religio"[17] und d.h. an der „una vera et salvifica Religio"[18] im Unterschied zur „falsa Religio"[19] fest. Er bevorzugt aber merkwürdigerweise die sonst faktisch ungebräuchliche Formulierung „pura Religio"[20] und mehr noch den um so merkwürdigeren Begriff „purior Religio"[21]. Gerade diesen Komparativ begründet er nämlich nicht. Immerhin impliziert diese Formulierung eine Relation zu weniger reinen „religiones". Hütter verwendet denn auch verschiedentlich diesen Plural, vor allem spezifiziert als „diversae"[22] oder gar „diversissimae Religiones"[23]. Selten benennt er sie

---

debent Laicis interdicere in universum lectionem sacrarum literarum." Die andere Stelle findet sich q. 5, 2 prop. 2; 59, wo davon die Rede ist, daß die Schrift nicht Richter in den Kontroversen über die „fides et Religio Christiana" sein kann, sondern der römische Pontifex, dessen „definitio", die der Kirche mit Autorität vorgelegt wird, in kontroversen Fragen der „Religio" unfehlbar ist, unabhängig davon, ob sie mit oder ohne ein Konzil zustande kommt.

[10] Vgl. zu ihm E. Feil, Religio III.
[11] Vgl. die zuvor Anm. 9 genannten Belege, bes. L. Hütterus, Loci, Generalis ἀντιθετική, q. 3, 2 prop. 2; 41 f.
[12] Vgl. aber auch loc. 31 „De Cultu et Invocatione Dei", bes. cap. 1 q. 7; 981 f; aber auch hier geht die Fragestellung über den christlichen Bereich hinaus.
[13] Ebd. loc. 26; 895b-907a.
[14] Ebd. loc. 30 cap. 2; 948b-960a.
[15] Ebd. loc. 32; 994a und b u.ö.; zur „religio" vgl. die Einleitung, 994a-995a, cap. 1; 995a-1001a, bes. cap. 2; 1013a-1040b. – Da die Belege im folgenden aus diesen eng umrissenen Abschnitten stammen, wird auf die Angabe einzelner Abschnitte verzichtet; es finden sich also nur die Angabe der Spalten.
[16] Ebd. 1027b, vgl. 1022b, 1040a u.ö.
[17] Ebd. 1017b, 1020a, vgl. 1018a, 1029b.
[18] Ebd. 1026b.
[19] Ebd. 1041b.
[20] Ebd. 1015a, 1016a, 1040a.
[21] Ebd. 896a, 904a, 1015b, 1017b, 1025a, 1029a, 1030a, 1034a, 1035af, 1040b.
[22] Ebd. 901b, 1023af, 1024af, auch im Singular „diversa religio" 952a, 981a, vgl. 1023b, vgl. „dissidentes religiones" 1022b, 1024af.
[23] Ebd. 956a, 1025a, 1026a.

im einzelnen, so die „religio Ethnica"[24] bzw. „Ethnicorum religio"[25], die „Pontificia religio"[26] sowie die „Judaica Religio"[27], die „Religio Calviniana"[28], die „Lutherana religio"[29] und schließlich die „Religio Christiana"[30].

Über einen verbreiteten Sprachgebrauch geht Hütter dann hinaus mit seiner negativen Antwort auf die Frage, ob eine „Religionum mixtura" bzw., was er für identisch hält, eine „Religio Mixta" in einer wahren Kirche Gottes und folglich in einem Gemeinwesen ihren Platz haben kann[31]. Unter diesem Stichwort beschäftigt er sich vor allem mit der „mixtura Lutheranismi et Calvinismi", bei der die Wahrheitsfrage auf der Strecke bleibt[32]. Gegen eine solche „plurium religionum invicem dissidentium, mixtura atque confusio" wendet er sich, da sie Gott widerwärtig ist; vielmehr erfordert der eine Gott und Vater aller die eine „fides ac Religio vera"[33]. Deswegen kann Hütter auch nicht wie im Samaritarismus ein Konglomerat aus der „vera et falsa religio" zulassen[34]. Den „Politici" weist er die Sorge dafür zu, daß kein Mensch, der lau ist, sich gleich zwei verschiedenen „Religiones" zuwendet; Lauheit bzw. „Neutralitas in Religione" wertet er vielmehr als Übel[35]. Bleiben für ihn also die Verhältnisse klar und eindeutig, so sieht er sich immerhin veranlaßt, sich gegen solche Vermischung der „Religio" zur Wehr zu setzen[36].

Daß Hütter „Religio" nicht einfach exklusiv verwendet, zeigen die verschiedentlichen Doppelungen wie „fides ac Religio"[37], „pietas et religio"[38], aber auch

---

[24] Ebd. 981a.
[25] Ebd. 994a.
[26] Ebd. 1018a.
[27] Ebd. 1025a.
[28] Ebd. 1023a, 1029a.
[29] Ebd. 1022b.
[30] Ebd. 902a, 904b, 1015a, 1028a, 1029b.
[31] Ebd. 1022a.
[32] Ebd.
[33] Ebd. 1022b.
[34] Ebd. 1023a.
[35] Ebd. 1023b.
[36] Als deren Vertreter nennt Hütter Antonius Benbellona de Godentijs ICtus, ebd. 1022a, vgl. 1028b. Ob die Terminologie „Religionum mixtura" oder „Religio mixta" schon von diesem stammt, konnte nicht überprüft werden.
Der Versuch, bei Antonius Benbellona de Godentiis (= Bartholomäus Gericke, geb. 1557, 1583 als Jurist in Zobst und später Hofrat des Fürsten im Anhalt-Dessau) die von Hütter inkriminierte „Neutralitas" nachzuweisen, mißlang; es ließ sich kein Beleg finden in der umfangreichen Arbeit: Antonius Benbellona de Godentiis, Ad pragmaticam Constitutionem De Pace Religionis, in Comitiis Augustanis Anno 1555. ab vniuersis Sac. Romani Imperii promulgatam Commentatio iuridicopoliticohistorica. Pro Defensione Autonomiae et conscientiarum libertate, Imperiique Romani dignitate, Ad normam edicti Imper. Diocletiani ... conscripta In gratiam eorum, qui iniquissimo odio et persecutioni S. Fidei ergo sunt obnoxii, Francofurti MDCXII.
[37] L. Hütterus, Loci, 1019b, hier als „Lutherana" näher bezeichnet, 1022b, hier als „vera", 1025b.
[38] Ebd. 896a, 899a als „Religionis negotium, et pietatis causa".

„religio et cultus"³⁹ und schließlich „Ecclesia et religio"⁴⁰. Dabei kommt es freilich auch zu Identifizierungen, nämlich „vera sive orthodoxa Religio, quae est ipsa Apostolorum fides"⁴¹. Auffällig häufig findet sich allein „Religio". Schwerlich läßt sich entscheiden, ob hieraus eine gewisse Prävalenz oder Institutionalisierung geschlossen werden kann. Jedenfalls fällt die Großschreibung besonders im Vergleich zur „fides" auf, bei der Hütter es gern bei der Kleinschreibung beläßt.

Nach diesen terminologischen Beobachtungen muß noch kurz auf die sachlichen Argumentationen Hütters eingegangen werden. Sie gründen in der Annahme, daß der Magistrat nicht nur vom Naturrecht, sondern auch vom göttlichen Recht abhängt, wie angeführte Schriftzeugnisse von der Genesis bis hin zu Röm 13 belegen⁴². Von hierher disputiert Hütter auch in scholastischer Manier über einen „Magistratus impius" und eine „Tyrannis" und distingiert zwischen dem Aspekt der Schuld, – hier sind sie vom Teufel – und dem Aspekt der Strafe, – als solche läßt Gott sie zu, so daß sie in einem Zusammenhang mit den „sacra" bleibt⁴³–. Da wir selbst Strafen verdient haben, nennt Hütter als beste Weise, der Tyrannis zu entkommen, Gebete und demütiges Warten auf Gottes Hilfe; zugleich warnt er vor Zwiespalt und Rebellion, da sie noch größere Strafen (Gottes) nach sich ziehen⁴⁴.

Aus dieser letztlich göttlichen Legitimation des Magistrats resultiert auch dessen Zielsetzung, Ruhe und Sitten sowie eine annehmbare und legitime Ausübung von „Cultus et Religio" zu gewährleisten⁴⁵. So obliegen dem Magistrat zwei Aufgaben, die Hütter nur mit „RELIGIO, et JVSTITIA" zusammenfassen kann⁴⁶. In seinem Zusammenhang will er sich nur mit ersterer befassen, was er denn auch ausführlich unternimmt. Grundsätzliche Schwierigkeiten gibt es für ihn nicht, weil dem Magistrat die Sorge für beide Tafeln des Gesetzes zukommt⁴⁷.

---

³⁹ Ebd. 895b, vgl. 1016a „Religio, sive verus veri DEI cultus", ferner 1023a, 1040b „purior Religio, et verus DEI cultus".

⁴⁰ Ebd. 1015a, vgl. 1001a, 1020a „purior Ecclesia et verior Religio".

⁴¹ Ebd. 1018a; es kommt auch *„pietas et fides"*, 1023b, oder „veritas et pietas", 1020a, vor, auch finden sich seltene Zusammenstellungen wie „salus et religio", 1022a.

⁴² Ebd. 995a.

⁴³ Ebd. 995bf.

⁴⁴ Ebd. 996a. Im folgenden wendet Hütter sich den drei bekannten Herrschaftsformen zu und macht dabei aus seiner Skepsis gegenüber der Demokratie keinen Hehl, 996b: *„Democratica* est regimen, in quo imperium est penes universum populum, servata tamen unius cujusque facultate et conditione. Haec plaerumque degenerat in σύστρεμμα, hoc est, collusionem mutuam, jus, legesque pro arbitrio flectentem, et tandem in manifestam conspirationem ac seditionem."

⁴⁵ Ebd. 997a. Auf die langen Auseinandersetzungen vor allem mit Bellarmin über die Gewalt des Papstes bzw. der Kirche braucht hier nicht eingegangen zu werden; als Fazit ergeben sie, daß es keine kirchliche Suprematie über den Magistrat gibt. Schon von daher kommt diesem eine hohe Bedeutung zu, da er von der Kirche und letztlich auch vom Glauben her nicht in Zweifel gezogen und in der Folge politisch erschüttert werden kann und darf.

⁴⁶ Ebd. 1013a; symbolisch nennt Hütter dies eine Zuständigkeit „PRO ARIS et FOCIS".

⁴⁷ Vgl. noch einmal ebd. 1015b. Als Beispiel, keine Götzendienste oder Blasphemien zuzulassen,

Probleme bestehen jedoch einmal in der Frage, ob der Magistrat seine Untergebenen zur wahren „Religio" zwingen darf oder soll. Bei seiner Antwort schwankt Hütter beträchtlich. Zunächst verweist er auf Augustinus, der dem Magistrat einen solchen Zwang seiner Bürger zur „fides sive Religio" zugesteht[48], dann aber zitiert er verschiedentlich Tertullian, der eben diesen Zwang nicht zulassen will[49]. Sein Verweis auf die Geschichte zeigt ihm, daß der christliche Glaube sich im Unterschied zur Barbarei des türkischen Alcorans nicht mit Waffengewalt durchgesetzt hat[50]. Hütter unterscheidet hier einen gewaltsamen und äußeren von einem spirituellen Zwang, wobei letzterer mit einer gewissen Strenge und Herrschaft ausgestattet ist, wie ihn Johannes der Täufer und Christus ausgeübt haben[51].

Der Magistrat darf also einen direkten gewaltsamen Zwang nicht ausüben, wohl aber mit geeigneten Mitteln Unterstützung gewähren, die wahre und rechtgläubige „Religio" zu bekennen[52]. Im Fall schwerwiegender Blasphemie, d.h. der entschiedenen Ablehnung der Trinität[53] oder auch in entsprechenden hartnäckigen Fällen des Wirkens der Türken[54] muß der Magistrat mit der Todesstrafe einschreiten[55]. In weniger schwerwiegenden Fällen, zu denen also auch leichtere Fälle der zuvor genannten Gruppe gehören können[56], sieht Hütter eine Reihe anderer Möglichkeiten, die er aber nicht auf ihre Wirksamkeit befragt.

Sodann aber stellt Hütter sich der bezeichnenden Frage, ob ein christlicher Magistrat eine „Religionis αὐτονομία" und d.h. die Freiheit vieler und einander widerstreitender „Religiones" zulassen darf. Hier lehnt Hütter zunächst die schon genannte „Religio Mixta" ab, ohne dabei die gegen sie zu ergreifenden Maßnahmen detailliert zu erörtern[57]. Er empfiehlt statt dessen, unter gegebenen Umständen verschiedene „Religiones" zu tolerieren[58], und stimmt folglich der „pax Religionis" zu, wie sie beispielsweise in den Passauer Verhandlungen erreicht worden ist[59]. Allerdings besteht für ihn eine Mitte zwischen der „libertas

---

verweist Hütter auf Sokrates, den die Athener zum Tode verurteilten, weil sie die durch ihn veranlaßte „nova Religio" nicht zulassen wollten, obwohl diese durchaus legitim war, ebd.
[48] Ebd. 1017a.
[49] Ebd. 1018a, 1027a, 1032a.
[50] Ebd. 1018a.
[51] Ebd. 1019a.
[52] Ebd. 1019bf, bes. 1020a.
[53] Ebd. 1020bf; unter diesen Antitrinitariern erscheint auch Sozzini, 1020b; es fällt aber nicht der für die Antitrinitarier ursprünglich geprägte Terminus ‚Deistae'.
[54] Ebd. 1022a.
[55] Ebd. 1021a, 1022a.
[56] Ebd. 1021a.
[57] Ebd. 1022a-1029a; zur „αὐτονομία" vgl. noch einmal 1029a.
[58] Vgl. ebd. 1024aff; Hütter selbst sagt wohl nur verbal „tolerare"; ob „TOLERANTIA" in den Marginalien 1024bf einen inzwischen erfolgten terminologischen Fortschritt bedeutet, kann hier auf sich beruhen bleiben.
[59] Ebd. 1026a, so daß Hütter von „pax illa Religionis aurea" spricht; zur „Pacificatio Religionis" vgl. 955a.

in religione" und dem Zwang, nämlich die Häresien nicht einfach schweifen zu lassen[60]. Er bleibt somit skeptisch gegenüber der Forderung nach einer „Religionis libertas"[61], weil jene, die sie erstreben, nämlich die Anhänger Calvins, mit ihr sehr viel weitergehende Ziele verfolgen, als sie zunächst nach außen in Erscheinung treten lassen[62]. Auch gegenüber den Häresien läßt er eine gewisse Toleranz zu, aber er fürchtet jene, die zugleich Rebellionen, Unruhen und Aufstände mit sich bringen, gegen die der Magistrat natürlich einschreiten muß[63]. Ebenso soll dieser die Juden zulassen, doch verhehlt Hütter seine Meinung nicht, ein Gemeinwesen glücklich zu preisen, das unversehrt und frei von diesem Menschengeschlecht ist[64]. Schließlich soll der Magistrat auch keinen Krieg allein wegen der „Religio" beginnen[65]. Für diese von der ständigen Angst begleitete Toleranz, die zugelassenen Gruppen würden eben doch dem Gemeinwesen durch Unruhen und Aufstände schaden, hat Hütter ein theologisches Argument als Fundament parat, daß schließlich auch Gott selbst die „diversissimae Religiones" zuläßt, damit die „purior Religio" um so mehr verbreitet werden kann[66].

Nimmt man alle Beobachtungen zusammen, so zeigen sie einen ambivalenten Befund. Einmal reflektiert Hütter die „Religio" noch nicht theologisch. In seinen grundlegenden Überlegungen spielt sie keine Rolle, es genügt hier, auf die „Scriptura Sacra" einzugehen. Warum er in den Titeln seiner Abhandlungen diesen Terminus einmal verwendet, ein andermal unterläßt, begründet er nicht, es macht offensichtlich auch keinen Unterschied, ob er ihn oder aber „Theologia" wählt. Insgesamt bleibt somit „Religio" innertheologisch bedeutungslos.

Es scheint nicht ausgeschlossen, daß die theologisch recht geringe Bedeutung von „Religio" Hütter einen im Grunde freizügigen Gebrauch dieses Begriffs auch über den christlichen Bereich hinaus ermöglicht. Allerdings bleibt auch dann die Bezeichnung „Ethnica Religio" eine Ausnahme.

Im Unterschied dazu aber verwendet er „Religio" speziell und nachhaltig dort, wo Außenbeziehungen der eigenen Glaubensgemeinschaft betroffen sind. So darf man schließen, daß für Hütter diese Bezeichnung dem sich manifestierenden Bereich zugehört. Innerhalb dieses Rahmens verwendet er dann den Terminus trotz des Festhaltens an der Wahrheit allein der eigenen „Religio" recht offen, so daß er keine Scheu zeigt, sogar von „diversissimae Religiones" zu sprechen. Nicht recht paßt zu diesem Sprachgebrauch, daß er in den genannten Zusammenhängen überraschend häufig „purior Religio" sagt, da sie eine letztlich doch auch positive Wertung einer anderen, wenn auch weniger

---

[60] Ebd. 1027b.
[61] Ebd. 1028a, 1029a, vgl. auch 1025b.
[62] Ebd. 1028b.
[63] Ebd. 1029b-1032b.
[64] Ebd. 1037b-1038b, die referierte Aussage 1038b.
[65] Ebd. 1040af.
[66] Ebd. 1026a.

reinen „Religio" einschließt. Andere wie insbesondere die „Calviniani"[67] oder „Pontificij"[68] einfach gewähren zu lassen, fällt Hütter sichtlich schwer. Andererseits aber mag er sich auch nicht von der insbesondere bei Tertullian formulierten Regel entfernen, daß man die „Religio" nicht erzwingen kann.

Bei ihm findet sich bislang erstmalig die Ablehnung nicht nur einer „Religionum mixtura", sondern vor allem auch einer „Neutralitas in Religione". Es bleibt anzunehmen, daß Hütter sich damit auf eine vorausgegangene Forderung nach eben dieser Neutralität bezieht. Falls dem so ist, erscheint als wahrscheinlich, daß diese noch nicht eben lange zurückliegt. Jedenfalls aber zeigt die besondere Aufmerksamkeit für die „Religio" im politischen Kontext, daß diese nun und d.h. nun erst und nicht schon von Beginn der Auseinandersetzungen über den wahren Glauben größere Bedeutung erlangt hat, und dies besonders im Binnenbereich der Gemeinwesen. „Religio" erscheint dabei als ‚Konfession'.

Johann Gerhard

Johann Gerhard (1582–1637)[1] noch an dieser Stelle zu behandeln, versteht sich nicht mehr ganz von selbst. Denn erst gegen Ende des Jahrhunderts geboren und deutlich jünger als Hütter, steht er an der Schwelle von der Früh-Orthodoxie zur Hoch-Orthodoxie, wenn man diese Klassifikation übernehmen will[2]. Tatsächlich erstreckt sich seine Lebenszeit bereits weit in das 17. Jahrhundert. Doch aus sachlichen Gründen steht er am Ende der frühen Schultheologie. Gerhard beginnt nämlich noch im Prooemium seiner „Methodus studii theologici", die erst während der letzten Zeit der Arbeit an den „Loci" entstanden ist, mit einem Hinweis auf die verschiedenen Mängel der Theologie seiner Zeit; um diesen abzuhelfen, verweist er auf das „ὁρμητήριον", das *„ad sanctitatis et pietatis culturam"*[3] dient, und räumt schon damit der „pietas" eine bevorzugte Bedeutung vor der ‚religio' ein, die hier gar nicht angesprochen wird. Daß in dieser Wortwahl kein Zufall liegt, zeigt wenig später das zweite Kapitel, das Gerhard „De sincero

---

[67] Vgl. statt weiterer Belege ebd. 1023a.
[68] Vgl. ebenfalls nur ebd. 999b.

[1] Nach kurzem Studium der Medizin widmete sich Gerhard der Theologie in Jena und Marburg. Nach verschiedenen kirchlichen Ämtern, zuletzt seit 1615 als Generalsuperintendent in Coburg, wurde er 1616 Professor in Jena, wo er bis zu seinem Tode blieb. Beeinflußt von Johann Arndt, dem er in seiner Heimatstadt Quedlinburg begegnet war, verfaßte er erbauliche Schriften; darüber hinaus setzte er sich polemisch mit Rom auseinander; vor allem aber publizierte er neben exegetischen Arbeiten die „Loci" (1610–1622), in denen er eine scholastische Philosophie und Theologie aufnahm, zugleich aber praxisbezogen wirken wollte.
[2] Vgl. etwa Franz Lau, Orthodoxie, in: RGG³ IV 1727f.
[3] Johann Gerhard, Methodus studii theologici Publicis praelectionibus in Academia Jenensi Anno 1617 exposita, Jenae MDCXXII, 5. – Gerhard stellt Aussagen zur Glaubenslehre eine Überlegung über die Heilige Schrift als ihr Fundament voran.

pietatis studio" überschreibt[4]. Als Fundament dieser Tugend bezeichnet er die Gottesfurcht. In der Grundlegung dieser Schrift verwendet er somit nur diesen Terminus[5].

In seinen berühmten „Loci theologici" beginnt Gerhard mit zwei grundlegenden Kapiteln, die aber ausschließlich der Schrift und ihrer Interpretation gewidmet sind[6]. Im folgenden dritten Kapitel über die Natur Gottes, nämlich über sein Wesen und seine Attribute, geht Gerhard sofort in medias res[7]. Als Ausgangspunkt dient ihm, daß der menschlichen „mens" die Kraft fehlt, aus sich und ihren geborenen Kräften zur wahren und sicheren Kenntnis Gottes zu gelangen[8], obwohl doch auch die Schöpfung zu einer Gotteserkenntnis führt[9]. Wenn er im folgenden also von einer natürlichen Kenntnis Gottes spricht, und zwar von einer dem Menschen aufgrund der Natur von Gott eingegebenen und einer vom Menschen erworbenen[10], so darf dies nicht darüber hinwegtäuschen, daß sie nur allzu beschränkt und unvollkommen bleibt[11]; sie vermag nämlich nicht zum Heil zu führen[12]. Von „religio" spricht Gerhard hier nicht eigens, es sei denn, daß er den Gottesnamen mit vier Buchstaben, der bei fast allen Völkern vorkommt, wie er mit einer langen Tradition sagt, auf die Hebräer zurückführt, deren „religio" die ausgezeichnetste war[13].

Dieser Einstieg in die „Loci" mit Aussagen über die Schrift läßt den Schluß zu, daß Gerhard zu seiner Zeit noch mit guten Gründen oder vielleicht auch einfach unreflektiert auf eine nähere Erörterung des Verständnisses der Theologie als solcher verzichten konnte.

Eine Durchsicht der „Loci" ergab[14], daß Gerhard sich nur im Abschnitt über den politischen Magistrat ausführlich mit der „religio" beschäftigt hat. Schon die-

---

[4] Ebd. 18, vgl. 23, 37.
[5] Eine Durchsicht förderte keinen Beleg für ‚religio' zutage. – Nicht von ungefähr lautet ein weiterer Buchtitel Gerhards „Exercitium pietatis quotidianum" (1612).
[6] Johann Gerhard, Locorum Theologicorum cum pro adstruenda Veritate, tum pro destruenda quorumvis contradicentium falsitate per Theses nervose, solide et copiose explicatorum I, Jenae 1610, cap. 1f; I 1–206. – Hier und im folgenden werden die Kapitel und sofern nötig nach einem Komma ihre Abschnitte in arabischen Ziffern sowie nach einem Semikolon der Band in römischen und die Seite in arabischen Ziffern angegeben; die Nennung des Kapitels bzw. des Bandes wird nur wiederholt, wenn sich die vorhergehenden Angaben geändert haben. Schon hier sei vermerkt, daß von der Originalausgabe nur die ersten fünf Bände eingesehen werden konnten. Die für die späteren Abschnitte zitierte Ausgabe wird u. Anm. 15 genau zitiert.
[7] Ebd. 3; I 207–354.
[8] Ebd. 3, 5; 209.
[9] Ebd. 8; 210.
[10] Ebd. 10; 212.
[11] Ebd. 17f; 217–219.
[12] Ebd. 13; 214f.
[13] Ebd. 26; 227. – Das umfangreiche Kapitel 20 „De bonis Operibus", IV 1–418, geht nirgends auf die ‚religio' ein; gelegentlich kommt es einmal auf die „pii" zu sprechen, die des ewigen Lohnes würdig sind, IV 325.
[14] So aufgrund der Durchsicht der Bände sowie der Angaben des Registerbandes der in der folgenden Anm. zitierten Ausgabe.

ser Tatbestand verdient Beachtung. Als Aufgabe des Magistrats bestimmt Gerhard nämlich, die äußere Ordnung zu schützen und alles, was tierische Wildheit und Schändlichkeit in ihn hineinzutragen sucht, zu vermeiden. Als dessen besonderes Ziel nennt Gerhard die Verherrlichung Gottes, als zweites Ziel das öffentliche Gut, in dem das private Gut der einzelnen Untergebenen enthalten ist; diese Zielsetzung beschreibt Gerhard gleich zu Anfang mit einem Zitat aus dem ersten Brief an Timotheus (2,2), daß wir in aller „pietas et honestas" ein ruhiges Leben führen[15]. Was der Magistrat Gott schuldet, faßt Gerhard unter dem einen Nenner „εὐσέβεια ac *pietas*" zusammen; damit entspricht er der Forderung Gottes nach „pietas et sanctus sui timor"[16]. Die „pietas" des Magistrats vermag eben diese Tugend den Untergebenen mitzuteilen, aus der dann Wohlergehen und Glück des Gemeinwesens erwächst[17]. Detailliert beschreibt Gerhard dann, was zur „pietas" gehört, nämlich Lob und intensive Anrufung Gottes, um der höchst schwierigen Kunst des Befehlens gewachsen zu sein, sodann demütige Unterwerfung unter Gott, da doch der Magistrat als höchster auf Erden einen noch höheren König im Himmel über sich hat, und schließlich ein untadeliges Leben nach dem göttlichen Gesetz und Willen, um so ein Beispiel für alle zu geben[18].

Dieser Ansatz muß sehr überraschen: Auch beim Magistrat steht für Gerhard die „pietas" an erster Stelle, auf sie kommt es vor allem anderen an. Sie wird denn auch näher erläutert, was Gerhard für die „religio" nicht erforderlich scheint.

Der „religio" wendet sich Gerhard denn auch erst später zu, nachdem er zuvor über den Magistrat als solchen gehandelt hatte. Bei der Erörterung der Aufgaben des Magistrats gegenüber den Untergebenen spricht Gerhard dann detailliert von der „religio", allerdings nicht ohne auch hier noch einmal auf die „pietas" hingewiesen zu haben; dabei bezeichnet er „religio" und „cultus" gemeinsam als Fundament dieser „pietas", an der ihm so sehr liegt[19].

Zu Beginn stellt Gerhard heraus, daß dem Magistrat über die *„religio"* keine direkte Kompetenz zukommt, daß er jedoch nicht von jeder Sorge für sie entlas-

---

[15] Johann Gerhard, Loci Theologici cum pro adstruenda veritate tum pro destruenda quorumvis contradicentium falsitate per theses nervose solide et copiose explicati, ed. Fr. Frank, VI, Lipsiae 1885, Locus XXIV: De magistratu politico, nr. 140; 329b. – Im folgenden wird jeweils, soweit erforderlich, der Locus und dann auch die Nummer des Abschnitts genannt, weil die Numerierung der Abschnitte in den ersten Bänden mit der Numerierung der Abschnitte der Erstausgabe übereinstimmt, während die Zahl der Kapitel und der Loci differiert. Danach folgt nach einem Semikolon die Seite dieser Ausgabe. – Die in dieser Ausgabe vorgenommene Kennzeichnung von Zitaten bei Gerhard durch Kursivierung wird von uns nicht übernommen.

[16] Ebd. nr. 142; 330a-331a. Vgl. sodann insbesondere die ausführliche Erklärung ebd. 143; 331a-332a. – Mit Philo bestimmt Gerhard die „pietas" als Anfang der Tugenden, nr. 142; 330b.

[17] Ebd. nr. 142; 331a: „Plurimum igitur magistratus pietas valet ad inserendam subditorum animis pietatem, ex pietate vero civium in republica omnis prosperitas et felicitas oritur, cum pietas et hujus, et futurae vitae promissionem habeat 1. Tim. 4, v.8."

[18] Ebd. nr. 144; 331bf.

[19] Ebd. nr. 164; 342b: „Prima officii pars *pietatem* subditorum concernens in eo occupata est, ut vera religio ac sincerus Dei cultus utpote fundamentum pietatis apud subditos vigeat atque floreat, de qua etiam primo loco agemus."

sen werden kann; schließlich hat Gott ihm eine Verantwortung übertragen, wie sich an vielen Stellen des Alten Testaments zumal über die Beauftragung der Könige ersehen läßt[20]. Wie nämlich die Eltern in ihrer Familie eine „cura religionis" wahrzunehmen haben, so auch die Könige[21]. Diese Pflicht obliegt dem Magistrat, weil er für das Heil des Gemeinwesens Verantwortung trägt; am meisten aber erfordert das Bestehen des Gemeinwesens „religio et sacrorum cura"; folglich muß der Magistrat auch eine „falsa religio" sowie einen „cultus idololatricus" ablehnen, die dem Gemeinwesen schaden[22].

Bemerkenswerterweise spricht Gerhard hier und an vielen anderen Stellen nicht von „religio" allein, sondern von „religio et cultus divinus"[23], im Hinblick auf die Aufgaben des Magistrats bevorzugt er *„verae religionis integritas et cultus divini sinceritas"*[24]. Diese Doppelung erscheint keineswegs einfach als Unterstreichung, so sehr Gerhard auch diese beabsichtigen mag; denn dafür verwendet er gerade in diesem Kontext zu sehr wechselnde Termini, kann er doch auch „religionis veritas et pietatis integritas" sagen[25]. „Religio" dient also nicht allein als Oberbegriff, der den „cultus" mit umschließt, sondern erscheint durchweg nebengeordnet zu anderen Begriffen bis hin zu „fides et religio"[26] oder auch „religio ac pietas"[27]. Daß erstere das Fundament der letzteren sein soll, spielt in den gesamten Ausführungen denn auch keine Rolle mehr.

Dem Problem der Zuständigkeit des Magistrats muß Gerhard noch genauer nachgehen. Er geht davon aus, daß durch dessen wenn auch nicht direkte Kompetenz für kirchliche und direkte Kompetenz für politische Angelegenheiten keine Vermischung zwischen beiden erfolgt, bleibt doch der Magistrat nicht von jenem Teil der kirchlichen Gewalt ausgeschlossen, der sich auf die äußere Tätigkeit der Kirche bezieht[28]. Zu den Zuständigkeiten des Magistrats gehört also etwa die Bestellung und Ausbildung der „ministri"[29] oder die Verkündigung der

---

[20] Ebd. nr. 165; 343b.
[21] Ebd. nr. 170; 346b.
[22] Ebd. nr. 172; 348a, unter Verweis auf den „Philosophus", nämlich Aristoteles, sowie Platon, Cicero, ferner einen Marillus, Bischof von Vienne, und noch einmal Cicero: „... sublata religione tollitur erga Deum pietas".
[23] Ebd. nr. 181; 353b; vgl. auch nr. 180; 353a „religionis et sacrorum cura".
[24] Ebd. nr. 180; 353b, noch einmal, 353a, als *„cultus divini ac verae religionis propagatio"*. Vgl. nr. 181; 353b: „Ad hanc religionis et cultus divini sinceritatem in republica obtinendam duo requiruntur, *verae scilicet religionis et recti cultus diligens conservatio, ac religionis collapsae et cultus depravati instauratio.*" Vgl. im folgenden mehrmals ähnliche Formulierungen, ferner nr. 183; 354a, hier in Zusammenhang mit der „fides", die vom Hören kommt, sowie nr. 193; 357b.
[25] Ebd. nr. 182; 353b.
[26] Vgl. die Doppelungen ebd. nr. 199; 362bf.
[27] Ebd.; 365.
[28] Ebd. nr. 178; 352b: „interim tamen magistratus politicus cum sit membrum ecclesiae, et quidem praecipuum, ideo ab illa potestatis ecclesiasticae parte, quae toti ecclesiae communis est, arceri neutiquam potest, cumque magistratui peculiariter incumbat potestate divinitus sibi concessa ad propagationem religionis uti, ideo ab illa potestatis ecclesiasticae parte, quae externam ecclesiae politiam spectat, non est exclusus."
[29] Ebd. nr. 183–185; 354a-355a.

kirchlichen Gesetze, soweit sie sich nicht auf den „cultus Dei internus" beziehen[30]. Sein besonderes Augenmerk wendet Gerhard verständlicherweise Problemfällen zu, was etwa der Magistrat bei einer „religio collapsa" und einem durch Götzendienst befleckten „cultus divinus" zu tun hat, nämlich „piae reformationes" durchzuführen, irrende und vor allem spalterische Häretiker aufzuspüren und götzendienerische „cultus" zu beseitigen[31].

Eine besondere Schwierigkeit stellt für Gerhard die Frage dar, ob der Magistrat die Untertanen zur wahren „fides" zwingen darf, wobei er hier die „fides" herausstellt; in den folgenden Zitaten nennt er sie auch noch dort, wo er Laktanz zitiert mit dessen Aussage, daß die „religio" völlig frei geübt werden muß[32]. Aus einem folgenden Brief von Kaiser Maximilian II. zitiert er sodann, „daß Religionssachen nicht wollen mit dem Schwerdt gehandelt und gerichtet werden", und verweist auf den französischen König Heinrich III., der sein Leben lang die „religio evangelica" bekämpfte, aber in äußerster Todesgefahr bekannte, daß den Herrschenden kein Befehl über das Gewissen zustehe[33]. Über „fides", „religio" und „conscientia" steht also allenfalls dem Magistrat, aber niemandem sonst ein gewisses Herrschaftsrecht zu[34].

Freilich unterscheidet Gerhard zwischen „vera religio" und „falsa religio", denen gegenüber der Magistrat sich nicht einfach gleich verhalten kann. Sofern dieser zu letzterer zu zwingen sucht, begeht er eine um so schwerere Sünde[35]. So wenig er also direkten Zwang auf „religio" und Gewissen anwenden darf, so wenig darf er jegliche Lehre frei zulassen; er soll vielmehr einen mittleren Weg gehen, nämlich die Freiheit öffentlicher Ausübung verschiedener „religiones" zulassen, wenn nicht die äußerste Notwendigkeit dem im Wege steht[36].

---

[30] Ebd. nr. 188; 355b.

[31] Ebd. nr. 195–197, 195; 358a-362a, 358a: „Atque haec sunt media, quibus vera religio populo ac reipublicae alicui concessa sarta tecta *conservari* et a corruptelis immunis ad posteros propagari cura et opera magistratus intercedente poterit. Quodsi vero status ecclesiae sit turbatus, religio collapsa, cultus divinus per idolatriam et superstitiones contaminatus, tum magistratui incumbit, adhibito in consilium ministerio ecclesiastico, *pias reformationes* juxta normam divini verbi *instituere*, vel si ecclesiasticum ministerium partes officii sui negligat, et errores pertinaciter defendat, potest omnino magistratus ipse hanc curam solus suscipere …"; es folgt ein Hinweis darauf, daß Schriftworte und Beispiele von „pii reges" diese Aussage belegen. Ihrer Pflicht kommen Magistrate nach mit folgenden Mitteln: „In errantes, praesertim haereticos seductores, inquisitio", „Eorundem coërcitio" und „Idololatricorum cultus abolitio"; s.o. Anm. 24.

[32] Ebd. nr. 198; 360b, vgl. noch einmal 361a mit dem Zitat von Laktanz, „religio cogi non potest", gleich anschließend heißt es in demselben Zitat auch, 361b: „Non potest aut pietas cum vi, aut justitia cum crudelitate conjungi."

[33] Ebd.; 361a.

[34] Gerhard zitiert hierzu auch Samuel von Remching, De pace religionis dissertatio, Augustae Vindelicorum 1592; dieser Titel ist ein früher Beleg für die Formulierung „pax religionis".

[35] Ebd.; 362a: „Ad falsam religionem tantum abest, ut magistratus subditos cogere debeat, ut eandem potius detestari et exstirpare debeat, ac proinde si ad eam cogit, duplici nomine peccat. Ad veram religionem itidem non debet cogere, interim tamen ad eam si cogat, minus peccat, quin et seductos ex subditis compellere potest ad conversionis media, verbi scilicet auditum."

[36] Ebd.

Sodann bleibt Gerhard noch die schwerwiegende Frage zu erörtern, wie sich der Magistrat gegenüber mehreren „religiones" im Gemeinwesen verhalten soll. Die angeführten Zeugnisse der Tradition schwanken zwischen der Ablehnung eines Zwangs zur „una ... religio", die vor allem der Sultan Soliman vertreten haben soll[37], bis hin zu einer entschiedenen Ablehnung verschiedener „religiones", wie sie nicht zuletzt Bellarmin für richtig gehalten hat[38]. In diesen Zeugnissen erscheint bevorzugt „religio", seltener „religiones" bzw. „diversae religiones", wohingegen die Doppelungen „religiones ac cultus" zurücktreten; in gleicher Bedeutung kann Gerhard aber auch „cultus veri Dei", „fides", „una fides", „fides catholica", sodann „diversi ritus" sagen[39]. Die in diesem Zusammenhang herausragende Bedeutung von „religio" zeigt jedoch, daß dieser Begriff für den angesprochenen Sachverhalt die adäquateste Eignung besitzt. Freilich erörtert Gerhard diesen Terminus an keiner Stelle des näheren, so selbstverständlich erscheint er ihm.

In der eigenen Argumentation zu dieser Frage der Vielzahl von „religiones" nimmt Gerhard eine vorsichtige, vermittelnde Stellung ein: Zwar bevorzugt er verständlicherweise, wenn nur die „una eademque vera religio" in einem Gemeinwesen vorhanden ist, doch fügt er gleich hinzu, daß schon nach der Aussage des Paulus „haereses" auftreten werden (1 Kor 11,19)[40]. Solange Menschen „privatim" und d.h. als Privatpersonen ruhig ihre „religio" öffentlich ausüben und so keine Geheimbündelei betreiben, soll diese toleriert werden[41]. Damit vertritt Gerhard eine paradoxe Position, daß nämlich Privatpersonen zugleich öffentlich ihre „religio" ausüben sollen, ohne öffentliche Störung hervorzurufen. Zur Begründung fügt er an, daß nicht jeder Dissens in der „fides" (!) für das Gemeinwesen verderblich und gefährlich sein muß; vielmehr wirkt sich erst eine öffentliche (!) Bezeugung dieses Dissenses aus[42]. Diese führt freilich dazu, andere Menschen zur eigenen Überzeugung herüberzuziehen, einfache Menschen zu täuschen und so den öffentlichen Frieden zu gefährden. Gerhard sucht einen Weg zwischen einem gewalttätigen Zwang und einer vagen „religionum libertas"[43]. In einem befriedeten Gemeinwesen braucht der Magistrat keine „diversae

---

[37] Ebd. nr. 199; 362b. Diesbezüglich findet sich, 362a, auch ein Zitat des Pisecius, daß die „Mahumetanorum religio" aus 72 „sectae" besteht, ein wohl noch neutraler Gebrauch dieses Terminus.

[38] Ebd.; 362a.

[39] Ebd.; 362b.

[40] Ebd. nr. 200; 363a.

[41] Ebd.; 363af; das Thema dieses Abschnittes lautet: „Inter personarum privatim de religione diversum sentientium tolerantiam et inter publici exercitii concessionem." Gerhard führt unmittelbar anschließend aus: „Personae privatae diversum sentientes, si quiete vivant, sacris publicis utantur, nec occultis machinationibus politiae aut ecclesiae pacem turbare animadvertantur, spe conversionis et pacis publicae causa tolerandae sunt."

[42] Ebd.; 363b: „Neque enim quaevis in fide dissensio, qua diversum creditur, sed dissensionis publica testificatio ac professio, qua diversum publice docetur ac colitur, reipublicae perniciosa ac periculosa censenda."

[43] Ebd.

sectae" aufzunehmen; in einem aufgewühlten Gemeinwesen aber, in dem „diversae religiones" herrschen und die Anhänger einer falschen „religio" aufgrund ihrer Zahl nicht ohne die Gefahr eines Aufstandes ausgerottet werden können, soll der Magistrat sich ruhig verhalten[44]. So handelt er wie die Ärzte, die schwere Krankheiten zu heilen, oder wie Schiffseigner, die bei Sturm ihr Ziel zu ändern und dadurch den Schiffbruch zu vermeiden suchen[45]. Wenn der Magistrat die „diversitas religionum" in ruhigen Zeiten tolerieren kann, so bleibt ihm diese Möglichkeit nicht im Fall von Blasphemien[46]. Gerhard fügt eigens hinzu, daß der Magistrat so verfahren kann, um größeres Übel zu vermeiden, ohne aber die verschiedenen „religiones" approbieren zu müssen[47]. Trotz der Verpflichtung, für Frieden zu sorgen, soll der Magistrat jedoch keinen Synkretismus der „religio" fördern[48]. Dagegen soll er ein Treueversprechen, „fides" genannt, auch anderen Überzeugungen gegenüber halten[49]. Besonders schwer fällt Gerhard die Antwort auf die Frage, ob ein „pius et Christianus magistratus" Anhängern der „vera religio" in anderen Gemeinwesen zu Hilfe kommen darf, wenn diese unterdrückt werden. Seine Antwort lautet, daß dieser sich für die freie Ausübung der „vera religio" verwenden soll[50], niemand und d.h. auch kein Magistrat ein Patrozinium in einem anderen Gemeinwesen für eine bewaffnete Auseinandersetzung wahrnehmen und so einen ungerechten Grund für eine Rebellion schaffen darf. Als Ausnahme nimmt Gerhard lediglich an, daß die Gefährdeten gegen den eidbrüchigen Magistrat und dessen Verletzung von Frieden und Sicherheit zur Verteidigung bei benachbarten Magistraten bitten und dann auch von diesen Hilfe erlangen dürfen, wie es in einer vorsichtigen Formulierung heißt[51].

Der letzte Abschnitt dieser Darlegungen bringt noch einmal eine unerwartete Veränderung: Gerhard spricht nämlich einleitend davon, daß die Untergebenen in einem Gemeinwesen, in dem die „vera religio" eingerichtet und der „sincerus divinus cultus" festgefügt ist, fromm („pie") leben und Gott die geschuldete Ehre und den geschuldeten „cultus" erweisen sollen; der Magistrat aber soll gemäß der ersten Gesetzestafel jeglichen götzendienerischen Kult, Blasphemien und

---

[44] Ebd. mit Hinweis vor allem auf Theodosius und Athanasius.
[45] Ebd.; 364a.
[46] Ebd.
[47] Ebd.
[48] Ebd.; 364af.
[49] Ebd. nr. 209; 370a-372a, 371a mit der Begründung, daß diese „fides" gemäß göttlichem Recht unantastbar einzuhalten bleibt.
[50] Ebd. nr. 211; 372af.
[51] Ebd.; 373a: „Quodsi enim mere subditi ob verae religionis confessionem pressi a magistratu suo ordinario defectionem moliantur et arma eidem inferre cogitent, non debet patrocinium illorum alius suscipere et injustam rebellionis causam promovere; at si proceres imperii, qui partem potestatis obtinent, contra magistratum suum ordinarium, qui reciproco juramento in certa quaedam capita praestitio ipsis obstrictus est ac nihilominus fidem pacis et securitatis publicae datam violat, se defendere cogitant et vicini magistratus opem implorant, defensio eorum legitime suscipi et auxilia ipsis praestari posse haud immerito videri posset."

anderes dergleichen unterbinden und unverschämte Verächter der „pietas" bestrafen, so daß andere sich von jeder „impietas" abschrecken lassen und sich vor einer äußeren Überschreitung der göttlichen Gesetze hüten[52]. Schon hier hat Gerhard wieder die Terminologie gewechselt, wenn er bevorzugt von der „pietas" spricht. Sie stellt er auch im folgenden in den Vordergrund, wenn er noch einmal unterstreicht, daß der Magistrat für „interior pietatis cultus et sincerus Dei timor" Sorge tragen muß. „Pietas" und Gehorsam gegenüber der ersten Tafel soll der „pius magistratus" gewährleisten zunächst durch die Einrichtung eines kirchlichen Amtes, dem die Förderung der „interior pietas, vera scilicet conversio, Dei timor, vera invocatio" in den Herzen der Menschen obliegt; aber auch die äußere Überschreitung dieser ersten drei Gebote bleibt zu unterbinden und zu bestrafen, damit die äußere Zucht aufrechterhalten werden kann. Hier erscheint also durchgängig „pietas", einmal als „interior pietatis cultus", den allein der Heilige Geist bewirken kann und für den der Magistrat nur eine indirekte Kompetenz besitzt, etwa durch die Schaffung eines kirchliches Amtes, und zum anderen als „externa disciplina", die der Magistrat durch Verbote und Strafen aufrechtzuerhalten hat[53]. Daß Gerhard hier „pietas" verwendet, kann nach allem kein Zufall sein[54]. Mit diesem Sprachgebrauch kehrt Gerhard zum Anfang des Kapitels zurück, so daß er nur in den freilich langen Ausführungen zur Kompetenz des Magistrats „religio", oft „religio et cultus" oder andere Doppelungen verwendet. Darin zeigt sich, daß die „religio" für ihn keinen Vorrang besitzt, selbst wenn sie einleitend einmal als „fundamentum" der „pietas" charakterisiert wird. Die „religio" bezeichnet einen eher in die Kompetenz des Magistrats gehörenden, weil sich nach außen manifestierenden Vollzug, Gott die schuldige Ehre zu erweisen, was für das Gemeinwesen von besonderer Bedeutung ist.

Als Resümee ergibt sich, daß Gerhard eher der „pietas" als der „religio" seine Aufmerksamkeit widmet. Immerhin hält er es für gut, erstere inhaltlich genauer zu beschreiben, während er letztere völlig im Rahmen der bisherigen Tradition beläßt. Insbesondere hält er in seiner Grundlegung noch keinen Abschnitt über sie für erforderlich. Lediglich im Zusammenhang mit den Aufgaben des Magistrats kommt er ausführlich auf sie zu sprechen. Doch verwendet er hier bevorzugt Doppelformulierungen, allen voran „religio ac cultus". Die Verantwortung des Magistrats für sie gründet im Gebot Gottes, ihm die gebührende Ehre zuteil werden zu lassen. Soweit es sich also um die manifesten Vollzüge der Gottesverehrung handelt, weist Gerhard dem Magistrat für sie eine hohe Kompetenz zu. Dessen Stellung setzt Gerhard so hoch an, daß im Zweifelsfall die Untertanen sich noch nicht einmal dann zur Wehr setzen dürfen, wenn sie wegen ihrer „religio" verfolgt werden.

Besonders stechen freilich die Aussagen hervor, in denen Gerhard den An-

---

[52] Ebd. nr. 212; 373a.
[53] Ebd.; 373af.
[54] Vgl. dazu ebd. nr. 188; 355b, s.o. mit Anm. 4f.

hängern einer „religio", die von der des Magistrats abweicht und bei der Gerhard wohl die eine „falsa religio" im Auge haben dürfte, eine private Ausübung zugestehen will, die gleichwohl nicht in Geheimbündelei vollzogen werden darf. Diese Paradoxie eines zugleich privaten wie öffentlichen Einstehens für eine von der des Gemeinwesens abweichende „religio" kann hier auf sich beruhen bleiben. Zu verzeichnen bleibt aber die strikte Präzisierung, mit der Gerhard einerseits „interior Dei cultus", zugleich aber stets nur „privata religionis professio" sagt[55]. In den überprüften Texten fand sich nirgends die Formulierung ‚interior religio' und auch nicht ‚privata religio'. Das an dieser Stelle beigefügte Zitat von Dirck Volkertszoon Coornhert (1522–1590) spricht bei der Frage, ob die „religio" mit Waffen verteidigt werden darf, von einem unsichtbaren und geistlichen sowie von einem sich manifestierenden „cultus", wobei allein letzterer mit Gewalt bedroht werden kann[56]. Deswegen vielleicht vermag Ger-

---

[55] Dasselbe Problem beschäftigt Gerhard später noch einmal, ebd. nr. 379; 487a-488a, 487af: „Alia enim quaestio est de privatis personis et mere subditis, an illi religionem adversus ordinarium suum magistratum armis defendere debeant, alia vero de magistratu, an is subditos suos ob religionis professionem bello ab hoste impugnatos armis defendere possit." Zur Antwort führt Gerhard an, daß die ihrer wahren „religio" wegen vom Magistrat Bedrohten nicht zu den Waffen greifen, sondern lieber ihr Leben hingeben sollen, wenn ein anderer Ausweg durch Bitten, durch Flucht oder andere legitime Mitteln nicht zu erreichen ist, daß aber der Magistrat mit Waffengewalt unrechte Gewaltanwendung von den Untertanen abwenden soll. Sodann erörtert Gerhard, 487b, eine zweite Frage „de interiore Dei cultu ac privata religionis professione; alia vero de publico externo divini cultus ac religionis exercitio. De interiore Dei cultu et privata religionis professione discursus ille Schmaltzii recte procedit, quod religio bello illato tolli nequeat, quod viro forti non possit vis fieri, quod religio nemini possit vi obtrudi; sed de externo et publico divini cultus ac religionis exercitio haudquaquam procedit, quia si hosti propter religionem subditos oppugnanti a magistratu non eatur obviam, nec conatibus et violentiae ejusdem resistatur, tandem subjugabit subditos et publicum sincerae religionis exercitium abolebit." – Sachlich berühren sich die vorausgegangenen Darlegungen verschiedentlich mit denen von Martin Honecker, Cura religionis Magistratus Christiani. Studien zum Kirchenrecht im Luthertum des 17. Jahrhunderts, insbesondere bei Johann Gerhard (= Ius Ecclesiasticum 7), München 1968. Doch wären die Differenzierungen noch genauer zu berücksichtigen, etwa die Doppelformulierungen, vgl. 113 mit der zugehörigen Anm. 331. Sehr aufschlußreich wäre die Formulierung „interna religionis Christianae", 192, deren Beleg aber Anm. 224 nicht enthalten ist; gerade auch hier fehlt ‚interna religio'.

[56] Vgl. ebd.; das Coornhert-Zitat lautet bei Gerhard, aaO. 487b: „‚tunc religionis nomen non accipi in abstracto, prout notat cultum ipsum divinum, quo Deus hominem sibi religat ac devincit, is enim cultus ut est invisibilis et spiritualis, ita nec visibilibus ac corporalibus suppositus esse potest injuriis, nec capax visibilis et externae cujusdam defensionis; sed in concreto, prout in hominibus eam profitentibus consideratur, qui homines ut visibiles ac corporei sunt, ita et propter religionem externis obnoxii injuriis ac defensionis capaces esse possunt'". Gerhard fährt fort, 487bf: „Quando igitur quaerit Schmaltzius, ‚quid praestet vitam profundere defendendo religionem armis, quam defendere religionem profundendo sanguinem?' respondemus, utrumque esse honestum et pium, sed in diversis casibus ac temporibus diversis, quando enim magistratus arma capere subditos jubet adversus hostem ob religionem ipsos impugnantem, tunc honestum et pium est vitam profundere defendendo religionem armis; sed quando magistratus subditos, puta eos, qui sunt mere subditi et quibus non est fides (= Treueversprechen) data de religionis libertate, propter religionem persequitur et oppugnat, tunc pium et honestum est, si alia ratione vitae consuli nequit, religionem defendere profundendo sanguinem."

hard die „religio" als Fundament der „pietas" anzusehen, weil letztere nicht gelingen kann, wenn der „religio" gegebenenfalls gewaltsam die Möglichkeit ihrer Praktizierung genommen wird.

Jedenfalls hält Gerhard an der Unterscheidung von „religio vera" und „falsa" fest, für ihn kann es keine verschiedenen „religiones" geben, die gleichermaßen zu Recht bestünden. Wo sie faktisch existieren und er folglich von ihnen im Plural spricht, kann er dies nur im unspezifischen Sinne verschiedener Weisen der Verehrung Gottes, die in einem Gemeinwesen existieren und unter gewissen Bedingungen toleriert werden müssen, da er diesbezüglich mit einer langen Tradition Gewalt für unangebracht hält. Eine neutrale Verwendung von „religiones" im zustimmenden Sinne sowie eine über den christlichen Bereich hinausgehende Formulierung wie ‚religio Mahumetana' oder ‚pagana' ließ sich nicht finden.

Ergänzende Hinweise

Blicken wir auf die zuvor dargestellten Autoren zurück, so ergibt sich nicht für die Theologie, sondern allenfalls für die Beziehungen zwischen kirchlichem und öffentlichem Bereich eine gewisse Veränderung. Im unmittelbaren Anschluß an die Reformatoren hat sich also zunächst keine besondere Aufmerksamkeit für die „religio" entdecken lassen. Ein selbstverständlicher Sprachgebrauch findet somit seine selbstverständliche Fortsetzung. Um dieses Ergebnis zu überprüfen, sollen weitere Autoren zu Rate gezogen werden.

Als früher Zeuge sei Ioannes Rivius (1500–1553) angeführt. Bei ihm findet sich in völlig gleicher Funktion „pietas"[1] oder „religio"[2], „pietas Christiana"[3] oder „religio Christiana"[4]. Auch legt er Wert auf die diesbezügliche Wahrheitsfrage, die sich in seinem Sprachgebrauch von der „uera pietas"[5] und der „religio uera"[6] im Gegensatz zur „falsa religionis ac pietatis opinio"[7] ausdrückt. Sein Interesse liegt in einer Widerlegung der „superstitio", wie letztere darstellen.

Erwähnt sei Georg Witzel (1501–1573), der in seinen Darlegungen über die Kontroversen der „religio" zur Sache, nicht aber zur Terminologie beiträgt[8].

---

[1] Ioannes Rivius, De Spectris et Apparitionibus umbrarum, seu de uetere superstitione Liber, Lipsiae MDXLI, e 6r, g 1r.
[2] Ebd. e 6v.
[3] Ebd. b 3v, c 7v.
[4] Ebd. c 3v, a 5r.
[5] Ebd. b 3r.
[6] Ebd. b 7r.
[7] Ebd. e 7v. Ebd. e 6r findet sich auch die neutrale Formulierung „Dei sectae".
[8] Georgius VVicelius, Via Regia Sive De controversis religionis capitibus conciliandis sententia ... H(ermannus) Congringius ... in unum omnia volumen redegit, atque in singula praefatus est, Helmestadii MDCL.

Nur in der Leitfrage des pädagogischen Gesprächs zwischen Vater und Sohn beginnt Caelius Secundus Curio (1503–1569) mit der „religio", die der Sohn bekennt, und läßt diesen antworten, er sei ein „Christianae pietatis et religionis cultor atque discipulus"; doch sogleich fährt Curio mit den Pflichten der „Christiana pietas" fort[9]. Im weiteren spielen dann beide Termini keine Rolle mehr.

Gleichsam als Bestätigung dürfen die methodischen Überlegungen dienen, die Nicolaus Hemmingius (1513–1600) vorgelegt hat. Wenn überhaupt, so achtet er am ehesten noch auf die „pietas"[10].

Seine „Loci Communes" beginnt Benedictus Aretius (1522–1574) lediglich mit einem ersten kurzen Abschnitt über die natürliche Gotteserkenntnis, die auch die Heiden besitzen[11]. Ihnen billigt er eine beträchtliche Gotteserkenntnis zu, worin auch die Schriftsteller unserer „religio" übereinstimmen[12]. Den Vorwurf, sie seien nichts als Götzendiener, betrachtet er also, wie er eigens hervorhebt, mit Vorsicht; schließlich billigt er Platon einen „cultus verus" Gottes zu, wenn dieser betont, daß wir Gott nichts als Ehre und Dank schulden, daß Gott die Welt geschaffen hat, daß die Seele unsterblich ist und nach dem Tod Rechenschaft über ihr Tun geben muß[13]. Trotz aller zum Ausdruck gebrachten Wertschätzung hält Aretius gleichwohl daran fest, daß die „Gentiles" bzw. „Ethnici" das Heil nicht erlangen können, und dies aus eigener Schuld[14]. Die „nostra religio", von der er verschiedentlich spricht[15], besitzt somit einen Vorrang; sie stellt die „vera religio" allerdings in der Tradition auch des Alten Testaments dar, bescheinigt er sie doch ebensowohl Abraham[16] wie den Juden im Exil[17], wenn diese sie auch nicht vollkommen übten[18]. Daß den Heiden überhaupt eine solche na-

---

[9] Caelius Secundus Curio, Christianae Religionis Institutio, et breuis et dilucida: ita tamen, ut nihil quod ad salutem necessarium sit, requiri posse uideatur, o.O. 1549, 7. – Dasselbe Ergebnis findet sich in dem beigefügten Text: De Liberis pie Christianeque educandis, Epistola, 43–71.

[10] Nicolaus Hemmingius, De Methodis Libri Duo, quorum prior quidem omnium methodorum uniuersalium et particularium, quarum usus est in Philosophia breuem ac dilucidam declarationem: Posterior uero Ecclesiasten siue methodum theologicam interpretandi, concionandique continet, VVitebergae MDLXII; zur „uera pietas" [K 7r]. [I 6v] findet sich: „Historia enim sacra, speculum uitae Christianae esse debet. Nam continet plurima uerae pietatis, confeßionis, fidei, tolerantiae, uocationis etc. exempla …". In all diesen Überlegungen findet sich ‚religio' nicht. – Belassen wurde der latinisierte und aufgrund der Werke auch übliche Name (statt Niels Hemmingsen, vgl. LThK[2] V 228).

[11] Benedictus Aretius, S.S. Theologiae Problemata Hoc est: Loci Communes Christianae Religionis, methodice explicati, Bernae Helvetiorum MDCIIII, Loc. 1: „De Cognitione Dei qua Gentiles fuerunt praediti"; 1–5.

[12] Ebd. 1a: „de Deo rebusque diuinis, quantum ingenio hominis fas erat, ad summam notitiam peruenisse".

[13] Ebd. 1bf.

[14] Ebd. 4a.

[15] Ebd. 1a, 2b.

[16] Ebd. 4a; im Hinblick auf Melchisedech auch „pietas vera", 3a.

[17] Ebd. 3b mit der Aussage, daß die Juden die „vera religio … more patrio" übten.

[18] Ebd. 4b.

Ergänzende Hinweise

türliche Gotteserkenntnis gegeben wurde, hat seinen Grund in der dadurch ermöglichten Vorbereitung, konnten sie doch, wie Plinius sagt, durch die Furcht der „religio" in Zucht gehalten werden[19]. Faktisch aber billigt Aretius den Heiden die Bezeichnung „religio" nicht zu, auch reflektiert er sie nicht des näheren.

Auch bei anderen Themen, etwa bei der „Adoratio"[20] oder auch bei den „Adiaphora"[21], geht es nicht um ‚religio'.

Schließlich nennt Aretius bei der Behandlung des Magistrats lediglich dessen Aufgabe als Wächter auch der ersten Tafel, daß er nämlich die „vera Religio" pflanzen muß[22]. Doch beschäftigt ihn hier lediglich die Frage, ob man schlechten und götzendienerischen sowie heidnischen Magistraten gehorchen darf[23].

Insgesamt achtet Aretius also auf die „vera religio"[24]. Auch nennt er „reformatores religionis", so die Propheten[25] und ganz besonders Luther und Zwingli[26]. Doch warnt er lediglich vor der „Religio", die Reichtum gebiert, so daß die Tochter die Mutter frißt[27]. Die „Religio" als solche bleibt, wie man aus diesen Hinweisen schließen darf, unthematisiert.

Gleichfalls im bisherigen Rahmen verbleibt Johann Wigand (1523–1587). In seinen Auseinandersetzungen mit den Häretikern hat er unser Thema nicht weitergeführt[28].

Der sehr knappe Katechismus von Michael Neander (1525–1595) kommt völlig ohne ‚religio' aus[29].

Die Darstellung der Kirchen in den verschiedenen Kontinenten und Ländern, die David Chytraeus (1531–1600) publiziert hat, bestätigt dieses Ergebnis[30].

Christoph Pezel (1539–1604) spricht schon im Titel von „doctrina"; seine Ausführungen lassen denn auch die ‚religio' etwa bei der sehr ausführlichen Ab-

---

[19] Ebd. 5b.
[20] Vgl. ebd. loc. 73; 116b-120a; hier unterscheidet Aretius „internae" und „externae partes", d.h. „partes principales" und „accidentales" der „vera Adoratio", sowie die „Adoratio" als „ciuilitas" und als „pietatis cultus", 117b.
[21] Ebd. loc. 117; 350b-352b, selbst wenn es hier um die „Adiaphora in religione" geht, 350b; vgl. auch loc. 149; 446b-451b, der die Überschrift trägt: „Philosophiam studioso pietatis non esse negligendam", so mit einer gängigen Formulierung, in der „pietas" den Vorzug besitzt.
[22] Ebd. loc. 153; 463b-467a, 465a.
[23] Ebd. 465af bzw. 466af.
[24] Vgl. z.B. ebd. loc. 75; 226b.
[25] Ebd. loc. 62; 183b als „reformatores religionis et morum".
[26] Ebd. 185a.
[27] Ebd. b: „Religio peperit opes, sed filia deuorauit matrem."
[28] Ioannes Wigandus, Nebulae Arianae. Per D. Raphaelem Ritterum Londinensem sparsae: Luce veritatis diuinae discussae, Regiomonti Borußiae 1575.
[29] Michael Neander, Compendium doctrinae Christianae, VVitebergae MDLXXXII.
[30] Dauid Chytraeus, Oratio de statu Ecclesiarum hoc tempore in Graecia, Asia, Africa, Vngaria, Boëmia, etc., VVitebergae MDLXXXII. – Auch hier findet sich wiederum, [C 4r] in völlig neutraler Verwendung „Christi secta".

handlung über den Magistrat und das politische Leben außer acht[31]. Lediglich im Rahmen der Tugenden der ersten Tafel des Mose berücksichtigt er die „pietas" gegenüber Gott und den „cultus religionis", welche schon die heidnischen Schriftsteller kannten[32]. Doch gibt es diesbezüglich auch Gegner wie etwa die Epikureer, die alles nur für Traumgebilde halten. Pezel jedenfalls will sich nur jenen Tugenden zuwenden, die auf dem Evangelium bzw. der „fides" basieren[33]. Immerhin erörtert er in diesem Zusammenhang und nicht als Thema der Praeambula die natürliche Gotteserkenntnis[34].

In den einführenden und grundlegenden beiden ersten Abschnitten spricht Pezel über die Gewißheit und die Methode der „doctrina"[35], über die Offenbarung Gottes und den Unterschied zwischen der „doctrina" der Kirche und der anderen „sectae"[36] sowie über die Schrift[37], ehe er als vierten und letzten Punkt über die Schritte der Zeugnisse handelt, durch welche die „doctrina" der Kirche von den „religiones" der anderen Völker unterschieden wird[38]. Erst und nur hier, wenn auch ohne nähere Reflexion, spricht er von „religiones", von „religio vera" und widerlegt Zweifel an der Annahme, daß diese nur die „Christianorum religio" sein kann[39]. Die anderen Überzeugungen kann er ebenso auch „sectae et

---

[31] Argumentorum et Obiectionum, De praecipuis articulis doctrinae Christianae, cum Responsionibus, quae passim extant in scriptis Reuerendi viri Domini Philippi Melanchthonis ... Collecta studio et industria Christophori Pezelii ..., I-VI, Neostadii MDLXXX-MDLXXXIIII, VI 434–516; vgl. auch die ausführliche Erörterung über den Gehorsam gegenüber dem Magistrat anläßlich der Behandlung der Tugenden der zweiten Gesetzestafel, III 180–189. – Hier und im folgenden werden jeweils die Bücher mit römischer und die Seiten in arabischer Ziffer angegeben.

[32] Ebd. III 94 als Argumentum I, in dessen Beantwortung Pezel, 94f, anhand der Unterscheidung von Gesetz und Evangelium für die Heiden nur ersteres ansetzt, in dessen Rahmen allerdings die „Ethnici" schon von „religio vel pietas erga Deum" reden. Hier bringt er die nähere Bestimmung: „Etiam cum nominant Ethnici religionem vel pietatem erga Deum, intelligunt tantum reuerentiam talem, qualem tribuit Deo humana ratio, sine luce Euangelij, id est, religio est reuerentia, qua adfirmat ratio esse Deum mentem aeternam, formatricem mundi, fouentem singulas species, bonam, iustam, castam, vindicem scelerum vt species conseruetur, et iudicat propterea ei obediendum esse, et profeßionem externis ceremoniis declarandam esse."

[33] Ebd.

[34] Ebd. 96–99; hier, 97f, auch über die „ἄθεοι". Im folgenden, 102, findet sich die „inuocatio" der alttestamentlichen Väter, die „ab omnium gentium religionibus", wie es unspezifisch heißt, getrennt ist. Auch die an den überkommenen Sprachgebrauch anknüpfende Formulierung findet sich, 150: „Qui contra fidem sub religione iurisiurandi datam agit, fit periurus." In der Antike wurde ja „religio" nicht zuletzt in juridischen Zusammenhängen gebraucht.

[35] Ebd. I 1–32.

[36] Ebd. 13–32, lateinisch „Patefactio"; hier, 24, auch „Mahometica doctrina" im Zusammenhang mit der Wahrheitsfrage, sowie, 25, „doctrina Christiana et doctrina Mahometica"; vgl. 26, „lex Mahometi"; es findet sich auch, 27, die Gegenüberstellung von „lex Mahometi et doctrina Christi".

[37] Ebd. 33–48.

[38] Ebd. 49–67: „De gradibus testimoniorum, quibus discernitur doctrina Ecclesiae ab aliarum gentium religionibus."

[39] Ebd. 49; den Plural „religiones" vgl. auch 51, ferner 50 „omnes Ethnicorum religiones", ferner 54.

opiniones" nennen[40]. Als gemeinsamen Oberbegriff[41] oder in spezifischen Reflexionen kommt ‚religio' also nicht vor[42].

Zusammenfassung

Die zuvor dokumentierten Positionen stellen kaum mehr als Stichproben aus einer Vielzahl von Theologen dar, die einschlägige Publikationen hinterlassen haben. Gleichwohl darf das Ergebnis als insgesamt repräsentativ angesehen werden, selbst wenn eine detaillierte Forschung einige Präzisierungen zutage fördern dürfte: Durch das 16. Jahrhundert hindurch hat „religio" offenkundig keine fundamentale Bedeutung für die Theologie. Dabei findet die Glaubenslehre in der Zeit nach der Reformation durchaus intensive Aufmerksamkeit. Allerdings geht es eher direkt um theologische Aussagen als um Grundlagenreflexionen für die Theologie. Allenfalls werden Kapitel zur Methode der Theologie entworfen, die sich aber auf die „Sacra Scriptura" beschränken. Eben dieses Thema hängt intensiv mit dem fundamentalen Anliegen der Reformation zusammen. Weitergehende Erörterungen scheinen für diese Zeit noch nicht erforderlich zu sein. Bis jetzt hat sich nirgends eine Beschäftigung mit der „religio" in der theologischen Grundlegung auffinden lassen. Selbst wenn sich die Möglichkeit nicht ausschließen läßt, daß schon im ersten nachreformatorischen Jahrhundert auch dieses Thema in die theologische Grundlegung einbezogen worden ist, so geschieht dies nicht mit einer solchen Dringlichkeit, daß andere Autoren nicht umhin gekonnt hätten, es gleichfalls aufzugreifen.

Bei den beiden zeitlich letzten Positionen von Leonhard Hütter und Johann Gerhard findet sich eine erheblich intensivere Beschäftigung mit der „religio", dies aber bei der speziellen Behandlung der Beziehungen zwischen Magistrat und Kirche. Dabei wird eine grundsätzliche Kompetenz des Magistrats als Sorge für die „vera religio" vertreten. Dies gilt unbeschadet der Schwierigkeiten, die sich ergeben und die nicht behoben werden können, wenn die Einheit verloren

---

[40] Ebd. 49.
[41] Als Oberbegriff dient am ehesten „doctrina", s.o. Anm. 34.
[42] Hingewiesen werden soll auf die ausführliche Erörterung der Kräfte und Wirkungen der Sterne, II 43–81, ein Thema, das aus dem Mittelalter stammt und für die Frage nach der gemeinsamen Bezeichnung verschiedener Überzeugungen von herausragender Bedeutung war; die Frage, ob die verschiedenen Überzeugungen – seinerzeit „secta", „lex" oder seit dem Humanismus auch „religio" genannt – durch Sternenkonstellationen bedingt sind, fehlt. Für die Christen spricht Pezel hier, 64, ebenso von „pietas Christiana", wie, 67, von „religio Christiana" und, 76, von „fides Christiana". Uns interessiert das Fazit, das er als nicht nachgewiesenes Zitat kenntlich gemacht hat: „Haec vel impostorum vel superstitiosorum commenta, quaecunque sunt praeter rationem falso introducta in Astrologicas obseruationes, iure ac merito vanitatis atque impietatis damnat Christiana religio. Veram autem et eruditam Astrologiam, cum sit Physica quaedam temperamentorum et inclinationum humanarum aspectio, et causarum coelestium collatio, ex vera experientia extructa, si fines suos non excedat, neque a pietate alienam esse, neque inutilem res ipsa declarat."

und verschiedene christliche Gemeinschaften vielfach weniger neben- als vielmehr gegeneinander in einem Gemeinwesen leben und wirken. Zweifelsfrei wird daran festgehalten, daß es nur den einen Glauben, die eine „religio vera" bzw. „pietas vera" geben kann. Wenn immer in diesem Zusammenhang von „religio" die Rede ist, dürfte vor allem der Bereich manifester Vollzüge und Handlungen gemeint sein.

Spät kommt auch die Frage der „neutralitas in religione" zur Sprache, im theologischen Zusammenhang wiederum mit einer negativen Antwort versehen: Es gibt diesbezüglich keine Neutralität. Aus dieser Position Hütters läßt sich bislang lediglich ersehen, daß zwar schon eine solche These formuliert worden ist, aber eben nur im Modus der Ablehnung, d.h., daß sie keineswegs als ein gangbarer Weg erscheint. Das gleiche gilt für Überlegungen einer „religio mixta", die theologisch abgelehnt wird. Es wäre für diese beiden Themen wichtig zu wissen, ob und ggfs. in welcher Begründung sie positiv formuliert worden sind. Bislang läßt sich darauf keine Antwort finden. Allerdings ergibt die Aussage bei Hütter auch so die Notwendigkeit, daß die These, die Förderung und auch Forderung einer Neutralisierung der „religio" sei schon im 16. Jahrhundert anzusetzen, erheblich eingeschränkt werden muß.

3. Die spanische Spätscholastik

Die spanische Spätscholastik erhält ihre besondere Bedeutung für unsere Fragestellung dadurch, daß sie in der Tradition des Thomas von Aquin auf die ihrer Zeit gestellten Fragen zukunftsweisende Antworten zu finden sucht. Das zentrale Problem für Spanien ergibt sich aus der Entdeckung und Kolonialisierung Lateinamerikas. Erst in zweiter Linie wird auch Spanien von der durch die Reformation entstandenen Kirchenspaltung betroffen.

Francisco de Vitoria

Als erster muß Francisco de Vitoria (zwischen 1483 und 1493–1546) genannt werden, der als der eigentliche Begründer dieser Richtung und zugleich als einer ihrer namhaftesten Vertreter gilt[1].

Schon bevor er seine Lehrtätigkeit aufnahm, fanden erste heftige Auseinandersetzungen über das Verhalten der Eroberer in Lateinamerika statt. Nach der Eroberung Mexikos (1519–1521) und Perus (1532) verstärkten sich die Kontroversen; Karl V. (1500–1558) erließ 1542 schonende Gesetze für die lateinamerikanische Bevölkerung, die jedoch 1545 widerrufen wurden. 1550 fand eine wichtige Disputation zwischen Bartholomé de Las Casas (1474–1566), dem Bischof von Chiapas in Mexiko, und Juan Ginés de Sepulveda (1490–1571) statt, deren Vorsitz Domingo de Soto (1495–1560) führte, von dem im folgenden noch zu reden sein wird. Erfolg war jedoch den Verfechtern einer humanen Politik in Lateinamerika, zu denen Las Casas gehörte, bekanntlich nicht beschieden.

Auf diesem Hintergrund sind die uns interessierenden Vorlesungen Vitorias zu sehen. Sie wurden, wie alle anderen auch, nicht von ihm selbst, sondern nach Hörermitschriften publiziert. Die erste dieser Vorlesungen „De Indis" hielt Vitoria erstmalig 1537/38[2]. Zunächst stellt er in ihr heraus, daß die neuentdeckten Völker zu Recht Eigentum besitzen konnten. Denn weder Todsünder noch Hä-

---

[1] Nach seinem Eintritt in den Dominikanerorden 1502 und Studien in Paris kehrte Francisco de Vitoria 1523 nach Spanien zurück und lehrte seit 1526 bis zu seinem Tod in Salamanca. Vgl. die biographischen Angaben von Paul Hadrossek, Einleitung, in: Franciscus de Victoria, De Indis recenter inventis et de Jure Belli Hispanorum in Barbaros Relectiones. Vorlesungen über die kürzlich entdeckten Inder und das Recht der Spanier zum Kriege gegen die Barbaren 1539, hg. von Walter Schätzel (= Die Klassiker des Völkerrechts in modernen deutschen Übersetzungen 2), Tübingen 1952, XI-XXX, XI-XV; ferner Ulrich Matz, Vitoria, in: Klassiker des politischen Denkens, I: Von Plato bis Hobbes, hg. von Hans Maier, Heinz Rausch, Horst Denzer (= Beck'sche Sonderausgaben), München ²1968, 274–292, 276f.

[2] P. Hadrossek, Einleitung XV.

retiker verlieren das Recht darauf. Die „barbari" aber verlieren auch nicht wegen der Sünde des Unglaubens, sofern diese subjektiv überhaupt bestand, die Fähigkeit, wahrhaft Herren und Eigentümer zu sein. So waren die Indios vor der Ankunft der Spanier im wahren Sinne des Wortes Eigentümer ihrer Güter.

Im zweiten Teil wendet Vitoria seine Aufmerksamkeit den unrechtmäßigen Gründen zu, die die Spanier anführen könnten, sich die Bewohner der neuentdeckten Länder zu unterwerfen und deren Besitz an sich zu bringen. Weder Kaiser noch Papst sind nämlich Herren der ganzen Welt. Die Bewohner der neuentdeckten Länder unterstanden ihnen somit nicht. Und wenn sie dem Papst keinen Gehorsam schenkten oder wenn sie – unschuldig oder schuldig – den christlichen Glauben nicht annehmen konnten bzw. wollten, durften sie deswegen nicht in einen Krieg verwickelt werden.

Erst im dritten Teil widmet sich Vitoria dann Gründen, die es erlauben, die neuentdeckten Völker zu unterwerfen. Zu ihnen gehört die Verweigerung des Rechts der Spanier, in die dortigen Ländern einzuwandern und Handel zu treiben, für ihre dort geborenen Kinder Bürgerrechte zu beanspruchen und insbesondere das Evangelium zu verkünden. Erst wenn die dortigen Völker zu einem guten Teil Christen geworden wären, könnte der Papst zu ihren Gunsten eingreifen und etwa die Absetzung ihrer heidnischen Fürsten verlangen. Schließlich kann die einheimische Bevölkerung durch Wahl oder Vertrag unter die Herrschaft der Spanier kommen.

In der folgenden erstmals 1538/39 gehaltenen Relectio „De Iure Belli" geht Vitoria detailliert Gründen für einen erlaubten Krieg nach. Er reduziert die Berechtigung von Kriegen auf Ahndung erlittenen Unrechts und verfolgt in diesem Zusammenhang die irrtümliche Annahme von Gründen für einen berechtigten Krieg. Des näheren bespricht er auch die Kriegsfolgen, Entschädigungen durch Güter wie auch die Behandlung der besiegten Gegner, insbesondere deren Tötung oder Versklavung.

Uns mögen die Rechtsgründe, aufgrund welcher Vitoria den Spaniern gewaltsame Maßnahmen gegen die Bewohner der neuentdeckten Länder zubilligt, zuweilen recht weit gesteckt und insbesondere nicht gegen opportunistische Auslegungen geschützt vorkommen. Denn in welchem Maße müssen diese Einwohner den Spaniern Gastfreundschaft gewähren oder Handel mit ihnen zulassen[3]? Und kann man nicht den Fall rasch gegeben sehen, daß aus Sicherheitsgründen Städte der „barbari" besetzt werden dürfen, wenn die Sicherheit ohne eine solche Besetzung nicht erreicht werden kann[4]? Immer konnten die Spanier behaupten, sie hätten alles getan, friedlich mit den dortigen Bewohnern auszu-

---

[3] Francisco de Vitoria, De Indis recenter inventis III 6; in: Franciscus de Victoria, De Indis recenter inventis et de Jure Belli Hispanorum in Barbaros Relectiones, 98ff. – Im folgenden wird der Text Vitorias jeweils mit Angabe des Teils in römischer und der Nummer in arabischer sowie nach einem Semikolon der Seite dieser Ausgabe in arabischer Ziffer angegeben. Die Belege beziehen sich dabei jeweils auf die lateinische Fassung.

[4] Ebd. 7; 102.

kommen, doch seien diese feindselig gewesen[5]. Wenig präzise und seinem Anliegen daher nicht förderlich erscheint auch die Erörterung eines Rechtstitels für gewaltsames Eingreifen, über den er sich nicht zu entscheiden getraut, daß nämlich die Barbaren zwar nicht ohne jegliche Vernunft, wohl aber so wenig von den vernunftlosen Wesen unterschieden zu sein scheinen, daß sie nicht in der Lage seien, ein legitimes Gemeinwesen gemäß den (spanischen) humanen und staatsbürgerlichen Anschauungen zu bilden und aufrechtzuerhalten; denn die Einschränkung, hier dürften die Spanier nur aus Nächstenliebe, nicht aber zu eigenem Vorteil intervenieren, dürfte in praxi nicht realisierbar gewesen sein[6]. Für uns kann auch der Grund nicht mehr zutreffen, daß die hartnäckige Verhinderung der Verkündigung des Evangeliums seitens der „barbari" durch Krieg gebrochen werden darf, da es doch Unrecht sei, die christliche Predigt zu verhindern. Das retardierende Argument, man müsse ernsthaft prüfen, ob eine solche Maßnahme förderlich sei[7], dürfte auf jene Spanier gleichfalls keinerlei Eindruck gemacht haben, die die Eroberungen durchsetzen wollten.

Gegenüber solchen kritischen Anfragen bleibt freilich zu berücksichtigen, daß Vitoria im Kontext seiner Zeit recht strenge Maßstäbe für einen gerechten Krieg aufgestellt hat, kann doch nur die Verteidigung, die Abwehr oder Ahndung eines schwerwiegenden Unrechts einen solchen Krieg rechtfertigen[8]. Darüber hinaus findet sich bei ihm die Anweisung, daß ein Untertan nicht in den Krieg ziehen und einem entsprechenden Befehl des Fürsten nicht folgen darf, wenn er erkennt, daß es sich um einen ungerechten Krieg handelt[9]. Auch der Schutz Unschuldiger im Krieg versteht sich – damals wie heute – durchaus nicht von selbst; so bleibt positiv zu vermerken, daß Vitoria die Tötung Unschuldiger ausdrücklich verbietet[10]. Er hat jenen Spaniern nicht nach dem Mund geredet, die die vollständige Unterwerfung der „barbari" anstrebten. Vielmehr hat er eine Fülle sehr detaillierter Urteile formuliert, die das gravierende Unrecht der Spanier eindeutig feststellen, wenngleich er solche unmittelbar auf die aktuellen Probleme bezogenen expliziten Aussagen vermeidet. Für die theoretische Bewältigung der Problematik fällt er zutreffende Urteile. Das zeigt sich nicht zuletzt am Schluß seiner Überlegungen „De iure belli". Dort konstatiert er, daß der

---

[5] Zu diesem Kriegsgrund vgl. ebd. 8; 102.

[6] Ebd. 18; 114ff.

[7] Ebd. 12; 106.

[8] Francisco de Vitoria, De Indis, sive de jure belli Hispanorum in Barbaros, in: Franciscus de Victoria, De Indis recenter inventis et de Jure Belli Hispanorum in Barbaros Relectiones, nr. 10–13; 128–130, nr. 19; 134f. – Hier und im folgenden wird diese Abhandlung als „De Jure Belli", jeweils mit dem Zusatz nr. der betreffende Abschnitt und nach einem Semikolon die Seite dieser Ausgabe angegeben.

[9] Ebd. nr. 22f; 136–138, nr. 26; 140.

[10] Ebd. nr. 35f; 148–150; ausgenommen ist die nicht intendierte Tötung Unschuldiger, etwa bei einer Belagerung, nr. 37; 150–152, nr. 45; 158. Nicht getötet werden dürfen Jungen, auch wenn zu erwarten ist, daß sie später zu erwachsenen Feinden heranwachsen, nr. 38; 152: Niemand darf für eine zukünftige (böse) Tat getötet werden.

Fürst als Machthaber über Krieg und Frieden nach Röm 12 möglichst mit allen Frieden haben und sich vor Augen halten soll, daß die anderen Nächste sind, die wir lieben müssen; schließlich haben wir alle einen gemeinsamen Gott, vor dessen Gericht wir Rechenschaft ablegen müssen. Und er fügt an, daß kein Krieg zur Vernichtung eines Volks geführt werden darf und nach dem Krieg der Sieger christliche Mäßigung walten lassen und sich als Richter zwischen zwei Staaten betrachten soll, der ein Urteil zur Genugtuung eines Unrechts fällt. Er soll also nicht Sieger und damit Interessenvertreter der einen Seite sein, sondern unparteiisch Gerechtigkeit realisieren. So gilt es zu verfahren, wie Vitoria abschließend feststellt, weil die ganze Schuld am Krieg mindestens auf seiten der Christen meist bei den Fürsten liegt und – mit Horaz gesprochen – es unbillig ist, daß „für das, was die Könige in ihrem Wahnsinn tun, die Achäer (sc. die Untertanen) büßen müssen"[11]. Solche eindeutigen Bewertungen und Mahnungen bleiben freilich für die Praxis – bis heute – fast immer wirkungslos.

„Fides Christiana" und „religio Christiana" als Kriegsgrund?

Aus den skizzierten Überlegungen Vitorias läßt sich der Gebrauch von „religio" des näheren in jenen Passagen des zweiten und dritten Teils von „De Indis" ersehen, in denen er über die Unerlaubtheit bzw. Erlaubtheit des Kriegs wegen der Verkündigung des Evangeliums handelt[12]. Hier zeigt sich ganz offensichtlich, was als erstes Ergebnis notiert zu werden verdient, daß Vitoria völlig unterschiedslos nebeneinander und also gleichberechtigt „fides Christiana"[13] bzw. „Christi"[14] und „religio Christiana"[15] verwendet und zuweilen auch unmittelbar nebeneinanderstellt[16].

„Fides" und „religio" bleiben, und dies ist das zweite wichtige Ergebnis, grundsätzlich auf die Christen beschränkt, wie im folgenden noch weiter ausgeführt werden soll. Sachlich stellt Vitoria heraus, daß es keinen Kriegsgrund darstellt, wenn die „barbari" Christus und den Glauben an ihn nicht annehmen wollen, und zwar deswegen nicht, weil niemand zum Glauben gezwungen werden darf und weil der Glaube nicht durch natürliche Gründe evident bewiesen werden kann[17]. Höchst aufschlußreich ist freilich die Formulierung, daß die „di-

---

[11] Ebd. nr. 60; 171, der lateinische Beleg, 170.
[12] F. de Vitoria, De Indis recenter inventis III 9; 104, vgl. die Abschnitte II 9–15; 74–84 sowie III 9–14; 104–110.
[13] Ebd. II 9f; 76, ferner 13–15; 80–82 (insgesamt 5mal); De Jure Belli nr. 10; 128.
[14] F. de Vitoria, De Indis recenter inventis II 7; 68 (4mal), vgl. 66, ferner 8; 70 und 9; 76 (hier 3mal), und 13; 80.
[15] Ebd. I 24; 44, II 10; 76 und 15; 82 (2mal); De Jure Belli nr. 48; 160.
[16] Ebd. II 9; 76 „fides aut religio Christiana", vgl. auch 15; 82, wo im gleichen Kontext verschiedentlich „Christiana religio" und „fides Christiana" wechseln.
[17] Ebd. 7; 66. Daß der Glaube nicht erzwungen werden kann, wiederholt Vitoria mit uralter Tradition etwa ebd. 15; 82 im Rückgriff auf Duns Scotus.

versitas religionis" keinen Kriegsgrund ergibt[18]. Hier kann immerhin hinsichtlich der „religio" eine „diversitas" festgestellt werden; eine ‚fidei diversitas' erscheint unmöglich.

In den Passagen des zweiten Teils, wie als drittes Ergebnis notiert werden kann, bevorzugt Vitoria eindeutig „fides"[19], während er im dritten Teil über die Gründe für einen erlaubten Krieg beide Termini gleichermaßen verwendet[20]. Es läßt sich nicht erkennen, warum er so verfährt. Jedenfalls gebraucht er beide Begriffe in gleicher Funktion und faktisch gleichrangig, wobei es einen gewissen Überhang von „fides" gibt.

Die Reservierung beider Termini für die Christen läßt sich nicht nur – negativ – damit belegen, daß sie faktisch nicht auf die „barbari" angewandt werden. Es lassen sich vielmehr einige Texte anführen, die zeigen, daß der Sprachgebrauch, wenn auch nicht eigens reflektiert, Methode hat. An einer Stelle führt Vitoria zur Verdeutlichung des Verhaltens gegenüber den Bewohnern der neuentdeckten Länder die Sarazenen als potentielle Missionare an: Wenn es keine besonderen Zeichen bei der Verkündigung der „fides Christiana" dafür gibt, daß die „vera religio" die christliche ist, so können die „barbari" die richtige Kenntnis nicht gewinnen, da sie nicht wissen, welche und wie beschaffen jene sind, die ihnen die „nova religio" vorstellen; wenn nämlich gleichzeitig auch die Sarazenen bei ihnen verkündigen würden, d.h. ohne besondere Zeichen, wären sie nicht gehalten, diesen Glauben zu schenken. An dieser Stelle verwendet Vitoria bezüglich der Sarazenen „secta" und eben nicht ‚religio'. Und er fährt fort, daß die „barbari" auch den Christen nicht zu glauben verpflichtet seien, weil diese nicht zum Weissagen in der Lage oder gehalten sind, wenn sich für sie selbst keine „probabiliora motiva" dafür abzeichneten, welche „religio" die wahrere sei[21]. Nur hier, im Vergleich, wird also einmal eine indirekte Verwendung von „religio" über den christlichen Bereich hinaus nicht ausgeschlossen. Aber daraus folgt nur noch einmal, daß eine direkte Anwendung auf andere als die Christen nicht vor-

---

[18] F. de Vitoria, De Jure Belli nr. 10; 128.
[19] F. de Vitoria, De Indis recenter inventis II 7–9; 64–76. Hier findet sich „fides" 19 mal und nur einmal, 9; 76, mit „religio" zusammen. Auch in den folgenden Abschnitten, 10–15; 76–84, heißt es fast doppelt so oft „fides" wie „religio". In den Überschriften steht II 8 und 10–11 sowie 13–15 jeweils „fides" und nur II 12 einmal „religio".
[20] Ebd. III 9–14; 104–110; in den Überschriften von III 9f steht „religio", nur III 11 „fides".
[21] Ebd. II 10; 76f: „Barbari non ad primum nuntium fidei Christianae tenentur credere, ita quod peccent mortaliter non credentes solum per hoc, quod simpliciter annuntiatur eis et proponitur quod vera religio est Christiana ... Si enim antequam aliquid audissent de religione Christiana, excusabantur non obligantur de novo per huiusmodi simplicem propositionem et annuntiationem ... Immo ... temere et imprudenter quis crederet aliquid, maxime in his, quae spectant ad salutem, nisi cognoscat a viro fide digno illud adseri quod barbari non cognoscunt, cum ignorent qui aut quales sint, qui eis novam religionem proponunt ... Et confirmatur, quia, si simul Saraceni eodem modo proponerent barbaris sectam suam simpliciter, sicut Christiani, non tenerentur eis credere, ut certum est. Ergo nec Christianis sine aliquo motivo et suasione proponentibus, quia non possunt nec tenentur divinare utra sit verior religio, nisi appareant probabiliora motiva pro altera parte."

kommt. Wo Vitoria für Nichtchristen einen Terminus braucht, wählt er höchst bezeichnenderweise „secta".

Schließlich sagt Vitoria mit einem Zitat Gregors I., wer in reiner Gesinnung aus christlicher „religio" heraus Fremde zur „fides" führen will, muß sich gewinnender und eben nicht heftiger Worte befleißigen; wer aber anders handelt und unter einem Vorwand versucht, sie von der Pflege ihres bisherigen „ritus" abzubringen, hat eher seinen eigenen als Gottes Vorteil im Auge[22]. Hier heißt es für den nichtchristlichen Bereich wiederum nicht ‚religio'.

Für die Nichtchristen verwendet Vitoria dagegen durchweg bewertende Wörter, „infidelis"[23], „haeresis"[24] oder „idololatria"[25]. Diese gebraucht er freilich ebenso wie „infideles" und „haeretici"[26] eher in allgemeinen Reflexionen etwa darüber, ob der Papst über sie Gewalt habe oder nicht – nach Vitoria hat er keine –, und wendet das Ergebnis auf die Bewohner der neuentdeckten Länder an, die er – wohl nicht zufällig, aber keineswegs unproblematisch – durchweg „barbari" nennt[27]. Diese Bezeichnung statt der anderen „infideles" hat vielleicht ihre Begründung darin, daß die Menschen in diesen neuen Erdteilen sich außerhalb aller bisherigen und miteinander sehr wohl in Verbindung stehenden Völker und Rassen befinden und für sie noch nicht einmal die Klassifikation als Ungläubige zutrifft, hatten sie doch bislang keine Möglichkeit, den Glauben und d.h. den im Alten Testament bereits vorangekündigten christlichen Glauben überhaupt kennenzulernen. Gleichwohl können sie, wie Vitoria in langen und für seine Zeit wohl nicht einfachhin selbstverständlichen Argumentationen zu begründen sucht, sehr wohl in der Lage sein, im strikten Sinn Herren, „domini" zu sein[28].

Trotz der durchweg pejorativen Benennung der neuentdeckten Völker als „barbari", die Vitoria mit vielen seiner Zeitgenossen teilt und die auch ihn das kulturelle Niveau dieser Menschen nicht erkennen läßt, besteht er nachdrücklich darauf, daß sie Menschen und als solche Rechtsträger sind. Er unterstützt seine These mit verschiedenen Argumenten, so etwa mit demjenigen, daß nicht

---

[22] Ebd. 15; 82: „„Qui sincera', inquit (sc. Gregorius), ‚Intentione extraneos a Christiana religione ad fidem cupiunt perfectam perducere, blandimentis debent, non asperitatibus studere ..."" Ebenso sind christliche Kaiser verfahren, wenn sie verzichteten, gegen solche Ungläubige Krieg zu führen, „quod nollent recipere Christianam religionem. Item bellum nullum argumentum est pro veritate fidei Christianae. Ergo per bellum barbari non possunt moveri ad credendum, sed ad fingendum se credere et recipere fidem Christianam".

[23] Vgl. z.B. ebd. I 7; 34, II 8; 74 oder III 16; 86.

[24] Vgl. z.B. etwa ebd. I 8; 34–36.

[25] Vgl. z.B. ebd. II 16; 84–86, III 13; 108.

[26] Vgl. z.B. ebd. II 3; 62 und 7; 66 „infideles"; ebd. I 14; 38 „haeretici".

[27] Bezeichnenderweise spricht die beigefügte deutsche Übersetzung an verschiedenen Stellen von „Indern", an denen das lateinische Original keine Entsprechung hat, vgl. ebd. II 1; 49f; im lateinischen Text findet sich nur ganz zu Anfang, I; 18, die Bemerkung von den „barbari isti Novi Orbis, quos Indos vulgo vocant".

[28] Vgl. z.B. u. bes. ebd. I 19f; 40.

die unvernünftige Kreatur, wohl aber Kinder vor Gebrauch der Vernunft bereits Eigentümer sein können, da sie ja Erben sein und vor allem auch Unrecht erleiden können[29]. Dies gilt ebenso für die „barbari", die auf ihre Weise Vernunft haben. Diese wirkt sich nach Vitoria darin aus, daß sie ihre Angelegenheiten ordnen, d.h. ein Staatswesen, Ehe und andere Einrichtungen ihr eigen nennen sowie eine Art „religio" pflegen[30]. „Species religionis" kann an dieser Stelle, wie sich aus dem gesamten Befund bei Vitoria ergibt, schwerlich bedeuten, die „barbari" hätten eine bestimmte Spezies der Gattung „religio"; die Formulierung besagt eher wie im Deutschen „eine Art Gottesverehrung", d.h. zwar keine wirkliche, wohl aber etwas ihr Ähnliches, Entsprechendes[31]. Denn von einer Mehrzahl gleichberechtigter und gleichrangiger Arten von „religio" kann bei Vitoria keine Rede sein, gibt es doch nur die christliche als die eine wahre.

Als Beweis für die Vernunftbegabung der Fremden führt Vitoria des weiteren ein m.E. besonders wichtiges Argument an, nämlich, daß „Gott und die Natur" es im Notwendigen für einen großen Teil der Menschen nicht fehlen lassen[32]. „Deus et natura" stellt Vitoria hier nebeneinander. Damit benennt er zwei Instanzen, deren Relation er nicht zum Ausdruck bringt. Für den, der Gott oder mindestens den Gott der Christen nicht kennt und folglich auch um dessen Weisungen nicht weiß, kann er statt dessen auf die „natura" zurückgreifen. Das Spezifische seiner Argumentation liegt freilich darin, daß er sie nicht an die ihm unbekannten Menschen richtet, sondern an seine Landsleute. Er verwehrt mit dem Rückgriff auf die „Natur" den Spaniern die Möglichkeit, unter Berufung auf Gott, den allein die Christen recht erkennen und verehren, die Ureinwohner deswegen zu unterwerfen, weil sie diesen wahren Gott nicht kennen und verehren und deswegen auch seine Gebote nicht halten. Fällt die Verbindung zu und der Rekurs auf Gott aus, bleiben Menschen dennoch Rechtsträger, weil sie dies für sich selbst und damit auch für andere von Natur aus sind. Wenn nicht alles

---

[29] Ebd. 21f; 42.
[30] Ebd. 23; 44: *„Nec ex hac parte impediuntur barbari ne sint veri domini.* Probatur, quia secundum rei veritatem non sunt amentes, sed habent pro suo modo usum rationis. Patet, quia, habent ordinem aliquem in suis rebus, postquam habent civitates, quae ordine constant, et habent matrimonia distincta, magistratus, dominos, leges, opificia, commutationes, quae omnia requirunt usum rationis; item religionis speciem."
[31] Diese Übersetzung ist deshalb anzunehmen, weil „religio" abgeschwächt wird gegenüber den zuvor genannten Termini; sie ist somit vorzuziehen, selbst wenn im folgenden „species" eine bestimmte Art von Menschen neben anderen meint.
[32] Im unmittelbaren Anschluß an den Anm. 30 zit. Text fährt Vitoria fort: „Item non errant in rebus, quae aliis sunt evidentes, quod est indicium usus rationis. Item Deus et natura non deficiunt in necessariis pro magna parte speciei. Praecipuum autem in homine est ratio, et frustra est potentia, quae non reducitur ad actum. Item fuissent sine culpa sua tot millibus annorum extra statum salutis, cum essent nati in peccato et non haberent baptismum nec usum rationis ad quaerendum necessaria ad salutem. Unde, quod videantur tam insensati et hebetes, puto maxima ex parte venire ex mala et barbara educatione, cum etiam apud nos videamus multos rusticorum parum differentes a brutis animantibus."

täuscht, verwendet Vitoria aus diesem Grund auch das Naturrecht bzw. -gesetz[33] in so nachdrücklicher Weise, nicht weil er mit den Ureinwohnern ins Gespräch kommen möchte, sondern weil er den Spaniern ins Gewissen reden muß. Ihnen sagt er, daß Menschen, selbst wenn ihnen „fides" und „religio" im wahren und vollen Sinn nicht bekannt sind und sein können, dennoch fundamentale und unverzichtbare Rechte besitzen. „Deus et natura" fehlen nicht in den notwendigen Dingen für den Großteil einer Art, nämlich, der Ausstattung des Menschen durch die Vernunft; denn diese ist eine besondere Auszeichnung des Menschen, wie Vitoria hervorhebt, die aber vergeblich bleibt, wenn sie im Menschen angelegt, nicht aber verwirklicht wird. Also kann eine entfaltete Vernunft den Menschen, die die Spanier zu unterwerfen trachten, nicht abgesprochen werden. Sie überragen damit auch jene Kinder, die zwar Rechtsträger sind, ihre Rechte aber noch nicht selbst wahrnehmen können.

Angesichts dieses seines legitimen und respektablen Interesses, die neuentdeckten Völker als Rechtsträger anzuerkennen, verwundert es, wenn Vitoria sie doch den Spaniern beträchtlich unterlegen sein läßt. In der abschließenden Erörterung wagt er nämlich nicht, die Rechtsfrage eindeutig zu entscheiden, ob die Spanier nicht wegen hoher Überlegenheit zur Unterwerfung berechtigt sind; denn die „barbari" existieren zwar nicht völlig ohne Vernunft, partizipieren an ihr aber nur in so geringem Maße, daß sie zur Einrichtung und Verwaltung eines legitimen Gemeinwesens im Rahmen menschlicher und bürgerlicher Grenzen nicht in der Lage sind[34]. Vitoria beruft sich hier auf Berichte, denen er freilich offensichtlich mehr Glauben schenkt, als sie verdienen[35]. Auch wenn er sich für diese Menschen um Verständnis bemüht und den Spaniern zur Nächstenliebe rät, sie vor Eigennutz warnt[36] und auf ihre Fehler hinweist[37], so bleiben die neu-

---

[33] Beide Termini finden sich, ohne daß ein Unterschied festzustellen wäre, in wichtigen Abschnitten über die Rechte der neuentdeckten Völker, vgl. die nachdrücklichen Aussagen über die Ablehnung eines Rechts des Kaisers oder Papstes ebd. II 1; 50 sowie 3; 60, jeweils mit der Dreigliederung „ius naturale aut divinum aut humanum"; vgl. sodann 15; 80–88 und 16; 84 u. bes. 86f, hinsichtlich der Sünden gegen Naturgesetze sowie der noch schwereren gegen die (Ordnung der) Natur. Vgl. schließlich III 2; 94 über naturgegebene Rechte, etwa andere Länder aufzusuchen und Gastfreundschaft erwarten zu können.

[34] Ebd. III 18; 114. Dieser Text widerspricht dem in I 23; 44, s.o. Anm. 30 bzw. 32; an letzterer Stelle führt Vitoria die Unterlegenheit der „barbari" übrigens eigens auf ihre mangelnde Bildung, nicht also auf einen naturgegebenen Defekt zurück.

[35] Ebd. III 18; 114, wo aufgrund von Berichten die Einwohner in die Nähe von „ferae et bestiae" gerückt erscheinen. Indiz für ihre niedrige Entwicklungsstufe ist, daß sie kaum mildere oder bessere Speise als die wilden Tiere zu sich nehmen.

[36] Ebd. 18; 114f u.ö.

[37] Vgl. den Hinweis, daß nach Vitorias Meinung die christliche „fides" bzw. „religio" von den Spaniern wenig geeignet verkündet worden ist, ebd. II 14; 80: „Non satis liquet mihi an fides Christiana fuerit barbaris hactenus ita proposita et annuntiata, ut teneantur credere sub novo peccato. Hoc dico, quia (ut patet ex secunda propositione) non tenentur credere, nisi proponatur eis fides cum probabili persuasione. Sed miracula et signa nulla audio nec exempla vitae adeo religiosa, immo contra multa scandala et saeva facinora et multas impietates. Unde non videtur quod religio Christiana satis commode et pie sit illis praedicata, ut illi teneantur acquiescere, quamquam videntur multi re-

entdeckten Völker, die er schützen will, doch auch für ihn Barbaren. Immerhin nennt er sie an dieser Stelle Nächste, und es bedeutete eine große Gefahr für das ewige Heil, wenn die Spanier ihnen gegenüber egoistisch vorgehen. Der Verkündigung des Evangeliums[38] räumt Vitoria dementsprechend einen solchen Rang ein, daß die Spanier um ihretwillen auf einen berechtigten Krieg verzichten sollen, den sie zur Förderung des „negotium religionis" anstrengen dürfen; denn durch einen solchen Krieg kann die Bekehrung der „barbari" eher behindert als gefördert werden[39]. Es steht somit für Vitoria zweifelsfrei fest, daß die Bewohner der neuentdeckten Länder trotz ihrer beträchtlichen Unterlegenheit zu „fides" und „religio" befähigt sind, und dies deswegen, weil sie Vernunft besitzen; besäßen sie diese nicht, hätten sie überhaupt keine Sünde[40], könnte es für sie nicht um Heil und Unheil gehen. Für diese Menschen einzutreten, schärft Vitoria den Spaniern ein, wenn er an betonter Stelle auf das Kreuz und auf den „unus communis Dominus" hinweist[41]. Daß die „barbari" aber als Konsequenz dieses gemeinsamen Gottes selbst eine irgendwie geartete Gotteserkenntnis hätten, sagt Vitoria in diesen Ausführungen nirgends.

Als Fazit bleibt, daß Vitoria „fides" und „religio" grundsätzlich nur den Christen zuspricht. Dabei liegt – verständlicherweise – ein größeres Gewicht auf „fides". Für unser Thema ist von Bedeutung, daß „religio" nicht auf alle Menschen ausgedehnt erscheint. Auch sie bleibt bezogen auf den einen wahren Gott, wie ihn allein die Christen verehren. Aber nicht nur aus dieser fehlenden Gottesverehrung, sondern auch kulturell sind die neuentdeckten Völker den Spaniern und den anderen bislang bekannten Menschen des abendländischen Kulturkreises weit unterlegen, wie Vitoria aus den ihm zugänglichen Berichten entnehmen mußte und entnommen hat. Gleichwohl wertet Vitoria sie als Menschen. Dies war seinerzeit ein wichtiges Argument dafür, daß sie Rechtsträger sein konnten. Immerhin verwendet Papst Paul III. (1468–1549) in seinem Breve an den Erzbischof von Toledo von 1537, in dem er zu einer humanen Behandlung dieser Völker auffordert, das Argument, diese seien Menschen und daher des Glaubens und des Heiles fähig[42]. Woher man weiß, daß sie Menschen sind, wird nicht reflektiert.

---

ligiosi et alii ecclesiastici viri et vita et exemplis et diligenti praedicatione sufficienter operam et industriam adhibuisse in hoc negotio, nisi ab aliis, quibus alia cura est, impediti essent."

[38] Ebd. III 18; 116, ferner den nachdrücklichen Rechtstitel, daß die Christen in den Provinzen der „barbari" das Recht haben, das Evangelium zu verkünden; die *„causa religionis Christianae propagandae"* ist also ein Rechtstitel, III 9; 104. Vitoria warnt ausdrücklich davor, die „barbari" als „natura servi" anzusehen, III 18; 116, im Rückgriff auf die Ausführungen I 4; 28, wo als „servi" mit Aristoteles nur jene akzeptiert werden, die tatsächlich keine Vernunft haben, nicht aber einfach alle „barbari".

[39] Ebd. III 12; 106f mit der Aussage, um des „negotium religionis" willen Länder besetzen zu dürfen.

[40] Vgl. ebd. I 23, 44; s. den Text o. Anm. 32.

[41] Vgl. den Schluß von De Jure Belli nr. 60; 170.

[42] Paul III., Breve „Pastorale officium" an den Erzbischof von Toledo, 29. 5. 1537; dieser Text beginnt mit einem Hinweis auf Karl V., der jene zurückdrängen will, „qui cupiditate aestuantes contra

Ebenso folgert Vitoria aus ihrer Vernunftbegabung ihren faktischen, wenn auch nicht zurechenbaren Sündenzustand, da sie noch nicht zum Glauben gekommen und getauft sind. Als wichtige Instanz für diese ihre Vernunftbegabung wertet Vitoria nicht ihren Bezug zu Gott und ihre „religio", wie dies im Humanismus möglich war, sondern die „natura", die er deswegen Gott als der für Christen selbstverständlich ersten Instanz an die Seite gestellt haben dürfte. Damit vermochte er die Ureinwohner der neuen Erdteile gegen die Spanier zu verteidigen, die sich ihres Glaubens wegen und damit vor Gott überlegen wußten.

Ganz selbstverständlich erscheint in diesen Ausführungen Vitorias „religio" schlicht als jene Tugend, die in lateinischer Tradition seit alters eine zwar wichtige, gleichwohl aber spezifische Haltung des Menschen zum Ausdruck bringt, nämlich eine sorgfältige Achtung und Beachtung der Gott gegenüber angemessenen Verhaltensweisen und Handlungen.

„Religio" in der Thomas-Interpretation

Entsprechend damaligem Brauch erklärt auch Vitoria das maßgebliche theologische Schulbuch in Vorlesungen, nämlich die Summa theologica des Thomas von Aquin; diese hatte sein Pariser Lehrer Petrus Crockaert (+ 1514) anstelle der bis dahin üblichen Sentenzen des Petrus Lombardus eingeführt. An den Editionsarbeiten der Summa hatte sich Vitoria bereits beteiligt[43].

Bei seinen Erläuterungen nimmt Vitoria auch die entsprechenden Passagen über die „religio" in der II-II der Summe auf. Dabei wiederholt er in knappen Formulierungen die grundlegenden Aussagen, daß nämlich die „religio" den Menschen auf Gott hinordnet und als spezielle, von den anderen unterschiedene Tugend dennoch nicht als „virtus theologica" gelten kann; sie gehört vielmehr zu den „virtutes morales", unter denen sie freilich einen überragenden Rang einnimmt[44].

Diese Thomas-Rezeption bestätigt die zuvor eruierte Bedeutung der „religio" als einer genau definierten und d.h. begrenzten Verhaltens- und Handlungsweise Gott gegenüber, die der Mensch von seiner Natur her ebenso zu leisten und zu üben hat wie etwa Gerechtigkeit oder andere Tugenden. Infolgedessen läßt sich

---

humanum genus inhumanum gerunt animum", daß nämlich die „Occidentales aut Meridionales Indi" in die Sklaverei zu führen verboten ist. Dann fährt der Text fort: „Hos igitur attendentes Indos ipsos, licet extra gremium Ecclesiae exsistant, non tamen sua libertate aut rerum suarum dominio privatos vel privandos esse, cum homines ideoque fidei et salutis capaces sint, non servitute delendos, sed praedicationibus et exemplis ad vitam invitandos fore ...", zit. nach Henricus Denzinger, Enchiridion symbolorum definitionum et declarationum de rebus fidei et morum, ... edidit Petrus Hünermann, Friburgi Brisgoviae [37]1991, nr. 1495.

[43] P. Hadrossek, Einleitung XII.

[44] Francisco de Vitoria, Comentarios a la Secunda secundae de Santo Tomás, IV: De Justitia, qq. 67–88, q. 81: De religione, zit. nach der Ausgabe hg. von Vincente Beltrán de Heredia, Salamanca 1934, 248–253, bes. 252.

bei Vitoria „religio" nirgends mit ‚Religion', sondern nur mit „Gottesverehrung", genauer „Beachtung der Gottesverehrung" wiedergeben. Er hält sie auch nicht für eine anthropologische Ausstattung des Menschen. Sie bleibt somit eine Tugend, die der Mensch sich erwerben und dann immer mehr einüben muß. Die Probleme, die sich daraus ergeben, daß im nichtchristlichen Bereich der allein wahre Gott unbekannt ist und infolgedessen die allein angemessene Reverenz ihm gegenüber nicht geübt werden kann, reflektiert Vitoria in den genannten Zusammenhängen nicht des näheren. Er deutet diese Fragestellung lediglich darin an, daß die „barbari", hätten sie keine „ratio", ja überhaupt nicht im Sündenzustand lebten, sind doch nur jene Sünder, die zum Gebrauch der Vernunft gelangt sind und dennoch Gott nicht verehren. Eben dieses Thema aber bleibt in den referierten Texten ausgeklammert, es scheint selbstverständlich. Aus der Charakterisierung Gottes als des „Deus communis" folgt für alle, die die „fides Christiana" bzw. „religio Christiana" nicht besitzen, daß sie gleichwohl in einer Beziehung zu Gott stehen und folglich der Sünde nicht enthoben sind.

Domingo de Soto

Nach Vitoria sollen nun wenigstens drei weitere Vertreter der spanischen Spätscholastik kurz vorgestellt werden, um zu sehen, ob sich bei ihnen Weiterführungen für unser Thema finden.

Als erster von ihnen findet Domingo de Soto (1494–1560) Berücksichtigung[1]. In seinen Darlegungen „De Iustitia et Iure" greift er die alte Bestimmung der „religio" als Beachtung bestimmter Verhaltensweisen und Handlungen Gott (bzw. den Göttern) gegenüber wieder auf: daß Gott zu ehren ist, gilt auch ihm als „principium ... naturale"; die einzelnen Vollzüge, etwa besondere Feste, stellen menschliche Einrichtungen dar; sie dienen dazu, „religio" zu bekennen, zu bezeugen[2]. Doch hält er nicht alles in dieser Hinsicht für berechtigt, vielmehr unterscheidet er von dieser „religio" die „superstitiosa religio" der Heiden[3]; es verdienen also nicht alle Vollzüge die grundsätzlich positive Bezeichnung „religio". Zu dieser gehören nach ihm die ersten drei Gebote des Dekalogs, die den vorzüglichsten Teil der Gerechtigkeit darstellen[4]. Damit hält Soto auch die Zu-

---

[1] Domingo de Soto war gleichfalls Dominikaner (seit 1524). Nach Studien in Alcalá und Paris, lehrte er seit 1520 in Alcalá und seit 1532 in Salamanca. 1545–1548 nahm er am Trienter Konzil teil. Auch er setzte sich besonders für die Rechte der Bewohner der neuentdeckten Gebiete ein.

[2] Dominicus Soto, De Iustitia et Iure II 2, 2, Lugduni MDLVIIII, 59. – Hier und im folgenden werden zunächst das jeweilige Buch in römischen, die Quaestio in arabischen und nach einem Komma der Artikel wiederum in arabischen Ziffern sowie nach einem Semikolon die Seite dieser Ausgabe zitiert.

[3] Ebd.; vgl. VII 5, 1; 518 den Hinweis, „religionis nomen communi vulgarique significato vniuersos comprehendere mortales, ac praecipue Christianos, quatenus Deum virtutum officiis secundum legis praecepta colunt."

[4] Ebd. II 4, 1; 88.

ordnung zum klassischen Tugendschema aufrecht. Konsequent dazu erweist er das Gelübde als Akt der „religio"[5], womit der Überschritt zur Bedeutung Orden vollzogen wird[6]. Abgerundet wird die Rezeption des schon bei Thomas vorhandenen Sprachgebrauchs durch einen Artikel über den Eid als „actus religionis"[7]. Schon diese Hinweise belegen zur Genüge, daß Soto sich vollständig im Rahmen der Tradition bewegt, was unsere Fragestellung angeht[8].

Luis de Molina

Bei Luis de Molina (1535–1600)[1] haben die Nachforschungen für unser Thema ergeben, daß „religio" bei ihm durchweg als Orden vorkommt, und zwar insbesondere in Überlegungen zu Rechten und Verpflichtungen der Ordensleute; dies gilt speziell für seinen Traktat „De iustitia et iure"[2]. Bemühungen, in anderen Schriften sachdienliche Hinweise zu finden, die den bisherigen Rahmen überschreiten, blieben erfolglos[3].

Gabriel Vázquez

So bleibt schließlich auf Gabriel Vázquez (1549–1604) hinzuweisen[1]. Dieser hat in seiner Behandlung des „cultus adorationis" die Gelegenheit genutzt, in selten ausführlicher Weise die Terminologie zu klären. Dafür greift er speziell auf Au-

---

[5] Ebd. VII 2, 3; 485ff.
[6] Ebd. 2, 5; 489ff, vgl. auch 3, 2; 499ff, ferner 5, 1; 513ff sowie 5, 4; 525ff.
[7] Ebd. VIII 1, 4; 547.
[8] Die Bemühung, in anderen Schriften Sotos einschlägige Ergebnisse zu finden, haben zu keinem Erfolg geführt, vgl. etwa ders., Summulae, Salmanticae MDLIIII, ND Hildesheim-New York 1980; ders., De Natura et Gratia, Parisiis 1549; ders., Relectio de haeresi, in: Archivo Teologico Granadino 26, Granada 1963, 223–261.

[1] Der Jesuit Luis de Molina dozierte nach juristischen und theologischen Studien seit 1563 Philosophie in Coimbra und seit 1568 Theologie in Evora. Er ging besonders in der Gnadenfrage neue Wege, indem er hier für größere Freiheit eintrat.
[2] Ludovicus Molina, De Iustitia et Iure, I–II, Moguntiae MDCII, bes. tract. II disp. 139ff; I, 512–535.
[3] Die Durchsicht übriger Schriften Molinas ergab keine weiterführenden Erkenntnisse, vgl. ders., Commentaria in Primam Divi Thomae partem, Lugduni MDXCIII; ders., De Caritate. Comentario a la 2-2, qq. 23–25, in: Archivo Teologico Granadino 28, Granada 1965, 199–290; ders., De Caritate. Comentario a la 2-2, qq. 26–29, in: Archivo Teologico Granadino 29, Granada 1966, 181–248; ders., Liberi arbitrii cum gratiae donis, divina praescientia, providentia, praedestinatione et reprobatione, concordia, Antverpiae MDXCV.

[1] Gabriel Vázquez schon hier zu berücksichtigen, statt ihn im Anschluß an den um ein Jahr jüngeren Francisco de Suárez zu behandeln, hat darin seinen Grund, daß letzterer seine bedeutenden Schriften erst nach dem Tode von Vázquez vorgelegt hat. Daß beide Theologen in häufige Kontroversen miteinander gerieten, kann für unsere Frage außer Betracht bleiben.

gustinus zurück, dessen einschlägiges Kapitel er zitiert. Wie dieser verweist Vázquez auf das Hebräische, das keinen besonderen Namen für den „cultus religiosus" Gott gegenüber hat; zwar hat es wie das Lateinische eine Bezeichnung für „dienen" (abod bzw. servire), aber nur das Griechische hat ein eigenes Wort, „λατρεία" für die Gottesverehrung, wofür sich „religio" nur sehr ungenau als Übersetzung eignet[2]. Sodann nennt Vázquez die fünf griechischen Termini mit ihren lateinischen Äquivalenten: „θεοσεβεια" entspricht, mit Augustinus zu reden, der allgemeinen Hinsicht, Gott zu ehren[3], „Ευσεβεια" der „pietas", „θρησκεια" mehreren lateinischen Äquivalenten, nämlich „religio, ceremoniae, et cultus", sodann „λατρεια" dem „cultus" gegenüber Gott allein, verbunden mit Furcht, und schließlich „δουλεια" dem (Sklaven)Dienst[4]. Besonders ausführlich erläutert Vázquez hier die beiden letzten Termini, denen er somit besonderes Gewicht zumißt. Insgesamt freilich bevorzugt er seinen Leitbegriff „adoratio/adorare", dem das ganze Buch gilt.

In dieser terminologischen Klärung spielt „religio" eine ziemlich untergeordnete Rolle, wird sie doch mit anderen zusammen der „θρησκεια" zugeordnet. Lediglich durch die Aufnahme des Thomas von Aquin behält „religio" eine akzentuiertere Bedeutung als eine virtus, gehört doch zu ihr die „adoratio"[5]. Damit bleibt die „religio" jedoch eine Tugend, als die sie ausdrücklich angesprochen wird. Auch bezieht sie sich nicht direkt auf Gott, sondern auf dessen Verehrung[6]. Sie gehört nach dieser Bestimmung zur „iustitia"[7] und d.h. zu den moralischen Tugenden, so daß sie nicht selbst in sich heilsbedeutsam sein kann wie die von Gott eingegebenen theologischen Tugenden. Dem widerspricht nicht, daß sie sich nur auf Gott, genauer auf die ihm gebührende Ehre richtet[8]. Diese Bestimmungen nimmt Vázquez innerhalb der ausführlichen Erörterung über die „adoratio" im Sinne der „latria" bzw. „dulia" vor, wobei sich von selbst versteht, daß erstere Gott geschuldet wird[9], während sie Christus auch der Menschheit nach erst aufgrund langer Beweise zugesprochen wird[10].

Auch Vázquez ist wie Molina und Suárez Jesuit; in seiner Lehrtätigkeit zunächst in der Moral, dann meist in der (systematischen) Theologie und zeitweise in der Philosophie steht er grundsätzlich Molina nahe.

[2] Gabriel Vázquez, De cultu adorationis libri tres, I 1, Moguntiae MDCI, 4, unter Verweis auf Augustinus, De civitate Dei X1. – Hier und im folgenden werden zunächst das Buch in römischer, die Disputation und das Kapitel in arabischer Ziffer und nach einem Semikolon ebenso die Seite dieser Ausgabe zitiert.

[3] Ebd.; 5f, 6: „ratio colendi Deum, quae in quocunque bono opere virtutis reperitur".

[4] Ebd.; 6–9.

[5] Ebd. 1, 2; 9ff, 10 mit Hinweis auf STh II-II 84.

[6] Ebd. 1, 3; 22, ferner 1, 4; 26.

[7] Ebd.; 32. Vgl. II 8, 8; 370f.

[8] Ebd. I 4, 3; 68.

[9] Ebd. 2, 1–3; 33–42.

[10] Ebd. 3f; 42–98.

In den anschließenden Überlegungen zur Frage, ob den Heiligen und insbesondere der Jungfrau Maria „adoratio" als Akt der „latria" und „religio" entgegenzubringen sei, stellt Vázquez verschiedentlich klar, daß beide sich nur auf Gott und den menschgewordenen Sohn Gottes beziehen[11].

Das besondere Interesse seiner Schrift gilt der kontroverstheologischen Auseinandersetzung über die Bilderverehrung, die Vázquez insbesondere gegen Calvin verteidigt, sowie über die Reliquienverehrung. Für diese Themen braucht er eine theologische Fundierung, die er im ersten Buch niedergelegt hat. Die in ihm enthaltenen Aussagen über die „religio" geben einen seltenen Einblick in deren Bestimmung, die Vázquez der Tradition entnahm und mit ihr festhielt[12].

Francisco de Suárez

Eine herausragende Stellung gerade auch für unser Thema nimmt Francisco de Suárez (1548–1619) ein[1]. Denn einmal hat er sich ausführlicher als die anderen Vertreter der spanischen Spätscholastik mit „religio" beschäftigt. Zum anderen reichen seine einschlägigen Schriften bereits in den Beginn des 17. Jahrhunderts hinein. Dieser Jesuit war somit Zeitgenosse wichtiger Autoren, mit denen wir uns im folgenden noch auseinandersetzen müssen: Kaum zwanzig Jahre nach

---

[11] Vgl. z.B. ebd. 6, 1; 118 oder 6, 2; 125. Daß diese Begrenzung trotz ihrer besonderen Verbindung mit dem Sohn Gottes auch Maria betrifft, vgl. etwa 8, 2; 141f.

[12] Die sehr ausführlichen Interpretationen der Summa theologica, die Vázquez vorgelegt hat, enthalten nicht die entsprechenden Passagen der II-II, in denen Thomas ex professo über die „religio" handelt. In anderen Zusammenhängen kommt Vázquez gelegentlich auf sie zu sprechen und bestätigt hier die im Vorausgegangenen getroffenen Feststellungen, so daß auf eine nähere Behandlung verzichtet werden kann; vgl. die Zugehörigkeit der „religio" zur „iustitia", Gabriel Vázquez, Commentariorum, ac disputationum in primam partem S. Thomae, tomus primus (STh I 1–26), disp. 85 nr. 14, Ingolstadii MDCIX, 535a; die Bestätigung, daß die „religio" keine „virtus Theologica" ist, vgl. ders., Commentariorum, ac disputationum in primam secundae S. Thomae, tomus primus (I-II 1–21, 71–89), disp. 15 nr. 5 et 38, Ingolstadii MDCVI, 108b u. 116b (hier ohne den Terminus „religio" im Text, wohl aber in der Randnotiz), vgl. ebd. disp. 86 nr. 25; aaO. 595b; daß die „religio" sich nicht direkt auf Gott, sondern auf den „cultus" Gottes bezieht, ebd. disp. 48 nr. 7; aaO. 328a; im Zusammenhang mit der Interpretation der Christologie in der STh III wiederholt Vázquez seine Aussagen über die der Menschheit Christi geschuldete Verehrung, vgl. Commentariorum, ac disputationum in tertiam partem S. Thomae, tomus primus (III 1–25), disp. 96 nr. 9, Ingolstadii MDCX, 947bf; auf die weitergehende Differenzierung der „religio" im Zusammenhang mit der Genugtuung, die Christus geleistet hat, ebd. disp. 7 nr. 9–22; 71–73, braucht hier nicht weiter eingegangen zu werden. Darüber hinaus kommt „religio" verschiedentlich in der Bedeutung Orden vor, was hier gleichfalls nicht mehr nachgewiesen zu werden braucht.

[1] Nach juristischen und auf den Eintritt in den Jesuitenorden folgenden philosophischen und theologischen Studien, alle in Salamanca, lehrte Francisco de Suárez zunächst Philosophie in Segovia und Theologie in Valladolid und 1580–1585 in Rom; danach vielfach krank, lebte und lehrte er in Alcalá, Salamanca und Coimbra; vor allem während dieser Zeit wurde er verschiedentlich bei der Inquisition angezeigt. Vgl. etwa Eleuterio Elorduy, Suárez, Francisco de, in: LThK² IX 1129–1132.

Jean Bodin (1529/30–1596) geboren, war er gleichaltrig mit Giordano Bruno (1548–1600) und nur wenig älter als Francis Bacon (1561–1626). Schließlich liegt die Bedeutung von Suárez darin, daß er insbesondere die weitere Entwicklung des Natur- und Völkerrechts in wichtiger Hinsicht bestimmt hat, dies übrigens zusammen mit seinem Zeitgenossen und vielfältigen Kontrahenten Gabriel Vázquez. Beispielsweise hat Hugo Grotius (1583–1645) beide Autoren gelesen, als er sein Buch „De jure belli ac pacis" verfaßte, das ihm immer wieder den Ruhm eintrug, Ahnherr des neuzeitlichen, naturrechtlich fundierten Völkerrechts zu sein. Suárez steht somit als namhafter Vertreter der spanischen Spätscholastik in besonderer Weise an der Schnittstelle zwischen spätem Mittelalter und früher Neuzeit, insofern er einerseits Thomas von Aquin als den maßgeblichen Autor rezipierte, andererseits aber für jene Autoren als wichtiger Gewährsmann fungieren konnte, die das Denken der Neuzeit in die Wege leiteten.

Suárez hinterließ ein umfangreiches Werk, aus dem uns besonders die Bücher „De legibus", „De religione", „Defensio fidei catholicae" sowie vor allem „De virtute et statu religionis" (1608) in vier umfangreichen Bänden interessieren. Diese vier Bände stellen einen Kommentar zu jenen Quästionen des Thomas von Aquin dar, die in der Summa Theologica II-II über die „religio" als „virtus moralis" handeln. Entsprechend läßt die von Suárez gewählte Überschrift vermuten, daß hier die „religio" zunächst als Tugend und dann als „status", als Stand behandelt wird, der diese Tugend von Berufs wegen ausübt. „Religio" dürfte also auch bei Suárez noch jene Einrichtung bezeichnen, die nach einem gleichfalls aus dem Mittelalter stammenden Sprachgebrauch inzwischen hierzulande ausschließlich Orden heißen.

„Religio" als Tugend

An Thomas von Aquin hält sich denn Suárez auch grundsätzlich. Mit ihm schränkt er den römischen und frühchristlichen Sprachgebrauch ein, nach dem „religio" eine Tugend sowohl Gott als auch den Menschen gegenüber bezeichnet; demgegenüber hat sie es nur mit Gott zu tun[2]. Eine genauere Bestimmung dieser Tugend sucht Suárez zu gewinnen durch die Aufnahme der verschiedenen Etymologien, von denen er die sonst nicht genannte Ableitung von „relinquo"

---

[2] Franciscus Suárez, Opus de virtute et statu religionis, Tractatus I, liber 1, cap. 1 nr. 1, in: ders., Opera omnia, hg. von Carolus Berton, XIII, Parisiis MDCCCLIX, 3. – Erstmalig publiziert wurden Bd. I 1608, II 1609, III 1624 und IV 1625. – Im folgenden wird diese Schrift mit Angabe des Traktats in römischer, des Buches in arabischer und des Kapitels an möglicherweise unklaren Stellen mit dem Zusatz cap. und wiederum in arabischer sowie der Nummer mit nr. und nochmals arabischer Ziffer zitiert; nach einem Semikolon wird dann in arabischer Ziffer die Seitenzahl und ggfs. Spalte mit den Buchstaben a bzw. b der o.g. Ausgabe genannt. Bei weiteren Zitationen eines Traktats bzw. Buches oder Kapitels werden die entsprechenden Angaben in den unmittelbar folgenden Anmerkungen nicht wiederholt.

ebenso zurückweist wie die von „religendi" bzw. „religo". Somit bleibt nur die Wahl zwischen der Etymologie Ciceros von „relegendi" im Sinn von „wiederholen und wiederlesen" oder der des Laktanz von „religando". Suárez entscheidet sich verständlicherweise, wie in der christlichen Tradition üblich, für die letztere. Daraus folgt als nähere Bedeutung von „religio", daß sie uns mit Gott eint[3]. Doch wenig später folgt die präzise Erläuterung, daß die „religio" für die geistige Schöpfung die Verpflichtung bedeutet, ihren Urheber zu ehren[4]. So stellt sie eine Auszeichnung der geistigen Kreatur dar, die durch die „religio" auf Gott als ihr letztes Ziel hingeordnet wird. Sie besteht also in vollkommenster Unterwerfung und Knechtschaft („subjectio et servitus"), so daß sie zu Recht als Band und Fessel („vinculum, seu ligamen") bezeichnet werden darf; als solche stellt sie keine Verminderung, sondern eine außerordentliche Qualifikation („nobilitas") der Kreatur dar[5]. Eigens aufmerksam zu machen bleibt darauf, daß es sich bei der „religio" in dieser Bestimmung um eine Tugend handelt, um eine Haltung und also nicht um eine Naturgegebenheit, selbst wenn sie von Suárez ausdrücklich als „naturalis" charakterisiert wird. Es besteht also keine Möglichkeit, in ihr eine anthropologische Gegebenheit zu sehen, nach der es zum Wesen des Menschen gehört, ‚religiös' zu sein. Als Beleg für diese Fassung läßt sich heranziehen, daß Suárez sehr wohl im gleich folgenden Abschnitt die Unterscheidung von „vera Religio" und „falsa religio" bringt[6]. Eine anthropologische und damit eine dem Menschen wesenseigene Ausstattung kann nicht von sich aus „falsa" sein. Als erworbene und dann geübte Haltung umfaßt die „religio" die Erkenntnis des wahren Gottes und der ihm geschuldeten Verehrung[7]. Infolgedessen findet man bei Juden und Heiden, bei Ungläubigen und Häretikern eben diese einzig legitime „vera religio" nicht[8]. Als wahr läßt sich jene „religio" bezeichnen, die in der wahren „fides" begründet ist[9]. Suárez stellt hiermit eine eindeutige Beziehung zwischen „religio" und „fides" her, insofern letztere als Grund der ersteren angegeben wird. Aufgrund dieses Fundierungsverhältnisses umfaßt die „religio" ebensowohl eine innere Haltung wie auch äußere Handlungen. Da es freilich nur eine einzige legitime „fides" gibt, kann auch die „religio" nur einmal existieren; damit schließt Suárez aus, daß es verschiedene ‚Religionen' gibt. Und auch die Bezeichnung „religio Christiana" meint keine Präzisierung, nicht die Angabe einer bestimmten Art, die sich einem Gattungsbegriff

---

[3] Ebd. nr. 6; 5a: „Lactantius enim vult religionem esse dictam, quia ipsa Deo homines ligat ... Religio enim primum omnium unit nos Deo; hinc vero consequenter fit, ut qui eumdem Deum colunt, aliquo modo inter se colligati maneant, magis autem vel minus, juxta rationem cultus."
[4] Ebd. nr. 7; 5b: „nam cum creatura rationalis per naturale debitum et inditam propensionem ligata sit ad colendum unum auctorem suum, per voluntariam electionem et superadditam habitus inclinationem religatur; et ideo virtus quae hoc officium praestat, religio dici potuit."
[5] Ebd. nr. 8; 5bf.
[6] Ebd. 2, nr. 1; 6b.
[7] Ebd. nr. 2; 7a: „Atque ita *vera religio erit veri Dei, verique cultus illi debiti vera cognitio.*"
[8] Ebd. nr. 3; 7b.
[9] Dies ausführlich ebd. nr. 4f; 7bf.

'religio' zuordnen ließe, so daß sie eine neben anderen wäre. Vielmehr gibt es nach der ausdrücklichen Aussage des Suárez nur die eine und einzige „religio", die zunächst die Synagoge, nun aber nur noch die katholische Kirche verwirklicht[10].

Über diese Bestimmungen hinaus spezifiziert Suárez die „religio" des weiteren dadurch, daß er sie von den anderen Tugenden abhebt, die Gott unmittelbarer erreichen, für die insgesamt Gott das nächste und direkte Ziel darstellt, wie dies für die Liebe und den Glauben zutrifft. Denn – und hier zeigt sich scholastische Begriffspräzision – diese richten sich grundlegend direkt an Gott, indem sie ihn selbst lieben und an ihn glauben; die „religio" jedoch bezieht sich direkt und unmittelbar nicht auf Gott als solchen, sondern auf Vollzüge, die sich an Gott richten. Sie intendiert also nicht Gott selbst, sondern das Gebet, den Lobpreis, das Opfer, sie will nicht ihn direkt, sondern seine Verherrlichung[11]. Konsequent weist auch Suárez die „religio" ausdrücklich nicht den drei theologischen Tugenden Glaube, Hoffnung und Liebe zu, die nach Paulus für die jetzige Zeit bleiben, in der wir nur durch einen Spiegel, rätselhaft Gott schauen können (1 Kor 13,12). Da diese drei einen besonderen Rang einnehmen, hat sich seit der Hochscholastik eine Klassifikation der Tugenden durchgesetzt, nach der nur diese drei theologischen Tugenden sich direkt auf Gott beziehen und somit unmittelbar heilsbedeutsam sind, indem sie als von Gott geschenkte einen wirklichen Zugang zu ihm bewirken.

Die „religio" kann auch bei Suárez also noch nicht mit diesen theologischen Tugenden konkurrieren, sie blieb entsprechend der antik-römischen und d.h. heidnischen Klassifizierung, die die theologischen Tugenden noch nicht kannte, in dem antiken Schema der moralischen Tugenden, das mit schwankenden Benennungen etwa bei Platon meist vier Tugenden zählt und später vor allem bei Cicero wiederkehrt. Da dieser die „religio" als eine Untertugend der „justitia" bestimmt hatte, blieb sie für Thomas von Aquin und die folgende Tradition streng von den theologischen Tugenden getrennt: sie ist lediglich eine „virtus moralis". Als solche weist Suárez sie auch ausdrücklich aus[12]. Dabei zitiert er neben Paulus und Thomas von Aquin den immer wieder genannten Kardinal und Dominikaner Thomas Cajetan de Vio (1469–1534), der eine wichtige Rolle bei der Entstehung dieser neuen Scholastik gespielt hatte, und verweist darüber hinaus auf alle Theologen. Suárez kann sich also auf eine einhellige Tradition dieser

---

[10] Ebd. nr. 7; 8b: „Nam generalis status Ecclesiae Catholicae, quae talem doctrinam, talemque modum colendi Deum profitetur, religio Christiana dicitur, imo et unica et sola religio dici potest, quia extra illam nulla esse potest vera religio. Et eodem modo ante legem gratiae synagoga Judaeorum erat vera religio, quamvis non esset universalis, sicut nunc est Ecclesia Catholica".

[11] Mit der scholastischen Schulsprache unterscheidet Suárez hier zwischen Gott als „objectum *quod*", d.h. als unmittelbares Objekt einer Handlung oder Tugend, und Gott als „objectum *cui*"; letzteres trifft für die „religio" zu, vgl. ebd. cap. 4f; 10bff.

[12] Vgl. die ausführlichen Erörterungen ebd. I 3, und hier bes. cap. 3; 44a-47a: „AN RELIGIO SIT VIRTUS THEOLOGICA VEL MORALIS."

Zuordnung stützen, von der er keine Ausnahmen oder Abweichungen anführt. Zwar scheint ihm nicht ganz wohl zu sein bei dieser Einschätzung, die der „religio" einen Platz unter den Tugenden ersten Ranges abspricht; denn bei der Unterscheidung zwischen „charitas", die sich direkt auf Gott bezieht, und der „religio" spricht Suárez doch überraschend deutlich von „verisimile" oder „videtur" sowie davon, daß man am besten bei dieser Differenz bleibt[13]. Aber er bleibt eben doch dabei: Die „religio" ist eine „virtus moralis".

Daß diese Charakterisierung jedoch nicht mehr so problemlos wie früher erfolgt, zeigen neben den eben genannten vorsichtigen Formulierungen folgende Argumentationen: Einmal qualifiziert Suárez den vollkommenen Willen der Gottesverehrung als „supernaturalis"[14]. Diese verbleibt damit nicht mehr auf der rein naturalen Ebene, auf der sich der Mensch von seiner Natur her bewegt, sondern wird durch Gottes Gnade erhöht, so daß sie tatsächlich seiner Verehrung dient. Entsprechend kennt Suárez auch einen *„habitus supernaturalis religionis"*[15]. In dieser Qualifizierung dürfte Suárez insofern über Thomas von Aquin hinausgehen, als dieser in seiner Behandlung insbesondere der „religio" als einer Untertugend der „iustitia" grundsätzlich im natürlichen Bereich bleibt. So stellt Thomas eigens fest, daß die Darbringung des Opfers, die zur „religio" gehört, aufgrund der „lex naturae" erfolgt und daß der Mensch gemäß einer natürlichen Hinneigung Gott Unterwerfung und Ehrerbietung schuldet[16]. Nur nebenbei erwähnt er, daß auch eine moralische Tugend durch Eingießung der göttlichen Gnade bewirkt werden kann, doch verwendet er hier nicht die Bezeichnung ‚supernaturalis'[17]. Zu dieser grundsätzlichen Zuweisung der „religio" auf die naturale Ebene paßt auch, daß Thomas sie deswegen strikt nicht als theologische Tugend bestimmt, weil sie sich nicht wie diese auf das letzte Ziel erstreckt, sondern auf das, was dem Ziel dient[18]. Mehr noch als für Thomas dürfte sich daher für Suárez die Frage als zwingend erweisen, ob nicht durch die Cha-

---

[13] Ebd. nr. 10; 47a.

[14] Ebd. 2,1 nr. 7; 25a; hier heißt es unter der Überschrift „Perfecta voluntas colendi Deum fideli cultu est supernaturalis": „Primum patet, quia per actum naturalem colimus Deum ut principium naturae; per actum autem infusum, colimus Deum ut est primum principium gratiae et finis supernaturalis. Unde nostro modo concipiendi, apprehendimus Deum quasi sub excellentiis diversarum rationum, quod satis est ad distinguendas voluntates colendi Deum. Secundum patet, quia materia, qua colitur Deus per actum mere naturalem, est tantum naturalis ordinis; materia autem posterioris voluntatis infusae, aliquando est supernaturalis, qualis est, captivare intellectum in obsequium Christi, 2 Corinth. 10, et in universum, actus fidei, spei et charitatis, quatenus aliquando possunt imperari ex voluntate colendi Deum."

[15] Ebd. 3,1 nr. 9f; 38af.

[16] Thomas von Aquin, Summa theologica II-II 85,1: „Sicut autem in rebus naturalibus naturaliter inferiora superioribus subduntur, ita etiam naturalis ratio dictat homini secundum naturalem inclinationem, ut ei quod est supra hominem subiectionem et honorem exhibeat secundum suum modum." Ebd. ad 1 heißt es dann: „Similiter etiam oblatio sacrificii in communi est de lege naturae".

[17] Ebd. 47, 14 ad 3.

[18] Ebd. 81, 5: „Et ideo religio non est virtus theologica, cuius objectum est ultimus finis: sed est virtus moralis, cuius est esse circa ea quae sunt ad finem."

rakterisierung des „habitus" der Gottesverehrung als „supernaturalis" die Aufteilung und somit faktische Trennung von theologischen und moralischen Tugenden aufgebrochen wird. Doch sah Suárez hierin offensichtlich kein Problem.

Zum zweiten erscheint die Zuordnung der „religio" zur „justitia" als übergeordnete und sie umfassende Tugend nicht mehr ganz so eng wie in der Scholastik[19]. Denn es findet sich immerhin bei Suárez die Aussage, daß die „religio" auf Gott und die „justitia" auf die Menschen hinordnet[20]. Damit stünden sie nebeneinander, die „justitia" wäre nicht mehr jene eine umgreifende Tugend, der die „religio" als eine bestimmte Art untergeordnet wäre. In ausführlichen Überlegungen stellt Suárez jedoch heraus, daß die „justitia" grundsätzlich der „religio" übergeordnet bleibt[21]. Allerdings erwecken die Argumentationen den Eindruck, als ob Suárez zwar den durch Thomas von Aquin gesteckten Rahmen nicht eigentlich überschreiten, dennoch aber mit der Relationsbestimmung von „justitia" und „religio" letztlich nicht mehr völlig einverstanden sein mag. Es bleibt für ihn somit eine spezifische Widersprüchlichkeit. Denn er kann nicht umhin, die „religio" über alle anderen, wenn auch nur moralischen Tugenden hinausragen zu lassen[22]. Durch weit vorangetriebene Distinktionen sucht er diese Höchstbewertung mit der überkommenen hohen Einschätzung der „justitia" in Einklang zu bringen[23]. Diese sehr ins einzelne gehenden Argumentationen brauchen jedoch nicht mehr weiter dargestellt zu werden; es genügt der Nachweis, daß nach den bisher erörterten Texten Suárez bei aller Differenzierung seiner Fragestellungen und Lösungsvorschläge grundsätzlich der scholastischen Tradition verpflichtet und in ihrem Rahmen bleibt.

Die „religio" stellt somit nach wie vor eine Tugend dar, die konkret geübt werden kann und muß und in den Bereich der natürlichen Möglichkeiten und Aufgaben des Menschen gehört. Die überragende Bedeutung der „religio" und zugleich die Fraglichkeit ihrer Bestimmung als moralische Tugend, die sie den theologischen und d. h. übernatürlichen Tugenden grundsätzlich unterlegen sein läßt, sowie die letztlich nicht problemlos geklärte Relationsbestimmung zur

---

[19] Ebd. 80, 1.
[20] F. Suárez, Opus de virtute et statu religionis I 1, 3 nr. 3; 9a.
[21] Ebd. I 3, 4; 47a-53a. Vgl. auch cap. 9 nr. 8; 71b.
[22] Ebd. cap. 9; 69b-74b, vgl. die These des Thomas bei Suárez ebd. nr. 3 und die in den folgenden Nummern vorgenommene Widerlegung Cajetans mit einem wichtigen Fazit nr. 9; 71bf: „Aliud ergo est considerare rigorem et proprietatem justitiae, aliud excellentiam virtutis; nam in priori deficit aliquando religio, et ideo pars potentialis justitiae dicitur, ut supra explicatum est. Nihilominus tamen hoc non impedit, quominus in perfectione virtutis simpliciter superet, propter excellentiam objecti, et affectus voluntatis. Unde D. Thomas, in dicto art. 6, ad 1 (sc. Summa theologica II-II 81), in simili, respondet posse esse religionem perfectionem simpliciter in esse virtutis, licet in attingendo medium justitiae deficiat, magis ex impotentia subjecti, quam ex imperfectione voluntatis."
[23] Vgl. die Problematik der eben zitierten Aussage mit dem abschließenden Urteil ebd. nr. 17; 74af: „Unde cum religio numerari solet inter virtutes proximo loco post theologales, intelligendum existimo de religione in communi et generice, prout omnem justitiam ad Deum sub se comprehendit."

„justitia" bestätigen, daß sie faktisch nichts anderes als eine Tugend bleibt. Selbst ihre hohe Bewertung, daß mit den moralischen Tugenden zusammen auch die theologischen unter ihrem Befehl („imperium") stehen[24], kann dieses Ergebnis nur noch einmal bekräftigen.

Daß die „religio" also trotz ihrer herausragenden Bedeutung strikt begrenzt eine Tugend darstellt, folgt schließlich aus ihrer Entgegensetzung zu jenen Lastern, die gegen sie verstoßen. Suárez bezeichnet diese Verstöße mit der Sammelbezeichnung „irreligiositas". Es korrespondieren also der „religio" als einer einzigen Tugend[25] auf der Gegenseite mehrere Laster, von denen die „superstitio" die erste Stelle einnimmt[26].

So verdienen jene Passagen eine besondere Aufmerksamkeit, in denen Suárez von den verschiedenen Überzeugungen wie Juden, Heiden und Sarazenen im Gegenüber zu den Christen[27] sowie von der Astrologie[28] spricht. Doch finden sich auch hier keine neuen Ansätze. Es überrascht insbesondere, daß er in seiner Behandlung der Astrologie mit keinem Wort auf die lange, arabisch initiierte christliche Tradition unseres Themas zu sprechen kommt, daß nämlich die verschiedenen Überzeugungen durch verschiedene Sternkonjunktionen verursacht sind. Er zitiert Roger Bacon (1220 – nach 1292) nicht, obwohl er doch auch ihn gekannt haben dürfte. Den von Bacon beeinflußten Pierre d'Ailly (1352–1420) erwähnt er zwar ebenso wie deren gemeinsamen Kontrahenten Giovanni Pico della Mirandola (1463–1494), letzteren sogar mit ausdrücklichem Verweis auf seine astrologiekritische Schrift, aber gerade die uns interessierende Thematik nimmt Suárez nicht auf[29].

Insgesamt verwendet Suárez in den Ausführungen über die Verstöße gegen die „religio" nur ausnahmsweise die Bezeichnung „religio christiana"[30]. Wo er diese jedoch nennt, setzt er sie nicht anderen ‚Religionen' gegenüber. Wie wenig „religio" schon zentrale Bedeutung erreicht hat, läßt sich daran ersehen, daß an einer besonders pointierten Stelle, an der Suárez den Gegensatz zur heidnischen Tradition („*Gentilium traditio*") herausstellen will, nicht den gleichen Terminus, sondern die nachdrückliche Formulierung „*Christiana et vera pietas*"[31] bringt. Es überrascht, daß in einem solchen Zusammenhang als eine hervorge-

---

[24] Ebd. nr. 7; 71a.
[25] Ebd. cap. 8; 67ff.
[26] Ebd. III 1; 438–466, über die „irreligiositas", und ebd. 2, bes. die einleitenden Passagen 467–480 über die „superstitio". Es folgen dann umfangreiche Darlegungen zu den verschiedenen Arten der „superstitio" wie „idololatria", „divinatio", „astrologia", insoweit diese sündhaft ist, ferner zu „sortium usus", „divinatio per somnia", „magia" u.a.m.
[27] Vgl. ebd. III 2,1 nr. 3ff; 469f.
[28] Ebd. cap. 11; 523–536.
[29] Zur Bedeutung dieser Autoren für die Entstehung der verschiedenen Überzeugungen vgl. E. Feil, Religio, 116–120 und 208–213. Pierre d'Ailly wird von Suárez, Opus de virtute et statu religionis III 2, 11 nr. 26; 533b, Pico della Mirandola ebd. sowie nr. 6 Anm. 1; 525b, genannt.
[30] Ebd. cap. 2 nr. 9; 475b.
[31] Ebd. cap. 11 nr. 14; 528b.

hobene und betonte Charakterisierung der Christen „pietas" verwendet wird.

Was die Bedeutung der „religio" angeht, läßt sich aus diesen Interpretationen von Suárez zur hochscholastischen Konzeption der „religio" und seinen Auseinandersetzungen speziell mit Cajetan nur ersehen, daß sogar bis in den Beginn des 17. Jahrhunderts hinein noch derselbe Sprachgebrauch vorlag, der sich bisher hat nachweisen lassen, ohne daß sich irgendein Übergang zu einer neuzeitlichen Verwendung abzeichnete: „Religio" bleibt auch bei Suárez noch eine strikt bestimmte Tugend, die der Mensch nicht schon von Natur aus besitzt, sondern lernen und stets weiter üben muß. Es findet sich bei Suárez auch kein Plural ‚religiones' und auch keine Formulierung einer inneren ‚religio', aus der sich dann differente äußere Handlungen ergeben, wobei Suárez natürlich auch für die „religio" das Miteinander von innerer Einstellung und äußerer Realisierung kennt[32]. Mit diesen Darlegungen über die „religio" als Tugend sowie mit den ihr folgenden nicht weniger ausführlichen Erläuterungen über die „religio" als Orden verbleibt somit Suárez noch vor jeglichem Übergang zur Neuzeit.

Die Verteidigung der „fides"

Als nicht weniger aufschlußreich erweist sich auch die „Defensio Fidei Catholicae adversus Anglicanae sectae errores" (1613). Schon der Titel fällt auf: Es geht um die Verteidigung der „fides Catholica", nicht aber der ‚religio Catholica'. „Fides" bleibt somit der Leitbegriff. Für die Gegenseite verwendet Suárez wiederum nicht ‚religio', sondern „secta". Der Titel dieser Abhandlung läßt jedenfalls darüber keinen Zweifel aufkommen, daß „religio" in dieser kontroverstheologischen Schrift nicht im Zentrum steht[33].

In dieser Schrift wendet sich Suárez zunächst der Trennung der „Anglicana secta" von der „fides catholica" zu, sodann behandelt er spezielle Irrtümer etwa über die Eucharistie, die Marien- und Heiligenverehrung, er fährt fort mit der umstrittenen Frage des Primats und läßt Fragen über die kirchliche Immunität auch in häretischen Herrschaftsbereichen folgen, um dann eingehend den Vorwurf Jakobs I. zu widerlegen, der Papst sei der Antichrist; er beschließt seine ausführlichen Erwägungen mit der besonders prekären Eid-Frage.

Suárez widmet diese Darlegungen der Verteidigung des wahren Glaubens und der Widerlegung des Anspruchs, mit dem der englische König für seine Seite Rechtgläubigkeit reklamierte. Anlaß für die Abhandlung war ein päpstlicher Auftrag, auf ein Buch Jakobs I. (1566–1625), des Königs von Großbritannien,

---

[32] Ebd. I 2; 23–35.

[33] Franciscus Suárez, Defensio fidei catholicae adversus Anglicanae sectae errores, cum responsione ad apologiam pro juramento fidelitatis, et epistolam ad principes christianos Serenissimi Jacobi Angliae Regis (1613), in: ders., Opera omnia, hg. von Carolus Berton, XXIV, Parisiis MDCCCLIX; daß „religio" hier unbedeutend bleibt, weist nicht zuletzt der Index dieses Bandes aus, der diesen Terminus nicht aufführt.

d.h. Schottlands (seit 1567) und Englands (seit 1603), zu antworten[34]. Dieser König, ein Sohn Maria Stuarts, war katholisch getauft, aber nicht katholisch erzogen; er zeigte anfangs eine Neigung zum Katholizismus, ob überzeugt oder nicht, mag hier offen bleiben. Trotzdem und trotz des Übertritts seiner Frau zum Katholizismus verschärfte er nach 1603 und besonders nach der sogenannten Pulververschwörung 1605, in der Katholiken Parlament und König in die Luft sprengen wollten, die Gesetze gegen alle, die Mitglieder der katholischen Kirche bleiben wollten. Ihnen wurde ein Eid abverlangt, daß Jakob I. rechtmäßiger König sei. Die Stellung zum Treueid spaltete die englischen Katholiken. Die Schrift des Suárez greift also in eine aktuelle Situation ein, kein Wunder, daß sie auf der Gegenseite keine Zustimmung fand; in Löwen und Paris wurde sie verbrannt.

Im Vorwort dieser seiner kontroverstheologischen Abhandlung wendet sich Suárez an die der römischen und katholischen Kirche treuen Könige und Fürsten und legt ihnen seine Absicht dar, gegen Jakob I. eben diese Kirche zu verteidigen. Dabei sagt er über den englischen König, er suche die katholischen Könige und Fürsten zur Gemeinschaft seiner „religio" zu bringen[35]. Hier findet sich somit der uns interessierende Begriff an pointierter Stelle. Daß damit aber keine grundsätzliche Option erfolgt, zeigt Suárez darin, daß er für die Seite der katholischen Kirche als Parallele von „vera pietas" spricht. Und wenn er im zweiten Abschnitt dieses Vorworts noch einmal im Hinblick auf Jakob I. „religio sua" sagt, so setzt er dem für den eigenen Bereich „catholica ... veritas, vera sapientia", „sincera veritas", „pietas" bzw. „summa Dei pietas" und schließlich „vera et catholica fides" gegenüber. Das Vorwort, das auch Jakob I. noch als dem rechtmäßigen König eine ausdrückliche Reverenz erweist, läßt also den Sprachgebrauch der gegnerischen Seite gelten, die ja u.a. auch „religio" für sich in Anspruch nimmt, es verwendet aber für die eigene Seite andere Termini, wobei „pietas" bevorzugt wird. Man wird diesen Befund nicht überbewerten dürfen, er läßt jedoch ersehen, daß „religio" nicht nur nicht dominant, sondern deutlich weniger als andere Begriffe herangezogen wird, um den gemeinten Sachverhalt zum Ausdruck zu bringen.

Eine erste Durchsicht dieses Bandes ergibt, daß „religio" lediglich in zwei Kapiteln des näheren thematisiert erscheint, die sich im letzten Buch über den Eid befinden. Hier geht Suárez der Frage nach, ob es sich bei der Verfolgung der Katholiken in England um eine Christenverfolgung im strikten Sinn und folglich bei ihrer Tötung um ein wirkliches Martyrium handelt[36]. An einer pointierten

---

[34] Hierzu und zum folgenden vgl. die Hinweise von Eleuterio Elorduy, Suárez, Francisco de, in: LThK² IX 1129–1132.

[35] F. Suárez, Defensio fidei, Prooemium (unpaginiert); hier auch die folgenden Ausführungen im Text.

[36] Ebd. liber VI, cap. 10–11, in: ebd. 714–730. Ob die Überschriften dieser Kapitel, die „religio" verwenden, von Suárez stammen, läßt sich anhand der zur Verfügung stehenden Ausgabe nicht ersehen; eine Überprüfung war nicht möglich. – Hier wie im folgenden werden das jeweilige Buch dieser

Stelle spricht Suárez jedoch auch hier nicht von „religio" allein, sondern von „fides et Religio Christiana"[37], ein Zeichen dafür, daß beide Begriffe nicht einfach synonym verwandt werden und daß „religio" noch nicht als Oberbegriff fungiert, der „fides" mit umfaßt. Im Verlauf dieser beiden Kapitel erscheint „fides" überdies häufiger als „religio". Am meisten verwendet Suárez aber „Ecclesia", vielfach genauer als „Catholica" oder auch „Ecclesia Romana". Wenn Suárez in diesen Texten von „antiqua religio" spricht[38], stellt er ihr keine ‚nova religio' gegenüber. Denn eben die Ausübung von ‚religio' können jene nicht für sich in Anspruch nehmen, die Suárez nur „haeretici" nennen kann. Bei ihnen gibt es nämlich nichts als einen „ritus haereticus" oder „sacrilegi ... ritus"[39]. Die beiden Kapitel ergeben somit, daß noch nicht einmal in ihnen die „religio" im Mittelpunkt steht, sie behandeln vielmehr die Verteidigung der katholischen Kirche.

Sieht man die sechs Bücher dieser Verteidigung des christlichen Glaubens genauer an, so ergibt sich, daß Suárez unsere Fragestellung über die zuvor genannte Stelle hinaus am ehesten noch im ersten Buch über grundlegende Themen und hier vor allem bei der Frage anspricht, inwiefern die „Anglicana secta" nicht mehr im wahren Glauben steht. Daher wenden wir uns im folgenden zunächst diesem Buch zu. In dem ihm noch vorangehenden Prooemium legt Suárez seine Absicht dar und spricht dabei von „*veritas catholica*" und „*fides catholica*", die mit dem Anspruch Jakobs I. unvereinbar sind, Verteidiger dieser „*fides catholica*" zu sein[40]. Keineswegs überraschend verwendet Suárez für die Gegenseite „secta", er gibt aber in einer aufschlußreichen Formulierung zu erkennen, wie dieser Terminus zu verstehen ist. Er will nämlich gegen den König angehen, damit dieser nicht seiner „*secta*" den „*catholicae ac primitivae* (sc. ursprünglichen) *fidei nomen*", dagegen unserer „*religio*", d.h. den katholischen Christen, die Schande des Abfalls beilegt[41]. Es gilt, den König daran zu hindern, sich als Verteidiger der „*catholica fides*" zu sehen und aus diesem Grund die eigene „*secta*" nicht als Häresie, sondern lediglich als uneins mit dem römischen Papst darzustellen[42]. In dieser Aussage hat „secta" wohl keinen negativen, sondern einen deskriptiven Akzent. Denn sonst dürfte der König nicht eine „secta" verteidigen, sondern müßte eben diese Benennung zurückweisen und den Anspruch formulieren, selbst im wahren Glauben und in der wahren Kirche zu stehen.

„Religio" findet sich in diesem Prooemium nur zweimal, einmal in der schon genannten, wohl der Abwechslung der Begriffe dienenden Gegenüberstellung

---

Darlegungen in römischer, die Kapitel in arabischer und die jeweiligen Nummern mit der Abkürzung nr. und arabischer Ziffer angegeben; nach einem Semikolon folgt dann jeweils die Seitenangabe sowie mit den Buchstaben a und b die Angabe der Spalten.

[37] Ebd. 10 nr. 1; 714b.
[38] Ebd. nr. 11; 718b, nr. 14; 719b.
[39] Ebd. nr. 11; 718a-b, hier im Hinblick auf die Calvinisten.
[40] So ebd. Prooemium; 1f, hier gleich dreimal; vgl. auch I passim, etwa 21 nr. 1; 102b.
[41] Ebd. Prooemium; nr. 1; 1a.
[42] Ebd. nr. 2; 2a.

zur „*catholica ac primitiva fides*", wobei Suárez hier „*religio*" für die eigene Seite verwendet, und wenig früher in einer Aufzählung, die deutlich macht, daß mit diesem Terminus noch nicht verschiedene Handlungsweisen bzw. Vollzüge als Oberbegriff zum Ausdruck gebracht werden. Auch an dieser Stelle bleibt „religio" auf die katholische Kirche bezogen. Zu Anfang des ersten Buches seiner Arbeit stellt Suárez, wie schon der Titel sagt, die „fides" in den Vordergrund, meist präzisiert als „Catholica fides" oder, sehr viel seltener, als „Romana fides"[43]. Diese Adjektive bedeuten freilich keineswegs, daß „fides" nun eine Gattung bezeichnet, zu der verschiedene Arten gehören, von denen eine eben die „Catholica fides" ist, zu der aber auch andere, etwa eine ‚Anglicana fides', gehören könnten. Im Gegenteil, Suárez weist eigens nach, daß die „secta Anglicana" gerade nicht zur „catholica fides" gehört, sie nicht mehr besitzt[44]. Er legt Wert auf die Klärung, daß zuvor Heinrich VIII. weder die katholische Kirche noch den wahren Glauben verlassen wollte, daß somit der Glaube durch die schismatische Trennung von Rom noch nicht in Mitleidenschaft gezogen war. Infolgedessen war die „Anglicana fides" – nur in solchem speziellen Zusammenhang gibt es diese Formulierung – zur Zeit des Beginns der Trennung noch „catholica"; doch im weiteren Verlauf wurde in dieser „secta" dieser wahre katholische Glaube zerstört[45]. Es gibt für christliches Verständnis unbestritten nur eine „fides", die „*fides vere Christiana*", wie Suárez eigens sagt[46]. Der englische König kann diese nicht für sich in Anspruch nehmen, und zwar aufgrund eines „defectus integritatis fidei"[47]. Diesen Defekt sieht Suárez in der Übernahme des reformatorischen Ansatzes, sich allein auf die Schrift zu stützen[48]. So kann im Hinblick auf Jakob I. nicht mehr von einem „schisma", einem „Anglicanum schisma" die Rede sein[49], sondern nur noch von einer „haeresis"[50]. Es bewahrheitet sich auch hier die Ansicht der Väter, daß ein Schisma, wie es Heinrich VIII. vollzogen hatte[51], auf die Dauer zwangsläufig in eine Häresie übergeht[52], in diesem Falle hinsichtlich des Übergangs vom römischen und d.h. vom katholischen Glauben zum Calvinismus[53]. Suárez kann sich infolgedessen nicht darauf beschränken, für die Einheit der Kirche zu plädieren; er muß vielmehr die Wahr-

---

[43] Vgl. z.B. ebd. liber I cap. 5 nr. 6; 22a, auch 20; 99f u.ö.
[44] Ebd. 12; 61 ff.
[45] Ebd. 2 nr. 3; 8a: „Sit igitur constans et manifestum, si Anglicana fides usque ad defectionem Henrici VIII catholica fuit, sectam, quam ab illo tempore profitetur, fidem veram non esse, sed catholicae fidei perturbationem aut corruptionem." Vgl. bes. auch 3 nr. 1; 13a, ferner 3 nr. 10; 16b und das Folgende.
[46] Vgl. auch ebd. 9; 43ff, auch die folgenden Kapitel; 50ff.
[47] Ebd. 9; 43f, letztere Formulierung ebd. nr. 4; 44a.
[48] Ebd.
[49] Vgl. z.B. ebd. 20 nr. 1; 99a.
[50] Vgl. bes. ebd. 21, und hier nr. 4; 102ff, vor allem 103b, sowie das folgende Kapitel 22; 106ff.
[51] Ebd. 21 nr. 6; 104a.
[52] Ebd. 22 nr. 1; 106a.
[53] Ebd. nr. 9; 109b.

heit ihrer „fides" als der einzig legitimen verteidigen. Deswegen kann er dem König ebensowenig wie Luther und den anderen Reformatoren einen wahren Glauben zusprechen[54]. Grundsätzlich reserviert Suárez den Terminus „fides" also für die katholische Kirche, er spricht verschiedentlich von ihr als „fides antiqua"[55], ohne ihr jedoch eine ‚nova fides' gegenüberzustellen. Die Kennzeichen zum Erweis der wahren Kirche, die im Glaubensbekenntnis enthalten sind, nämlich Einheit, Katholizität und Apostolizität, gelten auch für die „fides", die somit ihrerseits nur „una" und „catholica" sein kann[56]. Insbesondere das Merkmal „catholica" dient nicht der Abgrenzung von Mohammedanern, Heiden oder Juden, sondern den von der einen „fides" Abgefallenen, nämlich zur Unterscheidung von den „sectae haereticorum"[57].

Daß Suárez „secta" gleichwohl vom Terminus her weiterhin neutral verwendet, bestätigt eine in diesem Zusammenhang wichtige Stelle. Anläßlich der Beweisführung, daß die „secta Anglicana" nicht „catholica" genannt werden kann, weist er darauf hin, daß die ältesten Väter Argumente entwickelt haben, eine „congregatio vel secta non Catholica" von der „Catholica" zu unterscheiden, womit indirekt „secta" auch von der katholischen Kirche gesagt wird. Er fügt die Bemerkung hinzu, daß jede „secta" von einem Lehrer ihren Namen hat und deren „sectatores" diesen Namen übernehmen[58]. Dieser Bezug auf einen Lehrer

---

[54] Vgl. ebd. 3 nr. 10; 16b, den Nachweis, daß die „fides" „una" und „vera" sein muß; für die Reformatoren vgl. 17 nr. 13; 90a, für Jakob I. etwa 19 nr. 1ff; 94bff. – Ob die in Überschriften vorkommenden Bezeichnungen „*fides Anglicana*", 17 nr. 6; 87b, und „FIDES SUA" im Hinblick auf die „ANGLICANA SECTA", 25; 120b, von Suárez stammen, bedürfte der Überprüfung. Durchweg sagt Suárez für die Anglikaner wie auch für Jakob I. nicht „fides", sondern allenfalls „sua fidei confessio", 17 nr. 13; 90a. Vgl. bes. die Aussage 14 nr. 5; 71a: „Hic autem defectus in ratione credendi provenit ex defectu regulae universalis, quae cum certitudine et infallibilitate proponat quid sit vel non sit a Deo revelatum. Nam in illa secta nulla est hujusmodi regula universalis et publica, sed unusquisque sibi est regula, ut supra vidimus; ergo talis fides non potest esse catholica, seu (ut rem clarius explicem) talis modus credendi non potest esse catholicus, id est, aptus ad catholicam fidem." Und wenig später, nr. 5, 71a-b, heißt es: „Quomodo enim aliter vulgus credere posset? ergo talis fides ex vi regulae et rationis credendi non solum catholica non est, verum etiam neque ullo modo universalis, id est, una communis multis, et ut fiat aliquo modo communis, fit alia fides pure humana, id est, in privato judicio alicujus hominis, vel particularis communitatis humanae fundata; ergo vel hac ratione longissime distat a fidei catholicae proprietate."

[55] Vgl. z.B. ebd.19 nr. 4; 95a-b u.ö. in diesen Passagen.

[56] Ebd. 4 nr. 10; 16b, vgl. 12 nr. 1f; 61b.

[57] Ebd. 16 nr. 1 u. 3; 78.

[58] Ebd. 12 nr. 15; 66a: „Tertio, uti possumus argumento seu signo quo utuntur antiquissimi Patres ad cognoscendum congregationem vel sectam non Catholicam, et illam a Catholica distinguendam. Quotiescumque enim secta aliqua proprium nomen habet a magistro, vel praeceptore talis doctrinae, et sectatores ejus ab eodem praeceptore nomen accipiunt, signum est nec doctrinam, nec personas, nec earum congregationem esse Catholicam." Interessanterweise spricht das als Beleg beigefügte Zitat des Athanasius dann gar nicht von „secta", sondern von „fides" auch über den Bereich des christlichen Glaubens hinaus: „Numquam populus christianus ab Episcopis suis, sed a Domino, in quem creditum fuit, nomen accepit, nec ab Apostolis, neque a praeceptoribus, ministrisque Evangelii, etc.; illi vero, qui aliunde originem fidei suae deducunt, merito auctorum suorum cognomenta prae se fe-

unter anderen schließt aus, daß die jeweilige „secta" zugleich „catholica", nämlich „allumfassend" sein kann. In diesem Text steht der Terminus neben der völlig neutralen Bezeichnung „congregatio". Und zur Erläuterung fügt Suárez an, daß „secta" ursprünglich insbesondere eine Philosophenschule bezeichnete[59], in welcher der jeweilige Schulgründer seine „Gefolgschaft" sammelte. Deswegen kann er in einem späteren Zusammenhang den Jesuitenorden „nova secta" nennen[60]. Wiederholt werden denn auch „Sectatores"[61] oder „sectarii"[62] genannt. Infolgedessen gehört es zur „secta", daß sie als „particularis" existiert[63]. Der Terminus bezeichnet vorwiegend verschiedene Richtungen der „Protestantes"[64], aber auch alte kirchliche Abspaltungen[65], wenn diese auch eher sogleich als „haereses" bezeichnet werden[66]. In seltenen Fällen findet er sich auch im Hinblick auf die anderen außerchristlichen Überzeugungen wie in der Formulierung „omnes sectae Gentilium, Paganorum, Judaeorum et haereticorum"[67]. Aber auch hier bleibt der Terminus als solcher neutral im Sinne von „Gefolgschaft". Eine andere Übersetzung gäbe für die Formulierung „falsae sectae"[68] keinen Sinn mehr; denn ‚vera secta' im pejorativen Sinn von ‚secta' dürfte ein Widerspruch in sich sein. Eine negative Besetzung bereitet sich lediglich von daher vor, daß Suárez den Terminus grundsätzlich für die Gegenseite gebraucht, wenn man von den genannten Ausnahmen absieht, während er für die eigene Seite „Catholica ecclesia" und „fides" wählt.

Gegenüber der dominanten Bedeutung von „fides" und „secta" durch die gesamten Darlegungen hindurch nimmt „religio" nur eine marginale Stellung ein. Mehrfach steht dieser Terminus noch nicht einmal allein, sondern bevorzugt ne-

---

runt.'" (Suárez kennzeichnet Zitate durch Kursivierung, die wir nicht übernehmen, sondern durch Anführungszeichen ersetzen.) Später spricht Athanasius dann von „Arianae insaniae". Erst im folgenden Chrysostomus-Zitat steht dann der bei Suárez selbst verwandte Terminus „sectasecta". Vgl. zu „secta" und „congregatio" ebenso 17 nr. 6; 87b im Hinblick auf die Anglikaner.

[59] Ebd. 12 nr. 18; 67a: „Hac ergo ratione, sicut philosophorum scholae ab inventoribus, seu primis praeceptoribus nomen acceperunt, ita etiam sectae haereticorum a suis etiam magistris, quibus discriminentur receperunt nomina."

[60] Ebd. 20 nr. 7; 640a.

[61] Vgl. ebd. I 12 bes. nr. 19; 67b für Luther, Calvin und Zwingli; die „secta Anglicana" müßte, wie Suárez hier sagt, am ehesten „Calviniana" oder aber „Henriciana" genannt werden, „quia cum rex Henricus fuerit primus auctor illius erroris".

[62] Ebd. 5 nr. 1; 20b, ferner 15 nr. 9; 76b, 17 nr. 12; 89b, 20 nr. 1; 99a u.ö.

[63] Ebd. 17 nr. 7; 76a: „ergo nec tota illa multitudo populorum aut sectarum potest dici Ecclesia Catholica, cum una Ecclesia non sit, neque aliqua particularis illarum dici potest catholica, cum nec pars sit alicujus Ecclesiae Catholicae, neque per se sola ad constituendam Ecclesiam Catholicam sufficiat, ut principalis ratio facta probat." Vgl. auch 16 nr. 12; 81b u.ö.

[64] Diesen Terminus vgl. ebd. 6 nr. 12; 29b, sodann 13 nr. 4; 69a, auch 16 nr. 22; 84b u.ö.

[65] Vgl. etwa ebd. 16 nr. 12; 81b, in einem Zitat des Augustinus 17 nr. 20; 84a.

[66] So ebd. 16 nr. 2; 78a „Ariana haeresis".

[67] Ebd. nr. 13; 82a.

[68] Ebd. nr. 12; 81b, vgl. aber auch 13 nr. 1; 68a.

ben⁶⁹ oder alternativ zu „fides"⁷⁰, gelegentlich auch neben „pietas"⁷¹. Für England kann nicht – wie dort beansprucht wird – von einer „reformata", sondern nur von einer „deformata religio" die Rede sein⁷². So kann die „Romana fides, vel Romana religio"⁷³ oder auch die „catholica religio"⁷⁴ nur eine sein: Wenn der englische König von einer „una religio" und damit von einer „una via salutis" und einer „una fides"⁷⁵ spricht, so hat er zwar recht, da tatsächlich dieses alles nur in einer allumfassenden Einheit bestehen kann. Daß eine solche Einheit jedoch für die Protestanten eben nicht vorliegt, belegt ihre Spaltung in verschiedene „sectae"⁷⁶. Da also auch die „religio" nur als eine bestehen kann und diese Einheit die „secta Anglicana" für sich nicht in Anspruch nehmen kann, besteht bei ihr auch diese „religio" nicht. Als Beleg für diese Auffassung kann dienen, daß Suárez in der gerade zitierten Passage zum Ausdruck bringt, die „secta Anglicana" könnte vielleicht doch nicht „Henriciana" genannt worden sein, weil Heinrich VIII. zwar gegen ein Dogma – wohl gegen die Notwendigkeit der Einheit der katholischen Kirche – verstoßen habe, im übrigen aber die „catholica religio" in seiner Herrschaft bewahren wollte⁷⁷. Und von dieser „religio" sagt Suárez im gleichen Zusammenhang, daß die katholische Kirche immer die „antiquitas" bewahrt, keinerlei „novitas", die dem früheren Glauben zuwiderlief, zugelassen hat und daher keines neuen Namens bedarf, sondern immer den alten behält ebenso wie die „religio", die von Christus am Anfang eingerichtet worden ist⁷⁸.

Zusammenfassend läßt sich – zugleich unter Berücksichtigung der anderen Bücher – zur Verwendung von „religio" wie zur Formulierungsweise überhaupt in diesem gesamten Werk über die Verteidigung des katholischen Glaubens gegen Jakob I. sagen: Während Suárez für die katholische Kirche „fides" sagt und diese Bezeichnung faktisch ihr allein vorbehält, spricht er von allen Abspaltungen und insbesondere von derjenigen in England dominant von „secta", wobei er diesen Terminus als solchen nicht negativ qualifiziert. Dies macht insbesondere die parallele oder alternative Verwendung von „congregatio" deutlich. Für

---

[69] Ebd. 2 nr. 7; 9a, nr. 13; 11a u. b, ferner 15 nr. 10; 76b, 12 nr. 3; 62a, wo es heißt: „vera fides, religio, et Ecclesia".
[70] Ebd. 5 nr. 6; 22a.
[71] Ebd. 2 nr. 8; 6b; es kommt 6 nr. 8; 27a auch „pietas" neben „fides" vor.
[72] Ebd. 2 nr. 13; 11b.
[73] Ebd. 5 nr. 6; 22a. Ebd. 14 nr. 3; 69a findet sich die Bemerkung, daß die Bezeichnung „religio Romana" nicht, wie von Jakob I. beabsichtigt, negativ zu sein braucht, weil sie „neque nova est, neque privata, sed eadem est quae Catholica".
[74] Ebd. 12 nr. 19; 67b.
[75] Ebd. 15 nr. 8; 76a.
[76] S.o. mit Anm. 61–64.
[77] Beide Termini synonym finden sich aaO. 12 nr. 19; 67b.
[78] Ebd. nr. 18; 67af: „At vero Catholica Ecclesia antiquitatem semper observat, nullamque novitatem priori fidei contrariam admittit, ideoque novo nomine non indiget, sed antiquum semper retinet, sicut et religionem a Christo primitus institutam."

Suárez bedeutet „secta" also sicher nichts anderes als „Gefolgschaft". Folglich heißt „secta Anglicana" für Suárez nichts anderes als „englische Gefolgschaft", aber noch nicht ‚anglikanische Sekte'. Solche „Gefolgschaften" gehen erst auf die Dauer zwangsläufig in Häresien über, wenn es sich um solche handelt, die sich von der katholischen im Sinne der allumfassenden Kirche trennen. Nicht eingebürgert hat sich ein durchaus auch möglicher und zuweilen auch vorkommender Sprachgebrauch, nach dem innerkirchliche „Gefolgschaften" oder „Schulen" auch als „secta" bezeichnet werden, so etwa Ordensgemeinschaften oder Theologenschulen nach ihrem Gründer. Es bleibt somit dabei, daß speziell jene „congregationes" als „sectae" bezeichnet werden, die die Einheit mit der „alten" Kirche aufgegeben haben.

Demgegenüber kommt „religio" auch im grundlegenden 1. Buch nur marginal und in den folgenden Büchern noch viel seltener vor, sieht man von den beiden schon zitierten Kapiteln sowie dem 9. Kapitel des 6. Buches ab. Nur hier, wo es um Fragen geht, ob den englischen Katholiken der Besuch der „templa haereticorum" erlaubt sei, ob es sich in England um eine wahre Christenverfolgung sowie bei denen, die in ihr getötet werden, um Märtyrer handelt, kommt somit „religio" zwar öfter vor; aber selbst dann bleibt „fides" eindeutig bevorzugt. Und wenn „religio" zuweilen nachdrücklich als „Romana Religio"[79] oder als „religio Christiana"[80] bezeichnet wird, so steht ihr nicht eine andere, sondern nur eine „falsa religio"[81], eine „falsa et superstitiosa religio"[82] oder eine „nova superstitio"[83] gegenüber.

Hinzuzufügen bleibt lediglich eine bemerkenswerte Stelle des 5. Buchs, in dem Suárez den Vorwurf Jakobs I. zurückweist, der Papst sei der Antichrist. Hier argumentiert Suárez, daß der Antichrist noch nicht gekommen sein kann, weil er eine so grundlegende Veränderung der *„tempora... et leges"* durchführen wird, wie sie noch nicht stattfand[84]. Zu dieser zeitlichen Veränderung gehört es nach Hieronymus, daß der Antichrist die Zeremonien, Feste, überhaupt die „tota religio", die durch lange Zeit auf dem Weltkreis gegründet wurde und in den Herzen der Menschen Wurzel gefaßt hat, ebenso ändern will wie die Gesetze, die göttlichen wie die menschlichen. Und Suárez fährt fort, daß der Antichrist

---

[79] Ebd. VI 9 nr. 26; 712a, ferner nr. 32; 714a.
[80] Ebd. nr. 32; 714a, vgl. 9 nr. 3; 703b, nr. 8; 705a.
[81] Ebd. nr. 30; 713b, vgl. nr. 22; 710a.
[82] Ebd. nr. 22; 714a, vgl. nr. 14; 707a.
[83] Ebd. nr. 27; 712b.
[84] Ebd. V 22 nr. 24; 655a, wo es mit einem Zitat aus der Geheimen Offenbarung, nachdem der Antichrist die Zeiten und Gesetze ändern zu können meint, heißt: „Quibus declaratur, persecutionem non tantum esse futuram temporalem et politicam propter dominationem temporalem, sed simul et maxime futuram esse spiritualem, nam conabitur *mutare tempora*, id est (ut ait Hieronymus) caeremonias, festivitates, vel certe totam religionem per multa tempora in orbe fundatam, et in cordibus hominum radicatam, *et leges*, utique tam divinas quam humanas. Nec ipse aliquam ex antiquis religionibus seu legibus profitebitur, sed novam introducet, credens se posse leges et tempora mutare." – Hier auch das Folgende im Text.

nicht irgendeine aus den „antiquae religiones seu leges" bekennen wird, sondern eine neue einführt in dem Glauben, er könne die „leges et tempora" ändern. Hier verwendet Suárez sogar „religiones" im Plural und fügt die ursprünglich dominierende Bezeichnung „leges" hinzu. Faktisch verwendet Suárez aber „religio" nicht an den wenigen Stellen, die sich haben finden lassen, an denen er über die verschiedenen Überzeugungen, die Mohammedaner, Juden und Heiden, spricht[85]. Als gemeinsame Bezeichnung verwendet er normalerweise „secta".

Die Konzeption der „lex naturalis"

Nach der Analyse dieser Schriften gilt es nun zu prüfen, ob Suárez in seinen Überlegungen „De legibus" Anlässe sah, sich des näheren über die „religio" zu äußern. Insbesondere geht es um die Fragen, ob im Zusammenhang mit seinem Interesse für das Naturrecht „religio" von Bedeutung war.

Suárez hat diese Schrift bald nach 1600 erarbeitet und 1612 publiziert. Das erste der drei Bücher dieser Schrift befaßt sich mit den Gesetzen im allgemeinen; das zweite enthält die Ausführungen über die „lex aeterna", die „lex naturalis" und das „ius gentium"; das dritte schließlich handelt von den „leges humanae". Die gesamten Ausführungen, also auch die Behandlung der „lex naturalis", nehmen sich merkwürdig abstrakt aus. Suárez stellt nicht besonders heraus, welchen Gegenwartsbezug seine Überlegungen besitzen. Dies gilt insbesondere für das Naturrecht, dem im Zusammenhang mit der Legitimation spanischen Handelns in den neu entdeckten Ländern Lateinamerikas eine besondere Aktualität zukommt. Insgesamt ordnet sich Suárez mit seiner Konzeption so nachhaltig der Tradition ein, daß seine Bedeutung eher in der Akzentuierung des Naturrechts als in einer grundlegenden Innovation bestehen dürfte.

Als Naturrecht faßt Suárez jene Ableitung und Konkretion der „lex divina" im Sinne der „lex aeterna", die dem natürlichen Licht der Vernunft zugeordnet ist[86]. Zur Klärung dieses Zusammenhangs sei nur kurz darauf verwiesen[87], daß Suárez gemäß einer Unterscheidung der „lex divina" in eine Gott selbst innewohnende „lex" und eine von Gott gleichsam nach außen und d.h. seiner Schöpfung gegebenen „lex" erstere „lex aeterna" nennt, die im Grunde identisch ist mit der göttlichen Vorsehung. Die „lex naturalis" entspricht der letzteren und kann somit als „divina" im Sinne einer von Gott der Welt eingegebenen „lex" aufgefaßt werden. Im strikten Sinn meint sie eine „lex", die allein in der mensch-

---

[85] Ebd. I 16 nr. 1; 78a, sowie nr. 13; 82a.
[86] Francisco Suárez, De legibus (= Corpus Hispanorum de Pace), hg. von Luciano Pereña, XI-XV, Madrid 1971–1975, hier II Prooemium; XIII, 2f. – Hier und im folgenden wird „De legibus" zunächst mit Angabe des Buches in römischer, des Kapitels in arabischer und des Abschnitts mit nr. sowie der arabischen Ziffer zitiert; sodann wird nach einem Semikolon soweit erforderlich die Angabe des Bandes in römischer und die Seitenzahl in arabischer Ziffer angegeben.
[87] Vgl. zum folgenden bes. ebd. I 3 nr. 6f; XI 40ff, vgl. ferner nr. 9ff; 44–49.

lichen Vernunft enthalten ist[88]. Konsequent gehören also die zehn Gebote zur „lex divina" im Sinne der „lex naturalis"[89]. Diese unmittelbar von Gott gegebene „lex" meint die Befähigung zur Unterscheidung von „honestum" und „turpe"[90]. Sie hat die Aufgabe, uns die „lex aeterna" nahezubringen[91]. Obwohl zur Schöpfung gehörig und in diesem Sinne zeitlich, bleibt die „lex naturalis" jedoch immer gleich und ändert sich nicht[92]. Sie gilt, auch wenn es Gott nicht gäbe, wie mit anderen Autoren bereits Suárez ausführlich begründet, ohne damit natürlich die Existenz Gottes im mindesten in Frage zu stellen[93].

Unbestreitbar erfährt gerade diese „lex naturalis" bei Suárez eine hervorragende Wertschätzung. Um so mehr verwundert, daß er die „religio" hier so gut wie ganz übergehen kann. Er spricht von ihr im Rückgriff auf Isidor von Sevilla (560–636) bei der Grundlegung der „lex" bzw. der „leges". Auch konstatiert er, daß jede „lex" mit der „religio" übereinstimmt, aber er umschreibt den gleichen Sachverhalt wenig später damit, daß die „lex aeterna" dem „divinus cultus" entspricht und daß ebenso die „lex naturalis" als Teilhabe an dieser „lex aeterna" insbesondere den „cultus Dei" gebietet[94]. Suárez wechselt also an dieser Stelle zwischen „cultus Dei" und „veri Dei religio"[95]. Folglich intendieren auch die „leges humanae" zunächst den „divinus cultus" und die „religio"[96]. Der in diesem Zusammenhang angedeutete Wechsel des „ritus" bedeutet noch keine Pluralität, weil sie das Insistieren des Suárez auf der „religio vera" ins Leere laufen ließe.

„Religio" bleibt für Suárez offenbar in diesen Überlegungen eine konkrete Verhaltensweise, wenn er „religio in Deum, obedientia ad parentes et patriam"[97]

---

[88] Ebd. II Prooemium; XIII, 2f. – Die Unterscheidung der „lex naturalis" in eine lex „pure naturalis" und in eine lex „simpliciter supernaturalis" kann hier außer acht bleiben, vgl. I 3 nr. 11; XI 47.
[89] Ebd. II Prooemium; XIII 3.
[90] Ebd. I 3 nr. 9; XI 44; vgl. auch II 5 nr. 3; XIII 61.
[91] Ebd. II Prooemium; XIII 2.
[92] Ebd. 8 nr. 8; 133, sowie 13 nr. 6; XIV 9.
[93] Ebd. 6 nr. 3; XIII 79ff. Dieses Axiom findet sich dann bei Hugo Grotius wieder, auf den es von späteren Autoren zurückgeführt wird.
[94] Ebd. I 9 nr. 8f; XII 10f.
[95] Ebd. nr. 8; 11: „Et ideo lex naturae non solum non praecipit, verum nec permittit aliquid quod cum veri Dei religione non congruat. Quamvis enim non singula praecepta illius legis praecipiant cultum Dei, nullum tamen praecipit aliquid quod non possit in gloriam Dei fieri, et hoc est religioni congruere." Ebd. nr. 9; 11 heißt es dann: „Nam licet specialiter id dictum fuerit propter legem veterem, fundari recte potest in hac conditione legis, quod debet congruere religioni, et ideo mutato ritu religionis illam mutari necesse est."
[96] Ebd. nr. 9; 12: „Denique leges humanae, si sint canonicae, per se primo intendunt divinum cultum et religionem, et ita fere singulae in illa materia versantur. Aliqua vero possunt in aliis materiis versari; semper tamen in eis observatur maxime religionis decentia et congruentia. Denique leges civiles, licet hunc finem per se non habeant, illi tamen subalternantur, et ita debent illi non repugnare. Alias iustae non possunt esse et hoc modo debent congruere religioni. Potest enim haec conditio et positive et negative explicari; et licet in quibusdam legibus prior modus inveniatur, in aliis sufficit posterior, scilicet ut religioni verae non repugnent, quod totum ad honestatem earum pertinet."
[97] Ebd. II 17 nr. 3; XIV 102.

oder „religio ad Deum, honor ad parentes, pietas in patriam"[98] nebeneinanderstellt als Beispiele für die enge Verbindung von „ius gentium" und „naturale", wobei der originäre Ort dieser Tugenden das „ius naturale" ist. Der (jeweilige) „ritus" der „religio" bzw., wie es synonym heißt, des „cultus Dei" gehört nicht einfach zum „ius naturale", sondern zum „ius gentium"; daraus resultiert jedoch für Suárez faktisch keine plurale Verwendung von „religio"[99]. Interessant erscheint, daß Suárez hier den „ritus" auf die Ebene des „ius gentium" verweist, während die „religio" zum „ius naturale" gehört.

Dieser Befund wird dadurch bestätigt, daß Suárez in staatsrechtlichen Überlegungen noch einmal auf die „religio" zurückkommt und für die „leges civiles" hervorhebt, daß sie für die „ad Deum cura" zu sorgen haben, weil ja die Beachtung der „religio" für die Unversehrtheit des Staates von großer Bedeutung ist[100].

Auch in „De legibus" bleibt Suárez also im bisherigen Rahmen. Gerade von seinen Überlegungen über die „lex naturalis" her gibt es keinerlei Weiterführung etwa zu einer ‚religio naturalis'.

Zusammenfassung

Ein Rückblick auf die spanische Spätscholastik ergibt, daß sich ihr zweifellos gravierende neue Aufgaben und Probleme gestellt haben, hervorgerufen durch die Entdeckung Amerikas und die Glaubensspaltung. Doch haben sich diese Herausforderungen nicht auf das Verständnis der „religio" ausgewirkt. Noch Francisco de Suárez zeigt eindringlich, wie präsent und lebendig jene Konzeption auch zu Beginn des 17. Jahrhunderts bleibt, die sich im hohen Mittelalter insbesondere bei Thomas von Aquin fand. Suárez hat nämlich im Rückgriff auf Thomas von Aquin jenes Tugendschema unterstrichen und die „religio" nicht zu den theologischen Tugenden, sondern zu den allen Menschen geltenden und für sie verpflichtenden moralischen Tugenden, den Kardinaltugenden gerechnet. Danach bezieht sich die „religio" nicht direkt auf Gott, sondern auf das, was zur Verehrung Gottes dient. So gehört sie zur übergeordneten Tugend der „iustitia". Dieses Schema besitzt bei Suárez noch solche Kraft, daß er es nicht zu überwinden vermag, obwohl er doch dessen Unzulänglichkeit deutlich gespürt haben muß. Sonst hätte er die Rangfolge von „religio" und „iustitia" nicht diskutieren können, hätte er nicht die Rezeption der Tradition als „verisimile" oder „videtur" richtig bezeichnen können. Die Formulierung eines „habitus supernaturalis religionis" sprengt im Grunde ihre auch bei Suárez noch durchgehaltene Beschränkung auf die moralischen Tugenden, bei der er gleichwohl bleibt.

---

[98] Ebd. 19 nr. 1; 125.
[99] Ebd. nr. 10; 137.
[100] Ebd. III 12 nr. 9; XV 173.

Faktisch hat sich seine Beschäftigung mit der „religio" für eine Prolongierung der mittelalterlichen Bewertung in das 17. Jahrhundert hinein ausgewirkt.

Das Ergebnis bei Suárez unterstützt die Interpretation, daß der zwei Generationen ältere Francisco de Vitoria noch nicht über eine solche Konzeption der „religio" hinausgegangen ist, die sich bis in die Blütezeit der spanischen Spätscholastik erhalten hat. Vitorias Verdienste liegen denn auch mehr auf seinen für die damalige Zeit bedeutsamen, für heutige Sicht freilich nicht recht ausreichenden juristischen Überlegungen, mit denen er den neu entdeckten Völkern grundlegende Rechte zu sichern suchte. Im Rahmen dieser Bemühungen billigt er ihnen aber keine wirkliche „religio", sondern allenfalls eine Art Gottesverehrung zu, wie er eben überhaupt den Unterschied zwischen Europäern und Christen und insbesondere natürlich Spaniern einerseits und den Einwohnern Amerikas andererseits dadurch permanent hervorhebt, daß er letztere regelmäßig als „barbari" bezeichnet. Unser Thema kommt am ehesten noch in dem Zusammenhang vor, wo Vitoria die Verschiedenheit von „fides" und „religio" nicht als Kriegsgrund gelten läßt. Doch bleibt er bei dem vertrauten Insistieren auf der „vera religio" des einen wahren Gottes, die sich eben über den Rahmen der Christenheit hinaus nicht findet.

„Religio" bedeutet also in der spanischen Spätscholastik in Überstimmung mit der Tradition eine Tugend und einen Stand, der diese Tugend von Berufs wegen übt, wie dies im Titel des maßgeblichen Werkes von Suárez zum Ausdruck kommt.

4. Beiträge zur „Politica"

Mehr noch als die geistigen Auseinandersetzungen, die im Gefolge des Humanismus und der Reformation über die Frage des rechten Glaubens wie auch des begründeten Denkens entstanden waren, griffen die politischen Wirren tief in das Leben Europas ein. Die dringendste Aufgabe bestand folglich darin, Ordnungen zu schaffen, in denen Bürger friedlich miteinander leben konnten. So traten nun, anders als bei Niccolò Machiavelli, der in seiner Zeit noch verhältnismäßig allein auf weiter Flur geblieben war, zahlreiche Autoren auf den Plan, Zeichen dafür, wieviel dringlicher die auch theoretische Bewältigung zeitgenössischer Not geworden war.

Für unseren Zusammenhang erscheint es ratsam, sich auch mit einigen dieser Positionen des 16. Jahrhunderts zu beschäftigen. Denn nicht zuletzt der Dissens im christlichen Glauben und die sich hieraus entwickelnden vielfach sehr blutigen Konflikte lassen die Frage aufkommen, wie Autoren politischer Schriften mit den Glaubenswirren umgehen und ob sich daraus Veränderungen der Auffassung von „religio" ergeben.

JEAN BODIN

Gemäß der biographischen Daten wenden sich unsere Untersuchungen zunächst Jean Bodin (1529/30–1596) zu[1]. Aber auch von der Sache her, nämlich mit seinen ausführlichen Bemühungen zur Fundierung der Souveränität hat er im-

---

[1] Jean Bodin lernte nach seinem frühen Eintritt in den Karmeliterorden außer dem noch vorwaltenden Aristotelismus ramistische Philosophie und besonders humanistisches Gedankengut kennen. Wohl wegen eines Häresieverfahrens schied er mit etwa zwanzig Jahren aus dem Orden aus und wechselte zur Jurisprudenz. Er verband praktische juristische Tätigkeit mit umfangreichen Studien. Nach Jahren in Toulouse lebte er seit 1561 in Paris. Als Royalist wurde er in den Niedergang des Hauses Valois hineingezogen; um die Rechte des Königs unangefochten zu verteidigen, wandte er sich gegen Heinrich III. (1551–1589) in der Überzeugung, daß königliche Besitzungen nicht veräußert werden dürften. Deswegen mußte er 1576 von Paris nach Laon ausweichen, wo er, abgesehen von verschiedentlicher Abwesenheit zwischen 1581 und 1584, bis zu seinem Tode ständig lebte. – Statt weiterer Literaturangaben vgl. Horst Denzer, Bodin, in: Klassiker des politischen Denkens, hg. von Hans Maier, Heinz Rausch, Horst Denzer, I: Von Plato bis Hobbes, München ²1968, 321–350, ⁶1986, 245–265; Peter Cornelius Mayer-Tasch, Einführung in Jean Bodins Leben und Werk, in: Jean Bodin, Sechs Bücher über den Staat, hg. von Peter Cornelius Mayer-Tasch, I-III, München 1981–1986, I 11–51; vgl. ferner immer noch Roman Schnur, Die französischen Juristen im konfessionellen Bürgerkrieg des 16. Jahrhunderts. Ein Beitrag zur Entstehungsgeschichte des modernen Staates, Berlin 1962, sowie Joseph Lecler, Geschichte der Religionsfreiheit im Zeitalter der Reformation, I-II, Stuttgart 1965, bes. II 136–141.

mer wieder besondere Beachtung gefunden. Wenn wir freilich ihn hier im Rahmen politischer bzw. politologischer Konzepte behandeln, so ergibt sich eine Schwierigkeit: Bodin hat nicht nur über die „République" eine wichtige Studie vorgelegt, sondern gilt ebenso als Verfasser einer Arbeit über die „religio"; doch gehört diese letztere, wie hier vorwegnehmend gesagt werden muß, bereits in den folgenden Abschnitt der Erarbeitung unseres Themas. Der Grund dafür ist nicht so sehr, daß es hier um politische und später um theologische Ausführungen geht, als vielmehr, daß eine sachliche Weiterführung vorliegen dürfte. So scheint es besser zu sein, beide auch von der Konzeption her verschiedenen Werke entsprechend aufzuteilen, so daß von ihm im letzten Abschnitt dieses Bandes noch einmal die Rede sein muß[2].

Daß es sich bei Bodins Reflexionen über die Gestaltung der politischen Verhältnisse um eine vielfach maßgebliche Darstellung handelt, ist ihm immer wieder bestätigt worden. Uns geht es jedoch nicht um diese Konzeption als solche, sondern um den Stellenwert, den Bodin im Entwurf seiner Theorie über das Gemeinwesen und insbesondere über die Souveränität dem Bezug zu Gott gibt.

In Bodin spiegeln sich die ungeheuren Probleme und Gegensätze seiner Zeit wider. Gemäß seiner für sein gesamtes Denken und Handeln maßgeblichen Leitlinie, unerschütterlich für den König einzutreten, schloß sich Bodin den Politiques an. Dieser Kreis war nach der Bartholomäusnacht 1572 – in der Bodin übrigens selbst gefährdet war – im Jahre 1573 gegründet worden; er bestand vornehmlich aus gemäßigten Katholiken, die den Ausgleich mit den Hugenotten zu erreichen suchten. Ihm gehörte auch Heinrich von Navarra an, der später als Heinrich IV. König wurde und wieder zum Katholizismus übertrat. Bei den Politiques blieb Bodin, auch als sich 1576 die katholische Liga als Gegenpartei bildete. Bezeichnend für die Zeit erscheint, daß anfänglich König Heinrich III. selbst sich zur Liga hin orientierte[3], dann aber besonders nach der Gründung der zweiten Liga von 1585 sich mit Heinrich von Navarra verband, der ihm nachfolgen sollte; nachdem Heinrich III. 1588 die Ermordung zweier wichtiger Repräsentanten der Liga, des Herzogs Henri und seines Bruders Kardinal Louis von Guise, veranlaßt hatte, wurde er selbst Opfer eines Mordes durch einen Dominikanermönch. Auch Bodin wechselte, sei es wegen des Terrors der Liga, sei es, weil er von ihr sein Anliegen, die Monarchie, besser vertreten sah, nach 1588 zeitweilig zur Liga über, bis er nach dem Tode Heinrichs III. sich Heinrich von Navarra anschloß[4], der nach salischem Recht Thronfolger war. Es kann nicht verwundern, daß dieses Wechseln zwischen den Parteien Bodin weithin in Mißkredit gebracht hat. Er konnte denn auch nach der Thronbesteigung Heinrichs

---

[2] Im nachhinein zeigte sich, daß auch J. Lecler Bodin an zwei verschiedenen Stellen des näheren betrachtet, an der Anm. 1 genannten Stelle die „République", während er das „Colloquium" in einem späteren Zusammenhang erörtert.

[3] P.C. Mayer-Tasch, Einführung, 18f.

[4] Ebd. 21f; H. Denzer, Bodin, 328, [6] 247. Die Rückkehr zu Heinrich IV. datiert P.C. Mayer-Tasch auf 1593; nach Denzer dürfte diese früher gewesen sein, ohne daß er ein Datum nennt.

IV. nicht mehr in eine wichtige politische Tätigkeit zurückkehren, sondern blieb fernab von Paris.

Auf diesem Hintergrund muß das geistige Wirken Bodins gewürdigt werden. Es umfaßt eine der humanistischen Tradition entsprechende Spannweite, enthält es doch Schriften zur Methode der Geschichte und der Jurisprudenz, aber auch eine ihm vielfach verübelte Abhandlung über die Hexenprozesse[5], die im folgenden zu besprechende Abhandlung über die „République" und schließlich (möglicherweise) das Gespräch über die „religio", um hier nur die wichtigsten Arbeiten zu nennen.

Bodin entfaltet seine Darlegungen über die „République" in sechs Büchern, von denen das erste sowie die abschließenden Kapitel des sechsten Buches grundsätzliche Erörterungen enthalten. Dazwischen behandelt er die drei klassischen Formen des Gemeinwesens, die Monokratie in ihren verschiedenen Spielformen, die Aristokratie und die Demokratie im zweiten, sowie den Senat, den Magistrat, verschiedene Gruppierungen und die Einteilung der Bürger im dritten Buch. Im vierten Buch läßt er die Erörterung der Entstehung des Gemeinwesens sowie seine innere Ordnung durch die Tätigkeit der Beamten und der Fürsten, im fünften die Zuordnung der Formen eines Gemeinwesens zu verschiedenen Völkern, die Gefährdung des Gemeinwesens durch Umstürze und die Bewaffnung der Bürger folgen. Das sechste Buch schließlich enthält in seinen ersten Kapiteln Überlegungen zum Finanzwesen.

Die wichtigen Ausführungen über die Souveränität finden sich im ersten Buch Kapitel 8 bis 10; die Vorzüge der Monarchie vor den anderen Regierungsformen werden in den letzten Kapiteln des sechsten Buches dargelegt.

Diese Übersicht läßt erkennen, daß Bodin unser Thema nirgends ausdrücklich in einem eigenen Kapitel oder gar Buch herausgestellt hat. Allerdings kommt Gott vom ersten Satz des Vorworts an durchgängig eine sehr wichtige Bedeutung zu, um die Souveränität des Königs zu fundieren und zu legitimieren. Dabei dient der Rekurs auf Gott nicht dazu, die Souveränität zu begrenzen, einer Instanz zu unterstellen, der sich deren Träger verantwortlich weiß und der dieser Rechenschaft schuldet. Dies gilt selbst dann, wenn Bodin natürlich daran festhält, daß der Souverän nicht Gottes Gesetz übertreten darf. Doch verwendet Bodin diese Unterordnung dazu, Maßnahmen des Fürsten zu verteidigen, zu denen dieser berechtigt ist, solange er eben nicht gegen Gottes Gesetz verstößt; dabei liegt Bodin daran, den Fürsten als Ebenbild Gottes herauszustellen[6]. Durch die Kennzeichnung desjenigen als souverän, der keinen Höheren als Gott

---

[5] Jean Bodin, De la démonomanie des Sorciers, Paris 1581.
[6] Jean Bodin, Les six Livres de la République, Paris (Erstausgabe 1576) 1583, ND Aalen 1961, I 8; 161 (I 239), auch 156 (235); vgl. 10; 215 (287). – Hier und im folgenden wird, soweit erforderlich, jeweils das Buch in römischer, das Kapitel in arabischer und nach einem Semikolon die Seite der benutzten Ausgabe angegeben. Ggfs. wird in Klammern dann die deutsche Übersetzung angegeben, soweit nötig, der Band in römischer und die Seite in arabischer Ziffer. Soweit die Belege nur nach der französischen Ausgabe angegeben sind, können sie in der deutschen Übersetzung leicht gefunden

anerkennt, bringt Bodin das hervorstechendste Charakteristikum dieser Qualifikation zum Ausdruck unter der Voraussetzung, daß sie zeitlich unbefristet bleibt[7]. Dieselbe Charakterisierung verwendet Bodin, wenn er die natürliche Freiheit bestimmt als „außer Gott keinem lebenden Menschen unterworfen zu sein und von niemandem anderen Befehle entgegenzunehmen zu haben als von sich selbst, d.h. von der eigenen Vernunft, die stets im Einklang mit dem Willen Gottes steht"[8]. Hier zeigt sich überdies die Identifizierung der eigenen Vernunft mit dem Willen Gottes. Die Souveränität verträgt es somit nicht, mit anderen geteilt zu werden, ebensowenig, „wie dieser unser allmächtiger Gott einen eben solchen zweiten Gott schaffen könnte"[9]. Der Souverän gilt dementsprechend als Stellvertreter Gottes[10]. Der ihm zu leistende Gehorsam gilt ihm mit der einzigen Ausnahme der Verpflichtung gegenüber Gott, der Herr über alle Fürsten der Erde ist[11]. Selbstverständlich versteht Bodin den souveränen Fürsten noch nicht im Sinne des Absolutismus[12], läßt er ihn doch gebunden bleiben an das Naturgesetz und das Gesetz Gottes, dessen Ebenbild er ist[13].

Mit dieser letzten Bestimmung, der Bindung an die Gesetze Gottes und der Natur, ist die ständig wiederholte grundlegende Norm und Orientierung genannt, die für Bodins Konzeption des Gemeinwesens und insbesondere der Souveränität indispensable Verbindlichkeit besitzt[14]. Dabei bevorzugt Bodin bei weitem die Formulierung „loy de Dieu et de nature"; er verwendet aber auch beide Termini jeweils einzeln[15], ohne daß sich aus ihrer gemeinsamen oder ein-

---

werden, da hier die benutzte französische Ausgabe mit der Sigle F am Rande vermerkt ist. Im folgenden werden deutsche Zitate durchweg nach der deutschen Übersetzung zitiert.

[7] Ebd. I 8; 127f (I 209).
[8] Ebd. 3; 19 (115).
[9] Ebd. 10; 215 (287).
[10] Ebd. 211 (284).
[11] Ebd. 8; 152 (232).
[12] Vgl. den Hinweis bei R. Schnur, Die französischen Juristen, 23 Anm. 51.
[13] J. Bodin, Les six Livres I 8; 156 (I 235); im vorstaatlichen Raum ist allein der Vater „wahre(s) Ebenbild des allmächtigen Gottes und Vaters aller Dinge", 4; 29 (I 124).
[14] Es finden sich bei Bodin ohne ersichtlichen Unterschied alle möglichen Formulierungen (die in der Übersetzung von B. Wimmer merkwürdigerweise vielfach ungenau wiedergegeben sind, vgl. die folgenden Angaben jeweils in Klammern); die hier genannten Belege sind gewählt aus dem zentralen Kapitel über die Souveränität: „loy de Dieu, et de nature", ebd. I 8; 149 (korrekt wiedergegeben mit „Gesetz Gottes und der Natur", I 229), ferner 152 (231 „Gesetz Gottes oder der Natur"); diese Formulierung findet sich permanent, so daß hier auf weitere Belege verzichtet wird. Des weiteren: „loy diuini (sic!) et naturelle", 152 (231 „Gesetz Gottes und Naturrecht"); ebenso: „loix de Dieu, et de nature", 131 (213 „Gesetze Gottes, das Naturrecht"). Schließlich: „loix divines et naturelles", 133 (214 „die Gesetze Gottes und der Natur"). Diese Formulierungen erscheinen, ohne daß irgendein sachlicher Unterschied erkenntlich und wohl auch ohne daß ein solcher gemeint ist. Es kommt, wenn auch nur höchst selten oder vielleicht auch nur singulär, vor: „droit divin, naturel et humain", ebd. V 5; 760 (II 240 korrekt „göttliches, natürliches und menschliches Recht").
[15] Vgl. auch den Wechsel von Doppel- und Einzeltermini „loy de Dieu" und „loy de nature", statt weiterer Belege vgl. wiederum ebd. I 8; 150 (I 230). Es findet sich auch im gleichen Zusammenhang, wenn auch voneinander abgehoben „loix ciuiles, ains aussi des loix de Dieu, et de nature", 146 (226

zelnen Nennung ein inhaltlicher Unterschied ersehen läßt. Jedenfalls tritt nirgends eine solche Differenzierung greifbar zutage.

Wie hoch Bodin dabei das Naturgesetz einschätzt, zeigt die Präzisierung „loix sacrees de nature", die nur deswegen nicht verwundern kann, weil Bodin Gott selbstverständlich als „grande Dieu de nature" ansieht[16].

Diese Nähe bzw. sachliche Identität von „loy de Dieu et de nature" bedeutet, daß sich zu dieser Zeit noch keine Disjunktion zwischen Gott und Natur feststellen läßt, wie dies im Gefolge der blutigen Religionskriege im Frankreich des 16. Jahrhunderts schon der Fall hätte sein können. Hier bilden beide, das Gesetz Gottes und das der Natur zusammen, oder vielleicht besser das eine Gesetz, welches das Gesetz Gottes und als solches zugleich das seiner Schöpfung und somit der Natur ist, die eine Fundierung des Gemeinwesens, die absolut gilt. Auch nicht der Papst kann von der „loy de Dieu" dispensieren[17]. Der Fürst bleibt diesem Gesetz strenger verbunden als irgendein Untertan[18], und dies selbstverständlich, ohne daß dadurch seine Souveränität tangiert wird. Mindestens bei Bodin läßt sich also irgendeine Neutralisierung der Gottesverehrung im politischen Bereich noch nicht einmal in Ansätzen erkennen.

Angesichts dieser Fundierung des Gemeinwesens fragt sich nun, welche Be-

---

„die positiven Gesetze" neben denjenigen „Gottes und der Natur"). Häufiger findet sich auch die gemeinsame Nennung von „loix diuines et humaines", I 4; 30 (124 „göttliche und menschliche Gesetze"), 39 (133 „Gesetze Gottes und der Menschen"), ferner etwa III 7; 477 (524 „göttliche und weltliche Gesetze", IV 4; 583 (II 90). Zum Zusammenhang von „loix de nature" und „loix civiles" vgl. I 8; 150 (I 230 „Gesetze der Natur" und „positive Gesetze"). Es scheint ein qualitativer Unterschied zwischen göttlichem und natürlichem Gesetz einerseits und „loy civile" zu bestehen, vgl. auch 152 (231). Ob dies zwischen göttlichen, natürlichen und menschlichen Gesetzen der Fall ist, kann hier nicht näher untersucht werden; auffällig ist, daß verschiedentlich „göttliche und menschliche Gesetze" gemeinsam genannt werden. Zur Problematik der Übersetzung vgl. den Hinweis von B. Wimmer, I 595 Anm. 119f. Doch bleibt unverständlich, warum der Übersetzer verschiedentlich, wie zuvor nachgewiesen, „loy de nature" mit „Naturrecht" wiedergibt. Daß Bodin gelegentlich auch von „droit" spricht, hier auch nebengeordnet „droit divin, naturel et humain", wurde zuvor, Anm. 14, schon festgestellt, vgl. auch die Formulierung „droit naturel", I 5; 49 (I 141 „natürliches Recht"), 8; 151 (230) im Wechsel zwischen „droit naturel" und „loix", die „naturelles" sind (in der Übersetzung wiedergegeben mit „derartige Gesetze gehören daher dem Naturrecht an". Vgl. auch III 4; 415 (466), im Zusammenhang mit dem Bodin natürlich selbstverständlich bekannten „droit des gents et constitutions". (Warum I 8; 131, die nach den „loix de Dieu, et de nature" genannten „loix humaines" in der Übersetzung, I 213, mit „von den Menschen gemachten Gesetzen" wiedergegeben sind, steht dahin.)

Daß zwischen Recht und Gesetz ein gewichtiger Unterschied besteht, betont Bodin, I 8; 155 (I 234): „mais il y a bien difference entre le droit et la loy: l'un n'emporte rien que l'equité, la loy emporte commandement: car loy n'est autre chose que la commandement du souuerain, vsant de sa puissance." (In der Übersetzung wiedergegeben: „zwischen Recht und Gesetz besteht aber ein großer Unterschied. Denn ersteres ist lediglich ein Ausdruck der Billigkeit, während das Gesetz einem Befehl gleichzusetzen und nichts anderes ist als der Befehl des Souveräns, der von seiner Macht Gebrauch macht.")

[16] J. Bodin, Les six Livres, Preface, a 4r.
[17] Ebd. I 8; 150 (I 230), vgl. die Bindung von Papst und Kaiser an die „loy naturelle", 155f (234f).
[18] Ebd. 149.

deutung denn „religion" und gegebenenfalls „foy" bei Bodin besitzen. Die Untersuchung einschlägiger Stellen ergab, daß „foy"[19] so gut wie bedeutungslos bleibt; statt dessen wählt Bodin eher „creance"[20]. Insbesondere spielt die auf Guillaume Postel zurückgeführte Devise ‚un roi, une loi, une foi'[21] bei Bodin nicht die geringste Rolle[22].

„Religion" läßt sich zwar verschiedentlich belegen, doch kommt Bodin auf sie des näheren eigentlich nur an zwei Stellen zu sprechen. Einmal ist dies der Fall, wo er der Frage nachgeht, ob in einem Gemeinwesen Kooperationen und Kollegien vorhanden sein dürfen oder ob sie ihm schaden. Anhand von Beispielen, welchen Schaden verborgene Gemeinschaften angerichtet haben, dokumentiert Bodin, daß solche Zusammenschlüsse nicht im geheimen existieren sollen, was freilich seiner grundlegenden Überzeugung keinen Abbruch tut, daß ein Gemeinwesen ohne solche Untergliederungen nicht gut bestehen kann. Somit lehnt er ab, daß insbesondere auch Gemeinschaften im Schatten und unter dem Schleier der „Religion"[23] existieren, und zwar deswegen, weil sie sich so am meisten den Anschein geben können, im Dienst Gottes zu stehen, so daß man keinen Argwohn schöpft. Bodin hält es für besser, Kollegien und Gemeinschaften, die sich der „religion" widmen, öffentlich zuzulassen oder ganz zu verbieten, wie er mit einem entsprechenden Cato-Zitat sagt[24]. Als Beispiel hierfür führt er die Wiedertäufer in Münster an, die so schweren Schaden anrichteten, weil sie im verborgenen sich sehr ausdehnen konnten, bis sie dann die politische Macht übernahmen, mit bekanntem Ergebnis.

Doch dann formuliert Bodin schärfer, es bringe Schaden, eine Gemeinschaft zuzulassen, die sich um irgendeine „religion" kümmert, wenn diese der „religion du peuple" entgegengesetzt ist[25]. Unter den Beispielen hierfür weist Bodin auf Frankfurt hin, wo vier Gemeinschaften und Kollegien verschiedener „reli-

---

[19] Wo dieser Terminus vorkommt, hat er durchweg keine theologische Bedeutung, vgl. ebd. I 6; 77 (I 166 „sich streng an das ihnen gegebene Wort halten"); 7; 103 „foy et hommage" (189 „Treue" und „Huldigung"); V 1; 676 „discretion, foy et loyauté" (II 170 „Ehrlichkeit"); 2; 704 (192 „Vertrauen"); 6; 781 „foy mutuelle" (259 „wechselseitige Wahrung von Treu und Glauben"); 6; 809 (283 „Treue"). Im folgenden erscheint wieder zweimal „foy" (übersetzt „Wort halten"); schließlich 820 (293).
[20] Vgl. z.B. ebd. IV 7; 653 (II 151).
[21] Vgl. H. Denzer, Bodin, 324; J. Lecler, Geschichte, II 137, nennt dieses Axiom im Zusammenhang mit Bodin, ohne es bei diesem zu belegen, ohne es aber auch ausdrücklich als dessen eigene Formulierung anzusehen. Es fragt sich, warum Bodin diese Formel nicht aufgenommen hat, vielleicht, weil „foy" bei ihm anders gefaßt erscheint.
[22] Die Durchsicht weiterer Passagen förderte keinen Beleg zutage.
[23] J. Bodin, Les six Livres III 7; 496 (I 540) „ombre de Religion" und „voile de Religion" (ersteres in der deutschen Übersetzung wiedergegeben mit „Deckmantel des Glaubens" und letzteres mit „Deckmantel der Religion").
[24] Ebd. 497 (541).
[25] Ebd. (die deutsche Übersetzung ist hier ungenau, wenn sie „corps et colleges, pour quelque religion que ce soit" mit „religiöse Vereinigungen, gleich welcher Konfession" sowie im folgenden „quand elle est contraire à la religion du peuple" mit „wenn ihr Glauben zu demjenigen des Volkes ... im Widerspruch steht" wiedergibt, im Original findet sich nirgends „Konfession" oder „Glauben").

gions", nämlich Juden, Katholiken, Protestanten und Anhänger der Genfer Konfession, zugelassen waren; doch da sie sich stark genug fühlten, fielen die Protestanten über die Mitglieder der Genfer Konfession her, die daraufhin verboten wurde[26].

Anders sieht Bodin die Lage im Hinblick auf alte „sectes", d.h. Gemeinschaften wie die Juden, denen die meisten Fürsten Europas Privilegien zugestanden[27]. Doch wenn solche Gemeinschaften[28] zu stark werden, gelingt es nicht, sie ohne Gefahr für das Gemeinwesen zu beseitigen; der Fürst tut dann gut daran, wie ein Steuermann zu handeln, der bei schwerem Sturm sein Schiff treiben läßt, weil gegen den Sturm zu steuern einen vollständigen Schiffbruch nach sich ziehen würde. Als Beispiel für ein solches Verhalten nennt Bodin jene byzantinischen Kaiser, die die Gemeinschaften der Arianer gewähren ließen; und er fügt an, ein Fürst, der eine Gemeinschaft, „secte", bevorzuge und eine andere zurückdränge, könne dies nur, wenn Gott der letzteren seinen Schutz entzöge. Daß dem so ist, belegt Bodin mit den erfolglosen Bemühungen römischer Kaiser, die Christen zu vernichten, da sie als „Atheistes", als Blutschänder u.a.m. angesehen wurden.

Hier also, bei der Behandlung von „corps et colleges", kommt Bodin auch auf jene Gemeinschaften zu sprechen, die es mit der „religion" zu tun haben und gegebenenfalls zugleich mit ihr auch politische Ambitionen verfolgen. Dabei bezeichnet er als „diverses religions" verschiedene Überzeugungen, Juden wie die einzelnen christlichen, wobei er Katholiken, Protestanten und die von ihm „Confession de Geneve" genannten Calvinisten nebeneinanderstellt. Als solche verschiedene „religions" kann er auch die Orthodoxen und die Arianer benennen[29], ein Zeichen dafür, daß die mit diesem Terminus bezeichneten Überzeugungen sehr nahe beieinanderliegen können. Daraus folgt, daß „religion" jede voneinander unterschiedene Weise der Gottesverehrung meint.

Es bleibt also dabei, daß sich Bodin ein Gemeinwesen nicht ohne solche Gemeinschaften, ohne Stände und Kollegien vorstellen kann[30]. Zwar verkennt er nicht die Gefahr, die von solchen Gruppierungen ausgehen kann, wozu nicht zuletzt auch jene beitragen, die sich der „religion" zuwenden; doch sieht er in ihr kein Argument dafür, sie grundsätzlich zu beseitigen. Allerdings befürwortet er nicht das Nebeneinander verschiedener „religions", verschiedener Gemeinschaften

---

[26] Ebd. (auch hier bleibt die Übersetzung ungenau, wenn sie „de diverses religions" mit „verschiedener Konfession" und deren „Glauben" wiedergibt; beides steht nicht im Original, ebensowenig wie „confession de Geneve" mit „Calvinisten" exakt wiedergegeben ist, auch findet sich im Anschluß an diese Nennung kein Hinweis auf deren „Religion", von der die deutsche Übersetzung spricht).
[27] Ebd.; die hier gebrauchte Bezeichnung meint noch nicht „Sekten" (so die deutsche Übersetzung), sondern gemäß altem Sprachgebrauch „Gefolgschaften, Schulen".
[28] Ebd. 498 (542), hier wieder „sectes" (im Deutschen völlig falsch „sektiererische Vereinigungen"), im folgenden noch einmal „secte" (im Deutschen „Glaubensrichtung").
[29] Vgl. dasselbe auch in der deutschen Übersetzung, II 531 Anm. L 179, s. dazu u. mit Anm. 41.
[30] J. Bodin, Les six Livres III 7; 499 (I 543).

von Gottesverehrung, da diese leicht gegeneinander angehen und so den inneren Frieden gefährden. Wie notwendig solche inneren Gemeinschaften eines Gemeinwesens gleichwohl sind, bringt er mit seinem Argument zum Ausdruck, daß dieses außer Gott kein festeres Fundament hat als die Freundschaft, die sich in ihnen realisiert[31]. Diese Feststellung bringt also noch einmal zum Ausdruck, daß ein wichtiges Fundament für das Gemeinwesen eben Gott darstellt.

Ein zweites Mal greift Bodin das Thema „religion" ausführlicher bei der Frage auf, wie der Fürst sich bei inneren Unruhen durch Parteiungen verhalten soll. Auch hier steht das Thema im Zusammenhang mit Unruhen, für die als eine Ursache die „Religion" hervortritt. Doch kennt Bodin nicht nur diesen negativen, sondern auch den positiven Fall, daß die „reverence de la Religion" Frieden stiftet, etwa als der Bischof von Florenz den heftig zerstrittenen Parteien der Stadt entgegentrat[32].

Den negativen Fall muß Bodin freilich zu Recht beklagen, da es bei den nun schon fünfzig Jahre währenden Kriegen nicht um die Herrschaft geht, sondern um den Sachverhalt der „Religion", wie er sagt; als Grund hierfür führt er an, daß in diesen Jahrzehnten viele Königreiche nicht die Regierungsform, sondern nur die „Religion" gewechselt haben[33].

An diese Feststellung knüpft Bodin einige grundsätzliche Aussagen über die „Religion": Ist sie erst allgemein anerkannt, soll man über sie nicht disputieren, denn was disputiert wird, wird auch in Zweifel gezogen; und zweifelhaft zu machen, was als völlig sicher gilt, ist frevlerisch und gottlos. Besonders gravierend erscheint dieser Zweifel bei Dingen, die nicht in Demonstration oder Vernunft, sondern im Glauben („creance") zugänglich sind. Bodin führt dann die höchst aufschlußreiche Parallele hinzu, daß es auch bei Philosophie und Mathematik nicht erlaubt ist, die Grundprinzipien zu debattieren. Ebensowenig kann man dies in der „religion" zulassen[34].

---

[31] Ebd. 495 (540).
[32] Ebd. IV 7; 651 (II 149f).
[33] Ebd. 652, „les guerres touchant le faict de la Religion" (übersetzt mit „Glaubenskriege") bzw. „changé de Religion" (in der deutschen Übersetzung „den Glauben gewechselt"). – Im Französischen wechseln ohne ersichtlichen Grund hier wie auch vielfach anderwärts Groß- und Kleinschreibung.
[34] Ebd. 653 (151, hier wieder „Glauben"); der ganze Text lautet, 652f (150f): „Mais la Religion estant receuë d'vn commun consentement, il ne faut pas souffrir qu'elle soit mise en dispute: car toutes choses mises en dispute, sont aussi reuoquees en doute: or c'est impieté bien grande, reuoquer en doute la chose dont vn chacun doit estre resolu et asseuré: d'autant qu'il n'y a chose si claire et si veritable qu'on n'obscurcisse, et qu'on n'esbranle par dispute: mesmement de ce qui ne gist en demonstration, ny en raison, ains en seule creance. Et s'il n'est pas licite entre les Philosophes et Mathematiciens de mettre en debat les principes de leurs sciences, pourquoy sera-il permis de disputer la religion qu'on a receuë et approuuee?" – Dieselbe Argumentation findet sich in der lateinischen Fassung, vgl. deren deutsche Übersetzung II 530f, Anm. L 173, mit der etwas ausführlicheren Begründung, daß das Wissen von den göttlichen Dingen nicht auf „Beweisen und durchsichtigen Überlegungen", sondern auf dem Glauben beruht; wer mit Beweisen und verbreiteten Büchern diesen Glauben erreichen will, ist von Sinnen und zerstört die Grundlagen aller „Religion".

Schon hier liegt also ein Wissen darüber vor, daß die letzten Prinzipien auch jener Wissenschaften nicht rational begründet, sondern nur axiomatisch angenommen werden können, die damals schon unangefochten als Wissenschaften galten, über die man wie im Falle der Mathematik auch nicht miteinander in Streit geriet. Weil dies wie für sie auch für die „religion" gilt, wiederholt Bodin im folgenden noch dreimal das Verbot, über sie zu disputieren, und belegt es mit einschlägigen Argumenten. Von ihnen verdient das des Aristoteles genannt zu werden: wer bezweifle, daß es den souveränen Gott gibt – dessen Existenz er aufgewiesen bzw. bewiesen habe –, der verdiene die Strafe der Gesetze[35] – ein Zeichen dafür, daß es wohl nicht nur zu Zeiten Bodins gefährlich war, in den Anschein des Atheismus zu kommen. Bodin hält sich an dieses Argument mit den Atheisten und weist damit nach, wie unerläßlich die „Religion" für ein Gemeinwesen ist, weil nichts mehr als sie zu dessen Bestand beiträgt[36]. Diese Argumentation hatte Bodin schon in seinem Vorwort verwandt im Zusammenhang mit einer scharfen Kritik an Machiavelli, der „impieté et iniustice" zur Grundlage des Gemeinwesens gemacht und der „religion" vorgeworfen habe, sie sei diesem entgegen; doch selbst Scipio Africanus, ein rechter Atheist, habe sie über alles und als Fundament aller Gemeinwesen geschätzt[37].

Im genannten Kontext der Spaltungen eines Gemeinwesens will Bodin nicht von der besten der „Religions" sprechen, wenn es auch nur, wie er eigens hinzufügt, eine einzige „Religion", eine einzige Wahrheit und ein einziges Gottesgesetz gibt, die von Gott selbst verkündet worden sind[38]. Wenn nun ein Fürst von einer „vraye Religion" überzeugt ist und ihr anhängt, die Mitglieder[39] des Gemeinwesens aber in „sectes" und „factions" gespalten sind, so soll er keine Gewalt anwenden; im Gegenteil, Bodin vermag verschiedene Beispiele dafür anzu-

---

[35] Im Französischen, ebd. 653, heißt es „demonstree". – Im folgenden heißt es dann vom Moskauer König: „lequel i voyant son peuple diuisé en sectes et seditions, pour les presches et disputes des Ministres, fit defense de prescher, ny disputer de la Religion, sur peine de la vie: mais bien il bailla aux prestres leur lecon et creance par escrit" (im Deutschen heißt es hier: „Stattdessen übergab er den Priestern ... ein Buch, in dem die Glaubenslehre ... schriftlich niedergelegt war.") – Daß der Strafe der Gesetze verfallen soll, wer Gott leugnet, findet sich öfter bei Bodin, vgl. etwa II 5; 305 (I 367).

[36] Ebd. IV 7; 653f: „Et d'autant que les Atheistes mesmes sont d'accord, qu'il n'y a chose qui plus maintienne les estats et Republiques que la Religion, et que c'est le principal fondement de la puissance des Monarques et seigneuries, de l'execution des loix, de l'obeissance des subiects, de la reuerence des Magistrats, de la crainte de mal faire, et de l'amitié mutuelle enuers un chacun, il faut bien prendre garde qu'vne chose si sacree, ne soit mesprisee ou reuoquee en doute par disputes: car de ce poinct là depend la ruine des Republiques: et ne faut pas ouir ceux qui subtilisent par raisons contraires, puis qu'il est ainsi que ,summa ratio est quae pro religione facit', comme disoit Papinian." – Im Originaltext kursiv wiedergegebene Zitate werden nicht kursiv und dafür in Anführungszeichen gesetzt.

[37] Ebd. Preface, a 3vf (I 95).

[38] Ebd. IV 7; 654: „combien qu'il n'y a qu'vne Religion, vne verité, vne loy diuine publiee par la bouche de Dieu". – Hier, 655 (II 153), auch das Folgende im Text.

[39] Im Original „subiects", übersetzt mit „Untertanen". Hier zeigt sich, daß hier eine korrekte Übersetzung vorliegt und ,Subjekt' ursprünglich nicht im neuzeitlichen Sinn den Träger eigener Selbständigkeit bezeichnete.

führen, daß allein das Gewährenlassen bei eigener treuer Befolgung dieser allein wahren „religion" am ehesten dazu führt, die Spaltung in verschiedene „Religions" zu überwinden. Im besonderen nennt Bodin den moslemischen Hof zu Pera, der vier „Religions toutes diverses" duldete. Aus der genauen Nennung läßt sich zugleich der Umfang von „Religion" erschließen: Es handelt sich um Juden, römische und griechische Christen sowie Mohammedaner[40]. Bodin fügt das bekannte Zitat an, das er Cassiodor zuschreibt und mit dem Theoderichs Einstellung gegenüber den Arianern zum Ausdruck gebracht wird: Die „religio" kann man nicht befehlen, weil niemand widerwillig glaubt[41]. Läßt man die Menschen nicht ihre „Religion" ausüben[42], so laufen sie Gefahr, zu Atheisten zu werden mit der Folge, daß sie Gesetze und Magistrate mit Füßen treten[43]. Atheismus ist also – so schließt Bodin seine Bemerkungen über die „Religion" – schlimmer als jede „superstition", er ist ein viel größeres Übel, als die wahre „Religion" nicht durchsetzen zu können. Folglich stellt die Spaltung in zwei Gruppen, ob es sich nun um Macht, „Religion", Gesetze oder Gebräuche handelt, nicht die größte Gefahr dar. Unerläßlich für ein Gemeinwesen bleibt somit die Annahme Gottes bzw. dessen „religion". Bodin hält den Atheismus folglich für den Ruin eines geordneten Miteinanders der Menschen. Wenn diese nämlich keine Angst vor Strafe haben müssen, achten sie auch jene Gesetze nicht mehr, die für das Zusammenleben unerläßlich sind[44].

Thematisch weitergeführt werden diese Aussagen lediglich in der lateinischen Fassung, die über den französischen Textbestand hinaus von einer Konzeption bei den alten Völkern und bei den Türken spricht, daß jeder Glaube aus reiner Gesinnung den Göttern wohlgefällig sei; dieser toleranten Haltung entsprechen

---

[40] Ebd. 655: „quatre Religions toutes diverses, celle des Iuifs, des Chrestiens à la Romaine, et à la Grecque, et celle des Mehemetistes" (152 „vier gänzlich verschiedene Religionen, nämlich die jüdische, die christlichen des römischen und griechischen Ritus und die mohammedanische").

[41] Ebd.: „Religionem imperare non possumus, quia nemo cogitur ut credat invitus." Zur Herkunft dieses Wortes aus einem Brief Theoderichs an die Juden von Genua, in dem er diesen den Wiederaufbau ihrer Synagoge erlaubt, bei Cassiodor, Variarum liber II, Epistola 27; Patrologia Latina, ed. Migne, 69, 561, vgl. den Nachweis bei J. Lecler, Geschichte, II 139 mit Anm. 42. – Kurz zuvor war bei Bodin noch einmal von den Arianern unter Theodosius die Rede, als Beispiel einer von den Orthodoxen verschiedenen „Religion". – Etwas ausführlicher finden sich diese letzten Argumentationen in der lateinischen Fassung der „Six Livres de la République" Bodins, vgl. dessen Wiedergabe in der deutschen Übersetzung II 531ff Anm. L 182.

[42] Ebd. IV 7; 650 (II 148), die Aussage, man sollte auf Machtmittel verzichten und ein revoltierendes Volk nicht unterdrücken, wie der Arzt nach Möglichkeit vermeidet, sich aufs Brennen und Schneiden zu verlegen, wenn er anders heilen kann, ein Vergleich, der ebenso hier wie später bei Lipsius gebraucht ist, nur daß er bei jenem mißverstanden wurde, vgl. dazu u. den Abschnitt zu Lipsius.

[43] Dieses Argument wiederholt Bodin ebd. VI 1; 847 (II 317): „et peu à peu du mespris de la Religion, est sortie vne secte derestabie d'Atheistes, qui n'ont rien que blasphemes en la bouche, et le mespris de toutes loix diuines et humaines ..."; vgl. ebenso den in der deutschen Übersetzung, II 585f Anm. L 546, mitgeteilten Text der lateinischen Fassung.

[44] Zur Furcht vor der Strafe Gottes vgl. auch die ebd. beigegebene Stelle einer deutschen Übersetzung, II 534 Anm. 183; vgl. ferner 533. Daß auch der Eid bes. Gott gegenüber verläßlich ist, vgl. I 8; 143 (I 224), ferner auch die deutsche Übersetzung der lateinischen Fassung, ebd. II 531 Anm. L 182.

lediglich die Juden nicht[45]. Hier stellt Bodin deutlicher als sonst heraus, daß er es für richtig hält, frevlerische fremde „Riten" aus einem Gemeinwesen fernzuhalten, wenn sie nur bei einer Minderheit Anklang finden. Wenn sie aber von vielen angenommen werden, gilt es, mit Vorsicht zu Werke zu gehen, um Unruhen zu vermeiden. Er unterstreicht noch einmal, daß Atheismus schlimmer ist als Aberglaube, hält letzterer doch die Menschen in Achtung vor Gesetzen und Magistraten. Und dann läßt er die wichtige Auskunft folgen: Bei einem Verbot öffentlicher Ausübung der „Religion" des einzigen ewigen Gottes solle man vermeiden, durch die Mißachtung der offiziellen „Religion" der Bürger zur Gottlosigkeit beizutragen, und folglich vorziehen, an den öffentlichen Gottesdiensten teilzunehmen und den Geist in der Verehrung des einzigen Gottes seine Ruhe finden zu lassen[46]. Hier zeigt sich eine direkte Trennung zwischen der öffentlichen Teilnahme an der in einem Gemeinwesen praktizierten, jedoch als falsch erachteten Gottesverehrung und der persönlichen Einstellung, da eine solche Teilnahme an Gottesdiensten immer noch die Möglichkeit eröffnet, im „Geist" den wahren Gott auf die angemessene Weise zu verehren.

Zusammenfassung und Ergänzung

Überblickt man diese näheren Auskünfte über „Religion" bei Bodin, so ergibt sich: Nur im jeweiligen Kontext spricht Bodin über „Religion" und hier nur zweimal ein wenig genauer im Zusammenhang mit jenen Wirren, die vor allem das Frankreich seiner Zeit in seinen Grundlagen erschütterten. Anderwärts, etwa in der Aufnahme tradierter Astrologie, nimmt er sie faktisch nicht auf. Dabei verwendet er einige Mühe auf dieses Thema und kritisiert in diesem Kontext Cardano besonders heftig[47]. Pauschal spricht Bodin von der Sternenkunde anläßlich seiner Behandlung der gleichfalls altüberlieferten merkwürdigen Spekulationen über die Auswirkungen, die die geographische Lage auf die jeweiligen Charaktere von Völkern mit sich bringt. Er referiert, daß sich die Völker unterscheiden, je nachdem, ob sie in den südlichen, mittleren oder nördlichen Regionen beheimatet sind. Ins Auge springt – nach Bodins Referat – ein erheblicher Unterschied zwischen Süd- und Nordländern bezüglich der Sexualität[48]. Denn diese erscheint nur als eine Folge der geographischen Lage. Bodin charakterisiert allgemein, daß der Nordländer sich mehr der Kraft, der Bewohner mittlerer Regionen mehr der Gerechtigkeit und der Südländer der „Religion" bedient[49].

---

[45] Ebd. II 531–534 Anm. L 182; hier auch das folgende im Text. Von den Juden heißt es, daß sie „im Vertrauen auf das hohe Alter ihrer Religion" die Christen bei den Römern denunzierten, was dann zu den Christenverfolgungen führte.

[46] Ebd. 533f.

[47] Ebd. IV 2; 542–561 (II 57–72), zu Cardano bes. 546ff (60ff).

[48] Ebd. V 1; 682ff (175f).

[49] Ebd. 686 (178): „aussi chacun de ces trois peuples au gouuernement de la Republique vse de se

Doch verwendet Bodin auch hier „Religion" bzw. „religion" unspezifisch, ohne besonderen Nachdruck und ohne genauere Bestimmung.

Hier wie anderwärts spricht Bodin höchst selten von einer namentlich genannten „Religion", der „Religion Catholique"[50], der „Religion reformee"[51] oder der „religion Chrestienne"[52]; auch „nouuelle religion" kommt vor[53]. Aber die wenigen Formulierungen dieser Art bleiben bedeutungslos, ebenso die seltenen zuvor genannten Stellen, an denen Bodin von vier oder drei gegebenenfalls „toutes diverses Religions" spricht. Er verwendet somit sehr wohl den Plural. Ein Grund, warum die wohl häufigere Großschreibung dieses Terminus mit der Kleinschreibung abwechselt, ist nicht ersichtlich. Die Anwendung des Begriffes auch auf Kirchenspaltungen wie diejenige zwischen Orthodoxen und Arianern, sowie die Verwendung für Juden, Mohammedaner und verschiedene christliche Überzeugungen bleiben insgesamt selten. Nicht eine institutionelle oder gar eine universalisierte Bedeutung von „religion" steht bei Bodin im Vordergrund, sondern die konkrete, daß es verschiedene Gemeinschaften gibt, die jeweils auf

---

qu'il a le plus à commandement: le peuple de Septentrion par force, le peuple moyen par iustice, le Meridional par Religion." Hier auch die nähere Charakteristik, daß die Germanen keine „Religion" hatten, während die Skythen ein Schwert in die Erde rammten und es anbeteten, ferner, daß bei den Bewohnern der mittleren Regionen die Verstandeskräfte stärker ausgeprägt sind als die Körperkräfte, so daß Redner, Juristen, Geschichtsschreiber, Dichter u.a. aus diesen Regionen stammen; während sich Nordländer auf Kraft bzw. Gewalt („force") stützen, greifen die Bewohner mittlerer Regionen mehr auf Gesetze und Vernunft („raisons") und die „peuples de Midi" auf Listen und Finessen oder auf die „Religion" zurück. Im folgenden konstatiert Bodin dann, daß die südlichen Völker, Ägypter, Chaldäer, Araber, „les sciences occultes, naturelles, et celles qu'on appelle Mathematiques" hervorgebracht haben und daß hier auch die meisten „religions" entstanden sind. Nicht, daß Gott die Völker verschieden bevorzugt hätte, aber, wie sich in reinem Wasser die Sonne besser spiegelt als in schmutzigem, so das göttliche Licht in reinen Geistern besser als in von irdischen Neigungen befleckten und getrübten. Somit erscheinen die Bewohner mittlerer Regionen als die besseren Staatsmänner, während sich, je weiter nach Süden, um so mehr „hommes deuots, plus fermes et constans en leur Religion" finden, so 688 (179); die Südländer sind folglich am meisten mit „sciences naturelles et diuines" beschäftigt, 689 (181, hier mit „Theologie und Naturwissenschaft" wiedergegeben). Vgl. dazu auch die der deutschen Übersetzung beigefügten Texte aus der lateinischen Fassung. 543f Anm. L 263f und bes. 546ff, die sehr ausführliche Anmerkung L 284 mit detaillierten Angaben zur eben referierten Passage; hier wechselt die deutsche Übersetzung zwischen „Glauben", „Riten", 548; thematisch gehen die vielen auch hier genannten Beispiele nicht über die Aussagen des französischen Textes hinaus.

[50] Ebd. I 7; 112 (I 197); hier ist auch von katholischen und protestantischen Kantonen die Rede, von denen Glarus und Appenzell sich indifferent gegen „l'vne et l'autre religion" verhalten. – Hier heißt es anders als in der deutschen Übersetzung noch nicht ‚Toleranz'.

[51] Ebd. IV 3; 580 (II 87); kurz zuvor war von einem Mönch die Rede, der nicht gezwungen wurde, sein Habit und seine „religion" zu wechseln (in der deutschen Übersetzung mit „Glauben" wiedergegeben); gemeint ist hier wohl eher Orden.

[52] Ebd. I 5; 59 (I 150), hier auch „religion" in Zusammenhang mit Mohammed; diese Aussagen beziehen sich auf das Mittelalter, als es noch keine Spaltung zwischen Katholiken und Protestanten gab, sondern nur diejenige zwischen Orthodoxen und Arianern. Vgl. auch „religion Chrestienne", 64 (154, hier mit „Christentum" wiedergegeben).

[53] Im Kontext der Anm. 52 zitierten Aussage, wo es auch von Basel heißt, es habe die „religion" gewechselt.

ihre Weise bzw. ihren Gott verehren; die Frage einer Verwendung dieses Terminus für Heiden, für Polytheisten, hat bei Bodin keinen Niederschlag gefunden.

Besonders unterstrichen zu werden verdient, daß Bodin die Frage der „vraye Religion" ausdrücklich ausklammert, an sich aber die Wahrheit nur einer „Religion" annimmt; und mehr noch bleibt zu beachten, daß er im gegebenen Fall einem Fürsten, der dieser wahren „Religion" anhängt, sie aber in seinem Gemeinwesen nicht durchsetzen kann, den Rat gibt, an der öffentlich geübten Gottesverehrung teilzunehmen, in seinem Geist aber die wahre Verehrung – und eben nicht den Aberglauben – zu üben[54]. Hier allein zeigt sich eine Differenzierung von äußerlich geübter Praxis und innerer Einstellung, die auf Späteres vorausweist. Abschließend muß jedoch noch einmal hervorgehoben werden, daß Bodin seine Argumentation nicht auf „Religion" stützt, sondern durchgängig auf die „loy" bzw. „loix de Dieu et de nature", zwischen denen sich eine Differenz nicht ersehen läßt[55].

Zu erinnern bleibt freilich auch daran, daß unser Thema für Bodin keine besondere Bedeutung für sein dringendstes Anliegen hat, das er in diesem Buch behandelt, nämlich für die Souveränität. Lediglich indirekt kommt ihm Bedeutung zu, insofern der souveräne Fürst und die beste Staatsform, die Monarchie, Gott sowie seinem und der Natur Gebot unterstellt sind und bleiben. Souveränität nach Bodin meint, niemandem gehorchen und untertan zu sein als Gott und den Gehorsam aller anderen in Anspruch zu nehmen, handelt es sich beim souveränen Fürsten doch um Gottes Ebenbild.

Lambertus Danaeus

Als Autor einer „Politice Christiana" soll der französische reformierte Theologe Lambertus Danaeus (1530–1595) berücksichtigt werden[1].

Von den sieben Büchern der hier zu besprechenden postum erschienenen Schrift widmet Danaeus die ersten vier den allgemeinen Themen, nämlich zunächst der „Politice", dann den Bürgern, der Erhaltung und Sicherheit und schließlich der Ausstattung des Gemeinwesens. In den letzten drei behandelt er

---

[54] Vgl. auch den Hinweis ebd. III 4; 429 (478) auf die „vraye congnoissance du Dieu eternel" (in der deutschen Übersetzung „von echtem Glauben") bzw. auf die „vraye adoration", die der Magistrat zu üben hat.

[55] Nur vermerkt sei, daß in keinem der bezüglich „Religion/religion" überprüften Texte von ‚pieté' die Rede ist, obwohl Bodin diese natürlich kennt, vgl. in profanem Zusammenhang ebd. I 4; 33 sowie II 4; 289 (352).

[1] Nachdem sein Lehrer Anne du Bourg (ca. 1520–1559) wegen seines Eintretens für die Reformation hingerichtet worden war, trat der Jurist Lambertus Danaeus selbst zum Protestantismus über und begann 1560 das Studium der Theologie in Genf. Seit 1561 war er dann als Pfarrer und später als Professor tätig, wobei er Calvins Richtung strikt verbunden blieb, sie mit großer Schärfe verfocht und entschieden für puritanische Lebensführung eintrat.

dann speziellere Fragen, nämlich die Gesetze, den Magistrat in Friedenszeiten und schließlich in Kriegszeiten.

Bei der Definition der christlichen „Politice" besteht für Danaeus kein Anlaß, etwa auf „fides", „pietas" oder „religio" einzugehen; ihm genügt zur Bestimmung des „christlich" der Hinweis auf das geschriebene Wort Gottes und die in ihm enthaltenen Gesetze[2]. Anläßlich der folgenden Erörterung des Gemeinwesens trifft er dann die Feststellung, daß Gott selbst der wahre Gründer menschlicher Gemeinschaft ist[3], hat er doch den Menschen den Wunsch nach dem Zusammensein als „affectus naturalis" eingepflanzt[4]. In diesem Verlangen sieht Danaeus die nächste Ursache für die Entstehung des Gemeinwesens[5], wie er mit verschiedenen Texten belegt. Hierauf läßt er einen kurzen Verweis auf andere Autoren folgen, die eine „religiosa ... causa" für die Entstehung des Gemeinwesens annehmen, die er freilich nicht für hinlänglich philosophisch hält. Das hierfür angeführte schwer verständliche Zitat erläutert er dahingehend, daß dieses Gemeinwesen nicht so sehr eine „vera pietas ac religio" als vielmehr eine „deprauata ac corrupta", eine „profanatio" des göttlichen Namens enthält[6]. Im gleichen Zusammenhang weist er die Annahme von einer anfangs gegebenen und dann gewachsenen „vera religio" zurück[7].

Immerhin erwähnt Danaeus bei der Bestimmung des Ziels und Zwecks eines Gemeinwesens, daß – nach Augustinus – die „civitas terrena" als eine von Götzendienern getragene nur eine irdische Seligkeit als „finis" hat, während die himmlische „civitas" die Herrlichkeit Gottes anzielt. Ein Gemeinwesen soll getragen sein vom Eifer einer wahren „pietas" und „religio", die Danaeus mit der Gottesfurcht gleichsetzt[8].

---

[2] Lambertus Danaeus, Politices Christianae libri septem, o.O. MDXCVI, vgl. I 2; 9–13, 13. (Diese Ausgabe trägt in der Staatsbibliothek Augsburg die handschriftliche Ortsangabe: Genf). – Hier und im folgenden werden, soweit notwendig, zunächst das Buch in römischen, das Kapitel in arabischen und nach einem Semikolon die Seite der zitierten Ausgabe erneut in arabischen Ziffern angegeben.
[3] Ebd. 3; 24.
[4] Ebd. 22, vgl. 26.
[5] Ebd. 24.
[6] Ebd. 26; das Zitat ist nicht nachgewiesen; es kann pantheistisch verstanden werden:
„Atque vbi senserunt se semina ducere coelo,
Atque aliquem Mundum, qui regat, esse Deum,
Utque alios alij de religione docerent,
Contiguas pietas iussit habere domos."
(Die Kursivierung wurde nicht übernommen.)
[7] Ebd. 27: „Denique tantum abest, vt vera religio in primis illis priscorum hominum coetibus exculta et aucta fuerit, vt contra ex promiscua impiorum cum piis colluuie euenerit illud, vt omnis caro viam suam corrumperet; et filij Dei, id est, pij filias hominum, id est impiorum, in matrimonium ducerent, atque inde se prorsus polluerent, verumque Dei cultum labefactarent ..." Daraus resultiert ein dritter Grund für die Entstehung der Gemeinschaft von Menschen, eine „causa ... miraculosa".
[8] Ebd. 5; 46: „In summa studium verae pietatis, ac Dei metus seu religionis et consequendae et retinendae in hoc mundo est, et esse debet finis et scopus piae Reipublicae constituendae."

Trotz dieser Aussagen stellt Danaeus entsprechend seinem eingangs skizzierten Ansatz diese beiden Haltungen bzw. Tugenden nicht weiter heraus. Des näheren kommt er auf sie erst wieder im dritten Buch zu sprechen anläßlich der Behandlung der Mittel, das Gemeinwesen sicher zu erhalten. Hier nennt er zwei Ursachen, nämlich die göttliche Vorsehung und den wahren „cultus" Gottes[9], d.h. die Zuwendung Gottes zu den Menschen und die ihr korrespondierende Verehrung Gottes durch die von ihm geschützten Menschen. Dabei läßt Danaeus den inneren Zusammenhang beider, den die Römer immer wieder herausgestellt hatten, zurücktreten; lediglich faktisch bleibt er durch die gemeinsame Nennung beider bestehen.

Als Leitwort wählt Danaeus an dieser Stelle „cultus", genauer „verus Dei cultus"[10]. Unter einigen Schriftzitaten führt er insbesondere eine Stelle an, die den eben genannten Zusammenhang beinhaltet, nämlich die Aussage: „Ich will lieben, wer mich liebt, und mit Haß verfolgen, wer mich haßt" (1 Sam 2,30). Zum Wohlergehen eines Gemeinwesens gehört somit, daß der christliche Fürst jeden Götzendienst zurückweist[11] und daß die „vera religio" im christlichen Gemeinwesen begründet wird, wobei sie die Quelle aller Tugend, speziell der öffentlichen und privaten Gerechtigkeit sowie die Ursache der Seligkeit darstellt[12]. Deswegen warnt Danaeus auch davor, Götzendiener im christlichen Gemeinwesen gnädig zu behandeln[13]. Diese Praxis hat sich nach aller Erfahrung, wie er meint, nicht bewährt. Dies hat sich etwa bei den Kaisern Gratian und Jovinian gezeigt, die zur Beruhigung ihrer Bürger Tempel und Gebetsstätten verschiedener „religiones" zuließen, freilich ohne Erfolg. Daher, weil nichts mächtiger in den Köpfen der Menschen ist als die Überzeugung der „religio" und des „cultus" Gottes, neigt Danaeus eher jenen zu, die hier keine Verwirrung dulden und eine solche sogleich mit Schwert und Feuer ausrotten; denn die „immanitas", die Wildheit bzw. Roheit stabilisiert die „religio" nicht, sondern zerstört sie[14].

Danaeus wendet diese Sicht dann auf die konfessionellen Wirren seiner Zeit an. Im Kampf gegen die „falsa" bzw. „vera religio depravata" weist er dem christlichen Magistrat die Aufgabe zu, sich über die (rechte) „religio" und „pietas" zu vergewissern[15] und, wenn er sich Klarheit über sie verschafft hat, deren

---

[9] Ebd. III 2; 163.
[10] Ebd. 165.
[11] Ebd. 165f: „... Principem Christianum accurare imprimis debere, vt Idololatria, omnisque profanus et cum scelere ac obscoenitate coniunctus cultus plane repudietur".
[12] Ebd. 167, hier, 167f, mit dem Hinweis auf Theodosius, der neben der „vera religio" jegliche „superstitiones" aufgehoben hat.
[13] Ebd. 169 „benigne tolerentur"; die Warnung wird untermauert mit dem Hinweis auf die Frage des Ambrosius, wie diejenigen im menschlichen Bereich wohlwollend sein sollen, die schlecht von Gott denken.
[14] Ebd. 169f mit Hinweis auf Laktanz unter dem Stichwort „vera et perpetua pietatis fundamenta".
[15] Ebd. 170f: „... Vt diligenter summus hic magistratus (qui Christianus audire vult) ex Dei verbo scripto inquirat, ac examinet eam doctrinam et religionem, cuius a paucioribus istis exercitium peti-

sicheres und freies Bekenntnis zuzugestehen, auch wenn dies nur wenige erbitten[16]. Diese wenigen sollen nicht bestraft oder aus dem Reich vertrieben werden, da sie dem wahren Gott gemäß seinem Wort dienen[17]. Nach einer Reihe von Beispielen, daß man die wahre „religio" gewähren lassen und der „pura Dei doctrina" nicht widerstehen soll[18], formuliert Danaeus als Kriterium für sie, daß Gott nicht ohne „fides" verehrt werden kann, diese aber vom Hören kommt[19].

Danaeus bringt aber im folgenden keinen konkreten Ratschlag mehr, was denn zu tun sei, wenn es zum Streit über diese wahre „pietas", „doctrina" oder „religio" kommt, wenn sich zwei Parteien gegenüberstehen mit dem Anspruch, jeweils die Wahrheit auf ihrer Seite zu haben[20]. Damit läuft auch die zuvor genannte Aufgabe des Magistrats ins Leere, dieser solle sich aus dem Wort Gottes über die wahre Gottesverehrung vergewissern und dann dieser freie Ausübung zusichern[21], die Danaeus mit der Mahnung an den Magistrat verbindet, daß im gegenteiligen Falle Gott zürnt[22]. Denn außer diesen Mahnungen führt er lediglich historische Beispiele an, daß sich ein Gewährenlassen in diesem Gebiet für den Herrschenden nicht ausgezahlt hat, ja daß das Eintreten für die Wahrheit auch jegliche Angst vor den vielen Andersdenkenden gegenstandslos macht[23]; doch vermag er damit keinen verläßlichen Ausweg aus der konfessionellen Spaltung zu weisen. Kritik an der römischen Kirche[24] und ein Plädoyer für die „Pastores", die der Kirche Gottes wahrhaft dienen, und für die armen Christen[25] – wobei Armut wohl als Wahrheitsbeweis dienen soll – bieten schließlich keine Lösung. Der Abschnitt, der mit dem Insistieren auf der wahren Gottesverehrung so eindeutig begonnen hatte, verläuft somit im Sande. Und wenn Danaeus im folgenden bei den Gefährdungen des Gemeinwesens sehr kurz die Vernachlässigung des „cultus" Gottes und die „idololatria" nennt[26], leistet er auch damit keine Hilfe.

In den jedem Kapitel beigegebenen Aphorismen kommt Danaeus verschiedentlich, zweimal auch ausführlicher auf unser Thema zu sprechen. Einmal geht er hier wiederum auf den „veri Dei cultus verus" ein, der den Staat erhält[27]. Hier unterstreicht er die Schädlichkeit des Götzendienstes sowie die Notwendigkeit für einen frommen Fürsten, die „vera relligio" (sic!) mit öffentlichen Edikten zu

---

tur, et quae vera pietas esse ab iisdem affirmatur, vtrum illa vera sit, vtrum ea ipsa, quam Deus verbo suo praescripsit: vtrum denique sit ille verus Dei cultus."
[16] Ebd. 171f, hier mit der Formulierung „vera pietas et religio".
[17] Ebd. 172.
[18] Ebd. 173.
[19] Ebd. 174 (fälschlich 175).
[20] Vgl. ebd. 176–180.
[21] So ausdrücklich ebd. 171.
[22] Ebd. 172.
[23] So ebd. 173.
[24] Ebd.
[25] Ebd. 174 (fälschlich 175).
[26] Ebd. III 5; 203.
[27] Ebd. 224ff, 228ff.

schützen und Verstöße unter schwere Strafe zu stellen; auch soll der Fürst bei feierlichen heiligen Handlungen alles tun, was für den „cultus" bzw. seine Wiederherstellung erforderlich ist. Später folgt ein Hinweis darauf, daß wegen einer „diversa religio" Soldaten des gleichen Lagers oder aus einem Bündnis weniger zuverlässig erscheinen[28]. Unter den Gründen für den Untergang eines Gemeinwesens rangiert die „idololatria" an wichtigster Stelle. Deswegen mahnt Danaeus, eine Beeinträchtigung des wahren „cultus" Gottes am wenigsten zu tolerieren, sie vielmehr zu beseitigen (wie er in einem unübersetzbaren Wortspiel sagt); denn die Könige, die von der „vera religio" zur „idololatria" abfallen und somit „publica Apostasia" betreiben, straft Gott[29]. Sodann fügt er einen Abschnitt über den Schaden bei, den die Änderung der „vera religio" mit sich bringt[30]. Den Anfängen soll man wehren; so lautet sein Ratschlag, daß der Ableugnung in einem Teil des Gemeinwesens mit Waffengewalt entgegengetreten werden soll; wenn aber umgekehrt ein Teil des Gemeinwesens zur wahren „religio" zurückkehrt, haben die übrigen nicht das Recht einzugreifen[31]. Fürst und Magistrat haben jedenfalls die Aufgabe, für die „religio" und ihre Reinerhaltung zu sorgen; wo dies nicht geschieht, folgen schwere Strafen wie die Babylonische Gefangenschaft.

Alle diese mit Schriftstellen belegten Aphorismen sollen die Aussagen bestätigen, die Danaeus in seinen eigenen Texten formuliert hat. Er sorgt sich um den „verus cultus", wie es an der ersten ausführlichen Stelle bevorzugt heißt, um die „vera religio", wie die zweite Stelle sagt. Ihr soll unangetastete Übung zugestanden werden, sofern sie in der Minderheit ist, ein Übergang zu ihr soll straflos bleiben, ein Abfall von ihr dagegen mit schweren Sanktionen belegt werden. Was geschehen soll, wenn die Einheit sich weder mit Gewalt noch auf dem Weg der Überzeugung herstellen läßt – wie seinerzeit der Fall –, berührt Danaeus in diesen Ausführungen nicht. Somit tritt er nicht für gegenseitige Toleranz ein, sondern für die Aufrechterhaltung des einen wahren „cultus". Lediglich in dem Falle, daß nur eine Minderheit ihm anhängt, verlangt er Verzicht auf Gewalt und damit Toleranz, wobei er die Frage offenläßt, wie denn die Wahrheit gefunden werden kann.

Für unser Thema bleibt lediglich darauf hinzuweisen, wie uneinheitlich die Terminologie bei Danaeus bleibt. Wechselnde Begriffe oder Doppelformulierungen verwendet er durchweg[32], so daß sich der Leitbegriff „cultus divinus" in

---

[28] Ebd. 247.
[29] Ebd. 251; das Wortspiel heißt: „Vel tantilla veri Dei cultus corruptela deprehensa publica praesertim, minime toleranda, sed tollenda est."
[30] Ebd. 252ff.
[31] Unterstrichen wird diese Auskunft in Aphorismen zu ebd. V; 345, und zwar dahingehend, daß auch der kleinere Teil eines Staatswesens für die „vera pietas, ac religio" mit Waffen eintreten soll gegen den größeren Teil, der „impius" und „a vera pietate deficiens" ist.
[32] Vgl. dazu noch die Ausführungen bei Danaeus ebd. II 6; 121 über die „nobiles", für die es erforderlich ist, nach Tugend und insbesondere nach der „vera pietas et fides" zu streben, ferner 7; 131ff über die Kindererziehung mit der Erwähnung der „vera in Christum fides", der „vera pietas seu doc-

immer neuen Aspekten auslegen läßt. Danaeus gebraucht somit „religio" mindestens nicht dominant. Was immer von ihr gesagt wird, kann auch unter dem Terminus „pietas" verhandelt werden.

Berücksichtigt man, daß Danaeus bei der Grundlegung, wie schon aufgezeigt, sowie in den abschließenden Büchern über den Magistrat in Friedens- und Kriegszeiten nicht mehr ausführlicher auf „cultus", „pietas" oder „religio" zu sprechen kommt, selbst wenn er sagt, daß der christliche Magistrat auf die Ehre Gottes zu achten habe[33], so wird man daraus den Schluß ziehen: Danaeus mißt diesem Thema keine vorrangige Bedeutung bei. Dies gilt unbeschadet jener Stellen, an denen er zum Ausdruck bringt, daß sie als Tugenden für das Gemeinwesen herausragende Bedeutung besitzen.

Joachim Stephani

Herausragendes Interesse verdient Joachim Stephani (1544–1623)[1], der als Autor der berühmten Formel „cuius regio, eius religio" angesehen wird. Normalerweise wird diese so verstanden, als ob sich jeweils die Konfession der Untertanen nach derjenigen des Herrschenden richtete. Daß jedoch der Sachverhalt so einfach nicht liegt, zeigt die Konversion Heinrichs IV. von Navarra, mit der sich der Herrscher nach dem Volke richtete.

Sieht man dann Stephanis Argumentationen des näheren an, so ergibt sich ein differenziertes Bild. In einer umfangreichen Abhandlung erörtert er die „Iurisdictio" bei Juden, Griechen und Römern und schließlich für seine Zeit im kirchlichen Bereich. Schon das Widmungsschreiben gibt einen aufschlußreichen Sachverhalt wieder: Zunächst bestimmt Stephani nur die „Iurisdictio" als höchste Gewalt, die Gott gegeben hat und die gleichwohl entsprechend der griechischen Bezeichnung „ἐξουσία" von den Gesetzen der Gerechtigkeit abhängt[2]. Auffälligerweise kommt Stephani bei der Vorstellung der ersten drei Teile in die-

---

trina salutis" bzw. der „vera fides ac doctrina salutis", und, um noch ein Beispiel zu nennen, IV 2; 283f über die Metropolen, die dadurch charakterisiert sind, daß sie ein „summum verae pietatis ac religionis Christianae in toto illo Regno sacrarium" besitzen.

[33] Ebd. VI 3; 389; vgl. 402, ferner, 389, den Aphorismus dazu, 451 zu „Dei cultus", vgl. schließlich VI 1; 374 zu „Christiana religio", 454 zu „pietas".

[1] Der aus Hinterpommern stammende Joachim Stephani war nach Studien vor allem in Wittenberg und abschließend in Rostock seit 1572 Professor der Philosophie und 1578 der Rechte in Greifswald.

[2] Joachim Stephani, De Iurisdictione Iudeorum, Graecorum, Romanorum, et Ecclesiasticorum Libri quatuor, Francofurti ²MDCIV, ND Aalen 1978, Epistola Dedicatoria; VIII; die weiteren juristischen Bestimmungen, daß die Römer den Träger dieser Jurisdiktion „Magistratus" nannten und daß entgegen deren Brauch einer Trennung von Jurisdiktion und Schwertgewalt und d.h. „Ius Imperii" beide zu seiner Zeit in einer Hand sind, können hier auf sich beruhen bleiben. – Im folgenden werden zunächst das Buch in römischer und das Kapitel sowie nach einem Komma der Abschnitt und nach einem Semikolon die Seite dieser Ausgabe in arabischen Ziffern zitiert. Nur die römisch paginierten Seiten werden auch hier in römischen Ziffern zitiert.

sem einleitenden Text nicht auf die ‚religio' zu sprechen; sie tritt also bei Juden, Griechen und Römern nicht in Erscheinung. Demgegenüber spricht er, sobald es um die „Iurisdictio Ecclesiasticorum" geht, von der „vera scientia religionis diuinae" im Unterschied zu den Römern, die diese nicht besaßen; sie verfügten lediglich über die von Gott gegebene Meinung, daß der „cultus Diuinitatis" im Gemeinwesen den „neruus societatis honestae" darstellt[3]. Was den Göttern gegenüber zu vollziehen ist, besitzt also einen hohen Stellenwert, doch sagt Stephani hier nicht ‚religio'. Er nimmt also unser Thema erst auf, als es um den christlichen Bereich geht, in dem die „religio gentilis" geändert und die „vera et salutifica Religio" eingeführt worden ist[4]. Und auch hier spricht er im Hinblick auf die Römer von „omnia Sacra", „ceremoniae sacrificiorum solemnium" und anderen hierher gehörenden Vollzügen, für die Numa den römischen „Pontifex" eingesetzt hat[5]. Seit Kaiser Augustus hatten die Kaiser dann auch die „Sacrorum et Religionis cura" inne und verfügten über beiderlei „potestas", die „sacerdotalis et secularis"[6]. Sodann erwähnt Stephani die Trennung beider Gewalten durch Konstantin, der aufgrund des Eifers für die „gloriosa pietas" der Kirche hervorragende Bischöfe gab[7]. Schließlich weist Stephani auf die Bischöfe und ihre Aufgabe zur Verteidigung und Unterstützung der „Christiana Religio" hin[8]. Insgesamt also spricht er von der Zuständigkeit für die „res sacrae et prophanae" schon im römischen Reich[9] und dabei vom Zusammenhang und Unterschied der „Iurisdictio Ecclesiastica et ciuilis"[10]. In diesem Kontext findet sich eine breitgefächerte Terminologie. Stephani sagt ebenso „fides saluifica de IESU CHRISTO" wie „sancta religio fouenda et propaganda"[11], wobei es „merum et mixtum Imperium et Iurisdictio" gibt, hängen doch sehr wohl kirchliche und weltliche Aufgaben durch Lehen und Investitur zusammen[12]. Für unser Interesse ergibt sich jedenfalls, daß im Rahmen einer differenten Terminologie die „Sa-

---

[3] Ebd. XXI: „Et quamuis Romani gentiles alieni fuerunt a vera scientia religionis diuinae, quam Deus sanctis Patribus reuelauit, ac per Filium suum missum in carnem viua voce docuit in Palaestina, tamen cum opinio de Deo vel Numine aeterno eorum mentem imbuerat, cultum Diuinitatis in Republica Ciuili neruum societatis honestae esse arbitrati sunt."
[4] Ebd. XXIII: „Cum autem in Romanum Imperium, ac praecipue Romam ab Apostolis Domini nostri Iesu Christi vera et salutifica Religio introducta fuerat, Pontificis nomen mutata religione gentili, in Ecclesia Romae post reuocatum est, in loco vero Protoflaminum Patriarchae, Archiflaminum loco Archiepiscopi, Flaminum loco Episcopi constituti sunt."
[5] Ebd. XXII; dabei stellt Stephani noch einmal neben die „res Sacrae" die „Sacerdotes" in ihren verschiedenen Rängen, ebd.
[6] Ebd. XXIV.
[7] Ebd.
[8] Ebd. XXV.
[9] Ebd.
[10] Ebd.
[11] Ebd. XXVI.
[12] Ebd. XXVII; daß eine weitgehende Differenzierung vorliegt, zeigt die Formulierung, daß die „Principes Germaniae" im Hinblick auf die kirchlichen Obliegenheiten ein Recht aus einem „quasi fiduciarius contractus" übertragen bekommen haben, ebd.

crorum et Religionis cura" zur Bezeichnung unseres Themas dient und somit der Terminus „religio" keineswegs allein eine herausragende Verwendung gefunden hat, wobei das Thema überhaupt erst im Zusammenhang mit der „Iurisdictio Ecclesiasticorum" zur Sprache gebracht wird.

Eben diesen Sachverhalt bestätigt die Durchsicht der gesamten Abhandlung. Selbst im ersten Buch über die Juden spricht Stephani nur selten und dann so kurz die „religio" an, daß er eine genauere Bedeutung dieses Begriffs nicht erkennen läßt[13].

Daß Stephani im Zusammenhang mit den Griechen nicht auf die ‚religio' eingeht[14], wird man danach kaum überraschend finden, da sie eine entsprechende Vorstellung und Bezeichnung nicht kannten. Wohl aber kann verwundern, daß die „religio" auch in den Ausführungen über die Römer fast nicht thematisiert wird. Zunächst nennt Stephani nämlich die Zuständigkeit der römischen Könige für die „Sacrorum cura", wie er in der entsprechenden Überschrift sagt[15], während er im Text „religionis cura" verwendet[16] und dabei über den Priester spricht, aber auch davon, daß die benachbarten Völker zur gleichen „verecundia et pietas" geführt und so (eroberte) Städte zum „cultus Deorum" gebracht werden sollen; er schließt die Erörterung mit dem Hinweis auf die Auswirkungen der „religio" hinsichtlich negativer Erscheinungen wie Schändlichkeit und Vernachlässigung der Sitten[17].

An einer anderen Stelle handelt Stephani unter der Überschrift „Relligionis cura"[18] über die Kompetenz des „Pontifex Maximus"[19]. Doch beginnt er die Ausführungen nun mit der „cura sacrorum"[20]; dabei geht es darum, im Fall eines Interregnums aufgrund der mangelnden Befähigung des Volkes zur (ordnungsgemäßen) Durchführung der „religio" und der Gefahr des Mißbrauchs zu vermeiden, daß unter dem Vorwand der „religio" die königliche Gewalt eingeführt wird; deswegen hat das Volk die „religionis cura" an den „Pontifex Maximus" delegiert[21].

---

[13] Vgl. ebd. I 6, 7; 80, daß die Juden die Ägypter die „religio vera" und die „scientiae et legum et politiae constituendae forma" lehrten, sodann 30; 84, daß der Magistrat die Achtung der „religio" fördern konnte – hier findet sich auch, 28f; ebd., die Auszeichnung der „Principes" in Israel durch „iustitia et pietas" –, sowie 7, 42f; 104, daß die Juden unter den Römern eine gewisse Zuständigkeit „in Religionis caussa" behielten; vgl. weitere Bezugnahmen – hier und im folgenden bei der Zitation einer Reihe von Belegen nur mit der Angabe der Seite – 113, 118, 120, 124, 139, ferner 90. Vgl. auch 8, 3; 135 sowie die Überschrift nr. 3; 131, mit der Bezeichnung „Hierosolyma religionis matrix dicta", vgl. 140, ferner 82, 145.

[14] Vgl. in II etwa 248.

[15] Ebd. III 2, 18; 395.

[16] Ebd. 17; 401.

[17] Ebd. 18; 402.

[18] Ebd. 3, 9; 409, vgl. auch 11, „religio" hier wieder in dieser Schreibweise (statt „relligio").

[19] Ebd. 9; 414.

[20] Ebd. 8; 414.

[21] Ebd. 9; 414.

Darüber hinaus finden wir nur gelegentliche Hinweise, so etwa die schon zuvor referierte Nachricht, daß der Kaiser Augustus auch die Zuständigkeit über die „religio" übernommen hat, nachdem es kein besseres Mittel als sie gibt, die Menschen zur Unterwerfung zu bewegen[22], ein altbekanntes Argument, das hier wiederkehrt.

Selbstverständlich weiß Stephani darum, daß die Götter für die Römer eine besondere Rolle gespielt haben; nicht von ungefähr konstatiert er, daß der „Princeps" die „Dei persona" repräsentiert[23]. Doch in der Grundlegung des gesamten Buches sagt er nur, daß die „Politia" auf „Pudor et Metus" ruht[24]. Hier hätte auch ein Bezug zu den Göttern und damit zur ‚religio' genannt sein können.

Um so deutlicher tritt der Kontrast in Erscheinung, wenn Stephani im vierten und letzten Buch über die Christen häufig von „religio" spricht. Er beginnt jedoch mit der Feststellung, daß der Herr Jesus Christus die Apostel zur Verkündigung des Evangeliums vorbereitet und unterwiesen hat, die verschiedenen Völker zur Übereinstimmung der „fides" aufzurufen[25]. Erst dann sagt Stephani, daß Jesus Christus die Jünger nicht gelehrt hat, die „professio religionis" durch geschriebene Gesetze weiterzutragen, sondern durch die lebendige Verkündigung der „mysteria religionis" – wie es höchst überraschend heißt[26].

In den folgenden umfangreichen Darlegungen widmet Stephani nirgends der „fides" oder „religio" seine direkte Aufmerksamkeit. Vielmehr geht es ihm um juristische Fragen etwa zu „Imperium et iurisdictio" der Kirche, zu Priestern, Bischöfen oder auch „Religiosi" und dann zu verschiedenen Einrichtungen der Kirche, so der Wahl und Einsetzung der Bischöfe oder der Investitur.

Die zahlreichen indirekten Bezugnahmen ergeben, daß Stephani keine strikt festgelegte Terminologie verwendet. Er spricht, wie schon die eben genannten einleitenden Abschnitte zu erkennen geben, nebeneinander von „fides" und „religio", von „fides Christiana"[27] wie „religio Christiana"[28]. Auffällig oft sagt er „pietas"[29] und, wenn auch selten, sogar „pietas Christiana"[30]. Darüber hinaus aber verwendet er gern und an bevorzugten Stellen „sacra"[31] und „cura sacrorum"[32].

---

[22] Ebd. 7, 7; 482.
[23] Ebd. 2, 15; 400.
[24] Ebd. I 1, 1; 3.
[25] Ebd. IV 1, 1; 604.
[26] Ebd.
[27] Ebd. 604, 612, 683, 700, 738, 748, u.ö. Auch „fides Catholica" findet sich verschiedentlich, 607ff, 835 u.ö.
[28] Ebd. 86, 699f, 710, 730, 738, 745, 761, 791 u.ö., überwiegend in Großschreibung „Religio Christiana".
[29] Zu Buch IV finden sich eine Fülle von Belegen, vgl. etwa ebd. 628, 695, 716, 791, 814 um nur diese zu nennen. In den ersten Büchern ist „pietas" sehr selten, vgl. etwa 82, 246, 402, zuweilen eindeutig nicht auf Gott bezogen, vgl. 36.
[30] Ebd. 804.
[31] Vgl. etwa ebd. 623, 658, öfter auch „res sacrae", so 696, 791.
[32] Vgl. z.B. ebd. XXIIIf, 402, 628, 696, 791.

Daß Stephani die Terminologie offen läßt, zeigen seine verschiedentlichen Doppelformulierungen, die er ohne ersichtlichen Grund abwechselnd gebraucht, so „sacra et religio"[33], „religio et cultus"[34], „religio et pietas"[35], „religio et fides"[36] oder auch „religio et lex"[37].

Vor diesem Hintergrund sind die wenigen Passagen zu sehen, in denen Stephani häufiger von „religio" spricht. Dabei bleibt zu berücksichtigen, daß er in den einführenden Passagen über die kirchlichen Kompetenzen feststellt, daß das Volk aufgrund der Verkündigung des Evangeliums in „Ius et Iurisdictio" der Priester eingewilligt hat; dabei tadelt er mit Hinweis auf Petrus, daß die Priester nicht herrschen sollen, und fügt mit Hinweis auf Paulus hinzu, daß es eine Kompetenz nicht nur der „Ministri Euangelij", sondern auch des „Magistratus ciuilis" gibt, um der Kirche willen „Iurisdictio et Imperium" auszuüben[38]. Doch fällt auf, daß Stephani in diesem Zusammenhang auf die gebotene Einheit hinweist, die er als „una fides" bzw. „unitas fidei" bezeichnet[39]; eben hier sagt er also nicht ‚religio'.

Diesen Terminus verwendet Stephani aber dann dort, wo er über die „summa religionis authoritas" spricht, die ursprünglich in Rom lag; durch die Machtverschiebung von Rom nach Konstantinopel entstand dann eine neue Situation, in deren Folge der Konstantinopolitaner „Pontifex" eine entsprechende Aufwertung anstrebte[40]. Hierfür dient dann als Argument, daß dort das „caput religionis" sein soll, wo auch das „caput imperii" ist[41].

Überraschend aber ist, daß Stephani bei der Behandlung der Investitur[42], der Aufgabe der Patrone[43] oder des „Ius Episcopale"[44] nur sehr selten von „religio" spricht[45], wohl aber von „pietas"[46].

Von der „religio" konstatiert Stephani im Zusammenhang mit der Begrün-

---

[33] Vgl. etwa ebd. 619, 621, auch 628 als „cura" für beide.
[34] Vgl. etwa ebd. 607, 691, 716, auch „cultus religionis" 719.
[35] Vgl. etwa ebd. 758.
[36] Vgl. etwa ebd. 809, 869, auch XXVI.
[37] Vgl. ebd. 607.
[38] Ebd. IV 2, 5ff; 618f.
[39] Ebd. 1, 12f; 607f.
[40] Ebd. 5, 7ff; 670.
[41] Ebd. 9; 670; der aufschlußreiche Text, 7ff; 670, lautet: „Romanus enim Episcopus se dignitate potiorem esse Constantinopolitano asseruit, hac potissimum causa, quod dum caput imperii Romani possideret, etiam ab eo tanquam principe Antistitum summa religionis authoritas penderet, cum Constantinopolis Romae sit tantum Colonia, et Imperatorem non Constantinopolitanum nec Graecum sed ῥωμαῖον αὐτοκράτορα vocari. Constantinopolitanus contra Romani imperij praerogatiuam et dignitatem quae ex Roma Constantinopolin translata erat obiecit, ac ibidem esse caput religionis vbi est caput imperii." Vgl. auch 5, 27; 674.
[42] Ebd. 12; 772–788.
[43] Ebd. 13; 789–796.
[44] Ebd. 14; 797–806.
[45] Vgl. aber etwa ebd. 791, 804.
[46] Vgl. ebd. 776, 778, 791, 804; vgl. auch o. Anm. 29.

dung kirchlicher „Iurisdictio", daß keinem Volk zu irgendeiner Zeit die „religio Deorum" fremd war; deswegen haben die Priester über „sacra et religio" und d.h. über alle Dinge hinaus, die zur „religio" gehören, im Bereich des Gemeinwesens spezifisch für die Armen Sorge zu tragen[47]. Hier sagt er auch „religio gentilis", die man bekennt[48]. Auch erläutert er die „sacra et religio" durch den Hinweis auf die Feste, Begräbnisse, „loca religiosa" und ähnliches[49] und macht damit deutlich, daß die „religio" sich auf manifeste Gegebenheiten bezieht. Zugleich hält er daran fest, daß es die „vera religio" gibt, und zwar im Zusammenhang mit den „primates Ecclesiae" unter römischer Herrschaft, als es noch den heidnischen „Pontifex" gab; zugleich bestand noch ein Interesse, keine fremden Götter nach Rom und ins Römische Reich dringen zu lassen, sondern die von den Vorfahren übernommene „religio" zu bewahren[50]. In dieser Auseinandersetzung stehen also „Christiana religio"[51] und – wie es in ähnlichem Zusammenhang heißt – „Romana Religio" gegenüber, die es durch einen „nouus cultus" zu ersetzen gilt[52]; hierzu sind „viri Religiosi" vonnöten, die der „lex et doctrina Christiana" kundig sind[53].

Hatten die Bischöfe in der frühen Kirche eine große Autorität „propter opinionem religionis", so übergaben die Herrscher nach Konstantin ihnen nicht nur die „cura sacrorum et religionis", sondern auch die Behandlung ziviler Angelegenheiten; daher führten sie nicht nur durch die „doctrina et informatio pie-

---

[47] Ebd. 2,7; 619f. Der Text, 6f, 619f, lautet: „Sed tamen cum D. Paulus non solum ministros Ecclesiae, sed etiam Magistratum ciuilem Διάκονον καὶ λειτούργον vocat, et quidem Ministros Euangelij οἰκονόμους μυστηρίων, glorioso nomine insignit, arbitrati sunt quidem tacite quoque Iurisdictionem et Imperium Ecclesiae Doctoribus competere posse, cum sine animaduersione et coercitione, vt nec corpus minimum, ita nec maximum, vt Ecclesia in toto mundo conseruari posse, cum et Apostoli ipsi, anathematis exercitio in Christianos contumaces animaduerterint, cuius anathematis proclamatio vim habet exercitii imperii et Iurisdictionis. Nec quoque vlla gens a religione Deorum vllo tempore tam aliena fuit, quae non sacra sua coluerit, iisque Sacerdotes praefecerit, quibus cura fuit earum rerum, quae ad sacrorum conseruationem et propagationem spectant, vt non solum sacra et religionem tractarent, ac de his rebus et aliis, quae religionem concernunt, ius dicerent, sed etiam Reipublicae praeessent, praecipue in ea parte, quae spectat ad personarum miserabilium, viduarum, pupillarum et aliorum defensionem et curam, quod non solum apud Romanos, vt Cicero refert, pro domo sua, et de Auspiciis responsis, sed etiam Graecos, Indos et alias gentes receptum fuisse, patet ex historia …"
[48] Ebd. 10; 620.
[49] Ebd. 11; 621f: „Condebant quidem Pontifices leges, quae ad sacra et religionem spectabant, vti et de festis, funeribus, locis religiosis, et aliis quae his similia sunt, de quibus ius etiam dicebant."
[50] Ebd. 15f; 623f. Zur „religo vera" vgl. auch 6, 44; 710. Insgesamt stellt diese Qualifizierung eine Seltenheit dar.
[51] Ebd. 2,17; 624. Im folgenden, 24f; 626, findet sich dann der Hinweis auf die „Canones et regulae fidei et disciplinae", die „Canones" genannt werden, „quod ex mente sola contemplatione religionis Christianae propagandae et conseruandae prodierunt", „ad quos (sc. Canones) tanquam Normam agendi vitam Christianam quilibet Christianus ceu (= quasi) stateram (= Waage) et pietatis lancem (= Waagschale) aequabiliter semper se dirigere debeat". Auch hier zeigt sich die variierende Terminologie.
[52] Ebd. 11,7; 758.
[53] Ebd. 6f; 758.

tatis", sondern auch durch die „Iurisdictio"[54]. Mehr aber oblag ihnen die „propaganda religionis"[55]. Doch konnte es vorkommen, daß sie, ausgestattet mit einem „praesidium militare" und beschäftigt mit „negotia secularia", darüber „religio et cultus diuinus" vernachlässigten[56]. Hier zeigt sich also, daß im Zusammenhang mit Funktionen der Bischöfe manifeste Vollzüge mit „religio" bezeichnet werden. Entsprechend findet sich dieser Terminus auch im Zusammenhang mit den Katechumenen[57].

Die bisher festgestellte Bedeutung von „religio" bestätigt Stephani nachhaltig in einem weiteren Zusammenhang, nämlich in seinen Überlegungen über die Zuständigkeiten der Orden[58]. Aber auch hier läßt er die „pietas" nicht außer Acht; er nennt sie vielmehr zu Beginn mit dem Hinweis, daß die Mönche den ganzen Fleiß der Seele und „pietatis exercitium" des Leibes verwenden, eine Aussage, in der nach unserem Ermessen ‚religio' besser gepaßt hätte[59]. Zuvor hatte er nur konstatiert, daß das Mönchtum aus Ägypten stammt, aus einem Volk, das zur „nouitas Religionis et cultus" sowie zum Götzendienst geneigt ist[60]. Viele begaben sich jedoch in einen solchen „ordo", den Stephani auch als „religionis ordo" bezeichnet[61], um den „cultus religionis" zu üben[62]. Und wenn er „religionis Monasteria" sagt[63], so spricht daraus noch ebenso die konkrete Fassung von „religio" wie in der Aussage, daß Witwen die „religionis professio" übernehmen und sich durch ein Gelübde der „religio Christiana" verpflichten[64]. In diesem Zusammenhang kann er freilich auch von der „Religio Christianae fidei" sprechen[65]. Eine solche mönchische Lebensweise kann er dann auch als „pietas exercenda" bzw. als „Pietatis et Castitatis exercitium" beschreiben[66]. Interessant ist dann, daß er im Zusammenhang mit den besonderen Tätigkeiten, nämlich der Betreuung von Herbergen, Kranken- und Waisenhäusern, „pietas ministerij" sagt[67], als Erziehungsziel für die Waisen „pietas et publica societas"

---

[54] Ebd. 2,28ff.; 628.
[55] Ebd. 33; 629.
[56] Ebd 5,86; 691; vgl. auch 50; 681.
[57] Vgl. den Hinweis, daß den Katechumenen die „religionis primordia" bzw. „primordia et elementa Christianae religionis" vermittelt werden, daß sie in einem „status religionis" sein können, in dem sie noch nicht zum „sacrorum aspectus" zugelassen werden oder die „mysteria (irrtümlich mynisteria) religionis" nicht lesen können, ebd. 4,31ff; 657f.
[58] Vgl. ebd. Kapitel 7; 712–729, das Stephani den „Religiosi" gewidmet hat, die, wie die Überschrift sagt, „non Clerici nec quasi Clerici" sind, und Kapitel 8; 729–735, das den „Ascetriae et Moniales", die also den männlichen und den weiblichen Orden gewidmet sind.
[59] Ebd. 7,5; 716.
[60] Ebd. 4; 716.
[61] Ebd. 7,15f.; 720.
[62] Ebd. 14; 719.
[63] Ebd. 44; 727.
[64] Ebd. 8,1; 730, vgl. auch 7; 731.
[65] Ebd. 9,4; 738.
[66] Ebd. 8,10; 732.
[67] Ebd. 9,5; 738.

angibt[68] oder den Bischöfen die „cura et pietas" für die Armen und Schwachen zuweist[69]. Hier, in einem „ordo" bzw. einer „religio", geht es also um die persönliche Ehrerbietung gegen bedürftige Menschen. Schließlich aber weist Stephani auch auf die Templer und den Deutschen Orden hin – letzterer sowohl mit „Ordo Theutonicorum" als auch mit „professio et Religio Theutonicorum" bezeichnet[70] –, die durch ein doppeltes Band der „Religio" verpflichtet sind, Pilger zu pflegen und für die „Religio" mit Waffen zu kämpfen[71].

Mit diesen Bezugnahmen läßt sich das Verständnis von „religio" insgesamt recht verläßlich erheben: Es handelt sich um eine Handlungsweise bzw., wie man auch sagen könnte, um die Tugend, die sich primär auf die manifesten Vollzüge bezieht, die Stephani freilich nicht als höchste schätzt, da er offenkundig bevorzugt „pietas" sagt.

Nach diesem aufschußreichen Ergebnis sieht man den „Institutiones Iuris Canonici" Stephanis mit besonderem Interesse entgegen[72]. Hier geht es also um das Kirchenrecht und somit nicht direkt um Rechte etwa des Fürsten oder des Magistrats in kirchlichen Angelegenheiten. Vom Thema her lassen sich auch keine eingehenden Überlegungen zu den „res mixtae" erwarten, nämlich zu beiderseitigen Zuständigkeiten in Bereichen, die sowohl kirchlich wie auch öffentlich relevant sind.

Drei Aspekte müssen nach Stephani im Hinblick auf die christliche Kirche beachtet werden, nämlich das Wort Gottes, das in öffentlicher Verkündigung gelehrt werden muß, die Riten und Zeremonien sowie schließlich die Lenkung und damit die Jurisdiktion der Bischöfe über die Kleriker und in geistlichen Dingen auch über die Laien. Stephani teilt sein Thema in drei Bücher auf: Er beginnt mit grundlegenden Erörterungen über den Ursprung der Canones, über das kanonische Recht und vor allem über die Wahl und das Recht der Bischöfe, um im letzten Buch Fragen der Jurisdiktion sowie der innerkirchlichen Auseinandersetzungen bis hin zu Verbrechen und Strafen zu erörtern. Seinen Ausführungen fügt er einen kleinen Traktat über die Konzilien bei.

Eine Durchsicht zeigt einen durchaus in der Tradition verbleibenden Sprachgebrauch von „religio". Stephani beginnt mit dem Satz, daß die Kirche Gottes auf Erden durch die „doctrina verbi Dei et disciplina pietatis" gelenkt wird[73]. Auch hier erweist sich „pietas" als fundamentalere Kategorie. An den seltenen

---

[68] Ebd. 12; 739.
[69] Ebd. 17; 740.
[70] Ebd. 10,9 bzw. 15; 748 bzw. 749.
[71] Ebd. 11; 748.
[72] Joachimus Stephani, Institutiones Juris Canonici, in tres Libros secundum tria Iuris obiecta partitae, et ad praesentem Ecclesiarum Germaniae statum directae; nunc secundo editae, Francofurti MDCXII.
[73] Ebd. I 1, 1; 2. – Hier wie im folgenden wird, soweit erforderlich, zunächst das Buch in römischer, das Kapitel und nach einem Komma der Abschnitt sowie nach einem Semikolon die Seite der benutzten Ausgabe in arabischen Ziffern zitiert.

Stellen, an denen er vergleichbare Termini verwendet, sagt er neben „Christiana pietas"[74] ohne erkennbaren Unterschied „religio Christiana"[75], aber auch „fides Catholica"[76] bzw. „fides Christiana"[77], wobei die beiden letzteren Bezeichnungen vielleicht vom Inhalt her bestimmt sind. Darüber hinaus läßt eine Aussage über das Konzil von Nicäa auf eine gewisse Dominanz von „religio" schließen, wenn Stephani sagt, daß die Väter dort gegen Arius die Hauptabschnitte der „religio vera" über die „fides Catholica" in Canones redigiert haben[78]. Hier zeigt sich auch, daß er an der Qualifizierung der „religio vera" festhält[79].

Nach allem erwartet man also keine besonderen Auffälligkeiten. Die uns vor allem anderen interessierende Aussage, die kurz als „Cuius regio eius religio" zitiert wird, befindet sich im 7. Kapitel des Buches I „De Iure Episcopali", um das es also hier geht. Doch steht sie keineswegs im Mittelpunkt; erst gegen Ende dieses Kapitels finden sich dann zwei ergänzende Abschnitte mit der Aussage, daß nach dem Passauer Vertrag (1552) bischöfliche Rechte auf die „Principes Germaniae, et Status Imperij" übertragen wurden[80]. Dabei darf die erste Prämisse nicht übersehen werden, daß das „Ius Episcopale", das „pastoralis" genannt wird, dreierlei umfaßt, nämlich „ordo", „Lex Dioecesana" und „Lex Iurisdictionis", so daß das „primum ius Episcopale" im „ordo" besteht[81]. Die zweite Prämisse besagt, daß die „Lex Imperatorum" nicht über der „Lex Dei" steht und daß folglich etwa durch das „imperiale iudicium" eben nicht die „ecclesiastica iura" aufgehoben werden können[82]. Sodann legt Stephani zunächst das Recht des „Ordo"[83] und die „Lex Dioecesana"[84] sowie die „Lex Iurisdictionis" dar, wonach die Bischöfe für die Priester in allen Fällen, sowohl den „ciuiles et criminales" als selbstverständlich auch in den „spirituales" zuständig sind[85], für die Laien nur hinsichtlich der „spirituales"[86]. Hier erörtert er auch das Patronatsrecht, das er recht eng begrenzt, da das genuine Recht beim Bischof liegt[87].

---

[74] Vgl. noch ebd. 4; 4. – Nur nebenbei sei vermerkt, daß sich auch die Doppelformulierung „pietas et religio" findet, so Praefatio [6 r].

[75] Vgl. z.B. Praefatio 4 v, 5 r; I 1, 2; 3, I 7, 23 ; 43, II 1, 148; 109, Tractatiuncula cap. 2,5; 292.

[76] Ebd. I 2, 13; 12.

[77] Ebd. II 1, 6; 76, Tractatiuncula cap. 5,2; 308.

[78] Ebd. I 1, 8; 5.

[79] Vgl. auch Tractatiuncula cap. 5,1; 308.

[80] Ebd. I 7, 53; 52.

[81] Ebd. 11–13; 40.

[82] Ebd. 21; 42; der Text ist hier nicht an allen Stellen lesbar, doch läßt sich soviel erkennen, daß Stephani die herrschaftlichen Rechte einschränken will auch gegenüber den bischöflichen Rechten, die aus der Weihe folgen.

[83] Ebd. 14–27; 40–44.

[84] Ebd. 28–39; 44–47.

[85] Ebd. 40–47; 47–50; diese Zuständigkeit bezieht sich uneingeschränkt auch auf die Familien einschließlich, wenn auch nicht unwidersprochen, der „concubinae Clericorum", 48–51; 50f. Bei schweren Verbrechen erfolgt nach der „Degradatio" der Kleriker die Übergabe an die „Curia secularis", 44; 48.

[86] Ebd. 44; 48.

Abschließend weist Stephani dann darauf hin, daß durch die „reformatio Religionis" – was immer er damit näherhin meinen mag – bischöfliche Rechte auf die Fürsten bzw. die Herren der Gebiete „tanquam fiduciarii possessores" übertragen wurden[88]. Hierin dürfte eine wesentliche – in der Zitation der Formel nie mitgenannte – Einschränkung liegen, daß nämlich das Recht über die „religio" nur treuhänderisch, noch einmal eingeschränkt durch die Präzisierung „tanquam", an die Landesherren übertragen worden ist. Es folgt dann eine Spezifikation der „Regio" als Herrschaft und als Gebiet bzw. Recht über ein Gebiet sowie der „Religio" als bischöfliches Recht bzw. geistliche Vollmacht[89]. Sodann gibt Stephani die genauen Zuständigkeiten an, daß nämlich dieses Recht, soweit es sich auf die Weihe bezieht, durch Superintendenten, und soweit es sich auf die Verwaltung und Jurisdiktion bezieht, durch Konsistoriale wahrgenommen wird; grundsätzlich aber bleibt das bischöfliche Recht in Geltung[90].

Aus dieser präzisen Formulierung folgt also nicht einfach und direkt das ‚Ius reformandi' und schon gar nicht der jeweilige Wechsel der Konfession mit dem Wechsel eines Herrschers, falls dieser einer anderen Konfession als die (Mehrheit der) Bürger anhängt. Vielmehr fügt sich dieses Recht in den Rahmen, daß öffentlich relevante Bereiche der bischöflichen Zuständigkeit auf den Landesherrn übertragen wurden, der auch die Möglichkeit hatte, für öffentliche Ordnung zu sorgen. In sich besagt also das vielzitierte ‚Cuius regio eius religio' nur, daß eigentlich und von Amts wegen der jeweilige Bischof in seiner Diözese die Kompetenz hat, die „religio" zu ordnen. Dabei handelt es sich offensichtlich um manifeste, öffentlich belangreiche Gegebenheiten wie Gottesdienste oder Feiertage sowie Kirchen- und andere Gebäude. Schließlich steht die präzise Formulierung bei Stephani unter der Einschränkung, daß die „Lex Dei" über der „Lex

---

[87] Ebd. 46f; 49f; hier findet sich auch ein Hinweis auf die „Scholares" und das „Ius Magistrorum", 47; 50.
[88] Ebd. 52; 51f.
[89] Hierauf haben schon Johannes Heckel und Martin Heckel hingewiesen, s.u. Anm. 92.
[90] Ebd. 52f; 51f; der ausnehmend wichtige Text lautet: „Illud autem obseruandum est, quod reformatione Religionis haec iura Episcopalia, quoad Ordinem, Lex Dioecesana et Lex Iurisdictionis, quae ad Episcopos ordinarios spectant, pleno et summo iure exercenda, Decreto Imperiali in Passouiensi conuentu edito, ad Principes territoriorum vel Dominos terrarum et Status Imperij, Imp. et Imperio Romano, immediate subiectos, tanquam fiduciarios possessores, tantum translata et deposita sunt vt pro statu Ecclesiae optimo haec administrent et gubernent. Vt et ideo hodie religionem regioni cohaerere dici potest, vt cuius sit REGIO, hoc est, Ducatus, Principatus, Territorium seu Ius territorij, eius etiam sit RELIGIO, hoc est, Ius Episcopale seu Iurisdictio spiritalis. Pro administratione autem Iuris episcopalis, quod est indiuiduum, hodie Principes Germaniae, et Status Imperij, immediate Imp. et Imp. Romano subiecti, duobus mediis vtuntur. Nam ea, quae sunt Ordinis per Superintendentes, et quae sunt Legis Dioecesanae et Legis Iurisdictionis foro Ecclesiastico per consistoriales consensu Statuum Prouincialium, Imp. et Imp. Romano mediate subiectorum, constitutos, vt ex Constitutionibus Ecclesiasticis liquet, administrant, ita, vt siue consensus Statuum Prouincialium ad hoc accesserit, siue non accesserit, tamen hi Status Prouinciales omnes, vt subditi, huic iuri episcopali patere compelluntur, eo, quod Imp. Romanum vt nullos ciues, a fide Catholica alienos, ita nec a Iure Episcopatus exemptos, ferre potest ..."

imperatorum" steht. Die verkürzte Formel, die auf Stephani zurückgeführt wird, hat also einen anderen Sinn, als uns allenthalben vermittelt worden ist. Von daher erweist sich auch die kurze Zusammenfassung als falsch, daß dieses politische Sprichwort „dem Landesherrn das Recht zu(schreibt), den Bekenntnisstand seines Gebietes (zu) bestimmen", wie es auch nicht zutrifft, daß „die einprägsame Formel .... von dem Greifswalder Kanonisten Joachim Stephani (stammt)"[91]. Es ist sehr aufschlußreich, daß die Formel nicht nur im simplifizierten Allgemeinwissen, sondern auf hohem juristischen Niveau in diesem Sinne falsch interpretiert worden ist[92].

---

[91] Johannes Heckel, Cuius regio, eius religio, in: RGG³ I 1888f.

[92] Schon Johannes Heckel, Cura religionis, Ius in sacra, Ius circa sacra, in: Kirchenrechtliche Abhandlungen, 117–118 (= FS Ulrich Stutz), Stuttgart 1938, hat auf diese Formel „Cuius regio, eius religio" hingewiesen, nicht zuletzt mit der von ihm kritisierten Interpretation Rudolph Sohms, 232f, und mit einem Hinweis auf Joachim Stephani, 234f; beachtenswert sind noch immer die Ausführungen Heckels über die „Potestas ecclesiastica externa" und die mit ihr verbundene Akzentuierung der „ecclesia visibilis" bei Martin Chemnitz, 266–269, die auch bei Thomas Erastus (1523 [1520?]-1583) zu finden ist, 290–294, sowie die Unterscheidung der „potestas ecclesiastica ... interna et externa" bei David Pareus (1548–1622), 276ff, wozu auch Johann Gerhard zu berücksichtigen ist, 273ff. Besonders nachzugehen wäre freilich bei diesen Autoren und dann besonders bei Wolfgang Musculus (1497–1563), 285 und 289, der Bedeutung von „religio", wenn es nicht zuletzt bei diesen mehrfach und offensichtlich pointiert „vera pietas" heißt, vgl. 288f Anm. 224 und 226; auf den Wechsel der Termini „religio" und „pietas" besonders bei diesen geht Heckel nicht ein. Dieser scheint aber keineswegs einfach zufällig zu sein. Die Interpretation der Formel bei Johannes Heckel, Cuius regio, eius religio, in: RGG³ I 1888f, lautet: „Dieses politische Sprichwort schreibt dem Landesherrn das Recht zu, den Bekenntnisstand seines Gebietes zu bestimmen." Sodann verweist Heckel auf die Auffassung der römisch-katholischen Stände 1555 und deren Prinzip „Ubi unus dominus, ibi una religio", im Anschluß daran dann auf das Konzil von Trient und schließlich auf Joachim Stephani. Doch dürfte die Interpretation Heckels in dieser Hinsicht überzogen sein.

Ausführlich hat dann Martin Heckel, Staat und Kirche nach den Lehren der evangelischen Juristen Deutschlands in der ersten Hälfte des 17. Jahrhunderts, in: Zeitschrift der Savigny-Stiftung für Rechtsgeschichte KAN.ABT. 42 (1956) 117–247; 43 (1957) 202–308, Stephanis Aussage „Cuius regio, eius religio" interpretiert, vgl. 42 (1956) 210–213, 221–223, bes. 227, hier auch mit der Einschränkung, nach der Episkopalrechte treuhänderisch auf die Fürsten übertragen worden sind; Heckel hebt allerdings nicht deutlich diese Einschränkung hervor, wenn er – übrigens in Ergänzung der Ausführungen von Johannes Heckel – sagt, Stephani habe nach der Darlegung der „iura episcopalia" dann „die These von ihrem (sc. der episkopalen Rechte) Übergang auf die evangelischen Fürsten und den Grundsatz cuius regio eius religio" angeschlossen, 227 Anm. 497. Daß sich die Fürsten dann dieser Rechte bemächtigten bzw. sie ihnen kirchlicherseits überlassen wurden, steht auf einem anderen Blatt, vgl. dazu ebd. 43 (1957) 212f, 219. Ob Stephani schon mit der Zuständigkeit der Fürsten für die „religio" den Religionswechsel meinte, vgl. ebd. 214–218, 223 mit Anm. 86, steht dahin. Die Auffassung von Theodor (Dietrich) Reinkingk (1590–1664) darf nicht schon einfach auf Stephani übertragen werden; vgl. zu letzterem Martin Heckel, Theodor (Dietrich) von Reinkingk, in: RGG³ V 949f. Daß der Landesherr die Untertanen nicht einfach zu einer bestimmten, nämlich seiner „religio" zwingen kann und darf, sagt Heckel dann selbst, vgl. 274–280, bes. 276ff, und dies wiederum mit der Bestimmung des „publicum religionis exercitium" und der „mutatio religionis publica sive generalis, et privata, sive specialis" in einer Aussage von Henricus Andreas Cranius (um 1620 Professor zu Helmstedt), ebd. 277f Anm. 327; die Differenzierung „publica" und „privata" bezieht sich hier also auf die „mutatio".

Es bleibt also ein ständiger Widerspruch bzw. eine unauflösliche Spannung zwischen der Zustän-

Justus Lipsius

In Justus Lipsius (1547–1606) treffen wir einen weiteren Humanisten, der sich in reicher Kenntnis der Tradition für die Begründung des Gemeinwesens eingesetzt hat[1]. Wesentlich für ihn war die Rezeption stoischen Denkens zur Bewältigung jener Probleme, die sich seiner Zeit angesichts der politischen und konfessionellen Zerrissenheit und der aus ihr folgenden (Bürger)Kriege stellten[2]. Aufgrund dieser für ihn maßgeblichen Wurzeln suchte er Frieden zu stiften. Freilich wird ihm hier, was uns besonders interessiert, eine widersprüchliche Ausgangsbasis zugeschrieben, insofern die Auffassung vertreten wird, daß er eine Beziehung zwischen „Religion" und „Politik" angenommen[3] oder aber abgelehnt hat[4]. Insbesondere dieser Fragestellung müssen wir genauer nachgehen.

Den neben Bodin wohl wichtigsten Beitrag sowohl überhaupt wie für unsere Fragestellung hat Lipsius in seinen „Politica" von 1589 geleistet. Mit den sechs Büchern dieser Schrift faßt er vornehmlich die Fürsten ins Auge. Er beginnt mit Darlegungen über die Tugenden der „duces", denen er im zweiten Buch Refle-

---

digkeit der Fürsten für die „religio" im öffentlichen Bereich und jener anderen Ausübung, die privat bleibt und über die den Fürsten keine Kompetenz zustand. Es wurde die lutherische ‚Freiheit des Christenmenschen' auch nicht einfach genommen. Auch verlor sich nicht grundsätzlich die Kenntnis der altkirchlichen Aussage, daß man die ‚religio' nicht befehlen kann. Allerdings wurde die Kompetenz der Fürsten so nachhaltig gestärkt, daß Konfliktfälle mit Untertanen durch deren „Ius emigrandi" gelöst wurden.

[1] Dieser niederländisch-belgische Philologe und Philosoph wollte ursprünglich nach dem Besuch des Jesuitengymnasiums in Köln Jesuit werden, wozu freilich die Eltern ihre Zustimmung versagten; er studierte dann in Löwen insbesondere antike Philologie, aber auch Rechtswissenschaften und erwarb sich danach in Rom bei Kardinal Granvella auch diplomatische Kenntnisse. Lipsius blieb dann ein Leben lang seiner auf die vita activa ausgerichteten Lehrtätigkeit treu, der zuliebe er mehrfach die Konfession wechselte; während seiner ersten Zeit als Professor in Jena (1572–1574) war er lutherisch, dann in Leiden (1579–1590/91) reformiert, bis er wieder zu seinem ursprünglichen katholischen Glauben übertrat, wonach er dann in Löwen lehrte (1592–1606). Vgl. Gerhard Oestreich, Justus Lipsius in sua re, in: ders., Geist und Gestalt des frühmodernen Staates. Ausgewählte Aufsätze, Berlin 1969, 80–100, 88–91; vgl. ders., Der römische Stoizismus und die oranische Heeresreform, in: ebd. 11–34; 15.
[2] Vgl. neben den eben bereits genannten Aufsätzen auch Gerhard Oestreich, Justus Lipsius als Theoretiker des neuzeitlichen Machtstaates, in: ebd. 35–79, sowie ders., Politischer Neustoizismus und Niederländische Bewegung in Europa und besonders in Brandenburg-Preußen, in: ebd. 101–156. Darüber hinaus vgl. bes. Günter Abel, Stoizismus und Frühe Neuzeit. Zur Entstehungsgeschichte modernen Denkens im Felde von Ethik und Politik, Berlin 1978, bes. 67–113.
[3] Friedrich Goedeking, Die „Politik" des Lambertus Danaeus, Johannes Althusius und Bartholomäus Keckermann. Eine Untersuchung der politisch-wissenschaftlichen Literatur des Protestantismus zur Zeit des Frühabsolutismus, (Diss. masch.) Heidelberg (1977), 90 mit der Feststellung: „Religion und Gottesfurcht sind für Lipsius das feste Band politischer Gemeinschaft."
[4] G. Abel, Stoizismus, 87: „Das Grundlegungsverhältnis von Ethik und Politik hat in der Beziehung von Religion und Politik kein Analogon, und der Verschränkung von ‚prudentia' und ‚virtus' entspricht eine Abgrenzung von Politik und Religion (Theologie, Kirche) bei deutlicher Herausstellung der Autonomie, ja eines Vorrangs des Politischen."

xionen über die Herrschaft („imperium") folgen läßt, wie sie zustande kommt und wie sie ausgeübt werden soll. Im dritten und vierten Buch stellt er vor allem die Klugheit heraus, ehe er dann im fünften die Klugheit im Krieg und im sechsten den Bürgerkrieg behandelt. Es geht also im wesentlichen um eine Tugendlehre, die er in eigenen recht kurzen Ausführungen entwickelt und mit ungewöhnlich zahlreichen Zitaten aus der antiken Tradition belegt.

Überraschenderweise beginnt Lipsius im ersten Teil seiner Überlegungen über die Tugend mit der „pietas"[5]. Er faßt sie als „RECTVS DE DEO SENSVS, RECTVS IN DEVM CVLTVS"[6]. Schon damit gibt er uns eine wichtige Antwort auf unsere Fragen. Denn mit dieser Konzeption weist er der „religio" eben nicht jenen grundlegenden Rang zu, den wir erwarten würden; statt dessen bevorzugt er die den Römern persönlich bedeutsame „pietas". Mit ihr verbindet er die beiden Aspekte der rechten Auffassung und der rechten Verehrung Gottes, also ebensowohl eine intellektuelle wie eine praktische Komponente.

Mit letzterer meint Lipsius „cultus" bzw. „veneratio" des erkannten göttlichen Wesens („numen"), und zwar durch „ritus" und „gestus"; und diesen „cultus" als zugleich inneren und äußeren identifiziert er faktisch mit der „religio"[7], wodurch er diese zugleich begrenzt sein läßt. Dabei verzichtet er darauf, sie als öffentliche gegenüber der persönlichen Tugend der „pietas" zu charakterisieren. Im folgenden bleibt er bei der Bezeichnung „pietas", zu der er „Fatum" und „conscientia" rechnet[8]. Nur durch die Präzisierung der „religio" als „diuinus metus"[9] gibt er zu erkennen, daß er beide Tugenden in ihrer klassischen Definition selbstverständlich genau kennt.

„Religio" bevorzugt Lipsius dagegen wohl dort, wo er zu Beginn des vierten Buches seiner Schrift die Klugheit in eine politische und eine militärische („Togata, et militaris") aufteilt. Im Hinblick auf die hier zu beachtenden "Res Divi-

---

[5] G. Oestreich, Justus Lipsius als Theoretiker, 52, Anm. 28, weist auf die Bestimmung der „pietas" bei Calvin sowie dessen Rückgriff auf Cicero und Seneca hin und scheint wohl einen Einfluß Calvins auf Lipsius nahelegen zu wollen. Bei Oestreich wird nicht deutlich, welche Bedeutung diese Tugend bei Calvin hat; in seinem eigenen Text zu dieser Stelle bringt Oestreich Bestimmungen von „pietas" und „Religion".

[6] Iustus Lipsius, Politicorum sive Civilis doctrinae libri sex, I 2, Lugduni Batavorum MDLXXXIX, 3. – Im folgenden wird zunächst, soweit nötig, das Buch in römischer, das Kapitel in arabischer Ziffer und nach einem Semikolon die Seite der zitierten Ausgabe angegeben. – Die kursiven Stellen im folgenden geben wie im Druck in der Regel Zitate wieder und werden der größeren Übersichtlichkeit wegen nicht wie sonst in normaler Schrift und mit Anführungszeichen wiedergegeben.

[7] Ebd. 3; 6: „DE Cultu insequor, qui non aliud, quam COGNITI NVMINIS VENERATIO, CERTIS LEGIBVS CERIMONIISQVE DEVINCTA. Coli enim postulat, et huic fini homo natus; idque cultu duplici, Interno, Externo. Ille est, qui *in animo, et ex animo, deo vero preces concipit, laudes, grates*. Iste, qui *haec eadem, per ritus et gestus, exprimit*. Totum istud, nec male, Religionem vulgo appellamus: de qua sana quaedam a non sanis haec habe." (Hier findet sich die Kursivierung ausnahmsweise ohne Zitatangabe.)

[8] Ebd. 4; 9.

[9] Ebd. 5; 14.

nae" billigt er dem Fürsten kein eigenes Recht zu, wohl aber eine Aufsicht über „sacra" und „religio", die er hier nebeneinanderstellt[10].

Diese Aussage trifft Lipsius in einem Abschnitt, der unter der Überschrift steht, daß der Fürst (nur) eine einzige „religio" erhalten und verteidigen soll. Deren Bedeutung belegt er mit jenem bekannten Wort Ciceros, daß die Römer nicht durch Schläue und Kraft, sondern durch „pietas, ac religio" alle Völker und Nationen überragten[11]. Mit seinem wichtigen Gewährsmann nimmt also auch Lipsius beide Tugenden nebeneinander und miteinander als jene Quelle an, die den Aufstieg und die Größe Roms ermöglichten. Zu Cicero fügt Lipsius u.a. noch einige Zitate an, die besondere Beachtung verdienen, so eine Aussage von Laktanz, daß „religio et timor dei" die Gemeinschaft der Menschen untereinander schützen und daß ohne sie das Leben der Menschen mit Torheit, Verbrechen und Roheit erfüllt wird; sodann findet sich jenes andere Zitat von Diodor, daß törichte ägyptische Könige eine verschiedene und gemischte „religio" zur Stabilisierung – wie sie irrtümlich meinten – ihrer Herrschaft einführten, damit ihre Untertanen sich untereinander wegen ihrer Uneinigkeit nicht verschwören konnten; demgegenüber mahnt Lipsius noch einmal mit Laktanz, daß „religio et veneratio" keine andere als die des einzigen Gottes sein dürfen, wie wahre Klugheit rät[12]. Deswegen vertritt Lipsius nachhaltig die Auffassung, daß eine „religio" in einem Reich bewahrt werden muß[13], wobei nicht übersehen werden darf, daß er nicht nur diese eine Tugend, sondern durchgängig zwei verschiedene zur Charakterisierung dessen aufnimmt, was er zum Ausdruck bringen will.

Danach wendet sich Lipsius der Frage zu, welche und ob alle zu bestrafen sind, die von dieser seiner Position abweichen. Und er fügt die Klage über die Zerrissenheit Europas an, daß christliche Gemeinwesen aneinandergeraten und so viele Anführer und Menschen zugrunde gingen und auch weiterhin zugrunde gehen. Der Grund aber für diesen Untergang so vieler ist die Art ihrer „Pietas" – wie es hier wiederum heißt –.

Das Thema erscheint Lipsius immerhin so heikel, daß er bedauert, bloß Ratschläge und keine Dekrete beibringen zu können. Er unterscheidet nämlich zwischen öffentlichen und privaten Sündern gegen die „religio". Als öffentliche Sünder versteht er diejenigen, die selbst schlecht von Gott und den überkomme-

---

[10] Ebd. IV 2; 104: „In rebus Diuinis versari eam dico, QUAE SACRA RELIGIONEMQUE TANGIT ET DIRIGIT, QVATENVS TAMEN PRINCIPIS EA CURA. Iuste et conuenienter sic limito. quia non Principi liberum in sacra ius. absit. sed inspectio quaedam, idque tuendi magis quam cognoscendi caussa."

[11] Ebd. 105; das Zitat stammt aus der Rede „De haruspicis".

[12] Ebd. 105–107, mit der Aussage über die ägyptischen Könige, *„qui variam et miscellam religionem induxerunt, stabiliendo,* vt putarunt, *sceptro:* (es folgt zunächst das griechische Original und dann die Übersetzung des Diodor-Zitats) *et ne vnquam conspirare inter se Aegyptij omnes possent. O fatui! Vnionis auctor illa vna: et a confusa ea, semper turbae."* Der folgende Rat an den Fürsten lautet: „Haec vera prudentia: et Principi qui sapit, (und hier folgt das Zitat des Laktanz) *religio et veneratio nulla alia nisi vnius Dei tenenda est."*

[13] Ebd. 3; 108: „ERGO firmiter haec nostra sententia est, Vnam religionem in vno regno seruari."

nen „sacra" denken und andere antreiben, ebenso zu denken; private aber nennt er jene, die solches nur für sich tun. Die öffentlichen Sünder sollen bestraft werden, damit der Fürst nicht von ihnen bestraft wird[14]. Als Belege hierfür bringt er aus der Antike insbesondere ein Zitat von Augustinus, das in Nachbildung der neutestamentlichen Stelle im Johannesevangelium (11,50) besagt, es sei besser, wenn ein einzelner statt der Einheit (des Gemeinwesens) verlorengeht; und er fügt einen Cicero-Text hinzu, daß man besser eines der Glieder brennt und schneidet, als daß der ganze Leib zugrundegeht[15]. Vor allem mit diesem „Vre, seca" nach der Einleitung, daß Milde keinen Platz hat, handelte sich Lipsius heftige Auseinandersetzungen ein. Wenn er damit auch nicht expressis verbis den Scheiterhaufen und die Folter gemeint und auch nicht einfach gutgeheißen haben mag, sondern einen medizinischen Sprachgebrauch aufnehmen wollte, so wurde er doch vielfach im ersteren Sinn verstanden und entsprechend von den Gegnern wegen solcher Brachialgewalt aufs Entschiedenste kritisiert[16]. Daß er jedoch ein hartes, gewaltsames Durchgreifen nicht ohne weiteres befürwortet hat – und sei es wegen der Unmöglichkeit, einen Standpunkt durchzusetzen –, zeigen die folgenden Aussagen und Zitate dieses Kapitels. Denn Lipsius hält es zwar mit dem Codex Iustinianus für einen Schaden, was gegen die „religio divina" verübt wird; er bleibt auch dabei, daß diejenigen, die Verwirrung stiften, solange gezügelt werden müssen, wie dies ohne (noch) größerer Verwirrung geht. Aber mit Tacitus fragt er, was geschehen soll, wenn es anders aussieht, wenn eine sofortige Zügelung mehr Schaden für das Gemeinwesen bringt. In solchen Situationen unlösbarer Differenzen und hieraus resultierender Ratlosigkeit, die er mit verschiedenen Autoren wie Seneca, Platon, Tacitus und Cicero belegt, vermag er nur mit Seneca und Tacitus sowie mit Livius und Plinius zur Zurückhaltung zu mahnen; er nimmt dabei zur Erläuterung jenes Zustandes höchster Wirren die bekannte Metaphorik einer Krankheit zu Hilfe, in der es gegebenenfalls auch besser sein kann, statt einer „immatura medicina" zuzuwarten, sind doch Ärzte zuweilen mehr durch Ruhe als durch Handeln von Nutzen, da doch meistens der Tag und die Ruhe heilt. Gegen den Ruf nach Waffen stellt Lipsius die Frage, die er mit ja beantwortet wissen will, ob man schon gesehen habe, daß Waffen durch Waffen irritiert, d.h. ungültig, wirkungslos gemacht werden. Dem Fürsten rät er schließlich zuzusehen, ob man nicht zuweilen besser die Augen

---

[14] Ebd. 109: „Vt rem intellegas, duo genera eorum facio qui in Religione peccant: qui Publice, et qui Priuatim. Publice peccare dico, QUI ET IPSI MALE DE DEO RECEPTISQVE SACRIS SENTIVNT, ET ALIOS AD SENTIENDVM IMPELLVNT. Priuatim, QVI PARITER MALE SENTIVNT, SED SIBI. De primis primo quaeritur, an talibus esse debeat impune? nego. *Puniantur a te, ne tu pro illis puniaris.*" (Letzteres ist ein Zitat Cyprians.)

[15] Ebd.: *„Melius enim est, vt pereat vnus, quam vt pereat vnitas".* Nach einem weiteren Zitat folgt dann: „Clementiae non hic locus. *Vre, seca, vt membrorum potius aliquod, quam totum corpus intereat"* (so mit einem Cicero-Zitat). – Ebd. 109ff auch das Folgende im Text.

[16] Vgl. die Hinweise auf Dirck Volkertszoon Coornhert (1522–1590) bei Joseph Lecler, Geschichte der Religionsfreiheit im Zeitalter der Reformation, II, Stuttgart 1965, 347–352, s. dazu 326 Anm. 32.

verschließt, Nachsicht übt, als durch unzeitige Heilmittel Vergehen zu entfachen. Lipsius bleibt also unentschieden, insbesondere dann, wenn sich ein Erfolg von an sich gebotenen Strafmaßnahmen nicht nur nicht absehen, sondern vermutlich nicht erreichen läßt. Wenn er in diesem Zusammenhang auf die „natura" verweist, so bedeutet dies für stoische Tradition und Konzeption keine Vertröstung. Vielmehr teilt er die in einem Zitat Senecas zum Ausdruck gebrachte Auffassung, daß die menschliche Seele unbeugsame Natur ist, die alle Kräfte gerade dann aufbietet, wenn die Lage besonders bedrohlich aussieht; und mit anderen Texten unterstreicht er, daß die „Natur" sehr wohl etwas gegen die Gefährdung auszurichten vermag, die in der zerfallenen Einheit der „religio" besteht. Die „Natur" vermag also viel eher zu helfen als menschliche oder fürstliche Maßnahmen[17].

Daß Lipsius gegen solche, die nicht die wahre Gottesverehrung pflegen, keinen extremen Rigorismus vertritt, zeigen auch die Aussagen des folgenden Kapitels über diejenigen, die „privatim" gegen die „Religio" sündigen. Während er bei denen, die öffentlich sündigen, nicht schweigen kann[18], zieht er hier ein Schweigen vor, will er doch niemanden anschuldigen[19]. Soll einer, der privat sündigt, bestraft werden? „Non videtur", heißt die vorsichtige und unentschieden wirkende Antwort bei Lipsius[20]. Die Zitate, die er für seine Ansicht beibringt, stützen ihn, so jenes von Cato, daß kein König den Seelen befehlen kann. Bei Laktanz findet Lipsius, daß nichts so freiwillig ist wie die „Religio"[21], und insbesondere bei Theoderich jenes vielzitierte Wort, daß man die „Religio" nicht befehlen kann[22]. Von Bernhard von Clairvaux zitiert Lipsius die These, daß man die „fides" raten, aber nicht befehlen kann, wobei es für ihn kein Problem darstellt, hier und wenig später ein Zitat mit „fides" aufzunehmen, daß nämlich, wie Laktanz sagt, derjenige Glaube viel fester ist, den die Buße wiederherstellt. Lipsius mahnt also hier eindringlich zum Verzicht auf Gewalt und Zwang, und dies mit dem Bild von Seneca, daß edle und vornehme Pferde besser mit leichtem Zügel regiert werden – „reguntur", jene Tätigkeit, die der „rex" ausübt –; und Lipsius fügt Erfahrungen an, daß man mehr mit Lehren als mit Befehlen, mehr mit Mahnen als mit Drohen erreichen kann, wie er mit einem unübersetzbaren Wortspiel des Augustinus sagt[23].

---

[17] I. Lipsius, Politicorum IV 3; 111. Das Seneca-Zitat: *„Natura contumax est humanus animus, et in contrarium atque arduum nitens."* Lipsius schließt den Rat an den Fürsten an: „Tu iterum iterumque vide, an non conniuere interdum melius quam *intempestiuis remediis delicta accendere.*" (Das Letzte ist ein Tacitus-Zitat.)
[18] So ebd. 3; 109.
[19] Ebd. 4; 111.
[20] Ebd.
[21] Ebd. 112. Das Zitat von Laktanz lautet: *„Nihil tam voluntarium, quam Religio: in qua si animus auersus est, iam sublata, iam nulla est."*
[22] Ebd.: *„Religionem imperare non possumus, quia nemo cogitur vt credat inuitus."* Hier und 113 das Folgende im Text.
[23] Ebd. 113: *„docendo magis quam iubendo, monendo quam minando"*.

Damit ergibt sich ein merkwürdiger doppelter Zwiespalt: Einerseits plädiert Lipsius für harte, wenn auch als Therapie befürwortete Maßnahmen, und doch weiß er sehr wohl, daß man die eigene Überzeugung, daß man „fides" bzw. „religio" nicht befehlen kann. Zum zweiten hält er schmerzhafte Maßnahmen, der Heilung wegen angewandt, wohl deswegen für angezeigt, weil er von Neuerungen gerade auf dem Gebiet der „divina", der göttlichen Dinge nachhaltigen Schaden für das Gemeinwesen ausgehen sah[24]; doch empfiehlt er eben diese Maßnahmen nur, wenn sie Erfolg versprechen und die Gegenkräfte nicht so stark sind, damit durch menschliche bzw. fürstliche Maßnahmen innerer Unfrieden und Aufruhr nicht noch größer werden. Strafen soll es also nur geben, soweit der öffentliche Bereich von den Unruhen tangiert wird, wobei „öffentlich" hier meint, daß die Betreffenden andere zu abweichenden Handlungsweisen anstiften. Sanktionen dienen also dazu, die in Frage gestellte Einheit wiederherzustellen. Diese Ratschläge stellen freilich kein besonders überzeugendes Ergebnis dar, worüber Lipsius jedoch nicht weiter reflektiert.

Zu seiner Entlastung bleibt jedoch zu vermerken, daß man einem Autor nicht verdenken kann, keine theoretische Lösung anzubieten, da die Praxis die Unlösbarkeit hinlänglich demonstrierte. Lipsius sah sich mit seinen Zeitgenossen einer neuen, ganz Europa erschütternden Art von Kriegen gegenüber, die zugleich meist Bürgerkriege waren. Vielleicht greift er auch deswegen eher auf die „pietas" zurück statt auf jene „religio et timor Dei", die, der Praxis zugehörend, gerade nicht mehr als Quelle inneren Friedens, sondern noch größerer Feindseligkeit und Erbitterung dient. Und deswegen erscheint für Lipsius wohl auch der Rückgriff auf stoische Lebensanweisungen so verlockend und im Grunde auch überzeugend, weil Tugenden wie „disciplina" Hilfe für die Bewältigung der Krisen versprechen. Uns mag stören, daß Lipsius sie als *militaris disciplina* vorstellt und sie als strenge Bildung des Soldaten zu Kraft und Tugend faßt, als deren Teile er Übung, Ordnung, Zwang, Beispiele benennt[25]. Ein besonderes Problem stellt für uns die „Coerctio" dar, die Lipsius des näheren als Selbstbeherrschung, Maß und Enthaltsamkeit erläutert[26]. Solche Tugenden vermag er in seiner Zeit eher herauszustellen als die Pflege der Liebe zu Gott und dessen Verehrung, die zwar eine grundlegende Bedeutung für das Gemeinwesen besitzen, in dieser ihrer zentralen Funktion aber ineffizient geworden zu sein scheinen. Gleichwohl hat er verschiedentlich deren Bedeutung nachhaltig unterstrichen;

---

[24] Ebd. 2; 107: „*Eos vero qui in diuinis aliquid innouant, odio habe et coerce. non deorum solum causâ (quos tamen qui contemnit, nec aliud sane quidquam magni faceret) sed quia noua quaedam numina hi tales introducentes, multos impellunt ad mutationem rerum. Vnde coniurationes, seditiones, conciliabula existunt, res profecto, minime conducibiles Principatui.*"

[25] Ebd. V 13; 271: „Appello autem Disciplinam, SEVERAM CONFORMATIONEM MILITIS AD ROBVR ET VIRTVTEM.
Partes eius siue munia ... facio quattuor: Exercitium, Ordinem, Coerctionem, Exempla."

[26] Ebd. 277: „Tria sunt, sine quibus non robur in excercitu, non ordo: Continentia, Modestia, Abstinentia."

denn, wie er mit Laktanz sagt, nichts von allen menschlichen Dingen ist hervorragender als die „religio", die deswegen mit größter Gewalt verteidigt werden muß[27]. Wie es bei Augustinus heißt, ragen die Fürsten durch *„pietas et iustitia"* hervor, sind sie Götter (was sicher zugleich als Imperativ zu verstehen ist!)[28]. Wo aber die „religio" vernachlässigt wird, zieht sie das Gemeinwesen in Mitleidenschaft[29]. Nicht von ungefähr nimmt Lipsius deswegen auch jenes Wort von Plutarch auf, nach dem „Religio" und das altgriechische „nihil nimis" das beste ist[30]. Verschiedentlich also stellt Lipsius im Rückgriff auf die Tradition die „religio" bzw. „religio et timor Dei" heraus, wobei das Übergewicht von „religio" sich an den entsprechenden Stellen aus der Tradition nahelegt. Er selbst dürfte die „pietas" für noch wichtiger gehalten haben.

Bei Lipsius zeigt sich somit eine uneinheitliche, unentschlossen wirkende Einstellung, „pietas" und „religio" zwar für außerordentlich wichtig zu halten, sie in entscheidenden Ausführungen aber eher hintanzustellen sowie öffentliche Vergehen gegen sie und insbesondere gegen ihre Einheit zu strafen, soweit dies erfolgversprechend ist. Diese Position wird man nur dann nicht für Opportunismus halten, wenn man die außerordentliche Problematik seiner Zeit berücksichtigt und in ihr den Rückgriff auf stoische Tradition nicht einfach für eine Ausflucht hält; denn mit dieser läßt sich das ärztliche Wirken zwar hochschätzen, bei schwerwiegenden Krisen aber auf Maßnahmen des Arztes verzichten und auf die „natura" vertrauen und von ihr her Besserung erhoffen. Befriedigend erscheint damit die Position, die Lipsius einnimmt, für uns nicht.

Lipsius wurde denn auch, wie bereits kurz erwähnt, von Befürwortern der Toleranzidee angegriffen. Die größte Gegnerschaft erwuchs ihm seitens des Niederländers Dirck Volkertszoon Coornhert (1522–1590)[31]. Lipsius sah sich veranlaßt, gegen dessen Angriffe eine eigene Schrift „De Vna Religione" erscheinen zu lassen. Der Streit ging um die Frage, ob es nur eine einzige „religio" im Gemeinwesen geben solle und dürfe und welche Macht dieses über die „religio" habe, ob es tatsächlich um ihretwillen über Leben und Tod entscheiden könne.

---

[27] Ebd. IV 2; 107: *„Nihil esse in rebus humanis religione praestantius, eamque summa vi oportere defendi."* Vgl. die Zitate ebd. I 3; 6: *„Religione* enim *vita constat"* (Plinius), *„Omnes religione mouentur, et deos patrios ... colendos sibi diligenter et retinendos arbitrantur"* (Cicero).
[28] Ebd. II 10; 51.
[29] Vgl. die den „Politica" beigegebenen und im Anhang abgedruckten (und neu paginierten) Notae, 7: *„Religio neglecta aut prolapsa, traxit semper rempublicam secum, et trahet."* Vgl. dazu ders., Politicorum I 3; 7: *„Gens superstitioni obnoxia, religionibus aduersa"* (Tacitus).
[30] Vgl. ebd. die beigefügten Notae, 8; im Lateinischen ist diese Aussage schwer verständlich: „Religio, et vt nihil nimis, optimum" (Plutarch), im Original heißt es verständlicher: „ἡ δ'εὐλάβεια, καὶ τὸ μηδὲν ἄγαν, ἄριστον" d.h. „Vorsicht" (im Hinblick auf die Götter) und jenes „Nichts-im-Übermaß" sind das Beste. Das „μηδὲν ἄγαν" läßt sich im Griechischen zurückverfolgen bis etwa auf Pindar, hg. von O. Schroeder, Leipzig 1914, 339, Fr. 216; hg. von H. Maehler, II, Leipzig 1989, 12, Fr. 35b, oder Platon, Hipparchos 228e, und bezeichnet eine für die Griechen wesentliche Einstellung.
[31] J. Lecler, Geschichte der Religionsfreiheit, II, bes. 336–353.

Verwundern muß die Schärfe, mit der Lipsius seine Entgegnung auf die gegen ihn gerichteten Angriffe formuliert.

Für unsere Fragestellung ergeben sich dabei einige Klärungen. Vielleicht mehr noch als zuvor hält Lipsius daran fest, daß zwar der Fürst nicht das Recht hat, die „proba aut vera Religio" festzustellen, daß es jedoch nur eine einzige „religio" im Gemeinwesen geben darf[32] und daß dieses niemals bestehen kann, wenn in ihm nur eine unbestimmte Freiheit herrscht, ja, daß die „Religio" zerstört, wer die „libertas haec Religionum" einführt[33]. Lipsius bleibt also grundsätzlich bei seinen bisherigen Ansichten. Insbesondere verteidigt er, daß „religio et timor Dei" die Gemeinschaft der Menschen untereinander schützen, daß sogar eine „vana religio" diesen Effekt besitzt, daß ohne irgendeine „species" von „religio" kein Gemeinwesen letztlich Bestand hat[34]. Zur Unterstützung seiner These verweist er auf zeitgenössische Ägypter, Türken und Japaner sowie auf die Christen in Polen, bei denen eine Vielzahl von „religiones" im Gemeinwesen gerade keinen Frieden gewährt und auch die Macht ihres Herrschers nicht festigt. In Zitaten spricht Lipsius hier von den vier „sectae", d.h. von verschiedenen Richtungen des Islam[35] oder von neun „religionum genera" bei den Japanern[36] (womit noch keine Vielzahl differenter ‚Religionen', sondern die jeweils verschiedene Verehrung gemeint ist, wie es sie im antiken Rom für die verschiedenen Götter gab). Freilich differenziert er; denn bei den Türken besteht keine beliebige Vielfalt, sie bevorzugen vielmehr eine einzige „religio"; andere lassen sie lediglich zu, und sie können dies, weil diese schon aufgrund ihrer geringen Mitgliederzahl nicht von Bedeutung sind. Jedoch erlauben die Türken keine solchen, die von ihrer eigenen abgefallen sind[37]. Demgegenüber konzedieren Juden oder Christen keine solche Aufsplitterung, die Juden gestatten keine Abweichung von der „patria religio"[38] und die Chinesen keine „religio alia", die nicht vom König und Rat

---

[32] So in seinem Brief wohl an Coornhert, den Lipsius in diese neue Schrift aufgenommen hat, Iustus Lipsius, De Vna Religione adversus Dialogistam, Lugduni Batavorum MDXCI, 11; Antverpiae MDCIV, 72. – Im folgenden sind die Seitenzahlen der späteren Ausgabe in Klammern beigefügt.

[33] Ebd. cap. 1; 12 (72).

[34] Ebd. cap. 2; 25 (79) mit einem Zitat von Plutarch, das freilich nur von der grundlegenden Bedeutung einer „opinio de diis" für Begründung und Erhaltung des Gemeinwesens spricht. Im folgenden, 26, heißt es: „hic pacata quietaque religio vinculum est rerum".

[35] Ebd. 31 (82), vgl. schon 30 (81) zugleich mit dem Hinweis auf Julian; von beiden heißt es: „qui palam fatentur dissidentes religiones induxisse, vt subditi dissiderent."

[36] Ebd. 32 (82); 33 noch ein Zitat, das die häufigen Aufstände bei den Japanern zum Ausdruck bringt, *dum suam religionem singuli aliis anteferre conantur*".

[37] Ebd. (82f): „Iam de Turcis, plane disconueniens est. Nam quod ad ipsos attinet, vna inter eos religio: et vae illius capiti, qui verbo aut facto turbet. Alienas tantum, nec corruptas ex ea, sed plane aduersas permittunt: atque ita communicandi aut disserendi vix cupiditas est aut caussa. Contemnunt enim magis inter se, quam contendunt. Pone in media Europa Iudaeos, Turcos, Sinenses (modo ne immani nimis numero) nihil turbabis religionis aut Ecclesiae pacem. Adde, quod vna religio dominans apud Turcos: reliquae mussant, et falsae illi ac barbarae vel inuitae submittunt fasces dignitatis."

[38] Ebd. 37 (84).

genehmigt ist[39]. Folglich wendet sich Lipsius gegen eine „innouata aut insidiose simulata religio"[40]. Er insistiert darauf, daß die eine „religio" in einem Gemeinwesen bewahrt werden muß[41].

Nach Lipsius darf also an sich nur eine einzige „religio" vorhanden oder wenigstens nur eine unter mehreren dominant sein, um den inneren Frieden und die Stärke des Gemeinwesens zu gewährleisten; es erweist sich daher als Fehler, verschiedene „genera religionum" zuzulassen, wobei es im Zweifelsfalle auch eine „vana religio" sein kann; es gibt folglich für ihn keine Beliebigkeit bzw. reale Vielfalt verschiedener legitimer „religiones". Denn er wiederholt die lapidare Feststellung, daß keine andere „religio" als die des einen Gottes und d.h. allein die christliche angenommen werden darf, wie aus den heiligen Büchern ersichtlich ist[42]. Hier verweist Lipsius also auf die heiligen Bücher, die er übrigens auch zitiert[43]. Andere „Religiones" sind somit letztlich überhaupt nicht legitime[44], ihre Anhänger lediglich „in religione errantes"[45].

Lipsius bleibt also in einem spezifischen sehr engen Sinn intolerant. Freilich präzisiert er seine so sehr gescholtene Aussage vom „ure, seca" mit dem Hinweis, daß sie aus der Medizin stamme. Damit sucht er klarzustellen, daß er dieses Zitat als Bild der Heilung einer Krankheit verstanden wissen will; denn das Brennen dient dazu, nach einem operativen Eingriff das Blut zu stillen (und nicht zu vergießen)[46]. Und er unterscheidet vier Arten von Strafe – Geldstrafe, Ehrverlust, Exil, Tod –, aber er empfiehlt eine maßvolle Anwendung und fügt ein Gebet zu Gott an, daß dieser den Fürsten eine gemäßigte und den Übeltätern eine gesunde und bußfertige Gesinnung geben möge. Gleichwohl schließt Lipsius seine Rechtfertigung mit der Wiederholung des Zitats von Cassiodor, daß wir eine „religio" nicht gebieten können[47].

Es zeigt sich, daß Lipsius auch in dieser Schrift seiner bisherigen Linie treu bleibt. Rein zahlenmäßig überwiegt „religio", doch fehlt auch „pietas" nicht[48]. Ebenso aber findet sich „ritus et religio"[49]. Freilich verwendet er auch und gar nicht selten „religiones" im Sinne verschiedener Gruppierungen, d.h. ohne er-

---

[39] Ebd. 38 (85).
[40] Ebd. 38f (85).
[41] Ebd. cap.3; 48 (90).
[42] Ebd. cap.2; 42 (87): „NVLLA *religio alia nisi vnius Dei tenenda est*. Quae haec est? Christiana. Unde petimus? e libris sacris."
[43] Vgl. die Jesaia-Zitate ebd. 19 (76) und 23 (78) und besonders das Zitat aus Eph 4, ebd. 30 (81) (‚Ein Herr, ein Glaube, eine Taufe'). Dies im Hinblick auf die verschiedentlich notierte Bemerkung, in den „Politica" fänden sich keine Bibel-Zitate.
[44] Vgl. o. Anm. 38.
[45] Ebd. cap.3; 53 (92).
[46] Ebd. 56 (93f).
[47] Ebd. cap. 4; 69f (100), verbunden mit der Feststellung: „Quae eadem mens Theodahadi regis fuit: *Cum diuinitas diuersas religiones esse patiatur, nos vnam non audemus imponere. Quod si regum non est, religiones pro arbitrio imponere: quanto minus priuatorum?*"
[48] Vgl. ebd. cap.2; 21 (77), 23f (78), 40 (86), ebd. cap.3, 49 (90).
[49] Ebd. cap.2; 40 (86). „Ritus" ist hier Plural.

kennbar den antiken Sinne von verschiedenen Verehrungen jeweils eines bestimmten Gottes zu überschreiten, wie sich aus der Nennung der neun „religiones" bei den Japanern sehen läßt. Überdies will er auch sachlich keine Vielzahl legitimieren, hält er doch an der einen wahren „religio" fest. Somit bleibt es bei dem Sachverhalt, daß Lipsius zwar von verschiedenen „genera religionum" spricht (und damit abstrakt „religio" als Genusbegriff zuläßt, dem an sich verschiedene „species" entsprechen müßten), ohne daß es jedoch realiter mehr als nur eine einzige „religio" im christlichen Sinn gibt. Damit geht Lipsius lediglich sprachlich über das hinaus, was er faktisch als legitim vertritt. Er läßt diesen Sachverhalt nur insofern zu, als er einer „falsa religio" zugesteht, als Stabilisierung eines Gemeinwesens zu dienen, wenn sie nur die eine oder wenigstens die eine maßgebliche in diesem ist. Unter politischem Aspekt läßt Lipsius somit zu, was er theologisch verwirft.

Bewußt bleiben muß man sich dabei, daß Lipsius insbesondere und nicht nur in seinen „Politica" die „Pietas" als bevorzugte Tugend herausstellt. Und wenn er die „Ciuilis ... Virtus" insgesamt darstellen will, so gehört zu ihr an erster Stelle eben diese Tugend, der er dann „Probitas" und „Constantia" hinzufügt[50]. Doch darf man diese Zusammenstellung wiederum nicht verabsolutieren, denn anderwärts behandelt er ausführlich die „Religio" sowie deren Entgegensetzungen, „Superstitio" und „Impietas", ehe er dann die beiden anderen Tugenden der eben genannten Trias darstellt[51].

Verkennen darf man auch nicht die Bedeutung, die Lipsius der „Religio" beimißt. Schließlich hält er sie für das Band und das Firmament eines Gemeinwesens, ohne sie gibt es keinerlei Tugend, sondern alle nur erdenkliche Verwirrung der Menschen und der Verhältnisse[52]. Lipsius behält dabei die präzise Bedeutung von „legitimer Beachtung der Verehrung Gottes" bei, denn wenn er im Hinblick auf Mohammed von „nova Religio" spricht, so spezifiziert er sogleich, daß es sich hierbei nur um einen Götzendienst, um „Superstitio" handelt[53].

Mit diesem Ergebnis müssen wir zugleich konstatieren, daß Lipsius bei aller Innovation für den politischen Bereich in der Frage der „Religio" keine neuen Akzente gesetzt hat. Damit erweist sich aber auch jene Behauptung als falsch, daß er „eine Theorie des frühneuzeitlichen Staates" geliefert hat,

---

[50] Iustus Lipsius, Admiranda, siue, de magnitudine Romana libri quattuor, IV 5, Antverpiae ³MDCV, 186.

[51] Iustus Lipsius, Monita et exempla politica. Libri duo, I 2, Antverpiae MDCV, 3–12 über die „Religio", 3f; 12–23 über ihre Antithesen, 7; 46–57 über die beiden anderen Tugenden.

[52] Ebd. I 2; 3: „sic nos qui Rempublicam, a fulcro et velut basi eius, Religione ordiri debemus. Sine ea, non Princeps officium suum, non Subditi facient: sine ea, societas non erit. quia non Fides (sc. Treue), non Iustitia, non Virtus; sed fraus, licentia, proteruitas, et, vno verbo, confusio hominum ac rerum ... Esto igitur vinculum et firmamentum reipublicae, Religio ..."

[53] Ebd. 3; 16.

„die diesen als eine von der Religion gelöste, eigenständige und auf Befehl und Gehorsam basierende Ordnung der Sittlichkeit, der Macht nach innen und nach außen, der Regierung, der Verwaltung und des Militärs fordert."[54]

Als Beleg für eine solche These wird wiederholt darauf hingewiesen, daß Lipsius in seinen „Politica" die Bibel vernachlässigt und eher humanistisch-stoisch als christlich argumentiert. Diese Beobachtung trifft nur eingeschränkt zu und darf nicht überstrapaziert werden. Denn einmal zieht er schon in diesem Buch sehr häufig neben den nichtchristlichen antiken Autoren die Kirchenväter und hier insbesondere Laktanz und Augustinus heran. Zum anderen führt er in den „Notae" zu den „Politica" dann auch, freilich nicht sehr oft, Schriftzitate an[55]. Von einer grundsätzlichen Vermeidung der Schrift wird man daher nicht sprechen können.

Mit seiner ungewöhnlich wirkungsreichen Tätigkeit als Schriftsteller gerade auch hinsichtlich der „Politica"[56] bleibt also festzuhalten, daß Lipsius in genuin römischer Tradition zugleich im christlichen Bereich jene Tugend als grundlegend ansieht, die auch die Römer für wichtig gehalten haben, nämlich primär die „pietas", sodann, faktisch in gleichem Rang, die „religio", die zur Begründung eines Tugendethos fundamental erscheinen, aber eben als Tugenden, nicht als eine anthropologische Gegebenheit.

Innocent Gentillet

Wenigstens kurz soll auf Innocent Gentillet (1550–1595) hingewiesen werden[1]; denn dieser reformierte Jurist hat in seiner Auseinandersetzung mit Machiavelli eines von drei Kapiteln der „Religion" gewidmet, die ein Fürst halten soll[2]. Entsprechend hat er sich immer wieder gegen Machiavelli als einen „Atheiste" gewandt[3] und sich gegen den „Atheisme" überhaupt heftig zur Wehr gesetzt[4]. In dem gesamten Kapitel spricht Gentillet durchgängig von „Religion" in einem auf den ersten Blick weiten Sinn; er verwendet immer wieder „Religion des Pay-

---

[54] Vgl. G. Abel, Stoizismus und Frühe Neuzeit 70, vgl. 87, dagegen aber 72 und bes. 80, hier mit dem Zitat von Lipsius, daß nichts so sehr das Gemeinwesen zusammenhält wie die „fides".
[55] S.o. Anm. 43.
[56] G. Oestreich, Justus Lipsius als Theoretiker, 37 Anm. 7 mit dem Hinweis, daß im Gegensatz zu Jean Bodins „République", die 17 französische und 9 lateinische Auflagen sowie andere Übersetzungen erreichte, die „Politica" des Lipsius 77 vollständige Drucke erlebten. Vgl. auch ders., Politischer Neustoizismus und niederländische Bewegung, 127.

[1] Innocentius Gentil(l)et war nach juristischen Studien Parlamentsadvokat in Toulouse und später Parlamentspräsident in Grenoble.
[2] [Innocent Gentillet], Discours, sur les moyens de bien gouverner et maintenir en bonne paix un Royaume ou autre Principauté. Divisez en trois parties: asouoir, du Conseil, de la Religion et de la Police que doit tenir un Prince. Contre Nicolas Machiauel Florentin, o.O. MDLXXVI, 141–250.
[3] Vgl. z.B. ebd. 141, 171, 204.
[4] Ebd. z.B. ebd. 172.

ens"[5] oder „Religion payenne"[6], der er die „Religion Chrestienne" gegenüberstellt[7].

Genauer beschreibt er in diesen Ausführungen den „Atheiste" als einen Verächter Gottes[8] bzw. Gottes und der (ganzen) „Religion"[9]. Dabei kann hier auf sich beruhen bleiben, ob sich diese Geringschätzung auf jegliche „Religion" oder aber nur auf die christliche bezieht. Gegen Machiavelli wird wohl überhaupt der Vorwurf erhoben, die (christliche) „Religion" zu verachten, weil dieser dem Fürsten rät, irgendeine „Religion", ob wahr oder falsch, seinem Gemeinwesen zugrunde zu legen[10]. In diesem Sinn kann es sehr wohl verschiedene „Religions"[11] bzw. „sectes et Religions"[12] geben. Gentillet nennt aber auch spezielle „Religions", so die „Religion de Bacchus"[13], „Papale"[14] oder „du Diable"[15], dazu die „Religion Romaine"[16] oder „Iudaique"[17], aber auch die „Religion de Dieu"[18].

Doch dürfen diese zahlreichen Wendungen nicht darüber hinwegtäuschen, daß Gentillet selbst keineswegs auf die Wahrheitsfrage verzichtet; er weiß sehr wohl um die schon genannte Unterscheidung von wahrer und falscher „Religion" und nennt folglich vielfach die „vraye Religion" bzw. die „pure et vraye Religion"[19]. Auch vertritt er die Auffassung, in der ihm nicht alle folgen mögen, daß die Spaltung zwischen Katholiken und Reformierten nicht zu zwei verschiedenen ‚religions' führte; sie bleiben vielmehr eine „Religion"; denn die eine und die andere erkennt Christus als Fundament, sie basieren auf dem Glaubensbekenntnis, erkennen die Trinität und die Sakramente, näherhin Taufe und Abendmahl, an[20].

---

[5] Ebd. z.B. ebd. 141, 148.
[6] Nicht gleich am Anfang des Kapitels wie die Belege der vorigen Anm., aber von ebd. 149 an häufig, vgl. 196.
[7] So gleich zu Kapitelanfang ebd. 141: „qu'il prefere la Religion des Payens à la Chrestienne".
[8] Ebd. 141.
[9] Ebd. 171; später, 229, findet sich dann „fort grands Atheistes et contempteurs de Dieu et de toute Religion".
[10] Ebd. 141.
[11] Ebd. 146; vgl. 211 „Religions estrangeres" und „Religions Payennes".
[12] Ebd. 210.
[13] Ebd. 193.
[14] Ebd. 194.
[15] Ebd. 195.
[16] Ebd. 242.
[17] Ebd. 233.
[18] Ebd. 211.
[19] Beide Wendungen bereits zu Kapitelanfang ebd. 141.
[20] Ebd. 149 mit der Feststellung, daß die Frage, welche „Religion" „Chrestienne" genannt werden kann, „ou la Catholique ou la Reformee", dahingehend beantwortet werden muß, „que ce n'est qu'vne mesme Religion, et comme ce sont mesmes noms Catholique et Euangelique ou Reformee, aussi ce sont mesme chose." Auf die Weiterführung, ob die „nostre Religion Chrestienne" gegenüber den Römern eine neue Sprache geformt und welche Bedeutung dies hat, 209f, braucht hier nicht eingegangen zu werden.

Es zeigt sich somit bei Gentillet einerseits eine ungewöhnlich häufige und breit gestreute Verwendung von „Religion" über den christlichen Bereich hinaus, die in der Formulierung „Religion Payenne" gipfelt; er verwendet diesen Terminus so häufig, daß er ihn sogar in einen Machiavelli-Text einträgt[21], während die französische Wiedergabe dieses Textes ihn nicht enthält[22]. Gleichwohl aber erkennt er die „autres Religions" nicht wirklich an, vielmehr hält er sich an die „vraye Religion Chrestienne", und das gegen Machiavelli, den „vraye Atheiste et contempteur de Dieu"[23].

Guilelmus Rossaeus (William Gifford)

Unter den politisch argumentierenden Autoren soll auch Guilelmus Rossaeus (1553–1629) berücksichtigt werden[1]. Mehr als um theologische geht es ihm um politische Argumentationen bezüglich der Frage, wie sich Christen in einem Gemeinwesen verhalten sollen, dessen Herrscher häretisch genannt werden muß. Dabei verfolgt er die Absicht, Widerstand gegen einen und Beseitigung eines häretischen Tyrannen zu legitimieren. Allgemein politischen Reflexionen

---

[21] Ebd. 196, bes. 197 mit Zitat von Machiavelli, Livius II 2.
[22] Les discours de Nic. Machiavel ... Sur la premiere decade de Tite Liue, dez l'edification de la ville, Paris 1571, 116.
[23] I. Gentillet, Discours, 141, 146. – Nicht mehr ausgeführt werden können hier die Überlegungen, die Gentillet etwa über die Relation von „religion" und „loy naturelle" anstellt, vgl. 59. Auch, daß der Fürst die wahre „Religion" zu halten hat und daß diese die „Religion Christienne" ist, 141, und daß mit ihr die „Religion de Moyse" identisch ist, 143, kann hier nicht näher verfolgt werden. Hingewiesen werden soll wenigstens noch darauf, daß die Einfachheit der „Religion Chrestienne", 143, ein Argument für sie ist.
Die lateinische Version [Innocent Gentillet], Commentariorum de regno aut quovis Principatu recte et tranquille administrando, Libri tres, ... adversus Nicolaum Macchiauellum Florentinum, o.O. MDLXXVII, ergibt keine neuen Aufschlüsse. Besonders interessiert die Wiedergabe der entscheidenden Termini „Religion Payenne" durch „Ethnica Religio", so in den Machiavelli-Übersetzungen bei Gentillet, Commentariorum II Theor. 3; 185, Theor. 4; 192f, seltener in eigenen Ausführungen, vgl. Theor. 5; 203f, vgl. die nicht volle Anerkennung neben der christlichen und jüdischen „Religion" Commentariorum II Praefatio; 138. Vgl. dagegen „Ethnica superstitio", ebd.; 130, ferner II Theor. 5; 203, 211. Es findet sich neben „Atheismus" auch „Ethnicismus", ebd. 204. Daß die katholische und die reformierte „religio" eins sind, vgl. ebd. Praefatio; 138. Vgl. auch die apologetischen Ausführungen Gentillets, hier besonders, Apologie pour les chretiens de France de la religion euangelique ou reformee, o.O. MDLXXXVIII, hier besonders Preface; 1–13. Auch dieses Buch bestätigt den zuvor skizzierten Befund. Vermerkt sei nur noch, daß diese „Apologie" in eine Aufforderung an die Katholiken nach Einheit mündet, Chap. 20; 314–317.

[1] Guilelmus Rossaeus (William bzw. Guillaume Gifford) wurde in England geboren; er dozierte an verschiedenen Orten in Frankreich, mit 50 Jahren trat er in den Benediktinerorden ein und war zuletzt Erzbischof von Reims. Vgl. dazu Johann Heinrich Zedler, Grosses Vollständiges Universal-Lexicon X, Halle und Leipzig 1735, ND Graz 1961, 1454, vgl. ferner Johann Samuel Ersch und Johann G. Gruber, Allgemeine Encyklopädie der Wissenschaften und Künste, I 67, Leipzig 1858, 77.

räumt er deswegen keinen größeren Raum ein, sondern nur so viel, als er zur Grundlegung seines speziellen Themas braucht.

Als Basis seiner Ausführungen formuliert Rossaeus den Satz, daß alle Gewalt von Gott ausgeht[2] und daß die „religio vera" „basis et ornamentum" des Gemeinwesens darstellt[3]. Folglich läßt er dieses von Gott seinen Ursprung nehmen sowie den König letztlich trotz seines hohen Rangs unter dem (christlichen) Gemeinwesen stehen[4]. Als Tyrannen qualifiziert er insbesondere jene Herrscher, die über die allgemeine Pervertierung des Gesetzes hinaus den christlichen Glauben bekämpfen[5].

Von diesen Voraussetzungen her übt Rossaeus zunächst entschiedene Kritik an den Protestanten, die er unter die Heiden einstuft[6]. Sodann wendet er sich gegen den noch einmal schlechteren Calvinismus, dem er sogar die Zugehörigkeit zum eigenen Volk abspricht[7]. Schließlich bekämpft er Heinrich IV., der als Häretiker nicht König sein kann, gegen den es vielmehr Krieg zu führen gilt, und zwar in besonderem Maße, weil er ein rückfälliger Häretiker ist[8].

In lang sich hinziehenden Darlegungen argumentiert Rossaeus mit ausgesuchter Schärfe gerade gegen die Hugenotten. Er verwendet dazu eine beträchtliche Zahl von Zitaten aus Antike und Patristik, zieht eine Fülle von Beispielen aus der Gegenwart heran und stellt überdies immer wieder Vergleiche nicht zuletzt mit Türken und Sarazenen an, die gegenüber den Hugenotten in einigermaßen gutem Licht erscheinen.

Für unser Thema ergibt sich, daß Rossaeus durchweg für die Christen in völlig gleicher Funktion „Christiana fides", „Christiana religio" oder, freilich seltener, „pietas Christiana" sagt[9]. Nur ausnahmsweise und hier besonders in einer Nebenordnung zu den Christen verwendet er „fides"[10] oder auch „religio"[11]

---

[2] Guilelmus Rossaeus, De iusta Reipublicae Christianae in Reges impios et haereticos Authoritate, I 2, Antuerpiae MDXCII, 8. – Hier und im folgenden wird, soweit notwendig, das Kapitel in römischer, der Abschnitt in arabischer sowie nach einem Semikolon die Seite ebenfalls in arabischer Ziffer angegeben.

[3] Ebd. II 2; 43.

[4] Ebd. 11; 104f.

[5] Ebd. III 10; 153–158 (fälschlich 258).

[6] Ebd. IV; 175–264.

[7] Ebd. V-VI; 265–409; hier, 409, die Aussage, nach der die Hugenotten weder christlich noch politisch wahre „Galli" sein können, so schon die Kapitelüberschrift, 327, und genauerhin viel weniger Gallier sind als die Spanier oder Burgunder, „qui et religionem Gallicanam habent".

[8] Ebd. VII-X; 410–733.

[9] Vgl. statt vieler Belege den Wechsel dieser Termini ebd. VI 1; 332, 334, und 2; 337f; neben „fides" oder „religio fidesque Christiana", so etwa IX 3; 583, kann es auch „fides Catholica" bzw. „religio Catholica" heißen, so etwa ebd. 2; 581, ersteres auch ebd. 3; 583.

[10] Ebd. III 2; 117 „nec Christiana fides, nec Mahometana", V 8; 308 „Caluiniana et Catholica fides", etwa IV 10; 237 sogar „Ethnica fides", V; 279 „Caluini et Caluinianae sectae fides".

[11] Ebd. III 1; 110 „religio vel Catholica vel Protestantica", IV 11; 264 „religio siue Christiana, siue etiam Pagana"; darüber hinaus findet sich IV 10; 232 „Anglicana religio", II 4; 59 auch „Mahometana religio", vgl. IV; 175 „religio Ethnica" (die Kursivierung der thesenhaften Zusammenfassung jedes Kapitels durch Rossaeus wird hier nicht übernommen). In einem Zitat findet sich dann, II 4; 51 (irr-

über den eigenen Bereich hinaus. Eine gewisse Sonderstellung nehmen lediglich die Juden ein[12], die er nahe an die Christen heranrückt, indem er beide gemeinsam von allen anderen absetzt[13].

Die Pointe aber liegt darin: Mögen auch Juden, Heiden und Türken schärfste Gegner der „Christiana religio" sein, im Vergleich mit den Calvinisten sind sie näher bei den Christen, sprich bei den Katholiken[14]; denn sie alle können in einer Reihe genannt werden, etwa in dem Zusammenhang, daß Heiden, Türken, Juden und Christen für die Verstorbenen beten, was die Calvinisten nicht tun[15]. Auch wissen die Hebräer vor dem geschriebenen Gesetz durch die „naturae lex" und schriftlich durch die mit ihr identische „lex Mosaica", die Christen durch die Lehrer des Glaubens, die griechischen und römischen Heiden durch die Philosophie, die Tartaren, Amerikaner und die Vielzahl derer, die der Schrift unkundig sind, durch den Impuls, den Impetus der „natura", daß sie Gott durch Opfer ehren sollen. Doch die „Euangelici" weichen von diesem „Christianum et naturale officium" ab; sie werden deswegen „Antichristiani", nicht nur häretische Menschen, sondern „Athei et Apostatae" und schließlich nicht mehr Menschen, sondern Tiere genannt: Denn Menschen haben immer Gott verehrt, und zwar in einem „ritus", während diese „Athei" die von Natur und Vernunft gebotene Verehrung Gottes, den „naturalis cultus" – wie es in einer bislang nirgends nachgewiesenen und bezeichnenden Formulierung heißt – beseitigt haben[16]. Gerade deswegen überragt das Heidentum den „Euangelismus" (wie sich hier noch statt des späteren ‚Protestantismus' findet)[17]. Rossaeus entschuldigt sich direkt dafür, daß er Heiden, Juden und Türken – hinsichtlich der „religio" – miteinander in einer solchen Nähe erscheinen läßt; aber Juden und Mohammedaner verehren den einen wahren Gott und Schöpfer des Himmels und der Erde,

---

tümlich 91), „religio Caluiniana" (Rossaeus kennzeichnet Zitate durch Kursivierung, die nicht übernommen wird), als eigene Formulierung des Rossaeus die Zusammenfassung des Abschnittes 6 von X; 734. In Zitaten findet sich auch „Rochellensis religio" bzw. „fides", VI 9; 382.

[12] Ebd. IV 5; 202 „Iudaeorum fides", 203 „Christianorum vel Iudaeorum fides", VII 7; 468 „religio Iudaeorum".

[13] Vgl. ebd. IV 5; 204 die Gegenüberstellung von „Pagani" und „populus Dei Haebraeus, et Christianus", mit der Pointe, daß auch die ersteren noch und nun gemeinsam mit den letzteren besser sind als die „Euangelici", siehe das Folgende im Text. Zu Juden und Christen vgl. auch 203 den in der vorigen Anm. genannten Hinweis auf die „perpetua Christianorum et Iudaeorum fides", vgl. ferner den gesamten Abschnitt 5; 201–204.

[14] Ebd. VI 15; 404f: „veteres Iudaei, Gentiles, Turcae, quicunque fuerunt Christianae religionis hostes acerrimi, Caluinistis meliores sunt Galli, quia meliores Christiani."

[15] So nebeneinander gerückt ebd. IV 6; 207.

[16] Ebd. 4; 199f; der letzte Abschnitt dieser zentralen Aussage lautet, 200: „Quamuis ipsae etiam bestiae quae naturam sequuntur ducem, ideoque et Deum reuerentur quantum naturalis inclinatio exigit (vt Gryllus ille apud Plutarchum cum Vlisse disputat) multo magis Deum glorificant quam isti Athei qui naturae rationique ad Deum hoc modo venerandum impellenti obsistunt, et hunc naturalem cultum radicitus extractum ex animis suis et suorum sectariorum expulerunt."

[17] Im unmittelbaren Anschluß an den Text der vorigen Anm. heißt es, ebd. 200: „Quare in hoc quoque in quo praecipua religionis vis et medulla posita est, Paganismum Euangelismo huic praestare manifeste constat."

und auch die Heiden ehren noch ihre Götter, doch Calvin und der Calvinismus haben sich einen Gott ausgewählt, einen Urheber des Bösen und der Sünde und damit einen „diabolus"[18]. Und deswegen stehen jene, die Gott ehren, bei aller Verschiedenheit auf der Seite derer, die Gott bzw. den Göttern gegenüber diese Praxis einhalten, während gerade Calvin und die Calvinisten wegen der Verweigerung einer solchen Verehrung „Athei" sind[19]. Rossaeus beruft sich für diesen Sprachgebrauch auf die Tradition, hat doch etwa Athanasius den Arius so bezeichnet[20].

Wie in diesen Aussagen schon anklingt, sieht Rossaeus weit über den Bereich des Christlichen hinaus das gegeben, was mit „religio" gemeint ist, nämlich die Beachtung dessen, was Gott bzw. den Göttern gegenüber seitens der Menschen getan werden muß. Dieses Wissen und diese Praxis bescheinigt er gerade auch den Heiden vor und außerhalb christlicher Gottesverehrung, seien es die Römer der Antike oder die vor noch nicht allzu langer Zeit entdeckten „Americani". Aber er vermeidet es, ihnen allen in einer gleichberechtigten Nebenordnung ausdrücklich „religio" zuzubilligen. Stellt er einen umfassenden Vergleich an, reserviert er im Grunde „religio" für die Christen[21]. Den Plural „religiones" verwendet er folglich, von verschwindenden Ausnahmen abgesehen[22], nicht für die miteinander aufgeführten Überzeugungen, sondern am ehesten im Sinne von Orden, und dies bei den Türken bzw. bei den Vestalinnen[23]. Eigens bestimmt er konsequenterweise „religio" als das, was sich auf den „ritus" der Ehrung Gottes bezieht; sie kann daher niemandem von sich aus, sondern allen nur von Gott selbst her bekannt sein[24]. Nicht zweifelsfrei läßt sich die abschließende Aussage interpretieren, daß niemand ohne die Vortäuschung solcher Eingebung die Abfassung erster Gesetze und insbesondere der „religionis caeremoniae" hätte vor-

---

[18] Ebd. V 5; 296.
[19] So immer wieder immer, vgl. etwa schon den Einleitungsbrief, a 7r, dann den eben zitierten Text IV 4; 200, ferner VIII 14; 570, IX 15; 657; es findet sich auch „Atheismus", etwa IV 7; 215, VI 8; 372, VIII 13; 567, XI 12; 824.
[20] Ebd. IV 0; 179 (fälschlich 183).
[21] Ebd. VI 13; 397, wo neben „Christiana religio" und „Ecclesia" die neutrischen Formulierungen „Gallicanum et Francicum", „Turcicum et Saracenicum" stehen.
[22] Ebd. 1; 183 (fälschlich 179): „Post CHRISTI tempora duo viri nouis religionibus excogitatis maxime terrarum orbem commouerunt", nämlich Mohammed und Luther. Vgl. auch 175: „Pagani praedicabant se accipisse suas religiones a dijs immortalibus." Von ihnen heißt es dann auch, daß sie in ihren „religiones" ein Versprechen der Keuschheit haben, ebd. Vgl. den spezifischen Plural in einem Tacitus-Zitat, II 1; 36: „Deinde (sc. nach Romulus) Numa religionibus et diuino iure populum deuinxit".
[23] Ebd. IV 2; 188: „Probabile enim fuit non potuisse ab eo sexu caste viui, quum Vestales virgines tam sanctis religionibus ad castitatem deuinctae, fuissent tamen adulteratae".
[24] Ebd. 182 (fälschlich 178); das wichtige Zitat lautet: „Nam quia religio circa Dei colendi ritum versatur, nec quomodo Deus rite coli debeat ab homine mortali sciri posse nisi Deus ipse diuinitus ei rei cognitionem impartiret semper nec absurde existimatum est, hanc ob causam quicunque deorum colendorum caeremonias tradere coeperunt, simul etiam a Deo eam se hausisse cognitionem populis a se instituendis persuaserunt." Nach Hinweisen auf die römische Antike folgt hier das o. Anm. 22 genannte Zitat, daß Mohammed und Luther „novae religiones" initiiert hätten.

nehmen können[25]. Dennoch besteht die erste Aussage weiterhin, daß nämlich ohne Gott eine solche Kenntnis der ihm gebührenden Verehrung nicht möglich ist. Und auch im Resümee haben alle, die getäuscht haben (mindestens vor und viele nach Beginn des christlichen Glaubens), jene „forma" vorgebildet, die wahrscheinlich ehrwürdig und geeignet für die „vera pietas" war[26].

Höchst aufschlußreich erscheint, daß Rossaeus an dieser Stelle von der „forma" im Zusammenhang mit „pietas" spricht. Wenig später betrachtet er dann die „religionis forma et generalis natura", von der Bauwerke und Schriften der Juden, Heiden, Christen und Barbaren zeugen[27]. Bei diesen allen kommen Opfer vor, bei den Hebräern, Abel, Noe und Abraham noch aufgrund des Naturgesetzes, bei den späteren Juden aufgrund des mosaischen Gesetzes, bei Griechen und Römern, bei den wilden Tartaren und Amerikanern und schließlich bei den Christen aller Zeiten. Diese Opfer gehören somit in besonderem Maße zur „forma" und „natura" der „religio"[28]. Dieser Befund läßt sich nach Rossaeus darin bestätigen, daß sich Opfer auch bei jenen Christen finden, die sich getrennt von der lateinischen und griechischen Kirche in Indien, Afrika und Abessinien finden. Nach Auskunft heidnischer Philosophen gehören diese Vollzüge zum Menschen „naturaliter" hinzu, wenn er an Gott glaubt, ihm dann auch Opfer darzubringen[29]. Von dieser sicheren und konstanten „religionis forma" weichen die evangelischen Häresien ab[30]. Rossaeus verdeutlicht also die Verwerflichkeit der evangelischen Häresien durch den Nachweis, daß sie eine solche sich bei allen Menschen durchhaltende, von der Natur gegebene „forma" der Verehrung Gottes aufgegeben haben (wobei er hierin keinen Widerspruch sieht zu seiner Aussage, daß es „religio" nicht ohne Gottes Initiative gibt). Damit stellt er zu-

---

[25] Ebd. 183 (fälschlich 179): „Et denique si antiquos omnes percensere singulatim voluerimus qui ciuitatibus primas leges scribere, maxime qui religionis caeremonias tradere moliti sunt, manifesto constabit neminem sine simulato diuini numinis afflatu eam in se prouinciam suscepisse." – Diese Aussage kann bedeuten, daß alle zuvor – Lykurg, Numa, Minos u.a. – oder später – Mohammed und Luther – in diesem Sinn getäuscht haben oder aber nur einige von ihnen.

[26] Ebd. 184: „Isti autem omnes etsi falsa dogmata hac simulatione in respublicas suas inuexerunt, tamen eam saltem formam inuentis suis praetexerunt, quae erat probabilis honesta, et ad veram pietatem commendandam idonea, quae semper a diuini numinis instinctu proficiscitur." Es folgt dann der Hinweis auf Mose.

[27] Ebd. 4; 195; die hier genannten vier Gruppen „Iudaei, vel Ethnici, vel Christiani, vel etiam Barbari" sind nicht durchsichtig, weil sich Heiden und Barbaren für uns nicht mehr ersichtlich voneinander trennen lassen.

[28] Ebd. leitet Rossaeus seine Ausführungen über das Opfer ein: „Progrediamur vero ad contemplandam ipsam religionis formam et generalem naturam".

[29] Ebd. 198f.

[30] Ebd. 7; 214f; über die „Euangelismi haereses" heißt es hier: „Vastum enim blasphemiarum pelagus est, et quo longius in eo quis fuerit prouectus, eo maiorem Atheismi altitudinem et abyssum deprehendet; eo magis a terra, hoc est a certa aliqua et constanti religionis forma abducetur." Nach der Nennung einiger protestantischer Gegenden wird gesagt, daß im Gegensatz zu ihnen es nur höchst selten in einem heidnischen Gemeinwesen passierte, in denen eine solche Überheblichkeit lebte, „vt religiones republica tota comprobante a maioribus susceptas impugnaret". Bezeichnet ist der Plural „religiones" für ein Gemeinwesen. Hier ist die klassisch-römische Bedeutung offenkundig.

gleich als etwas Natürliches heraus, daß es eine „forma"[31] bzw. „natura"[32] gibt. Diese nennt Rossaeus aber nicht schon ‚naturalis', auch nennt er keine ‚religio naturalis', sondern nur die „naturaliter" gegebene[33]. Es scheint nicht recht konsequent, wenn er einmal von einer fiktiven „religio" bei allen Menschen mit Ausnahme der katholischen Christen spricht, dann aber über letztere hinaus allen eine Form bzw. Natur dieser „religio" attestiert. Hierzu paßt aber auch nicht, daß er sehr wohl die „una Catholica religio"[34] anspricht, die er ja auch nicht nur gegen die Evangelischen formulieren kann, und sie als die *„religio, vera"* ansieht[35], einmal übrigens unter Einschluß der Juden[36]. Faktisch nur diese eine „religio" läßt er als die wahre gelten, die er zugleich als die „sanctissima CHRISTI Religio"[37] und als die „summa et singularis religio" bezeichnet[38].

Besonders verzeichnet werden muß die Tatsache, daß Rossaeus einer der frühen Autoren ist, die eine ausführliche Behandlung der „libertas religionis" vornehmen[39].

Als Beleg für die Beibehaltung der klassisch-antiken Bedeutung von „religio" muß eine Aussage des Rossaeus gewertet werden, in der er es als „religio" bezeichnet, jene „Galli" zu nennen, die den christlichen Glauben bekennen[40]. Hier

---

[31] Vgl. dazu auch 12; 261, die Zusammenfassung: „Quod si formam religionis ab istis introductae intueris, nec prima illic reperies religionis cuiuscunque lineamenta. Quod enim omnes nationes a mundo condito admiserunt, vt in honorem et agnitionem Dei creatoris sacrificium idem Deo immolarent, quod in lege naturae, et lege Moysis, et lege Christiana vsitatum erat: quod Hebraei, quod Christiani in omnibus mundi regionibus, quod aliae Paganorum gentes vniuersae sine exceptione approbarunt, quod ita est cum cultu vero Dei implicitum et copulatum, vt sine eo cultus verus nunquam extiterit, neque vero existere poterit, haec isti soli omnium populorum Athei Euangelici a suis synagogis repulerunt. Neque vel sacrificia, vel preces vllas, vel vllam memoriam aut vlla pietatis opera defunctis applicant, in quo a Christianis, et Iudaeis, et Paganis, tanquam bruti homines et hominum nomine indigni, vtpote humanae pietatis et affectionis expertes damnantur." Vgl. noch einmal V 10; 313 „extrema religionis forma".

[32] Ebd. VI 8; 373.

[33] Ebd. 14; 401, daß die „religio" dem Menschen innerlich und eingemeißelt ist „a natura et ratione" (was seinerzeit sehr wohl miteinander gesagt werden konnte!).

[34] Ebd. V 1; 272, hier gleich zweimal.

[35] Ebd. IV 3; 192 in einem Arnobius-Zitat.

[36] Ebd. V 10; 319: „Quare in Caluinismo nihil hactenus apparet cur omnino religionis, non dico verae, sed neque verae neque falsae nomen obtineat. Omnia enim a se repulit quae religiones vniuersae siue verae vt Christianorum et Iudaeorum, siue falsae, vt Turcarum, Paganorum, Tartarorum, tanquam generales religionis notas et principia vnicuique religioni siue verae siue falsae communia asciuerunt."

[37] Ebd. III 4; 120.

[38] Ebd. XI 12; 825.

[39] Ebd. VII 9; 479–482.

[40] Ebd. VI 4; 342f: „Vt autem eum adeo in Gallia tyrannice regentem verum regem Gallorum proditorium est appellare, sic qui in Gallia nati huic tyranno contra regem verum seruierunt, qui verum regem armatis exercitibus obsederunt, et in huius falsi regis gratiam cum regno et vita quoque exuere laborarunt, quoniam mihi Gallos appellare religio est, quod est Christianae fidei populique fortissimi et legitimi nomen, isti autem fidem Christianam quam Christo eiusque Ecclesiae vouerunt, et legitimam obedientiam quam regibus iurauerant sacrilega audacia proiecerunt".

besitzt „religio" trotz des Kontextes keine Ausrichtung auf Gott, sondern bedeutet jene altrömische Haltung auch in einem profanen Sinne, einer sorgfältig zu beachtenden Verpflichtung nachzukommen. Aus seinen Voraussetzungen hatte er ja nur jene als „Galli" bezeichnet, die Christen sind, nicht mehr aber jene, die vom christlichen Glauben abgefallen und somit „Athei" sind, nämlich die Hugenotten. Und diesen Unterschied zu machen und nur die ersteren auch als legitime Bewohner des Landes anzuerkennen, bezeichnet er als „religio". Diese Aussage stellt einen wichtigen, ja den zentralen Hinweis zum Verständnis dieses Terminus dar, der seine Auswirkungen auf das Verständnis insgesamt besitzt. Durchgängig muß also das Verständnis von „religio" bei Rossaeus in jener genuin klassisch-lateinischen Tradition gesehen werden, die mit dieser seiner pointierten Aussage offenkundig und unterstrichen wird; sie bedeutet primär die sorgfältige Beachtung, Gott gegenüber die sorgfältige Beachtung der Vollzüge seiner Verehrung[41].

Johannes Althusius

In seiner „Politica" hat Johannes Althusius (1557(?)–1638)[1] einen umfassenden Entwurf vorgelegt. In der Folge des Petrus Ramus (1515–1572) und im Rückgriff auf biblische und antike Zeugnisse begründete er das Gemeinwesen auf der natürlichen Ausstattung des Menschen zur Gemeinschaft. Aus dieser Anlage resultieren die Verträge, die die Menschen untereinander schließen, und zuletzt der Vertrag des Volkes, dem die Souveränität eignet, mit dem Herrscher.

Zur Darlegung eines einvernehmlichen, „symbiotischen" Lebens[2] greift Althusius alle Bereiche auf, die hier einschlägig sind, Theologie, Recht, Philosophie. Eigens begründet er gleich zu Beginn, daß er somit auch den Dekalog heranziehen will. Dessen Rang erläutert er anhand der Frage, was das menschliche Leben ohne die „pietas" der ersten und die „justitia" der zweiten Tafel bedeuten kann[3]. Bereits hier stellt er also wie vor ihm Lipsius nicht die „religio" in den Vordergrund.

Althusius geht bei seiner Fundierung des Politischen ausdrücklich nicht vom Herrscher oder Magistrat, sondern vom ganzen Volke aus. Denn bei ihm liegen

---

[41] Vgl. vor allem den zuvor Anm. 24 mitgeteilten Text.

[1] Johannes Althusius hat nach juristischen Studien und seiner Promotion zum Dr. jur. in Basel seit 1586 eine Professur in Herborn versehen und war seit 1604 Syndikus in Emden. Auf reformierten Grundlagen aufbauend, formulierte er eine Gesellschaftsform aufgrund der Souveränität des Volkes, die er in Emden auch zugunsten der Stadt praktisch zu verwirklichen suchte.

[2] Johannes Althusius, Politica. Methodice digesta atque exemplis sacris et profanis illustrata (1603), Arnhemii 1610, Praefatio, passim.

[3] Ebd. *2v. – Die Praefatio ist durchgängig kursiv gedruckt, was hier und in der Folge nicht übernommen wird.

letztlich die „juria majestatis"[4]. Deswegen beginnt er auch mit der Klärung der Frage der Gemeinschaft, der „consociatio", wie er mit einem in der klassischen Latinität gar nicht vorkommenden Wort sagt, um sein Anliegen genügend zu unterstreichen. Eine Gemeinschaft kann einmal eine private, einfache, natürliche, zum anderen aber eine öffentliche, gemischte sein, wobei letztere sich noch einmal in eine partikulare und in eine universale Gemeinschaft unterscheiden läßt[5]. Eine solche universale Gemeinschaft ergibt sich aus einer immer größeren Komplexität: Aus privaten Gemeinschaften entstehen öffentliche zunächst einfacherer Struktur und aus ihnen zusammen schließlich die öffentlich-universale[6].

Gemäß diesem aufsteigenden Schema spricht Althusius nach der Grundlegung seiner „Politica" zunächst von Provinzen, erst dann wendet er sich größeren öffentlichen Gemeinschaften und hier zunächst der kirchlichen[7] und dann der politischen allgemeinen symbiotischen Gemeinschaft zu[8]. Es folgen Abschnitte über Recht und Gesetz, über Aufgaben in einer Gemeinschaft, über das Volk und die Obrigkeit und nach verschiedenen sonstigen Themen schließlich über den Krieg, die Tyrannis und über verschiedene Formen des Magistrats.

Grundlegend für die universale Gemeinschaft sind der „consensus" und die „fides" im Sinn von Treue[9]. Wir haben es also bei Althusius mit einem frühen und entschiedenen Konsenstheoretiker zu tun.

Die Skizze des Inhalts zeigt, daß Althusius seine „Politica" strikt von der Gemeinschaft her aufbaut und nirgends bestimmte Tugenden und insbesondere nicht die „pietas" oder die „religio" in einem eigenen grundlegenden Kapitel behandelt. Thematisch greift Althusius unser Thema nur im jeweiligen Zusammenhang und hier nur an zwei Stellen ausführlicher auf, nämlich dort, wo er das kirchliche Recht der universalen Gemeinschaft[10], und vor allem, wo er die kirchliche Verwaltung durch den Magistrat ausführlich behandelt[11]. Es versteht sich nach dem Gesagten von selbst, daß er unser Thema von den Institutionen und nicht umgekehrt von Gott und dem Verhalten ihm gegenüber und d.h. von der

---

[4] Ebd. *4r.
[5] Ebd. 1; 1, vgl. das „Schema Politicae" **1r. – Hier und im folgenden wird zunächst, soweit erforderlich, das Kapitel und nach einem Semikolon die Seitenzahl der benutzten Ausgabe in arabischen Ziffern angegeben. Ist nur eine Ziffer angegeben, handelt es sich jeweils um die Seitenangabe. Kursivierungen wurden belassen, sie geben Verweise auf die Schrift bzw. auf Autoren wieder.
[6] Ebd. 5; 42.
[7] Ebd. 9; 114–133.
[8] Die Terminologie lautet, 10; 133: „Communio symbiotica consociationis universalis ecclesiastica" und „Secularis politica communio universalis regni".
[9] Ebd. 9;116: „Vinculum huius corporis et consociationis est consensus et fides data et accepta ultro citroque, hoc est, promissio tacita, vel expressa de communicandis rebus et operis mutuis, auxilio, consilio et juribus iisdem communibus, prout utilitas et necessitas vitae socialis universalis in regno postulaverit."
[10] Ebd. 114–133, speziell von 126 an.
[11] Ebd. 28; 402–431.

„religio", der „pietas" oder der „religio, seu pietas" her angeht[12]. Dementsprechend sieht er die beiden Verhaltensweisen der „religio" und der „pietas" auch in ihrer Bedeutung für das Gemeinwesen. Bezieht sich das Recht auf das, was dem Heil der Seele und des Leibes dient, so dient dem Heil der Seele die „religio" in Kenntnis und Verehrung Gottes[13]. Die universale Gemeinschaft umfaßt also beide Bereiche, den des Leibes und den der Seele. Dabei gehören zu letzterem *„religio et pietas"*, d.h. die erste Tafel der zehn Gebote. Diese bildet zusammen mit der zweiten die *„fundamenta"* eines Gemeinwesens[14]. Ihren Ursprung haben „vera et pura Dei religio" und „cultus" gleichwohl nicht im Menschen, sondern allein im Wort Gottes[15]. Zu ihrer Verbreitung sind Schulen einzurichten, zu ihrer Erhaltung müssen sie gegen jene verteidigt werden, die sie verwirren und verachten[16]. Ein Schisma gilt es zu vermeiden und die Gottlosen erst recht nicht zuzulassen[17].

Die eingehenden Anleitungen zur kirchlichen Verwaltung geben dann nähere Auskünfte: Althusius billigt dem Magistrat weitgehende Rechte über die kirchlichen Angelegenheiten zu. Denn alles, folglich auch dieser Bereich, muß nach der Vorschrift des Wortes Gottes verwaltet werden[18]. Dies gilt zusammen mit der grundsätzlichen Aussage, daß Gottesverehrung und -furcht Quelle und Ursprung der gesamten Glückseligkeit darstellen[19]. Demnach unterwirft die *„religio Christiana"* dem Magistrat den Leib der Untergebenen sowie – was hier von Wichtigkeit sein dürfte – ihren Geist und ihr Gewissen[20].

Damit formuliert Althusius eine sehr weitgehende Befugnis für den Magistrat: Um die „religio" zu pflegen, bedarf es nämlich dreier Dinge, der Lehre, der Verehrung und des heiligen Lebens, d.h. der rechten Lebensführung[21]. Im ganzen Gemeinwesen muß die rechte Kenntnis und Verehrung Gottes gewährleistet sein, was der Magistrat durch einen feierlichen Eid bekräftigen muß, der einen religiösen Pakt begründet[22]. Der Obrigkeit steht auch die Pflicht zu, für die Verehrung des wahren Gottes gemäß der Schrift und damit für die Bekenntnisformel, aber auch für die Feier der Gottesdienste sowie für die Kirchenordnung

---

[12] Vgl. auch ebd. 7; 78.
[13] Ebd. 9; 125: „Ad salutem animae, religio in cognoscendo et colendo Deo."
[14] Ebd. 126.
[15] Ebd. 128.
[16] Ebd. 128–130.
[17] Ebd. 131f.
[18] Ebd. 28; 402.
[19] Ebd. 404; wenig später heißt es: *„Religionis orthodoxae profeßionem et exercitium esse omnis publicae et privatae felicitatis caussam, constat ex eo, quod pietas promißionem benedictionis quam cultores illius in hac et altera vita accipient, habeat"* (mit Verweis auf Paulus, Dtn und 1 Sam)
[20] Ebd.: *„Deinde religio Christiana magistratui non solum bona et corpora piorum subditorum subiicit, sed etiam animos et conscientias eorundem magistratui devincit et ad obedientiam informat"* (mit Verweis auf Röm 13).
[21] Ebd. 407.
[22] Ebd. 408: „Religiosum hoc pactum juramento promittentium, populi et magistratus summi, confirmari potest".

Sorge zu tragen[23]. Sodann verweist Althusius in diesem Zusammenhang noch einmal auf die Aufgabe, Schulen einzurichten und zu beaufsichtigen[24].

Wie umfangreich und einschneidend die Aufgaben des Magistrats sind, macht Althusius mit detaillierten Formulierungen für die Fälle deutlich, wenn die „orthodoxa religio" und der „cultus divinus" durch die Reinigung der Kirche gegen Irrtum, Abfall, Schisma und anderes verteidigt werden muß[25]. Die Zuständigkeit der Obrigkeit geht so weit, daß sie die Gottlosen ausweisen soll, während sie den Juden ein Wohnrecht gewähren kann, sofern diese sich an die notwendigen Grenzen halten, etwa, daß sie keine Gläubigen heiraten, mit ihnen in „religio" und „ritus" keine Gemeinschaft pflegen und nicht einmal verkehren, sondern getrennt von ihnen wohnen[26]. Ähnliche Regeln soll der Magistrat gegenüber den „papisti" aufrechterhalten[27]. Auch obliegt es ihm, wenn der wahre Gott nur von einer Minderheit verehrt wird, darauf zu achten, daß ihr die Ausübung dieser wahren „religio" gewährt wird[28]. Wie der Magistrat das bewerkstelligen soll, zumal wenn er selbst nicht zu dieser Minderheit gehört, bleibt unerörtert.

Zwar empfiehlt Althusius in diesem Zusammenhang, daß gegen Irrende in der „*religio*" nicht äußere Gewalt und Waffen, sondern nur das Schwert des Geistes angewandt und daß bei verschiedenen „*religiones*" Toleranz geübt werden soll, wenn dies ohne Schaden für das Staatswesen möglich ist[29]. An anderen Stellen akzeptiert er jedoch die Notwendigkeit, Freiheit, Privilegien und Rechte, Frieden, aber auch die „vera religio" zu verteidigen, und dies im gegebenen Falle entweder durch einen Krieg oder auch durch einen Aufstand[30]. Keinesfalls willigt er ein, einfach die „religio" frei ausüben zu können[31]. Wie wichtig er die „religio"

---

[23] Ebd. 413ff.
[24] Ebd. 416ff.
[25] Ebd. 423.
[26] Ebd. 424f.
[27] Ebd. 425f.
[28] Ebd. 427f: „quando cognovit (sc. magistratus) cum Dei verbo convenire petitum religionis orthodoxae exercitium, concedet petentibus et Deo tribuet, quae ei sunt danda, et huius verae religionis liberam et tutam professionem exercitium publicum omnibus et singulis concedet in regno suo eiusque professores et cultores contra vim et iniuriam defendet."
[29] Ebd. 428f, vgl. den Text 429f: „*Errat igitur Franciscus Burghardus et cum eo Iesuitae existimantes magistratum non poße diversas religiones in regno tolerare. Non enim hic quaeritur, an duae pluresve religiones esse poßint, quod cum illis negamus. Ephes.c. 4. Nec quaeritur, an magistratus ipse duas religiones diversas amplecti poßit. quod negamus. Nec quaeritur, an magistratus habeat potestatem disponendi de religione, contra verbum Dei, quod negatur. Verum quaeritur, quando in regno civitates, vel status quidam discrepantes in confeßione sententias amplectuntur, pro quarum defensione quilibet verbum Dei allegat: an tum magistratus qui unius partis sententiam amplectitur, reliquos dissentientes armis et gladio persequi poßit. Hoc in casu dicimus, quod magistratus qui sine Reipublicae periculo et turbatione mutare, vel tollere non potest religionis et confeßionis discrepantiam, pacis et tranquillitatis publicae caußam, tolerare debeat dißentientes, connivendo et permittendo exercitium religionis improbatae eosque, donec Deus reliquos illuminet. ne alias totum regnum et cum eo ecclesiae hospitium evertatur*" (mit Verweis auf Lk, 1 und 2 Kön sowie J. Gerhard).
[30] Ebd. 16; 173 und 31; 464.

dann doch trotz seines Ansatzes bei der Souveränität des Volkes einschätzt, zeigt sich in seiner Aussage, daß kein „atheus" oder auch nur „impius" Mitglied des Magistrats werden soll[32].

Im Rahmen dieser nach unseren Maßstäben wegen der konsenstheoretischen Fundierung weit fortgeschrittenen Konzeption beachtet Althusius durchgängig Fragen der „religio". Allerdings bleibt er insgesamt, was dieses Thema angeht, völlig auf den Spuren der Tradition. Auffällig oft verwendet er „religio" in Doppelformulierungen, so vor allem „religio et cultus divinus" bzw. „Dei"[33]. Statt „religio" kann er in beachtenswerter Häufigkeit „pietas"[34] und gelegentlich „pietas et cultus divinus"[35] sagen. Aber auch „cultus divinus" verwendet er oft als Einzelterminus[36]. Zwar sagt er in beträchtlichem Maße „religio", wenn er nur einen Terminus verwendet[37], doch verstärkt er gerade diesen Terminus gern durch „vera"[38], „orthodoxa"[39] oder durch diese beiden Adjektive zusammen[40]. Nur selten verwendet er „religio Christiana"[41]. Die insgesamt also variable Terminologie zeigt, daß Althusius dem Terminus „religio" noch keineswegs einen bevorzugten Rang einräumt. Die Übersetzung ‚Religion' erscheint somit nicht angebracht, würde sie doch alles umfassen, etwa „pietas" und insbesondere „cultus Dei". Es geht also bei Althusius eine entwickelte Konzeption des Gemeinwesens noch nicht mit einem terminologisch und sachlich weitergeführten Konzept von ‚Religion' einher. Die von ihm vorgesehenen Rechtsvorschriften sollen dafür sorgen, daß, wie die alte römische Formulierung heißt, hier nicht der Staat, sondern die „religio pura" keinen Schaden leidet[42]. Und daß diese nicht irgendeine ist, zeigt Althusius in seiner Formulierung von der „sana, orthodoxa, sincera et incorrupta doctrina de Religione Christiana"[43]. So sorgt er sich sehr wohl um den „verus et rectus Dei cultus"[44], um die „vera et pura Dei re-

---

[31] Ebd. 9; 132: „Non etiam permittendum est, ut omnes fruantur libere sua religione et opinionibus impune."

[32] Ebd. 19; 242.

[33] Ebd. 92, 128, hier auch „religio et cultus Dei sincerus", 419, 423, 507, 676; gelegentlich, 428, findet sich auch „fides et religio".

[34] Ebd. 7, 96, 129, 132, 364, 387, 422, 457, 689 zusammen mit „*justitia*".

[35] Ebd. 21; 281.

[36] Ebd. 511 zusammen mit „doctrina", vgl. 637. Auch „rectus DEI cultus" o.ä., 71, 98, 406, 424, 661 (irrtümlich 616), 671, 677.

[37] Ebd. 99, 125, 127, 130f, 247, 422, 425, 427, 429, 464, 653, 680.

[38] Ebd. 128, 131, 173, 414f, 418f.

[39] Ebd. 132, 404, 407, 413, 420, 653.

[40] Ebd. 418, 427, vgl. 242, 247.

[41] Ebd. 94, 404, 406.

[42] Ebd. 8; 92: „Cura religionis et cultus divini holce (i.e. ein Gewicht, eine Drachme) inspectatores obligat, ut dispiciant et inquirant, an doctrina de Deo et salute nostra recte et publice doceatur, et an DEVS in tota provincia vere et sincere, secundum DEI verbum libere et publice colatur ab omnibus, ut corruptelae, idololatriae, superstitiones, atheismus, haereses, schismata orta tollantur mature, ne quid detrimenti religio pura quovis modo capiat."

[43] Ebd. 94.

[44] Ebd. 7; 71.

ligio"[45], und dies, weil er von der Einzigkeit Gottes überzeugt ist: „Deus unus est"[46].

Bartholomäus Keckermann

Wie verschieden die „disciplina Politica" vertreten werden kann, zeigt sich bei Bartholomäus Keckermann (1571–1609)[1], der als Gegner des Ramismus den Aristotelismus weiterzuführen suchte.

In seiner „Politica" geht Keckermann anders als Althusius nicht von der Gemeinschaft bzw. vom Volk und erst recht nicht von dessen Konsens aus, sondern von der Herrschaftsform der Monarchie[2]. Von hierher sind sämtliche weiteren Überlegungen strukturiert: Nach Aussagen über die Fundierung der Herrschaft und über die Tugenden sowie die grundlegenden Modalitäten von Nachfolge, Wahl und Inauguration des Herrschenden läßt Keckermann Erörterungen über Gesetze, Verwaltung und Aufgaben des Fürsten folgen, die dieser gegenüber seinen Untertanen wahrzunehmen hat. Daran schließt er Abschnitte an über die äußeren Aufgaben des Herrschers, über die Pflichten der Untertanen, über den Wechsel der Herrschaft sowie über den Krieg, dem Keckermann besondere Aufmerksamkeit widmet.

Die „religio" und ihre Bedeutung für das Gemeinwesen spricht Keckermann zunächst in den Vorbemerkungen an, die jedoch noch nicht zu seinen eigentlichen Überlegungen gehören. Dann aber kommt er in den sehr ausführlichen Kapiteln des ersten Buches faktisch nur in einem abschließenden Kapitel auf sie zu sprechen, in dem er die monarchische Herrschaft im Hinblick auf das eminentere Ziel des Gemeinwesens behandelt; dabei besagt „eminentior" herausragender gegenüber anderen Zielen, aber auch über das eigentliche Ziel des Gemeinwesens hinaus. Schon dieser äußere Befund ist ein erstes und wichtiges Indiz für die Behandlung unseres Themas bei Keckermann.

Im folgenden sollen zunächst die Vorbemerkungen erörtert werden. In ihnen klärt Keckermann Ziel und Gegenstand des „status Politicus", d.h. die Glückseligkeit in öffentlicher Hinsicht[3]. Dabei leitet er die „Politica societas" von Gott und der Natur des Menschen her[4]. Gemäß der aristotelischen Bestimmung vom Menschen als „animal politicum" sieht Keckermann die Konstitution der politi-

---

[45] Ebd. 9; 128.
[46] Ebd. 132.

[1] Bartholomäus Keckermann war nach seinen Studien kurzzeitig Professor für Hebräisch in Heidelberg und seit 1601 Professor für Philosophie am Danziger reformierten Gymnasium.
[2] Bartholomaeus Keckermann, Systema Disciplinae Politicae, publicis praelectionibus Anno MDCVI propositum in Gymnasio Dantiscano, Francofurti MDCXXV, cap. 1; 29–39.
[3] Ebd. Praecognita; 1. Keckermann unterscheidet hier Ethik, Ökonomie und Politik, wobei sich die ersten beiden der privaten, die letztere der öffentlichen „beatitudo" widmen.
[4] Ebd. 9.

schen Gemeinschaft im „naturalis instinctus" gegeben, so daß die „politia" von der „lex naturae" bestimmt wird[5].

Gehört die „domus" und d.h. die Hausgemeinschaft noch in diesen natürlichen Bereich, so läßt Keckermann die eigentlich politischen Gemeinschaften bei größeren Zusammenschlüssen beginnen, die von niederen zu höheren aufsteigen. Die für uns interessante Gemeinschaft findet sich selbstverständlich erst bei der „civitas". Auch sie hat ihren Ursprung in der „natura", wie Keckermann eigens sagt. Den Sinn dieser Gemeinschaft sieht er im menschlichen Wohlergehen[6]. Als Ziel der „Politica" nennt er sodann die „publica Honestas", genauer die gemeinsame öffentliche Übung der moralischen Tugenden[7].

Anläßlich dieser Zielbestimmung nimmt Keckermann dann unsere Fragestellung auf: Es gibt ein Ziel, das über das Gemeinwesen hinausgeht, obwohl man auch jene Gemeinwesen nicht als unglücklich qualifizieren darf, in denen man ehrenhaft und ruhig lebt, auch wenn sie das darüber hinausgehende und somit herausragende Ziel des Menschen und der menschlichen Gemeinschaft nicht verwirklichen, nämlich die „contemplatio", d.h. die Übung der intellektuellen Tugenden[8], sowie die „religio"[9]. Das Gemeinwesen erreicht somit nach Keckermann sein Ziel bzw. seinen Zweck, auch wenn es nicht die höchsten Ziele realisiert, nämlich, wie er hier sagt, die Übung der „pietas et religio".

Schon hier läßt sich sehen, daß Keckermann einmal „religio" mit „pietas" zusammen nennt und somit „religio" nicht einfach den Bereich der „pietas" mitumfassen läßt. Zum anderen aber nimmt er diese beiden Tugenden aus dem Kanon der moralischen Tugenden heraus und ordnet sie einem Ziel zu, welches dem menschlichen Gemeinwesen und dem menschlichen Zusammenleben normalerweise überlegen ist; einen eigenen Namen, etwa ‚theologische Tugenden', gibt er ihnen nicht[10]. Sodann weist Keckermann die an Aristoteles anknüpfende Auffassung zurück, daß zur vollkommensten und seligmachenden „politica" nur jene gehören, die in der Philosophie und in „contemplationes sublimes" geübt werden; denn sonst wären die anderen keine wahren Gemeinwesen, in de-

---

[5] Ebd. 9f.
[6] Ebd. 17.
[7] Ebd. 23: „Absolute spectatus Politicae finis, est publica Honestas, siue virtutum moralium communis et publica actio atque exercitium."
[8] Ebd. 27; diese wird in Metaphysik, Physik und Mathematik geübt.
[9] Im Anschluß an das Zitat von Anm. 6 heißt es: „Graues causae sunt, cur oporteat distinguere inter Politicae finem absolutum et consideratum cum gradu eminentiae: nam quia eas respublicas non oportet infelices iudicare, in quibus honeste et tranquille viuitur, etsi non viuatur secundum contemplationem, aut secundum purissimae religionis praescripta; idcirco honestatem siue exercitia virtutum moralium, quae felicem rempublicam efficiunt, oportet distinguere a fine contemplationis et religionis, qui fines summe felicem faciunt." Es folgt ein Bezug auf Lambertus Danaeus, der zu Recht darauf hingewiesen hat, daß man politische und kirchliche Herrschaft („regimen") nicht miteinander vermischen darf; „idcirco etiam inter honestatem siue exercitia virtutum moralium, et inter exercitia pietatis ac religionis oportere distinguere."
[10] Ebd. 23f.

nen es diese nicht gäbe, in denen besonders die „vnitas religionis", d.h. die „communis et vniformis ad Deum devotio" fehlte; es gälte dann als einziges Ziel „vera religio Dei et Dei cultus unanimis"[11]. Folglich entbehrten ihre Regierenden der wesentlichen Qualifikation, legitime Herrscher zu sein. Um dem zu entgehen, stellt Keckermann eigens fest, daß jenes Gemeinwesen selig genannt werden kann, in dem die „honestas publica" vorherrscht. Ein solches Gemeinwesen kann nämlich in Sicherheit, Wohlbefinden und eigenem Frieden leben; der „principalis finis" eines Gemeinwesens läßt sich mit diesen Termini hinlänglich beschreiben[12]. Diesem Ziel und Zweck hat die „politia" nach Keckermann absolut zu dienen[13]. Daraus folgt, daß „contemplatio" und „religio pura" nicht von allen Bürgern geübt werden müssen, daß diese somit nicht zum Gemeinwesen als solchem, sondern nur zu den überragenden Zielen gehören[14]. Ein Gemeinwesen erfüllt also dann seinen „finis", wenn es die moralischen Tugenden gewährleistet, und diesen „finis" nennt Keckermann bereits „absolutus". Von ihm unterscheidet er den „finis eminens", welcher „contemplatio" und, was uns besonders interessiert, „religio" umfaßt[15].

Die „religio" bestimmt Keckermann als Übung der „pietas", der „fides" und der „bona opera"[16]. Wenn man unter der „religio" die von Gott dem Menschen eingegebene Kenntnis Gottes versteht, mögen alle Gemeinwesen auch sie pflegen; wenn sie aber mehr bedeutet, nämlich die wahre Verehrung, d.h. die Verehrung der reformierten Kirche, dann gehört sie nicht mit zur „politia" hinzu[17]. Schließlich also unterscheidet Keckermann doch die „religio" in eine, die allen Menschen eigen ist, und jene andere, die nur in der reformierten Kirche geübt wird, eine Unterscheidung, die er zuvor außer acht gelassen hatte, um ganz deutlich werden zu lassen, daß auch die Annahme einer wahren Gottesverehrung nicht zum absoluten Ziel eines Staatswesens hinzugehört.

Damit hat Keckermann bereits genügend begründet, warum er dann seine

---

[11] Ebd. 24: „quod illa non sit vera politia, vbi tales contemplationes non sunt, in primis vnitas religionis, siue communis et vniformis ad Deum deuotio; itaque sic argumentantur: *Vbi nullus finis, ibi nulla felicitas*; Finis autem est vera religio et Dei cultus vnanimis; atque in tali republica vbi si hanc plateam ingrediaris, sic Deum inuocari audias, si alteram, si tertiam, alio atque; alio modo, Dei cultum institui videas, ibi nullus est finis verus; si nullus finis, ergo nec media vlla; si media nulla, nulla est respublica".

[12] Ebd. 25: „securitas, voluptas et pax interna".

[13] Ebd. 26.

[14] Ebd. 27 heißt es dann: „*Finis spectatus cum gradu Eminentiae, iterum est vel contemplatio vel Religio.*"

[15] Ebd. 28.

[16] Ebd. 27: „*Religio est exercitium pietatis, siue fidei et bonorum operum, atque adeo cultus diuini tam in doctrina quam in ritibus.*"

[17] Ebd. 28: „Nam si per *religionem* intelligas notitias menti humanae insculptas de DEO, deque discrimine honestorum et turpium, vtique concedendum est, *nullam rempublicam sine religione vel constitui vel esse posse*; si vero religio sumatur perfectissime, nempe pro doctrina, ritibus et vita Ecclesiae reformatae propria, vtique sine hac respublicae multae fuerunt, et sunt, licet non fuerint nec sint perfectae aut gradu eminenti praeditae."

ausgedehnten Überlegungen so gut wie ohne dieses Thema durchführen kann. Das Gemeinwesen als solches hat mit „religio" grundsätzlich nichts zu tun, und dies, obwohl es sich nach Keckermanns Aussagen doch von Gott, freilich zusammen mit ihm und ebenso von der Natur, der menschlichen Natur herleitet.

Das letzte Kapitel des ersten Buches zeigt jedoch, daß damit noch nicht alles gesagt ist; denn es erörtert die Aufgaben der monarchischen Herrschaft, die ihr auch im Hinblick auf die „religio" eigen sind. Damit ergibt sich ein merkwürdiger Sachverhalt: Obwohl die „religio" nicht eigentlich zum Gemeinwesen hinzugehört, haben Herrscher dennoch sehr wohl Rechte über sie, wo immer sie in einem Gemeinwesen vorkommt. Keckermann wiederholt hier die einleitend getroffenen Feststellungen, daß die theoretische Tugend und Glückseligkeit, nämlich die „contemplatio", sowie die „religio et pietas" dieses eminente Ziel darstellen[18]. Im Hinblick auf letztere wendet er sich zunächst jenen Aufgaben zu, die in einem friedlichen Gemeinwesen anfallen. Für einen „Princeps religiosus" hält er es für selbstverständlich, daß dieser seine Herrschaft als von Gott gegeben ansieht, daß er sich durch einen religiösen Eid verpflichtet, den „cultus divinus" und die „vera religio" zu fördern und zu schützen[19]. Der Fürst besitzt ein „ius maiestatis Ecclesiasticum" und eine „potestas", die zu deren Schutz gehörigen Angelegenheiten zu ordnen, die kirchlichen Amtsträger zu berufen und einzusetzen, Schulen für die „pietas et religio" einzurichten sowie die erforderlichen Gesetze über Lehre, Sakramentenverwaltung und Synoden zu erlassen; er soll darauf achten, daß nichts fehlt, was für den „verus Dei cultus" notwendig ist, sowie jene strafen, die diesen beleidigen und schmähen[20]. Keckermann weist also dem Fürsten und seinen Helfern, wie er im folgenden näher ausführt[21], umfangreiche Vollmachten zu und stellt ausdrücklich fest, daß die Untertanen der Jurisdiktion des Fürsten unterworfen sind[22].

Nach diesen Rechten und Aufgaben in einem befriedeten Gemeinwesen greift Keckermann die Frage auf, was in einem entweder leicht oder auch schwerwiegend beunruhigten Gemeinwesen geschehen soll. Solche Unruhen liegen dann vor, wenn etwa zwischen dem Fürsten und den Untertanen ein Dissens in der „religio" existiert. Gehört der Fürst nicht der wahren „religio" an, so verliert er deswegen nicht schon seine Legitimität; denn Evangelium und „religio Christiana" heben die Ehrwürdigkeit dessen nicht auf, der ihnen nicht zugehört[23]. Auch in einem solchen Fall von leichter Unruhe in einem Staatswesen soll der Fürst

---

[18] Ebd. 513ff, 515.
[19] Ebd. 516.
[20] Ebd. 516f.
[21] Ebd. 518f.
[22] Ebd. 520.
[23] Ebd. 521; hier wechselt Keckermann zwischen „religio" und „pietas". Unter den Beispielen für entsprechende Abmachungen, 523, verwendet Keckermann „pax illa religionis" im Hinblick auf den Frieden von Passau 1522 sowie „sancita confoederatio religionis" in Zusammenhang mit Polen 1573. Auch im folgenden sagt er noch „pax religionis" und „libertas religionis".

Streit über die „religio" nicht zulassen, wohl aber Disputationen der Gelehrten und Intelligenten fördern[24].

In Fällen von schwerer Unruhe wegen der „religio" soll der „pius princeps" möglichst dafür sorgen, daß Irrtümer überwunden werden, ohne allerdings Verfolgungen, Verbannungen oder Grausamkeiten durchzuführen; er muß Verträge gegenüber seinen Untertanen auch dann halten, wenn sie sich in der „religio" von ihm unterscheiden, ausgenommen im Fall der Häresie[25]. Schließlich soll er keine Änderungen in der „religio" vornehmen, ob er nun seine eigene Meinung schützen oder unter dem Vorwand der „religio" seine Untertanen unterdrücken will; auch „diuersae religiones" schaden dem Gemeinwesen nämlich normalerweise nicht[26]. Die Untertanen aber dürfen dem Fürsten, sofern er nicht mit Tod, Exil und anderen schwerwiegenden Maßnahmen wütet, den Gehorsam nicht aufkündigen; falls er aber solche Grausamkeiten verübt, dürfen sie sich dagegen zur Wehr setzen, ja, sie dürfen zu den Waffen greifen, wenn sie ihrer „religio" wegen leiden[27]. Besondere Beachtung verdient die Begründung: Widerstand darf geleistet werden aufgrund des „ius naturae", das durch politische Rechte nicht aufgehoben wird[28]. Das Widerstandsrecht wird also nicht unmittelbar bzw. ausdrücklich auf den Gehorsam gegen Gottes Willen und Gebot zurückgeführt. Die Untertanen sollen jedoch Gewissensfreiheit und „pax religionis" für eine große Wohltat erachten und beides nicht mißbrauchen. Überdies sollen sie politisch Frieden pflegen und nicht Aufstand und Unruhe wegen der Unterschiede in der „religio" fördern, weil auch Christus mit anderen Frieden zu halten empfiehlt, die sich von der „religio Iudaica et Christiana" unterscheiden[29].

Die hiermit wiedergegebenen Sachaussagen Keckermanns ergeben bezüglich seines Sprachgebrauchs zwar ein deutliches Übergewicht des Terminus „religio"[30], jedoch finden sich wie zuvor auch hier Doppelformulierungen wie „pietas ac religio"[31] oder „cultus ac religio"[32]. Merkwürdigerweise läßt sich „Christiana religio" so gut wie nicht nachweisen, sehr wohl aber „pietas Christiana"[33]. Dagegen sagt Keckermann oft „religio vera" oder auch „pura"[34], ein Zeichen dafür, daß es sich hier nicht um eine allgemein menschliche Gegebenheit, sondern

---

[24] Ebd. 524.
[25] Ebd. 525; für letzteres formuliert Keckermann: „Haereticis non est seruanda fides."
[26] Ebd. 526.
[27] Ebd. 527; dies gilt nicht, wenn er „nude tantum dissentiens a religione subditorum" ist.
[28] Ebd. 528.
[29] Ebd. 529f, 530: „Et Christus ipse humanissime conuersatus est cum hominibus a religione Iudaica et Christiana alienis vt cum Samaritanis, publicanis, Pharisaeis."
[30] Vgl. 12, 23, 28, 76, 224, 241, 377, 380, 517f, 523–530.
[31] Ebd. 23, vgl. 515, 516.
[32] Ebd. 37, vgl. 516 „cultus Dei et vera religio".
[33] Erstes vgl. etwa in der o. Anm. 29 wiedergegebenen Stelle ebd. 530f, letzteres 441, vgl. 514f „vera pietas".
[34] Ebd. 24, 516, 521, 525 (irrtümlich 325), 528, 26 „religio pura"; gelegentlich auch, 222, „religio sacrosancta".

um eine ganz bestimmte Weise der „religio" handelt. Keckermann kennt freilich die Tradition und nimmt sie in seinen Voraussetzungen auf, nach der sich bei allen Menschen eine Weise der Gottesverehrung, der „religio" findet. Die einzige nähere Bestimmung der Terminologie findet sich in den Vorbemerkungen, wo er „religio" als „exercitium pietatis" definiert, wobei er für letztere auch „fides et bona opera" setzt[35]. Die Formulierungen einer „libertas religionis" oder einer „pax religionis"[36] beziehen sich grundsätzlich auf eine konkrete Tugend, so daß man hier auch noch nicht einfach mit ‚Religionsfrieden' oder ‚Religionsfreiheit' übersetzen sollte.

Insgesamt bleibt der Befund bei Keckermann merkwürdig doppeldeutig: Einmal erscheint die „religio" als herausragendes Ziel der „Politia", das nicht nur hervorragt, sondern auch über die genuinen Ziele hinausgeht und somit nicht mehr zu ihnen gehört. Damit schlägt Keckermann keine Neutralisierung vor im Sinne einer Gleichgültigkeit, er weist „religio et pietas" nicht in einen vor-öffentlichen, privaten Raum, wo sie geübt werden dürfen, ohne den öffentlichen Bereich zu tangieren. Indem er sie aber auf eine höhere Ebene als die der direkten Ziele eines Gemeinwesens verweist, erreicht er faktisch das gleiche Ergebnis, nämlich eine Entlastung des Gemeinwesens von einer unmittelbaren Zuständigkeit für sie. Er erreicht diese Lösung nicht auf dem Weg der Reduktion, sondern der (Über)Steigerung.

Zum anderen aber legt Keckermann detaillierte Überlegungen über die Zuständigkeit und Sorge der Herrschaft für „religio et pietas" vor und bringt damit zum Ausdruck, daß diese eben doch nicht aus dem Bereich des Gemeinwesens ausgespart werden können. Da es gerade auch diesbezüglich zu schwerwiegenden Problemen oder Unruhen kommen kann, läßt er im Falle eines Mißbrauchs auch den Widerstand gegen die Herrschaft erlaubt sein.

Zusammenfassung

Die hier behandelten Darlegungen über politische Themen suchen in ihrer überwiegenden Mehrzahl, die Grundlagen für ein Gemeinwesen zu entwickeln. Sie lassen sich freilich nur schwer auf einen gemeinsamen Nenner bringen. Doch gerade so ergeben sie einen interessanten und aufschlußreichen Einblick in eine außerordentlich bewegte Zeit. Sie dokumentieren, wie grundlegend sich die einzelnen Ansätze unterscheiden: Neben Konzepten, die sich strikt am Fürsten orientieren und folglich die Monarchie befürworten, stehen andere, die vom Volk her das Gemeinwesen aufbauen; Legitimität leiten sie daher entweder unmittelbar von Gott und gegebenenfalls damit verbunden von der Natur oder aber von einem Konsens des Volkes ab.

---

[35] Ebd. 27.
[36] Ebd. 523, letzteres auch 529.

Als besonders überraschendes Ergebnis verdient festgehalten zu werden, daß außer Lipsius keiner der Autoren der Frage von „pietas" und „cultus" besondere Aufmerksamkeit widmete; dies muß deswegen besonders verwundern, weil hier eine wichtige Wurzel für die schwerwiegende politische Krise gesehen wird, in der sich das Europa ihrer Zeit befand. Daß sie auf eben diese Krise zu reagieren suchten, insbesondere, daß sie die Bürgerkriege überwinden wollten, zeigen die besonders im Frankreich des 16. Jahrhunderts zahlreichen Autoren, die das politische Themenfeld bearbeitet haben.

Unerwartet dürfte sein, daß sich in keiner der genannten Arbeiten eine Distanzierung des Gemeinwesens wenn schon nicht von Gott und seinem Gesetz, so doch wenigstens eine Lockerung seiner Zuständigkeit für die (rechte) Verehrung Gottes findet. Diese wäre zu erwarten gewesen angesichts der einfach erscheinenden und weithin vertretenen These, die konfessionellen Wirren des 16. Jahrhunderts seien Grund dafür gewesen, eine neutrale, nicht mehr in der ‚Religion' begründete Konstituierung des Gemeinwesens zu versuchen und sie aus dem politischen, d.h. aus dem öffentlichen Bereich zurückzunehmen, um bei differierender Gottesverehrung in Frieden miteinander leben zu können[1]. Ein solches Konzept oder wenigstens erste Vorbereitungen zu ihm lassen sich bei keinem der Autoren finden. Die untersuchten Abhandlungen zeigen vielmehr bei aller übrigen Verschiedenheit einen grundlegenden Konsens in der Annahme, daß es eine Verehrung Gottes geben muß. Atheismus scheint nirgends politisch akzeptabel. Dies dürfte ein wesentliches Ergebnis sein, bisherige Ansichten zu präzisieren. Denn die Voraussetzung bleibt unangefochten, daß es Gott gibt und daß er von wesentlicher Bedeutung für das politische Zusammenleben ist, daß er insbesondere die menschliche Verläßlichkeit fördert, indem er die Furcht der Menschen weckt, im Falle schwerer, unbereuter und nicht vergebener Vergehen letztlich ewige Strafen verbüßen zu müssen.

Die Standpunkte differieren auch noch nicht hinsichtlich der Einstellung zur Glaubensspaltung. Denn es wird daran festgehalten – und hier liegt die zweite allenthalben gehaltene Voraussetzung –, daß es nur einen wahren Gott und folglich nur eine wahre Verehrung gibt, weswegen auch die rechte Erkenntnis Gottes, mit der alten Christenheit „sapientia" genannt, eine herausragende Rolle spielt[2]. Aber wenn sie nicht vorliegt, wenn es sich, theologisch gesprochen, bei

---

[1] Vgl. im Hinblick auf die französische Entwicklung Roman Schnur, Die französischen Juristen im konfessionellen Bürgerkrieg des 16. Jahrhunderts. Ein Beitrag zur Entstehungsgeschichte des modernen Staates, Berlin 1962, 21 ff, 67, vgl. 20 Anm. 39 den Hinweis auf die entsprechende These bei Carl Schmitt; für die spätere deutsche Situation vgl. Michael Stolleis, Arcana Imperii und Ratio Status. Bemerkungen zur politischen Theorie des frühen 17. Jahrhunderts (1980), in: ders., Staat und Staatsraison in der frühen Neuzeit. Studien zur Geschichte des öffentlichen Rechts (= stw 878), Frankfurt 1990, 37–72, 58; zum Widerspruch gegen die Trennung vgl. 60.

[2] Ein besonderes Beispiel für diese Zusammenhänge bietet Petrus Gregorius Tholozanus, De Republica Libri sex et viginti, Editio Germaniae tertia, Francofurti MDCXLII. Der aus Toulouse stammende (daher Tholosanus genannte) Jurist (etwa 1540–1597), der zuletzt lange in Pont-a-Mousson, einer Gründung Karls III. von Lothringen (1545–1608), lehrte, vgl. dazu die biographischen Anga-

der jeweils anderen Überzeugung nicht mehr um Glauben, sondern um Aberglauben und folglich Götzendienst handelt, so unterscheiden sich diese immer noch qualitativ vom Atheismus. Bis hin zu Althusius bleibt die Einstellung erhalten, daß ein Atheist nicht Mitglied des Magistrats werden darf.

Herrscht also Übereinstimmung darin vor, daß es Gott gibt, der überdies für das Gemeinwesen unerläßliche Bedeutung besitzt, und daß es nur einen wahren Gott und entsprechend nur eine wahre Verehrung gibt, so unterscheiden sich die Meinungen über die Haltung, die gegenüber der Spaltung der Christenheit eingenommen werden soll. Wirkliche Toleranz im Sinne des zustimmenden Geltenlassens anderer Überzeugungen findet sich in diesen zuvor behandelten Darlegungen im Grunde nicht. Wenn nicht direkte Intoleranz für geboten gehalten wird wie bei Rossaeus, gilt das Interesse am ehesten einer pragmatischen Toleranz. Diese geht davon aus, daß gerade in Fragen des Glaubens mit Gewalt nichts ausgerichtet werden kann, wofür immer wieder das bei Cassiodor zu findende und auf Theoderich oder Theodosius zurückgeführte Zitat genannt wird, man könne die „religio" nicht befehlen. Folglich stößt man verschiedentlich auf den Rat, hier keinen Zwang anzuwenden, insbesondere dann nicht, wenn die Spaltung im wesentlichen zwei Gruppen und besonders zwei etwa gleich starke Gruppen hervorgebracht hat; dann nämlich bleibt die Überwindung jener Partei – gelegentlich, wie bei Bodin, „faction" genannt –, die nicht die wahre Verehrung Gottes übt, erfolglos. Die übergeordnete Maxime lautet, in jedem Falle inneren Frieden zu gewährleisten bzw., wo er verloren ist, ihn wiederherzustellen. Als sicherlich richtig und damit erstrebenswert, weil für den Frieden im Grunde

---

ben in: Archives bibliographiques françaises, London 1988, Fiche 476, bringt in diesem sehr umfangreichen Werk ein Kapitel über die „Religio" des „Princeps", VIII 2; 321–328, und dann ausführlich XII; 420–507 „De his quae in reipublicae sollicitudine ad religionem pertinent", und XIII; 507–621 „De his in quibus praetextu religionis errati in Republica potest, et de remediis quibus obviam eatur, vel admissa jam emendentur". In guter Tradition heißt es hier, 321 b: „Ita fundamentum totius regni, religio est, metus, reverentia, cultus Dei, servare ejus mandata, obsequi voluntati ejus." Vgl. dazu auch XXII 14; 843 b. Dabei werden „religio" und „pietas" durch „seu" gleichgesetzt und mit dem in diesem Zusammenhang belangreichen doppelten Akzent bestimmt: „Consistit ... religio seu pietas in duobus, ut bene de Deo sentiamus: et rectum ei cultum exhibeamus", 322 a. Im Rückgriff auf Arnobius und Laktanz wird die rechte Gotteserkenntnis hervorgehoben: „Religio enim, nihil aliud est ..., quam recta de divinis mens" sowie „nihil aliud esse religionem, quam Dei cultum", 421 a. Folglich sind „Religiosi" solche, die „certis regulis arctius se adstrinxerint ad cultum divinum exsequendum", ebd.; daraus folgt die grundlegende Zuordnung zu den – üblichen gebotenen – Weisen der Gottesverehrung.

Konsequent dazu nimmt Gregorius die eine „Religio vera", vgl. 421 b u.o., als den „veri Dei cultus legitimus" an, 421 b; die Differenz zwischen „religio" und „superstitio" macht er mit Laktanz daran fest, daß letzterer die „sapientia" fehlt, 422 a. Es gibt also nur eine „religio": „Unam tantum vera, veri solius Dei religio, quae ab origine mundi ortum habet, et progressum immutabilem"; und auch nur diese eine stellt den einen Weg dar, der zum Himmel führt, 422 b. „Religiones" im Plural können also nur „falsae religiones", „stultae, inanes et impiae religiones" sein, ebd. Die weiteren Überlegungen vor allem zur „religio" als „totius societatis humanae fundamentum", so XII 4; 424–427, können hier nicht weiter behandelt werden. Es muß genügen, die besondere Akzentuierung der „mens" bzw. „sapientia" im Hinblick auf Gott und die „religio" zu notieren.

unerläßlich, halten die Autoren daran fest, daß es nur eine „religio" bzw. „pietas" in einem Gemeinwesen geben soll, wie besonders Danaeus hervorhebt.

Folglich geht es immer wieder um eine legitime Obrigkeit, die das Gemeinwesen ordnet und die auch eine sehr weitreichende Kompetenz in Fragen der Gottesverehrung besitzt. Diese Konzeption steht in nachhaltigem Gegensatz zu den faktischen Möglichkeiten, über die die jeweiligen Inhaber legitimer Macht verfügen, die Streitigkeiten gerade auf diesem Gebiet einzudämmen, geschweige denn zu beseitigen.

Wenn die vorausgegangenen Darlegungen ständig von „religio" sprechen, darf das nicht zu dem falschen Eindruck führen, daß die Autoren diesem Thema besondere Aufmerksamkeit gewidmet hätten. Dies wäre freilich zu erwarten gewesen, da hier eine wesentliche Ursache für die Auseinandersetzungen nach dem Verlust der Einheit der Christenheit angenommen wird. Vielleicht sollte man zurückhaltender gegenüber dieser Auffassung sein; denn es scheinen eher andere, nämlich politische Gründe zum Erfolg der Reformation geführt zu haben als die „fides" und noch weniger die „religio".

Deswegen kann es auch nicht verwundern, daß die behandelten Autoren für unser Thema im Grunde wenig innovativ erscheinen. Sie halten sich an den überkommenen Sprachgebrauch und die mit ihm ausgedrückten Vorstellungen, die durch die humanistische Färbung und durch den humanistischen Rückgriff auf die Antike sehr präsent waren. Dafür spricht auch, daß „religio" noch keineswegs generell als dominant erscheint. Lipsius nämlich spricht zuerst an pointierter Stelle von der ihr offensichtlich bevorrechtigten „pietas", ehe er später „religio" als Leitbegriff verwendet. Überdies erscheinen durchweg bei den Autoren recht häufig Doppelformulierungen wie „pietas et religio" oder „religio et cultus", aber auch seltenere wie „religio et timor Dei". Diese belegen eindeutig, daß „religio" konkret verstanden wird und eine Verhaltens- und Handlungsweise zum Ausdruck bringt. Unterstrichen wird diese Konzeption durch die herausragende Betonung, die die „religio vera" und die Warnung vor jeglicher „superstitio" finden. Der „rectus sensus" und „rectus cultus" erweisen sich als dringliches Anliegen. Es besteht somit ein direkter und unmittelbarer, dabei keineswegs selbstverständlicher und zwingender Zusammenhang zwischen dem einen wahren Gott und der einen wahren Verehrung dieses Gottes, die sich nicht in der Identität der Formen und Sprachen, sondern in der Gemeinschaft ausdrückt, die den einen wahren Gott verehrt. Es stellt sich somit bei den untersuchten Autoren eine Besonderheit dar, daß Gentillet „religio" in einem sehr weiten Sinne gebraucht, wenn er problemlos auch von der „religion Payenne" spricht.

Daß es allerdings einen umfassenden, allgemeinen Begriff von „religio" gibt, könnte man aus der Tatsache folgern, daß einige Autoren diesen Terminus im Plural benutzen. Es fällt jedoch auf, daß Rossaeus nur selten „religiones" sagt und Lipsius eigentlich nur in einem Zitat von „religionum genera" spricht und anderwärts vier solche „sectae" feststellt. Freilich findet sich bei Bodin und Kekkermann zuweilen und bei Gentillet auch oft und völlig selbstverständlich eine solche Verwendung in der Mehrzahl. Da der Plural „religiones" bei den Autoren aber sehr wohl mit dem nachdrücklichen Insistieren auf der einen wahren „religio" einhergeht, wird man vorsichtig sein müssen, hier schon einen wirklich generellen Gebrauch anzunehmen. Eher scheint es sich um eine aus humanistischem Sprachgebrauch resultierende Zunahme einer offeneren Verwendung dieses Begriffs zu handeln, als daß schon systematisch Konsequenzen hieraus gezogen worden wären. Selbst dort, wo „religio" als „religion" ins Französische übernommen wird, dürfte die Bedeutung immer noch viel eher an dem antikhumanistischen Sprachgebrauch orientiert sein, demzufolge es sich nämlich jeweils um eine konkret verstandene sorgfältige Beachtung der Verpflichtung der Menschen gegenüber Gott handelt.

Dies gilt selbst dann, wenn sich bei Lipsius auch die Bestimmung der „religio" als „rectus de Deo sensus" findet, die über die klassische Bedeutung des Terminus hinausgeht, der sich auf die Praxis beschränkte. Nirgendwo findet sich nämlich gerade bei Lipsius eine grundsätzliche Weiterführung; vielmehr grenzt er die „religio" zugunsten der bei ihm vorrangigen „pietas" eher ein. Und daß er diese konkret versteht, erscheint unbezweifelbar.

Demgegenüber läßt sich schwerlich ein Argument für einen abstrahierenden Gebrauch von „religio" daraus ableiten, daß Rossaeus von der „religionis forma et natura" spricht. Ihm kommt es nämlich darauf an, eine sehr weitgehende Einheit auch zwischen Christen und Nichtchristen herzustellen, um die Angriffe auf die Calvinisten möglichst zu verstärken. In diesem Interesse weist er etwa darauf hin, daß eigentlich entgegen allen anderen nur sie Opfer ablehnen und somit noch nicht einmal in einem sehr weiten Sinne als Verehrer Gottes angesehen werden dürfen. Es geht ihm nicht um die Annahme verschiedener mindestens grundsätzlich berechtigter Weisen der „religio", sondern um die Verstärkung einer apologetischen Argumentation. Diese aber kann noch nicht als eine Förderung einer theoretischen Konzeption angesehen werden, die eine Generalisierung des Begriffs „religio" vornähme, es sei denn – wie wohl auch in anderen Fällen – im Modus der Negation.

Die hier besprochenen Autoren lassen auch keine solchen Veränderungen erkennen, die auf eine bevorstehende Entwicklung hinweisen. Wenn der zuletzt vorgestellte Keckermann in zuvor unbekannter Weise die „religio" als ein über das Gemeinwesen hinausgehendes Ziel darstellt, so liegt hier sicher eine Besonderheit vor; ob man in ihr aber schon einen Fortschritt oder eher die spezifische Position eines Autors sehen soll, läßt sich an den bisher untersuchten Verfassern nicht zwingend entscheiden. Die am meisten zukunftsweisende Aussage findet sich wohl bei Bodin als dem ersten der genannten Autoren, wenn er dem Fürsten, falls dieser der wahren Gottesverehrung anhängt, rät, bei überwiegend abweichender Einstellung in seinem Gemeinwesen sich an deren Ausübung zu beteiligen, im Herzen jedoch den wahren Gott zu verehren.

Wie wichtig Gott den Schriftstellern für die Konstitution und Legitimation des Gemeinwesens ist, zeigt sich bei der auszeichnenden Qualifizierung des Fürsten als Ebenbild Gottes, wie sie Bodin vornimmt; sie tritt aber auch zutage bei Danaeus, wenn er Gott als Gründer menschlicher Gemeinschaften heraushebt, indem er den Menschen einen „affectus naturalis" eingegeben hat, aus dem das Staatswesen resultiert. So unterschiedlich die politischen Konzeptionen der Verfasser auch sein mögen, sie stimmen alle darin überein, daß Gott der letzte und auch unmittelbar wirksame Gründer und Garant des Gemeinwesens und seiner grundlegenden Ordnungen ist.

Daß die Verhaltensweisen und Handlungen, die der Mensch Gott gegenüber zu leisten hat, somit dem Menschen „naturales" sind, findet sich öfter. Doch resultiert daraus keine Förderung einer Gleichberechtigung verschiedener Einstellungen und Vollzüge, die Menschen Gott gegenüber praktizieren, sofern sie sich nicht gegenseitig anerkennen können, wie dies trotz beträchtlicher Unterschiede lange Zeit die griechische und die lateinische Ausprägung christlichen Glaubens realisiert hat.

Wie vorsichtig bei der Interpretation von „religio" zu verfahren ist, zeigt sich nicht zuletzt bei der präzisen Bedeutung des von Stephani formulierten, ständig verkürzt wiedergegebenen und universalisiert verstandenen „Cuius regio, eius religio", als ob es eine generelle Befugnis des Landesherrn gäbe, in seinem Territorium nach Gutdünken schalten und walten zu können. Demgegenüber will Stephani die Zuständigkeit des Landesherren für die öffentliche Ordnung auch hinsichtlich der manifesten und relevanten „religio" formulieren, ohne daß der Landesherr in die Gewissensüberzeugung der Betroffenen einzugreifen berechtigt ist; nur in diesem Sinne gebührt ihm eine juristische „Iurisdictio spiritualis".

Jedenfalls finden sich nirgends Anzeichen für eine grundsätzliche Gleichberechtigung verschiedener Überzeugungen in einem Gemeinwesen und erst recht keine Schritte zu einer ‚religio naturalis', die über die konfessionelle Zerrissenheit hätte hinausführen können; in keinem der z.T. recht umfangreichen überprüften Texte wurde auch nur ein Beleg dieses Terminus gefunden. Dabei hätte man eine Entwicklung in diese Richtung wohl erwarten können, wenn auch jeglicher Atheismus zur damaligen Zeit abgelehnt wird, und dies gerade auch aus politischen Gründen. Auf ihrem Gebiet, insbesondere mit Konzepten eines Vertrages zur Konstituierung eines Gemeinwesens, haben die Autoren somit viel eher Wegweisendes geleistet als in der uns interessierenden Frage. Sie waren wohl deswegen noch nicht in der Lage, eine Neutralisierung von „pietas", „religio" oder „cultus" vorzusehen, weil ihnen die Verehrung Gottes – getreu klassisch-römischer Auffassung – für Errichtung und Erhalt des Gemeinwesens unerläßlich schien.

5. Einblicke in den theologischen Sprachgebrauch

Die bislang vorgelegten Studien geben zwar wichtige Auskünfte über unser Thema. Um aber ihr bisheriges Ergebnis zu überprüfen und so ein möglichst verläßliches Gesamturteil zu erreichen, sollen sie einmal durch die Position besonders wichtiger Autoren ergänzt werden. Zum anderen aber sollen gerade in den kontroverstheologischen Auseinandersetzungen auch weniger namhafte Verfasser daraufhin befragt werden, ob sich vielleicht bei ihnen Weiterführungen erkennen lassen.

Gegliedert werden die folgenden Beiträge so, daß nach einer Kennzeichnung der vorreformatorischen Ausgangslage zunächst solche Autoren erörtert werden, die wesentlich eine Verteidigung der „religio Christiana" gegenüber den anderen Überzeugungen vornehmen, wie dies bei Guillaume Postel der Fall ist, oder die eine solche Begründung der eigenen „religio" aus einem durchaus schon konfessionsspezifischen Blickwinkel formulieren, wie dies dann bei Pierre Viret oder Petrus Ramus geschieht.

Sodann sind wenigstens einige aus der Schar derer genannt, die nach der Reformation sich um die Überwindung dieser Glaubensspaltung bemüht haben.

Anschließend wird kurz Rechenschaft gegeben über einige Autoren, die kontroverstheologische Abgrenzungen forcieren.

Das Interesse der jeweiligen Bearbeitung ruht auch jetzt wesentlich auf der Frage, wie sich all diese Überlegungen auf die Verwendung von „religio" ausgewirkt haben.

Die Ausgangslage vor der Reformation

Iohannes Stamler

Als Zeuge für die Anschauungen zu Beginn des 16. Jahrhunderts soll Iohannes Stamler (2. Hälfte des 15. bis Beginn des 16. Jahrhunderts) mit seinem „Dyalogus ... De diversarum gencium sectis et mundi religionibus"[1] erwähnt werden. Stamler, dessen Biographie nicht näher ermittelt werden konnte[2], hat in dieser

---

[1] Dyalogus Iohannis Stamler Augustensis De diversarum gencium sectis et mundi religionibus, Augustae MDVIII. – Auf diesen Text hat Wilfred Cantwell Smith, The Meaning and End of Religion. A new Approach to the religious Traditions of Mankind, New York 1963, 236f, Anm. 132 u. 134, aufmerksam gemacht.

[2] Aus einem dem Dyalogus beigefügten Brief an Stamler ist ersichtlich, daß dieser Rektor der Pfarrkirche in Kissingen war, a 3r; im Catalogue Générale des Livres imprimés de la Bibliothèque

Schrift einen Dialog vorgelegt, der dem Genus bereits lange bekannter Gespräche zum Erweis des rechten Glaubens zugehört: Der ursprünglich christliche Arnestes wurde als Jugendlicher geraubt, verkauft und dann dem Herrscher der Tartaren geschenkt; er entwich zu den Türken und kam schließlich als „apostata" wieder in seine Heimat, wo er von einem Laien aufgenommen wurde, „sed cognita religione mutata"[3]. Darüber war der Ziehvater erzürnt, er ließ sich aber auf den Rat eines „Phisicus" und eines „Doctor" besänftigen. Aufgrund von Gesprächen, bei denen auch ein „Historicus" anwesend und auf dessen Bitte ein „Iudaeus" zugezogen worden war, konvertierte Arnestes „iubilanter" wieder zur „fides".

In dieser Schrift Stamlers haben wir also einen noch vorreformatorischen Dialog vor uns, der aufgrund der Kenntnis verschiedener Überzeugungen – Heiden, Islam sowie Judentum – in apologetischer Manier den christlichen Glauben rechtfertigt.

In unserem Zusammenhang interessiert der Sprachgebrauch bei Stamler: Wie schon der Buchtitel deutlich macht, wechselt Stamler zwischen „sectae" und „religiones", wobei er beide Termini im Titel offensichtlich in gleicher Funktion gebraucht. Bestätigt wird dieser Eindruck dadurch, daß Stamler in der Widmung „de Tartarorum, Saracenorum, Turcorum, Judaeorum et Gentilium Sectis et Religionibus" spricht. Ihnen stellt er, was kein Zufall sein dürfte, unmittelbar darauf die „nostra apostolica fides" gegenüber. Auf der folgenden Seite verwendet er dann allein die Formulierung „Gentium religio", von der gesagt wird, daß keine jemals gerecht und, was verwundern muß, philosophisch sein kann[4]. Diesen nichtchristlichen „religiones" setzt er auch sonst bevorzugt die „nostra fides" entgegen[5]. Es findet sich aber ebenso ausdrücklich der Hinweis, daß die „religio nostra christiana" mehr als jede andere „religio" in der Welt die Liebe verkündet[6]. Die „religiones" der Völker werden also von der „divina religio" sehr wohl unterschieden[7], die Stamler gelegentlich feierlich hervorhebt: „paterna sancta et salutaris nostra religio"[8]. Gleichwohl wird die positiv besetzte Be-

---

Nationale, Tom. 177, Paris MDCCCCL, 119, ist nur diese Angabe wiedergegeben. In alten Lexika bzw. Namensverzeichnissen, vgl. Johann Heinrich Zedler, Grosses Vollständiges Universal-Lexicon, Halle 1732ff, ND Graz 1961; Christian Gottlieb Jöcher, Allgemeines Gelehrten-Lexicon, Leipzig 1750ff, ND Hildesheim 1981, bleibt er unberücksichtigt; nur in den handschriftlichen Notizen von Constantin von Würzbach, Bavaria Inclyta (Bayerische Staatsbibliothek München CGM 5084, 45) ist zusätzlich die Vermutung notiert, daß Stamler später Domherr in Brixen gewesen sei; als Quelle wird genannt: Veith, Bibliotheca Augustana, Alphabetum V, p. 101 Anm. i.

[3] Dies und das Folgende nach der Inhaltsangabe bei I. Stamler, Dyalogus, IIv.
[4] Ebd. a 2rf: „Presertim cum nulla sit vel vnquam fuerit Gentium religio iusta siue philosophica..."
[5] Ebd. 4v, 5r.
[6] Ebd. 4r, Randglosse.
[7] Ebd. 9v.
[8] Ebd.

zeichnung „religio" grundsätzlich den anderen Überzeugungen nicht vorenthalten.

Auffällig erscheint: Stamler spricht zwar bezüglich aller – Heiden, Mohammedaner, Juden und Christen – von „religio", wenn er auch die der Christen von den anderen absetzt und nicht einfach alle grundsätzlich gleichberechtigt als „religiones" bezeichnet. Dagegen wird „fides" nur extrem selten und eher am Rande den anderen Überzeugungen zugebilligt[9]. Hierher gehört noch nicht einmal die Aussage Stamlers, daß zuvor die Juden der „vera fides" gefolgt sind[10]. Demgegenüber heißt es bei den Christen bevorzugt „fides", nicht selten betont als „nostra"[11], „Christiana"[12], „Catholica"[13] oder „orthodoxa fides"[14]. Auch wird nur im Hinblick auf sie „religio" und „fides" in einer Formulierung zusammen gebraucht[15].

Noch auffälliger jedoch dürfte es sein, daß Stamler „secta" faktisch nicht mehr unter Bezugnahme auf die Christen gebraucht, worüber er jedoch keine Reflexion anstellt[16], und daß sich insgesamt nur noch sehr selten „lex" als generelle Bezeichnung findet[17].

Aus den genannten Belegen zu „religio" geht noch nicht die genauere Bedeutung dieses Terminus hervor. Diese zeichnet sich erst ab, wenn es bei Stamler „secta Religionis" heißen kann[18]. Denn als institutionalisierte „Gefolgschaft" wird sie durch eine sich manifestierende „religio" und d.h. durch konkrete Vollzüge konstituiert.

Bezüglich der zahllosen verschiedenen „Religiones" erhebt sich nun die Frage, wie sie entstehen konnten. Stamler gibt darauf die Antwort, daß durch den Verführer und die Schuld der Menschen die bei vielen verbreitete „Idolatrie cultura" entstand; nicht alle also blieben in der Erkenntnis Gottes und hinterließen uns den rechten Weg; als solche, die den rechten Weg nicht eigentlich verloren haben, werden die „Hebrei" genannt; die anderen, die diesen verließen, heißen „Gentiles"[19].

---

[9] Vgl. einmal „fides" und „spes" zusammen für die Tartaren, ebd. 7r, ferner eine Randglosse 13r: „Differentia quo ad fidem inter Judeum Christianum et Saracenorum seu Turcum".
[10] Ebd. 20v.
[11] Siehe oben mit Anm. 4 und 5.
[12] Ebd. 11v, 23r.
[13] Ebd. 25r, v.
[14] Ebd. 26v.
[15] Ebd. 18v: „nostre fidei Sacramenta et Religionis Christianae Archana".
[16] Ebd. 11v, 13r, 14r, 22v, vgl. 5v „ritus et secta"; 6v „secta et religio"; 11v „secta et haereses" und bes. 12v „superstitionum sectae".
[17] Vgl. möglicherweise ebd. 7r „unica lex et ritus"; eher 14v „Machometea lex" oder 13r „lex Moysis". Anderwärts liegt eindeutig der konkrete Gebrauch „Gesetze" vor, wie sich daraus zeigt, daß sie erlassen oder annulliert werden können, vgl. hierzu etwa 13r.
[18] Die Hussiten werden „secta Religionis modernis quasi nostris temporibus exorta" genannt, ebd. 12r Randglosse. Vgl. auch die Formulierung von der „terra religionis", 19r, Randglosse.
[19] Ebd. 23r.

Näher bespricht Stamler die „Chaldei", die „Greci" und die „Egytii". Von ihnen beurteilt er die Chaldäer noch am besten, obwohl sie Kreaturen wie Sonne oder Elemente als göttlich ansahen, deutlich schlechter dann die Griechen mit ihrem Polytheismus und am schlechtesten die Ägypter mit ihrer Verehrung von Tieren. Den Juden in der Wüste wirft er vor, eine „dyabolica religio" nachgeahmt zu haben[20]. Diese Bemerkungen genügen Stamler über die „mundi religiones"[21].

Als Ergebnis läßt sich ein relativ offener, jedoch nicht uneingeschränkter Gebrauch von „religio" für die nichtchristlichen Überzeugungen feststellen, wenn Stamler sie zwar als „religiones", dann aber präzise als „fallax Religio" bezeichnet[22]. Faktisch wendet er „religio" nicht gemeinsam auf die Christen und die anderen Überzeugungen an; die Christen werden eher mit dem Terminus „fides" oder zusammen mit „fides" und „religio" bezeichnet. „Fides" wird nur ausnahmsweise auf andere Überzeugungen angewandt. „Secta" erscheint demgegenüber recht häufig, freilich nur für die nichtchristlichen Überzeugungen, ohne daß sich eine negative Färbung dieses Begriffs ersehen ließe. „Lex" tritt insgesamt auffällig zurück, wenn man von häufigeren Erwägungen über den Erlaß bestimmter Gesetze absieht. Insgesamt zeigt sich also bei Stamler eine keineswegs eindeutig festgelegte Terminologie; er gebraucht vielmehr er für die Nichtchristen am ehesten „religio" und „secta", wobei beide Begriffe die gleiche Funktion besitzen, während er bei den Christen „religio" und besonders „fides" bevorzugt. Der Wechsel der Termini zeigt mehr als anderes, daß Stamler „religio" grundsätzlich noch nicht abstrahiert zu einem Sammel- und Oberbegriff, sondern ebenso konkret gebraucht wie etwa „fides". Damit steht er in der Tradition der Humanisten des 15. Jahrhunderts, während der deutlich spätere Cardano eher noch ein früheres Stadium des Sprachgebrauchs repräsentiert.

Darlegung und Verteidigung der wahren „religio Christiana"

Im folgenden werden nun Autoren vorgestellt, die auf ihre Weise jeweils besonderes Gewicht besitzen. Guillaume Postel hat in einer intensiv nachwirkenden und keineswegs unumstrittenen Weise jene Tradition aufgenommen und fortzuführen gesucht, die sich zum Ziel gesetzt hat, die verschiedenen Überzeugungen, und hier natürlich insbesondere die der Juden und die der Mohammedaner, zu einer Vereinigung mit seiner eigenen christlichen „religio" einzuladen. Einbezogen wird Henri Estienne wegen seiner dezidierten Kritik Postels, die präzise unser Thema berührt. Pierre Viret hat als Vertrauter Calvins eine beträchtliche Bedeutung für die Verbreitung der Reformation gewonnen. Er verdient unsere Beachtung wegen seiner ausführlichen Auseinandersetzungen vornehmlich

---

[20] Ebd. v und 24r.
[21] Ebd.
[22] Ebd. 22v.

mit philosophischen Zeitströmungen, die er unter der historisierenden Bezeichnung „Epikureer und Atheisten" verbirgt. Petrus Ramus schließlich bestimmte für mindestens ein Jahrhundert die philosophische Diskussion durch seine Bemühung, eine Alternative zum dominierenden Aristotelismus zu bieten. In unserem Zusammenhang wird dieser bedeutende Philosoph wegen seiner einschlägigen Schrift zur „religio" vorgestellt.

Guillaume Postel

Der humanistisch gebildete Theologe Guillaume Postel (1510–1581) verdient zweifellos besondere Beachtung; denn er überschreitet mit seinen vielseitigen, weitgesteckten Interessen den üblichen Rahmen[1]. Nicht von ungefähr führte er ein unstetes Leben. Wegen seiner Visionen und vielfach obskuren Ansichten befand er sich sein Leben lang in Schwierigkeiten bis hin zu gelegentlicher Inhaftierung auf Veranlassung der Inquisition. Biographisch und intellektuell gibt er Anlaß zu der vagen Vermutung, daß Bodin in seinem „Colloquium heptaplomeres" auf ihn anspielt und Venedig seinetwegen als Ort gewählt hat, an dem dieses Gespräch stattfindet. Interessant ist Postel auch deswegen, weil er verschiedentlich als Urheber des Deismus angesehen wird. Es fragt sich, ob angesichts seiner Vielseitigkeit bzw. auch Eigenwilligkeit ein Einfluß auf den Sprachgebrauch von „religio" nachzuweisen ist.

Berücksichtigt werden soll an dieser Stelle die folgenreiche Abhandlung Postels „De orbis concordia". Sie verwendet „religio" zwar nicht im Haupttitel, wohl aber in den Titeln zweier der vier Bücher[2]. Sachlich besitzt sie für unsere Fragestellung eine besondere Bedeutung, da Postel hier zur Eintracht zwischen den verschiedenen Überzeugungen beitragen will. Dazu behandelt das erste der vier Bücher eine philosophische Grundlegung für eine solche Einheit des Glaubens, das zweite bringt eine Widerlegung des Korans, das dritte sucht aufgrund rechtlicher Erwägungen die Einheit zu fördern, so daß im vierten eher praktische Mahnungen folgen können.

---

[1] Guillaume Postel, geboren in der Diözese von Avranches, trat nach umfangreichen Sprachstudien, darunter auch des Hebräischen und des Arabischen, und Reisen u.a. nach Konstantinopel 1544 in die Gesellschaft Jesu ein, wurde aber bald wieder ausgeschlossen. Danach führte er sein unstetes Leben fort, zumal in Österreich und Italien, und war verschiedentlich als Professor der Mathematik tätig. Zeitweilig war er im Gefängnis. Danach lebte er in Venedig, später in Basel, wo er vergeblich zum reformierten Bekenntnis übertreten wollte. Seit 1564 befand er sich dann bis zu seinem Tod zwangsweise in einem Kloster. Vgl. dazu Johann Heinrich Zedler, Grosses Vollständiges Universal-Lexicon XXVIII, 1795–1798.

[2] Guilelmus Postellus, De orbis terrae concordia, o.O. u. o.J. (Basel MDXLIV), vgl. dazu: National Union Catalogue 467, London-Chicago 1976, 361 (die Identität des hier genannten Textes mit der benützten Ausgabe ist daran festzustellen, daß die letzte Seite 427 verdruckt ist und 447 heißen muß). – Im folgenden werden zunächst – soweit nötig – das Buch in römischer sowie das Kapitel und nach einem Semikolon die Seite dieser Ausgabe in arabischer Ziffer zitiert.

In diesem Werk Postels findet sich eine eher weite Verwendung des Terminus „religio". Dies belegen die Formulierungen „religio seu Mosaica, seu Christiana, seu Muhamedana, seu Indica"[3] oder „religiones omnes gentilium"[4]. Hier wird der Terminus „religio" als der gemeinsame Oberbegriff verwandt, der die verschiedenen Überzeugungen gleichermaßen bezeichnet. Freilich, und dies gilt es zu vermerken, bleibt die frühere Bezeichnung „lex" auch bei Postel noch erhalten; er kann nämlich ebenso „lex ethnicorum" sowie „lex Mosis et Christi"[5] oder auch „lex Muhamedis" bzw. „Muhametana"[6] sagen.

Obwohl Postel das erste Buch „Verae religionis, id est Christianae probatio" überschrieben hat, spielt die „religio" hier keine besondere Rolle. Postel will in diesem Buch die Prüfung mit philosophischen Gründen durchführen. Dafür behandelt er die theologischen Themen von der Gotteslehre bis hin zur Eschatologie; nur einen Abschnitt widmet er der Frage nach dem Unterschied des Ursprungs der „persuasio Christi" und der „falsae religiones"[7]. Hier verwendet er „persuasio" in Gegenüberstellung zu den „falsae religiones". Dieser Terminus „persuasio" kann aber auch als gemeinsamer Oberbegriff für alle gebraucht werden[8], wie dies bislang von „religio" oder auch „lex" festgestellt werden konnte.

Sachlich geht Postel jedoch kaum auf die „religio" ein. Wohl erörtert er, warum es verschiedene „religiones" gibt: Notwendigkeit oder Nützlichkeit, die für ihn nicht voneinander getrennt sind, sowie Begierde haben zu solcher Vielfalt geführt[9]. Überraschend erscheint, daß am Anfang nicht eine einzige „religio", sondern einige wenige „religiones primariae"[10] gestanden haben. Dadurch sieht sich Postel freilich nicht gehindert, nach der einen „religio vera" zu fragen und sie von der „Absurda religio atque εἰδωλολατρεία" zu unterscheiden[11]. Von daher sind also die anderen „religiones" mit der christlichen keineswegs gleichberechtigt. Nicht selten spricht Postel von „falsae religiones"[12]. Sie entstehen durch die verschiedensten Ursachen, durch Priester oder Tyrannen, durch Ver-

---

[3] Ebd. I 7; 54.
[4] Ebd. 12; 88.
[5] Ebd. II 13; 223.
[6] Ebd. 20; 247.
[7] Ebd. I 17; 105.
[8] Ebd. III 5; vgl. bes. 277 und in der Überschrift des 4. Buchs 326.
[9] Ebd. 277: „Necessitas utilitas ue (nam illas non admodum disiunctas puto) atque libido uariarum religionum, praecipuae causae prudentibus fuere. unde tertia, partim libidine instituentis, partim utilitate popularium nixa, orta est. Res omnes hoc modo a paruis initijs, et necessarijs ortae, progressae sunt ad utilem, et non admodum necessariam licentiam, atque inde etiam ad libidinem et luxum ludibriumque transiuere."
[10] Ebd.
[11] Ebd. 6; 282, hier als Titel: „Absurdae religionis atque εἰδωλολατρείας origo".
[12] Vgl. hier 284, ferner z.B. auch II 13; 194, IV 1; 326, 357 u.o.

göttlichung von Tieren oder Pflanzen u.a.m.[13]. Demgegenüber wird Christus als der „religionis illius instaurator, nouaeque institutor"[14] bezeichnet.

Der Plural „religiones" läßt nicht erkennen, ob er eine jeweils spezifische „religio" oder aber die Beachtung der jeweiligen Vollzüge einer bestimmten Gottheit gegenüber bezeichnet. Am ehesten dürften die „religiones primariae" nicht im neuzeitlichen Sinne verschiedener Spezies, sondern im konkreten Sinne als verschiedene anfängliche Vollzüge verstanden werden, wobei nicht ersichtlich wird, ob Postel mit einem ursprünglichen Polytheismus rechnet.

Beachtung verdient folgendes: „Religio" findet sich kaum mehr im vierten Buch, in dem Postel die Wahrheit der christlichen Überzeugung vor den Überzeugungen besonders der Mohammedaner und der Juden zu verteidigen und deren Gegenargumente zu widerlegen versucht sowie Wege aufzeigt, wie diese zum christlichen Glauben kommen können. Dagegen spricht er im dritten Buch über Fragen des Rechts am häufigsten von „religio", und zwar in den Abschnitten, in denen er die Bedeutung der „gentium religiones" für das Recht der jeweiligen Völker darlegt. Dieser Plural kann bedeuten, daß Postel auch für die Heiden jeweils die Beachtung verschiedener Vollzüge als „religio" bezeichnet. Ihr Zweck liegt diesen Ausführungen zufolge darin, das Glück der Völker zu fördern[15]; ohne Gottesfurcht und Gottesverehrung kann kein Reich bestehen, es sei denn durch Gewalt[16]. In diesem Zusammenhang stehen auch die zuvor bereits genannten Aussagen über die Entstehung der verschiedenen Überzeugungen bzw. „religiones".

Als Resümee läßt sich feststellen, daß Postel den Terminus „religio" recht häufig gebraucht, um mit ihm die verschiedenen Überzeugungen zu benennen, ohne daß die Frage nach der Wahrheit einer „religio" außer acht gelassen wäre. Im Gegenteil, eben um diese geht es. Doch steht damit noch nicht die „religio" selbst im Mittelpunkt des Interesses, sie wird nicht eigens thematisiert. Als Bedeutung dürfte immer noch konkret Beachtung der Gottesverehrung anzunehmen sein, wenn sie auch für unser Verständnis verschiedentlich bereits hinter der Funktion zurückzutreten scheint, mit diesem Terminus die verschiedenen Überzeugungen zu benennen. Freilich hat „religio" diese Rolle noch nicht exklusiv übernehmen können, da ebenso von „lex" oder auch von „persuasio" die Rede ist. Lediglich den Begriff „secta" läßt Postel deutlich zurücktreten[17]. Insgesamt jedoch hat „religio" insofern an Gewicht gewonnen, als diese Bezeichnung nur noch ausnahmsweise in Aufzählungen vorkommt[18]. Sie findet sich damit

---

[13] Ebd. III 6; 282ff.
[14] Ebd. 12; 296.
[15] Ebd. 4; 273: „Est uero finis religionis, aut in foelicitate popularium ea utentium, aut in utilitate instituentis, aut in utroque ...".
[16] Ebd.
[17] Eine gelegentliche Verwendung bringt „secta" nicht gleichberechtigt, sondern als Unterteilung von „religio", vgl. ebd. 11; 293: „... quaelibet religio etiam in uarias sectas distracta ...".
[18] Vgl. ebd. II 13; 183 „pietas et religio"; III 4; 273 „Dei deorum ue timor et religio".

nur noch höchst selten auf einer Ebene mit anderen Termini. Einen grundlegend erneuerten Sprachgebrauch hat Postel freilich nicht eingeführt.

Ergänzend soll auf Postels Buch über die Region Etrurien eingegangen werden[19]. Zu Beginn stellt er in einer weit ausholenden Begründung die „Diuinatio" als höchstes Genus der Erkenntnis heraus[20]. Als Weg zu verläßlicher Erkenntnis verweist er sodann auf die Erforschung der Ursachen und Anfänge[21]. Schließlich hat die Sicherung eines frühen Ursprungs hohen legitimatorischen Wert. Dies gilt auch für die „Religio"[22].

Für unser Thema ergeben die Ausführungen Postels freilich recht wenig. Zwar kommt in mehreren Kapitelüberschriften „religio" vor[23], auch geht es verschiedentlich um den Ursprung[24] bzw. den „religionis author"[25], inhaltlich jedoch lassen sich keine Präzisierungen dessen erkennen, was dieser Terminus bedeutet.

Es fällt auf, daß auch von „fides" wenig die Rede ist. Nur einmal läßt sich die bislang noch unbekannte Formulierung „fides naturalis"[26] nachweisen, und dies anläßlich der Feststellung, daß die „mathematicorum principia" allein durch die „fides indemonstrabilis" angenommen werden. Die Argumentation dieser Stelle beginnt mit der Aussage, daß alle Erkenntnis von der sie bezeugenden Autorität abhängt nach dem Motto: „Nisi credideritis non intelligetis"[27]. Die Charakterisierung dieser Grundlage der Erkenntnis als „fides naturalis" muß freilich überraschen. Sie zeigt lediglich, daß Postel hier wie insgesamt in humanistischer Weise die Begründung seiner Erkenntnis mitreflektiert, wobei für uns die Argumente wenig überzeugen können.

Henri Estienne

Im Anschluß an Postel verdient eine Weiterführung höchste Beachtung, die der bekannte Humanist und Verleger Henri Estienne (Stephanus, 1528–1598) for-

---

[19] Guilelmus Postellus, De Etruriae Regionis, quae prima in orbe Europaeo habitata est, Originibus, Institutis, Religione et Moribus, imprimis de aurei saeculi doctrina et uita praestantissima quae in Diuinationis sacrae usu posita est, Florentiae MDLI.

[20] Ebd. 7–20, 24–33, vgl. bes. 7.

[21] Ebd. 50ff; so führt er die Namen „Etruria" und „Ethrusci" auf das Hebräische als erste Sprache der Welt zurück, ebd. 59ff, 61 (irrtümlich 16) und 59.

[22] Ebd. 51.

[23] Vgl. z.B. 91, 163, 206.

[24] Vgl. die Rückführung der „Prisca Romanorum religio" auf die Etrusker, ebd. 91ff, sowie der Übereinstimmung der „saeculi aurei religio", als welche die „Romana" immer bestand, mit all dem, was bei den Juden beachtet wurde, 206–213.

[25] Ebd. 161, 172.

[26] Ebd. 222. Nach „fide indemonstrabili" folgt in einer Klammer „sic acquiescente duce natura intellectu".

[27] Ebd.

muliert und zugleich heftig kritisiert hat. In seiner Altes und Neues vergleichenden Einführung zur Verteidigung Herodots sagt Estienne, daß Postel wenn nicht schriftlich, was er nicht wisse, so doch mündlich behauptet habe, eine gute „religion" müsse aus drei „religions" zusammengesetzt werden, aus der christlichen, jüdischen und türkischen; dabei besitze die türkische besonders wichtige Aspekte für eine solche „religion"[1]. Estienne fügt noch hinzu, daß Postel diese Aussage mehreren gegenüber und daß er sie in Venedig gemacht habe.

Dieser Text erscheint in mehrfacher Hinsicht überraschend und wichtig: Einmal spielt Venedig eine besondere Rolle, die zu der zuvor schon gestellten Frage führt, ob diese Stadt als Ort des großen Kolloquiums von Jean Bodin so fiktiv und zufällig ist, wie bislang angenommen wurde. Zum anderen aber findet sich ein sehr weitgehender Unionsvorschlag im Sinne einer Kompilation der verschiedenen „religions". Schließlich wird dieser Terminus hier gleichermaßen den verschiedenen Überzeugungen zugebilligt, im Grunde sogar dem Islam mit einem gewissen Vorzug, was noch einmal auf Bodin vorauszuweisen scheint.

Estienne greift dieses Thema später noch einmal auf, und hier wiederum im Zusammenhang mit Postel. Er weist nämlich auf Schriften hin, die eine Einigung der „religion Mahometique" und „Judaique" mit der christlichen vorschlagen. Hier fügt er dann jedoch die Einschränkung hinzu, ob die beiden ersteren „religions" genannt werden dürfen[2]. Und er fügt hinzu, daß sich Einigungsaussagen im genannten Sinn bei Postel finden. Hier wird die frühere Feststellung noch einmal unterstrichen, aber, was Estiennes eigene Meinung angeht, auch relativiert. Denn „religion" dient zwar als Oberbegriff, doch nicht ohne Zögern. Im

---

[1] Henri Estienne/Stephanus, L'introduction au traite de la conformité des merueilles anciennes auec les modernes. Ou traité preparatif à l'Apologie pour Herodote, MDLXVIII, 92f; hier erhebt Estienne heftige Vorwürfe gegen Postel, seine Blasphemien, die er im Umfeld der Pariser Universität und anderwärts vorgetragen hat, beeinflußt von einer Mutter Jeane, die Frauen erretten würde, wie Jesus Christus die Männer; dieses erinnere an Mohammed. Postel finde aber mit solchen Aussagen verbreitete Zuhörerschaft. Im Anschluß an einige weitere kritische Ausführungen über den ‚unverschämten Postel' und seine Attacken sagt Estienne dann: „Toutesfois ie ne scay pas si entre les liures qu'il a voulu estre imprimez, se trouuent des propos lesquels il a tenus vne fois à Venise à plusieurs, et à moy entr'autres, en la place de Realte, a-scauoir que pour faire vne bonne religion il faudroit qu'elle fust composee des trois religions, de la Chrestienne, de la Iudaique, et de la Turquesque; et que nommeement la religion des Turcs auoit de bon points, si on la consideroit de pres. Qui est celuy qui oyant telles parolles ne soit contraint de confesser que nostre siecle est le superlatif en toute sorte de blasphemes, (non procedans des tenebres d'ignorance, comme le temps passé, mais d'vn cueur envenimé contre la lumiere) aussi bien qu'en toutes sortes d'autres meschan cetez?"

[2] Ebd. 360; hier sagt Estienne nach Ausführungen über Maria, die Jungfräulichkeit sowie nach einem Hinweis auf Salome folgendes: „Ie laisseray lire le demeurant à ceux qui pourront auoir la patience de le lire, ou il y a choses encore beaucoup pires en toutes sortes. Mais ie prieray le lecteur de considerer comment le diable s'est mocque euidemment de la Chrestiente en faisant publicer ce liure, et a aueuglé les yeux de plusieurs. Car il l'a publie par le moyen d'vn qui apertement s'est efforcé par ses escrits de faire vne meslinge de la religion Mahometique, Iudaique (si religions se doiuent nommer) auec celles des Chrestiens: par vn qui a presché publiquement et soustenu des heresies lesquelles ne sont seulement pleines de blaspheme, mais repugnantes à l'honnesteté naturelle, voire des Payens. Qui est cestuy-la? Guillaume Postel."

Grunde hält Estienne nämlich an der Formulierung „vraye religion" fest, so daß die anderen Überzeugungen diese Qualifikation nicht verdienen. Zudem kritisiert er an beiden Stellen Postel in außergewöhnlicher Schärfe, weil er solche „Häresien"[3] und „monströse Blasphemien"[4] vertritt.

Des weiteren lassen sich bei Estienne leider keine solchen Ausführungen finden, die Aufschlüsse geben könnten über seine eigene wie über die Meinung Postels in dieser Thematik.

Die zuvor dokumentierte Überprüfung von Postels „De orbis concordia" ergab keinen Beleg dafür, daß die von Estienne ihm zugeschriebene Formulierung seiner Meinung tatsächlich entspricht. Der Hinweis Estiennes, daß Postel solche Aussagen auch anderen gegenüber getroffen habe, legt die Annahme nahe, daß Estiennes Feststellung der Wahrheit nahe kommen mag, sichern läßt sie sich leider nicht. In dem zuvor dargelegten Buch vertritt Postel jedenfalls die tradierte Konzeption, nach der die anderen Überzeugungen widerlegt werden, während die eigene als die einzig wahre verteidigt wird.

Pierre Viret

Mit Pierre Viret (1511–1571)[1], begegnen wir einem frühen Vertreter reformierter Theologie, aber mehr noch einem kräftigen Förderer der Reformation besonders in Südfrankreich. Aus seinen Werken ragt die umfangreiche „Instruction Chrestienne" heraus, die im folgenden zur Sprache kommen soll[2]. Viret findet aber auch deswegen immer wieder Beachtung, weil er in der Einleitung des zweiten Bandes von „Deistes" spricht; seither wird er als der früheste Autor zitiert, der diesen Terminus (wenn auch noch nicht den erst viel später zu findenden Begriff ‚Deismus') verwandt hat[3].

---

[3] Ebd.
[4] Ebd. 93.

[1] Pierre Viret, geboren in der Westschweiz, schloß sich dort nach seiner Rückkehr von Studien in Paris Guilliaume Farel (1489–1565) und mit ihm der Reformation an. Nach seiner Lehrtätigkeit in Bern, von wo er wegen seiner Nähe zu Calvin 1559 ausgewiesen wurde, wirkte er bes. in Genf, Montpellier und Lyon.

[2] Pierre Viret, Instruction Chrestienne en la doctrine de la loy et de l'Euangile: et en la vraye philosophie et theologie tant naturelle que supernaturelle des Chrestiens ..., I: Briefs et diuers Sommaires et Catechismes de la doctrine Chrestienne ..., Geneve MDLXIIII; II: Exposition de la doctrine de la foy Chrestienne, touchant la vraye cognoissance et le vray seruice de Dieu ..., Geneve MDLXIIII. – Der angegebene dritte Teil war mir nicht zugänglich; unklar blieb, ob er überhaupt existiert. – Im folgenden werden jeweils nur die Bände mit römischer sowie die Seite mit arabischer Ziffer angegeben.

[3] Ebd. II, Exposition, Epistre Vv: „Car il y auroit plus d'esperance qu'il n'y a, de les pouuoir amener à Iesus Christ, par la doctrine de la Loy et des Prophetes, de laquelle il est la fin et la consommation. Mais il y a bien plus de difficulté auec ceux-cy, voire mesme qu'auec les Turcs, ou pour le moins autant. Car ils ont des opinions touchant la religion, autant ou plus estranges que le Turcs et tous autres mescreans. I'ay entendu qu'il y en a de ceste bande, qui s'appelent Deistes, d'vn mot tout

Was dieses Thema angeht, so blieb die Suche nach weiteren Auskünften vergeblich. Nirgends in den sehr umfangreichen Darlegungen ließ sich ein weiterer Beleg finden, so oft Viret auch von seinen speziellen Gegnern, nämlich den „Epicuriens et atheistes" spricht. Daraus läßt sich schließen, daß er wohl erst bei der Abfassung seines Vorwortes, das er auf den 7. 12. 1563 datiert hat, auf den Terminus „Deistes" gestoßen ist, den er ja auch ausdrücklich als ganz neu bezeichnet. Inhaltlich gibt er, und dies scheint mir verzeichnenswert zu sein, an dieser Stelle nicht zu erkennen, wen er als Vertreter dieser Richtung ansieht und ob er bereits hier die später übliche Bedeutung dieses Terminus im Auge hat. Da er jedoch gelegentlich im Zusammenhang mit der Trinität von ihren Gegnern spricht, ohne sie ‚Deistes' zu nennen[4], läßt sich nicht ersehen, ob er möglicherweise diesen Sprachgebrauch aufgreifen wollte, der sich wenig später abzeichnet, daß nämlich möglicherweise die Sozinianer die erstmalig als solche bezeichneten ‚Deistes' sind[5]. Folglich darf man davon ausgehen, daß er diesen Zusammenhang mindestens bei der Abfassung seiner Darlegungen noch nicht kannte und den Terminus am Ende einfach aufgriff, ohne ihn inhaltlich zu spezifizieren.

Für unser Thema läßt sich bei Viret folgendes ersehen: In seinen Argumentationen zur Verteidigung seines Standpunktes unterscheidet er, wie üblich, zwischen „la vraye religion" und „la fausse religion"[6], er kennt selbstverständlich auch „superstitions et idolatries"[7]. Doch bekämpft er – wohl neben den „Papistes"[8] – mit besonderem Nachdruck die zuvor bereits genannten „Epicuriens et Atheistes"[9], die er gelegentlich auch im Zusammenhang mit bestimmten Autoren wie Plinius und Lukrez nennt[10]. Damit nimmt Viret den üblichen strikten Sprachgebrauch von „religion" auf, nämlich den einer einzigen und allein wah-

---

nouueau, lequel ils veulent opposer à Atheiste. Car pourautant qu' atheiste signifie celuy qui est sans Dieu ils veulent donner à entendre qu'ils ne sont pas du tout sans Dieu, à cause qu'ils croyent bien qu'il y a quelque Dieu, lequel ils recognoissent mesme pour createur du ciel et de la terre, comme les Turcs: mais de Iesus Christ, ils ne sauent que c'est, et ne tiennent rien ne de luy ne de sa doctrine."
[4] P. Viret, Instruction I 35f, 51, II 68–77.
[5] Bis jetzt gelang es nicht, näheres über diese „deistes" in Lyon auszumachen; auch ließ sich nicht klären, ob die so benannte Gruppe zuvor in Polen entstand und, was dann naheliegt, mit den Sozinianern gleichzusetzen ist, was C.J. Betts, Early Deism in France. From the so-called ‚deistes' of Lyon (1564) to Voltaire's ‚Lettres philosophiques' (1734) (= Archives internationales d'histoire des idées 104), The Hague 1984, nicht annimmt. M.E. nehmen aber Hinweise zu, daß doch die Sozinianer sich so bezeichnet haben; vgl. die genaueren Belege und die einschlägige Literatur bei Ernst Feil, Die Deisten als Gegner der Trinität. Zur ursprünglichen Bedeutung und speziellen Verwendung des Begriffs „Deistae" für die Sozinianer, in: Archiv für Begriffsgeschichte 33 (1990, erschienen 1992) 115–124; ders., Deismus, in: Dictionnaire Européen des Lumières, Paris (im Druck), ebenso in: Lexikon der Aufklärung, Stuttgart (in Vorbereitung).
[6] Vgl. z.B. P. Viret, Exposition II, 655 in einer Kapitelüberschrift, auch 232, 397, 408, 482.
[7] Vgl. z.B. ebd. 885, s. die öfter genannten „superstitieux et idolatres" z.B. 599, 775.
[8] Vgl. etwa ebd. 658, 862 u.o.
[9] So immer wieder, vgl. etwa ebd. 78, 135, 382, 403, 481, 637, 853.
[10] Ebd. 893, vgl. 403.

ren Gottesverehrung bzw. -beachtung im Gegensatz zu jener falschen, die nur Götzendienst ist.

Darüber hinaus verwendet Viret jedoch einen erweiterten Sprachgebrauch, wenn er „religion Payenne"[11] oder auch „toutes religions"[12] sagen kann und ihnen die „religion Chrestienne" gegenüberstellt[13]. Auch gebraucht er „religion Romaine et Papale"[14]. Sodann findet sich „religions" ohne jeden weiteren Zusatz, doch ist hier Vorsicht geboten, dafür schon ‚Religionen' als Übersetzung zu gebrauchen; es handelt sich vielmehr um Verehrungen, die von bestimmten Menschen vorgenommen werden können[15]. Diese auch in der erweiterten Verwendung noch sich durchhaltende präzise Bedeutung von „religion" bestätigt Viret dadurch, daß er sie zusammen mit Gerechtigkeit, Heiligkeit und anderen Tugenden aufführt[16].

Inhaltlich wendet er ihr freilich keine besondere Aufmerksamkeit zu, selbst wenn er sie in zahlreichen Kapitelüberschriften verwendet[17]. Einzig an zwei Stellen befaßt er sich etwas eingehender mit ihr: Einmal wertet er alle „religions", so „superstitieuses et idolatres" sie auch sein mögen, als Zeugnis für die ursprüngliche Ausstattung der Menschen, die mit der Gottesfurcht verbunden ist; nur durch die Gottesfurcht verstehen die Menschen den Gottesdienst und die ganze Gottesverehrung, den „seruice diuin" und die „religion"[18]. Gerade diese Aussage hat er mit heftigen Angriffen auf die Epikureer und Atheisten verbunden, die er als Tiere mit menschlichem Aussehen, als Schweine und Hunde bezeichnet. Sie besitzen auch nicht mehr jene Gottesverehrung, die nach seiner Meinung in allen Generationen vorhanden war und es auch immer sein wird[19].

Noch wichtiger ist die zweite Stelle, an der Viret mit der Tradition und ebenso nachdrücklich wie sie die Unsterblichkeit der Seele erörtert; dabei verweist er auf die „religion", die er als dem Menschen „naturelle" charakterisiert[20]: Von der ersten, nicht korrumpierten Natur des Menschen an ist diese zu ersehen, und es

---

[11] Ebd. 885f.
[12] Ebd.
[13] Ebd., und sonst durchgängig.
[14] Ebd. 482; kurz vorher findet sich hier „fausse religion".
[15] Ebd. 403, vgl. 655 im Kontext eines Hinweises auf das AT: „De la difference qu'il y a entre l'Eglise de Dieu et les principautez de ce monde, et entre la vraye et la fausse religion, touchant leurs commencemens et accroissemens et decroissemens: et des perpetuels ennemies et apostats de la vraye Eglise, depuis le commencement du monde iusqu'à la predication de l'Euangile, et la reiection des Iuifs".
[16] Vgl. ebd. 882.
[17] Vgl. z.B. ebd. 402, 430ff, 481, 655, 831.
[18] Ebd. 537f.
[19] Ebd. 537; hier heißt es, daß Furcht zu jeder Zeit die Menschen gezwungen hat, Götter zu suchen und daß dies ein öffentliches Zeugnis der Natur ist („vn publique tesmoignage de nature"); und Viret fährt fort, daß dieses Denken nicht nur eine oberflächliche Phantasie und nichtige Meinung ist, sondern eine natürliche Kenntnis und Einsicht („vne notice et cognoissance naturelle"), die immer vorhanden war und bleiben wird.
[20] Ebd. 831f.

gibt niemanden, soweit unsere Kenntnis reicht, der ganz ohne „Religion" gewesen wäre. Viret hält sie also ebenso wie die Unsterblichkeit als jedem Menschen zu eigen. Bei aller sonstigen Verschiedenheit in vielen Punkten der „religion" stimmen Christen und Juden diesbezüglich überein, und auch die Mohammedaner haben nie ein Weiterleben über den Tod hinaus geleugnet. Nach dem öffentlichen Zeugnis aller Völker und Nationen und aller „religions" sind diejenigen keine wahren Christen, wahren Juden, wahren Türken noch wahren Heiden, die die Unsterblichkeit leugnen, nämlich die Epikureer und Atheisten. Die vier großen Gruppen der verschiedenen Überzeugungen kehren also wieder[21], und dies unter Einschluß der Christen. Von ihnen allen hebt Viret jene ab, die aus der allen Menschen gemeinsamen Annahme der Unsterblichkeit ausscheren. Immerhin verläuft somit eine letzte Trennungslinie zwischen allen jenen, die noch irgendeine Form von „religion" besitzen, und jenen, die sie nicht mehr teilen.

Petrus Ramus

Als besonders wichtiger Autor darf Petrus Ramus (1515–1572) gelten. Seine Bedeutung liegt in der philosophischen Alternative zum Aristotelismus, die er besonders im Rückgriff auf die stoische Philosophie entfaltet hat[1]. Nach gegenwärtigem Forschungsstand lief sein Versuch auf eine Verbindung der Dialektik mit der Logik statt mit der Rhetorik und auf eine Trennung von Philosophie und Theologie hinaus[2], wobei sich das methodische Bewußtsein geschärft und die Bedeutung der Sprache deutlicher abgezeichnet hat als zuvor. Und wenn Ramus sich nicht nur um die Philosophie, sondern auch um die Theologie gekümmert hat, so blieb für beide Bemühungen maßgeblich, daß sie ihr besonderes Augenmerk auf die Lebenspraxis richteten[3].

---

[21] Sonst gibt es auch die Aufzählung Heiden, Türken, Juden, Papisten, ebd. 825, denen nun also die Reformation gegenübersteht.

[1] Petrus Ramus war als Magister in Paris (1536) in die Auseinandersetzungen um den aufkommenden Aristotelismus verwickelt. Dabei setzte er methodisch bei der Erfahrung an. Gemäß seinen Interessen für Reformbestrebungen trat er 1569 zur Reformation über, nachdem er 1561 an dem sogenannten „Religionsgespräch" in Poissy teilgenommen hatte, das ja ergebnislos verlaufen war und somit zu einer großen und verbreiteten Enttäuschung geführt hatte. Zuweilen hielt sich Ramus in Deutschland und in der Schweiz auf; 1572 war er dann wieder in Paris, wo er Opfer der Bartholomäusnacht wurde. Vgl. zu Ramus bes. Günter Abel, Stoizismus und Frühe Neuzeit. Zur Entstehungsgeschichte modernen Denkens im Felde von Ethik und Politik, Berlin 1978, 228–246. – Darauf, daß Ramus sich besonders mit dem averroistischen Aristotelismus der Schule Pietro Pomponazzis anlegte, verweist Jürgen Moltmann, Ramus, Petrus, in: RGG³ III 777f.

[2] G. Abel, Stoizismus, bes. 233ff.

[3] Ebd. 234; vgl. Joseph Lecler, Geschichte der Religionsfreiheit im Zeitalter der Reformation, II, Stuttgart 1965, 75–89; vgl. die Mitteilungen der von Theophilus Banosius verfaßten Vita des Ramus, in: Petrus Ramus, Commentariorum de Religione Christiana, Libri qvatuor, Francofvrti MDLXXVI, i 2rff.

Sein zeitgenössischer Biograph Theophilus Banosius schildert Ramus als einen hervorragenden Mann, der „iustitia" und „pietas" geübt hat[4]. Spricht Banosius hier nicht von ‚religio', wundert es um so mehr, daß er nach der Darlegung der philosophischen Tätigkeit ein Kapitel über die „religio" des Ramus einfügt; danach war dieser ein getreuer Beobachter der päpstlichen „religio"[5]. Durch die Lektüre der Schrift begriff Ramus jedoch den wahren „cultus" Gottes, entfernte sich langsam aus dem Dunkel des Papsttums und wünschte die Sonne der „Christiana religio" herbei[6]. Banosius schließt mit der Feststellung, daß Ramus nicht gleich aus Kultus und Ritus seiner „patria religio" herausgegangen ist[7], eine merkwürdige Formulierung zur Beschreibung des Sachverhalts, daß Ramus den katholischen Glauben verließ.

Später spricht Banosius von der „Reformata religio", im gleichen Zusammenhang aber von „pietas"[8]. Dabei bezeichnet „pietas" hier und sonst[9] wohl eher die persönliche Einstellung und „religio" entsprechend eher die Beachtung manifester Vollzüge. Positiv wird dieser zweite Terminus aber anscheinend nur so lange vom Papsttum oder von den Vätern gebraucht, als Ramus sich dieser „patria religio" zugehörig wußte. Nach seinem Ausscheiden aus dieser wird das Papsttum als „dunkel" und als „superstitio" abgelehnt.

Daß jedoch der Unterschied zwischen „pietas" und „religio" nicht eben groß sein kann, zeigt sich darin, daß Banosius die „Commentaria quatuor de Religione Christiana" und d.h. das Buch, um das es hier geht, ebenso „commentaria pietatis doctrinaeque" nennen kann[10]. Dafür spricht auch die Nebenordnung von „vera pietas et religio"[11]. Diese zeitgenössischen Aussagen belegen den tradierten Gebrauch von „religio". Faktisch dürfte „religio" das gleiche wie Konfession bezeichnen.

Im folgenden wenden wir uns nicht den philosophischen Überlegungen des Ramus zu, durch die er nachhaltige Beachtung gefunden hat, sondern seinen Darlegungen über die „Religio Christiana"; ihr hat er „Commentaria" gewidmet. Die vier Bücher dieses Werkes handeln zunächst grundlegend über die „fides" und d.h. über das Glaubensbekenntnis; einleitend findet sich die Charakterisierung der Theologie als „doctrina bene vivendi"[12]. Im zweiten Buch handelt

---

[4] Th. Banosius, in: P. Ramus, Commentariorum, i 3r.
[5] Ebd. e 5v: „obseruantißimus fuit Pontificiae religionis, in qua primum educatus fuit".
[6] Ebd.: „sed quum ex sacris literis verum Dei cultum deprehendit, coepit pedetentim a tenebris Papatus deficere, Christianae Religionis solem aßiduis precibus et votis exoptans".
[7] Ebd. e 6r: „Neque tamen leuiter a patriae religionis cultu rituque disceßit ...".
[8] Ebd. i 1r: „Equidem quam vtilis ad pietatem ei fuerit commemorata in Germaniam profectio iudicare omnes facile possunt ...".
[9] Vgl. z.B. ebd. i 4vf; ebd. i 3r findet sich „iustitia ... et pietas"; daß auch andere Wendungen vorkommen, vgl. im folgenden.
[10] Ebd. i 3rf.
[11] Ebd. e 5v.
[12] P. Ramus, Commentariorum I 1; 6. – Hier wie im folgenden werden, soweit erforderlich, die vier Bücher in römischer sowie das Kapitel in arabischer und dann nach einem Semikolon die Seite in

Ramus über die „lex", nämlich über die Zehn Gebote, und im dritten über die „precatio", nämlich das Vaterunser; den Abschluß bildet das vierte Buch über die „sacramenta", wobei Ramus gemäß reformatorischer Überzeugung Taufe und Abendmahl eingehend darlegt. In einem knappen Schlußabschnitt ruft er zur „consensio Christianae pacis" auf[13].

Diese Übersicht macht deutlich, daß Ramus in seinen Ausführungen grundlegende Themen des Bekenntnisses des Glaubens, der Anweisungen zum christlichen Leben und der wichtigsten Vollzüge der Glaubensgemeinschaft darlegt. Wenn er hierfür den Titel „religio" wählt, folgt er einer ihm überkommenen Tradition und nicht seinem speziellen thematischen Interesse.

Wie wenig sich dieses aus seinen Ausführungen ersehen läßt, zeigt sich sofort, wenn man Ramus in der Angabe seiner zwei vorrangigen Themen folgt, die er in dieser „doctrina" ausführen will, nämlich erstens „de fide" und zweitens „de fidei actionibus". Diese eingangs mitgeteilte Gliederung[14] wiederholt Ramus gleich zu Beginn dieses ersten Buches[15]; in der Überleitung zum zweiten Buch notiert er, daß nun als zweiter Teil der Theologie die „actiones fidei" folgen[16]; zu Beginn des dritten Buches bezeichnet er den Gehorsam gegenüber dem Gesetz, nämlich den Zehn Geboten, als „privatae fidei actio"[17] bzw. als „prima actio", das Gebet, d.h. das Vaterunser als „secunda"[18]. Zu Beginn des vierten und letzten Buches nimmt er die Gliederung noch einmal auf, indem er nun die Sakramente als „publica fidei actio" bezeichnet[19].

Auch sachlich kommt Ramus jeweils in den Einführungen der einzelnen Bücher auf die „fides" zu sprechen. Er bestimmt sie als „fiducia in Deum"[20], als „res viva, actuosa, efficax, et tam potens"[21] und als „donum Dei"[22], aus dem „iustificatio et sanctificatio" folgen[23]. In der Zusammenfassung des ersten Buches spielt die „fides" die bevorzugte Rolle: Sie ist sicherer und fester Anker der Seele, sie macht lebendig und erneuert, sie versetzt Berge und ist die feste Überzeugung von der Allmacht des Vaters, der Weisheit des Sohnes und der Gnade des Heiligen Geistes[24].

---

arabischer Ziffer angegeben. Lediglich dort, wo mehrere Belege zu nennen sind, werden zumeist nur die Seiten angegeben.
[13] Ebd. IV 19; 343; von ‚pax religionis' ist nicht die Rede.
[14] Ebd. I; 3.
[15] Ebd. I 2; 10.
[16] Ebd. II 1; 96, vgl. 2; 100.
[17] Ebd. III 1; 203.
[18] Ebd. 2; 205.
[19] Ebd. IV 1; 257.
[20] Ebd. I 2; 10.
[21] Ebd. II 1; 96.
[22] Ebd. III 2; 205.
[23] Ebd. IV 1; 261.
[24] Ebd. I 25; 95.

Solche ausführlichen und hohen Bewertungen finden sich hinsichtlich der „religio" nirgends. Nach allem läßt sich auch abschließend kein hinreichender Grund dafür finden, warum nicht „fides" im Titel dieser Arbeit erscheint; denn dieser Terminus wäre hier am Platz gewesen, geht es doch um nichts so wie um diesen allein heilbringenden Glauben. Er stellt das grundlegende Thema des Buches dar und findet entsprechende Würdigung.

Nur in speziellem Zusammenhang finden sich Aussagen, die unser Thema betreffen. Im zweiten Buch über die Zehn Gebote wendet sich Ramus den Geboten der ersten Tafel über die Gottesverehrung zu und formuliert für das erste Gebot, nur Gott allein zu ehren, die Überschrift: „De lege prima ad cultum Dei"[25]. Selbst hier bevorzugt Ramus den Terminus „cultus". Entsprechendes findet sich auch dort, wo Ramus die „lex Dei" von menschlichen Gesetzen unterscheidet und erstere nicht als Anordnung, sondern als Ratschläge charakterisiert; deswegen bestimmt er dieses göttliche Gesetz als „pietas" oder „charitas"[26]. Hier wie im folgenden bevorzugt Ramus also „pietas"[27] und wählt statt dessen nur vereinzelt „religio"[28].

Ein Überblick über alle vier Bücher bestätigt diesen Eindruck: Es bleibt durchgängig eine vorrangige Bedeutung von „fides" erhalten[29]. Demgegenüber erscheint sehr wohl die Wortverbindung „religio et pietas"[30]. Daraus läßt sich eine grundsätzliche Gleichrangigkeit beider Termini erkennen. Und wenn Ramus zwischen beiden abwechselt, läßt sich kein Unterschied des Ranges und der Funktion feststellen[31]. Deutlich tritt lediglich die ursprüngliche Bedeutung von „pietas" hervor, nämlich dort, wo Ramus von der „paterna pietas" spricht[32], d.h. von derjenigen, die dem Vater gegenüber zu üben ist. Von ihr handelt Ramus im Zusammenhang mit dem Gebot der Elternehrung, das die erste Stelle der zweiten Tafel der Zehn Gebote einnimmt. Hier zeigt sich auch, daß „pietas" den irdischen Eltern gebührt, und zwar deswegen, weil sie gleichsam als „dii" bezeich-

---

[25] Ebd. II 3; 104.
[26] Die aufschlußreiche Aussage lautet, ebd.: „Summa vero legis universae est ἀγάπη pietas vel Christiano potius quam Latino verbo charitas. Latinis enim pius et pietas active, charus et charitas passive dicuntur."
[27] Ebd. 4; 122, 124.
[28] Nur ebd. 116.
[29] Vgl. statt vieler weiterer Belege bes. die begriffliche Bestimmung ebd. I 2; 10: „Fides est fiducia in Deum de ipsius beneficiis erga suam ecclesiam: ea enim propie fides est, quae symbolo comprehenditur, cum alioqui fides generaliter totam theologiam complectatur, ut credatur quidquid sacra scriptura traditum est." (Und dann folgt das Glaubensbekenntnis.) Vgl. zu „fides" auch III 1; 203ff sowie IV 3; 266f.
[30] Ebd. I 1; 7 sowie später nicht selten, vgl. 123, 140, vgl. auch u. mit Anm. 41.
[31] Vgl. ebd. I 22; 80, wo man noch geneigt sein könnte, „pietas" als die eher persönliche Einstellung für die Christen in Anspruch genommen zu sehen, während für die Juden „religio" gesagt wird; wenig später aber, 82, werden beide für die Christen unmittelbar aufeinanderfolgend gebraucht; vgl. auch die Belege o. Anm. 27f.
[32] Ebd. II 4; 122.

net werden können[33]. An anderer Stelle kennzeichnet Ramus diese Tugend aber als eine, die wir Gott gegenüber pflegen sollen[34]. Sie ist also ungeschieden „pietas erga Deum proximumque"[35], selbst wenn sie vorrangig Gott geschuldet wird[36].

Demgegenüber tritt die „religio" nur an zwei Stellen besonders hervor. Einmal verwendet Ramus diesen Terminus durchweg in dem Kapitel über das Eidverbot[37], während er ihn in dem folgenden Kapitel über die Sabbatheiligung[38] zusammen mit „pietas" verwendet und „religio" somit wieder zurücktreten läßt, obwohl sich dieser Terminus hier doch – neben dem selbstverständlich auch möglichen und tatsächlich verwandten „cultus"[39] – nahegelegt hätte. Mit der Bevorzugung von „religio" im Zusammenhang mit dem Eid nimmt Ramus fraglos die alte Tradition auf, nach der der Eid im Rahmen der Tugend der „religio" behandelt wird, die ihrerseits zur Tugend der ‚iustitia' gehört, auf die Ramus allerdings nicht ausdrücklich zu sprechen kommt. Auch hier zeigt sich also noch, daß Ramus „religio" am ehesten dort wählt, wo er im Rahmen der Tradition formuliert, während er dort, wo diese nicht so nachhaltig ist, bereits wieder „cultus" und „pietas" präferiert.

Zum anderen findet „religio" zwar keine ausschließliche, wohl aber eine bevorzugte Verwendung in einigen Kapiteln des vierten Buches über die Sakramente[40], sofern nicht auch hier beide Termini „pietas et religio" zusammen zu finden sind[41]. Mehrfach bringt Ramus in diesem Kontext die Formulierung „Christiana religio"[42], wohingegen er die anfänglich häufigere Wendung „Christiana fides"[43] nur noch selten verwendet[44] und die sonst nur ausnahmsweise gebrauchte Formulierung „Christiana pietas"[45] auch hier die Ausnahme sein läßt[46]. Ein häufigerer Gebrauch von „religio" im Zusammenhang mit den Sakramenten läßt sich am ehesten damit erklären, daß es sich um Vollzüge handelt, um „caere-

---

[33] Ebd. 7; 144: „Primo igitur secundae tabulae mandato praescribitur pietas ergo terrenos parentes, qui sunt ortus nostri nostraeque vitae tanquam dii". Vgl. auch 149.
[34] Ebd. 6; 141 heißt es zusammenfassend über die „leges" der ersten Tafel: „Quamobrem hae quatuor leges sunt primae tabulae purum syncerumque Dei cultum puramque hominis erga Deum pietatem complexae." Vgl. auch III 3; 212, wo der erste Teil des Vaterunsers von Ramus als „pietas erga Deum" bezeichnet wird. – Den verschiedenen Gebrauch von „pius" vgl. z.B. II 4; 123.
[35] Ebd. II 13; 201.
[36] Vgl. auch die Differenzierung „pietas erga Deum" im Unterschied zur „benevolentia erga proximum", ebd. III 3; 212, s.o. Anm. 34, vgl. auch 5; 219.
[37] Ebd. II 5; 124–133, „religio" hier 125f, 131; ‚pietas' findet sich nicht. Und auch im Zusammenhang mit „periurium" verwendet Ramus „religio", ebd. 11; 186.
[38] Ebd. 6; 133–143, „religio" hier 137 u. 143, zusammen mit „pietas" 140, letztere allein 141 u. 142.
[39] Ebd. 142.
[40] Ebd. 258, 262, 264, 265, 269, 270, 295, 339, 344, 346.
[41] Ebd. 265, 307; „religio et pietas" 263, 266, 308, 313. Aus der Reihenfolge läßt sich offensichtlich keine Rangfolge ersehen. – „Pietas" allein findet sich 267, 290, 311, 348.
[42] Ebd. 310, 317, 340, 346, 347, vgl. 264.
[43] Ebd. 11, 58, 77, 110.
[44] Ebd. 312 „Christiana et Apostolica fides"; vgl. 325 „Catholica fides".
[45] Ebd. 27.
[46] Ebd. 267.

moniae quaedam publicae"⁴⁷, die manifest und folglich sorgsam auszuüben sind. Diese Sorgfalt war ja von alters her die besondere Bedeutung des Terminus „religio". Daß sich nicht alle Aussagen von Ramus in diesen Rahmen problemlos einfügen lassen, zeigt seine Feststellung, nach der die Buße eine Mehrung der „religio" darstellt⁴⁸. Dies läßt sich nur so verstehen, daß durch einen solchen Vollzug die persönliche Tugend gefördert zu werden vermag. So gehören beide, „religio" und „pietas", auf die Seite der Sorgfalt, die sich auf die Sakramente als sichtbare Zeichen richtet⁴⁹. Es dürfte freilich verfrüht sein, deswegen solche Tugenden schon als ‚innerlich' zu qualifizieren, da diese Bezeichnung noch etwas anderes meint, als sich in der von klassischer Tradition bestimmten Formulierungsweise des 16. Jahrhunderts ausdrückt. Auch wenn Ramus im Hinblick auf das Abendmahl von der „vera animi religio, vera pietas mentis" spricht und beide Tugenden damit der Seele und dem Geist des Menschen zuweist⁵⁰, so dürfen diese doch noch nicht als ‚Innerlichkeit' verstanden werden. Bei Ramus handelt es sich demgegenüber um eine unmittelbar von Calvin aufgenommene Relativierung äußerlicher Manifestationen, die Ramus auch von einer „manducatio spiritualis" der Eucharistie sprechen läßt⁵¹. Die Bedeutung einer solchen persönlichen Haltung geht letztlich auf alttestamentliche Propheten zurück, die vor veräußerlichten Opfern gewarnt haben, in denen sich keine Haltung des Herzens mehr ausdrückt. Im Rahmen einer solchen Überlieferung wendet sich Ramus auch dagegen, daß die Reformation zur Gründung einer „nova religio" geführt habe; vielmehr galt diese Erneuerung allein der „antiqua tot saeculorum religio"⁵², welche sich von den Aposteln herleitet, bei denen es noch keine Spaltung gab. Deswegen kann Ramus in bezug auf diese Anfänge auch als von den goldenen Zeiten der „religio" sprechen⁵³.

Daß sich die genaue Bedeutung des Terminus „religio" nicht eben einfach herausfinden läßt, soll abschließend anhand einer Aussage verdeutlicht werden, in der Ramus im Rahmen seiner Erläuterung des Glaubensbekenntnisses über den Prozeß Jesu spricht. Hier sagt Ramus, daß Jesus dem Hohenpriester bekannt hat, der Sohn Gottes zu sein, was zur „religio" gehörte, ferner, daß die Juden Jesus den Römern überließen, obgleich ihnen in der Sache der „religio" alles freigestanden hat, und schließlich, daß Christus dem Pilatus über sein Reich Auskunft gegeben hat, weil es dem Statthalter des Kaisers zukommt, daß er (wie es in einem inhaltlich unklaren Satz heißt) dem Hohenpriester über die „religio"

---

⁴⁷ Ebd. IV 1; 257.
⁴⁸ Ebd. 4; 270: „Poenitentia vero magnum religionis est argumentum, et obedientiae invocationisque religionem praecipue complexa."
⁴⁹ Ebd. 3; 266: „cum Christianus animus fidei, obedientiae, invocationis, id est, universae religionis antecedentis ac pietatis veritate plenus accesserit, signa haec sacramentorum materialia divinae quoque promissionis et gratiae plena demonstrat".
⁵⁰ Ebd. 11; 308.
⁵¹ Ebd. 13; 317.
⁵² Ebd. 17; 339, vgl. 338.
⁵³ Ebd. 19; 344.

Antwort gegeben hatte[54]. Dreimal ist also hier von „religio" die Rede. Die einzig klare und in sich verständliche Aussage befindet sich in der Mitte, wo es heißt, daß die Juden „in caussa religionis" volle Freiheit hatten; hier handelt es sich um eine zeitgenössische Ausdrucksweise, die soviel besagt wie „Angelegenheit der Sorgfalt für die Gottesverehrung"[55]. Warum ein Bekenntnis der Gottessohnschaft Sache der „religio" ist, geht aus dem Kontext nicht hervor; es läßt sich nicht mit Sicherheit entscheiden, ob der Begriff hier einen Zusammenhang mit Gott meint oder aber eine profane Bedeutung hat. In sich unklar bleibt auch die dritte Stelle; es scheint so zu sein, daß es für Christus angemessen ist, dem Statthalter des Kaisers über sein Reich Auskunft zu geben, während eine solche über die „religio" in die Zuständigkeit des Hohenpriesters fällt. Ist also die erste Nennung der „religio" in diesem Text möglicherweise so zu verstehen, daß es eine sorgfältig zu beachtende Regel ist, dem Hohenpriester Rede und Antwort zu stehen, so ist die zweite sicherlich und die dritte vermutlich so aufzufassen, daß es sich dabei um eine sorgfältig zu beachtende Regel gegenüber Gott handelt.

Jedenfalls legt sich ein konkretes Verständnis nicht nur dieses Terminus, sondern auch von „pietas" nahe, gleich, ob letzterer Begriff nun eine Einstellung Gott oder aber den Eltern gegenüber bezeichnet. Diese konkrete Bedeutung wird dadurch unterstrichen, daß sich bei Ramus häufig die entsprechenden negativen Termini „impietas", aber auch „idolatria" oder „superstitio"[56] finden. Nichtchristlichen Überzeugungen billigt er grundsätzlich „religio" auch nicht zu; sie werden denn auch nicht so bezeichnet, sondern allenfalls namentlich genannt[57]: Sie heißen „pagani", „haeretici" oder auch „athei"[58]. Diese letzte Bezeichnung wendet er auf Aristoteles, Epikur und andere Philosophen an[59].

Vermerkt werden soll, daß Ramus in diesen Ausführungen über das Glaubensbekenntnis, abgesehen von einer deutlichen Distanzierung von Aristote-

---

[54] Ebd. I 12; 47f; der Text lautet: „Hic crimina a falsis testibus objiciuntur, de ruina templi, et intra triduum restitutione, de divinitatis, deque regni affectatione: Et pontifici (quod erat religionis) confitetur se filium esse Dei, eoque praecipue nomine inter reos capitis delatus totam noctem indignissime vexatur, in faciem conspuitur, caeditur colaphis, opprobriis illuditur: mane rursus ob illam de filio Dei confessionem mortis reus agitur. Atque haec a furiosis delatoribus informatio crucis fuit. Quid tum vero? Iudaei (quanquam ipsis in caussa religionis omnia libera ut Iosephus ait) Romani reliquerant, attamen (ut Augustinus ait) propter festum paschatis (si per ipsos animadversio tam tetra fieret) metuunt. Ideoque per eos Pilato Romanis praesidiis armato Christus vinctus, criminibusque illis damnandus traditur, interrogatusque Christus respondet de regno (quod ad praesidem Caesaris attineret, ut de religione pontifici responderat, de caeteris illis calumniis, et a tali judice alienis tacet."
[55] Vgl. E. Feil, Religio, 39–49.
[56] „Impietas" vgl. P. Ramus, Commentariorum 33, 93, 99, 121f, 124, 253; „idololatria" etwa 111ff, 117, 120ff, 191; „superstitio" etwa 253; nur ausnahmsweise kommt neben „impius" auch „irreligiosus" vor, vgl. beide zusammen 180.
[57] Ebd. IV 19; 347 die „Sarraceni et Mahumetani", hier bezeichnet als „Christiani nominis hostes".
[58] Ebd. 83; „atheismus" findet sich 108, 195.
[59] Ebd. 143, vgl. 33.

les⁶⁰, wenig von seiner eigenen philosophischen Konzeption erkennen läßt. Insgesamt geht es Ramus denn auch weniger um eine polemische Distanzierung als vielmehr um eine gewisse Apologetik, daß nämlich über die heidnische Philosophie und Poesie hinaus das eigentlich angemessene Leben auf dem christlichen Glauben beruht. In diesem Interesse bedient er sich nach humanistischer Manier mancher Zitate aus der klassischen Literatur, die er möglichst zustimmend verwendet. Eine gewisse Kontinuität ergibt sich für ihn zwischen Altem und Neuem Bund, die darauf beruht, daß schon an die Hebräer die Verheißung des Kommens Christi ergangen ist[61]. Als Fazit bleibt noch einmal zu unterstreichen, daß Ramus der „religio" eben keine besondere Aufmerksamkeit schenkt, läßt er sie doch nicht nur hinter die „fides", sondern auch hinter die „pietas" zurücktreten. Wegen seiner philosophischen Bedeutung verdient die Feststellung unterstrichen zu werden, daß er in diesen Ausführungen keine besondere Relationsbestimmung von „fides" und „ratio" vornimmt.

Philippe Duplessis-Mornay

Philippe de Mornay, Seigneur du Plessis-Marly (1549–1623) gehört zu jenen seltenen Autoren[1], die unmittelbar in die politischen Auseinandersetzungen der Zeit einbezogen waren. Mit seinen Schriften suchte er einmal, politische Entwicklungen zu fördern. Dies gilt etwa für die Abhandlung „Vindiciae contra tyrannos" von 1579[2] mit ihrer Verteidigung des Widerstandsrechts gegen Tyrannen, hinter der er ebenso als Verfasser stehen dürfte wie hinter einer Schrift, die sich zum Ziel gesetzt hat, den „Religionsvrede" zu fördern[3]. Insgesamt vertrat er nachhaltig den Ausgleich zwischen den verschiedenen Konfessionen.

Zum anderen aber hat Mornay theologische Werke verfaßt. Von diesen ist unter apologetischer Rücksicht zuerst sein „Traicté de l'eglise" von 1578 zu nen-

---

[60] Ebd. 26f, vgl. 117.
[61] Ebd. I 1; 7.

[1] Philippe de Mornay war unter dem Einfluß seiner Mutter noch als Kind 1559 zum Calvinismus übergetreten, dessen entschiedener Vertreter er zeitlebens geblieben ist. Die Zeit von 1568 bis 1572 verbrachte er zumeist in Italien, Deutschland und England. Nach der Bartholomäusnacht 1572 ging er wiederum nach England. Seit 1576 war er enger Vertrauter und Mitarbeiter Heinrichs von Navarra (1552–1610), auch seit dieser 1589 als Heinrich IV. König von Frankreich geworden war, bis er 1593/94 nach dessen Rückkehr zum katholischen Glauben aus dieser Funktion ausschied. Besonders mitgewirkt hat er 1578 bis 1582 auf Ersuchen Wilhelms von Oranien (1533–1584) am „Religionsfrid" in den Niederlanden. Er zog sich 1600 wegen verschiedener Mißhelligkeiten völlig nach Saumur zurück, dessen Gouverneur er seit 1589 war. Vgl. dazu Johann Heinrich Zedler, Grosses Vollständiges Universal-Lexicon XXI, Leipzig und Halle 1739, ND Graz 1961, 726–729.
[2] Vgl. Joseph Lecler, Geschichte der Religionsfreiheit im Zeitalter der Reformation, Stuttgart 1965, II, 134ff.
[3] Ebd. 264ff.

nen, in dem er sich für den Protestantismus als die einzig wahre Konfession einsetzte[4].

Im Unterschied zu dieser Schrift hat Mornay die anschließend erarbeitete, 1581 erschienene Abhandlung „De Veritate Religionis Christianae"[5] dem Nachweis gewidmet, daß gegenüber allen anderen Überzeugungen das Christentum als einzig wahre „Religio" gelten muß. Mornay verteidigt diese Wahrheit nicht nur gegen Heiden, Mohammedaner und Juden, sondern, wie der Untertitel sagt, auch gegen Atheisten, Epikureer und andere Ungläubige. Er beginnt jedoch nicht apologetisch-verteidigend, sondern philosophisch-begründend. Als gemeinsamen Ausgangspunkt, in dem alle übereinstimmen, nennt er die Existenz Gottes. Soviel auch über die „Religio" des weiteren zu erörtern bleibt, jenes Prinzip muß nach Mornay zugestanden werden, „*QVOD Deus est*"[6]; denn es muß eine letzte, unendliche Ursache geben, die gemäß theologischer Sprache alle Gott nennen[7]. Das Gegenteil, daß Gott nicht existiert, lehnt er als „absurdissimum"[8] ab. Auch die wenigen in der Antike sogenannten Atheisten erweisen sich bei näherem Zusehen als solche, die mehr die Götzenbilder und heidnischen Götter als Gott selbst negieren[9]. Das Fundament, die Existenz Gottes, bleibt somit gesichert.

In ausführlichen Darlegungen weitet Mornay diesen Grundsatz aus: Zunächst schließt er von der Annahme der Existenz Gottes her aufgrund eines Strebens nach Einheit in der Welt und beim Menschen, daß Gott einer ist. Sodann begründet er nicht aus der Reflexion über das Erkenntnisvermögen des Menschen, sondern durch die Aufzählung einer Vielzahl von Zeugnissen, daß die „*Sapientia humana*"[10] Gott zwar nicht begreifen kann, wohl aber in seinen wesentlichen Eigenschaften, etwa Allmacht oder Allwissenheit, zu erkennen vermag. Für diese Annahme verweist er besonders auf die griechischen und hellenistischen Philosophen, die zugleich Theologen waren. Schließlich aber legt er die Trinität als Gegebenheit menschlicher Vernunft dar, wofür er ein eigenes Kapitel mit Zeugnissen der alten Philosophie anfügt[11]. So vertritt Mornay eine im

---

[4] Philippe de Mornay, Traicte de l'eglise, auquel sont disputées les principales questions menuës sur ce poinct en notre temps, Frankfurt 1582. – Hierzu wie zum folgenden vgl. F.-J. Niemann, Jesus als Glaubensgrund, 141–156.

[5] Philippus de Mornaeus, De Veritate Religionis Christianae liber; Adversus Atheos, Epicureos, Ethnicos, Iudaeos, Mahumedistas, et caeteros Infideles …, Gallice primum conscriptus, nunc autem ab eodem Latine versus (1581), Antverpiae MDLXXXIII.

[6] Ebd. cap. 1; 3. – Hier wie im folgenden wird zunächst das Kapitel und nach einem Semikolon die Seite der benutzten Ausgabe angegeben; bei Zitationen innerhalb eines Kapitels wird dieses nicht erneut angegeben. In Zweifelsfällen wird das Kapitel mit cap. kenntlich gemacht.

[7] Ebd. 6: „Ergo Causam horum effectuum vi et potentia infinitam esse oportet: quia vero Causae nomen eius dignitati non respondet, hanc Theologico idiomate DEVM vocamus."

[8] Ebd. 19.

[9] Ebd. 16.

[10] Ebd. cap. 3.

[11] Ebd. cap. 2–6.

Grunde rein philosophische, allen Menschen gemeinsame Gottes- und Trinitätserkenntnis.

Weniger Schwierigkeiten als die philosophische Begründung der Trinität bereiten Mornay die nun folgenden Überlegungen über die Welt, ihre Zeitlichkeit und Schöpfung aus dem Nichts sowie ihre Lenkung durch die Vorsehung Gottes unbeschadet des Bösen, das es in der Welt gibt. All dies vermag jeweils die menschliche Vernunft zu erkennen. So kann es nicht wundern, daß Mornay in Übereinstimmung mit der Tradition annimmt, Gott philosophisch als causa efficiens, formalis, materialis und finalis der Welt erweisen zu können[12].

Nach diesen Überlegungen zu Gott und Welt wendet sich Mornay dem Mikrokosmos, nämlich dem Menschen zu[13] und erörtert hier besonders die Unsterblichkeit der Seele, die Wirklichkeit der Sünde und das Ziel des Menschen, nämlich dessen Rückkehr zu Gott. Er legt ausdrücklichen Wert darauf, daß auch diese von ihm erörterten Einsichten über den Menschen außerhalb des christlichen Bereichs geteilt werden, wie er in jeweils korrespondierenden Kapiteln zu den einzelnen Themen ausführt.

Für unser Interesse bleiben alle diese Ausführungen insofern unergiebig, als mit Ausnahme des ersten Kapitels über die Annahme der Existenz Gottes „religio" so gut wie nicht zur Sprache kommt. Lediglich marginale Erwähnungen dieses Terminus lassen sich finden[14]. Entsprechend tritt „religio" noch nicht einmal in Ausführungen über den Menschen nachhaltiger hervor; sie bleibt besonders dort im Hintergrund, wo es um die Unsterblichkeit der Seele[15] oder um das Ziel des Menschen geht; hier findet sich dominant statt dessen „cultus"[16] oder „pietas"[17]. Sonst heißt es gelegentlich „Ritus", „Sacrificia" oder „ceremonia"[18]. Nur höchst selten zeigt sich eine gewisse Bedeutung der „religio", so wenn Mornay sagt, daß ohne die Existenz Gottes alle „religio" müßig ist[19] oder daß sie als Heilmittel für die Schuld dient[20]. Dabei hätte gerade die Erörterung über den „finis" des Menschen, über sein „desiderium naturale"[21], das nur in Gott gestillt

---

[12] Ebd. cap. 7–13. Zur Ursächlichkeit Gottes vgl. 10; 212.

[13] Ebd. cap. 14–19.

[14] Vgl. etwa ebd. 1; 20, 3; 41, 6; 91, 9; 181, 15; 318, 327; an den letzten drei Stellen befindet sich „religio" jeweils abwechselnd mit bzw. neben „pietas" u.a. Ebd. 330 findet sich „Religiones et ritus" im Hinblick auf die „Gentes". Doch wird im gleichen Zusammenhang festgestellt: „Religionis enim et superstitionis idem subiectum est, anima hominis".

[15] Vgl. ebd. 14; 291.

[16] Ebd. 19; 424, 429.

[17] Ebd. 425; dieser Terminus läßt sich öfter nachweisen, vgl. 14; 293, 15; 318, 327, ferner 16; 357, 366, 369 sowie 17; 395.

[18] Ebd. 17; 378.

[19] Ebd. 15; 318.

[20] Ebd. 17; 383, vgl. die o. Anm. 13 genannte Gegenüberstellung von „religio" und „superstitio" ebd. 15; 330; und wenn an dieser Stelle „Religiones" im Plural steht, so folgt daraus, daß dieser Plural ebenso wie der unmittelbar folgende „ritus" verschiedene Verehrungsbeachtungen und -handlungen bezeichnet.

[21] Ebd. 19; 416.

werden kann, Anlaß gegeben, über „religio" als eben diese Hinwendung zu Gott zu sprechen. Schließlich hatte Mornay im ersten Kapitel über die Existenz Gottes herausgestellt, daß überall Menschen leben und bei ihnen allen „Religio" und die entsprechenden Vollzüge vorliegen, die, so konfus sie auch sein mögen, die Annahme Gottes bezeugen[22].

Dennoch hätten die bisher referierten Ausführungen Mornays unter dem Titel „De Veritate Religionis Christianae" erscheinen können, stünden sie doch damit in jener Tradition, die einen solchen Titel verwendet, ohne speziell der „religio" ihre Aufmerksamkeit zu widmen. Statt „religio" hätten hier ebenso gut oder vielleicht besser ‚fides', vielleicht auch ‚doctrina' oder ähnliche Termini stehen können.

Doch widmet Mornay in den folgenden umfangreichen Passagen seines Werkes der „vera Religio" seine besondere Aufmerksamkeit, indem er sie als den Weg zum Ziel menschlichen Lebens, zum höchsten Gut darstellt[23]. Ihre Wahrheit kennzeichnet er durch drei Notae, daß der wahre Gott in Israel angebetet wurde, daß das Wort Gottes in Israel als Maßstab der Verehrung Gottes diente und daß der Weg zum Heil in Israel immer offen stand, nämlich dadurch, daß in ihm der Messias erwartet wurde, der in Jesus Christus tatsächlich gekommen ist[24]. Diese zunächst überraschenden und kaum selbstverständlichen Notae werden uns noch beschäftigen. Mornay geht es darum, einen Monotheismus durchzuhalten und demgegenüber jeglichen Polytheismus zurückzuweisen bzw. als Verehrung solcher Toter zu erklären, die den Nachfahren als Dämonen im Gedächtnis geblieben sind[25]. Auch erörtert er die Problematik, daß bei heidnischen Schriftstellern sich dafür Parallelen finden, was in den biblischen Texten an Wunderberichten steht[26]. Die abschließenden Kapitel dienen dem Nachweis, daß Jesus Christus zu Recht als Messias und Sohn Gottes und damit als der einzig mögliche Weg zum Heil gilt.

Aufgrund dieser Darlegungen gehört Mornay zu jenen Autoren, die sich mit der „religio" inhaltlich beschäftigt haben. Zweifellos liegt darin ein besonderer Beitrag zu unserem Thema.

Mornay beginnt mit seinen Ausführungen über „religio" einen deutlich gekennzeichneten neuen Abschnitt seines Buches: Am Ende des 19. Kapitels resümierte er, daß „finis" und „scopus" des Menschen in der Weltzeit in „cognitio et cultus Dei" bestehen – ‚religio' fehlt hier – und daß dieses Ziel durch den Sün-

---

[22] Ebd. 1; 14: „Percurre enim orbem, ab ortu ad occasum, a Septemtrionibus ad Austrum: perlustra mente, quotquot antecesserunt saecula: quotquot viguerunt regna, ipsa demum scrutare Barbarorum siue Lustra, siue Mapalia; vbicumque homines inueneris, ibi continuo Religionem et Numinis cultum, ibi Sacrorum ritus, preces denique et sacrificia reperies. Diuersa quidem haec et confusa; at in eo saltem congruentia, QUOD DEUS EST." Im Anschluß ist dann – auffälligerweise – von „Fides" die Rede.
[23] Ebd. cap. 20–34.
[24] Vgl. ebd. 21; 451ff, 24; 501ff, 27; 596ff.
[25] Ebd. 22; 467–501.
[26] Ebd. 26; 559ff.

denfall in Unkenntnis geriet; den rechten Weg aus dem Abgrund des Bösen kann jedoch nur Gott führen[27]. Das nun folgende zentrale 20. Kapitel über die *„vera Religio"*[28] verweist auf die Grundlegung des ganzen Buches, daß nur ein Gott existiert, der Vater des Menschengeschlechts, der die Welt für den Menschen geschaffen hat, jenen Menschen, der unsterblich ist und auf Unsterbliches sein Herz richten sollte, jedoch durch Hochmut und Selbstliebe gesündigt hat. Aus diesen Daten deduziert Mornay die nähere Bestimmung der „religio". Von der Voraussetzung her, daß Gott die Welt geschaffen und der Mensch sein Ziel in „cultus, et fruitio" Gottes findet – auch hier heißt es anfangs nicht ‚religio' –, beschreibt er zunächst die Tätigkeiten der „Religio": Sie übt Gehorsam gegen Gott, gibt Zeichen der Dankbarkeit, überantwortet sich und ihr ganzes Eigentum der Sorge und Vorsehung Gottes; hinzukommen Zeichen der Buße, Opfer und die Hoffnung auf das ewige Leben[29]. Wie Gott einer und der Mensch einer ist, so kann es auch nur eine „religio" geben[30].

Nähere Konturen gewinnt die „religio" durch ihre Charakterisierung als „officium", „obligatio"[31] und *„obedientia"* gegen Gott[32]. Mornay bezeichnet sie als *„dux"* zum Ziel des Menschen, zu Gott[33], und infolgedessen auch als „dux" aller Tugend[34]. Besonderen Nachdruck legt er auf die Kennzeichnung der „religio" als dem menschlichen Geist „naturaliter" eingegeben: So „naturale" wie etwa das Vaterland zu lieben, ist es für den Menschen, irgendeine „Religio" als die einzige „Religio" zu bekennen[35]. Sie gehört also von Natur, Form und Wesen zum

---

[27] Ebd. 19; 428f.

[28] Ebd. 20; 429. Die bemerkenswerte Überschrift lautet: *„Quod vera Religio via illa est qua itur ad finem et summum Bonum, et quae sint eius Notae."* Es geht also um die *„vera Religio"* und nicht erst um die „Religio" im allgemeinen, der die *„vera Religio"* als Spezies zugeordnet wäre.

[29] Ebd. 430: „Religio adorat, genu flectit, ritus et leges obseruat. sunt haec obsequij signa. Gratias agit Deo, hymnos canit, primitias gregis frugumque tribuit. haec grati animi indicia sunt. In aduersis demum Deum inuocat, in prosperis laudat. in summis et minimis rebus faustum exitum rogat. his et similibus sese suaque omnia Dei curae et prouidentiae committit et commendat. Adduntur lachrymae, poenitentiae, saccus et cinis, vt infra terram humiliari discamus. Sacrificia tum particularia, tum vniuersalia, tum priuata, tum publica, quibus nempe et omnes et singuli, mortem se commeritos profiteantur. Accedit illis omnibus, tanquam cumulus, Pollicitatio et spes vitae aeternae, iis qui suo erga Deum officio rite perfuncti fuerint."

[30] So ebd. in Frageform: „... quid? nisi ... Vt vnus Deus est, vnus homo, ita et vnam religionem esse, id est, officium hominis erga Deum?" Ebd. 437 heißt es: „Necesse est igitur, vt vera religio vna tantum sit, illa nimirum sola, quae vnicam illam salutis viam et rationem commonstrat nobis. Caeterae vero, si obligationi hominis erga Deum detrahunt, sacrilegae". Vgl. ferner 436 sowie 24; 505.

[31] Vgl. neben den soeben zitierten Belegen ebd. 24; 503.

[32] Ebd. 20; 433, auch 435 als „obsequium" bezeichnet.

[33] Ebd. 433.

[34] Ebd. 440f, vgl. 433 als *„omnium virtutum mater"*.

[35] Ebd. 441f: „Quare, ita impressum est naturaliter in hominis mente, vnicam Religionem, non secus ac vnum Deum esse, vt ... lubentius a temperatissima regione, in torridissimam rigidissimamve, a libertate in seruitutem, a iusta gubernatione in Tyrannidem, quam ab vna Religione in aliam demigremus: Ac si non tam naturale sit homini, Patriam diligere, libertatem tueri, commoda sua captare et sectari, quam vnam aliquam Religionem, quae ad salutem dux futura sit, serio profiteri."

Menschen[36]. Somit kommen „religio et Dei inuocatio" ihm und ihm allein zu; dementsprechend finden sie sich überall vor, es gibt, wie die Seefahrten der damaligen Zeit gezeigt haben, nirgends Menschen ohne irgendeine „religio"[37], eine „naturalis obligatio"[38], nämlich Gott anzuerkennen. Daß der Mensch Schuld auf sich geladen hat und eines Heilmittels bedarf, stellt Mornay in einen Zusammenhang mit dem Naturgesetz[39]. Die Verpflichtung des Menschen Gott gegenüber besteht von Natur aus, von Geburt an, wurde doch zugleich mit dem Menschen auch die „religio" geschaffen, in ihn hineingelegt und nicht erst danach eingerichtet[40].

Aus diesem Ansatz weist nun Mornay der „religio" folgende Aufgabe zu: Nachdem sie uns an den Rand eines Abgrunds geführt hat – wohl, weil sie den Zwiespalt deutlich macht, daß der Mensch zwar auf Gott hin geschaffen wurde, ihn aber wegen der Schuld nicht mehr erreichen kann –, weist sie uns nun auf die Notwendigkeit einer Brücke hin, die uns mit Gott verbindet, genauer, an ihn zurückbindet[41]. In diesem Zusammenhang kommt Mornay auf die Etymologie zurück und spricht eine Rückbindung an Gott an, ohne die alle „religio" leer bleibt. Es steht außer Frage, daß er hiermit auf Laktanz verweist.

Auf diesem Hintergrund, daß die „religio" eine Brücke, einen Weg zu Gott darstellt, daß durch sie der Mensch an Gott zurückgebunden wird, zeigt sich noch einmal, warum die „religio" eine einzige sein muß[42]: Weil es nur einen Gott

---

[36] Ebd. 432: „Quid hoc? nisi, Religio de natura, de forma, de essentia hominis est?" An dieser Stelle, an der Mornay übrigens ausdrücklich im völlig gleichlautenden Wechsel auch „pietas" gebrauchte, findet sich deren auf Platon zurückgeführte Kennzeichnung als *„summa apud homines virtus"*. Daß die „religio" bzw. „pietas" dem Menschen von Natur aus eigen ist, wird mit einer Fülle von philosophischen Zeugnissen belegt, vgl. 432ff.

[37] Ebd. 434: Wenn auch die Menschen sehr oft aus der „religio" in die „Magia" abgewichen sind, so wissen sie doch, daß Gott zu verehren ist; wohin auch immer die Seefahrer gekommen sind, sie haben nirgendwo ein Volk gefunden ohne irgendeinen „sacrorum ritus", ohne „aliqua Religionis seu species seu vmbra".

[38] Ebd. 435.

[39] Ebd. 438.

[40] Ebd. 24; 503: „Ac proinde, simulatque homo in mundo fuit, fuit haud dubie et religio. Nam hominis obligatio erga Deum vna cum homine nata est, et syngrapha, eodem quo creatus est die, data, officium videlicet hominis erga Deum, Religio, seu pietas. Nec vero rursum potuit Religio humanum inuentum esse; quandoquidem, quae homines seu ad voluptatem seu ad vtilitatem inueniunt, progrediuntur ab Aphorismo ad Aphorismum, a Theoremate ad Theorema, ab experimento ad experimentum, et rudia primum sunt scabraque, deinde expoliuntur paulatim, non ab vno aliquo homine, sed et a pluribus, et per saecula interdum plura: cum sane Religio, vtpote non tam instituta homini, quam insita ad gloriam Dei, suamque salutem: sine qua et Deus hominem non fecisset".

[41] Ebd. 20; 431: „Necesse igitur est, vt Religio, quae ad marginem vsque abyssi nos deduxit, pontem etiam illum indicet nobis; videlicet, vt illa nos religet cum Deo, qui per lapsum ab eo, tanto interuallo, alieni facti sumus; reconciliet, inquam, adulteratos liberos cum patre, rebelles subditos cum Domino, sine qua reconciliatione, seu iuxta Latinum etymon, religione, Deus parens esse desinit, nos liberorum nomine non censemur; Religio omnis quantumuis speciosa et plausibilis, inutilis prorsus et vana est … Vanus autem, nisi detur aliqua via, quae hominem ad Deum ducat, vel potius Deum adducat ad hominem." Vgl. auch 442, 447, ferner 27; 600f.

[42] Ebd. 20; 434ff, vgl. 27; 596ff, 607.

gibt, kann sie auch nur als eine zu diesem einen Gott führen, und zwar dadurch, daß Gott selbst diesen Weg ermöglicht[43]. Das schon genannte Argument, daß die „religio" dem Menschen „naturaliter" zugehört, verknüpft Mornay mit dem von der Singularität Gottes: dem einen Gott korreliert die eine „religio"[44]; und entsprechend dieser Einzigkeit gibt es nur eine Genugtuung für und eine Lösung von der Schuld[45]. So läßt sich die „religio" als Kunst bestimmen, den Menschen heil zu machen[46]. Trifft diese Charakterisierung zu, so fragt sich angesichts einer Vielzahl verschiedener „religiones", ob bzw. wie eine als die wahre festgestellt werden kann. Mornay sucht diese eine nicht in oder hinter allen, sondern nennt Kriterien der einen wahren, dergegenüber die anderen nur falsch sein können. Keineswegs wertet er somit die einzelnen „religiones", die verschiedenen Opfer und Gebete einfach gleich[47]. Vielmehr kennt er sehr wohl „idololatria" und „superstitio", zu denen er jegliche „religio" rechnet, die eine Vielzahl von Göttern anerkennt[48].

Als Kriterien zur Erkenntnis dieser „vera religio" nennt Mornay die drei bereits angedeuteten „notae", die er sehr ausführlich erörtert: 1. daß die „Religio" als rechte „regula"[49] der Verehrung Gottes sich auf den einen wahren Gott bezieht, was für Israel zutrifft[50], 2. daß Gottes Wort und d.h. Gottes Offenbarung diese Regel bekanntgibt[51], was wiederum für Israel zutrifft[52], und 3. daß nur jene „religio" die wahre sein kann, die einen Weg zu Gott führen und eine Versöhnung des Menschen mit Gott bewirken kann, die das Wort Gottes selbst als Gesetz ihrer Verehrung hat[53], was nur für jene der Fall ist, die sich auf den Messias Jesus Christus stützt[54].

Unser Interesse verlangt es nicht, diesen „notae" im einzelnen nachzugehen. Was in ihrer Erörterung zur „religio" steht, wurde bereits zuvor miteinbezogen. Doch bleibt auf zwei wesentliche, miteinander zusammenhängende Aspekte zu verweisen: Einmal stellt Mornay Israel in besonderem Maße heraus als jene „religio", die den einen wahren Gott tatsächlich verehrt; von Israel und seiner

---

[43] Vgl. die dezidierte Zusammenfassung ebd. 20; 451: „Statuamus igitur, vt hominis scopus, reditus ad Deum est; ita redeundi ad Deum viam esse Religionem. Vt vero vnus Deus verus est, ita et vnam tantum veram Religionem dari posse".

[44] Vgl. ebd. 430, s.o. Anm. 29 f, ferner 441 f u. ö.

[45] Ebd. 437.

[46] Ebd. 438: „Quid est proprie Religio? Ars, si ita loquendum, saluum faciendi hominem."

[47] Ebd. 439; vgl. 441 die Frage nach den „impiae et scelestae Religiones".

[48] Ebd. 21; 451 f; eine solche „religio" soll uns „prophana et execrabilis" sein, 452, vgl. 20; 443, ferner 23; 501 die Aussage über diese „religiones" als „idololatriae, et vanitates merae".

[49] Ebd. 20; 442 u. ö.

[50] Ebd. 442 ff, auch 21; 451–23; 501.

[51] Ebd. 20; 443.

[52] Ebd. 443–446, ausführlich 24; 501–26; 596.

[53] Ebd. 20; 449: „ea demum vera Religio est, et sola Religionis nomen meretur, quae Deum pro scopo, Verbum Dei pro cultus diuini lege habet".

[54] Angegeben wird diese 3. Nota ebd. 446–449 bis zum Hinweis auf das „Verbum Dei" 449, entfaltet dann ab 27; 596–34; 791.

Messiaserwartung geht er dann anscheinend nahtlos zu Jesus Christus über, in dem diese Erwartung ihre Erfüllung gefunden hat. Zum anderen aber vertritt Mornay die These, daß es für die Erkenntnis der „vera religio" eines Wortes, einer Offenbarung Gottes bedarf. Diese erfuhr gleichfalls in Jesus Christus ihre volle Verwirklichung, vermag doch nur er als der Weg von Gott zum Menschen zugleich den Weg des Menschen zu Gott zu eröffnen und die Erlösung von der Schuld zu bewirken[55]. Mornay betont eigens die Notwendigkeit dieser dritten „nota"[56]. Mit ihr modifiziert er jedoch die schon früher vorhandene[57] und auch von ihm aufgenommene Vorstellung, daß die „religio", wie sie nun einmal für den Menschen wesentliche Bedeutung hat, nicht vergeblich sein kann; sie muß vielmehr erfüllt werden, weil Gott nichts vergeblich macht; die Weiterführung nimmt Mornay mit der dritten „nota" vor, nämlich mit der Notwendigkeit eines Mittlers[58]. In dieser „nota" liegt der Angelpunkt der ganzen „religio": die Seligkeit des Menschen, verbunden zu werden mit Gott[59].

Das entscheidende Moment liegt jedoch weniger in dieser dritten „nota" von der Notwendigkeit eines Mittlers als vielmehr in der zweiten von der Notwendigkeit einer Offenbarung Gottes: Es bedarf für die „vera religio" einer „regula" bzw. „norma", nämlich den einen Gott zu verehren, sowie deren Offenbarung, was beides in Israel vorliegt[60]. Die zusammen mit dem Menschen begründete „religio" erweist sich somit zugleich als eine, die geoffenbart werden muß und geoffenbart wurde[61].

---

[55] Ebd. 27; 600: „At quis hic Abyssus rursum? Cum culpa infinita sit, et poena culpae, satisfactio poenae analoga esse debeat, quae infinite infinita a nobis exigatur?" – Daß der Mensch aber Gott nicht versöhnen kann, sondern seinen Zorn herausfordert, Gott aber als Schöpfer tätig ist, vgl. 600f, folgt wenig später, 601: „Deus ipse inter iustitiam et misericordiam suam interueniat necesse est. Et sicuti nos creauit primum, ita etiam recreet oportet". Es bedarf somit eines entsprechenden Mittlers, ebd.: „Quis ergo, ais, mediator ille, Deus erga Deum? infinitus erga infinitum?" Mornay greift dann auf früher Gesagtes zurück, daß es nämlich drei Personen in Gott gibt, von denen der Sohn als „Mediator apud Deum" auftritt, 602.

[56] Ebd. 597.

[57] Vgl. etwa Marsilius Ficinus; De Christiana Religione, in: ders., Opera omnia, hg. von Paul Oskar Kristeller (= Monumenta politica et philosophica rariora I 7), I 1, Basel 1576, ND Turin 1959, 2; vgl. E. Feil, Religio, 195 Anm. 20.

[58] Ph. de Mornaeus, De Veritate Religionis 27; 598: „Et Religio ergo quid? nisi vanitas? ... Atqui certum est, Deum suo fine nunquam frustrari: Religionem quoque quam in hominis corde tam profunde insculpsit, vanam non esse. In vera igitur Religione, inque his Scripturis, Codicillos illos veniales, gratiam nostram, vt loquimur, gratiaeque mediatorem inueniamus oportet: quam quidem tertiam religionis notam inuestigamus."

[59] Im Anschluß an den Text der vorigen Anm. schließt er: „Exprimamus hanc doctrinam amplius, quia in ea Religionis totius cardo versatur: Beatitudo hominis, coniungi Deo."

[60] Ebd. 24; 505: „Est verus Deus vnus: est vna vera religio: est vna diuini cultus vera regula a vero Deo reuelata. Verus autem Deus in Israële tantum cognitus et cultus. Ergo Israëli reuelauit verus ille Deus suam illam legem, regulam, normam, suum inquam verbum, verbum autem hoc vetus Testamentum".

[61] Ebd. 27; 607: „Sicuti vero Religionem vna cum homine inductam dicebamus; ita etiam rationem illam salutis (sc. der Mittler) vna cum Religione reuelatam ne dubitemus".

Die besondere Problematik dieser Argumentation bleibt bei Mornay verborgen. Sie liegt weniger in der Frage, ob dieses Argument zirkulär vorgeht[62], sondern darin, wie sich die Notwendigkeit einer Offenbarung mit der zuvor ausführlich dargelegten These vereinbaren läßt, die „vera religio" sei nicht nachträglich gegründet oder eingerichtet worden, sondern dem Menschen von Natur gegeben und somit „naturaliter". Dabei bringt Mornay beide Aspekte sehr wohl zum Ausdruck, wenn er von der „ratio, in Philosophiae praeceptis" zu jener „in Scripturis nostris" und d.h. von der Vernunft zur Offenbarung übergeht[63]. Einen Ausgleich jedoch zwischen den Aussagen über die Offenbarung der „vera religio" und ihre Naturgegebenheit reflektiert er nicht. Eine Parallele hierzu findet sich in dem Versuch, einmal die Trinität bei alten Philosophen gelehrt und bekannt zu sehen[64], später jedoch zu fragen, wie sie denn in die Phantasie, in den Geist des Menschen kommen konnte[65]. Diese Unausgeglichenheit oder gar Widersprüchlichkeit mag damit zusammenhängen, daß Mornay einmal an der dem Menschen von Natur eigenen Gotteserkenntnis und ihren Konsequenzen, Gott ehren zu müssen und auch zu können, und zum anderen an der durch die Sünde bedingten Zerstörung der ursprünglichen Möglichkeit der Gottesverehrung festhält. Er sieht offensichtlich keinen Widerspruch darin, im Buch der Natur zu lesen[66] und doch der Offenbarung zu bedürfen. Dabei läßt sich aus dem „liber Naturae" immerhin die Unsterblichkeit des Menschen und seine Seligkeit im Himmel, aber auch sein Fall ersehen, aus dem die Notwendigkeit eines Mittlers resultiert[67]. Den Rahmen dessen, was von Natur erkannt werden kann, steckt Mornay also beträchtlich weit; der Übergang zur Erkenntnis aus der Offenbarung erfolgt anscheinend nahtlos.

Die Überlegungen Mornays zur „vera religio" als einer zugleich von Natur wie von Offenbarung gegebenen, soweit sie in diesem Buch enthalten sind, ergeben nun für unser Thema eine wesentliche Feststellung: Mornay führt die „religio" nicht weiter zu einer ‚religio naturalis'. Konsequent dazu sucht er nicht nach der in verschiedenen Manifestationen zutage tretenden oder gar hinter ihnen liegenden einen ‚religio', vielmehr begründet er die in Jesus Christus gegebene eine „religio" als die allein wahre. Daß es überhaupt zu verschiedenen „religiones" kam, reflektiert er nicht eigens. Diese Aufsplitterung sieht er vielmehr schlicht als eine Folge des Falls Adams an; denn hierdurch wurde der zu Beginn

---

[62] Zirkulär, weil die „norma" der „vera religio" geoffenbart werden muß und weil sie im AT geoffenbart ist, weswegen Israel solche Bedeutung hat.
[63] Ebd. 607.
[64] Ebd. 6; 91–123.
[65] Ebd. 25; 538.
[66] Ebd. 557; hier in einem Zitat des Porphyrius auch der Hinweis, „quia et res naturales fallaces sunt", ein Zeichen dafür, daß die Erkenntnis der natürlichen Dinge so sicher und einfach nicht ist. – Ebenso las im Buch der Natur bereits Raimund von Sabunde († 1436), vgl. dazu E. Feil, Religio, 278f.
[67] Ph. de Mornaeus, De Veritate Religionis 27; 597.

gegebene Weg der „religio" zu Gott unmöglich, insofern diese Schuld nicht von seiten des Menschen aufgehoben werden kann[68].

Daß Mornay solchen Fragen nicht nachgeht, mag man als einen Mangel an Differenzierung werten: Mornay hat einen solchen jedenfalls nicht konstatiert. Es dürfte auch voreilig sein, diese für heutiges Empfinden fehlende Präzisierung schon für eine bereits ihm oder seiner Zeit deutliche bzw. erkennbare Lücke seiner Argumentation anzusehen. Seine Intention galt nicht einer solchen gleichsam innerchristlichen Behandlung des Verhältnisses von Natur und Offenbarung und auch nicht einer Verhältnisbestimmung verschiedener Überzeugungen zueinander als verschiedene Arten einer Gattung, sondern einer Verteidigung der Wahrheit christlicher „religio" gegen solche, die diese Wahrheit nicht zur Kenntnis nehmen konnten oder wollten. Diesen Aspekt verfolgt Mornay durch die Akzentuierung einer heilsgeschichtlichen Kontinuität von den Juden zu den Christen.

Im Rahmen seiner Konzeption von „religio" verwendet Mornay den Terminus durchgängig und grundsätzlich konkret zur Bezeichnung einer bestimmten Verhaltens- und Handlungsweise und nicht als Sammelbezeichnung für alles, was der Mensch Gott gegenüber zu beachten und zu tun hat. Diese konkrete Fassung des Terminus ergibt sich vor allem aus der ausdrücklichen Gleichsetzung mit „pietas"[69]. Häufiger finden sich auch „religio" und „pietas" nebeneinandergestellt; darüber hinaus weist er beiden die gleiche Aufgabe zu, nämlich als Weg zu Gott zu dienen[70]. Sodann kann er beide Termini in Aufzählungen verwenden[71], wodurch sie in der gleichen Funktion und auf der gleichen Ebene gebraucht werden wie die anderen Begriffe auch. Schließlich verwendet er „religio" auch zusammen mit anderen Termini[72], wodurch die angenommene spezifische enge Fassung des Begriffes „religio" noch einmal bestätigt wird. Für sie spricht auch, daß Mornay „Religio Christiana"[73] oder auch „Religio Israëlis"[74] ebenso sagen kann wie „fides Christiana"[75] und, was keineswegs selbstverständ-

---

[68] Ebd. 24; 503f: „cum sane Religio, vtpote non tam instituta homini, quam insita ad gloriam Dei, suamque salutem; sine qua et Deus hominem non fecisset, et hominem ipsum alioqui factum esse poeniteret, ab initio perfecta, et ad scopum suum idonea et sufficiens esse debuerit; ab homine autem perfici nequaquam potuerit, cuius ex lapsu mentem obsideat ignorantia, voluntatem peruersitas et malitia possideat. Haud dubie igitur cultus diuini regulam a Deo ipso traditam oportuit". – Zum Plural „religiones" s.u. mit Anm. 81 ff.

[69] Ebd. 503; vgl. auch Anm. 36.

[70] Zur Nebenordnung vgl. außer den o. Anm. 17 genannten Belegen auch ebd. 20; 449, sowie den Wechsel ebd. 432 und bes. 433; die gleiche Aufgabe findet sich ebd. 432 und 434.

[71] Vgl. etwa ebd. 15; 327 „Pietas, Religio, Beatitudo, contemplatio".

[72] Ebd. 21; 453f „fides et religio", vgl. 1; 14, vgl. ferner 20; 434 „religio et Dei inuocatio", auch 6; 91 „Religio et sacra, 1; 14 „Religio et Numinis cultus", 15; 330 „Religiones et ritus", vgl. 24; 504 „Religio, verus veri Dei cultus".

[73] Ebd. 32; 749, sowie 33; 762 und schließlich die Conclusio; 789ff.

[74] Ebd. 28; 641, hier auch „Religio Israëlitica".

[75] Ebd. 32; 739.

lich ist, „Iudaica fides"[76]. Eine solche wechselweise Verwendung von „religio" und „fides" bedeutet, daß ein generalisierender Gebrauch dieser Termini nicht schon ihre grundsätzlich konkrete Fassung hinter sich läßt. Auch zeigen sie, daß Mornay „religio" noch keineswegs bevorzugt. Tritt die konkrete Fassung von „religio" auch in den bereits zu Beginn erwähnten Tätigkeiten des Anbetens, des Kniebeugens usw. zutage[77], so zeigt sie sich nicht zuletzt in ihren gleichfalls konkreten Gegensätzen „Superstitio" und „idololatria"[78] oder, wie es auch heißen kann, „impietas et vanitas"[79]. Nicht umsonst weist Mornay darauf hin, daß „Religio" und „superstitio" das gleiche Subjekt haben, die menschliche Seele[80]. Zweifellos erscheint „religio" noch nicht abstrahiert zu einem generalisierten Begriff, sei es zu einem Sammelnamen für alle einzelnen Haltungen und Vollzüge, sei es als Oberbegriff für verschiedene Überzeugungen.

Gegen diese Auffassung kann man schwerlich den Sprachgebrauch ins Feld führen, den Mornay in Auseinandersetzung mit der astrologischen These über die Entstehung der „religiones" wählt. Hat Roger Bacon, auf den sich Mornay übrigens auch hier bezieht[81], im gleichen Zusammenhang den Terminus ‚religio' noch nicht gebraucht und d.h. einen solchen Gebrauch noch nicht gekannt und statt dessen von „secta" und „lex" gesprochen, zu denen dann Giovanni Pico della Mirandola „religio" hinzugefügt hat[82], so verwendet Mornay in diesem Zusammenhang „religio" dominant, was aber noch nicht für eine abstrahierte Fassung dieses Terminus spricht. Beachtung verdient vielmehr, daß Mornay diese Auseinandersetzung überhaupt weiterführt, die er über Bacon bis in die Antike auf den Syrer Bardesanes zurückführt[83]. Er wendet sich gegen die Meinung der Astrologen, daß die „religiones" durch die Konjunktionen der Sterne entstanden sein sollen, fänden sich die einzelnen doch durchaus auch außerhalb der Zeiten solcher Konjunktionen; auch erscheint ihm die Bindung an verschiedene Klimata abwegig[84]. Interessanterweise findet sich in diesen Überlegungen einer der wenigen Belege dafür, daß auch bei Mornay in diesem Zusammenhang nicht nur von „religio Christiana, Iudaica, Ethnica"[85], sondern auch von „lex Iudaica", „Mahumedica" und „Christiana" die Rede ist[86], ein Indiz dafür, daß sich der früher überwiegende Sprachgebrauch bis hierher erhalten hat. Es handelt sich also auch hier nicht um ‚Religionen' im neuzeitlichen Sinn, wenn Mornay – getreu

---

[76] Ebd. 27; 625.
[77] Ebd. 20; 430, s.o. Anm. 29.
[78] Ebd. 434, ferner etwa 21; 452.
[79] Ebd. 34; 789.
[80] Ebd. 15; 330, s.o. Anm. 14.
[81] Ebd. 33; 760, wo er freilich nur in einer Randbemerkung genannt wird.
[82] Vgl. E. Feil, Religio, 117 und 209ff.
[83] Ph. Mornaeus, De Veritate Religionis 33; 759 unter Verweis auf Eusebius, Praeparatio evangelica VI 18.
[84] Ph. Mornaeus, De Veritate Religionis 33; 758ff.
[85] Ebd. 760.
[86] Ebd. 759, vgl. die seltene, im gleichen Sinn gebrauchte Formel „Lex nostra", 22; 482.

der Tradition – ebenso die von einigen eigens bezeichnete „Iouis religio"[87] wie die aus den Konjunktionen des Jupiter mit den anderen Planeten hervorgehenden bereits bekannten sechs „religiones" erwähnt, die „Iudaica", „Chaldaica", „Aegyptica", „Mahumedica", „Christiana" und „Antichristiana"[88]. Sicher meint er „religio" auch hier eher als konkrete Beachtung der Verhaltensregeln gegenüber Gott denn als einen abstrahierten Oberbegriff, lehnt er doch im gleichen Text die „idololatria" ab[89].

Für uns ist dieser Text deswegen so bedeutungsvoll, weil er die alte, von Cardano nicht rezipierte astrologische Spekulation von den sechs „religiones" bzw. „leges" aufnimmt und in Erinnerung ruft, wenn er sie auch wie zuvor Pico ablehnt. Im Modus der Negation war somit jene Theorie präsent, die die „religiones" hinsichtlich ihrer Entstehung gleichrangig sein läßt.

Rückblickend bleibt festzustellen, daß Mornay im zweiten Teil seiner Verteidigung der christlichen „religio" diesem Terminus eine besondere Aufmerksamkeit zuteil werden läßt, die weit über das hinausgeht, was sonst unter diesem Stichwort – etwa bei Marsilio Ficino ebenso wie bei Johannes Calvin – behandelt wird. Dennoch treibt Mornay die Reflexion über „religio" nicht grundsätzlich weiter. Im Gegenteil, in den ausführlicheren Passagen formuliert er ein Verständnis dieses Terminus, das ganz in den Grenzen des Sprachgebrauchs der lateinischen Kirchenväter und damit der Römer verbleibt. Haben sich die Kirchenväter gegen die als Heiden klassifizierten Römer mit dem Anspruch abgesetzt, daß allein die Christen die „vera religio" achten, so nimmt Mornay genau diese Akzentuierung auf. Aller Polytheismus ist ihm faktisch gleichbedeutend mit Atheismus[90] – in nicht eigens genannter Umkehrung eines römischen Vorwurfs gegen die Christen, sie seien ‚ἄθεοι' –. Daß Mornay diese Bedeutung voll und uneingeschränkt übernimmt und somit noch gänzlich vor der Schwelle eines neuzeitlichen Verständnisses liegt, zeigt er mit der Ablehnung jeglicher nichtchristlicher „religio" als „superstitio", als „idololatria"[91]. Kannten die Römer verschiedene „religiones" im Sinn der respektvollen Beachtung dessen, was gegenüber den verschiedenen Gottheiten zu tun war – sie kannten also bereits für ihre ureigene Tradition eine Vielzahl solch verschiedener „religiones" und nicht nur die eine „religio" im Unterschied zu derjenigen etwa der Ägypter oder Griechen –, so kennen die Christen und mit ihnen Mornay nur die eine scheue

---

[87] Ebd. 33; 760, im Text „Iouem religionem", also adjektivisch!
[88] Ebd.; dieser der Tradition entstammende sehr wichtige Text lautet: „Nimirum, aiunt, non faciunt proprie religiones climata, sed magnae coniunctiones planetarum: et hac rursus in re multipliciter dissentiunt. Quidam dicunt, Magnas tantum Iouis et Saturni coniunctiones de religionibus statuere: alij Iouem religionem proprie designare, qui, vt cum diuersis planetis coniungitur, diuersas etiam parturiat; cum Saturno videlicet Iudaicam, cum Marte Chaldaicam, cum Sole Aegypticam, cum Venere Mahumedicam, cum Mercurio Christianam, cum Luna Antichristianam, vt sex tantum proinde religiones esse possint."
[89] Ebd. 761.
[90] Vgl. ebd. 20; 437.
[91] Ebd. vgl. 23; 501.

Achtung aller jener Vollzüge gegenüber dem einzigen allein wahren Gott, der der Gott der Juden und Christen ist. Es kann also keine ‚Religionen' im Plural für ihn geben, sondern nur eine einzige legitime Beachtung der rechten Gottesverehrung. Auf sie allein kommt es Mornay an. Die besondere Pointe seiner Ausführung liegt darin, daß sie zwar von Natur dem Menschen gegeben, durch den Fall aber korrumpiert worden ist, so daß sie der Wiederherstellung durch die Offenbarung Gottes bedarf, die ihre „regula" darstellt. Allein sie ist der einzige Weg zu Gott, nachdem durch menschliche Schuld dieser Weg abgebrochen war.

Das Gewicht dieser „religio" schätzt Mornay freilich sehr hoch ein. Nicht umsonst akzentuiert er nachdrücklich in verschiedenen Ternaren jenen einen grundlegenden „Deus, homo, religio"[92].

Doch hebt Mornay – und das darf nicht vergessen werden – nicht allein und ausschließlich die „religio" so hervor; als völlig gleichrangig bewertet er vielmehr die „pietas", die gleichfalls von Natur gegeben ist und die gleichfalls als der einzige Weg zu Gott diesem als dem Ziel des Menschen dient.

Unionstheologische Bemühungen

ALBERTUS PIGHIUS

Zu den katholischen Autoren dieses Abschnitts gehört in besonderem Maße Albertus Pighius (um 1490–1542)[1]. Sein spezielles Anliegen war die Union mit Ostrom und dann die Verteidigung des „katholischen Glaubens" gegen die Reformation.

Das erste Buch, das hier zu nennen ist, spricht im Titel von „Christi fides et religio"[2]. Inhaltlich behandelt es grundlegende Glaubensthemen, die kontrovers geworden waren, so im ersten Teil die Erbsünde, die Rechtfertigung, die Kirche, die Eucharistie und die Buße, im zweiten Teil die Siebenzahl der Sakramente, die

---

[92] Ebd. 20; 431f: „Antiqui igitur omnes religionem apud homines necessariam esse consentiunt. haec enim necessario sese consequuntur; Deus, homo, religio: Pater, filius, obsequium: Dominus, subditus, seruitium: Donator, acceptor, gratiarum actio: Beneficus, beneficiarius, hominium; vel potius, Creditor, debitor, obligatio. Ideoque recte a quodam dictum est, verisimile esse, Philosophos olim, Theologos primos fuisse. Nam, cum duabus alis ad Deum tendamus, intellectu et voluntate; simul ac intellectus statuit, Deus pater noster est; voluntas continuo infert, Ergo colendus et obseruandus."

[1] Der Niederländer Albert Pighius studierte in Löwen und Paris, hier bes. Naturwissenschaften, und folgte seinem Löwener Lehrer Adrian Florisz, der 1522 als Hadrian VI. Papst geworden war, nach Rom. Später kehrte er in die Niederlande zurück, wo er Propst in Utrecht wurde. Er nahm an den Gesprächen zur Förderung der Einheit in Worms und Regensburg 1540/41 teil.

[2] Albertus Pighius, Controuersiarum, qvibus nunc exagitatur Christi fides et religio diligens et luculenta explicatio, Ingolstadij MDXLI (Orts- und Jahresangabe finden sich am Schluß der Einleitung). – Herangezogen wurde der mehr als 400 Seiten umfassende 1. Teil mit den Controuersiae 1–9.

Priesterweihe, die Tradition, die Heiligenverehrung, die Gelübde der Ordensleute, den Zölibat und die kirchliche Gewalt. Daß in der Überschrift zu diesen Darlegungen „fides" und „religio" gemeinsam erscheinen, hat keinen ersichtlichen inhaltlichen Grund, wie die genannten Themen zeigen; die Doppelung weist eher auf eine umfassende pleonastische Ausdrucksweise als auf eine präzise theologische Absicht hin. Beide Termini stehen hier gleichberechtigt nebeneinander. Daraus folgt mindestens, daß „religio" noch nicht allein als generelle Bezeichnung dient und somit auch keine besondere Dominanz gewinnen konnte.

In der Einleitung und den folgenden Passagen des Buches wird „religio" allerdings eher seltener zusammen mit „fides" gebraucht[3]. Insgesamt dominiert im Gesamt seiner Darstellung dieser Begriff, wobei er durch die Hinzufügung von Adjektiven in seiner Bedeutung unterstrichen wird: Pighius spricht gern von der „catholica"[4], „orthodoxa"[5] oder auch „orthodoxa, et catholica fides"[6], daneben auch von „fides Christiana, et euangelica"[7], „uera, synceraque fides"[8] oder „fides recta, et catholica"[9] und schließlich von „fides catholicae aecclesiae (sic!)"[10]. Demgegenüber tritt „religio" sehr viel seltener und durchweg ohne solche Adjektive auf. So bleibt die Formulierung „noua ... religio" eine Ausnahme[11]. Auffällig ist, daß sich dieser Terminus besonders in der zweiten Kontroverse über Glaube und Rechtfertigung[12] nur im Titel der hier zitierten „Institutio" von Calvin nachweisen läßt[13]; schließlich geht es gerade auch hier um „fides" und nicht um „religio".

In den folgenden Passagen des Buches kommen, wenn auch insgesamt selten, die Doppelformulierungen „religio, et fides" vor[14]. Sie können gelegentlich verstärkt sein zu „Christiana doctrina, fides, religioque"[15]. Soweit nicht neutrale Bezeichnungen wie „sententia"[16] oder „doctrina"[17], beide zusammen[18] oder

---

[3] Ebd. Einleitung 3v: „pro reparanda unitate fidei, religionis synceritate, et Christiana pace in aecclesia"; vgl. auch 47v.

[4] Ebd. 25r, 48v, 51r, 64r, 80v, 85r u.ö.

[5] Ebd. 128r, 129v, 137v u.ö.

[6] Ebd. 47r, 68v, 86r, 103v, 130r u.ö.

[7] Ebd. 99v.

[8] Ebd. 68r, vgl. Einleitung 2r.

[9] Ebd. 68v.

[10] Ebd. 136v, vgl. 137v „orthodoxa catholicae aecclesiae (sic!) fides".

[11] Ebd. 160r: „Et miror sane de istorum hominum noua hac religione, tam exacte nos reuocante, ad unam Christi formam et exemplum, preter quod, nihil a nobis uolunt fieri".

[12] Ebd. 47v-112v.

[13] Ebd. 94r.

[14] Vgl. außer den zuvor genannten Belegen ebd. 116v, 121r, 122r, 124r, 126v, 129r, 144v, ähnlich, „fides et religio", 129r, 205r; auch findet sich „fides, religioque Christi", 115v, sowie „Christiana relligio (sic!) ac fides", 123r, und „lex Dei, fides, religio", 126v.

[15] Ebd. 122r.

[16] Vgl. z.B. ebd. 16v, 86v.

[17] Ebd. 86v, 120r, 121r, in Verbindung mit „fides" 150r, 190r.

[18] Ebd. 202v.

auch „ueritas"[19] gewählt sind, dominiert also „fides". Auch im Hinblick auf Luther ist von ihr die Rede[20]; in einer Randglosse kann es sogar „fides Lutherana" heißen[21]. Doch handelt es sich bei ihr letztendlich nicht um einen angemessenen Glauben, sondern um eine „impietas"[22]. Es fällt auf, daß Pighius sich mit schärferen Verurteilungen zurückhält. Es kommt ihm schließlich auf die „fidei unitas, et concordia" an[23].

In dieser Schrift nimmt Pighius also inhaltlich nicht des näheren zur „religio" Stellung. Er folgt diesbezüglich lediglich der Tradition, so, wenn er in der Einleitung mit dem Hinweis auf einen „instinctus naturalis" beginnt, aufgrund dessen alle Nationen und Völker eine Kenntnis der Gottheit haben und folglich schon seit Anfang der Welt keine Region, keine Stadt und kein Haus der „religio" entbehrt; nachdem aber der Sinn für die Gottheit durch die „idolatria" verdorben wurde und ein „in religione dissidium" entstand, kommt es nunmehr darauf an, die Einheit herzustellen, Frieden untereinander und Frieden Gott gegenüber zu bewahren und zu erhalten[24]. Allein in diesen kurzen Ausführungen der Einleitung verwendet Pighius „religio" nachhaltig; doch führt er die Überlegungen unmittelbar fort mit dem Hinweis auf die „unitas syncerae atque orthodoxae fidei".

Die zweite, gegenüber der ersten recht kurze Schrift des Pighius, die „religio" im Titel führt, wendet sich nicht einzelnen kontroverstheologischen Themen zu, sondern der Aufgabe, eine „in religione concordia" zu erreichen[25]. Für diese „concordia" bringt er immer neue Argumente. Zunächst hebt er hervor, daß durch diese Einmütigkeit die Menschen wie durch ein enges Band miteinander verbunden und vereint sind[26]. Entsprechend zerstören und entzweien die „in religione dissidia" die Einheit der „Christiana societas"[27]. Scharf wendet sich Pighius gegen den Zerstörer dieser Einheit, der nicht nur ein „desertor", sondern ein „haereticus" ist[28]. Es folgen Erörterungen über die Bedeutung der „fides", insbesondere über die feste Glaubenszustimmung[29], über die Kleinen im Glauben, die Kranken und Schwachen[30] und die Warnung vor Gesprächen mit den

---

[19] Ebd. 120r „orthodoxa, et catholica ueritas".
[20] Ebd. 80v, 82r, vgl. 152r (hier handelt es sich um die 2. mit 152 bezifferte Seite): „nouam illam prodigiosamque suae fidei doctrinam comminisci", vgl. schließlich 154r, sowie 107v mit der Bezeichnung „fides ... specialis".
[21] Ebd. 82r marg.
[22] Ebd. 97v, 106v.
[23] Ebd. 162r.
[24] Vgl. die Einleitung ijr: „... diuinitatis quidam, ac numinis sensus instinctu naturali insederit ..."
[25] Albertus Pighius, Ratio componendorum dissidiorum, et sarciendae in religione concordiae, Coloniae MDXLII.
[26] Ebd. A 4r.
[27] Ebd. A 3r.
[28] Vgl. die Ausführungen ebd. B 1r–B 4v, die Unterscheidung, daß „desertor" das Genus und „haereticus" die Spezies bezeichnet, C 2v.
[29] Ebd. D 1rff.
[30] Ebd. D 3rff.

Häretikern für solche, die dadurch angesteckt werden³¹. Denn daß die Häresien mit Krankheiten vergleichbar sind, steht für Pighius außer Frage³². Für die „conuersio", die zu fördern er auch ein privates Gespräch zulassen will³³, gilt es, die Irrtümer zu widerlegen³⁴.

Nachhaltig warnt Pighius vor der Gefahr, daß die Häresie weiter um sich greift, wobei er spezifische Hinweise vor allem für Bischöfe gibt³⁵. Mahnungen richten sich aber auch an die „saecularis ... potestas"³⁶, die wachsam zu sein hat gegen die „publici religionis hostes"³⁷. Trotz der Mißerfolge in bisherigen Disputationen³⁸ scheint Pighius doch überzeugt, daß sich durch solche Gespräche die „in religione concordia" erreichen lasse³⁹.

Deutlich wird also dieses Buch bestimmt durch die frühen Auseinandersetzungen im Gefolge der Reformation. Aufmerksamkeit verdient, daß Pighius nun ungewöhlich häufig von „religio" spricht. Durchgängig, besonders in den Einleitungs- und Schlußabschnitten, verwendet er „in religione concordia" bzw. „in religione dissidium" bzw. „dissidia"⁴⁰. Nur ausnahmsweise nimmt er auch für diese Aussage die Doppelung von „religio" und „fides" vor; dies geschieht noch am ehesten, wenn die Erhaltung der Einheit von „religio" und „fides" angemahnt werden soll⁴¹. Beide Termini gemeinsam kommen am häufigsten in einer allgemeinen, alles umfassenden Formulierung „quae ad fidem religionemque pertinent" vor⁴². Daß jedoch „religio" nicht vorwiegend den Anhängern der Reformation überlassen bleibt, zeigt die öftere Verwendung von „religionis hostes"⁴³. So findet sich auch die Bezeichnung „uera religio" im Unterschied zu „superstitio", welche die „falsae religionis cultores" betreiben⁴⁴. Demgegenüber erhält freilich die „fides" ein ungleich größeres Gewicht als die „religio". Zweimal wird die erstere thematisch hervorgehoben, einmal zu Beginn, wo Pighius, wie schon in seinem früheren Buch, die Festigkeit des Glaubens aufgrund des „assensus" herausstellt⁴⁵, zum anderen, wo er die Rechtfertigung nicht an die „fides", sondern allein an die Gnade Gottes in Christus Jesus bindet⁴⁶.

---

[31] Ebd. E 1rff.
[32] Ebd. E 2r, F 1r, H 2v.
[33] Ebd. E 2v „priuatum absque arbitris colloquium".
[34] Ebd. E 3vff.
[35] Ebd. F 3r–G 2v.
[36] Ebd. G 4v.
[37] Ebd. H 1v.
[38] Ebd. I 1vf.
[39] Vgl. die Schlußbemerkung ebd. K 3v, nachdem Pighius längere Passagen über diese Gespräche vorgelegt hatte.
[40] Vgl. bes. ebd. A 2r–A 3v sowie H 1v, H 2v, K 3r, K 3v.
[41] Ebd. G 4v, vgl. G 2r.
[42] Ebd. B 2v, 4v, C 2r, D 1r, 2rf, E 3r, 4v.
[43] Vgl. z.B. ebd. H 1v, 3v, 4r.
[44] Ebd. F 2v.
[45] Ebd. C 2v–D 4r.
[46] Ebd. I 3v–4v; an letzterer Stelle heißt es: „Iustitia ergo nostra, in una dei nobis in CHRISTO

An zwei Stellen nimmt Pighius auch eine offenkundige Relationsbestimmung zwischen den beiden Termini vor: die „syncera orthodoxaque fides" stellt das „uerae religionis ... caput et principium" dar und fungiert somit als „religiosae societatis uelut basis et fundamentum"[47]. Hier qualifiziert er die „fides" im Hinblick auf die „religio" eindeutig als die grundlegende und charakterisiert sie als „principium" der „religio" und zugleich als Basis und Fundament einer „religiosa societas". Freilich bestimmt er sie in diesem Kontext eigens als die „syncera orthodoxaque fides", obwohl eine unreine oder irrgläubige nicht angesetzt wird. Pighius liegt somit daran, die „fides" eigens hervorzuheben.

Vermerkt werden soll, daß nur nebenbei und hier wohl eher im Hinblick auf die Gegenseite von „sectae" gesprochen wird[48]; da jedoch der Ausdruck „sectatores" neutral erscheint[49], kann eine bewußt negative Verwendung von „secta" nicht angenommen werden.

Suchen wir ein Ergebnis aus diesem zweiten Buch zu formulieren, stellen sich Schwierigkeiten ein. Denn Pighius hat nicht eigens etwas über die „religio" gesagt. Er scheint mit diesem Terminus eher jenen Bereich anzusprechen, in dem sich die Spaltung auswirkt, und bestimmt die „religio" als jene, die Feinde hat, in der es Zwistigkeit oder Einmütigkeit gibt. Die „fides" dagegen wird aus diesem Streit eher herausgehalten, wobei in bezug auf die Reformatoren ebenso von „haeresis" wie von „superstitio" gesprochen wird. Immerhin läßt sich deutlich erkennen, daß die „fides" der „religio" zugrunde liegt. Aber letztere führt nicht zur Rechtfertigung, diese geschieht vielmehr durch die Gnade Gottes, die dem Menschen das Heilswirken Jesu Christi anrechnet.

Daß der Titel dieses Buches von „religio" spricht, dürfte darin begründet sein, daß diese Schrift sich um den entstandenen Streit und die Notwendigkeit einer Übereinstimmung dreht. Wie für die früheren Humanisten, so bedeutete auch für Pighius „religio" als völlig gängiges Wort des Lateinischen Beachtung der (manifesten) Pflichten gegen Gott, bei denen sich der Dissens niederschlägt, der durch Martin Luther seinen Ursprung genommen hat. Interessant ist, daß die Doppelung mit „fides" dort zum Ausdruck kommt, wo es um das Ganze geht, das es zu einigen gilt, während „religio" eher dort erscheint, wo eben diese Einheit zerstört ist und wo die Spaltung wieder in die Einheit überführt werden muß[50].

IESV ignoscentis consistit gratia et misericordia: qua nobis etiam fidem ipsam, tametsi iustitia non sit, gratiose et misericorditer ad iustitiam imputat."

[47] Ebd. B 1r, vgl. D 3v, wo noch einmal von der „religiosa societas" gesprochen wird, „cuius fides basis est".

[48] Ebd. F 4r.

[49] Vgl. ebd. F 2r, „sectari" vgl. E 4r, hier jedoch von den Reformatoren.

[50] Zu astrologischen Spekulationen von Pighius vgl. die abschließende Zusammenfassung mit Anm. 18.

Georg Cassander

Dem katholischen Vermittlungstheologen Georg Cassander (1513–1566)[1] wird eine kleine Schrift zugeschrieben, die angesichts des „Religionis dissidium" eindringlich zur Einheit mahnt. Eingangs spricht sie von den „controversiae Religionis" bzw. den „fundamenta Religionis nostrae"[2], doch dann verwendet sie im ganzen den Terminus „religio" selten. An zentraler Stelle nennt sie statt dessen die „Catholica traditio", für deren Richtigkeit sie drei Kriterien nennt, nämlich „antiquitas, universitas, et consensio"[3]. Sonst bevorzugt sie ganz offensichtlich „pietas". Gibt es die Uneinigkeit in der „religio", so soll man sich nicht vom „pietatis studium", d.h. vom Eifer sowohl der bzw. für die Frömmigkeit abbringen lassen; die „pietatis summa" besteht im Glauben an Christus, den Gekreuzigten und Auferstandenen, und in der Liebe zu Gott und dem Nächsten; sie kommt in einfachen Worten zum Ausdruck, in denen kein Dissens besteht[4].

Ein Zitat des Hilarius resümiert, daß in der Einfachheit der Glaube, im Glauben die Gerechtigkeit, im Bekenntnis die Frömmigkeit beschlossen ist[5]. Nur dort, wo es um das Gemeinwesen und die Kirche geht, findet sich bevorzugt „religio"; die Schrift warnt davor, himmlische und irdische Dinge zu vertauschen und dabei die „religio" als Fundament des Gemeinwesens zu gebrauchen[6]. In diesem Zusammenhang kann die Verwendung von „religio" nicht verwundern, wohl aber, daß sie im Hinblick auf die eher persönliche Einstellung hinter „pietas" zurücksteht.

In seiner ausführlichen Schrift „De articulis Religionis", die zwischen Katholiken und Protestanten kontrovers sind, spricht Cassander nach einem kurzen

---

[1] Der Flame Georg Cassander studierte in Löwen und lehrte Theologie in Brügge und Genf; später lebte er in Köln und Duisburg und bemühte sich um die Einigung der Konfessionen bes. als Berater des Herzogs von Jülich-Cleve-Berg und der deutschen Kaiser Ferdinand I. und Maximilian II.

[2] [Georg Cassander], De officio pii ac publicae tranquillitatis uere amantis uiri, in hoc Religionis dissidio, o.O. MDLXI, 3, vgl. auch 25.

[3] Ebd. 7.

[4] Ebd. 29f: „Inanis autem mihi eorum oratio uidetur, qui his Religionis dissidiis se a pietatis studio retardari et auocari queruntur. Satis enim ampla pietatis exercendae materia in iis rebus, quibus in rebus utrinque conueniunt, proposita est. Nam de fide in Christum mortuum et resuscitatum pro nobis collocanda, et charitate Deo et proximo exhibenda, controuersia nulla est. Porro in his duobus capitibus pietatis summa consistit. Quid enim est aliud pietas, quam officium praestare Deo? ... Non igitur pietas subtiles arduarum et difficilium quaestionum disceptatores, et curiosos latentium et abditarum rerum inuestigatores: sed simplices breuissimi uerbi, hoc est mortui et resuscitati Christi professores, et fidos uoluntatis suae executores requirit."

[5] Ebd. 31.

[6] Ebd. 34f: „Qua re nequaquam hic quorundam hominum, qui Reipublicae consiliis adhibentur, studium probandum est: qui rerum ordine inuerso, humanis diuina et terrenis coelestia cedere uolunt: et religione tanquam Lesbia regula, ad praesentem qualemcunque Reipublicae statum componendum et tuendum, utendum censent: cum Rempublicam et Ecclesiam lapsam et deformatam, non ad religionis normam erigere et constituere, sed Religionem ad Reipublicae et Ecclesiae qualemcunque structuram sarciendam et fulciendam inflectere et detorquere nituntur ..."

Kapitel über die Einheit des göttlichen Wesens ausführlich über umstrittene Themen wie Schuld, Rechtfertigung und gute Werke, über Kirche, Papsttum und Sakramente sowie schließlich über Einzelfragen wie Prädestination, gute Werke, Heiligenverehrung, eucharistische Prozession, Zölibat und Messe. In keinem dieser Kapitel geht es ausdrücklich um „religio". Das zuvor schon gezeichnete Bild bestätigt sich, daß neben der „religio nostra"[7] oder der „Christiana religio"[8], deren Hauptkapitel erörtert werden sollen, sich bevorzugt „pietas" findet[9]. Auch der Titel dieses zweiten Buches kann daher nur sehr unspezifisch verstanden werden. Cassander behandelt solche Themen, die interkonfessionell umstritten sind, und dabei insbesondere Vollzüge, die man Gott gegenüber beachten muß; darüber hinaus wendet er sich grundlegenden Aussagen des Glaubens zu. Auch sie können also unter dem gewählten Titel abgehandelt werden. Aber „religio" trägt keinen besonders herausgestellten Akzent.

Kontroverstheologische Abgrenzungen

Nun gilt es, der Frage nachzugehen, ob vielleicht in den Auseinandersetzungen im Gefolge der Reformation der Terminus „religio" an Profil gewinnt, ob er eher zur Akzentuierung und Abgrenzung der eigenen Position herangezogen wird als die gerade durch die Reformation so heftig umstrittene „fides".

JERÓNIMO OSÓRIO

Begonnen werden soll mit einem kurzen Hinweis auf Jerónimo Osório (1506–1580)[1]. Dieser hat seine apologetischen Auseinandersetzungen unter die Überschrift „De Religione" gestellt. Freilich thematisiert er sie nicht, auch wenn er ihr einen besonderen Rang zubilligt[2]. Doch nicht nur sie allein, sondern „pietas" und „religio" zusammen stellen jene beiden Haltungen dar, die Osório der Königin Elisabeth empfiehlt, der er seine Kritik an Gualterus Haddonus († 1572)

---

[7] Georgius Cassander, De articulis Religionis inter Catholicos et Protestantes controversis consultatio, Coloniae MDLXXVII, *7v.

[8] Ebd. 11.

[9] Vgl. z.B. ebd. 22, 39, 108, 120.

[1] Der Portugiese Jerónimo Osório war nach Studien in Salamanca, Paris und Bologna in verschiedenen Ämtern und schließlich als Bischof in Südportugal tätig. Seine weitreichenden Verbindungen zeigen sich in Briefen an die englische Königin Elisabeth I.

[2] Hieronymus Osorius, In Gualterum Haddonum, Magistrum libellorum supplicum apud clarissimam Principem Helisabetham Angliae Reginam, de Religione libri tres, Dilingae 1569, 14r: „Sed quo magis religio omnibus virtutibus praestat (omnes enim ex illa oriuntur, et eiusdem complexu et gremio continentur) eo magis metuendum est, ne impietas in nomen pietatis, atque religionis inuadat, et per simulationem sanctitatis omnes sanctitates euertat." Vgl. 207r „religio verissima".

gewidmet hat³. Die langen Zurückweisungen, die Osório in diesen Texten vornimmt, lassen keinerlei Grund erkennen, warum gerade „religio" im Titel erscheint. Immerhin kann er sehr wohl von „Christiana pietas" sprechen⁴. Und auch „fides" beschränkt er nicht auf den eigenen katholischen Bereich, heißt es doch ebenso auch „Lutheri fides"⁵. Sieht man also vom Titel ab, so bleibt „religio" in Bedeutung und Verwendung im bisherigen Maße begrenzt.

Franciscus Sonnius

Eine besondere Nuance bringt Franciscus Sonnius (1507–1576)¹, die sich freilich nicht so sehr durchhielt. Denn wie kaum jemand sonst hat er zwar den Aspekt festgehalten, daß die „Religio" auf die Seite der Natur gehört; zum anderen aber stellte er heraus, daß sie nicht lange vom Wort Gottes getrennt bleiben kann. Hier zeigt sich also in einer spezifischen Aussage eine Verwischung der sonst eingehaltenen Grenzen, ohne daß deswegen die „Religio" schon rein auf die Seite der Offenbarung gehörte².

---

³ Ebd. 12v: „Postremo, cum omnis Respublica principum mores imitetur, necesse profecto est, vt si princeps fuerit egregius pietatis, atque religionis cultor, vniuersa Respublica sese eadem religione constringat. Religio autem cupiditatem refrenat, petulantiam comprimit, insolentiam frangit, temeritatem et audaciam coërcet, hominesque modestos reddit, et legibus, atque legum custodibus obsequentes. Nihil est enim ad continendam cupiditatis immoderationem, et reprimendam iactationem, atque leuitatem metu diuini numinis efficacius." Beide Termini in wechselnder Reihenfolge finden sich häufiger, vgl. z.B. 43v, 44v, 50r, 67r, 111v, 166r.

⁴ Ebd. 29v, 99v.
⁵ Ebd. 146v.

¹ Der aus Brabant stammende Franciscus Sonnius (van de Velde) war Professor und Rektor der Universität Löwen und 1545–1560 als Inquisitor tätig; zeitweilig war er als Berater auf dem Konzil von Trient; er nahm am Religionsgespräch zu Worms 1557 teil. Nach der Errichtung von Bistümern in den Niederlanden wurde er 1561 Bischof von 's-Hertogenbosch und 1570 von Antwerpen. Vgl. dazu Johann Heinrich Zedler, Grosses Vollständiges Universal-Lexicon IX, Leipzig-Halle 1735, ND Graz 1961, 1665f.

² Franciscus Sonnius, Demonstrationum Religionis Christianae ex verbo Dei Libri tres, Antverpiae MDLXIIII; II; 35 r (diese Einleitung in das Buch II ist abschließend mit dem Datum 1555 versehen): „Lustrans itaque omnia, qua potui circumspectione, soliciteque perquirens, quidnam tantopere labefaceret Religionem Christianam, nunc temporis magis quam pridem: vnde tam immensus languor eius: vnde scissurae: vnde nascatur quod tam paucis placeat vetus tradendi forma, et noua quaedam ambiant omnes: animaduerti tandem, id esse naturale Religioni, quod vniuersis: nempe non posse diu subsistere extra suum, quo conseruatur, principium. Si aquatilia submoueas extra aquam, aut aera extra aerem, contabescunt illico, diu consistere nequeunt. Haud dißimiliter, si subducas Religionem paulo longius extra verbum Dei, genuinum et originis suae et conseruationis principium, tepescit, languescit, intercidit tandem: et id quidem certo, si peregrinam admistionem multo tempore sustinere cogatur. Exinde etiam animaduerti, quod quemadmodum communis mater Natura indidit cunctorum mentibus inclinationem, seu στοργὴν, quandam physicam, cognoscendi veri, ex suo ipsius principio: ita et Spiritus Dei sanctus, quo signamur, in die redemptionis nostrae, inserit pectoribus Christianorum iugem quandam propensionem cognoscendi quae Religionis sunt, ex ipso

Martin Kromer

Der abgrenzenden Apologetik gegen die Reformation dient auch die ausführliche Abhandlung von Martin Kromer (um 1512 bis 1589)[1]. Freilich widmet er nicht der „religio" seine spezielle Aufmerksamkeit, wenn er auch einigermaßen häufig von „religio nostra"[2], „religio Christiana"[3], „religio nostra Christiana"[4] oder auch „sacrosancta Christiana religio"[5] spricht und selbstverständlich zwischen „vera et falsa religio" unterscheidet[6]. Als schließlich erreichtes Ziel dieses umfangreichen Dialogs, den Gesprächspartner des apologetisch argumentierenden „Monachus" zur Zustimmung zu bringen[7], gibt Kromer an, die „omnis de fide et religione doctrina"[8] glaubwürdig dargelegt und geprüft zu haben. Der „Monachus" bringt denn auch zum Ausdruck, daß nur in der „ecclesia catholica" die „vera de Deo et religione eius doctrina, veraque et sempiterna salus" gegeben ist[9]. An dieser wichtigen Stelle sagt Kromer „religio".

---

diuinae revelationis verbo, velut natiuo fonte, vnde et purius profluit, et afficit magis eam, quae secundum Deum est, regeneratione Spiritus sancti, creaturam."

Darum will Sonnius in diesem Buch in die „mysteria Religionis" einführen, „quia philosophia naturalis, humanaque ratiocinatio habent nescio quid peregrinum a diuinis: ideo confidimus istam quam parauimus demonstrandi rationem magis fore commodam, magisque vtilem cunctis atque amabilem. Primum quidem quod Religio in proprium relata principium, viuidior sit, fecundiorque fructu salutiferae vbertatis in populo."

[3] Ebd. vgl. I tract. 1 cap. 17; 20 va: „Dei enim donum est fides, et ea quae ex fide pendet religio." – Ergänzend sei darauf hingewiesen, daß Sonnius dann noch einmal von der „vtilitas et religio" des Eides spricht, III tract. 3 cap. 5; 166r.

[1] Nach Studien in Krakau und Bologna war Martin Kromer seit 1542 Domherr in Krakau, nach 1545 vielfach auf Gesandtschaftsreisen und seit 1558 Gesandter in Wien; 1569 wurde er Administrator, 1571 Koadjutor und schließlich 1579 Bischof des Ermlands. Er war bemüht, die Reformdekrete des Trienter Konzils in die Praxis umzusetzen.

[2] Martinus Cromerus, Monachus, siue Colloquiorum de Religione Libri quatuor, binis distincti dialogis, Coloniae 1568, etwa 235, 271, 312, 691. – Während die Bücher I bis III ohne weitere Unterteilungen durchpaginiert sind, beginnt mit Buch IV eine neue Paginierung, die im folgenden angegeben wird.

[3] Ebd. etwa 20, 55, 57 im Vergleich mit den Türken, 82, 219, 237 usw.
[4] So etwa ebd. 300, 312, 348.
[5] Vgl. z.B. ebd. Praefatio * 2 v.
[6] Ebd. * 4 r.
[7] So ebd. IV 214.
[8] Ebd. IV 212.
[9] Ebd. IV 213.

Wie schon hier, so verwendet Kromer durchgängig eine Fülle von Doppelformulierungen, etwa „fides et religio"[10], „religio et pius zelus"[11], „religio et modestia"[12], „religio ac dogmata"[13], „doctrina et religio"[14], „religio et pietas"[15], „religio et cultus"[16] sowie schließlich „religionis Christianae dogmata ac ritus"[17]; es findet sich sogar „lex et religio"[18]. Alle diese Doppelformulierungen zeigen, wie sehr „religio" nebengeordnet verwandt werden kann und folglich durchaus nicht ausschließlich oder wenigstens überwiegend allein gebraucht wird.

Den Plural verwendet Kromer hingegen nur im Sinne der „falsae religiones", bei denen er übrigens als besondere Pointe ein Einwirken der Dämonen gegeben sieht, so daß innergeschöpfliche Wirklichkeiten als „dij" verehrt werden[19]. Bei allem darf nicht übersehen werden, daß Kromer die „religio" in der „fides" gegründet sein läßt[20].

Ausdrücklich stellt er darüber hinaus fest, daß die „religio nostra" die „externi diuini cultus ritus, ac caeremoniae" nicht zurückweist, im Gegenteil, denn Gott hat nicht nur die „mentes solae et animae", sondern auch die „corpora" zu seiner Ehre geschaffen und erlöst; deswegen will er auch nicht nur durch die „interior agnitio, mentisque et voluntatis erectio", sondern auch durch die „exterior corporis habitus et adoratio" geehrt und angerufen werden[21]. Diese Aussage ist besonders aufschlußreich, weil sich hier die so nicht gängige Unterscheidung von „interior" und „exterior" findet, die aber gerade keine Dichotomie besagt, sondern die untrennbare Einheit zum Ausdruck bringen will; denn der Mensch existiert schließlich gerade in der Einheit von Seele und Körper. Diese Einheit für die „religio" aufzulösen, bleibt denn auch einer (sehr viel) späteren Phase vorbehalten.

---

[10] Vgl. z.B. ebd. 43, 296.
[11] Vgl. ebd. 254.
[12] Vgl. ebd. 41.
[13] Vgl. ebd. 155.
[14] Vgl. ebd. 272.
[15] Vgl. etwa 573, IV 82.
[16] Vgl. ebd. 443.
[17] Vgl. ebd. 681.
[18] Vgl. ebd. 303.
[19] Ebd. 261: „Hinc postea falsae religiones ab hominibus excogitatae, vel maligna daemonum fraude suggestae extiterunt: Quibus non modo verus rerum omnium opifex Deus secus, quam par esset, et quam ipse vellet, verum etiam naturae ab ipso conditae et longe infra diuinitatem positae pro dijs coli coeperunt."
[20] Ebd. 563: „Etenim fides, quae est religionis Christianae fundamentum, sicuti miraculis in animos hominum insinuatur, ita si ijs semper innitatur, non modo non accipit incrementum, sed languescit etiam". Diese Feststellung trifft Kromer übrigens im Zusammenhang mit seiner Bemerkung, daß die „religio Christiana" nicht das „ius gentium" beseitigt, 562.
[21] Ebd. 312.

Ninian Winzet

Auch der Kontroverstheologe Ninian Winzet (1518–1592)[1] hat in seinen primär den staatlichen Bereich betreffenden Überlegungen nicht eigentlich von „religio" gesprochen. Er vertritt zwar die „orthodoxa et Catholica religio"[2], die „sincera Dei religio"[3], die „vniuersa Christiana religio", die nun so bedroht wird[4], auch hält er an der „vera religio"[5] fest; aber es geht ihm nicht primär um die „religio". Das gilt selbst dann, wenn er gelegentlich diesen Terminus auch über den Bereich des Christentums hinaus etwa für die Türken anwendet, deren Ziel gewesen sei, eine „noua religionis facies" anzuführen[6]; doch handelt es sich bei ihnen um „superstitio"[7]. Denn es gibt außerhalb des katholischen Bereichs nur „falsa religio"[8]. Winzet geht es statt um die „religio" um die „fides Christiana"[9], um „fides et pietas"[10] oder auch „fides et religio"[11]. Nur die „Catholica fides" verdient die Bezeichnung „fides", sonst handelt es sich um „perfidia"[12].

Thomas Beaux-amis

Die Arbeit von Thomas Beaux-amis (1524–1589)[1] erregt unser Interesse, weil sie „secte" im Titel führt. Die Durchsicht dieses Werkes ergab einen aufschlußreichen Befund, insofern hier alle Abspaltungen „secte" genannt werden, die sich jemals von der katholischen Kirche getrennt haben oder als Häretiker ausgeschlossen worden sind. Die Bezeichnung bleibt also nicht auf eine Zeit der Kirchengeschichte beschränkt, sie gilt vielmehr von Anfang an, seit es Spaltungen gegeben hat. Solche lassen sich bis zurück in das Neue Testament hinein verfolgen, wie Beaux-amis auch hinsichtlich seines Themas verdeutlicht, wenn er auf

---

[1] Ninian Winzet wirkte nach Studien und verschiedenen Tätigkeiten in Schottland nicht zuletzt am Hof Maria Stuarts. Nach seiner Flucht 1562 hielt er sich in Belgien und Frankreich auf, kehrte noch einmal zur gefangenen Maria Stuart zurück, lebte dann in Emigrantenkreisen in Belgien und in Rom und wurde schließlich Abt des Schottenklosters in Regensburg.
[2] Ninianus VVinzetus Renfrous, Flagellum Sectariorum, qui Religionis Praetextu Seditiones iam in Caesarem, aut in alios orthodoxos Principes excitare student; quaerentes ineptissime quidem Deone magis, an Principibus sit obediendum?, Ingolstadii MDLXXXII, 35.
[3] Ebd. 96.
[4] Ebd. 134.
[5] Ebd. 49, 140.
[6] Ebd. 132.
[7] Ebd. 44, 140.
[8] Ebd. 100.
[9] Ebd. 99; „vera fides" findet sich gleichfalls 140.
[10] Ebd. 20.
[11] Ebd. 49, 76.
[12] Ebd. 140, Randnotiz.

[1] Thomas Beaux-amis, Mitglied des Karmeliterordens, wirkte vor allem als Prediger, längere Zeit auch am französischen Hof, und veröffentlichte zahlreiche kontroverstheologische Schriften.

die Gegner der Eucharistieaussagen nach dem Johannes-Evangelium (Joh 6)[2] oder auch auf den Judas-Brief[3] verweist. Von diesen Anfängen her legt Beaux-amis eine Fülle von Abspaltungen dar, die die Eucharistie zum Thema haben, so die Gnostiker ebenso wie die Arianer oder die Donatisten, die mittelalterlichen Häretiker wie Berengar und die drei sich auf ihn berufenden „sectes" bis zu den Lutheranern in ihren verschiedenen Richtungen sowie den Zwinglianern und den Calvinisten.

Es verdient Beachtung, daß Beaux-amis dabei nirgends ausdrücklich begründet, warum er alle diese Abspaltungen als „sectes" bezeichnet. Es läßt sich somit nicht erhärten, daß er „secte" schon im Sinne der neuzeitlichen Bezeichnung ‚Sekte' versteht, statt die Wortbedeutung „Gefolgschaft" beizubehalten. Entsprechend der bisherigen Tradition scheint sich aber letztere nahezulegen, so daß die negative Besetzung des Terminus „secte" allein aus dem Sprachgebrauch folgt; denn Beaux-amis bezieht dieses Wort nicht mehr auf die katholischen Christen.

Positive bzw. neutrale Bezeichnungen verwendet Beaux-amis für die Abspaltungen nur sehr selten. Es bleibt daher die Ausnahme, wenn er „confession" für die Mohammedaner[4] oder die Lutheraner[5] bzw. „doctrine"[6] oder „eglise"[7] für die Calvinisten oder für fremde Glaubensrichtungen[8] verwendet. „Secte" selber wird nur selten mit einem Namen in Beziehung gebracht[9], zuweilen nennt er erst den Namen und spricht dann von der genannten Gruppe als „secte" oder als „cette secte"[10]. Statt dieser Bezeichnung kann er auch „impieté"[11] und natürlich „heresie"[12] sagen.

Demgegenüber verwendet Beaux-amis für seine eigene Glaubensgemeinschaft einmal eher neutrale Bezeichnungen wie „nostre confession Chrestienne et Catholique"[13] oder „doctrine Catholique"[14] bzw. „Chrestienne"[15]. Spezifisch dagegen erscheint wohl am meisten „Eglise", präzisiert als „Catholique"[16],

---

[2] Thomas Beaux-amis, Histoire des sectes tirees de l'armee sathanique, lesquelles ont oppugné le sainct Sacrement du corps et sang de Iesus-Christ, depuis la promesse d'iceluy faicte en Capernaum iusques à present, Paris 1576, 13rff.
[3] Ebd. 15rff.
[4] Ebd. 65v in einem Zitat.
[5] Ebd. 135v, sowohl in Anklang an die hier genannte „Confession d'Ausbourg". Vgl. auch 144r.
[6] Ebd. 145r und v.
[7] Ebd. 143v.
[8] Ebd. 144r.
[9] Ebd. „secte Manichee" 63r; „la secte des Ascodrutes" 45v; „secte des Adamites" 37v; „secte Gnostique" 22v.
[10] Ebd. 22r, 24r, 25r, 36r, 38r und so durchgängig.
[11] Ebd. 43v, 47r, 56r, 57v, 59v, 60r, 63r, 65r.
[12] Ebd. 56r, 57v, 62v, 63r, 110v.
[13] Ebd. 12v.
[14] Ebd. 40v.
[15] Ebd. 41v.
[16] Ebd. 149v.

"Chrestienne"[17] bzw. "Chrestienne et Catholique"[18]. Darüber hinaus werden die positiven Bezeichnungen wie „pieté"[19], „nostre foy"[20], genauer „la foy vraye, Catholique et Apostolique"[21] oder „foy, pieté et saincteté"[22] für die katholische Kirche reserviert. Zuweilen, aber nicht eben häufig erscheint auch „nostre religion"[23] oder „la Religion chrestienne"[24] bzw. "Catholique"[25].

Beaux-amis kennt auch die Gegenüberstellung von „vraye et faulse religion"[26], aber er mag im Hinblick auf die „sectes" auch nicht von „faulse religion" sprechen, ein Zeichen dafür, daß „religion" ein grundsätzlich positiver Terminus bleibt.

Als Fazit läßt sich konstatieren, daß Beaux-amis den nicht ausdrücklich negativ bewerteten Terminus „secte" für alle Abspaltungen verwendet, so daß dieser zwar nicht ausdrücklich, wohl aber faktisch einen negativen Akzent erhält, während für die katholische Kirche verschiedene Termini reserviert bleiben. Dabei wird die bisherige konkrete, spezifisch eingeengte Fassung von „religion" ebensowenig aufgegeben, wie etwa „foy" eine universale Kategorie wird, unter die auch andere Überzeugungen fallen könnten. Insbesondere der Beginn einer Neukonzeption von ‚Sekte' bedarf also weiterer Untersuchungen.

Jacobus Pamelius

In Jacobus Pamelius (1536–1587) begegnen wir wieder einem katholischen Autor[1]. Sein hier zu behandelndes nicht eben umfangreiches Buch stellt eine Denkschrift an die Stände Belgiens dar, versehen mit einer Widmung an Alexander Farnesius, Fürst von Parma und Gouverneur von Belgien. In seinen Darlegungen lehnt Pamelius das Miteinander verschiedener Überzeugungen in ein und demselben Gemeinwesen entschieden ab. Zur Begründung verwendet er bibli-

---

[17] Ebd. 63v, 65r.
[18] Ebd. 14v, 35r. – Vgl. aber den o. mit Anm. 8 genannten Ausdruck „Eglises estrangeres Caluiniques", 144r.
[19] Ebd. 17r.
[20] Ebd. 49v, 97r.
[21] Ebd. 69v.
[22] Ebd. 67v.
[23] Ebd. 49r, 91v.
[24] Ebd. 7v, 51r, 56v, 80v in Groß- und Kleinschreibung.
[25] Ebd. 86v.
[26] Ebd. 93v.

[1] Jacobus Pamelius war nach Studien in Löwen, Paris und Padua Kanoniker in Brügge. Durch Kriegsunruhen sah er sich gezwungen, nach St. Omer auszuweichen. Von Philipp II. von Spanien wurde er zum Propst von Utrecht und später zum Bischof von St. Omer ernannt, er starb jedoch vor Übernahme dieses Amtes. Auf geistigem Gebiet hat er sich vor allem als Patristiker einen Namen gemacht. Vgl. Johann Heinrich Zedler, Grosses Vollständiges Universal-Lexicon XXVI, Leipzig-Halle 1740, ND Graz 1961, 430f.

sche, patristische sowie nichtchristliche Texte der Antike und fügt zahlreiche Beispiele der römischen und frühchristlichen Geschichte an. Mit diesen Zeugnissen sucht er seine These nachzuweisen, daß jegliche „tolerantia" vom Übel ist und daß die „haeretici" nicht geduldet werden dürfen[2]. Seiner Meinung nach hat Gott zu Recht jede Gemeinschaft mit den Götzendienern verboten[3]. Es stört ihn nicht, als Argument für seine These aufzunehmen, daß auch Heiden neue „Religiones" ablehnten[4] und deswegen Verfolgungen in die Wege leiteten[5]; er will damit zeigen, daß schon immer als Regel gegolten hat, in einem Staatswesen nur eine einzige „Religio" zuzulassen. Auch dient ihm als Argument, daß nach der Christianisierung Kaiser verschiedene *„sectae"* zugelassen haben, um so die „*Religio Christiana*" zu zerstören[6]. Ihm genügt, daß sie ihr Ziel nicht erreichten; sein Argument lautet, daß auch die Heiden, wenn es um ihre Sache ging, keine „*Religionis pristinae innouatio*" zuließen[7]. Die Einheit gilt es auf jeden Fall zu erhalten.

Welche Bedeutung der Einheit zukommt, zeigt Pamelius sodann durch Gegenbeispiele, nämlich die Zulassung eines Götzendienstes seitens christlicher Herrscher[8]. Wenn aber solche Herrscher den *„sectae"* gegenüber Nachsicht haben walten lassen, hatten sie dies später ebenso zu bereuen[9] wie jene Kirchenväter, die sich zeitweilig für Milde ausgesprochen hatten, was etwa für Augustinus der Fall gewesen ist[10]. Es ist also für Pamelius nicht zu bezweifeln, daß Ablehnung und Verbot der „haeretici" ausnahmslos durchgehalten werden müssen[11]. Wer dem zuwiderhandelt, wird von Gott bestraft[12]. Nicht nur für die Kirche, sondern eben auch für den Staat bedeutet es somit einen schweren Schaden, eine „Religionis haereticae libertas" zu üben[13].

In den Darlegungen zur Begründung dieser Ansicht verwendet Pamelius „religio" häufig und völlig selbstverständlich. Nirgends scheint es ihm erforderlich, den Terminus inhaltlich genauer zu bestimmen. Wenn der Titel des Buches von „religiones" spricht, können damit nur die später sogenannten Konfessionen gemeint sein; denn bezogen auf Belgien, Holland und Seeland können sie allein die verschiedenen christlichen Gruppierungen bezeichnen, um deren „libertas aut

---

[2] Jacobus Pamelius, De Religionibus diuersis non admittendis in vno aliquo vnius Regni, Monarchiae, Prouinciae, Ditionis, Reipublicae, aut Ciuitatis loco, Antverpiae MDLXXXIX, vgl. bes. den Epilog 158f.
[3] Ebd. 23ff.
[4] Ebd. 40f.
[5] Ebd. 45, bes. 46ff.
[6] Ebd. 45.
[7] Ebd. 40.
[8] Ebd. 49–82.
[9] Ebd. 124ff.
[10] Ebd. 129ff.
[11] Vgl. ebd. 83ff oder 138ff.
[12] Ebd. 152ff.
[13] Ebd. 158.

tolerantia" Pamelius so große Sorgen hat[14]. Die gleichfalls in dieser Praefatio angesprochene „libertas Religionum" meint also Konfessionsfreiheit[15]. In dieser Richtung weist auch die verschiedentliche Formulierung „religio Catholica"[16]. Freilich bleibt der Terminus nicht auf einzelne Konfessionen beschränkt, vielmehr können sie zusammen als „Christiana Religio" bezeichnet werden[17] im Unterschied zu anderen Überzeugungen, die wiederum „Religiones" genannt werden können[18].

Häufiger verwendet Pamelius für diese jedoch „sectae"[19]. Wenn sich mit dieser Bezeichnung möglicherweise ein negativer Klang verbindet[20], so kann dieser nur aus der faktischen Verwendung abgeleitet werden. Denn allenfalls können häretische Gruppierungen als „sectae" bezeichnet werden[21]. Verstärkend spricht Pamelius im Hinblick auf sie auch von „haereses et sectae"[22].

Daß mit der „Religio" die Frage nach der Wahrheit verbunden bleibt, läßt sich aus der bei Pamelius wiederkehrenden Unterscheidung von „vera Religio" und „*falsa religio*"[23] ersehen. Die Absicht des Autors geht denn auch dahin, die „Religio Catholica" in ganz Belgien wiederherzustellen[24]. Gerade für diesen Bereich lehnt er das Nebeneinander verschiedener „Religiones" ab[25].

Beachtung verdient nun, daß auch frühere Termini wie „Catholica ... lex"[26] sowie „fides Christiana"[27] wiederkehren. Freilich kommen sie nur selten vor. Gern scheint Pamelius dagegen verstärkte Formulierungen zu verwenden; wenn er die notwendige Einheit unterstreichen möchte, sagt er „... vna religio et vna fides, vinculum est et humanae et Christianae societatis"[28]. „Fides et religio" verwendet er auch anderwärts zusammen[29]. Noch einmal unterstreicht er seine Aussage, wenn er die Aufforderung des Papstes Gelasius an den Kaiser Anastasius zitiert, dieser solle für die „religio", die Wahrheit und die Reinheit des katholischen Glaubens sorgen[30]. Überdies scheint die alte Bedeutung von „religio" durch, wenn Pamelius von einer „religio" der „Catholica ... fides" spricht. Verwendet er „religio" auch im Plural als übergeordnete Bezeichnung und hier im

---

[14] Ebd. 3f. – Der Kursivdruck der gesamten Praefatio wird von uns nicht übernommen.
[15] Ebd. 5.
[16] Ebd. 7, 10.
[17] Ebd. 43, 45, 97 u.ö.
[18] Vgl. z.B. ebd. 40ff; in ihrem Bereich gibt es auch eine „nova Religio".
[19] Ebd. 45, vgl. 49, 54.
[20] Ebd. 28.
[21] Ebd. 70.
[22] Ebd. 125.
[23] Ebd. 17.
[24] Ebd. 10.
[25] Ebd. 15, vgl. noch einmal die Zusammenfassung 158f.
[26] Ebd. 57.
[27] Ebd. 50.
[28] Ebd. 16.
[29] Ebd. 65, vgl. 74 „Religio et fides Catholica".
[30] Ebd. 103: „... vt Religioni, vt veritati, vt sinceritati Catholicae communionis et fidei ..."

Sinne von Konfessionen, so dürfte eine grundlegende Generalisierung noch nicht erreicht sein; die Bedeutung dieses Terminus findet darin ihre Begrenzung, daß es nur eine einzige „vera religio" geben kann[31].

JOHANNES PISTORIUS

Bei Johannes Pistorius (1546–1608)[1] fällt insbesondere die nachhaltige Vermeidung des Terminus „Religion" auf, obwohl dieser im Titel des Buches erscheint. Die Ausführungen nennen entweder die beiden Parteien „Catholische" und „Neuwglaubige"[2], oder sie sprechen vom „Glauben", vom „Lutherischen/Caluinischen/Widertaufferischen Glauben"[3]. Hier wird also auch den verschiedenen Denominationen „Glauben" bescheinigt, eine lange vermiedene Formulierungsweise. Diese Verwendung muß selbst dann verwundern, wenn Pistorius natürlich den eigenen „Catholischen Glauben" als den „Christlichen Glauben"[4] verteidigen und den der anderen ablehnen will, wenn das „GLAVB ALLEIN" ihm als „Grewliche Lutherische verfelschung der Bibel" erscheint[5]. Es ist also terminologisch gesehen eine Rarität, wenn Pistorius von der „uralten Catholischen Religion"[6] spricht.

Resümieren läßt sich also, daß Pistorius „Religion" nicht eigens thematisiert, daß er vielmehr durchweg von „Glauben" spricht, den er sogar der Gegenseite zubilligt, selbst wenn er natürlich festhält, daß es sich bei ihr nicht um einen rechten Glauben, sondern um „Lutherische Gottslästerungen" handelt[7]. Gemildert wird diese Kennzeichnung allerdings durch deren ständige Benennung als „Neuwglaubige".

---

[31] Entsprechend ist von „idolatria" die Rede, vgl. ebd. 28, oder von „Religio haeretica", vgl. 158.

[1] Johannes Pistorius, Sohn von Johannes Pistorius, dem ersten lutherischen Pfarrer in Nidda, war zunächst Hofarzt in Durlach, schloß sich dem Calvinismus an und konvertierte 1590 zur katholischen Kirche. Aus Anlaß der Konversion des Markgrafen veranlaßte er mehrere Religionsgespräche, war zeitweilig Generalvikar in Konstanz und später Dompropst in Breslau und Beichtvater Rudolfs II. von Österreich.

[2] Joannes Pistorius, Wegweiser vor alle verführte Christen/Das ist/Kurtzer/doch gründtlicher/warhaffter/auß einiger H. Schrifft genommener bericht/Von vierzehen fürnembsten zwischen den Catholischen und den Newglaubigen in der Religion streitig gemachten Articulen/so nach der Praefation verzeichnet sein. Darauß ein jeder frommer Christ die Christliche warheit der Catholischen Kirchen/und die blindtheit und unwarheit deß Gegentheils mit Handen greiffen kan, Münster in Westph. MDXCIX, bes. 10.

[3] Ebd. 98.

[4] Ebd. 620.

[5] So ebd. 202, Randnotiz.

[6] Ebd. 265; vgl. auch 621, daß sich seit alters keine Änderung „in den Hauptpuncten der Religion" finden läßt; hier wie sonst heißt es jedoch eher „Glaubenssachen", 622, vgl. 35, 90 u.ö.

[7] Ebd. 498.

Jean Boucher

Auf besonders drastische Weise hat der katholische Theologe Jean Boucher (1548–1644)[1] in die Debatte eingegriffen mit einer Rechtfertigung von Maßnahmen, die Heinrich III. (1551–1589), der seit 1574 regierte, zur Abdankung bringen sollten; sein Buch ließ er auch dann noch erscheinen, als der schwache König umgebracht worden war.

Die Rechtfertigung für die Beseitigung des katholischen Königs spart nicht mit Vorwürfen. Vielfach hielt man den Mord des Gegners durchaus für angeraten und auch für moralisch legitim. Boucher weiß Gründe für den Tyrannenmord beizubringen, und zwar nicht nur solche aus dem profanen Bereich, sondern auch aus der Theologie[2]. Dabei lastete er Heinrich III. alle nur denkbaren schweren Vergehen an, etwa „sacrilegia"[3], *„Magica impietatis"*[4] und schließlich *„Atheismi impietas"*[5].

In unserem Zusammenhang brauchen und können wir nicht näher den Ereignissen nachgehen, die Heinrich III. so sehr in Verruf gebracht hatten; es genügt hier der Hinweis darauf, daß dieser König sich auch darin noch geirrt hat, die Opposition der Liga durch die Ermordung ihrer Anführer Heinrich von Guise und seines Bruders, des Kardinals von Lothringen, erledigen zu können[6]. Boucher jedenfalls war ein katholischer Vertreter jener Monarchomachen, die auf beiden Seiten im Frankreich des 16. Jahrhunderts den Tyrannenmord und damit den Königsmord rechtfertigten[7].

Für unser Interesse ergibt die genannte Arbeit von Boucher, daß er den bisherigen Sprachgebrauch von „religio" und „pietas" fortsetzt. Dabei nimmt er diese beiden wiederum abwechselnd gebrauchten Termini für seine Seite in Anspruch, ohne hierfür eine Begründung zu geben; der Gegenseite attestiert er dagegen lediglich eine Vortäuschung, die „pietatis larua", und nennt in diesem Kontext Machiavelli[8].

---

[1] Jean Boucher dozierte zunächst Theologie in Reims und Paris und war später Domherr in Tournai. Er schloß sich der Liga an und bekämpfte Heinrich IV., weswegen er fliehen mußte; doch wurde er noch von diesem begnadigt.

[2] Vgl. [Jean Boucher], De Iusta Henrici Tertii Abdicatione e Francorum regno, libri quatvor, Parisiis MDXXCIX, bes. III 16; 167rff. – Hier und im folgenden werden zunächst das jeweilige Buch in römischer und das Kapitel in arabischer Zahl sowie nach dem Semikolon die Seitenzahl der zitierten Ausgabe angegeben.

[3] Ebd. II 25f; 104r–107v.

[4] Ebd. 27f; 107v–112v; ebd. 31; 117r auch *„superstitionis Magica"*.

[5] Ebd. 32f; 120r–126v.

[6] Vgl. dazu J. Lecler, Geschichte der Religionsfreiheit, II, 127–154, bes. 148ff.

[7] Vgl. die immer noch heranzuziehende materialreiche Arbeit von Kurt Wolzendorff, Staatsrecht und Naturrecht in der Lehre vom Widerstandsrecht des Volkes gegen rechtswidrige Ausübung der Staatsgewalt, Breslau 1916.

[8] Vgl. z.B. [J. Boucher], De Iusta Henrici Tertii Abdicatione, bes. II 33; 122v; 123r auch die Etymologie zu „religio" von „religando".

Interesse verdient ein gelegentlicher Beleg für „profana religio" im Zusammenhang mit historischen Beispielen dafür, daß ein Sakrileg Strafe findet; der Kontext dieser Aussage weist auf die Schändung von Tempeln etwa durch Xerxes und Kambyses hin, die sogleich von seiten der Götter mit Unwettern bestraft wurden. Hier also findet sich die eigentlich widersprüchliche Formulierung einer weltlichen Beachtung der Vollzüge Gott gegenüber, einer „profana religio"[9]. Darüber hinaus ließen sich keine weiteren Aufschlüsse für unser Thema finden[10].

Zusammenfassung

Die Erörterung der verschiedenen Theologen dieses Abschnittes hatte den Sinn, unser Thema durch eine breiter gestreute Anzahl von Autoren zu ergänzen. Dabei ging es auch darum, verschiedene Intentionen und Interessen zu Wort kommen zu lassen. Schließlich war die Absicht, auch weniger oder gar nicht mehr bekannte Theologen einzubeziehen, um zu sehen, ob sich bei ihnen Innovationen entdecken ließen. Für die weitere Forschung sind sie dokumentiert, um den bisher erreichten Stand präzise anzugeben.

Die Untersuchungen dieses Abschnittes ergeben einen merkwürdigen Befund: Schon vor der Reformation läßt sich ein ziemlich freizügiger Gebrauch von „religio" nachweisen; es bedeutet keine Schwierigkeit, von ihr im Plural, im Hinblick auf Heiden, Mohammedaner und Juden zu sprechen, sie aber auch für die Christen in Anspruch zu nehmen, wie Stamler dies tut. Wohl wird vermieden, Christen und Nichtchristen wirklich gleichberechtigt und gemeinsam als ‚religiones' zu bezeichnen, das Bewußtsein und die Intention, nur die eigene als die „vera religio" gelten zu lassen und entsprechend herauszustellen, steht dem entgegen. In den folgenden Jahrzehnten wird dieser weitergehende humanistische Sprachgebrauch nicht grundsätzlich zurückgenommen, er erscheint aber eingeengt und keinesfalls weitergeführt.

Nicht terminologisch, sondern sachlich unterscheiden sich die Autoren jeweils danach, ob sie ihre eigene – christliche – Position gegen Infragestellungen von außen als die wahre darlegen wollen oder ob sie in die nachreformatorische Situation und die innerchristlichen Auseinandersetzungen eingreifen wollen, wobei sich letztere unterscheiden, je nach dem, ob sie Frieden oder den Sieg der eigenen als der wahren Überzeugung wollen. Wie weit die Standpunkte hier auseinanderklaffen, zeigt jener extreme Versuch, auch den Königsmord zu legitimieren.

---

[9] Ebd. 23; 100rf.
[10] Es läßt sich auch nicht sagen, daß „religio" schon ein besonderes Gewicht erhalten hätte, vgl. 15; 68v die Nebenordnung von „Religio" und „deuotio"; sodann 7; 55r „dogma, pietas, fides, religio"; schließlich IV 9; 241rf „religio, pietas atque aeterna salus", um es bei diesen Beispielen bewenden zu lassen.

In all diesen Auseinandersetzungen hat jedoch der Begriff „religio" als solcher keine zentrale Rolle gespielt und keine Neufassung erfahren, wie überhaupt der Tenor der Aussagen über Haltungen und Handlungen Gott gegenüber erstaunlich gleichförmig geblieben ist. Aufschlußreich erscheint auch, daß die am weitesten fortgeschrittene Position, nämlich aus drei „religions" eine zu machen, einem Gegner, nämlich Postel, attestiert oder unterstellt wird, wobei Estienne sich nur auf eine mündliche Aussage Postels beruft. Daß dieser eine solche Position tatsächlich eingenommen hat, ließ sich jedenfalls nicht nachweisen.

Findet sich verschiedentlich ein etwas großzügiger Gebrauch von „religio", insofern sie auch jenen bescheinigt wird, die vom eigenen Standpunkt aus nichts als „superstitio" treiben, so bleibt doch eine freilich nicht sehr deutlich markierte Schranke zwischen der eigenen Überzeugung und den anderen grundsätzlich bestehen, insofern selbstverständlich nur die eigene als die allein wahre angesehen und verteidigt wird. So kann sie gerade auch im Zusammenhang ihrer Bedeutung für die Einheit eines Gemeinwesens nachdrücklich „religio Orthodoxa" genannt werden, selbst wenn sich dieser Terminus nicht allgemein durchgesetzt hat[1]. „Religio" nimmt dabei aber noch keine übergeordnete oder gar führende Rolle ein, erscheint sie doch vielfach mit anderen Termini zusammen zur Bezeichnung des Verhaltens gegen Gott, und meist rangiert sie eindeutig unter jener „fides", die faktisch regelmäßig nur von den Christen ausgesagt wird; dieser genuin christliche Terminus erscheint somit dort, wo Gott selbst das Heil wirkt und dieses vom Glauben an ihn abhängig sein läßt.

Obwohl verhältnismäßig häufig „religio" im Titel einer Abhandlung oder aber eines ihrer Bücher steht, spielt sie nirgends eine entsprechende Rolle, sondern gibt nur jenes Thema an, das, wie bei Ramus, besser mit „fides" umschrieben wäre. Aussagen, daß die „religion" dem Menschen „naturelle" ist, so bei Viret, oder daß am Anfang des Menschengeschlechts mehrere „religiones primariae" standen, so bei Postel, finden sich nur ausnahmsweise. Dabei wird nicht näher erläutert, was etwa die letzte Aussage genau bedeutet, da sie so verständlich nicht ist, wie sie scheint.

Berücksichtigt man den zeitlichen Kontext dieser Arbeiten, so wundert man sich, wie wenig zuweilen die akuten Ereignisse, die Kriege bzw. Bürgerkriege

---

[1] So bei Thomas Stapleton (1553–1598), Principiorum Fidei doctrinalium Demonstratio methodica, Per Controuersias septem in Libris duodecim tradita. In quibus ad omnes de Religione Controuersias diiudicandas sola et certissima Norma, et ad easdem semel finiendas sola et Suprema in terris Authoritas, Via et Ratio demonstrantur, Parisiis MDLXXIX, V 23; 202, wo für die Zeit nach Konstantin gesagt wird: „Postea quoque, non semper Reges ad studium Orthodoxae religionis propagandae animum adiecerunt. Vbi id factum est, floruit tanto foelicius religio Orthodoxa". Ebd. II 22; 188, heißt es im Hinblick auf die Bedeutung der „religio" für das Gemeinwesen: „Imo sic erat sacerdotium vni regno coniunctum, vt ex diuisione regni necessario consecuta fuerit diuisio religionis ..."; nach einem Hinweis auf Jerobeam und David heißt es dann: „At cum vnitate religionis Christianae bene constat multitudo regnorum; quia non vni regno aut loco, sed vni summo Pastori et vni Regulae fidei religio Christiana nititur et adhaeret."

auf sie eingewirkt haben. Man merkt etwa der Darlegung von Ramus nicht an, daß es eigentlich um Frieden geht. Auch bestätigen die untersuchten Arbeiten ausnahmslos, daß keine Trennung der Verhaltensweise Gott gegenüber von bürgerlichen Rechten und Pflichten und d.h. keine Neutralisierung der „religio" vorgenommen wird, die für die zweite Hälfte des Jahrhunderts immer wieder von der Forschungsliteratur behauptet wird.

Wenn auch die Zahl der hier vorgelegten Autoren sehr begrenzt bleiben muß, so darf doch geschlossen werden, daß es zu dieser Zeit schwerlich zu grundlegenden Innovationen gekommen sein dürfte, da diese dann irgendeinen Niederschlag in der ein oder anderen Arbeit hätten finden müssen. Insbesondere die kontroverstheologische, den eigenen Standpunkt rechtfertigende Literatur hätte keine Bedenken haben müssen, einen gegnerischen Standpunkt entschieden abzuurteilen, der ihrer eigenen Konzeption widersprach. Eine der wenigen Ausnahmen solcher Aburteilung eines Gegners findet sich bei Estienne, aber auch hier kann ein dezidierter Abschied vom bisherigen Verständnis nicht ausgemacht werden.

6. Zu Übersetzungen des Korans – Ein Exkurs

Im Zusammenhang mit den Bemühungen, den Anfängen eines neuzeitlichen Gebrauchs von „religio" nachzuspüren, stellte sich die Frage, ob für sie die Geschichte der Übersetzungen des Korans aufschlußreich sein könnte. Denn für unser Verständnis gilt der Islam selbstverständlich als „Religion"[1]. Dies müßte sich schließlich auch im Koran verifizieren lassen. Dabei kann und braucht hier nicht eine detaillierte Untersuchung vorgelegt zu werden. Es genügt für unseren Zweck, wenn wir uns auf die mittelalterliche und eine erste frühneuzeitliche Übersetzung ins Lateinische beschränken und nur noch einen kurzen Ausblick auf eine deutsche Übersetzung anfügen.[2]

Es ist in unserem Zusammenhang auch nicht erforderlich, die arabischen Worte und Begriffe zu untersuchen, die gegebenenfalls mit „religio" und „Religion" wiedergegeben werden. Es kann der Hinweis genügen, daß im Hintergrund von „religio" speziell das arabische „milla" oder vielleicht mehr noch „din" stehen; ersteres findet sich vor allem als „milla Abraham". Da „religio/Religion" als Übersetzung für mehrere arabische Termini stehen kann, geben unsere Texte einen unzutreffenden Eindruck wieder, wie sich schon anderwärts gezeigt hat[3]. Dieser ist deswegen verhängnisvoll, weil er uns über die (europäische) Begrenztheit von „religio" hinwegtäuscht. Doch ist die Differenzierung dieses Terminus als Wiedergabe verschiedener arabischer Begriffe für unseren Zusammenhang nicht nötig. Es genügt der Nachweis der Verwendung von „religio".

Ein Rückblick in die Geschichte der Koranübersetzungen ergibt: Auf Veranlassung des Abtes von Cluny Petrus Venerabilis (1094–1156) entstand eine solche weit verbreitete Übersetzung. Wenn es auch im Humanismus, etwa bei Ni-

---

[1] Vgl. neuestens statt sonstiger Belege: Hans Zirker, Der Islam als Religion, Gesellschaft und Kultur, in: Christentum in der Begegnung. Der Islam als Anfrage an christliche Theologie und Philosophie, hg. von Andreas Bsteh (= Studien zur Religionstheologie 1), St. Gabriel bei Wien 1994, 345–353, mit anschließender Diskussion, 354–400. Für die Durchsicht dieses Abschnitts danke ich Prof. Dr. Dr. Carsten Colpe und Andreas Löw.

[2] Vgl. hierzu: The Encyclopaedia of Islam, New Edition, V, Leiden 1981, 431ff. mit einer Übersicht über die Übersetzungen. Vgl. hierzu L. Gardet, Din, in: Encyclopédie de l'Islam, Nouv. Edition, II, Leiden-Paris 1965, 301–304; F. Buhl – C. E. Bosworth, Milla, in: ebd. VII, Leiden-Paris 1993, 61; M. O. H. Ursinus, Millet, in: ebd. 61–64; in diesen Ausführungen wird allerdings ein zu vager Begriff von „religion" zugrundegelegt. Vgl. sodann: Der Koran, übers. von Rudi Paret, Stuttgart ²1982; Der Koran. Kommentar und Konkordanz, von Rudi Paret, Stuttgart ²1977, 30f; hiernach ist „milla" ein Lehnwort aus dem Aramäischen und „din" ein Lehnwort aus dem Persischen. Paret schließt die Erklärung an, daß der Ausdruck milla „kaum anders als mit ‚Religion' übersetzt werden" kann. Vgl. dazu die folgenden Ausführungen dieses Abschnitts.

[3] Vgl. die direkt entstellende Übersetzung eines Textes von Cardano, s.o. 1. zu Cardano mit Anm. 24 und 25.

kolaus von Kues⁴, den Wunsch nach einer besseren Wiedergabe gab, so blieb doch diese mittelalterliche bis in das 17. Jahrhundert hinein wirksam. Jedenfalls wurde sie um die Mitte des 16. Jahrhunderts mehrfach erneut gedruckt⁵. Daraus darf geschlossen werden, daß diese Ausgabe als maßgeblich für den uns interessierenden Zeitraum gelten darf. Erst später setzten umfangreiche Übersetzungsbemühungen zum Koran ein: Nach einer singulären italienischen Version im 16. Jahrhundert werden erst um die Mitte des 17. Jahrhunderts neue Übersetzungen in den meisten europäischen Sprachen angefertigt. Unter ihnen befindet sich auch die 1698 erschienene, erst in jahrzehntelanger Arbeit fertiggestellte lateinische Übersetzung von Ludovico Marracci (1612–1700)⁶. Aufschlußreich ist nun der Vergleich der mittelalterlichen mit dieser neu angefertigten Übersetzung des 17. Jahrhunderts.

Die mittelalterliche Übersetzung wurde von Theodor Bibliander (1509/1504–1564) 1543 neu ediert⁷. Diese Ausgabe enthält nach dem Inhaltsverzeichnis und der Vorrede Biblianders zunächst eine „Praemonitio" von Philipp Melanchthon⁸, eine „Apologia" von Bibliander⁹ und eine „Praefatio" von Martin Luther¹⁰. Erst dann folgen die mittelalterlichen Texte, zunächst die „Epistola" von Petrus an Bernhard von Clairvaux (um 1090–1135)¹¹, anschließend die „Summula brevis contra ... sectam diabolicae fraudis Saracenorum"¹², sodann die „Praefatio" des Übersetzers Robert Ketton¹³ und schließlich der lateinische Text mit der Überschrift „Incipit Lex Saracenorum, quam Alchoran vocant"¹⁴.

In den genannten mittelalterlichen Texten stößt man nur im extremen Ausnahmefall auf „religio": In dem Brief von Petrus Venerabilis, der kurzen Zusam-

---

⁴ Vgl. Maurice de Gandillac, Nikolaus von Cues. Studien zu seiner Philosophie und philosophischen Weltanschauung (französische Originalausgabe 1942), Düsseldorf 1953, 32 Anm. 63.
⁵ Vgl. The Encyclopaedia of Islam, 431.
⁶ Vgl. ebd. 432; zu ihrer Entstehung vgl. Johann Heinrich Zedler, Grosses Vollständiges Universal-Lexicon XIX, Halle-Leipzig 1739, ND Graz 1961, 1161f.
⁷ Machumetis Saracenorum Principis, Eius'que Successorum Vitae, Ac Doctrina, Ipseque Alcoran, quo ... D. Petrus abbas Cluniacensis per uiros eruditos, ad fidei Christianae ac sanctae matris Ecclesiae propugnationem, ex Arabica lingua in Latinam transferri curauit. Haec omnia ... redacta sunt ... studio Theodori Bibliandri, o.O.u.o.J. [Basileae MDXLIII]. Die Datierung findet sich auf der Rückseite des Titelblatts.
⁸ Ebd. α 2r–α 3r. – In einigen Textausgaben ist die Praemenitio gleichen Inhalts Martin Luther zugeschrieben.
⁹ Ebd. α 3v–β [6]r.
¹⁰ Ebd. γr–γ2r.
¹¹ Ebd. 1f.
¹² Ebd. 2–6.
¹³ Ebd. 7f. – Die Lebensdaten von Ketton (Robert von Chester) ließen sich nicht eruieren, vgl. zu ihm G. Jüttner, R. v. Chester, in: Lexikon des Mittelalters, VII, München 1995, 902, sowie die alten Angaben bei Johann Heinrich Zedler, Grosses Vollständiges Universal-Lexicon XV, Halle-Leipzig 1737, ND Graz 1961, 528; Christian Gottlieb Jöcher, Allgemeines Gelehrten-Lexicon III, Leipzig 1751, ND Hildesheim 1961, 2138; Dictionary of National Biography, ed. by Sidney Lee, XLVIII, London 1896, 362–364.
¹⁴ Machumetis ... Alcoran, 8.

menfassung sowie dem Vorwort von Robert findet sich gar kein Beleg[15]. Die „Praefatio" des Übersetzers, die keineswegs zufällig die Überschrift „lex Saracenorum" trägt, enthält im Text nur einmal „religio"[16], doch lassen sich daraus keine weiteren Schlüsse auf die inhaltliche Bedeutung dieses Terminus ziehen.

Von ausschlaggebender Bedeutung aber ist, daß eine Durchsicht der Koranübersetzung keinen Beleg für ‚religio' zutage förderte. Lediglich die Randbemerkungen – die aber aus dem 16. Jahrhundert stammen dürften – weisen gelegentlich diesen Begriff auf. Wohl enthält der Text an einer Stelle die Bezeichnung „lex Abrahae"[17], wo die im folgenden behandelte Ausgabe von Marracci „religio Abrahae" sagt[18]. Im Text Roberts findet sich auch „secta Abrahae"[19]. Demgegenüber findet sich häufig „fides"[20] und verschiedentlich auch „pietas"[21]. Alles in allem handelt es sich also um einen völlig eindeutigen Befund: In der Edition des mittelalterlichen Korans zur Reformationszeit kommt „religio", von einer Ausnahme abgesehen, nur in den neu hinzugefügten Texten vor. Der Korantext selbst dagegen kommt völlig ohne diesen Terminus aus. Er ist offensichtlich nicht nötig, ja ungeeignet, um wiederzugeben, was der mittelalterliche Übersetzer im Koran las. Über die Gründe hierfür läßt sich nicht spekulieren. Es steht also dahin, ob der mittelalterliche Christ „religio" nur für sich reserviert halten wollte oder aber die arabischen Termini nicht mit diesem Wort glaubte übersetzen zu können. Für das Ergebnis spielt diese Frage aber keine Rolle.

In deutlichem Kontrast hierzu stehen die beigegebenen Texte der Reformationszeit. In der „Praemonitio" Philipp Melanchthons spricht nämlich sehr wohl von „religiones" und sogar von „ethnicae religiones"[22]. Die folgende Vorrede Biblianders verwendet eine Vielzahl von Termini: Neben „religio" findet sich „fides", „lex", „doctrina" und „secta"[23], wobei keiner dieser Begriffe eine

---

[15] In der Überschrift des Briefs (der Brief folgt nach einer Praefatio Luthers im Anschluß an die Apologia des Bibliander a 1rff) ist von „secta, siue haeresis Saracenorum" die Rede; es kann hier offen bleiben, ob diese Überschrift von Petrus Venerabilis stammt oder für den Druck hinzugesetzt wurde; dasselbe gilt für eine Zwischenüberschrift, die dieselben Termini aufnimmt; von ‚religio' ist in solchen Überschriften nicht die Rede.

[16] Ebd. 7.

[17] Sure 2, ebd. S. 13 Z. 18 u. 29. – In diesem Text findet sich „lex Abrahae" noch etwa Sure 10; S. 35 Z. 39.

[18] Vgl. die u. Anm. 28 zitierte Ausgabe, Sure 2 nr. 131 u. 136; S. 22f.

[19] Sure 6, vgl. die Ausgabe von Bibliander, aaO. S. 25, Z. 13. Eine Parallelstelle ließ sich in der Ausgabe von Marracci, aaO. S. 113ff., nicht finden. – „Secta" findet sich öfter im mittelalterlichen Text, vgl. statt weiterer Belege Sure 2, passim, und darüber hinaus spezifiziert im positiven Sinn; so heißt es „secta verax", Sure 2, in der Ausgabe von Bibliander S. 9 Z. 1 u. 12; „secta bona" S. 16 Z. 16; dagegen findet sich auch die negative Bezeichnung „secta perniciosa" bzw. „mala", Sure 2, S. 9 Z. 30f. bzw. S. 15 Z. 2.

[20] Vgl. etwa Sure 2, S. 9 Z. 4; S. 13 Z. 30 u. 33; S. 15, Z. 6, 9 u.ö.

[21] Vgl. etwa Sure 2; S. 10 Z. 2; S. 11 Z. 2; S. 12 Z. 19 u.ö.

[22] Ebd. α 2r.

[23] Vgl. „lex" etwa ebd. α 5v, 4r; „doctrina" etwa α 3v, 4v, 5r u.ö.; schließlich „secta" zur Bezeichnung einzelner Gruppen bei den Juden oder von Philosophen, α 5v, vgl. β 2r und 5v; es finden sich weitere Bezeichnungen wie „catholica disciplina" z.B. α 6v oder „factio Machumetica" α 3v.

besondere Dominanz gewonnen hat. Es wechselt „fides Christiana" mit „religio Christiana" bzw. „Dei religio"[24], ohne daß sich dafür ein Grund findet. Lediglich „fides" bleibt für die Christen reserviert; es läßt sich also nur „Machumetica religio"[25] und „doctrina Machumetis" belegen. Eigens hervorgehoben zu werden verdient die Aussage Biblianders, daß im Alkoran die „religio et leges Turcarum" enthalten sind[26]. Hier scheint „religio" allein dem Verfasser nicht zu genügen, so daß er auch „leges" hinzufügt; diese sind in der „religio" der Türken also nicht enthalten. Selbst wenn die Doppelung der Termini als humanistische Redeweise gewertet werden kann, folgt daraus doch, daß beide nebengeordnet verwendet werden. Deutlich wird freilich zum Ausdruck gebracht, daß für die Anhänger Mohammeds in Wahrheit nur von „superstitio" die Rede sein kann; es wird also sehr wohl zwischen „vera et falsa religio" unterschieden[27].

Sowohl die „Praemonitio" Luthers als auch die „Apologia" Biblianders belegen also einen zeitgemäßen Gebrauch der ganzen Palette der Termini von „religio" bis hin zu „secta", letzteres in einem neutralen Sinn. Die Verwendung von „religio" als generelle Bezeichnung für den Islam und für andere Überzeugungen sowie die Vielfalt anderer Begriffe zeigen, daß sich in dieser Zeit noch keine einheitliche und konsequente terminologische Festlegung ergeben hat.

Es ist wohl niemandem aufgefallen, daß nach all diesen Texten aus der Reformationszeit mit ihrem gängigen Gebrauch der hier in Frage stehenden Termini die hochmittelalterliche Übersetzung des Korans folgt, in der ‚religio', wie oben schon vermerkt, als Wiedergabe arabischer Termini nicht gebraucht wird.

Um so mehr interessiert uns die von Ludovico Marracci (1612–1700) vorgenommene und von Christian Reineccius (1668–1752) weitergeführte lateinische Version. Sie verwendet „religio" demgegenüber häufig: Insgesamt finden sich etwa hundert Belege und von diesen etwa fünfundvierzig in den Suren 2–5 und 9.

Im einzelnen heißt es „religio Abrahae"[28], „religio Eslam"[29] oder „religio Ma-

---

[24] Vgl. z.B. ebd. α 3v und 4rf u.ö.
[25] Ebd. β 5v.
[26] Ebd. β 6r.
[27] Vgl. ebd. z.B. α 4v und β 5v, sowie „uera unius Dei religio" β 3v gegenüber „peruersa religio" β 4r.
[28] Mohammedis Filii Abdallae Pseudo-Prophetae Fides Islamitica I. E. Al-Coranus ... Latine Versus Per Ludovicum Marraccium ..., Praemissa brevi introductione et totius religionis Mohammedicae synopsi ... congesta, cura et opera M. Christiani Reineccii, Lipsiae MDCCXXI, Sura 2, 131, 133 und 140; 22f. – Hier und im folgenden werden zunächst die Suren und nach einem Komma deren Abschnitte sowie nach einem Semikolon die Seitenzahlen der zitierten Ausgabe angegeben. Nicht berücksichtigt werden die in Klammern in den Text eingefügten Bemerkungen, die wohl auf Reineccius zurückgehen. (Die Nummern der Abschnitte der Suren stimmen in den verschiedenen Übersetzungen nicht genau überein.)
[29] Ebd. 3, 19f; 53; hier auch die Aussage: „Certe Religio apud Deum est Eslam." Vgl. ferner 5, 4; 99 und 61, 7; 502; vgl. sodann 6, 14; 116, wo es „Eslamitica religio" heißt, wie auch 39, 22; 418; ebenso 6, 125; 129 findet sich „fides Eslamitica".

humeti"³⁰, daneben verschiedentlich auch „religio mea"³¹, „sua"³² oder „vestra"³³. Hinzukommen Formulierungen, in denen ein Kämpfen für oder um die „religio"³⁴ oder ein Sich-in-ihr-Befinden³⁵ zum Ausdruck gebracht wird. Auch Aussagen über ein Uneins-Sein in der „religio" gehören hierher³⁶.

Darüber hinaus wird parallel zu „religio" auch „secta" gebraucht³⁷. Ein gewisser funktionaler Unterschied zwischen beiden Termini dürfte gleichwohl gegeben sein, wenn von einer Teilung der „religio" in „sectae" gesprochen wird³⁸.

Daß „religio" aber grundsätzlich in seiner konkreten Bedeutung verwandt wird, zeigt sich in der Formulierung „religionem exhibere"³⁹. Denn diese Aussage ist sinnvoll, wenn tatsächlich „religio" im Sinne konkreter Vollzüge zum Ausdruck gebracht wird. Diese konkrete Bedeutung dürfte auch dort vorliegen, wo von der „religio vera"⁴⁰, „sincera"⁴¹, „recta"⁴² oder „optima"⁴³ die Rede ist.

Vergleicht man nun mit diesen beiden Übersetzungen eine deusche Koranübersetzung unseres Jahrhunderts, so ergibt sich folgendes: Der Terminus „Religion" findet sich insgesamt etwa dreißigmal, in den Suren 2–4 und 9 zwölfmal⁴⁴. Die ausdrücklichste Formulierung lautet: „Siehe, die Religion bei Allah ist

---

[30] Ebd. 9, 76; 177; vgl. 2, 161; 26: „... *de Mahumeto et ejus religione* ..."

[31] Ebd. 10, 103; 194: „o homines, si estis in dubio de religione mea, certe non colam, quos colitis praeter Deum, sed colam Deum ..." Vgl. 109, 6; 557: „Vobis Religio vestra, et mihi Religio mea."

[32] Ebd. 2, 217; 36: „Et non cessabunt *infideles* praeliari contra vos, donec avertant vos a religione vestra, si potuerint. Qui autem resilierit ex vobis a religione sua, et mortuus fuerit, et ipse infidelis *obierit*". Vgl. 3, 105; 63.

[33] Vgl. zu den zuvor genannten Stellen Sure 4, 169; 96 sowie 5, 4; 99 sowie 40, 27; 425; vgl. auch 24, 56; 320 „religio ipsorum".

[34] Ebd. 57, 25; 492 sowie 60, 8; 500.

[35] Ebd. 10, 77; 192: „An venisti ad nos, ut averteres nos ab eo, *id est ab ea religione*, in quo invenimus patres nostros ..."

[36] Ebd. 10, 92; 193: „neque dissenserunt inter se, *circa religionem* ..."; ferner 11, 119; 207: „Et non cessabunt esse inter discordes *in religione* ..." Vgl. 16, 64; 243, ferner 42, 12; 437.

[37] Ebd. 7, 162; 134: „... Religionem probam, sectam Abrahae Orthodoxi ...", vgl. 3, 95; 61f sowie 4, 124 (im Text fälschlich 126); 91 „secta Abrahae", ferner 7, 89; 145 „Secta nostra".

[38] Ebd. 30, 32; 366: „Inter illos, qui diviserunt religionem suam, et fuerunt scissi in sectas: omnis secta de eo, quod est apud se (...) sunt laetantes." Vgl. 42, 14; 437: „Et non diviserunt se, *qui erant unius religionis, in sectas*, nisi postquam venit ad eos scientia *de unitate Dei*, ob aemulationem inter se." Vgl. schließlich die entsprechende Formulierung 27, 46; 342: „Et ecce ipsi *divisi* in duas factiones inter se disceptabant *circa religionem*."

[39] Ebd. 7, 30; 137 sowie 39, 2; 416 u. 98, 4; 551. Vgl. 31, 32; 371: „... invocabunt Deum, sinceram offerentes illi religionem". Vgl. auch 8, 39; 163: „... sit religio tota Dei".

[40] Ebd. 4, 96; 88 u. 9, 34; 171 sowie 48, 28; 466, hier auch „religio universa".

[41] Vgl. ebd. 4, 145; 94.

[42] Ebd. 30, 30; 366 sowie 98, 4; 551.

[43] Ebd. 92, 6; 548.

[44] Der Koran. Aus dem Arabischen übertr. von Max Henning (= Universal-Bibliothek 4206–10), Stuttgart 1960, 1987 (Abdruck einer 1901 erstmals erschienenen Übersetzung). „Religion" findet sich in folgenden Suren (wobei zunächst die Zahl der jeweiligen Sure und dann mit der Sigle nr. die Nummer des jeweiligen Abschnitts angegeben wird, die verschiedenen Suren aber durch Semikolon getrennt sind): als „Religion Abrahams" 2 nr. 124, 129; 3 nr. 77, 89; 4 nr. 124; 6 nr. 162; 16 nr. 121; 22 nr. 77; einmal als „Religion meiner Väter Abraham, Isaak und Jakob" 12 nr. 38, bzw. unsere Väter „in

der Islam"⁴⁵. Damit bleibt die Häufigkeit in dieser neuerlichen deutschen Übersetzung erheblich gegenüber der lateinischen des 18. Jahrhunderts zurück. Aber immerhin bleiben noch genügend Stellen gegenüber der mittelalterlichen Version. In ungewöhnlich häufigem Maße verwendet diese Übersetzung unseres Jahrhunderts „glauben" „nicht glauben", „Gläubige" und „Ungläubige", auch „gläubig" und „ungläubig" und verschiedentlich „Glauben" und „Unglauben". Es findet sich aber kein Beleg für ‚Glauben Abrahams', hier heißt es dann „Religion"⁴⁶. Auch werden verständlicherweise verschiedentlich die Termini „Frömmigkeit"⁴⁷ oder „Gottesfurcht"⁴⁸ sowie als Gegensatz „Götzendiener"⁴⁹ verwendet. Gelegentlich findet sich auch „Riten"⁵⁰.

Der Einblick in diese drei Koranübersetzungen genügt, um ein für unseren Zusammenhang hinreichendes Ergebnis zu formulieren. Völlig eindeutig kommt die mittelalterliche Koranübersetzung ohne jegliche Verwendung von ‚religio' aus. Es hat die Verfasser von Einführungen und Erläuterungen für diese Edition in der Reformationszeit freilich nicht gekümmert, daß sie selbst sehr wohl von „religio" sprechen.

Demgegenüber hat die Ausgabe des 18. Jahrhunderts in ausgesprochen umfangreichem Maße „religio" verwandt. Damit ist nachgewiesen, wie selbstverständlich und verbreitet der Gebrauch dieses Terminus in der Neuzeit geworden

---

einer Religion" finden, 43 nr. 21, 22. Sodann heißt es verschiedentlich „unsre", „eure", „ihre" oder „andre Religion", 2 nr. 114, 129; 3 nr. 66, 79; 7 nr. 86, 87; 9 nr. 33; 14 nr. 16; 21 nr. 92; 23 nr. 54; 24 nr. 54; 49 nr. 16; einmal heißt es auch „Religion der Leute", 12 nr. 37. Hinzukommt „Religion der Wahrheit", 9 nr. 33; 48 nr. 28; 61 nr. 9, und „Sache der Religion", 45 nr. 16, 17. Schließlich gibt es „letzte Religion", 38 nr. 6; sowie „in der Religion" belehren, 9 nr. 123. Die Relation zwischen „Religion" und „Glauben" wird in der singulären Formulierung „Richte dein Angesicht zu der (wahren) Religion in lauterem Glauben" angegeben, 10 nr. 105.

[45] Ebd. 3 nr. 17. Vgl. die in der vorigen Anm. genannten Belege.
[46] Vgl. die zuvor genannten Belege.
[47] Vgl. ebd. 2 nr. 172, 238 u.ö.
[48] Vgl. ebd. 5 nr. 112 u.ö.
[49] Vgl. ebd. 2 nr. 90, ferner 9 nr. 5, 28 u.ö.
[50] Ebd. 2, 122, 196. – Überprüft wurden zur Vergewisserung die Suren 1 bis 10 in: Der Koran, übers. von Rudi Paret, Stuttgart 1967, mit folgendem Ergebnis: „Religion" findet sich in diesen Suren 35 mal, davon 4 Belege in Mehrfachnennungen im gleichen Abschnitt. Im einzelnen finden sie sich (wobei zuerst die Sure und dann mit der Sigle nr. die Nummer in der kufischen Zählung und nach einem Schrägstrich die der Flügelschen Koranausgabe angegeben wird, die auch in der Übersetzung von Henning verwandt ist; die Suren werden untereinander durch Semikolon abgetrennt; die Ausgabe von Paret fügt verschiedentlich die arabischen Termini bei, die hier jeweils in Klammern mit angegeben sind): Sure 2 nr. 130/124 (milla), 132/126 (din), 135/129 (milla), 217/214 (2 mal), 256/254; Sure 3 nr.19/17, 24/23, 73/66, 83/77 (din), 85/79; Sure 4 nr. 46/48, 125/124 (je 1 mal din und milla), 171/169 (dinikum) sowie 146/145 Anm. (din); Sure 5 nr. 3/4f. (3 mal), 54/59, 57/62, 77/71 (dinikum); Sure 6 nr. 70/69, 159/160, 161/162 (milla); Sure 7 nr. 51/49 sowie 29/28 Anm. (din); Sure 8 nr. 49/51, 72/73; Sure 9 nr. 12/12, 29/29, 33/33 (2 mal) sowie in der Anm., 36/36 (ad – din), 122/123; Sure 10 nr. 104/104, 105/105 sowie 22/23 Anm., 93/93 als Zusatz des Herausgebers im Text. Die Überprüfung dieser Übersetzung bestätigt also den Befund der zuvor referierten deutschen Fassung von Henning. – Ebenfalls 35 Belege, aber vielfach an anderen Stellen als bei Henning, finden sich in den Suren 1–9 in: Der Koran, übers. von Adel Theodor Khoury, Gütersloh ²1992, 572, s.v. „Religion".

ist, ohne daß man sich darüber Gedanken gemacht hat, daß er vorher schlicht fehlt.

Daß dann in einer deutschen Übersetzung unseres Jahrhunderts „Religion" zwar durchaus gebraucht wird, aber sehr viel seltener als in der vorausgegangenen Übersetzung des 18. Jahrhunderts, mag darauf zurückzuführen sein, daß nun andere Termini wie vor allem „Glauben", aber auch „Frömmigkeit" bevorzugt werden. Weitergehende Schlüsse brauchen hier nicht gezogen zu werden. Sie zu begründen, bedürfte es auch einer erheblich umfangreicheren Berücksichtigung der verschiedensten Übersetzungen.

Jedenfalls aber zeigt die Edition einer mittelalterlichen Übersetzung im 16. Jahrhundert, daß es in dieser Zeit nicht interessant war, eine neuerliche und, wie man meinte, sprachlich präzisere Übersetzung anzufertigen. Eine solche hatte schon Nikolaus von Kues und wohl nicht nur er intendiert, worin sich zeigt, daß die Humanisten sie für nötig hielten. Jedenfalls ergibt die Neuedition, daß von hierher kein Beitrag zur Verwendung von „religio" im 16. Jahrhundert erfolgt ist. Auch die dieser Ausgabe beigefügten Texte von Autoren des 16. Jahrhunderts nehmen den Sprachgebrauch ihrer Zeit auf, der sich im Rahmen der bisherigen Bedeutung von „religio" hält. Und ob die neuzeitliche Verwendung von „Religion" sprachlich exakter ist, kann man sehr bezweifeln. Sie besagt mehr für den veränderten eigenen Sprachgebrauch als für die Erfassung des Urtexts des Korans.

7. Anfänge einer „religio naturalis"

Nach den bisherigen Untersuchungen stellt sich natürlich die Frage nach einschneidenden Innovationen hinsichtlich der „religio" noch im 16. Jahrhundert. Von heutiger Warte aus müssen in dieser Zeit mindestens die ersten Schritte auf dem Weg zu einer aufgeklärten „Religion" genommen sein.

Denn für die gängige Philosophiegeschichte gilt als erwiesen, daß es eine – in den vorausgegangenen Analysen noch ausgesparte – „natürliche Religion" bereits am Ende des 16. Jahrhunderts gibt: „Der Begriff einer natürlichen Religion findet sich zum ersten Mal im ‚Colloquium Heptaplomeres' (1597) von J. Bodin"[1]. Nicht zuletzt Wilhelm Dilthey hat eine besondere Wertschätzung dieses „Colloquiums" zum Ausdruck gebracht, das er als Bodins „religiöses Testament" ansah[2]. Hier hat Bodin demnach im Rückgriff auf Marsilio Ficino und Giovanni Pico della Mirandola eine „ursprüngliche Religion des Menschengeschlechtes" formuliert[3]. So beginnt nach Dilthey wesentlich mit Bodin „die Entstehung dieser großen, das 17. Jahrhundert beherrschenden Lehre, nach welcher in der menschlichen Natur ein natürliches System der Religion und Sittlichkeit, des Rechtes und der wissenschaftlichen Wahrheit enthalten ist"[4].

Nun wird sich noch zeigen, daß das „Colloquium Heptaplomeres" in der Tat eine eindrucksvolle Schrift darstellt. Ob Bodin tatsächlich nicht wagte, diese Schrift auch gedruckt herauszugeben[5], kann hier offen bleiben. Man darf jedenfalls davon ausgehen, daß das „Colloquium" weite Verbreitung gefunden und eine beträchtliche Wirkung ausgeübt hat.

Wenn in diesem Werk nun deutlich von einer „religio naturalis" gesprochen wird, so bleibt allerdings Vorsicht geboten, was denn nun in diesem Kontext „naturalis" heißt und ob sich von hierher bereits eine kontinuierliche Tradition durch das 17. Jahrhundert hindurch ergibt. Es bleibt somit zu klären, ob tatsäch-

---

[1] So im Artikel: Deismus, in: Brockhaus Enzyklopädie IV, Wiesbaden [17]1968, 379. Vorsichtiger formuliert Joseph Thomas Engert, Deismus, in: LThK[2] III 195–199, 196: „Schöpfer dieses Begriffes scheint J. Bodin ... zu sein". Sehr vage bleibt die Auskunft bei Kornelis Heiko Miskotte, Natürliche Religion und Theologie, in: RGG[3] IV 1322–1326, 1323, mit der Angabe, daß die „natürliche Religion mit natürlicher Theologie beinahe ganz gleichgesetzt" wird, daß geistesgeschichtlich „die natürliche Religion in ihrer Abstrahierung, Isolierung und Verabsolutierung herzuleiten (ist) von den Auswirkungen des Sozinianismus in den Kreisen der englischen Dissenters bis hin zu den Puritanern".
[2] Wilhelm Dilthey, Das natürliche System der Geisteswissenschaften im 17. Jahrhundert (1892/93), in: ders., Weltanschauung und Analyse des Menschen seit Renaissance und Reformation (= Gesammelte Schriften 2), Stuttgart und Göttingen [10]1977, 106.
[3] Ebd. 149.
[4] Ebd. 153f.
[5] So schon W. Dilthey, ebd. 145.

lich eine solche „religio naturalis" die weitere Entwicklung bestimmt hat und in welchem Sinne sie zu verstehen ist. Denn auch, was „natura" im 16. und 17. Jahrhundert bedeutet hat, darf man nicht einfach als bekannt voraussetzen[6]. „Naturalis" kann ebenso einen Wesenszug wie einen freilich nur indirekt angesprochenen Schöpfungsbezug zum Ausdruck bringen. Jedenfalls bleibt zu vermeiden, irgendein Verständnis von „natura" und folglich von „naturalis" vorauszusetzen und von ihm her für klar zu halten, was denn nun überhaupt „naturalis religio" bedeuten mag.

Ob dieser Terminus bei Bodin zum ersten Mal formuliert worden ist, obwohl die Forschungsliteratur, so weit ich sie einsehen konnte, keinen früheren Beleg bringt, wird sich noch zeigen. Die Situation erweist sich freilich als kompliziert; dies verdeutlicht folgender Sachverhalt: Das sagenumwobene Buch „De Tribus Impostoribus" enthält einen Beleg über die „naturalis religio" und expliziert sie in dem Sinne, daß „religio" und „cultus Dei" gemäß der Angabe des natürlichen (Vernunft-)Lichts mit der Wahrheit und der Gleichheit (wohl im rechtlichen Sinne) übereinstimmen[7]. An dieser Aussage sind „religio" und „cultus" zweimal nebengeordnet. Beide gehen sie zurück auf das Licht der natürlichen Vernunft, das aufgrund langer Tradition eine auch theologisch relevante Gegebenheit darstellt[8]. Von hierher ist also, ebenso dieser Tradition folgend, „religio" überhaupt eine Gegebenheit unabhängig von aller Offenbarung.

Das Problem dieser Aussage besteht nun darin, daß die Jahresangabe 1598 als fiktiv gelten muß; zuvor wurde der Text entweder auf die zweite Hälfte des 17. Jahrhunderts[9] oder deutlich früher datiert[10]. Nun ist neuerlich eine Datierung wiederum etwa in die Mitte des 16. Jahrhunderts vorgeschlagen worden unter

---

[6] Vgl. statt vieler Belege G. Stabile, Natur. IV. Humanismus und Renaissance, in: Historisches Wörterbuch der Philosophie, VI, Darmstadt 1984, 455–468; Friedrich Kaulbach, Natur. V. Neuzeit, in: ebd. 468–478; ferner Udo Krolzik, Säkularisierung der Natur. Providentia-Dei-Lehre und Naturverständnis in der Aufklärung, Neukirchen-Vluyn 1988.

[7] De Tribus Impostoribus Anno MDIIC. Von den drei Betrügern 1598 (Moses, Jesus, Mohammed), hg. von Gerhard Bartsch (= Quellen und Texte zur Geschichte der Philosophie [3]), Berlin 1960, 52. Der wichtige Text lautet: „Coeterum id nobis observandum, quod concessa etiam naturali religione, et debito cultu divino, quatenus per naturam dictari dicitur, jam omnis novae religionis Princeps IMPOSTURAE suspectus sit, potissimum, cum quantae in religione aliqua propaganda fraudes intervenerint, in aprico omnibus sit, et ex dictis et dicendis obvium.

Manet id ergo secundum oppositum prius immutabile: *Religionem et cultum DEI secundum dictamen luminis naturalis consentaneum et veritati et aequitati esse*. Qui vero aliud quid circa religionem statuere vult, vel novum, vel dissonum, idque autoritate superioris invisibilis potestatis, suam reformandi potestatem evidenter producat, necesse est, nisi ab omnibus *impostor* haberi velit, qui omnium sententiae aversatur, non sub concluso ex naturali ratione, non sub revelationis specialis auctoritate."

[8] Vgl. hierzu nur und immer wieder Thomas von Aquin, etwa in seiner Summa theologica.

[9] G. Bartsch in seiner ausführlichen Einleitung, aaO. 26. Ähnlich datiert J. Presser, Das Buch „De Tribus Impostoribus" (Von den drei Betrügern), Amsterdam 1926, 113ff, zugleich mit der Annahme, daß Johann Joachim Müller den Text nicht vor 1687 verfaßt hat.

[10] Wolfgang Gericke, Das Buch „De Tribus Impostoribus" (= Quellen. Ausgewählte Texte aus

gleichzeitiger Vermutung, daß am ehesten ein aus Spanien oder Portugal vertriebener Jude als Verfasser dieses obskuren Buches in Frage kommt[11]. Nimmt man diese Datierung an, derzufolge der Verfasser also ein Marrane der zweiten oder der dritten Generation nach der Vertreibung aus Portugal oder Spanien Ende des 15. Jahrhunderts ist, was eine Entstehung bald vor oder nach der Mitte des 16. Jahrhunderts bedeutet, nimmt man zugleich an, daß dieser Text zum ursprünglichen Bestand des Buches gehört[12], so hätten wir hier tatsächlich einen frühen und bislang auch frühesten Beleg für „naturalis religio".

Doch findet sich dieser Terminus im Text nur einmal, er wirkt auch nicht besonders hervorgehoben oder innovativ. Wie gesagt: Die natürliche Gotteserkenntnis war ebenso selbstverständlich wie die aufgrund dieser Erkenntnis erforderliche Sorgfalt dafür, Gott die gebührende Reverenz zu erweisen. Lediglich der Akzent wäre differenziert, weil es in diesem Buch schließlich darum geht, neben Mose und Mohammed auch Jesus als Betrüger darzustellen. Insofern gewinnt hier das natürliche Licht der Vernunft ein erheblich größeres Gewicht.

Jedenfalls zeigt sich durch diesen Text, von welchen Unwägbarkeiten her die folgenden Untersuchungen vorgenommen werden.

Christophe de Cheffontaines

Eine Besonderheit in den bisherigen Werken stellen die „Novae illustrationes Christianae Fidei" dar, die Christophe de Cheffontaines (ca. 1532–1595)[1] vorgelegt hat. In diesem Buch will der nahezu unbekannte Autor gegen Atheisten, Epikureer und jegliche Ungläubige die „fides", die „catholica fides", „fides nostra"[2] oder „Christiana"[3], die „Christiana" bzw. „catholica religio"[4], die „vera

---

der Geschichte der christlichen Kirche NF 2), Berlin 1982, 57f, mit der Angabe von Jacques Gruet als Verfasser, ebd. 52–58; kritisch zu Presser vgl. 27f.

[11] So Friedrich Wilhelm Niewöhner, Veritas sive Varietas. Lessings Toleranzparabel und das Buch Von den drei Betrügern (= Bibliothek der Aufklärung 5), Heidelberg 1988, 388f, 392, 399; zur Kritik an W. Gericke vgl. 372f.

[12] Die bei W. Gericke, aaO. 103–111, angegebenen Ergänzungen beziehen sich nicht auf diesen Text.

[1] Die Lebensdaten von Christophe de Cheffontaines (Chefontaines, Capite Fontaines), Franziskaner und (Titular)Erzbischof von Caesarea, der weder bei Johann Heinrich Zedler, Vollständiges Grosses Universal-Lexikon, noch in der Grande Encyclopédie verzeichnet ist, werden hier laut den Angaben des National Union Catalogue 105, London-Chicago 1970, 158, wiedergegeben. Im Catalogue der Bibliothèque Nationale, Paris, wird der Name mit Christophe de Penfeunteniou wiedergegeben. Nähere Angaben über diesen Autor ließen sich nicht ermitteln.

[2] Christoforus de Capite-fontium, Novae illustrationes Christianae Fidei adversus impios Libertinos, Atheos, Epicureos, et omne genus infideles, Parisiis 1586, Epistola, a 2r, 3r und immer wieder.

[3] Ebd. e 1v u.o.

[4] Ebd. e 1v u.o.

religio" gegen die „falsa" verteidigen[5]. Die Besonderheit liegt nun darin, daß er dazu das Gespräch mit der Philosophie, besonders mit der „naturalis philosophia"[6] sucht, wie er mit einem keineswegs neuen, freilich auch durchaus nicht ohne weiteres eindeutigen Terminus sagt. Allerdings hält er ihn für klar und somit für keiner weiteren Interpretation bedürftig, was er unter dieser Philosophie versteht, wen er für einen „naturalis philosophus"[7] hält.

Wir können dem nicht näher nachgehen, so wichtig und wohl auch für unsere Fragestellung aufschlußreich dies sein dürfte. Für uns muß genügen, daß wir es mit nicht weiter genannten Philosophen zu tun haben, von denen auch nicht eindeutig feststeht, ob sie die „Athei" darstellen, die Cheffontaines im Titel nennt. Es scheint eher, daß er mit den Philosophen jene meint, die sich ausdrücklich nicht als Theologen verstehen und ihre Kenntnis nur aus der „naturalis ratio" schöpfen wollen, von der auch er spricht[8]. Man könnte vielleicht an Pietro Pomponazzi denken, der für sich ja in Anspruch nahm, nichts zu sagen, was dem christlichen Glauben widerstreitet, daß er lediglich etwa die Unsterblichkeit der Seele als nicht mit der natürlichen Vernunft erkennbar ansah[9]. Doch galt er schon deswegen als Atheist.

Cheffontaines geht es darum, mit dieser „naturalis ratio" die Wahrheit des Glaubens zu erhellen gegen die zeitgenössische Philosophie[10]. Was jedoch gegen die „Christi doctrina" verstößt, kann nach seiner Auffassung nicht Meinung der „naturalis philosophia", sondern nur Torheit sein; für ihn stimmen nämlich Aussagen des christlichen Glaubens und der natürlichen Philosophie miteinander überein[11]. In dieser Annahme weiß er sich in einer großen Tradition, die mit Justin, Tertullian und Cyprian beginnt, über Origenes, Eusebius und Augustinus zu Thomas von Aquin geht und neuerdings von Vives, Marsilio Ficino und Savonarola (!) vertreten worden ist[12]. Besonders hebt er dann noch Raimundus Lullus und Raimundus von Sabunde hervor[13]. So will er in einer den Einleitungsbrief durchziehenden merkwürdigen Verschränkung von Erkennen und Lieben innerhalb der Grenzen der „naturalis ratio" und aus den natürlichen Gesetzen der „ars amandi" heraus nachweisen, daß allein Gott zu lieben, daß er notwendig und daß er der natürliche Gegenstand der Liebe ist; darüber hinaus will er Gott, den Dreifaltigen und Einen, aus der Natur der Liebe heraus aufweisen[14]. Besonders will er sich der Unsterblichkeit der Seele zuwenden und dabei

---

[5] Ebd. e 2vf.
[6] Ebd. 1v; bes. 34r, 50r.
[7] Ebd. 5r.
[8] So schon in der einleitenden Epistola [a 5v], [a 6v], im Zusammenhang mit einem Hinweis auf Raimundus von Sabunde [a 8v].
[9] Vgl. E. Feil, Religio I, 224ff.
[10] Chr. de Capite-Fontium, Novae illustrationes, a 5vf.
[11] Ebd. [a 7v].
[12] Ebd. [a 8r].
[13] Ebd. v.
[14] Ebd. [a 8v].

zeigen, daß die wahre „naturalis philosophia" in der „Christiana religio" enthalten ist[15].

Bereits hier unterscheidet Cheffontaines zwischen „vera religio" und „falsa" und setzt die wahre von denen ab, die in seiner Zeit „religiones" genannt werden[16].

Dem hiermit skizzierten weitreichenden Programm müssen wir nun ein wenig näher nachgehen. In den eigentlichen Darlegungen des Buches will Cheffontaines die Wahrheit des christlichen Glaubens verteidigen, und dies auf dem Hintergrund, daß die Philosophen vielfältige Irrtümer vertreten haben; ihnen gegenüber hält er daran fest, daß die wahre „naturalis ... philosophia" sich allein bei den Christen findet, wobei er zugesteht, daß das Glaubenslicht notwendig ist zur Kenntnis der unzugänglichen tiefen philosophischen Wahrheit[17]. Dabei widmet er sich nur den notwendigen Glaubensaussagen über Wesen und Existenz, Vorsehung und Gerechtigkeit Gottes sowie über die Unsterblichkeit und ewige Seligkeit bzw. Verdammnis[18]. All dies will Cheffontaines erweisen, und zwar aus den Prinzipien der Philosophie, wie er in einer nicht eben klaren Abstimmung mit den Aussagen über die Bedeutung der christlichen „fides" sagt[19].

Als wichtiges Argument für seine Auffassung formuliert Cheffontaines, daß eine Wahrheit einer anderen nicht widersprechen kann[20], daß somit christlicher Glaube und (natürliche) Philosophie nicht zu gegenteiligen Auffassungen kommen können. Das hier liegende Problem überbrückt er mit dem Argument, daß die „natura" das Unsinnige und Leere scheut und daß sie zugleich nichts vergeblich und unsinnig tut[21]. Wenn dem so ist, lassen sich die Glaubensaussagen über Gott und den Menschen aufgrund einer Rückfrage an den Menschen bestätigen, kommt doch der Mensch mit der natürlichen Vernunft zur Erkenntnis Gottes und seiner selbst[22].

Cheffontaines exemplifiziert diese seine Annahmen an der menschlichen Liebe. Diese impliziert seines Erachtens, daß sie eines Zieles bedarf und dieses Ziel nur Gott sein kann: menschliche Liebesfähigkeit liefe sonst ins Leere[23]. Sie erweist sich aber auch als vergeblich, wenn die Seele des Menschen nicht unsterblich ist[24]. Und weil es in der Liebe den Liebenden, den Geliebten und die Liebe

---

[15] Ebd. e 1v. Nachfolgend setzt sich Cheffontaines mit dem Irrtum Calvins hinsichtlich der Trinität und näherhin der Annahme auseinander, „tres personas in una essentia subsistere". Dagegen: die „Persona" existiert nicht „in alio", sondern „per se".

[16] Ebd. e 2v.
[17] Ebd. 2v.
[18] Ebd. 3r.
[19] Ebd. 2v.
[20] Ebd. 5r.
[21] Ebd. 4r: „Natura abhorret vanum atque vacuum, nihil frustra aut in vanum faciens". Vgl. immer wieder, z.B. 34r, 50v.
[22] Ebd. 5v.
[23] Vgl. ebd. 6r-8v.
[24] Vgl. die ausführlichen Begründungen ebd. 8v-37v.

selbst gibt, läßt sich aus ihr heraus auch die Trinität aufweisen[25]. Ergänzend verdeutlicht Cheffontaines dann noch die alleinige Ewigkeit Gottes, dergegenüber er die Ewigkeit der Welt zurückweist[26]. Die gesamten Argumentationen laufen bei ihm immer wieder darauf hinaus, daß allein die christliche „religio" die wahrhaft weise und die wahrhaft natürliche Philosophie lehrt[27].

Schon mit diesen Ausführungen gebührt Cheffontaines eine gewisse Beachtung, betont er doch besonders nachdrücklich die Übereinstimmung christlicher Glaubensinhalte mit Inhalten der natürlichen Philosophie, wenn diese keinen Irrtümern erliegt. Zwischen Glauben und Erkennen besteht somit kein Gegensatz, im Gegenteil, wo immer Erkennen sachgemäß vorgeht, stimmt es mit jenen Glaubensaussagen überein, an denen die Christen festhalten. Eine gewichtige Rolle spielt dabei die „natura", die mindestens aus der Sicht des Menschen Wirkungen zu erzielen vermag, die christlich gesehen Gott zugebilligt werden. Daß sie nichts umsonst macht, daß sie nicht ins Leere läuft, all dies sind ursprüngliche Charakteristika des Wirkens Gottes. Cheffontaines sieht sich also – tatsächlich oder vermeintlich – schon einer Philosophie gegenüber, die sich von Gott unabhängig weiß, wofür sie sich insbesondere auf Aristoteles stützt; da dieser sich mit seiner These von der Ewigkeit der Welt als einer der deutlichsten Gegner christlichen Glaubens an Gott als Schöpfer der Welt und deren Endlichkeit erweist, sieht Cheffontaines sich gegen ihn zu besonderem Widerspruch gezwungen. Gleiche Zurückweisung erfordert lediglich die Leugnung der Unsterblichkeit der Seele, die freilich nur in dem Sinne auf Pomponazzi zurückgeht, daß er sie für die natürliche Vernunft als unerkennbar ansah.

Die hervorragende Bedeutung, die Cheffontaines für unser Thema hat, zeigt sich dann in den letzten Passagen seines Buches. Hier fügt er nämlich einen ausführlichen Abschnitt über die Konsequenzen an, die sich aus der Bedeutung der Liebe ergeben: Nach der Darlegung über Gott und die Liebe zu ihm will Cheffontaines zeigen, daß die „natura" der Liebe die „religio" lehrt, mit der Gott zu ehren ist[28]. Die Liebe bezeichnet er hier nicht nur als natürliche Wärme, durch die die Seelen leben, sondern als „lex" und „dictator" von allem, was der Liebende für den/das Geliebte oder wegen des Geliebten tun muß. Die Folge der Liebe besteht also in einer gesetzlich gebotenen und somit gleichsam juridischen Handlungsweise. Nur diese Metaphorik läßt – möglicherweise – die tradierte Zuordnung der „religio" zur Gerechtigkeit erkennen. Doch wird eben diese Zuordnung verlassen, wenn gegen die theologische Tradition die „religio" nicht mehr von der – theologisch gesehen – heilsbedeutsamen theologischen Tugend der Liebe getrennt wird. Cheffontaines hebt hier freilich nicht direkt auf diese

---

[25] Vgl. ebd. 37r-39v.
[26] Ebd. 40r-58r.
[27] Ebd. 34r: „sola Christiana religio veram sapientem veramque naturalem philosophiam hominis docet, solaque sapientia hominem facit ... Vera enim philosophia naturalis est, quae ultimum naturalem hominis finem quis sit, vere docet."
[28] Ebd. 60v: „demonstramus amoris naturam nos religionem docere, qua colendus Deus est."

über die Natur hinausragende Tugend ab, da es ihm nicht um eine innertheologische, sondern um eine apologetische Argumentation geht.

Zur näheren Erörterung nimmt er die Etymologie „religari" auf und bestimmt folglich die „religio" – damit wieder klassische Bestimmungen überschreitend – nicht mehr nur als Anhängen, sondern als Vereinigtwerden; hier identifiziert Cheffontaines direkt die „religio" mit der Liebe[29]. Diese Identifizierung hält er nicht durch, wie er sie schon in den vorausgegangenen Darlegungen nicht angenommen hatte, wo er die „religio" aus der Liebe folgen ließ. Aber als äußerste Intensität kann er dennoch sagen: „Religio" ist Liebe.

Im folgenden spricht er dann die Verfehlung der „religio" an, nämlich diejenige ohne Liebe, die er als „hypocrisis", als Vortäuschung von „religio" bezeichnet. Er präzisiert dann, daß die Liebe, und zwar nur die Liebe zu Gott, der allein der Höchste und einzig Liebenswerte ist, Fundament der ganzen „religio" sein kann[30]. Wer also nicht Gott, sondern sich selbst liebt, zerstört die „religio", hängt einer „falsa ... religio" an und sündigt damit zugleich gegen die „natura", weil er sich selbst zubilligt, was von Natur nicht ihm, sondern Gott zusteht; Gott durch „vera religio" zu ehren, besteht für den Menschen also darin, vom Thron Gottes herabzusteigen und Gott an seine Stelle zu rücken[31].

Für Cheffontaines gibt es somit eine „religio", die die Natur lehrt, und dies deswegen, weil dem Menschen ein natürliches Objekt seiner Liebe eignet, nämlich Gott[32]. Gott gegenüber aber gilt, daß er eine unendliche Liebe und entsprechend die größten Ehrenerweise verdient[33]. Als Beispiele führt Cheffontaines Magdalena und David an, den Bau des Tempels und die Ehrung Christi beim Einzug in Jerusalem[34]. In diesem Zusammenhang prägt er die Formulierung von der „infinita religio", Gott zu ehren mit einem „cultus", der nicht groß genug sein kann[35] gemäß jenem biblischen Wort von der Liebe „aus ganzem Herzen, aus ganzer Seele und aus allen Kräften"[36]. Diese Formulierung belegt eine bislang unbekannte und über die Tradition hinausgehende Konzeption. Die Zu-

---

[29] Ebd. 61rf: „dicta est autem religio a religando. Hominis autem anima, cum nulla religari, nisi per amorem potest, et quia non potest habere nisi rem unam, quam per se et primo amat, soli uni rei per religionem adhaerere et uniri potest, et per consequens unicam revera rem pro Deo habere. Primus ergo honor et prima religio hominis, quibus rem aliquam adorat, amor est, quo rem illam ante omnes alias et primo amat, et ante omnes alias amanda esse putat et credit."

[30] Ebd. 62r.

[31] Ebd.

[32] Ebd. 62v: „Religio ergo quam natura hominem docet, et qua verus Deus, quod est naturale amoris obiectum, colendus est ..."

[33] Ebd. 64v.

[34] Ebd. 65rf.

[35] Ebd. 66r: „In Dei cultu, nihil nimium, nihil excessivum, nihil superfluum esse potest. Religione enim infinita ad eum honorandum tenemur, et quisquis eum vere amat, infinito cupit illum afficere honore ... Haec enim sufficit ad illius reprobandum errorem, qui inter vera religionis signa et notas hanc ponit, ut nihil in ea ad Dei cultum fiat, quod expresso Dei verbo iussum non fit, infinitam religionem, qua colendus Deus est, intra arctissimos limites cogendo."

[36] Ebd. 65v.

ordnung bis hin zur Identifikation der „religio" mit der Liebe ermöglicht, auch die Ehrung Gottes unendlich werden zu lassen. Diese Ehrung manifestiert sich, sie äußert sich im ursprünglichen Sinn des Wortes: Nach Cheffontaines drückt sich die Liebe Gott gegenüber aus im Dienst[37], im Lobpreis nicht nur mit Worten, sondern mit Musik, in der Öffentlichkeit und nicht nur in privaten und geheimen Gebeten[38]; körperliche Gesten und äußere Zeichen gehören unverzichtbar zu dieser Liebe hinzu[39]. Cheffontaines verwendet hier freilich noch keineswegs eine Antithese von ‚innen' und ‚außen', sondern die von „privat" und „öffentlich" gemäß den biblischen Aussagen über das Gebet. Die „vera religio" zeichnet sich aus durch eine in Festen geäußerte stete und uneingeschränkte Dankbarkeit für die Wohltaten, die der Mensch von Gott empfangen hat[40]. Überraschen müssen auch die letzten Aussagen bei Cheffontaines: Mit Hinweis auf Könige und Fürsten hebt er auf deren Dankespflicht ab und verweist dabei vor allem auf die Opfer, die als äußere und sichtbare zur „religio" dazugehören[41], sodann auf Heiligtümer und andere Möglichkeiten zum Dank[42]. Es fragt sich nur, warum Cheffontaines eine so zentrale Aussage über die Opfer im politischen Kontext und nicht zuvor bei den alle Menschen betreffenden Aussagen formuliert. Alle diese Hinweise auf Äußerungen der „religio" dürfen aber nicht vergessen machen, daß sie als Liebe insgesamt mit diesen Manifestationen eine ist, die Cheffontaines zugleich als „infinita" bezeichnet hat. Es darf somit nicht übersehen werden, daß er gleichwohl die „religio" immer wieder im unmittelbaren und untrennbaren Zusammenhang mit diesen Vollzügen und d.h. in Übereinstimmung mit dem grundlegenden Verständnis der „religio" als Verehrung Gottes entfaltet.

Im vorhergehenden wurden die Charakterisierungen der „religio" genannt, ohne die ständige Gegenüberstellung desjenigen, der sich selbst liebt, mit demjenigen, der Gott liebt, miteinzubeziehen. Diese Gegenüberstellung kann für unseren Zusammenhang außer Betracht bleiben. Auch die Hinweise auf eine götzendienerische Ehrung Gottes[43] können wir hier vernachlässigen. Es kam vielmehr darauf an, den Zusammenhang von „amor" und „religio" herauszustellen, den Cheffontaines so deutlich akzentuiert hat.

---

[37] Ebd. 67v.
[38] Ebd. 68r: „ita Dei amans multum laetatur, quoties magnam hominem multitudinem, ad Deum publice laudandum congregari videt, libenterque publicis et solemnibus Dei laudibus interest, privatis et secretis Dei laudibus non satis contentus, et certe verae religionis signum est, quando homo gaudet publicis Dei laudibus interesse".
[39] Ebd. 70r.
[40] Ebd. 69v, 71v.
[41] Ebd.: „Sacrificium autem de essentia est religionis, per quod externo signo homo testatur, se totum et quicquid habet Dei esse et Deo deberi ... certe nulla fuit unquam vera religio, sine externo et visibili sacrificio."
[42] Ebd. 73v.
[43] Z.B. 75v „honor idololatricus".

Abschließend faßt er noch einmal zusammen, daß die Liebe Gesetz und Annahme der ganzen „religio" ist[44]. Ursprung, Fundament und Zeichen dieser „vera religio" will er offenlegen[45], weil nichts in seiner Zeit so umstritten ist zwischen den Christen wie die „religio". Er schließt seine Ausführungen mit dem Hinweis, daß der aufmerksame Leser bemerken wird, wie sehr es darum geht, Gott Ehre zu erweisen, wie sehr die katholische Kirche dem Rechnung trägt und wie sehr dies mit der „naturalis religio" übereinstimmt, die uns die „natura" der Liebe und die Wissenschaft lehren[46].

Damit bringt Cheffontaines buchstäblich in den allerletzten Zeilen eben jenen Terminus, dessen Prägung man bislang am ehesten Bodin zuschrieb. Da jedoch die Ausführungen bei Bodin, denen wir uns im folgenden zuwenden müssen, so differenziert sind, war es von vornherein wenig wahrscheinlich, daß Cheffontaines zugleich mit der Prägung schon eine so entfaltete Konzeption dazu vorlegen konnte. „Naturalis religio" findet sich also mindestens zuvor in einer bestimmten Interessenlage, nämlich seitens des christlichen Glaubens die Verbindung zur allgemein menschlichen Konstitution zu erweisen und wichtige Aspekte dieses Glaubens zugleich als dem Menschen gleichsam von Natur her eigen freizulegen. Schon während der einzelnen Darlegungen scheint es verschiedentlich, als ob Cheffontaines den so sehr gesuchten Terminus hätte einführen können.

Insgesamt hat er freilich keine tragende Bedeutung. Cheffontaines verwischt darüber hinaus im Grunde die Grenzen zwischen einer göttlichen Begnadigung und der naturalen Ausstattung des Menschen. Er charakterisiert die Liebe als eine solche, die von sich selbst her nur die Liebe des einen wahren Gottes sein kann. Letztlich erscheint damit das, was christliche Begnadigung auszeichnet, als identisch mit der „naturalis religio", die ja ihrerseits Konsequenz und zugleich identisch ist mit der Liebe, die zugleich eine naturale Gegebenheit ist. Wenn Cheffontaines aus der Liebe sogar noch auf natürliche Weise die Trinität erweisen will, zeigt sich, wie weit er in diesem seinen Bestreben geht, die Kompatibilität zwischen theologischem und philosophischem Verständnis des Menschen festzuhalten.

Der bislang früheste eindeutig datierbare Nachweis des Terminus „naturalis religio" findet sich also in einer apologetischen Darlegung, daß mit ihr übereinstimmt, was die katholische Kirche für zentral hält. Damit zeigt sich zugleich, daß hier „naturalis" etwas als dem Menschen eigen und damit seiner natürlichen Vernunft erkennbar bezeichnet, etwas, das in die Zuständigkeit der Philosophie, der „naturalis philosophia" gehört. Im Grunde ist also diese „naturalis religio"

---

[44] Ebd. 76r: „Nam amor lex est et norma totius religionis, amor omnia docet, quae facienda sunt ad colendum et honorandum rem, quae primo amatur."

[45] Ebd. 76rf.

[46] Ebd.: „Haec certe quisquis attente legerit, manifeste videbit, quam sanctum, quam pium, quam rationabile sit, omnia ad Dei et sanctorum eius honorem fecisse, quae catholica Ecclesia facienda esse tradit et docet, et cuncta cum naturali religione convenire, quam nos amoris natura et scientia docent."

etwas, das sich möglicherweise außerhalb des christlichen Glaubens befindet und dessen Identität mit dem zentralen Thema eben dieses Glaubens nachgewiesen werden soll. Diese Färbung des Begriffes scheint mir von außerordentlicher Wichtigkeit zu sein. Sie läßt sich bereits am bislang ersten Fundort dieses Terminus ersehen. Doch läßt die Selbstverständlichkeit der Verwendung mit beträchtlicher Sicherheit darauf schließen, daß dieses nicht der früheste Gebrauch dieses Terminus ist. Er muß allem Anschein nach schon eine gewisse Tradition haben.

Jean Bodin, Colloquium Heptaplomeres

Nach Cheffontaines müssen wir noch einmal und erst recht auf Jean Bodin zurückkommen, der mit seinem „Colloquium Heptaplomeres" von 1593 eine weithin bekannte und folgenträchtige Abhandlung zu unserem Thema beigetragen hat. Sie erreichte eine beträchtliche Wirkung, obwohl sie auf Jahrhunderte hin nur in Manuskripten existierte, bis sie 1857 erstmalig im Druck erschien.

Dieses „Colloquium" gilt als eine der bedeutendsten Arbeiten zu unserem Thema. Tatsächlich überbietet es alle bis dahin bekannten Disputationen. In ihm läßt Bodin nämlich gleich sieben Vertreter verschiedener Überzeugungen einen Dialog führen, für die Christen drei, den gastgebenden Katholiken Paulus Coronaeus, den Lutheraner Fridericus Podamicus und den Reformierten Antonius Curtius, sodann den Juden Salomo Bercassius und für den Islam merkwürdigerweise den Konvertiten Octavius Fagnola, der ursprünglich Christ gewesen war. Über diese Vertreter der jeweils von Anfang an im apologetischen Streit liegenden Überzeugungen hat Bodin, und dies verdient besondere Aufmerksamkeit, gleich zwei weitere Gesprächspartner eingeführt, nämlich Diegus Toralba und Hieronymus Senamus. Diese vertreten nicht einfach die früher meist als ‚gentes' bezeichneten ‚pagani', nämlich die Heiden der Antike, die im Grunde nur noch historische Bedeutung haben. Sie gelten vielmehr als Repräsentanten „natürlicher Religiosität" bzw. des „Indifferentismus" als der „vollkommensten Stufe der heidnischen Entwicklung"[1].

---

[1] So Wilhelm Dilthey, Das natürliche System der Geisteswissenschaften im 17. Jahrhundert, 146f. – Ob man diesen recht pauschalen Klassifikationen zustimmen will, braucht hier nicht erörtert zu werden. – Nach Abschluß des Manuskripts erschien: Jean Bodins Colloquium Heptaplomeres, hg. von Günter Gawlick und Friedrich Niewöhner (= Wolfenbütteler Forschungen 67), Wiesbaden 1996, mit sehr aufschlußreichen Beiträgen; vgl. dazu auch Karl Friedrich Faltenbacher, Das Colloquium Heptaplomeres, ein Religionsgespräch zwischen Scholastik und Aufklärung. Untersuchungen zur Thematik und zur Frage der Autorschaft (= Europäische Hochschulschriften XIII 128), Frankfurt 1988; Friedrich Niewöhner, Als Friedrich in den falschen Apfel biß. Der Augsburger Mathematiker F. Podamicus im „Colloquium Heptaplomeres" des Jean Bodin, in: Augsburg in der Frühen Neuzeit. Beiträge zu einem Forschungsprogramm, hg. von Jochen Brüning und Friedrich Niewöhner (= Colloquia Augustana 1), Berlin 1995, 435–444. – Die hier aufgeworfenen Fragen, so vor allen anderen die nach der Verfasserschaft Bodins – die meine Frage verschärft, warum Bodin nicht

Stattfinden läßt Bodin dieses Gespräch in Venedig. Gestaltet hat er es in verschiedentlicher Anknüpfung an Platons „Phaidon"[2].

Es überrascht zunächst, daß Bodin anfangs weder seine Gesprächsteilnehmer des näheren charakterisiert noch ihre Zugehörigkeit zu einer bestimmten Richtung oder Überzeugung erkennen läßt. Erst allmählich und einigermaßen mühsam stellt sich dies heraus. Und daß es auch für die Gesprächsteilnehmer so einfach nicht zu sein scheint, ihre gegenseitige Zugehörigkeit herauszufinden, obwohl sie eigentlich doch angesichts der Hausgemeinschaft feststehen müßte, zeigt eine Bemerkung des Lutheraners Fridericus, er meine – und nicht, er wisse –, daß Curtius der helvetischen und nicht wie er der Augsburger „confessio" zuzurechnen sei[3].

Aufgrund dieser komplizierten Anlage wirft das „Colloquium" von vornherein mehr Fragen und Probleme auf als andere Dialoge. Zunächst einmal, um beim Einfachsten zu beginnen, läßt sich nicht schlüssig begründen, warum Venedig als Ort des Gesprächs gewählt wird, es sei denn, man begnügt sich mit Bodins Auskunft, daß es sich hier um eine besonders freie und aufgeschlossene Stadt handelt[4]. Bemerkenswerterweise werden andere Orte genannt, zu denen die Gesprächspartner Verbindungen aufrechterhalten und aus denen sie über alle gewünschten Fragen Antworten einholen können, haben sie doch in ihnen Freunde, nämlich in Rom, Konstantinopel, Augsburg, Sevilla, Antwerpen und

---

in seiner politischen Schrift von „religio naturalis" spricht –, sowie die nachgewiesenen Zitationen bes. von Origenes, Nikolaus von Kues und vor allen anderen von Postel unterstrichen meine ungelösten Fragen sowohl nach dem Ort, den Gesprächsteilnehmern und weiteren Gewährsleuten des Verfassers. Die hier publizierten Studien und die folgenden Überlegungen stellen somit eher einen Anfang der Erforschung dieses „Colloquiums" als deren Ende dar. Dies gilt nicht zuletzt für die bes. von Faltenbacher formulierte These, Bodin sei nicht der Verfasser des „Colloquium".

[2] Dieser platonische Dialog diente als Tischlektüre während des gemeinsamen Mahls am ersten und dritten Tag, vgl. Joannes Bodinus, Colloquium Heptaplomeres de rerum sublimium arcanis abditis (1593), hg. von Ludovicus Noack, Suerini 1857, ND Hildesheim 1970, vgl. 3 bzw. 71. Dieser Dialog wird gleichfalls weitererzählt von einem selbst nicht in das Gespräch eingreifenden Zuhörer, wie dies auch bei Bodin der Fall ist. Darüber hinaus greift Bodin das Stichwort „Unsterblichkeit der Seele" vom „Phaidon" her auf, vgl. 3 und wieder 28ff. – Im folgenden werden die Zitate mit der Seitenzahl angegeben; die Bücher beginnen I S. 1, II S. 10, III S. 71, IV S. 112, V S. 178, VI S. 238. Sofern in den Anmerkungen auf ein Buch hingewiesen werden soll, wird dies allein mit römischer Ziffer genannt.

[3] Ebd. 191. – Zur Zugehörigkeit zu den verschiedenen Bekenntnissen vgl. für Coronaeus bes. 191, ferner 203f, 331, 351, für Fridericus 191, 321, 328, 331, für Curtius 191, vgl. seine Zurechnung zur „ecclesia Helvetica", 330, vgl. auch 332; für Octavius vgl. vor allem seine Bekehrungserzählung 171f; für Toralba vgl. die Aussage des Senamus, daß jener zur „religio naturalis" gehört, 192; für Senamus vgl. 119f.

[4] So ausdrücklich in den ersten Sätzen, ebd. 1. – Michel Desplands mündlicher Vorschlag, Venedig sei gewählt worden, weil es das Tridentinum noch nicht angenommen habe und deswegen in besonderem Maße freiheitlich geblieben sei, schlägt wohl schon deswegen nicht durch, weil Frankreich insgesamt dieses Konzil noch nicht akzeptiert hatte, vgl. Richard von Dülmen, Entstehung des frühneuzeitlichen Europa 1550–1668 (= Fischer Weltgeschichte 24), Frankfurt 1982, 276. Ob Venedig auch bedeutsam war, weil Postel hier besonders hervorgetreten ist, vgl. das Zeugnis von Henri Estienne, s.o. 5., steht dahin.

Paris[5]. Diese sicherlich nicht zufällig gewählten Städte werfen ein gewisses Licht auf Venedig, ist diese Stadt doch am ehesten jene Metropole, die zur gesamten Christenheit, aber eben auch zum Osten und hier insbesondere zum Islam unmittelbare Beziehungen pflegt.

Nicht beantworten läßt sich vor allem, ob Bodin mit einzelnen Gesprächsteilnehmern historische Gestalten im Auge hat, die, wenn er sie nicht direkt hat aufnehmen wollen, so doch als Vorbilder dienen, um gewisse Züge seiner Personen auszugestalten. Besonders scheint der Frage wert, warum er für den Islam einen Konvertiten bzw. abgefallenen Christen[6] und für eine neu formulierte Überzeugung mit Diegus Toralba einen Spanier wählt. Da dieser überdies vor allem philosophisch argumentiert, fragt sich, ob Bodin eine bestimmte Person meint. In der Tat erinnern manche Argumente an Juan Luis Vives, der freilich insgesamt nicht Toralbas Position teilt. Daß Bodin vielleicht an Postel gedacht hat – etwa in der Gestalt des Octavius, der ein Konvertit ist, oder in der des Senamus, der am wenigsten eine bestimmte Konfession vertritt – wird sich vorerst nicht klären lassen.

Verständlich erscheint, daß trotz intensiver Bemühungen bislang offen bleibt, ob Bodin sich hinter einem der Dialogpartner verbirgt und, wenn ja, hinter welchem; verschiedentlich wurde der Nachweis zu führen versucht, er habe sich am ehesten dem Judentum, jedenfalls aber nicht mehr dem christlichen Glauben innerlich verbunden gefühlt[7].

Schon angesichts der Gesprächsteilnehmer zeichnet sich ab, daß der Dialog eine besonders komplizierte Struktur besitzt, enthält er doch eine doppelte Apologetik zum einen der Christen untereinander und zum anderen gegenüber den nichtchristlichen Überzeugungen, auf die sich die bisherigen apologetischen Dialoge beschränkten. Die innerchristlich umstrittenen Themen werden zwar nicht so ausführlich und vielleicht auch nicht in gleicher Schärfe behandelt, sie finden aber sehr wohl einige Berücksichtigung, so besonders das Verständnis der Sakramente[8]. Ob Bodin mit der Einführung dreier verschiedener Vertreter christlicher „sectae" die Position der Christen schwächen will oder ob ihm angesichts der tatsächlichen Gegebenheiten seiner Zeit daran liegt, sie getrennt zu berücksichtigen und jeweils in einen Disput mit Judentum, Islam und neuen Auffassungen treten zu lassen, steht dahin. Nicht klären läßt sich auch der wohl

---

[5] J. Bodin, Colloquium, 1.

[6] Vgl. die ähnliche Gesprächsanordnung bei Stamler, wo auch ein Christ an einen Moslem verkauft wurde, bei dem er mit dessen Überzeugung in Berührung kam, s.o. 5 zu Stamler.

[7] Vgl. Georg Roellenbleck, Offenbarung, Natur und jüdische Überlieferung bei Jean Bodin. Eine Interpretation des Heptaplomeres (= Studien zu Religion, Geschichte und Geisteswissenschaft 2), Gütersloh 1964, 27, 152f; Paul Lawrence Rose, Bodin and the great God of Nature. The Moral and Religious Universe of a Judaiser, Genève 1980, 14. Vgl. dazu auch Friedrich Wilhelm Niewöhner, Veritas sive Varietas. Lessings Toleranzparabel und das Buch Von den drei Betrügern (= Bibliothek der Aufklärung 5), Heidelberg 1988, 377, der aber auch keine Antwort auf die diesbezüglichen Fragen geben kann.

[8] J. Bodin, Colloquium, 339 über das Abendmahl, vgl. auch 336 über den Bilderstreit.

nicht zufällige Tatbestand, daß die Gesprächspartner im Hause des Vertreters der katholischen Kirche Coronaeus wohnen und ihr Gespräch führen. Daraus läßt sich freilich noch kein Argument für die persönliche Einstellung Bodins ableiten. Vorrangig jedoch, dies läßt sich einwandfrei ersehen, widmet er den Auseinandersetzungen zwischen Christen und Nichtchristen seine besondere Aufmerksamkeit.

Dieses besondere Thema des „Colloquium" über die verschiedenen Überzeugungen nimmt Bodin freilich nicht von Anfang an auf. Es dauert vielmehr eine beträchtliche Zeit, bis zum ersten Mal der Terminus „christiana religio" vorkommt[9] und noch einmal länger, bis es um die „religio vera"[10], und nochmals geraume Zeit, bis es auch um die „religio naturae" bzw. „naturalis religio" geht[11].

Zuvor hatte Bodin durch fast die ersten drei Bücher hindurch und d.h. in den Gesprächen der ersten drei Tage andere Themen diskutieren lassen: Das erste Buch kreist um einen Bericht über die Erfahrungen des islamischen Octavius, der während einer Seefahrt eine von Ägypten mitgeführte Mumie ins Meer hat werfen müssen, weil der heftige und bedrohliche Seesturm von Besatzung und Passagieren auf die Grabdämonen zurückgeführt wurde; im zweiten und dritten Buch finden sich Überlegungen über Wesen und Wirkung der Geister, der Engel und Dämonen[12] und verbunden damit über die Seele, ihr Wesen und ihre Unsterblichkeit[13]. Bodin braucht also immerhin die ersten drei Gesprächstage und, bezogen auf den Umfang, etwa ein Drittel der gesamten Darlegungen, bis er den Katholiken Coronaeus die Frage stellen läßt, ob es überhaupt erlaubt sei, sich über die „religio" auseinanderzusetzen[14].

Aber auch die umfangreichen Bücher IV bis VI mit den Gesprächen jeweils eines weiteren Tages befassen sich nicht ausschließlich mit der „religio". Das vierte Buch beginnt nämlich im Anschluß an den Gesang eines Knabenchors vom Vorabend mit Fragen der Harmonie, ehe ein erster Gesprächsgang bei den Auseinandersetzungen und Kriegen ansetzt, die aus mannigfaltigen Differenzen etwa auch der „pietas" und der „religio" entstehen[15]. Im Anschluß hieran geht es ein erstes Mal des näheren nicht nur um das „optimum religionis genus", sondern um die „religio vera"[16]. Diese wird dann nach einem Gesprächsgang über

---

[9] Ebd. 105.
[10] Ebd. 118ff.
[11] Beides – offensichtlich synonym – erstmalig ebd. 143.
[12] Auffällig besonders die mögliche Annahme, daß aus den „impiorum mentes" Dämonen und aus denen der Frommen Engel geworden sein könnten, ebd. 101.
[13] So schon 28.
[14] So die Schlußbemerkung von III, ebd. 111, wiederaufgenommen zu Beginn von IV, 125, vgl. auch verschiedentliche Beiträge dazu 126–128.
[15] Ebd. 117: „inter homines rarius virtutes cum virtutibus, saepe vitia cum virtutibus, etiam vitia cum vitiis, opinio cum opinione, pietas cum impietate, religio cum superstitione et religione, saepissime tamen cum superstitione superstitio ipsa certat."
[16] Ebd. 125ff und bes. 131ff.

Orakel[17] wiederaufgenommen[18]. Hier findet sich dann die erste Formulierung der „religio naturalis"[19]. Es schließt sich wieder ein anderes Thema an, nämlich das der Heiligung des siebten oder ersten Tages[20] und eine besondere Verteidigung des Islam angesichts kritischer Anfragen[21]. Erst dann wird das zentrale Thema wieder ausführlich aufgenommen, das den vierten Tag des „Colloquium" beschließt und bis in den fünften Tag hineinreicht[22]. Hier ereignet sich auch, daß der Lutheraner Fridericus irrtümlich einen künstlichen Apfel von der Obstschale nimmt und hineinbeißt[23], natürlich eine symbolische Demonstration des Sachverhalts, wie schwer sich vom Augenschein her die Wahrheit erkennen läßt. Dann wendet sich das Gespräch wieder anderen Themen zu, so zunächst von seiten Salomos über die Widersprüche und Irrtümer des Neuen Testaments[24] und dann verstärkt durch Toralba über die Problematik der Gottheit Christi bzw. seiner wirklichen Menschheit[25]. Auch das Gespräch des letzten sechsten Tages widmet sich weitgehend anderen Themen, etwa dem Opfer und kultischen Tanz, dem Gesang, Gott und der Trinität, der Problematik der Erlösung und des Todes Christi, der Erbsünde, der Rechtfertigung oder dem Abendmahl. Wird schon in diesen Erörterungen die Frage der „vera religio" wiederaufgenommen[26], so kehrt das Gespräch noch einmal zum Thema „religio" zurück, wobei Toralba den Vorschlag der „verissima naturae religio" wiederholt[27]. Das Gespräch endet kurz darauf mit dem Hinweis, daß die Teilnehmer und Hausgenossen in bewundernswerter Eintracht die „pietas" und die „vitae integritas" pflegten, aber nie wieder eine Disputation über die „religiones" gehalten haben, sondern jeweils ihre „religio" mit der größten Heiligkeit des Lebens bewahrten[28].

Sieht man von diesen knappen abschließenden Diskussionsbeiträgen ab, so kreiste das Gespräch nur zweimal ausführlicher um „religio", nämlich zu Beginn des vierten Tages[29] und dann wieder an dessen Ende bis in den fünften Tag hinein[30]. Es geht also um sehr vieles mehr als nur um dieses Thema, wenn es auch eine herausragende Bedeutung für das gesamte Gespräch besitzt.

---

[17] Ebd. 134ff.
[18] Ebd. 140ff.
[19] Ebd. 143, differenziert schon 142, vgl. u. Anm. 104, 186.
[20] Ebd. 148–160.
[21] Ebd. 160–169.
[22] Ebd. 169–205.
[23] Ebd. 178.
[24] Ebd. 205–233.
[25] Ebd. 233–238.
[26] Ebd. 254–257, vgl. auch 319–322.
[27] Ebd. 351–358, 351.
[28] Ebd. 358.
[29] Ebd. 117–143.
[30] Ebd. 169–205.

Zu Beginn des „Colloquium" bleibt Bodin freilich noch in der Reserve bezüglich seines Themas, deutet er dies doch zunächst mit dem Terminus „pietas" an[31]. Fridericus spricht dann von „religio" im Sinn einer Verpflichtung durch ein Gelöbnis[32], ehe Coronaeus am Ende der Erzählung des Octavius vom Seesturm fragt, durch wessen Gebete bei so großer Verschiedenheit der „religiones" Gott das Schiff in den sicheren Hafen geleitet habe[33]. Schon in diesem Präludium zeigt sich also eine recht variable Terminologie. Sie bleibt in den ersten drei Büchern erhalten[34], so auch, wenn an deren Ende wiederum Coronaeus im Schlußwort zum dritten Tag zugleich von „pietas" und „religio" spricht[35].

Wie schon angedeutet, nimmt Bodin das zentrale Thema auch im vierten Buch nicht sogleich auf; er läßt die Diskutanten vielmehr beginnen mit Überlegungen zur Harmonie sowie zur Freundschaft und Eintracht[36]. Statt dessen besteht jedoch bei den Menschen vielfacher Wettstreit oder gar Streit. Dieser kann aus den verschiedensten Anlässen entstehen, aus dem Konflikt verschiedener Meinungen bzw. Tugenden, wobei hier noch die miteinander Streitenden für sich eine positive Einstellung in Anspruch nehmen; er kann entstehen aus dem Widerstreit von Positivem und Negativem oder gar zweier Negativa, so von „pietas" und „impietas", von „religio" und „superstitio" bzw. „religio" und schließlich und meist zwischen „superstitio ipsa" und „superstitio"[37].

Hiermit hat Bodin das Thema formuliert, daß angesichts der sehr großen Verschiedenheit und Menge der „sectae" keine Übereinstimmung besteht, sondern besonders zu ihrer Zeit aufgrund der Spaltung zweier „religiones" so viele und große Kriege und Bürgeraufstände unter den Christen stattfinden[38].

Bereits zu Beginn dieses Gesprächsgangs zeichnen sich erste Konturen der jeweiligen Position ab: Curtius konstatiert, daß nichts für einen Staat gefährlicher ist als die Spaltung der Bürger in zwei „factiones", ob sie nun über Gesetze, Ehren oder die „religio" disputieren, und daß nur, wenn es eine größere Zahl von Parteien gibt, ein Bürgerkrieg nicht zu fürchten ist. Demgegenüber vertritt Octavius die Annahme, daß die Könige der Türken und Perser in ihrem Reich alle „religiones" zuließen und damit eine erstaunliche Übereinstimmung auch von fremden, unter sich verschiedenen „religiones" erreichten[39]. Hiermit zeigt sich Fridericus nicht

---

[31] Ebd. 4.
[32] Ebd. 6, von einer Frau, „cum religione obligata Romam iter haberet".
[33] Ebd. 10.
[34] Von „religio" ist nur selten die Rede, vgl. ebd. 33, 34, 107, 111, dann aber auch abwechselnd „fides Christiana" und „christiana religio", 105, ersteres noch 111. Es finden sich ebenso „pietas", 20, 75, u.ö., gelegentlich besonders herausgehoben auch „pietas ac religio", 86, oder „pietas ac sapientia", 94, oder „pietas ac sanctitas", 99. Als Gegensatz findet sich durchweg „impietas", 14, 35, 36, 72, 75, 83, 98 u.o.; vgl. 38.
[35] Ebd. 111.
[36] Ebd. 116.
[37] Salomo, ebd. 117, vgl. das Zitat o. Anm. 15.
[38] Fridericus, ebd. – Hier findet sich völlig neutral und umfassend „secta".
[39] Ebd.

einverstanden, wenn er für die Einheit des „numinis cultus" plädiert und als Beispiel die Gemeinschaft der Achäer anführt, die durch dieselben Gesetze, dieselben „religiones" (!), dieselben Einrichtungen, denselben „cultus" u. a. m. verbunden waren[40], wobei der Plural „religiones" hier die Beachtung verschiedener Verehrungen meint, die als solche noch nicht differente Spezies des Genus ‚religio' ergeben. In einer folgenden Bemerkung äußert Coronaeus den Wunsch nach Einheit aller Bürger und Übereinstimmung sogar aller Menschen in den göttlichen Dingen, kurz, den Wunsch nach der „una religio modo vera". Dem stimmt wenig später Fridericus zu, wenn er die Zulassung verschiedener widerstreitender „religiones" als Grund für die Zerstörung der „vera religio" ansieht[41].

Damit sind gleich zu Anfang des speziellen Dialogs deutliche Akzente gesetzt, wenn der Katholik und der Lutheraner die Notwendigkeit einer wahren „religio" betonen, der Reformierte dagegen im Fall einer Spaltung für mehr als nur zwei Parteien eintritt, wobei die Gesprächspartner alle mehr oder weniger ausdrücklich die Einheit des Gemeinwesens im Auge haben, der Katholik darüberhinaus die Einheit aller Menschen.

Salomo nimmt dann für die Juden in Anspruch, daß sie von allen Völkern getrennt, nur den ewigen Gott verehren, wofür er allerdings den Widerspruch von seiten des Senamus erhält[42]. In einer fälschlich Salomo zugewiesenen, vermutlich dem Octavius oder allenfalls dem Senamus zugehörigen Wortmeldung wird formuliert, man solle alle möglichen „religiones" zulassen, weil doch der diesbezügliche Streit nur zeigt, daß sich die wahre nicht ermitteln läßt und es somit unvertretbar erscheint, eine einzige auszuschließen[43].

Im folgenden stellt dann der Gastgeber Coronaeus fest, daß man sich ja bereits mitten in einer Disputation über die „religiones" befindet, ohne aber der schon am Vortag gestellten Frage nachzugehen, ob man über sie überhaupt disputieren darf[44]. Interessant erscheint, daß eigentlich niemand einen solchen Disput befürwortet, sondern aus verschiedenen Gründen eher oder gar dezidiert ablehnt. Salomo formuliert gleich mehrfach sein Unbehagen[45] und beruft sich

---

[40] Ebd. 117f, vgl. u. Anm. 68. Die Interpretation zeigt die unmittelbar folgende Rückfrage des Octavius, ob Fridericus sich vorstellen kann, daß die Achäer „in una et eadem religione" hätten übereinstimmen können, die 36000 (oder 3600, vgl. die Konjektur in der Anm.) Götter verehrten, und ob die Bacchanalien mit den Eleusinischen Feiern hätten zusammenkommen können.
[41] Ebd. 118; er fügt als Beleg ein Proklos-Zitat an, nach dem der Polytheismus sich nicht vom Atheismus unterscheidet.
[42] Ebd.
[43] Ebd. 118; als Grund wird hinzugefügt: „Nam si quaerimus, quid sit, quam ob rem Graeci, Latini, Barbari nullam de religionibus controversiam olim habuerint, non aliam compieriemus rationem, opinor, quam omnium in omnibus religionibus conspirationem et consensum."
[44] Ebd. 125, in der Aufnahme der Frage 111.
[45] Ebd. 126: „Mihi quoque de religione sermonem serere, periculosum semper visum est, tum quia de Deo aliter quam pro dignitate loqui, grave scelus est, tum quia nefas est, cuiquam pietatis opinionem, qualiscunque etiam sit, eripere, aut religionem cujusquam argumentis in dubium vocare, nisi melius quiddam te persuasurum confidas." Vgl. 127, 128 und noch einmal 128f.

dafür auf die jüdischen Gesetze[46], Octavius stellt dasselbe für Perser und Türken fest[47], Fridericus will solche Gespräche allenfalls für Gebildete und privatim zulassen[48], wohingegen Toralba auf die Gefahr gegenseitiger Beleidigung in solchem Dialog hinweist; die hält Coronaeus freilich für vermeidbar, da ein jeder von ihnen die größte Freiheit genieße, die „religio" zu erörtern[49]. Insbesondere Salomo erhebt Bedenken gegen ein solches Gespräch, so daß er von verschiedenen Gesprächsteilnehmern vorsichtig beruhigt und in Schutz genommen werden muß[50]. Diese Erörterung schließt mit einem Hinweis von Curtius, daß Christen die Hauptkapitel ihrer „religio" nicht in Zweifel ziehen dürfen, übrigens ebensowenig wie Juden oder Mohammedaner[51], und daß solche Gespräche, wie Coronaeus hinzufügt, für Christen und d.h. hier wohl für Katholiken allenfalls zulässig sind, um die verschiedenen Familien von „sectae" auf den rechten Weg des Heils zu führen; dagegen wirft Senamus die Frage ein, was solche Disputationen vermögen, und dies, weil es für sie keinen Schiedsrichter gibt[52]. Die prompte und – wie auch sonst verschiedentlich – naive Antwort des Fridericus lautet, daß eben „Christus Deus!" der Schiedsrichter sei. Sie führt trotz der allseits geäußerten Bedenken nicht nur zu keinem Ende, sondern erst recht zur Weiterführung dieses Gesprächs.

Die spezifische Einstellung der Gesprächspartner zur „religio"

Als Gastgeber sieht Paulus Coronaeus seine bevorzugte Rolle in einer gewissen Moderation, die aufs Ganze gesehen eine beträchtliche Zurückhaltung einschließt. Gleichwohl ist sein Standpunkt deutlich genug erkennbar.

Am Beginn der Erörterungen über unser Thema sagt Coronaeus zunächst „pietas" und erst dann „religio"[53], ein Zeichen dafür, daß diese anfänglich und generell nicht im Vordergrund steht. Wenn es aber um sie geht, dann um die „una religio modo vera", von der wohl nicht zufällig als erster Coronaeus spricht[54]. Und auch, daß die Einheit der „religio" für das Gemeinwesen notwendig ist, hebt gerade er hervor. Die Bedeutung der „religio" zeigt sich überdies darin, daß ihr Fehlen nach seinen Worten zur Anarchie führt, so daß eine noch so große „superstitio" aufgrund der Furcht vor dem göttlichen „numen" immer noch die Übeltäter in der Pflicht hält und irgendwie das Naturgesetz schützt[55]. Es ver-

---

[46] Ebd. 127.
[47] Ebd. 128.
[48] Ebd. 126, vgl. 128.
[49] Ebd. 127.
[50] So von Toralba, ebd. 127, wie von Coronaeus, 127 und 128.
[51] Ebd. 130.
[52] Ebd. 131.
[53] Ebd. 111, „pietas vera", 351.
[54] Ebd. 118, 124.
[55] Ebd. 124, vgl. 182f: „Superstitio, quantacumque sit, quovis atheismo tolerabilior est; nam qui

steht sich für ihn von selbst, daß die „religio" der „ecclesia Romana catholica", in der er geboren und erzogen worden ist, auch die richtige ist, daß sie die festesten Fundamente besitzt, nämlich in Christus[56], und daß sie über die Wahrheit der „religio" als Richter entscheidet[57]. Er nimmt das Argument Gamaliels in Anspruch, nach dem sich die „vera religio" dadurch entscheiden läßt, daß, falls sie von Menschen stammt, diese „disciplina" bald zerfallen wird, wenn sie aber von Gott stammt, ihr vergeblich Widerstand geleistet wird[58]. Als besonderen Wahrheitsbeweis sowohl für die Kirche[59] wie für die „christiana religio" nennt er die weite Verbreitung bis hin zu den beiden Indien[60].

Es dürfte kein Zufall sein, daß Coronaeus nur im Ausnahmefall von „religiones" spricht[61], daß insbesondere die Anwendung dieses Terminus auf andere Überzeugungen grundsätzlich vermieden wird. Dies würde auch nicht seiner Überzeugung von der einen „vera religio" entsprechen, die er ja zu Beginn herausgestellt hat, dann aber in seinen eigenen Wortmeldungen nicht wieder aufzugreifen brauchte.

Verzeichnet werden muß lediglich eine Aussage des Coronaeus über das „optimum religionum genus"[62], die später, dann aber nicht mehr von ihm ins Gespräch gebracht, beträchtliche Bedeutung gewinnt. Coronaeus wollte an dieser Stelle nur zum Ausdruck bringen, daß das Gespräch über „religio" im Sinne von „fides" nicht unter Christen und d.h. unter Katholiken stattfinden soll, wohl aber unter den verschiedenen Familien von „sectae", wobei er sonst nicht genannte Gruppen anführt, nämlich Neophyten, Katechumenen und Energumenen, ehe er dann die Ismaeliten, d.h. Moslems, die Juden, Heiden und Epikureer nennt. Mit ihnen dürfen solche Gespräche geführt werden, um sie alle, die vom rechten Weg des Heils abgewichen sind, auf diesen zurückzuführen.

Warum der Lutheraner Fridericus Podamicus, d.h. der vom Bodensee Stammende, als der naive und wenig profilierte Gesprächsteilnehmer auftritt, hat Bo-

---

superstitione aliqua obligatur hunc numinis metus in officio quodammodo ac naturae legibus continet, atheum vero, qui nihil nisi testem metuit aut judicem, ad omnia scelera proclivi lapsu ruere oportet. Ac tametsi actionum humanarum praestantiam sapientissimus quisque non solum finibus ipsis metitur, verum etiam omnibus partibus et causis, scilicet efficiente, subjecto, forma, fine, summam tamen omnium actionum ac praecipuam causam ipso fine dijudicat."

[56] Ebd. 191; zur 131 schon einmal angesprochenen Bedeutung der Kirche vgl. noch 203, 331; vgl. 191 direkt „catholica religio".
[57] Ebd. 131, mit dem bekannten Augustinus-Zitat, er würde dem Evangelium nicht glauben, wenn nicht die Kirche es bekräftigte, vgl. die Bestätigung durch die Kirche noch einmal 331.
[58] Ebd. 254.
[59] Ebd. 203f.
[60] Ebd. 255f, hier pointiert „catholica Romana ecclesia".
[61] Vgl. ebd. 125, im Gegensatz zu 111, vgl. bereits zu Beginn, 10.
[62] Ebd. 131. Diese ohnehin singuläre Aussage hat bei Coronaeus noch einen speziellen Sinn, weil der Plural sich mit den hier genannten Neophyten, Katechumenen, Energumenen auf innerchristliche Gruppierungen bezieht, ehe er dann auf andere übergeht. – Die Energumenen waren Kranke, die man von Dämonen besessen glaubte.

din nirgendwo anklingen lassen. Zeichen seiner Rolle ist schon, daß Fridericus den künstlichen Apfel nimmt und hineinbeißt[63].

Für Fridericus steht es denn auch außer Zweifel, daß allein die christliche als die wahre oder mehr noch als die einzige „religio" bezeichnet zu werden verdient[64], daß bei der Auseinandersetzung über die beste „religio" als Schiedsrichter Christus fungiert[65] und daß die sichersten Argumente für Kirche und „vera religio" in der Lehre Christi, den göttlichen Gesetzen, im legitimen Sakramentengebrauch sowie in der Zahl der Glaubenden bestehen[66]. Diese Argumentation hält Fridericus offensichtlich für ebenso schlüssig wie jene andere, daß man die Vielfalt verschiedener „religiones" deswegen nicht zulassen kann, weil dadurch der Umsturz der wahren „religio" in die Wege geleitet zu sein scheint; denn der Polytheismus unterscheidet sich nicht vom Atheismus[67]. Entsprechend vertritt er die Meinung, daß die Menschen durch dieselben heiligen Dinge und denselben „cultus" eines göttlichen Wesens zusammengehalten werden und so auch durch dieselben „religiones" einen Zusammenhalt untereinander geschaffen haben[68].

Einen nicht sehr strikten Sprachgebrauch bei Fridericus zeigt der Hinweis auf zwei „religiones" innerhalb des Christentums[69] oder die im „Colloquium" sonst nicht so deutlich zu findende Nebeneinanderstellung der vier Arten von „religiones", womit die vertrauten vier, nämlich die Juden, Christen, Mohammedaner und Heiden bezeichnet werden[70]. Hier geht es freilich nicht um vier gleichberechtigte Arten von „religiones", sondern um die These, daß von ihnen nur eine die wahre sein kann, nämlich die christliche. Ihr anzugehören, läßt sich jedoch nicht erzwingen[71].

---

[63] Ebd. 178.
[64] Ebd. 125: „Quis dubitet veram vel potius solam religionem esse Christianam?"
[65] Ebd. 131.
[66] Ebd. 196.
[67] Ebd. 118: „Qui religionum discrepantium varietatem admittit, verae religionis eversionem moliri videtur." Es folgt dann ein Proklos-Zitat über die Identität von Atheismus und Polytheismus.
[68] Ebd. 117f: „Ego nihil optabilius maximis imperiis ac civitatibus contingere posse puto, quam ut eisdem sacris et eodem numinis cultu cives omnes conjungantur. Nec ulla re laudabilior fuit Aratus, quam quod Achaeorum societatem, quae trecentas amplius urbes complexa continebat, iisdem legibus, iisdem religionibus, iisdem institutis, eodem cultu, eadem jurisdictione, iisdem ponderibus, iisdem mensuris sic assueverat, ut nihil aliud restaret, quam tot urbes iisdem moenibus cingi." – Es ist offensichtlich, daß der Plural „religiones" gemäß antiker Auffassung die sorgfältige Beachtung jeweils zu vollziehender Handlungen gegenüber verschiedenen Göttern bedeutet.
[69] Ebd. 117.
[70] Ebd. 204: „De quatuor religionum generibus, scilicet Judaeorum, Christianorum, Ismaelitarum, Paganorum, plures una verae esse non possunt. Pagana quidem a se ipsa refellitur, Ismaelitarum vero, quae Muhammedem conditorem arcessere solet, ineptior est, quam ut argumentis refutari mereatur. Itaque contentio nobis praecipua est cum Judaeis, qui de librorum sanctitate et antiquitatis origine gloriantur. Primo igitur abs te, Salomo, peto, si Christum verum Deum esse certissimis argumentis ac testibus omni exceptione majoribus demonstrari possit, num christianam ecclesiam, cujus caput est Christus, veram esse fatebere?"
[71] Ebd. 358: „Theodorici, Romanorum et Gothorum imperatoris, sententia digna est, quae litteris

Wert legt Fridericus auf die Feststellung, daß man an der Wahrheit seiner „religio" nicht zweifeln kann[72]. Schließlich hält er es nicht für möglich, öffentlich Altäre und Statuen der Toten zu verehren, mit seinem Geist aber den wahren Gott anzubeten; wer dies tut, sündigt seiner Meinung nach ebenso wie ein Atheist, der von jeglicher „religio" abgefallen ist[73].

Angesichts seines Eintretens für die „vera religio" erscheint es verwunderlich, daß er nicht mehr nur wie Coronaeus nebenbei, sondern bei der ersten großen Erörterung über unser Thema gegen Ende einigermaßen pointiert ein prophetisches Zeichen des Elia wünscht zum Erweis dafür, welche von all den so zahlreichen „religiones" die beste sei[74]. Daß die Frage nach der besten „religio" ein Problem in sich birgt, insofern jede andere keine „religio falsa" oder „impietas"[75], sondern der besten gegenüber zwar eine geringere, aber immerhin eine gute darstellen kann, wird nicht reflektiert.

Verwendet Fridericus den Terminus „religio" also auch als generelle Bezeichnung, so gebraucht er ihn doch nicht eben häufig über den Bereich der Christen hinaus; in aller Regel sagt er „Christiana religio"[76] und nur ausnahmsweise „Chaldaeorum religio" oder „religio Muhammedistarum"[77]. Doch meint er diese Formulierungen nicht eben ernst; wenn er auch von „religio Judaeorum" sprechen mag, so sieht er sie in Wirklichkeit als „superstitio" an[78]. Eine entsprechende Abwertung enthält auch die Bezeichnung „nova religio" im Hinblick auf die Anhänger der „Hevetica ... confessio", von der er die eigene als „Augustana" abhebt[79].

Der dritte christliche Vertreter, Antonius Curtius, Mitglied der „ecclesia Helvetica"[80], spielt eine deutlich andere Rolle. Von den drei Christen liefert er die meisten und ausführlichsten Gesprächsbeiträge und argumentiert am dezidiertesten apologetisch, so insbesondere gegenüber den Juden[81]. Aber auch gegen Mohammed und dessen „religio" wendet er sich; Mohammed erscheint ihm ganz und gar nicht würdig, wenn er sich als Prophet und Gesetzgeber, als Lehrer

---

aureis pro foribus principum inscribatur. Cum enim a senatu Romano admoneretur, ut Arianos suppliciis ad fidem catholicam adigeret, ita rescripsit: religionem imperare non possumus, quia nemo cogi potest, ut credat invitus."

[72] Ebd. 352.
[73] Ebd. 182: „Ergo illum, qui corpore et publice ante aras ac statuas mortuorum procumbit, etiamsi Deum pura mente adoret, non minus peccare statuo, quam si omni religione deserta Atheus censeretur, quoniam imperitos abducit a vero Dei cultu."
[74] Ebd. 132.
[75] Vgl. ebd. 124.
[76] Ebd. 269, 309.
[77] Ebd. 134 bzw. 169.
[78] Ebd. 156 bzw. 157.
[79] Ebd. 191.
[80] Ebd. 330.
[81] Ebd. 198f, 202f, 207ff, 260, 311.

der „pietas" und Zensor der „religio" versteht[82]. Immerhin spricht Curtius hier wie anderwärts über den christlichen Bereich hinaus von „religio"[83]. Nur selten findet sich bei ihm wie schon bei den beiden anderen christlichen Gesprächsteilnehmern die Formulierung „religio christiana"[84].

Bei der Frage, ob man über die „religio" disputieren darf, teilt Curtius, wenn auch nicht so dezidiert, den Standpunkt von Salomo und Octavius. Gleichwohl hält er ein Gespräch darüber, welche „religio" wahr ist oder welche eine „superstitio" darstellt, am ehesten zwischen Christen und Juden für möglich[85]. Die Spaltung der Bürger in zwei Parteien, ob sie nun über Gesetze, Ehren oder die „religio" disputieren, hält er für höchst gefährlich, da dann leicht ein Bürgerkrieg droht[86] und die öffentliche Autorität nur schwer geschützt werden kann[87].

Zum Erweis der besten „religio" rekurriert Curtius weniger auf die Zahl der Völker als auf das Gewicht der Wahrheit; dabei weist er darauf hin, daß der Mensch nur die Fähigkeit besitzt, zu meinen, und Gott allein diejenige, zu wissen[88]. Unter dieser Voraussetzung erscheint ihm das Argument am meisten überzeugend, die beste „religio" sei die einfachste und reinste der christlichen „sectae" – wie es hier in einer völlig neutralen Verwendung dieses Terminus heißt –, nämlich die helvetische[89]. Auch hält er es für ein Argument, daß nirgends sonst eine solche Übereinstimmung zwischen den Naturgesetzen bzw. der Natur und der „christiana religio" besteht[90]. Zugleich bindet Curtius den Nachweis der „vera religio" an die Autorität der Kirche[91]. Angesichts ihrer Bedeutung kann es nicht verwundern, daß er sich gegen die Annahme einer unsichtbaren Kirche wendet[92]. Hierzu paßt, daß er die Trennung zwischen körperlicher und geistiger Gottesverehrung nicht gutheißen kann[93]. Dem widerspricht nicht, daß er insge-

---

[82] Ebd. 175, vgl. 182.
[83] Ebd. 198: „Si vestrae, Salomo, religionis fides stabilis esset aut certa, aut si religio Christianorum non esset omnium certissima, cur apostoli Judaei seminis ac sanguinis, cur discipuli ac primi illi antistites, christianae religionis creatores, Christum ardentissimo amore amplexi sunt?"
[84] Ebd., vgl. 257.
[85] Ebd. 130.
[86] Ebd. 117.
[87] Ebd. 355: „Res omnium difficillima mihi semper visa est, in eadem civitate religionum inter se discrepantium auctoritatem publicam tueri."
[88] Ebd. 125.
[89] Ebd. 256: „Optimae religionis argumenta posuimus in ecclesia vera, veris tabulis, veris oraculis, veris rationibus, vera pietate; non in temporis diuturnitate, aut immensitate regionum, aut ceremoniarum multitudine, aut numero Deorum. Ac forsitan cum utraque India commodius ageretur, si christianarum sectarum, quae plurimae sunt, simplicissimam ac purissimam, i.e. Helveticam, Hispani eo detulissent."
[90] Ebd. 257: „Si naturae leges sequimur, christiana religio maxime omnium naturae consentanea videri debet, quia non alium nobis ad colendum et imitandum proponit, quam Deum illum aeternum, mundi parentem, qui ad salutem hominum hominis naturam assumserit."
[91] Ebd. 133.
[92] Ebd. 203.
[93] Ebd. 181: „Mihi profecto probari non potest eorum simulatio, qui corpore quidem statuas,

samt nur wenige Zeremonien für erforderlich hält[94], weshalb er die eigene Gefolgschaft für die reinste und einfachste hält. Dabei hält er an der konkreten Bedeutung von „religio" als Beachtung bestimmter Vollzüge offenkundig fest[95].

Zu ergänzen bleibt, daß Curtius mehr als andere Gesprächsteilnehmer „pietas" sagt, die er sehr wohl mit „religio" nebeneinanderstellen[96] und in gleicher Funktion wie letztere verwenden kann[97]. Auch findet sich bei ihm die seltene Formulierung „vera pietas"[98].

Salomo Barcassius nimmt unter den Diskutanten eine zentrale Stellung ein, da er als Jude sich zu den anderen Gesprächspartnern in einer besonderen Nähe befindet, woraus natürlich auch spezifische Diskussionspunkte resultieren. Mit den Christen verbindet ihn deren Ursprung aus dem Judentum, mit den Anhängern Mohammeds die gemeinsame Ablehnung der Trinität und mit den beiden weiteren Gesprächspartnern die Berufung auf den Ursprung der rechten Verehrung Gottes vom Anbeginn der Welt an. Die Stellung Salomos kommt vor allem in seiner nachhaltigen Beteiligung an sämtlichen Gesprächspartien zum Ausdruck, ob diese sich mit christlichen Fragen oder mit der Begründung der „vera religio" beschäftigen.

Daß Salomo das Alte Testament immer wieder und ausführlich zitiert und von hierher eine besondere Affinität zur rechten Verehrung Gottes gegeben sieht, bedarf somit keines näheren Nachweises. Doch liegt darin noch keine Hervorhebung der „religio". Auch die Formulierung einer den Völkern eigenen und d.h. wohl heidnischen „religio" der Großväter besagt noch nicht viel[99]. Den Beginn des Gespräches über unser Thema hat er insofern mitverursacht, als er die vielen Zerwürfnisse der Menschen auch wegen „pietas" und „religio" beklagt[100], doch sucht er anfänglich die Juden aus dem Vergleich und aus den Auseinandersetzungen herauszuhalten, indem er ihre spezielle Verehrung des einzigen Gottes hervorhebt, die die Juden auch von allen anderen trennt[101]. So bescheinigt er den Hebräern die reinste und einfachste „religio", die keinerlei Hä-

---

mente vero Deum adorare se posse arbitrantur; id enim si licuisset, cur Paulus contra senties: Corde, inquit, creditur ad justitiam, ore autem fit confessio ad salutem."

[94] Ebd. 352.
[95] Ebd. 242: „Primordio nascentis ecclesiae Christiani die resurrectionis jejunare consueverunt: die Paschae, inquit Tertullianus, quo publica jejunii religio est, merito deponis osculum pacis; postea tamen eo die jejunium vetitum est." Vgl. auch 336: „Si docti non egent imaginibus et iisdem imperiti ad cultus nefarios abutuntur, quid commodius fieri potest, quam omnino dejici, cum locis omnibus sacrae scripturae imagines tantopere prohibeant. Nulla, inquit Lactantius, religio est, ubi simulacrum exstat, sed non modo statuas, verum etiam artem illam pestiferam, acerrime exsecratur sapientiae magister."
[96] Ebd. 175.
[97] Ebd. 122, 254.
[98] Ebd. 121.
[99] Ebd. 33 „Gentilis avorum religio".
[100] Ebd. 117, s.o. Anm. 15.
[101] Ebd. 118, vgl. 126, 127.

resien enthält, sondern nur den „cultus" des einen Gottes kennt[102]. Als das Alter als Wahrheitskriterium eingeführt wird[103], hält er sich noch zurück. Doch kann er bald darauf problemlos Toralba zustimmen, daß die beste „religio" die älteste, nämlich die vom besten Stammvater des Menschengeschlechts überlieferte ist[104]. Wohl nicht zufällig nennt Salomo hier den Stammvater nur anonym und vermeidet den Namen Adam, während er im folgenden dann von Abel und Kain über Henoch, Noah, Sem und Abraham zu Mose übergeht. Später wiederholt er diese Reihe, die er nun auffälligerweise erst mit Abel beginnt[105]. Es mag sein, daß Abel bewußt an den Anfang gesetzt wird, weil die Tieropfer gemäß dem Naturgesetz als erste von ihm dargebracht worden sind[106]. Über Henoch und Noah hing dann Sem der „paterna religio" an; sie blühte dann bis zu Abraham, unter dem sie Schaden nahm, so daß Gott ihn aus seiner Heimat entfernte; in der Fremde erwarb Abraham wieder „purissima illa religio" der Vorfahren, die später in Ägypten nochmals korrumpiert wurde, so daß Gott den Mose schickte; durch ihn stellt Gott die natürliche und von ihm in die Seelen der Menschen gelegte „religio" wieder her[107]. Mit dieser Rückführung auf die Anfänge des Menschengeschlechts hat Salomo zugleich den außerordentlichen Rang der eigenen „religio" nachgewiesen. Er konstatiert, daß die Urheber der „christiana religio" vom wahren „cultus" Gottes und die „fides Christianorum" von der „vera religio" abgewichen sind[108].

[102] Ebd. 197: „Sed Hebraeorum purissima ac simplicissima religio nihil impuri admistum habet, nullas haereses adjunctas, nullum praeterquam unius Dei cultum agnoscit." – Das gleiche Argument hatte Curtius für die Reformierten in Anspruch genommen, 256, s.o. Anm. 89.

[103] Ebd. 133f. Hier konstatiert er, daß die Christen die „species" des Alters nur durch den Rückgriff auf die „religio" der Juden erzielen können.

[104] Ebd. 141f: „Mihi tecum, Toralba, convenit, illam scilicet optimam religionem esse antiquissimam ab optimo parente generis humani traditam, quae unius aeterni Dei cultu purissimo, semota Deorum ac divorum omnium atque etiam rerum creatarum turba, continetur."
Nach einem nicht eindeutig interpretierbaren Schriftwort fährt Salomo fort: „quae sententia verior est, cum satis appareat, Abelem et Cainum soli Deo cultum exhibuisse, ac ipsum Henochum tanta religione ac pietate claruisse, ut adhuc vivus et spirans divina bonitate fuerit ab hominum coetu et conspectu abreptus, quod praeter eum nemini, excepto Helia, legimus contigisse. In eadem religione perstitit Noachus, qui solus mortalium omnium ipsius Dei testimonio ac judicio integer est ac justus appellatus. Semus item, Noachi filius, Dei altissimi sacerdos ac Solymorum rex justissimus, eadem pietate paternam religionem amplexus est, qua floruit usque ad Abrahami aetatem".
Nach einer Erörterung über eine Schuld Abrahams fährt Salomo dann später fort: „Deus igitur populi sui misertus quadringentos post annos, quam ictum foedus erat cum Abrahamo, Moysen excitavit, per quem naturalem et insitam animis hominum a Deo religionem ex animis hominum paene obliteratam ad usum revocavit."

[105] Ebd. 172f, hier mit der Ahnenreihe Abel, Henoch, Noah, Ijob, Isaak und Jakob. Vgl. auch 308 die Aufzählung Noah, Henoch, Ijob, Mose, Samuel und Elia. Der Name Adams ist in solch einer Ahnenreihe Salomos grundsätzlich vermieden, vgl. 296f den Namen Adams ausnahmsweise im Zusammenhang mit der Erbsünde. Vgl. auch unten Anm. 184.

[106] Ebd. 143.

[107] Ebd. 141f, vgl. den Text Anm. 104.

[108] Ebd. 322, vgl. 353: „Quanto nos igitur studiosius quam illi preces mutuas ad Deum immortalem fundere debemus, in tanta opinionum de vera religione discrepantium varietate."

Besondere Bedeutung dürfte in den Argumentationen Salomos die Verbindung von „lex divina" und „naturae leges" haben. Auf diese nachhaltige Akzentuierung gerade der Naturgesetze wäre man bei einem Juden wohl kaum gefaßt gewesen. Um so mehr gilt es, diesem Zusammenhang nachzugehen. Selbstverständlich gibt es für Salomo die „lex divina"[109], die Gott dem Mose gegeben hat[110]. Aber zugleich stellt er fest, daß Gott durch Mose die natürliche und dem Menschen eingegebene „religio" wieder in Erinnerung rief[111] und daß die Tieropfer bereits im Naturgesetz vorhanden waren[112]. Die Rückführung des Dekalogs auf Gott hindert Salomo nämlich nicht, ihn mit Abraham Aben Esra († 1167) als „epitoma", als Auszug der „lex naturalis" zu charakterisieren[113]. Denn in den göttlichen Gesetzen sind die Schätze der Natur verborgen. Später begründet Salomo diesen Zusammenhang noch einmal, wenn er feststellt, daß das Gesetz des Abraham nichts anderes als das Naturgesetz enthält, daß aber zur Zeit des Mose dieses Naturgesetz durch Verbrechen so verdunkelt worden ist, daß Gott es mit seinem Wort erneuert und im Dekalog erlassen hat, den er auf steinerne Tafeln schrieb[114]. So bezeichnet er es als eine Kraft der im Geist des

---

[109] Vgl. etwa schon ebd. 133, hier gleich zweimal.
[110] Vgl. etwa ebd. 131f, 144.
[111] Ebd. 142, vgl. o. Anm. 104.
[112] Ebd. 143, im Hinblick auf Abel, s.o. mit Anm. 106.
[113] Ebd. 147: „Ex iis quidem intelligere potestis, omnia rerum maximarum arcana et abditos naturae thesauros in legibus divinis i.e. etiam in majorum nostrorum litteris ac libris latere, si quis altius scrutari velit. Hunc autem decalogum legis naturalis epitomam esse judicavit Abraham Aben Esra, quae quoniam obliterata videbatur et ingentibus hominum sceleribus ac flagitiis violata, Deus optimus maximus, hominis exitium miseratus, solenni legislatione naturalia edicta et interdicta maximis sui populi comitiis renovavit et in tabulis lapideis incisa, tubarum clangore, tonitruis, fulminibus ac flammis in monte Horeb ad coelum usque medium perstringentibus, ac monte terribili concussione trepidante, aeternum illud decalogi foedus cum populo aspersis sanguine tabulis, ut in feriendis foederibus mos erat, sacravit."
Vgl. auch 172f: „Mei sensus, inquit, cum tuis, Toralba, plane congruunt, scilicet ea, quae ad salutem pertinent, naturae legibus omnia contineri; atque his naturae legibus vixisse Abelem, Henochum, Noachum, Abrahamum, Jobum, Isaacum, Jacobum, quos viros! certe ipsius immortalis Dei testimonio, quo nec majus ullum, nec gravius cogitari potest, summam pietatis ac integritatis laudem adeptos ... Hanc autem naturae legem significare videtur Deus ipse, cum diceret: Benedicentur in semine Abrahami omnes gentes, eo quod obedierit voci meae nec unquam edicta mea legesque meas violarit ... Sic autem persuasum habeo, nullam omnino religionem sine ritibus ac ceremoniis consistere posse, nec opinor ullum majus arcanum habere religionem romanam tantae diuturnitatis, quam rituum ac ceremoniarum tantam, quanta cogitare potest, multitudinem ac varietatem".
[114] Ebd. 190f: „Non alia mihi mens est. Nam cum Abrahamum legem altissimi coluisse legimus, quid est aliud, quam naturae legis exemplar secutum esse? Et quidem Philo Hebraeus: Edicta, inquit, duarum tabularum nihil a natura discrepant, nec magno studio opus est, ut vitam exigas ad praescripta legum divinarum, quoniam nihil aliud, quam naturae legem et majorum nostrorum vitam continent. Haec ille. Sed quoniam aetate Mosis naturae lex hominum sceleribus ac flagitiis ita inquinata erat, ut penitus ex animis obliterata videretur, et quasi sua vetustate antiquata, Deus optimus maximus, hominum vicem misertus, eandem naturae legem sua voce renovare ac decalogo, quem tabulis lapideis inscripserat, complecti voluit, ac potissimum interdicta, quibus naturam violare prohibemur. Cum igitur homines ad naturae legem obsurduissent, divina vox necessaria fuit, ut qui naturam contemserant, naturae parentem sua verba resonantem exaudirent."

Menschen liegenden Natur, die sie zu „pietas", zu Gerechtigkeit und allen Tugenden anregt[115]. Salomo argumentiert auch mit der hebräischen Sprache, die er für die natürliche hält, daß das auserwählte Volk zugleich die wahrste „ecclesia" Gottes darstellt[116]. Wenn Salomo insgesamt immer wieder auf die „lex divina" zurückkommt[117] und wenn er darüber hinaus mit echter Prophetie als Verkündigung des Willens Gottes rechnet[118], so darf dies alles doch nicht über die grundlegende Bedeutung der „lex naturae" hinwegtäuschen. Diese erweist sich nämlich als so nachhaltig, daß Salomo sie nicht der „lex divina" unterordnet, sondern vielmehr diese in eine Relation zur „naturae lex" bringt. So dürfte er sich mehr an anderen Überzeugungen orientieren, als dies zu erwarten gewesen wäre.

Die Nähe zwischen „lex naturae" und „lex divina" bedingt auch Salomos Einschätzung der Riten und Zeremonien. Zwar kann keine „religio" ohne solche Vollzüge bestehen[119], gehen doch die Riten und Opfer auf die „lex divina" zurück[120]. Doch hebt er ihnen gegenüber die geistige Einstellung hervor, etwa Sünden zu bekennen, im Gebet Dank zu sagen, kurz, Gott zu loben, ihm reine Gesinnung zu opfern[121]. Hiermit sucht er dem Einwand des Octavius zu begegnen, der Verzicht der Juden auf Tieropfer lasse die Opfergesetze überflüssig werden. Wichtiger als Riten ist das, was aus dem Herzen kommt.

Überblickt man den Sprachgebrauch bei Salomo insgesamt, so findet sich „religio" zuweilen auch im Hinblick auf die anderen Dialogpartner[122], aber so gut wie nie finden sich Formulierungen wie „religio romana"[123]. Und wo er von „religiones" im Plural spricht, geschieht dieses eher kritisch[124], daß sie, wenn sie nämlich vergehen werden, nicht von Gott sind[125]. Im Grunde kann er sich eine Vielzahl von „religiones", eine „religionum varietas" nicht vorstellen[126]. So hält

---

[115] Ebd. 186.
[116] Ebd. 202: „Haec sola naturalis est lingua, quae rebus vocabula per naturam cujusque dicitur indidisse. Quae cum ita sint, quis dubitare potest, quin populus hic a Deo selectus verissima sit Dei ecclesia, fidelissimus rerum gestarum a Deo testis, sacrosanctae legis et oraculorum custos a Deo designatus, a quo ad omnes populos salus dimanavit?"
[117] Vgl. etwa ebd. 133, 141, 143, 149, 292, 313.
[118] Ebd. 138.
[119] Ebd. 173. Siehe dazu den Text Anm. 113.
[120] Ebd. 143, wo Salomo zunächst feststellt: „Sacrificia pecudum ab ipsa naturae lege primus Abel ac caeteri deinceps arripuisse videntur". Wenig später heißt es, ebd.: „Nihil in majestate Bibliorum antiquius aut sacratius est lege divina, cujus divisio triplex est. Nam praeter historiarum libros praecipua est lex moralis, secunda ritualis, tertia politica ... Ritus vero et sacrificia a Deo instituta, ut Israëlitae, qui ab Aegyptiis et finitimis populis sacra daemonibus et animalium statuis facere didicerant, ab iis deinceps abstinerent, quod fieri non potuisset ob inveteratum daemonibus sacrificandi morem, nisi eadem sacra Deo facere juberentur."
[121] Ebd. 145f.
[122] Vgl. ebd. 319.
[123] Ebd. 173, vgl. „religio Christiana" 201, 263, 322.
[124] Ebd. 122 im Hinblick auf den Islam.
[125] Ebd. 255.
[126] Ebd. 354, vgl. 197, auch 122.

er es auch für nicht angemessen, über die übernommene und geprüfte „religio" zu disputieren[127].

Auch bei Salomo findet sich „religio" nicht selten in Doppelformulierungen, „religio ac pietas"[128], „religio ac numinis metus"[129] oder „lex ac religio"[130]. Einmal setzt er beide in eine Relation zueinander, wenn er sagt, die „paterna religio" sei in „pietas" zu umfassen[131]. Es bezieht sich also nicht ausschließlich die „religio" auf Gott und die „pietas" auf die Eltern[132]. Insgesamt hält Salomo die „Israelitae" für die einzigen, die diese allen anderen gegenüber an Alter, Wahrheit und Konstanz weit überlegene „religio" pflegen[133].

Wohl die wenigsten Aspekte steuert Octavius Fagnola zu unserem Thema bei, der sich der „religio Muselmanorum" bzw. „religio Ismaelitarum" oder der „Arabica religio" zugehörig weiß[134]. Selbstverständlich geht es auch für ihn um die „vera religio"[135], wobei er keinen Zweifel daran bestehen läßt, daß er mit seinem Abschied aus der „christiana religio" und seinem Überwechseln zur „religio Ismaelitarum" eben zu jenem wahren und reinen „cultus" des ewigen Gottes übergewechselt ist[136], der den einen „purissimus cultus" des einen ewigen Gottes darstellt[137]. So weiß er sich in der „vera Dei ecclesia Ismaelitarum" und lehnt folglich die übrigen „religiones" ab[138]. Bezüglich des Alters als Kriterium sieht er die Christen gegenüber der „religio antiquissima paganorum" ins Hintertreffen geraten[139]. Für ihn meint „religio" grundsätzlich eine Haltung Gott und „pietas" eine Haltung den Eltern gegenüber[140]. Auch er hält daran fest, daß die „lex Muhammedis" mit der „natura" übereinstimmt[141]. Dementsprechend geht er davon aus, daß auf den zwei Tafeln des Dekalogs nichts anderes als die „naturae lex" enthalten ist[142]. Mohammed hat insofern den Mose nachgeahmt, als er angesichts des Zu-

---

[127] Ebd. 128.
[128] Ebd. 141, siehe den Text o. Anm. 104.
[129] Ebd. 156, vgl. 201 „cultus ac metus".
[130] Ebd. 195.
[131] Ebd. 141, s.o. Anm. 104.
[132] Ebd. 295.
[133] Ebd. 256f.
[134] Ebd. 176, vgl. „religio Ismaëlitarum" 160, 170, bzw. „Arabica religio" 358.
[135] Ebd. 124, vgl. 122.
[136] Ebd. 171f.
[137] Ebd. 167.
[138] Ebd. 203.
[139] Ebd. 256.
[140] Ebd. 176.
[141] Ebd. 168.
[142] Ebd. 328; hier auch die Aussage, daß Christus nicht gekommen ist, das Gesetz aufzuheben, sondern zu erfüllen: „Veteris enim summa legis est in duabus decalogi tabulis, quas Christus non magis abrogare voluit aut potuit quam naturae leges, cum nihil aliud duabus tabulis quam naturae lege aequissima contineatur, ut superius demonstratum est. Non satis mirari possum, quid sit, quam ob rem Martinus Lutherus decalogum nihil ad Christianos pertinere affirmabat, nisi quod judicabat, Christianam legem stante decalogo stare nullo modo posse."

grundegehens der natürlichen und d.h. der göttlichen Gesetze eben dieses Naturgesetz über den „cultus" des einen Gottes erneuert hat[143]. So sieht Octavius seine eigene Überzeugung nahe an derjenigen der Juden, weil beide den „cultus" des ewigen Gottes üben[144]; dabei kann er für seine Überzeugung auch den Juden gegenüber herausstellen, daß die „Ismaelitae" noch weniger Riten vollziehen und so den „purus unius aeterni Dei cultus" pflegen[145]. Er beansprucht dann auch, daß keine der „religiones" reinere Zeremonien zur Verehrung Gottes ausführt[146].

Ein wichtiger Unterschied zu allen bisher skizzierten Positionen liegt darin, daß Octavius für die Türken und Perser und d.h. für den Islam insgesamt betont, sie ließen jedes „genus religionum" zu und erzielten damit eine bewundernswerte Übereinstimmung der Bürger untereinander bei differierenden „religiones"[147]. Daß damit keine Freizügigkeit für die Anhänger Mohammeds selbst gegeben sein kann, hebt Salomo hervor[148].

Als Zwischenergebnis läßt sich zusammenfassen, daß die Vertreter der bekannten und institutionell verfaßten Überzeugungen gänzlich im bisherigen Rahmen des Verständnisses der „religio" bleiben. Die drei Christen und der Jude beanspruchen auch für sich, allein die „religio vera" zu üben. Und wenn der Vertreter Mohammeds darauf verzichtet, die eigene „religio" für so ausschließlich anzusehen, daß die Mohammedaner andere in ihren Gebieten nicht zulassen konnten, so ist ihm deswegen eine Konzession keineswegs gestattet.

Zudem stellt man überrascht fest, was in der Forschung bislang noch nicht gebührend beachtet wurde, daß „religio naturalis" nur in einer gleich noch zu nennenden Stelle vorkommt, darüber hinaus aber kein Vertreter dieser fünf Überzeugungen diesen Terminus verwandt hat, also noch nicht einmal, um ihn zu kritisieren. Dabei erscheint er vor allem für Salomo nicht sehr fremd; dieser vertritt ja nachhaltig, daß die „naturae lex" als erstem dem Abel Opfer gebot[149]. Somit kann das von anderen geteilte Kriterium der „antiquissima religio" als der „optima"[150] vor allem von Salomo in Anspruch genommen werden. Gerade deswegen muß verwundern, daß nicht wenigstens er weiterhin von „religio naturalis" spricht. Um so mehr besteht die Frage, was es mit ihr auf sich hat. Man wird es nicht als Zufall ansehen dürfen, daß Bodin diese fünf Gesprächsteilnehmer

---

[143] Ebd. 191: „Muhammedes Mosem imitatur, cum leges naturales, i.e. divinas pessum ire ac pro Deo aeterno mortuis hominibus cultum exhiberi perspiceret, naturae legem de unius aeterni Dei cultu renovavit, mortuorum hominum funestissima sacra sustulit."
[144] Ebd. 164 mit dem Hinweis, daß diese Gemeinsamkeit besteht „quod ad religionem attinet", nämlich „aeterni unius Dei cultus" u.a.
[145] Ebd. 174.
[146] Ebd. 352: „Non video de toto genere religionum, quae purioribus caerimoniis Deum aeternum colendum sibi proponat quam Ismaëlitarum."
[147] Ebd. 117 und noch einmal 118.
[148] Ebd. 122.
[149] Ebd. 143.
[150] Ebd. 133, vgl. 143.

mit großer Stringenz eine „religio naturalis" übergehen läßt, abgesehen von der überhaupt ersten Stelle in diesem Dialog, an der Salomo freilich auch nicht einfach diesen Terminus verwendet, sondern in einer nachdrücklichen Formulierung von der „naturalis et insita animis hominum a Deo religio" spricht[151].

So wenden wir uns Hieronymus Senamus zu. Er beginnt seine Teilnahme am Gespräch über die „religio" mit einem Widerspruch gegen Salomos Aussage von der exzeptionellen Bedeutung der Hebräer und wirft ihnen vor, daß sie als einzige von allen Völkern den Frieden der Staaten und Reiche gestört haben[152]. Demgegenüber plädiert Senamus dafür, angesichts der Vielzahl von „religiones" gleich alle zuzulassen, da vielleicht keine von ihnen, oder wenn, nur eine die wahre ist, ohne daß man sie erkennen könnte[153]. Schon mit dieser Überzeugung, besser eine falsche „religio" zu vertreten als die wahre auszuschließen und deswegen allen auch realiter ein Recht zu lassen, unterscheidet sich Senamus selbst noch von Octavius. Dies drückt sich auch darin aus, daß er für das Pantheon plädiert, in dem er gemäß römischer Tradition alle nur möglichen Gottheiten versammelt sein läßt bis hin zu Personifikationen von Frieden, Eintracht und „pietas"[154]. Für seine Ansicht beruft er sich auf Alexander Severus, der angesichts des Streites zwischen Juden, Heiden und Christen über die „summa religio" alle „religiones" zuließ und so Frieden und Eintracht im Gemeinwesen herstellte[155]. Und er stellt die Frage, wer denn bezweifle, daß auch die „religio paganorum" Gott wohlgefällig sei, wodurch doch die Dämonen nur den Umsturz aller anderen „religiones" betreiben wollten[156]; damit bringt er zum Ausdruck, daß eben auch die heidnische „religio" als Gott wohlgefällige keinen Sanktionen unterliegen solle. Die Etablierung einer „religio nova" und die mit ihr verbundene Zurückdrängung der „pietas vetus", wie er hier sagt, lehnt er wegen der ungeheuren Gefahr beim Wechsel der „religio" und der mit ihr einhergehenden Verunsicherung des Gemeinwesens entschieden ab[157].

---

[151] Ebd. 142; vgl. den Text o. Anm. 104.

[152] Ebd. 118 mit dem Hinweis, daß die Juden den Frieden stören, unter Berufung auf Kelsos, daß Juden und Christen „de suis Diis (sic!) nimis arroganter statuentes, omnia populorum numina" verachtet haben.

[153] Ebd. 119: „In tanta religionum quas videmus multitudine alterum fieri potest, ut earum nulla, alterum non potest, ut earum plus quam una vera sit; ac usquequaque pontificibus omnium religionum capitali odio inter se discrepantibus, tutius est omnes admittere, quam de multis unam, quae forsitan falsa sit, optare aut eam, quae omnium verissima sit, excludere velle."

[154] Ebd. 120.

[155] Ebd. 122: „Cum igitur Judaeos, paganos et Christianos de summa religionis dissidere perciperet, maluit omnes omnium religiones amplecti, quam repudians ad numinis contemptum quemquam excitare atque ista ratione non modo singulos, sed universos inter se cum republica summa pietatis ac caritatis consensione conjunxit."
Im folgenden, 123, wiederholt er die Bedeutung der „religionis ac Deorum metus" und der „sacrorum cultus" für die Römer und den durch die „religio Christiana" entstandenen Streit zwischen Gemeinwesen und Staaten.

[156] Ebd. 124.

[157] Ebd. 126, auch hier wieder mit der Feststellung, daß die Furcht vor dem „numen" den Men-

Obwohl Senamus die Gespräche über diesen Gegenstand nicht für förderlich hält, weil sie zu nichts führen[158], und die „religio vera", wenn es sie überhaupt gibt, für nicht nachweisbar hält, wagt er ein erstes Beurteilungskriterium für sie, nämlich, daß sie Gott zum Urheber hat; folglich gilt es zu forschen, für welche dies zutrifft[159]. Er führt denn auch als Kriterium ein Argument an, das sich freilich nicht auf die Vernunft, sondern auf eine Autorität stützt, nämlich das alte Orakel des Apollo: Auf die Frage nach der besten „religio" benannte es die älteste und auf jene nach der ältesten die beste[160]. Damit ist allerdings der Übergang von der „vera ... religio" zur „optima" vollzogen, den Fridericus mit der Frage der besten unter allen „religiones" eingeleitet hatte. Das Orakel macht seinem Ruhm alle Ehre, antwortet es doch zirkulär, womit sachlich nichts entschieden ist. Eine Konkretisierung läßt Senamus zu, wenn er unter Rekurs auf dieses Orakel Salomo gegenüber immerhin dessen „religio" als die beste akzeptiert[161]. Doch ist ihm klar, daß damit das Kriterium der „antiquissima religio" noch nicht erfüllt ist[162]. Auf die dann folgende inhaltliche Füllung eines Kriteriums durch Toralba, daß nämlich die beste und älteste „religio" in der Befolgung eines reinen „cultus" Gottes und der „naturae leges" bestehe[163], beginnt Senamus bereits mit dem kritischen Aspekt: Die älteste bekannte „religio naturae" findet sich nur in problematischer Gestalt im Gesetz des Mose, da hier nicht nur von Tier-, sondern auch von Menschenopfern die Rede ist[164]. Viel später wiederholt Senamus in einem wichtigen Gesprächsbeitrag, daß allein Alter und Dauer einer „religio" diese nicht als die beste erweisen; denn eine solche Kennzeichnung würde auf die „paganorum religio" zutreffen; doch dann besteht die Frage, wie solche „impietas" als „religiosissima" gelten kann, nur weil die Dauer einer „religio" deren Wahrheit erweisen soll[165].

---

schen notwendig ist, so daß bei einer „religio nova" diese nachläßt und damit der Staat in Gefahr gerät.

[158] Ebd. 131.

[159] Ebd. 132.

[160] Ebd. 133: „Si fides oraculis habetur, extat vetus oraculum Apollinis, qui, consultus de infinita religionum varietate, quaenam esset optima, respondit uno verbo: Antiquissima. Cum rursus ambigeretur, quaenam esset antiquissima, respondit: Optima."

[161] Ebd. 134.

[162] Ebd. 140.

[163] Ebd. 142, siehe dazu ausführlicher u. mit Anm. 232–238.

[164] Ebd. 143: „Si haec optima et antiquissima religio naturae, omnium simplicissima sufficit ad vitam beatam, cur tot sacrificia, ceremoniae, ritus lege Mosis jubentur? Neque enim pecudum modo, verum etiam hominum hostias legimus. Nam Jephtha, princeps illius gentis, filiam, quam habuit, immolavit eodem fere tempore, quo rex Agamemnon filiam Iphigeniam."

[165] Ebd. 255: „Nam qui sola vetustate ac diuturnitate religionis praestantiam metiuntur, paganorum religionem optimam esse declarant, cum jam inde usque a Belo et Nimrodo annorum fere quatuor millibus toto terrarum orbe claruerit atque his etiamnum temporibus apud Indiae populos orientales floreat. Illis enim sol, luna, sidera, ignes, boves, elephantes, statuae mortuorum hominum pro Diis coluntur. Nec ita pridem apud Americanos occidentalis Indiae populos altaribus daemonum homines mactabantur." Nach weiteren Ausführungen über Brasilien und andere Völker, angefangen von den Lateinern über die Germanen, Afrikaner bis hin zu den Persern und den Karthagern

Senamus steuert den einzigen Versuch bei, „religio" zu definieren, nämlich als Abwendung von der Schöpfung und als Hinwendung zum reinen „cultus" des einen Gottes, wohingegen „impietas" die Abwendung von der Verehrung Gottes und die Zuwendung zu den Kreaturen bezeichnet[166]. Damit behält „religio" eine strikte Bedeutung, die sie seit der Antike hat, nämlich die Ausrichtung auf die Verehrung Gottes, nicht schon eine Ausrichtung auf Gott selbst. Von Thomas von Aquin bis hin zu Francisco de Suárez blieb diese Präzisierung das wesentliche Kennzeichen der „religio", weswegen sie ja auch zu den vom Menschen von Natur aus zu übenden „virtutes morales" gehörte. Wenn auch Bodin diese Tradition nirgends expressis verbis aufnimmt, so beläßt er doch grundsätzlich die „religio" in diesem Rahmen.

Im Anschluß an diese Definition führt Senamus zehn „genera" von „religiones" auf[167]; nämlich zunächst sieben „genera" von „religiosi homines": Zuerst nennt er jene beiden Gruppen, die den ewigen Gott ohne Furcht um ihre Güter, ihre Ernährung oder ihr Leben „publice et privatim" ehren bzw. „privatim" ehren und die öffentlichen Götzentempel fliehen; sodann nennt er zwei Gruppen, die als Gefangene gezwungenerweise Götzen- und Dämonentempel besuchen oder aber dieses freiwillig tun, in „intimis animorum sensibus" aber weiterhin den ewigen Gott ehren; sodann schließt er jene beiden Arten an, die eine „falsa religio" für die „vera" halten, die Tempel jedoch für profan halten und weiterhin ihren heimischen Göttern dienen oder aber diese privaten Götter „privatim et publice" verehren; schließlich nennt er als siebte Gruppe jene, die zweifeln, ob sie die richtige oder falsche Meinung diesbezüglich hegen, gleichwohl aber „publice ac privatim" sich in dieser Meinung beruhigen, wobei sie in ihrer Hoffnung auf das Heil schwanken.

Es steht dahin, warum Senamus die folgenden drei Weisen überhaupt noch als „religio" ansieht: Als achte nennt er nämlich jene, die der von ihnen für wahr angesehenen „religio" nur folgen, um im Anschein der „pietas" um so besser täuschen zu können, sodann als neunte jene Übeltäter und Weissager, die den von ihnen für wahr gehaltenen Gott in Gesinnung und Worten „impie" bezeugen und „privatim" den Dämonen Menschenopfer darbringen etc.; schließlich scheidet völlig aus das zehnte „genus", nämlich diejenigen, welche überhaupt keine „religio" besitzen, aber auch nicht mehr den Anschein erwecken, sondern

---

schließt dann das Zitat: „Ac ne Romani quidem ipsi ab humanis sacrificiis abstinuerunt, ante Cornelii Lentuli et P. Crassi consulatum. His enim consulibus cautum est, ne amplius humano sanguine litaretur. Galli vero non ante desierunt, quam dominatu Tiberii, qui primus hoc vetuit. Si tanta impietas toto terrarum orbe, tot saeculis, religiosissima visa est, quis temporum diuturnitate religionis veritatem probari posse putet?"

[166] Ebd. 179f.: „Quoniam Fridericus in quaestionem a Coronaeo propositam ingressus, ut accuratius discutiatur: an viro bono de religionibus aliter sentire liceat, quam publice profiteatur, distinctione opus esse opinor. Nam theologorum fere omnium summa consensione nihil aliud est religio, quam aversio a creatura ad purum unius Dei cultum, impietas vero aversio a creatoris cultu ad creaturas; verius opinor, quam Aristoteles, qui religionem definit περὶ τῶν θείων ἐπιμέλειαν".

[167] Ebd. 180.

nach Art der Tiere ihre Begierden und ihre Lust verfolgen und, nachdem sie selbst für sich jegliche „religio" und „religionis species" aus ihrer Seele entfernt haben, alle Arten von „religio" „privatim et publice" verlachen.

Hinzuweisen bleibt bezüglich dieser nicht eben naheliegenden Unterteilung in verschiedene „genera", daß Senamus hier durchgängig zwischen „publice" und „privatim" unterscheidet und nur einmal eine andere Formulierung gebraucht; unter Hinweis auf Jeremia sagt er bei der dritten Weise, daß die in Babylon gefangenen Juden aus Furcht die Götzen- und Dämonentempel betreten, dennoch aber in ihrem Innersten, „intimis animorum sensibus" den wahren Gott verehren und ihren Geist und ihre Gesinnung, ihre „mens" vom Götzendienst entfernt und rein halten. Hier findet sich am ehesten eine Umschreibung dessen, was später ‚Innerlichkeit' meint. Abgesehen davon verwendet Senamus überraschend durchgängig die Unterscheidung von „publice" und „privatim".

Senamus unterscheidet die „genera" also danach, ob die „vera religio", die „falsa religio" oder „nulla religio" vertreten wird, sowie, ob ihre Ausübung „publice" oder „privatim" geschieht und schließlich, ob die Ausübung einer „religio" freiwillig und überzeugt, unter Zwang, irrtümlich oder heuchlerisch erfolgt, sofern sie nicht „omnes et omnium religiones" verlachen, und dies „privatim et publice".

Mit diesen Differenzierungen antwortet Senamus auf die Frage, ob es bezüglich der „religiones" erlaubt ist, anders zu denken als öffentlich zu bekennen. Er selbst akzeptiert die positiven Weisen insgesamt, wobei es noch nicht einmal deutlich ist, welcher Gruppe er sich selbst zugehörig fühlt, jener, die den ewigen Gott privat und öffentlich verehrt, oder jener anderen, die zweifelt, ob sie der wahren oder der falschen Überzeugung anhängt.

Seine Einstellung wird durch die eigene Praxis nicht viel eindeutiger, sondern in ihrer Unbestimmtheit bestätigt. Denn da die verschiedenen „religiones" – die „naturalis" Toralbas sowie die vier tradierten, die der Heiden, des Mose, Christi und Mohammeds – alle Gott wohlgefallen, am meisten aber die beste, hat er sich gerne angewöhnt, alle Heiligtümer und Tempel überall auf der Erde zu besuchen[168]. Gemäß dem Wort des Paulus, den Juden ein Jude, den Heiden ein Heide geworden zu sein, besucht er die Gotteshäuser der Christen, Ismaeliten und Juden und auch der Lutheraner und Zwinglianer, um nicht als Atheist zu erschei-

---

[168] Ebd. 192: „Omnes, inquit, omnium religiones, tum naturalis illa, quam amplectitur Toralba, tum Jovis gentiliumque Deorum, quos Orientales Indi ac Tartari colunt, tum Mosis, tum Christi, tum Muhammedis, quam suo quisque ritu non fucata simulatione, sed integra mente prosequitur, aeterno Deo non ingratos ac justos errores excusari confido, tametsi omnium gratissima est illa, quae optima. Itaque omnium omnia delubra, templa, sacella, ubiubi terrarum sint, adire non gravate consuevi, tum ne pernicioso exemplo Atheus judicer, tum etiam ut caeteri divini numinis metu terreantur." Nach einem erneuten Hinweis auf die ungeheure Vielfalt auch von Götzendienst fährt er fort: „Qui vero suae religionis ac Deorum etiam inanium, in quibus ullam divinitatem inesse arbitrarentur, cultum deseruissent, bellorum offensionibus peculiaribus, morbis, frugum calamitatibus, pecorum inopia, seditionibus intestinis conflictari semper consuevisse, quod historicorum omnium consensione planum fit."

nen und die Ruhe des Gemeinwesens zu erschüttern; er hält es nämlich für angezeigt, den Urheber und Vater der gesamten Natur zu bitten, daß er alle zur Erkenntnis der „vera religio" führe[169].

Es läßt sich also entgegen weitverbreiteter Annahme noch nicht einmal eindeutig feststellen, ob Senamus jener auch von ihm als „naturalis" bezeichneten „religio" selbst zugehört; dies bestätigt er vielmehr ausdrücklich dem Toralba[170], während er am Schluß des Dialogs noch einmal seine eigene Praxis bestätigt, er wolle lieber „omnes omnium religiones" prüfen als möglicherweise jene, die die „vera" ist, ausschließen[171]. Wenn er die bei einer so großen Verschiedenheit der „religiones" untereinander getrennten Überzeugungen ansieht, die dann doch in den Psalmen Davids übereinstimmen und dem unsterblichen Gott überall auf der Erde Dank sagen[172], so will er sich aus einer Entscheidung heraushalten, selbst wenn er als Wahrheitskriterium die Zirkularität von ältester und bester „religio" angegeben hatte. Statt einer Entscheidung hält er sich also an die Praxis, dort den ewigen Gott, den er mit allen anderen zusammen anerkennt, zu ehren, wo immer er „templa" findet. Ihn einen „Repräsentanten des Indifferentismus" zu nennen[173], erweist sich als wenig aufschlußreich.

Dem letzten Gesprächsteilnehmer Diegus Toralba kommt besonderes Gewicht zu, da er vor allen anderen als philosophischer Sachverständiger fungiert. Dies zeigen die ersten Bücher mit ihren Erörterungen über die Engel und Dämonen sowie die Unsterblichkeit der Seele. Nicht umsonst hebt der Hausherr und Gastgeber Coronaeus verschiedentlich Toralbas Argumentationen zustimmend hervor[174]. Dessen Bedeutung zeigt sich besonders in wichtigen Beiträgen zur „natura"[175]. Nicht von ungefähr kommt auch ihm die Aussage zu, daß Gott allen „naturae" sichere Gesetze gab, die er allein ändern oder aufheben kann[176]. Gerade das Thema der „naturae lex" hat aber besondere Bedeutung für die Konzeption von „religio", wie sie Toralba in den Mund gelegt wird.

In unser Thema greift Toralba anläßlich einer Frage des Senamus ein, was

---

[169] Ebd. 354 mit dem Hinweis auf die acht „christianae sectae" sowie „Judaei" und „Muhammedistae", schließt Senamus: „Ego vero Christianorum et Ismaëlitarum et Judaeorum, ubicunque licet, atque etiam Lutheranorum et Zwinglianorum templa subeo, ne cuiquam quasi atheus offensionem praebeam aut quietum reipublicae statum videar conturbare. Deorum tamen principi optimo maximo omnia fero accepta. Quid igitur vetat, quo minus communem naturae totius auctorem et parentem precibus communibus flectamus, ut nos omnes in verae religionis cognitionem perducat."
[170] Ebd.
[171] Ebd.
[172] Ebd. 246f: „Mirum mihi saepe visum est, Judaeos, Christianos, Ismaëlitas, Helveticos, Romanos, Germanos, tanta religionum varietate discrepantes, in psalmis tamen Davidicis omnes omnino conspirare atque iis quotidie gratias immortali Deo gratissimas ubique terrarum agere." Vgl. 351.
[173] S.o. mit Anm. 1.
[174] Coronaeus lobt Toralba etwa ebd. 25, 27, 45.
[175] Ebd. 18, vgl. 13, 19, vgl. auch den Hinweis auf die Schwierigkeit, die „natura" der unsterblichen Seele zu erörtern, 28.
[176] Ebd. 22.

denn beim Antagonismus zwischen Gesetzen und Gesetzen, Gesetzgebern und Gesetzgebern, „religio" und „religio" das unter sich gespaltene Volk tun soll; darauf fragt er in einem nicht ganz klaren Textabschnitt, wie bei einer solchen Verschiedenheit widersprüchlicher Gesetze und „religiones" die „vera religio" festzustellen ist[177]. Wenig später begründet er seine Skepsis gegenüber einem Gespräch zu diesem Thema, weil die „religio" in Wissen(schaft), Meinung oder Glauben behandelt wird[178]. Weil aber die beiden ersteren gleich ausscheiden, bleibt allein die „fides". Hier unterscheidet er dann die theologische „fides" als eine eingegossene Tugend von einer „fides", die man etwa auf geometrische Theoreme anwendet. Diese letztere kann aber hier nicht in Frage kommen, und die theologische „fides" bringt auch keine Klärungsmöglichkeit, weil sie sich auf eine freie Zustimmung stützt, so daß es die höchste „impietas" bedeutet, mit menschlichen Argumenten eine Lehre über Gott zu versuchen[179].

Diese Argumentation grenzt also die „fides" scharf von allem ab, was die „scientia" umfaßt, was mit Argumenten und Konklusionen eingesehen wird. Die „fides" und mit ihr die „religio" befindet sich somit außerhalb des Rahmens, in dem mit Disputationen und Argumentationen irgend etwas geklärt werden kann. Da sich das Gespräch aber doch der „religio" zuwendet, kommt Toralba zunächst wieder auf die „fides" zurück. Er macht sie abhängig von der Autorität Gottes, der nicht getäuscht werden noch täuschen kann, und dies auf dem Hintergrund der Berufung auf die Heilige Schrift als Fundament der „religio vera"[180].

Dann aber nimmt Toralba die Bestimmung der besten „religio" als der ältesten auf und führt als Begründung die sehr große „fides", das Vertrauen auf das Alter und seine Autorität an, weswegen er alle „novae religiones" als für das Gemeinwesen höchst gefährlich ablehnt[181]. Merkwürdigerweise wird hier in seltener Deutlichkeit die Begründung der wahren „religio" durch das Alter dann doch auf eine „fides" zurückgeführt, d.h. auf eine Überzeugung, eine Annahme, nicht auf Argumente, die in sich zwingend wären.

---

[177] Ebd. 125.
[178] Ebd. 129: „Ne id quidem periculo vacat, quia religio versabitur vel in scientia, vel in opinione, vel in fide."
[179] Ebd. 130: „Nam qui geometrica theoremata docenti assentitur, nec tamen intelligit, fidem quidem habet, non scientiam, si vero plane intelligit, adipiscitur quidem scientiam, sed eodem momento fidem amittit. Fidem autem infusam theologi appellant virtutem theologalem, quae Deum tantum sui argumentum ac objectum habet. Ea vero, fides divino munere ac concessu tributa, si tamen necessaria est et certa, ut amitti nequeat, vis est, non fides. Si libera quadam assensione nititur, summae impietatis est, argumentis humanis doctrinam, quam Deus summa bonitate afflaverit, cuiquam eripere conari. Quae cum ita sint, omnino disputationibus de religione abstinere oportet."
[180] Ebd. 132.
[181] Ebd. 133: „Sic mihi persuasum, etiam si nullis oraculis testata res esset, optimam tamen religionem esse antiquissimam. Est enim tanta fides antiquitati, ut sua se auctoritate facile sustentare possit. At novae religiones, nova sacrificia, nova sacramenta, novi ritus, novae leges, nova consilia, novae ecclesiae, nova decreta, novi mores florentissimas quasque civitates funditus everterunt."

Vorsichtig nimmt Toralba sein Plädoyer für das Alter als Kriterium wieder auf, wenn er im folgenden unter der Bedingung, daß wir die beste Art der „religio" durch das Alter bemessen wollen, keine andere als beste anführen kann als die des Stammvaters[182]; ihm nämlich, so Toralbas Überlegung, ist die denkbar beste Ausstattung zuteil geworden, die er mitsamt der „vera religio" an seine Nachkommen weitergab, nämlich, den ewigen Gott zu ehren, wenn auch nicht nur mit Gebeten, sondern auch mit Opfern[183]. Und Toralba wiederholt, daß Adam seinen Sohn Abel mit der besten „religio" ausgestattet hat, dem dann die Geschlechter von Set, Henoch, Methusalem bis zu Noah folgen; damit glaubt Toralba zuversichtlich („confido"), die Frage nach der ältesten und besten „religio" beantwortet zu haben[184]. Auch hier beruht also dieses Argument auf einer „fides", wagt er doch nur zu sagen, er vertraue, daß diese Argumentation zutrifft. Wie wichtig dieses Moment für Toralba ist, zeigt sich in der gleich zu nennenden doppelten Wiederholung.

Erst danach konstatiert Toralba, daß die beste und älteste „religio" vom ewigen Gott zusammen mit der rechten Vernunft dem menschlichen Geist eingegeben ist, welche den ewigen Gott zu ehren vorschreibt; wer die wahre Verehrung Gottes und die Naturgesetze befolgt, erfreut sich jener Seligkeit, die nun die Gerechten von Abel bis Job genießen[185]. Und nach der Feststellung des Senamus, daß die beste und älteste die „religio naturae" ist, der Salomo grundsätzlich zu-

---

[182] Ebd. 140: „Si optimum genus religionis antiquitate ipsa metimur, altius nobis ab ipso totius humani generis parente origo est petenda. Hunc enim optimis moribus, optima disciplina, optima scientia, optimis denique animi virtutibus a Deo exornatum oportet, cum ab eodem sanctissimam linguam didicisset."

[183] Ebd.: „His tam multis ac praeclaris virtutibus filios sibi charissimos imbuisse consentaneum est atque inprimis vera religione, ut scilicet Deum aeternum adorarent eique sacra facerent, tum precibus, tum frugibus, tum pecoribus oblatis, quae flammarum sacrificiis consumerentur, cum ante aquarum colluviones carnibus non vescerentur." Später wird noch auf die hier genannte Flut zurückzukommen sein.

[184] Ebd. 141: „illud tantum meae conclusionis argumentum est, Adamum ejusque filium Abelem optima religione imbutos fuisse, deinde Sethum, Henochum, Methusalem ad Noachum usque, qui aeternum illum et verum solumque Deum, rerum omnium opificem ac parentem totiusque mundi architectum maximum, caeteris omnibus exclusis, sanctissime coluerunt. Hanc igitur religionem non modo antiquissimam, sed etiam omnium optimam esse confido, et qui ab illa antiquissima optimaque religione discesserunt, in labyrinthos errorum inexpiabiles incidisse." – Diese merkwürdige Ahnenreihe setzt unmittelbar darauf Salomo fort, s.o. Anm. 104f, der auf den Stammvater lediglich anonym hinweist, und dann namentlich mit Abel fortfährt.

[185] Ebd. 142; dieser zentrale Text, der unmittelbar auf die erste Nennung dieses Terminus durch Salomo folgt, lautet: „Constat igitur, optimam atque antiquissimam omnium religionem ab aeterno Deo cum recta ratione mentibus humanis insitam, quae quidem Deum aeternum ac solum homini colendum proponit, quoniam superius demonstratum est, Deum illum ab omni corporum contagione alienissimum, rerum omnium conditorem et conservatorem esse, qui cum optimus maximus sit, summum etiam cultum ei deberi, caetera numina, quae ab eo creata sunt, honoris cultu illi anteferre aut conjungere sine ingenti piaculo posse neminem. Qui ergo sic vixerit, ut purum Dei cultum et naturae leges sequatur, quis dubitet, quin eadem felicitate fruatur, qua nunc justus Abel, Henochus, Noah, Semus, Abrahamus, Jobus, caeteri, quod Deus ipse laudabili testimonio sibi gratissimos ac sanctissimos esse declaravit?"

stimmt, führt Toralba wieder konditional weiter. Wenn das Naturgesetz und die „naturalis religio" – hier erstmalig mit dieser Formulierung – dem Geist der Menschen eingegeben ist, genügt sie auch zum Heil, so daß die Erfüllung von Riten und Zeremonien entfällt[186]. In Frageform bestätigt er, daß der Inhalt der zwei Tafeln des Mose mit den zehn Geboten nichts anderes ist als die „ipsissima lex naturae"[187]. Als Beleg dafür kann dienen, daß, abgesehen von den ersten drei, die übrigen Gebote fast allen Völkern gemeinsam sind[188]. Nach einer Aussage des Octavius, daß er am wahren und reinen „cultus" des einen ewigen Gottes festhalte, fügt Toralba an, wenn die wahre „religio" im „purus aeterni Dei cultus" bestehe, vertraue er zuversichtlich („confido"), daß das Naturgesetz zum Heil des Menschen genügt; bestätigt sieht er sich darin durch die ältesten Menschen, das goldene Zeitalter, in dem die Menschen aus der Natur „pietas", „religio" und „integritas" schöpften[189]. Mit dem Paulus-Zitat über das Genügen der ins Herz geschriebenen Gesetze erhärtet er sodann seine These, daß die „recta ratio et naturae lex" zum Heil des Menschen genügt. Er unterstreicht hier also die frühere, eben zitierte Aussage, daß der Mensch die beste und älteste aller „religiones" zusammen mit seiner rechten Vernunft von Gott erhalten hat[190]. Im jetzigen Gesprächsgang begründet Toralba mit dieser Identität von „religio" und „recta ratio" sowie von „recta ratio" und „naturae lex" seine Frage, ob alle jene Riten, die den hier genannten und gewohnten vier Überzeugungen – „Judaei, Christiani, Agareni, Pagani" – obliegen, nötig sind; und er schließt mit einer nochmaligen Bekundung seines Vertrauens (wiederum „confido"), daß diese „religio", womit er allem Anschein nach jene Verbindung von rechter Vernunft und Naturgesetz meint, die älteste und beste ist[191]. Von größter Bedeutung ist die hier nun zum dritten Mal genannte Basis für seine Argumentation, nämlich die vertrauensvolle Zuversicht in die Richtigkeit seiner Argumentation.

Toralba vertritt also aufs entschiedenste die Meinung, die er noch mehrfach bestätigt, daß zum Heil des Menschen und damit zur „religio" die vielen Riten nicht erforderlich sind, daß vielmehr durch ihre Menge die „religio" in „super-

---

[186] Ebd. 143: „Si naturae lex et naturalis religio, mentibus hominum insita, sufficit ad salutem adipiscendam, non video, cur Mosis ritus, ceremoniae necessariae sint."
[187] Ebd. 147.
[188] Ebd. 148.
[189] Ebd. 172: „Si vera religio in puro aeterni Dei cultu versatur, naturae legem sufficere confido ad hominum salutem. Nec aliam religionem habuisse videmus antiquissimos humani generis principes ac parentes, qui aurei seculi memoriam posteritati reliquerunt, non docti, sed facti, non instituti, sed imbuti ab ipsa natura, a qua pietatis, religionis, integritatis ac virtutum omnium rivulos hauserunt et expresserunt. Id quod non solum omnibus omnium philosophorum sententiis probatum, sed etiam oraculis, si qua fides est oraculorum, confirmatum videmus." Vgl. auch 147.
[190] Ebd. und 142, vgl. Anm. 185.
[191] Ebd. 172, vgl. den Anm. 189 zit. Text; am Ende dieses Gesprächsbeitrags wiederholt Toralba noch einmal: „Hanc enim religionem omnium antiquissimam ac optimam esse confido." Das gleiche „confido" fand sich schon in dem o.a. Anm. 184 zit. Text.

stitio" verkehrt wird[192]. In einem Gesprächsgang mit Salomo konzediert er dann freilich die ungenügende Kraft der „natura", ohne göttliche Hilfe und Erleuchtung die vollendete Kenntnis der göttlichen Dinge erreichen zu können; und daraus folgt für ihn, daß der Mensch über jene Riten, mit denen er Gott verehren soll, von Gott selbst belehrt werden muß[193]. Doch sieht Toralba offensichtlich hierin keinen Widerspruch zu seiner zuvor geäußerten Ansicht, bestätigt er doch wenig später, daß die verschiedentlich auftretende Ahnenreihe, hier von Abel über Henoch und Job bis zu Mose, das Heil erlangt hat durch die „lex naturae"; denn nach der Aussage des Senamus, es mit allen „religiones" zu halten, unterstreicht Toralba noch einmal, daß weder Zeus noch Christus noch Mohammed und all die anderen sterblichen und fingierten Götter nötig sind, daß vielmehr nach einer Aussage des Arabers Job, der älter als Mose ist, Naturgesetz und Gesetz des Abel auch sein Gesetz ist[194]. Für Toralba steht also fest, daß die „lex naturae" zugleich den „cultus" des einen ewigen Gottes enthält, daß nämlich in dieser „lex naturae ac religio" alle jene von Abel bis zu Jakob lebten, die den einen ewigen Gott ehrten; und dieser „religio" gegenüber weiß er keine bessere und ältere[195]. So kann Toralba am Schluß des „Colloquium" resümieren, daß die einfachste und älteste zugleich die wahrste „naturae religio" jedem Menschen vom unsterblichen Gott eingegeben ist, wobei er es nun dem Salomo überlassen kann, gleich anschließend seinerseits zuzugeben, daß wir, wären wir diesen Heroen ähnlich, auch nicht der Riten und der Zeremonien bedürften, sondern ohne sie durch eine bloße Zustimmung zur „vera religio" leben könnten[196]. Daß es solcher Riten und Zeremonien bedarf, liegt nach Salomo daran, daß das Volk bzw. die Menge kaum auf sie verzichten kann.

---

[192] Ebd. 174.
[193] Ebd. 186f.
[194] Ebd. 190, hier wiederum mit Hinweis auf das goldene Zeitalter; vgl. die Reihe bei Toralba, 257: „Et cum hac lege naturae ac religione vixerunt Abel, Sethus, Henochus, Noëmus, Jobus, Abrahamus, Isaacus, Jacobus, qui summam pietatis, integritatis ac justitiae laudem gravissimo testimonio Dei aeterni, quem unum coluerunt, retulerunt, ea inquam religione nullam ex omnibus video meliorem et antiquiorem." Vgl. noch einmal die Reihe bei Toralba 352. Auf Adam ist nur noch einmal anonym als „primum parens" verwiesen, 300. Das Zitat mit der nochmaligen unterstreichenden Hervorhebung der „religio naturalis" lautet, 192: „Si vera religio naturalis eaque perspicuis demonstrationibus explicatur, ut non modo Octavius, sed etiam Salomo ipse confitetur, quid Jove, quid Christo, quid Muhammede, quid mortalibus et fictilibus Diis opus est? Quis omnium theologorum melius aut accuratius, quam Jobus Dei majestatem, potentiam, bonitatem, sapientiam, judicia admirabilia, summam denique erga res omnes procurationem explicare potest? Quis item arcana plura rerum naturalium ac divinarum allegorica narratione complexus est, quam ille? quis de omnium mortalium genere purius Deum aeternum adoravit? Ille tamen Arabs, antiquior Mose, non alia quam naturae lege, quam Abelis lege vixit. Deus tamen, integritatis ac pietatis judex aequissimus, tantam illi justitiae, religionis, puritatis laudem dedit, quantam mortalium nemini."
[195] Ebd. 257.
[196] Ebd. 351f mit der Nennung der „simplicissima illa et antiquissima eademque verissima naturae religio".

Systematische Zusammenfassung

Die Verwendung der Dialogform erschwert zunächst die Möglichkeit, Bodins eigene Anschauung verbindlich zu eruieren. Sie fördert aber vielleicht eher eine Einsichtnahme in verschiedene mögliche Positionen und Argumentationen zum Für und Wider der jeweiligen Überzeugungen und damit auch zur Verwendung von „religio".

Unangefochtenes Fundament der gesamten Argumentationen bildet die Annahme der Existenz Gottes, und zwar eines einzigen Gottes. Das Gespräch beginnt denn auch mit einer philosophischen Erörterung einmal zur Methode sowie dann zur sachlichen Voraussetzung, nämlich der Annahme Gottes. Bezüglich der Methode geht es um die Frage des Verhältnisses von Autorität und Vernunft, wobei die Maxime der Pythagoreer „αὐτὸς ἔφα" abgelehnt und statt auf die „auctoritas" auf die „ratio" gesetzt wird[197]. Hinzukommt, daß der Vorschlag des Fridericus abgelehnt wird, es könnte bezüglich der „pietas" eine Meinung geben, die philosophisch nicht akzeptabel erscheint, d.h. es könnten bei Fragen, die Gott betreffen, die „physici" anders urteilen als die „theologi"; dem setzt Salomo entgegen, daß, was wahr ist, immer ein und dasselbe sein muß, woraus Toralba die Konsequenz zieht, daß sowohl die „physici" als auch die „theologi" Gott für unveränderlich halten[198]. Es gilt also für die Annahme der Existenz Gottes der Vorrang der „ratio" wie auch die Ablehnung einer doppelten Wahrheit. Faktisch sieht das Bild freilich ein wenig anders aus, insofern es auch für Toralba Dinge gibt, die die „physici" nicht lösen können, so die Existenz der Dämonen und Engel[199], die also nicht oder mindestens nicht zureichend mit der „ratio" erkannt werden können; so gesteht er zu, daß die „natura" keine so große Kraft hat, ohne göttliche Hilfe und Erleuchtung Weisheit bzw. Wissen der göttlichen Dinge zu erlangen[200]. Doch hindert diese Konzession gerade Toralba nicht, immer wieder auf die „ratio" zu verweisen[201]. Dabei reflektiert er aber nicht, daß er an zentralen Stellen seiner Argumente auf ein „confido" aufbaut[202].

Doch davon bleibt die grundlegende Voraussetzung in sachlicher Hinsicht unberührt, daß Gott existiert, wobei Toralba sich verschiedentlich gegen das Verständnis Gottes als „prima causa" in dem Sinne wendet, daß diese notwendig wirkt[203]. Aber daß Gott existiert, daß er unveränderlich ist, daß er, wie wiederum

---

[197] So schon Toralba, ebd. 19, vgl. 58, 132, ferner 265, 320.
[198] Ebd. 20. – Vgl. dazu die Unterscheidung von „physica" und „τὰ μετὰ φυσικά", 13, 49, und die hier nicht gemeinte Gleichsetzung von „metaphysica" und „theologia", 248.
[199] Ebd. 13.
[200] Ebd. 186; hier wird Aristoteles als Beispiel für diese Unwissenheit genannt.
[201] Vgl. nur ebd. 58, 193, 257.
[202] S.o. mit Anm. 189.
[203] Vgl. etwa schon ebd. 19, vgl. 23f sowie die Weiterführung, daß die Welt nicht ewig ist, 26; vgl. auch 47.

Toralba hervorhebt, allen „naturae" sichere Gesetze gegeben hat[204], daß er insbesondere unkörperlich ist[205], wird von keinem der Gesprächsteilnehmer auch nur im geringsten bezweifelt. Die Annahme der Existenz Gottes sowie die Annahme von Gesetzen, die Gott der Welt und dem Menschen von Natur eingegeben hat, stellt somit kein Streitobjekt dar. Welche Resonanz die Existenz Gottes besitzt, zeigt sich darin, daß es im Zweifelsfalle den Vorrang verdient, einer falschen „religio" als gar keiner anzuhängen; denn die grundsätzliche Leugnung Gottes bedeutet Anarchie, in der niemand mehr gebietet und gehorcht, weil die Furcht vor einem göttlichen Wesen für das Gemeinwesen fehlt; so läuft schon der Polytheismus im Grunde auf einen Atheismus hinaus und bleibt somit abzulehnen[206]. Aus dieser Annahme resultiert zugleich, daß der Mensch die Pflicht hat, Gott zu verehren, und zwar den einen, meist „ewig" genannten Gott. Hieran halten sich alle Gesprächsteilnehmer unter Mißachtung der Geschichte, in der ja verbreitet eine Vielzahl von Göttern verehrt wurde. Am ehesten wird diese Tradition noch von Senamus aufgenommen, der aber nicht grundsätzlich einem Polytheismus anhängt, sondern lediglich aus Angst, die „religio vera" nicht erkennen zu können, lieber allen „religiones" ein Existenzrecht einräumt; freilich steht auch bei ihm im Hintergrund die Furcht, als Atheist und damit als unzuverlässig zu erscheinen[207].

Diesen Gott gilt es also zu verehren. Zur Bezeichnung dieses Sachverhalts sagt Bodin ebenso verbal „colere" wie substantivisch „cultus", dann aber auch „religio" und, wenn auch seltener, „pietas". Die Nähe der beiden letzten Termini zeigt sich in ihrer gemeinsamen Entgegensetzung zur „impietas".

Eine förmliche Definition von „religio" legt Bodin nicht vor, es sei denn jene sehr formale Bestimmung des Senamus, daß sie nichts anderes als „aversio a creatura ad purum unius Dei cultum" darstellt[208]. Hier wie auch in der ausdrücklicheren Bestimmung Toralbas wird die „religio" in einen direkten Zusammenhang mit dieser Verehrung, nicht aber mit Gott selbst gebracht. Worin sie freilich des näheren besteht, unterliegt der Kontroverse. Am weitesten geht hier Toralba, der die „religio" in der reinen Verehrung Gottes bestehen läßt und diese mit der Erfüllung der „naturae lex" gegeben sieht, die überdies die Verehrung des einen ewigen Gottes in sich enthält[209]. Besonders umstritten bleibt dabei die Frage, ob zur „religio" Opfer, Zeremonien und Riten geboten sind[210]. Wie Toralba sich letztlich zu dieser Frage verhält, läßt sich nicht recht klären, da er zwar

---

[204] Ebd. 22.
[205] Ebd. 38, vgl. die Zustimmung durch Coronaeus, 44.
[206] Vgl. ebd. 118 mit dem Hinweis auf Proklos, vgl. ferner den Hinweis, daß eine falsche „religio" besser ist als gar keine, 124, sowie den auf die Notwendigkeit der Furcht vor Gott, 182f.
[207] Ebd. 192, 354.
[208] Senamus, ebd. 179; auch der Gegensatz ist korrekt formuliert: „impietas vero aversio a creatoris cultu ad creaturas", also nicht die in der scholastischen Tradition gängige Bestimmung der Sünde als ‚aversio a Deo'.
[209] Ebd. 257, vgl. 172, 192.
[210] Senamus und Toralba, ebd. 143.

immer wieder auf die „naturae lex" verweist, jedoch präzisiert, daß diese den „cultus" Gottes einschließt; da mit den anderen auch er nachdrücklich auf Abel verweist, der ja Gott ein Opfer dargebracht hat[211], scheint er dennoch Riten nicht grundsätzlich abzulehnen, obwohl es inzwischen keine solchen Opfer mehr gibt. Konsens besteht jedoch darin, daß der wahre und reine „cultus" maßgeblich[212] und daß jedenfalls die Menge von Riten gefährlich ist, führt sie doch zur „superstitio"[213]. Nicht umsonst gilt daher der „purus" bzw. „verus ac sincerus unius aeterni Dei cultus" als der einzig legitime[214]. Jedenfalls besitzen die Zuordnung bis hin zur Identifizierung der „religio" mit der „naturae lex" und die Identifizierung der letzteren mit der „recta ratio"[215] eine herausragende Bedeutung. Verschiedene der Gesprächsteilnehmer betonen nachdrücklich, daß und in welchem Maße ihre Überzeugung auf die „natura" zurückgreift bzw. mit der „naturae lex" übereinstimmt[216].

Bezüglich der „religio" ergibt sich ein bemerkenswerter Sprachgebrauch, insofern einmal die „religio vera" und zum anderen die „optima religio" gesucht wird. Erstere bringt der katholische Gesprächsteilnehmer in die Diskussion, wobei er zugleich am entschiedensten von der „una religio modo vera" spricht[217]. Doch kann sich niemand von den anderen dem damit formulierten Anspruch entziehen[218]. Eine Sonderrolle nimmt lediglich Senamus ein, der freilich gleichfalls zugesteht, daß es nicht mehr als nur eine wahre geben kann[219], so daß ihm nur die Möglichkeit des Gebetes bleibt, Gott möge alle zur Erkenntnis der „vera religio" führen[220]. Als Kriterien für diese „vera religio" finden sich solche, die dem Glauben immanent sind, etwa Christus[221], die Kirche[222] oder schließlich die Propheten[223]. Rein formal gilt als Kriterium, daß diese „religio"

---

[211] Ebd. 142, 190, vgl. 186f.
[212] Octavius, ebd. 172; Salomo kann sich keine „religio" ohne Riten vorstellen, vgl. 173, 352; auch Curtius wendet sich gegen zu viele Riten, 352. Nach den Tieropfern fragt ausdrücklich Octavius, 145.
[213] Toralba, ebd. 174.
[214] Ebd. 174 bzw. 172.
[215] Toralba, ebd.
[216] Daß die „religio" der „natura consentanea" ist, sagt Curtius, ebd. 257; vgl. auch Octavius, 168, für die „lex Muhammedis". Die Gleichsetzung der „leges naturales" mit den „divinae" vgl. bei Salomo und Octavius, 190f, bei letzterem noch einmal 328. Coronaeus stellt immerhin fest, daß auch der Götzendiener noch eine „numinis metus in officio quodamodo ac naturae legis" hat, 182.
[217] Coronaeus, ebd. 118.
[218] Coronaeus, ebd. 254, 256, 352; Fridericus, 118, 125, 196, 352; Curtius, 130, 133, vgl. 256; Salomo, 118, 205, 322, 353, vgl. 142; Octavius, 122, 124, 168, 176, 352; Toralba konditional, 125, 132, 140, bes. 172, 192; Senamus, 132, vgl. 255. – Es findet sich natürlich auch die Formulierung „pietas vera", 351.
[219] Ebd. 119.
[220] Ebd. 354.
[221] Fridericus, ebd. 131; Coronaeus, 191.
[222] Coronaeus, ebd. 131; Curtius, 133; vgl. entsprechend die Aussage von der „ecclesia vera", Coronaeus, 203; Octavius, 203; Curtius, 256.
[223] So vor allem und verständlicherweise Salomo, ebd. 138 u.ö.

Gott zum Urheber hat[224]. Konkret wird als Kriterium der „verus ac sincerus" bzw. „purus unius aeterni Dei cultus" angegeben, von dem soeben schon gesprochen wurde[225]. Speziell für das Judentum führt Salomo an, daß seine „religio" sich nicht nur durch Alter und Konstanz auszeichnet, sondern daß sie sich auch immer ähnlich geblieben ist[226].

Vom Anfang der Debatte über die „religio" an zieht sich aber auch der andere Sprachgebrauch durch die Erörterungen, seit Octavius vom „omne genus religionum" sprach, eine Formulierung, die er ganz zum Schluß noch einmal wiederholt[227]. Als weitere Gesprächsteilnehmer erwähnen zunächst Curtius und dann Coronaeus eher beiläufig das „optimum religionis genus" bzw. das „optimum religionum genus"[228], was dann Fridericus zu der Frage nach der „optima" veranlaßt[229]. Die „vera religio" bzw. „optima" wird als „religio sanctissima"[230], als „purissima ac simplicissima religio"[231] und nicht zuletzt in den entscheidenden Passagen als „antiquissima"[232], als „optima atque antiquissima"[233] sowie als höchste Steigerung als „simplicissima illa et antiquissima eademque verissima ... religio" charakterisiert[234]. Es fällt auf, daß diese superlativischen Formulierungen nicht selten auf Senamus und Toralba zurückgehen, wobei Senamus diese Charakterisierung ins Gespräch brachte durch die Erwähnung des delphischen Orakels. Freilich nimmt gerade diesbezüglich wiederum Senamus eine Sonderstellung ein, ist er doch derjenige, der gegen das Argument des Alters besonderen Widerspruch einlegt, wofür er dann die Zustimmung des Curtius findet[235].

Es hat eine herausragende Bedeutung, wenn Senamus die eben genannten Auszeichnungen nicht nur der „religio" allgemein zuweist, sondern vielmehr von der „optima et antiquissima religio naturae, omnium simplicissima" spricht, eine Formulierung, die Toralba im gleichen Gesprächszusammenhang als „naturalis religio" aufnimmt, die zuvor Salomo feierlich als „naturalis et insita animis hominum a Deo religio" eingeführt hatte[236]. Angesichts der Bedeutung, die diesem Terminus zugemessen wird, wundert man sich, daß er in diesem Dialog nur noch zwei weitere Male vorkommt, nämlich in einem späteren Gesprächsgang,

---

[224] Senamus, ebd. 132.
[225] Octavius, ebd. 172, 174, 176, und bes. Toralba, 172; vgl. auch Salomo, 131, „verissimus unius Dei aeterni cultus".
[226] Ebd. 257, 195.
[227] Ebd. 117 bzw. 352.
[228] Coronaeus, ebd. 131; Curtius, 125; Fridericus, 132, 140; vgl. Senamus, 133, 134, vgl. 140, 143, 192, 255; Toralba, 140, 142.
[229] Ebd. 132; vgl. auch Senamus, 134, 192, 255; Curtius, 256.
[230] Curtius, ebd. 198.
[231] Salomo, ebd 197; Curtius, 256; vgl. „purissimus cultus", Octavius, 167.
[232] So zu Beginn Senamus, Toralba und Coronaeus, ebd. 133; dann Toralba, 141, 142, 351; Senamus, 140, 143; von den anderen Gesprächspartnern noch Octavius, 256; Salomo, 141.
[233] Toralba und Senamus, ebd. 142f. – Vgl. auch manche der in der vorigen Anm. zitierten Belege.
[234] Toralba, ebd. 351.
[235] Ebd. 255, vgl. aber auch Curtius, 256.
[236] Ebd. 143, die Aussage Salomos 141.

in dem es wiederum um die Frage der besten „religio" geht, wo Senamus dann zum Ausdruck bringt, daß er alle „religiones" annimmt, nämlich jene „naturalis", der Toralba anhängt, dann die des Zeus sowie heidnischer Götter, welche die östlichen Inder und Tartaren verehren, dann die des Mose, Christi und Mohammeds, worauf Toralba noch einmal von der „vera religio naturalis" spricht[237]. Schließlich nimmt Toralba am Ende des Gesprächs in seiner letzten Wortmeldung die Formulierung von der „simplicissima illa et antiquissima eademque verissima naturae religio" auf[238]. Es überrascht, daß nach der einmaligen Aussage Salomos nur Senamus und Toralba von der „naturae" bzw. „naturalis religio" sprechen; den anderen Gesprächspartnern legt Bodin diese Termini selbst aus Gründen der Widerlegung nicht in den Mund. Daß diese „naturalis religio" insbesondere von Toralba durch die „lex naturae" interpretiert bzw. mit ihr identifiziert wird, braucht hier nur noch einmal ausdrücklich genannt zu werden. Sachlich vertritt Toralba mit dieser Bezeichnung jene Verehrung Gottes, die nur selten von Adam[239] – und hier meistens nicht namentlich, sondern in einer Umschreibung seiner Funktion als Stammvater –, normalerweise aber von Abel abgeleitet und in einer nicht immer gleichlautenden, sachlich aber identischen Ahnenreihe über Henoch, Lot, Set, Noemi, Hiob bis zu Abraham, Isaak und Jakob weitergeführt wird[240]. Es ist tatsächlich überraschend, wie häufig Abel diese Reihe anführt, ein ja auch wohl schwerlich selbstverständlicher Sachverhalt. Als schlüssige Interpretation bietet sich an, daß er der erste ist, der mit seinem Gott wohlgefälligen Opfer „verus cultus" übte. Von außerordentlicher Wichtigkeit erscheint auch, daß gerade Toralba mit seinem Gewicht als philosophischer Sachverständiger diese beste und älteste „religio" in einem Akt des vertrauensvollen Glaubens als solche ansieht, unterstreicht doch gerade er seine Position an drei entscheidenden Stellen mit „confido"[241], eine Formulierung, die bemerkenswerterweise Coronaeus am Ende des Gesprächs auch für sich wählt[242]. Zugleich legt wiederum Toralba nachhaltigen Wert darauf, daß diese „vera religio" den ersten Urhebern und Eltern des Menschengeschlechtes zu eigen war, die sie als Erinnerung an das goldene Zeitalter der Nachwelt überließen, und dies „non docti, sed facti, non instituti, sed imbuti ab ipsa natura"[243]. Diese Aussage findet sich in dem gleichen Text, der von dem Vertrauen Toralbas auf die Richtigkeit seiner Annahme spricht, nach der diese „religio" faktisch identisch ist mit der „naturae lex". Die von ihm vertretene „religio" besitzt einen hohen Rang, ist sie doch dem Menschen von „natura" eingegeben und nicht aufgrund einer Lehre oder Unterweisung zu eigen geworden. Daß dabei die Auf-

---

[237] Ebd. 192.
[238] Ebd. 351.
[239] Ebd. 141.
[240] Vgl. hier noch ebd. 352.
[241] Ebd. 141 und 172, hier gleich am Anfang und am Ende seines Gesprächsbeitrags.
[242] Ebd. 352.
[243] Ebd. 172, vgl. 147.

nahme jener alten Vorstellung vom goldenen Zeitalter, die Toralba noch einmal anspricht[244], in einem Geschichtsschema zum Ausdruck bringt, was Toralba auch sonst deutlicher hervorgehoben hat, daß nämlich der Anfang vollkommen gewesen ist[245], zeigt noch einmal die Bedeutung der ältesten „religio" als der zugleich vollkommensten.

Es steht dahin, warum Bodin eine solche zeitliche Unterteilung vornimmt zwischen Adam bzw. Abel bis hin zu Noah[246] bzw. Abraham[247], so daß die eigentliche Verehrung Gottes in der Weise der Juden erst mit Mose beginnt. Diese Zäsur sieht Salomo freilich nicht, wenn er seine Tradition bis auf den Anfang zurückführt[248]. Die Unterteilung der alttestamentlichen Ahnenreihe bei Noah und Abraham findet freilich bereits bei Vives[249], ein Zeichen dafür, daß sie schon Tradition besitzt und ihre Erfindung keineswegs Bodin verdankt. Vives nennt die „religio" der ersten Phase „religio originis". Bodin bezeichnet sie, wenn auch nur selten, dann aber unübersehbar und nachdrücklich als „religio naturalis" bzw. „religio naturae". Damit erweist sich diese als eine gleichfalls geschichtliche Weise der Gottesverehrung, gleichsam als erste, allen Menschen gemeinsame Phase. Dies gilt selbst dann, wenn ihre Konzeption nicht einlinig durchgehalten ist; denn eher wird von Senamus kritisch eingewandt, als daß Toralba dies berücksichtigt hätte, daß doch die Anfangsgeschichte grundlegend und verbreitet polytheistisch war[250]. Nur selten, nämlich wesentlich in den Gesprächsbeiträgen Salomos, weist Bodin auf die gleichfalls schon bei Vives vorhandene Annahme hin, daß es immer wieder einen Abfall von der guten „religio" des Anfangs gegeben hat, die Gott dann wiederherstellen mußte[251]. Diese beste und älteste „religio", die speziell bei Toralba, aufgrund des Gewichts der Argumentation aber auch bei verschiedenen anderen Gesprächsteilnehmern eine besondere Bedeutung besitzt, hängt engstens mit der „naturae lex" zusammen und ist dem Menschen gleichsam von Natur eingegeben. Dabei spielt die Natur selbst eine gewisse eigene Rolle, was freilich nicht ausschließt, daß alles Gott verdankt wird[252].

---

[244] Vgl. 190, auch hier mit Abel beginnend. Dieser Beginn bei Abel findet sich auch bei Salomo, 172.

[245] Ebd. 141.

[246] Vgl. ebd. 142.

[247] Ebd. 257, 352.

[248] Vgl. etwa ebd. 141f; auch sonst findet sich bei Salomo die Rückführung bis zum Beginn, freilich ohne Adam namentlich zu nennen, vgl. auch 257.

[249] Luis Vives, s.o. 1 mit Anm. 104–109. – Auf andere Parallelen zwischen Vives und Bodin, so die Nähe von Gott und Natur, kann hier nicht weiter eingegangen werden. – Im Unterschied zu Vives verzichtet Bodin weitgehend auf die Hervorhebung der Schuld zu Beginn, hebt er doch in genannten Genealogien nirgends den Mord an Abel hervor, der bei Vives eine große Rolle spielte. Auch die Schuld Adams wird normalerweise nicht genannt, sondern nur in dem Spezialkapitel über die Erbsünde im Zusammenhang mit der Frage nach der Menschwerdung, verbunden mit der Frage nach der Notwendigkeit des Sühnetodes Christi, so J. Bodin, Colloquium, 296–303.

[250] Ebd. 255.

[251] Salomo, etwa ebd. 141f, vgl. 147, 201; es gibt auch Hinweise auf die Geschichte ohne Erwähnung der Negativa, vgl. Salomo, 308f.

Diese „religio" erscheint also primär als eine historisch existierende, der Toralba anhängt, wie Senamus sagt[253]. Daß Toralba freilich keine spezielle Praxis übt, fällt angesichts seiner Reserve nicht ins Gewicht, stellt er doch die von Mose vorgeschriebenen Riten in Frage und vertritt auch sonst eine erhebliche Sparsamkeit Riten gegenüber, selbst wenn er annimmt, daß Gott die Vollzüge, mit denen er geehrt werden will, selber geben muß[254]. Wenn es also eine zeitliche Zäsur gibt, definiert diese vor allem Toralba, der denn auch die Opfer vor und nach der Sintflut danach unterscheidet, daß zuvor von den Opfern kein Fleisch gegessen wurde[255]. Alles in allem stellt Bodin jedoch die „religio naturalis" schwerlich als eine faktisch praktizierte und vielleicht noch nicht einmal als eine praktikable „religio" mit eigenen Vollzügen dar.

Demgegenüber will Senamus aus Sorge, die „vera religio" zu übersehen, alle „religiones" zulassen und möglichst deren Gotteshäuser und Kultstätten aufsuchen. Mit dieser Differenz dürfte auch der wesentliche Unterschied zwischen Senamus und Toralba deutlich geworden sein. Toralba vertritt mit Argumenten der Vernunft als letzte Überzeugung, daß es eine wahre „religio" gibt und daß diese als diejenige des Anfangs existiert (hat). Demgegenüber verbleibt Senamus in einer grundsätzlichen Skepsis, welche denn nun die wahre sei, selbst wenn er eine gewisse Präferenz für jene „naturae religio" an den Tag legt. Doch vermag er diesen Vorrang nicht durchzuhalten, weil er im Wissen um all die Negativa jener frühen „religiones" bis hin zu Menschenopfern kein Zutrauen mehr besitzt, daß diese letztendlich doch die wahre, mindestens aber die beste sei[256]. So praktiziert er eine Gottesverehrung, die man nicht einfach synkretistisch nennen kann. Denn sie ist getragen von der Annahme, daß, wenn überhaupt, nur eine die wahre sein kann, und deswegen alle zu respektieren sind, weil man nicht weiß, welche sie sein mag, sofern sie sich überhaupt unter den vorhandenen befindet. Es dürfte somit also auch nicht angebracht sein, Senamus als einen Vertreter eben dieser „naturalis religio" anzusehen, da sie in praxi nicht vorkommt. In diesem Zusammenhang erscheint seine Wortmeldung ganz am Ende des Gesprächs von Bedeutung, in der er Octavius, Salomo und Toralba in der Verehrung des wahren Gottes, des Vaters und des Allmächtigen, nahe aneinanderrückt, während er von den Christen wiederum Fridericus und Curtius benachbart sieht, von denen er den Coronaeus noch einmal absondert; weil er sich aber mit keinem identifiziert, bestätigt er die eben genannte Aussage, lieber „omnes omnium religiones"

---

[252] Vgl. die schon genannten, häufiger vorkommenden Formulierungen „imbutus" bei Toralba, ebd. 141, vgl. 140, „insita", wieder bei Toralba, 142, 143, 257; vgl. schließlich 172. – Interessanterweise läßt Curtius, 257, die „christiana religio" mit der Natur übereinstimmen und bringt sie so mit den Naturgesetzen in Verbindung; dabei umgeht er die Frage des Ursprungs, wenn er hervorhebt, daß Gott selbst zum Heil der Menschen Menschennatur angenommen hat.

[253] Ebd. 192.

[254] Ebd. 186f; zur Minimalisierung vgl. 143, ferner 140, 147f; zur Notwendigkeit der Riten vgl. Salomo, 257, 352.

[255] Ebd. 140. – Die „temporis diuturnitas" lehnt Curtius als Kriterium der Wahrheit ab, 256.

[256] Vgl. ebd. 255.

zu prüfen und d.h. zu üben als eine, die vielleicht die wahre ist, auszuschließen[257]. Toralba dagegen hat eine solche „religio" formuliert, die faktisch identisch mit der „naturae lex" einem ethischen Verständnis von Gottesverehrung ein frühes und höchst folgenreiches Fundament gelegt hat.

Da die „recta ratio et naturae lex" zum Heil des Menschen genügt[258], wobei die „recta ratio" und die „suprema naturae lex" sich als letztlich identisch erweisen, vermag diese „lex naturae ac religio" ein Leben zu gewährleisten, das des höchsten Lobes wegen der „pietas, integritas ac justitia" würdig ist[259]. Die von Toralba favorisierte „religio" besteht also in einem dem Menschen von Natur aus eigenen Leben, selbst wenn er gelegentlich die Notwendigkeit göttlicher Hilfe zugibt[260]. Entscheidender erscheint, daß Bodin auch Salomo und Octavius einer faktischen Gleichsetzung von „leges naturales" und „divinae" zustimmen läßt[261]. Somit gibt es keine grundsätzliche Differenz und erst recht keinen Gegensatz zwischen natürlichen und göttlichen Gesetzen.

Damit formulieren die Gesprächspartner noch kein späteres neuzeitliches Naturrecht, weil es für sie keine Gegenüberstellung von natürlichem und geoffenbartem Recht bzw. Gesetz gibt. Allenfalls bereiten sie die spätere Entwicklung vor, in der die Verbindung von natürlichem und göttlichem Gesetz getrennt werden und ersteres eine eigene Dynamik gewinnen konnte. Dem Gesetz, das dem Menschen von Natur gegeben ist, widerspricht also keinesfalls jene „lex Dei", die als Wort aus dem Munde Gottes hervorgegangen ist[262]. Grundsätzlich nämlich restituiert Gott durch den Dekalog nur den ursprünglichen Zustand der „naturae lex"[263].

Für den Sprachgebrauch von „religio" in diesem „Colloquium" läßt sich feststellen, daß zweifellos verschiedentlich und anscheinend ziemlich problemlos auch von „religiones", von „omnes religiones" bzw. „omne genus religionum"[264] oder von der „religionum varietas"[265] gesprochen werden kann, ohne daß deswegen schon die Wahrheit mehrerer konzediert wäre. Überraschend ist, daß die Benennung einzelner Überzeugungen als „religio" eher selten vorkommt. Am ehesten findet sich noch „religio christiana", wobei diesen wie auch

---

[257] Ebd. 353f, vgl. 192.
[258] Toralba, ebd. 143, 172.
[259] Toralba, ebd. 257.
[260] Ebd. 186.
[261] Octavius und Salomo, ebd. 191, 190; vgl. Toralba, 148, mit dem Hinweis, daß die nicht auf Gott bezogenen Kapitel des Dekalogs fast allen Völkern gemeinsam sind.
[262] Salomo, ebd. 280.
[263] Salomo, ebd. 190.
[264] Vgl. etwa gleich zu Beginn des Gesprächs zum Thema „religio" Octavius, ebd. 117; Salomo (?) oder wohl Toralba, 118; Fridericus, 118; Senamus, 119, 247; Salomo, 122; Curtius und Coronaeus, 125, vgl. schon 10; und dann verschiedentlich in den thematischen Passagen.
[265] Vgl. etwa Senamus, ebd. 133; es findet sich ebenfalls „sectarum diversitas", Octavius, 125.

andere entsprechende Termini recht oft Octavius formuliert[266]. Für die anderen Überzeugungen verwendet Bodin „religio" nur sehr selten und variiert dabei: „Hebraeorum", „Judaeorum" oder „Israëlitarum religio"[267] sowie „religio Muhammedistarum" und – wohl am häufigsten – „Ismaelitarum" oder – selten – „Muselmanorum"[268]. Die übrigen, durchweg nur einmal genannten Bezeichnungen gehen hin bis zur „Paganorum religio"[269]. Wenn nichts übersehen wurde, findet sich nicht ein einziger Beleg bei Toralba.

Daß gelegentlich in demselben Sinne wie „religio" auch „lex" gebraucht werden kann[270] sowie daß „secta" zuweilen durchaus neutral erscheint[271], kann nicht darüber hinwegtäuschen, daß diese beiden Termini im „Colloquium" eine untergeordnete Rolle spielen, was die Verwendung als gemeinsame Bezeichnung für verschiedene Überzeugungen betrifft.

Wenden wir uns zum Schluß noch einmal den eingangs gestellten Fragen zu: Die Versuche, Bodin in die Nähe des Judentums zu rücken[272], finden im „Colloquium" keine auch nur einigermaßen deutliche Bestätigung. Immerhin gerät Salomo ins Hintertreffen, indem er gegen die stark vertretene Position Toralbas, die, wie gezeigt, bereits Tradition hat, nicht recht ankommt und somit die Unterteilung in verschiedene „religiones" nicht dahingehend unterlaufen kann, daß diejenige der Juden die ursprüngliche ist. Dafür ist das Gewicht des Anfangs bis hin etwa zu Noah oder zu Abraham zu groß, und dafür gelingt es Salomo zu wenig, die Urgeschichte dezidiert und allseits anerkannt für die jüdische Geschichte in Anspruch zu nehmen, von der dann alle anderen abstammen. Dies gilt selbst dann, wenn Bodin verschiedentlich den Juden und Chaldäern besondere Bedeutung zumißt[273]. Salomos Inanspruchnahme der eigenen Sprache als „naturalis" genügt nicht[274]. Hätte Bodin hier deutlicher argumentieren wollen, hätte er der Gestalt Toralbas nicht einen so hohen Rang einräumen dürfen.

Nicht klären lassen sich auch weitere Fragen, für die umfangreichere Untersuchungen erforderlich wären, so etwa jene, ob sich hinter der Gestalt des Octavius oder auch der des Senamus vielleicht Postel verbirgt und ob dessen Aufenthalt in Venedig für den Ort des Gesprächs einen Impuls gegeben hat. Auch bleibt die unbeantwortbare Frage, ob Vives bestimmte Züge an Toralbas Gestalt ausgeliehen hat, was einen Hinweis darauf geben könnte, warum wir in ihm den

---

[266] Vgl. etwa Octavius, ebd. 105, 135, 136, 172, 177, 358; ferner etwa Curtius, 198, 257, 357; Fridericus, 204, 269; Salomo, 322, 358; Coronaeus, 204.
[267] „Hebraeorum" vgl. Fridericus, ebd. 134; vgl. Salomo, 197; „Judaeorum" bzw. „Israëlitarum religio" Salomo, 134 bzw. 257.
[268] „Mahummedanistarum" Fridericus, ebd. 169; „Ismaëlitarum" Octavius, 170, 177; „Muselmanorum" Octavius, 176.
[269] Senamus, ebd. 255; Octavius, 256.
[270] Vgl. etwa „lex Muhammedis", Octavius, ebd. 176.
[271] Vgl. etwa Curtius, ebd. 256; vgl. Fridericus für die Juden, 204.
[272] Vgl. bei G. Roellenbleck, aaO. 152.
[273] J. Bodin, Colloquium, 134, bei Fridericus.
[274] Ebd. 202.

einzigen Spanier als Gesprächspartner antreffen. Folgt man der eingangs genannten These über den Verfasser des Buches „De Tribus Impostoribus", wäre zu erörtern, ob uns in Toralba ein Marrane begegnet. Es wird sich zeigen, daß der Spanier Uriel da Costa eine sehr an Toralba erinnernde Position vertreten hat. Aber unanbhängig davon, ob sich auf solche Fragen jemals antworten läßt, bleibt festzuhalten, daß Toralbas Formulierung einer „religio naturalis" keine neuzeitliche ‚natürliche Religion' darstellt, sondern allenfalls deren Voraussetzung. Denn sie meint die „religio" des Anfangs, deren Verfall dann Gott durch seine Intervention wieder erneuern mußte. Auf die spätere Entwicklung weist sie insofern voraus, als dann „Religion" mit der Erfüllung des Sittengesetzes gleichgesetzt wurde.

Pierre Charron

Pierre Charron (1541–1603)[1] hat in jüngster Zeit einiges Interesse gefunden. Denn einmal trat er, der in lebendiger Verbindung mit den geistigen Strömungen seiner Zeit stand und sich intensiv in deren Auseinandersetzungen einmischte, mit philosophischen Bemühungen hervor, die in besonderer Weise auf einer Wiederaufnahme der Stoa beruhten[2]. Zum anderen aber profilierte er sich durch seine Apologie des katholischen Glaubens. Er gilt als einer der ersten, der hierfür das dreigliedrige Schema von demonstratio religiosa, demonstratio Christiana und schließlich demonstratio Catholica zugrunde gelegt hat[3]. Mit dieser Verteidigung der eigenen Überzeugung setzte er sich heftig insbesondere gegen die gegnerische Position von Philippe Duplessis-Mornay zur Wehr.

Charron veröffentlichte seine große Apologie „Les Trois Veritez" 1593[4]. Sie erschien also in demselben Jahr, in dem Bodin sein „Colloquium Heptaplome-

---

[1] Pierre Charron war nach Rechtsstudien kurze Zeit als Jurist tätig, ehe er dann Theologie studierte, Priester wurde, zeitweise als Prediger der Königin Margarete von Navarra, als Kanoniker in Bordeaux und schließlich als Domherr im südfranzösischen Condom tätig war. Seine Freundschaft mit Michel de Montaigne ließ ihn zahlreiche Gedanken für seine Publikation „De la Sagesse" (1601) übernehmen, in der er mit diesem eine skeptische Grundhaltung teilte. Deshalb geriet er in heftige Auseinandersetzungen mit dem Jesuiten François Garasse (1584–1631).
[2] Vgl. bes. Günter Abel, Stoizismus und frühe Neuzeit. Zur Entstehungsgeschichte modernen Denkens im Felde von Ethik und Politik, Berlin 1978, der sich besonders auf die Schrift „De la Sagesse" bezieht.
[3] Vgl. Franz-Josef Niemann, Jesus als Glaubensgrund in der Fundamentaltheologie der Neuzeit. Zur Genealogie eines Traktats (= Innsbrucker theologische Studien 12), Innsbruck 1983, 156–167; Gerhard Heinz, Divinam christianae religionis originem probare. Untersuchung zur Entstehung des fundamentaltheologischen Offenbarungstraktates der katholischen Schultheologie (= Tübinger theologische Studien 25), Mainz 1984, 51–63.
[4] Pierre Charron, Les Trois Veritez contre les Athées, Idolatres, Iuifs, Mahumetans, Heretiques, et Schismatiques (1593), Dernière édition, reueuë, corrigée, et de beaucoup augmentée, Paris MDCXXXV, ND in: ders., Oeuvres. Dernière édition, II, Genève 1970. – Die Datierung hier gegen Friedrich Maliske, Charron, Pierre, in: LThK² II 1032, der als Erscheinungsjahr 1594 u.ö. angibt.

res" abschloß, ohne es jedoch in Druck zu geben. Wichtig für uns ist, daß beide Autoren im wesentlichen gleichzeitig an ihren Schriften gearbeitet haben, so daß eine wechselseitige Abhängigkeit voneinander ausgeschlossen erscheint. Charrons Apologie fand zunächst aufgrund der Drucklegung eine größere Verbreitung und wurde somit vorerst bekannter als Bodins „Colloquium".

Charron wollte in dieser Abhandlung die „trois veritez" verteidigen; jedes dieser Bücher widmet er denn auch einer „verité". Die ersten beiden Bücher überschreibt er gleichlautend mit „religion" und diffenziert erst im Untertitel: Die erste Wahrheit zur Verteidigung der christlichen „religion" richtet sich gegen die Atheisten und Irreligiösen, die zweite gegen die „mescreans" – Heiden, Juden und Mohammedaner. Das dritte Buch über die dritte Wahrheit spricht dann sofort von der „Catholique Romaine" gegen alle Häretiker und Schismatiker[5].

Wie berechtigt die Überschrift des ersten Buches ist, läßt sich schon daran ersehen, daß Charron tatsächlich gleich zu Beginn sein Verständnis von „religion" erläutert. Er definiert sie nämlich als Kenntnis und Verehrung des Menschen Gott gegenüber[6]. Der Zusammenhang beider Elemente erscheint ihm wesentlich, so daß er ihn verschiedentlich betont; denn Gott zu dienen, setzt voraus, daß man ihn kennt[7]. Eine solche Bestimmung fand sich schon früher. So nennt Vives freilich bei der Bestimmung der „pietas" die beiden Bestandteile „Dei cognitio, cultusque"[8]. Hinzu kommen bei Charron noch zwei weitere Momente, nämlich die Bestimmung der „religion" als Gabe, als größte, reichste und wichtigste Gabe Gottes an den Menschen[9] sowie als dem Menschen eigen, zu jedem Menschen gehörig. Gemäß letzterer Bestimmung bezeichnet Charron sie als „naturel et vniversel", so wie es zum Menschen gehört, die Gottheit als souveräne und allmächtige Ursache wahrzunehmen[10]. Ob und gegebenenfalls wie diese

---

Vgl. die Angaben bei Henri Busson, Le Rationalisme dans la littérature française de la Renaissance (1533–1601) (= De Pétrarque à Descartes 1), (Paris 1957) Paris ²1971, 625.

[5] Verité premiere ou de la religion, livre premier, ebd. 1–66; Verité seconde: ou de la religion, livre second, ebd. 67–114; La Verité troisiesme. De toutes les parts qui sont en la Chrestienté, la Catholique Romaine est la meilleure, contre tous Heretiques et Schismatiques, ebd. 115–625.

[6] P. Charron, Les Trois Veritez, I 1; 1: „la religion, qui est la recognoissance, le deuoir et seruice de l'homme enuers Dieu"; vgl. I 2; 3: „Religion est cognoistre Dieu et le seruir". – Hier wie im folgenden wird, soweit erforderlich, das Buch von „Les Trois Veritez" in römischer, das Kapitel in arabischer sowie nach einem Semikolon die Seite der zitierten Ausgabe wiederum in arabischer Ziffer angegeben.

[7] Vgl. ebd. 2; 4 mit der zusammenfassenden lateinischen Formulierung „*Deum colit qui nouit*".

[8] S. dazu o. 1 mit Anm. 96–99; vgl. auch o. 4 zu J. Lipsius. mit Anm. 6 „sensus" und „cultus", womit wiederum ein sowohl kognitives wie praktisches Element angegeben ist. Diese doppelte Charakterisierung findet sich bereits bei Laktanz, s. E. Feil, Religio, 61.

[9] P. Charron, Les Trois Veritez I 1; 1.

[10] Ebd. I 2; 4: „Or la religion est propre à l'homme, conuenant à tout homme, et tousiours: n'y ayant rien de si naturel et vniuersel, que la touche d'vne diuinité, et la teincture de religion: rien si vnanimement et perpetuellement receu et adouë de tous hommes, que la creance, et apprehension de deïté, d'vne premiere, souueraine, et tres puissante cause: et conuient au seul homme: car c'est ce qui proprement et vniquement le separe et marque d'auec le reste du monde."

beiden Momente zusammenpassen, reflektiert Charron hier nicht. Eine Gabe Gottes sowie eine naturale und universale Ausstattung des Menschen gelten ihm als problemlos kompatibel. „Gabe" meint hier offensichtlich etwas anderes als eine übernatürliche Begnadung des Menschen. Charron genügt jedenfalls der Hinweis, daß ohne „religion" die Menschen nicht besser sind als Tiere, und dies ebenso, wie wenn sie keine Liebe hätten; „religion" und göttliches Licht gehören also zum Menschen[11]. Überdies wiederholt Charron das antik-römische Axiom, daß es eine Beziehung von uns zur Gottheit (!) gibt, aber nur, weil eine solche von ihr zu uns besteht[12].

Bei diesen Bestimmungen der „religion" fällt auf, daß Charron die bei Vives vorhandene Charakterisierung übernimmt und die Gotteserkenntnis zur „religion" hinzunimmt. Es scheint also kein Problem darin zu bestehen, die Merkmale, die Vives der „pietas" zugewiesen hatte, nun auf die „religion" zu übertragen, ein Zeichen dafür, wie nahe beieinander beide aufgefaßt werden, aber auch, wie wenig genau man es mit einer präzisen Definition beider genommen hat. Für die „religion" folgt daraus, daß sie ein kognitives Moment erhält, welches zwar früh formuliert, aber lange nicht so ausdrücklich mit ihr verbunden war, und daß sich diese Erkenntnis direkt auf Gott bezieht. Eine solche Gotteserkenntnis muß noch nicht heilsrelevant sein, wie sich aus der traditionellen Annahme einer sogenannten natürlichen Gotteserkenntnis ersehen läßt. Die in der Tradition fehlende Heilsbedeutsamkeit der „religion" unterscheidet sich freilich von der Erkenntnis Gottes darin, daß erstere eine Tugend ist. Da sie aber nicht zu den „virtutes supernaturales" gehört, zählt die Theologie bis hin zu Francisco de Suárez sie zur Kardinaltugend der „iustitia" als virtus moralis. Diese Klassifizierung nimmt jedoch Charron nicht mehr ausdrücklich auf. Er läßt vielmehr in der Schwebe, was „religion" als Gabe Gottes näherhin meint.

Die Annahme Gottes und eine ihn achtende „religion" will Charron gegen die „Athées et irreligieux" verteidigen. Dabei unterscheidet er drei Gruppen seiner Gegner, 1. Atheisten, die Gott gar nicht annehmen, sondern negieren, 2. solche, die Gott weder negieren noch akzeptieren, wie die Platon folgende Philosophenschule der Akademiker oder die Anhänger Pyrrhons, die als Skeptiker die Erkenntnis der Wirklichkeit und somit auch Gottes weder bejahen noch verneinen können, und schließlich 3. jene, die Gott zwar annehmen, aber seine weitere Wirksamkeit für die Welt und folglich seine Vorsehung bestreiten, wie dies die Epikureer und die „libertins" tun[13]. Uns interessiert am meisten diese letzte Gruppe, weil deren Charakterisierung später auf die sogenannten Deisten bezogen wurde, die nämlich die „Deïté" und somit eine souveräne Ursache der Dinge annehmen, aber eine Vorsehung im Hinblick auf uns und die Welt ablehnen. Ob

---

[11] Ebd.
[12] Ebd. 5 mit der Konklusion: „Religion donc presuppose et suit necessairement vne creance de Deité prouidente sur toutes choses."
[13] Ebd. 3; 5–7.

diese Benennung damit zu tun hat, daß Charron hier bewußt von „Deïté" spricht[14], steht dahin. Es mag sein, daß dieses Thema „Vorsehung" für Charron besonderen Rang besaß, da er in seiner Rezeption der Stoa[15] unweigerlich auch auf das Problem des fatum stieß, das christlich gesehen von der providentia Dei her ausgeschlossen bzw. ersetzt oder aufgesogen worden war. Jedenfalls befaßt sich Charron nachhaltig mit der Vorsehung, die für ihn im Zusammenhang mit der Annahme der einen „Deïté" als souveräner Ursache aller Dinge die beiden fundamentalen Aspekte der „religion" bildet[16].

Charron will also die „religion" gegen Atheisten und Irreligiöse verteidigen. Zu diesem Zweck weist er zunächst auf ihre Notwendigkeit für ein Gemeinwesen hin, ehe er natürliche, nämlich kosmologische und moralische, sowie übernatürliche und schließlich spezielle Gründe anführt[17]. Thematisch wendet er sich dabei nicht ausführlicher der „religion" zu. Er hebt lediglich das lange bekannte Argument hervor, daß sie überall vorliegt – alle Menschen unterwerfen sich und beten an –, und wenn sich dies feststellen läßt, so kann sie auch nicht vergeblich sein, wäre in diesem Falle doch der Mensch schlechter gestellt als alle übrige Kreatur[18]. Daß es eine Verschiedenheit von „religions" gibt, spiegelt für Charron nicht so sehr Gegensätze wider als vielmehr ein „sentiment vniuersel de Deïté"[19]. Er hält es für gegeben, daß sich Menschen an eine souveräne und außerordentliche Hilfe wenden, daß ein natürlicher Eindruck der Gottheit, ein Samen der „religion" in der Seele und eine rein natürliche Eingebung existiert[20]. In einer Art Wette wägt er das Für und Wider einer Annahme Gottes und einer „religion" ab und kommt zu dem Fazit, daß der Mensch durch eine natürliche und unverzichtbare Verpflichtung gehalten ist, zu glauben[21] und daß es mit „religion" besser geht als mit „irreligion"; wie das Affirmative einen Vorzug vor dem Negativen besitzt, so ist es besser, an Gott zu glauben als nicht zu glauben, ist die „religion" besser als der Atheismus[22]. Denn dieser ist, wie Charron hervorhebt,

---

[14] Ebd. 2; 5. Im ausdrücklichen Unterschied zu „diuinité", weil dieser Terminus auch zur Auszeichnung auf Geschöpfe angewandt werden kann, wohl gemäß antikem Sprachgebrauch von „divus".
[15] Vgl. ebd. 9; 41 im Kapitel über die Begründung der „prouidence".
[16] Ebd. 34.
[17] So ebd. 4–12; 9–66.
[18] Ebd. 7; 30: „Que veut donc dire ceste tant generale et volontaire submission par tout le monde, iusques à adorer choses de neant, vilaines, et ridicules, sinon que le sentiment et la force de religion est telle, qu'en quelque façon que ce soit, l'on la veut exprimer, et en cela chercher quelque satisfaction et descharge à son ame? Si la religion est chose vaine, l'homme est plus miserable que toute creature, s'affligeant et se priuant de plusieurs plaisirs et commoditez pour l'amour d'elle, ce que ne faict aucun autre animal."
[19] Ebd.
[20] Ebd.
[21] Ebd. 12; 61: „nous disons que l'homme doit et est tenu par obligation naturelle et indispensable, de croire et tenir pour certain tout ce qui est en soy le meilleur, et qu'il vaut mieux estre que n'estre pas, et aussi ce qui fait plus au bien, satisfaction et perfection de l'homme."
[22] Ebd. 62: „Or il est certain que religion en soy vaut mieux qu'irreligion. L'affirmatiue de quelque

„vne sterilité, vne absence, vn rien"[23]. Der „religion" schreibt er die Funktion zu, das unendliche Gut dem Menschen nahezubringen und ihn dem Sein zu verbinden, so daß er durch den Glauben Anteil am Guten erhält[24]. Wenn der Mensch sie mit ganzem Herzen liebt, wenn er an Gott und dessen Vorsehung glaubt, kann er wirklich als Mensch leben[25]. So bringt ihm die „vraye religion" Ruhe und Freude, wie sie Gott Verehrung bringt; Ehre Gottes sowie Frieden und Ruhe für den Menschen hält Charron für die beiden spezifischen Wirkungen der „religion"[26].

Die zuletzt genannten Bestimmungen, die die „religion" in die Nähe zur theologischen Tugend der Liebe rücken bzw. ihr zuordnen, passen wenig mit deren eingangs formulierten und später verschiedentlich wiederholten Umschreibung zusammen, Erkenntnis und Dienst Gottes zu sein. So verwundert, daß Charron in seinen Ausführungen einmal das Moment des Natürlichen herausstellt, zum andern aber auf Glauben an Gott sowie Versöhnung und Gnade abhebt[27], die eben nicht aufgrund der Natur erreicht werden können. Für unser Empfinden wirken auch die Argumente zugunsten der Existenz Gottes und der „religion" nicht recht überzeugend. Sie teilen diesen Mangel mit der Tradition, die Charron ohne ausdrückliches Zitat vielfach aufnimmt. Im Grunde bestimmt er die „religion" auch nicht des näheren. Sicher hält er sie für eine wesentliche Ausstattung und Auszeichnung des Menschen, die diesen von den Tieren unterscheidet. Daß die „religion" bei Charron im Grunde so blaß und konturlos verbleibt, hat vielleicht darin seinen Grund, daß er in diesem Buch eine grundlegende Auseinandersetzung gegen all ihre dezidierten Gegner durchführen muß, ohne daß er bei dieser Verteidigungslinie bleiben kann. Denn in den nachfolgenden Büchern will er nachweisen, daß nicht eine „religion" im allgemeinen, sondern unter den verschiedenen nur die christliche als die wahre akzeptiert werden kann und daß er diese Verteidigungslinie noch einmal dahingehend zurücknehmen bzw. verschärfen muß, daß allein die „Catholique Romaine" die beste ist[28]. Deswegen dürfte im ersten Buch die Annahme Gottes bzw. der Gottheit und insbesondere seiner Vorsehung den Vorrang haben vor einer Verteidigung der

---

bien, est meilleure que la negatiue, existence que priuation. Croire vn Dieu: c'est a dire, vne essence infinie, toute bonne, toute puissante, toute parfaicte, prouidente de nous, vaut mieux que de ne croire rien de tout cela: car vne bonne chose vaut mieux que rien, vn estre et vn bien infiny vaut mieux que non estre.

Apres, pour le regard de l'homme il y a bien plus de profit, de plaisir et de contentement en la religion qu'en l'Atheïsme."

[23] Ebd.

[24] Ebd.: „La religion apporte infinis biens, l'esprit s'ennoblit, s'enrichit se ioignant à l'estre, logeant en soy l'infinité du bien, et receuant par ceste creance vne influence et participation de la bonté et excellence de la chose".

[25] Ebd. 63.
[26] Ebd. 66.
[27] Vgl. ebd. 65.
[28] Ebd. 1; 2.

„religion" als solcher. Von hierher dürfte es sich auch begründen lassen, daß er in dieser Grundlegung von „religion" im Singular spricht und bereits hier gegen alle Feinde die wahre und sichere „religion" verteidigt[29]. Nur ausnahmsweise sagt er „religions", so einmal bei der einleitenden Inhaltsangabe; in ihr hatte er aber zugleich die bereits genannte Verteidigungslinie der wahren und festen „religion" gegen alle Feinde gezogen, so daß er bei der Inhaltsangabe des ersten Buches weiter singularisch sprechen kann. Und wenn er für das zweite Buch von „religions" spricht, muß er sofort die vorausgegangene Aussage einschränken; denn nur die christliche kann das Adjektiv „vraye" für sich in Anspruch nehmen, so daß die anderen nur als „autres religions bastardes des infideles et mescreans Idolatres, Juifs, Mahumetans" bezeichnet werden können. Diese Charakterisierung muß er für das dritte Buch noch einmal verengen mit der Folge, daß nun im Gegensatz zu allen „creances et religions" innerhalb der christlichen nur noch die römisch-katholische in Frage kommt[30]. Die andere plurale Verwendung findet sich in der zuvor schon genannten Verteidigung gegen die Atheisten durch den Hinweis, daß die Verschiedenheit der „religions" letztlich nur auf ein universales Empfinden der Gottheit schließen läßt[31]. Hier geht es also um die „une tand grande et vniuerselle confession et profession de religion par tout le monde", wie es in dem Abschnitt über die inneren, moralischen und natürlichen Gründe zur Verteidigung der Annahme der Gottheit gegen die Atheisten heißt[32].

Von hierher scheint es begründet, daß Charron im Gegensatz zum einleitenden Sprachgebrauch im zweiten Buch in besonders ausführlicher Weise über „religion" und „religions" spricht, das deswegen mit größerem Recht den Titel „... de la religion" trägt. Zunächst verdient hier hervorgehoben zu werden, daß Charron keine Schwierigkeiten sieht, von „religions" im Plural zu sprechen: Das gesamte zweite Buch dient dem apologetischen Vergleich von fünf solcher „religions" mit dem Ziel, die „Chrestienne" als die einzig wahre herauszustellen. Neben ihr zählt er zu diesen „religions" die „naturelle", „Gentile", „Iudaïque" und nach der an vierter Stelle stehenden „Chrestienne" als letzte die „Mahumetane"[33]. Betrachten wir diesen Sprachgebrauch, so ergibt sich: Charron nennt immer wieder diese „cinq ... religions" als „toutes religions"[34], er bezeichnet sie als die „cinq grandes et capitales religions" und zugleich als „genres

---

[29] Ebd.: „vraye et certaine religion". Im Rahmen bleibt Charron, wenn er 5; 20 von „toute religion" spricht.
[30] Ebd. 1; 2
[31] Ebd. 7; 30, s.o. mit Anm. 18.
[32] Ebd. 29.
[33] Ebd. II 1; 67f.
[34] So im Untertitel dieses zweiten Buchs, ebd. 67, vgl. 10; 103; vgl. 6; 84 auch den Singular „toute religion".

souuerains"[35]. In den folgenden Kapiteln unterscheidet er jedoch häufig die „Religion Chrestienne"[36] von den „autres religions"[37].

Zweifellos verwendet Charron „religion" also als Oberbegriff, unter dem sich zunächst ohne Unterschied verschiedene Überzeugungen subsumieren lassen. Eine genauere Beachtung des Sprachgebrauchs zeigt jedoch Differenzierungen: Es scheint keineswegs zufällig zu sein, wenn Charron unter diesem Oberbegriff zwar die verschiedenen schon genannten „religions" aufzählt, die er aber durchgängig und grundsätzlich immer nur adjektivisch „la naturelle", „la Gentile" oder „la Mahumetane" benennt. Es findet sich nicht ein Beleg, wenn nichts übersehen worden ist, in dem Charron ‚religion naturelle', ‚religion Gentile', und nur ein Sonderfall, in dem er „Religion Mahumetane"[38] sagt. Allenfalls läßt sich, wenn auch sehr selten, „religion Iudaïque"[39] entgegen der häufigen Bezeichnung „religion Chrestienne" nachweisen. Es dürfte kein Zufall sein, daß Charron es so konsequent bei der einfachen adjektivischen Benennung ohne Hinzufügung von ‚religion' beläßt, und dies gegebenenfalls auch da, wo im Vorausgegangenen dieser Terminus überhaupt nicht erwähnt wird[40]. Daraus darf der Schluß gezogen werden, daß er sich wohl noch scheute, die „autres religions" dann, wenn er sie einzeln anspricht, ausdrücklich als ‚religion' zu bezeichnen. Dafür war seine Absicht und seine Überzeugung zu gravierend, daß es nur eine „vraye religion" geben kann[41] und die ihr entgegengesetzte nur „fausse", nämlich ein Aberglaube und Mißbrauch[42] sein kann.

Unter dieser Voraussetzung müssen wir nun den „cinq religions" bei Charron genauer nachgehen: Er bestimmt sie wie Bodin historisch, die erste als „naturelle", die vom Beginn der Welt bis zur Sintflut reicht, im Unterschied zur „Gentile"[43], die besonders in der Antike vorherrschte. Diese „naturelle" findet sich sachlich bereits bei Vives, nur mit dem Unterschied, daß dieser an der entspre-

---

[35] Erstgenannte Formulierung in der Überschrift des Kapitels ebd. 2; 69, letztere ebd. 1; 68. In der Überschrift von 1; 67 nennt Charron sie „principales et maistresses religions".

[36] In der Überschrift des Kapitels ebd. 3; 72, dann 5; 81; ohne feststellbaren Unterschied heißt es auch „religion Chrestienne", vgl. 76, 81, 85, 101, 109, 110, 113.

[37] Ebd. 7; 94, 95, 8; 99, 9; 100, 101, 11; 107, dann 8; 99 „toute autre religion" und 2; 71 „toutes les autres religions", ähnlich 10; 103 „toutes les autres", sowie 3; 76 nur „les autres".

[38] Ebd. 4; 79, spricht Charron von der „Mahumetane" und erwähnt dabei den Sonderfall, daß ein Jude zur „Religion Mahumetane" übertreten will.

[39] Ebd. 78, vgl. 5; 82.

[40] Vgl. ebd. 9; 99.

[41] Der Terminus findet sich ebd. 7; 94, 12; 113, vgl. die gesamte Argumentation dieses Buches, bes. 10; 103, „que la Chrestienne est la vraye".

[42] Ebd. 7; 94: „celle qui y est courte et manque est fausse, est vne superstition, vn abus"; vgl. 95 die Aussage: „Iamais en tout cecy les autres religions n'y ont seulement pensé: mais bien sont elles toutes farcies des vaines superstitions, vilaines fables et folies."

[43] Charron kann sie auch als Personen nennen „les Gentils", etwa ebd. II 6; 88; ebenso „les Payens", 4; 78, vgl. III 19; 228, ferner 10; 420, ferner 14 Advertissement; 603, oder mit den anderen als „Paganisme, Iudaïsme, Mahumetisme ou autre religion", 11 Advertissement; 445. Nur im besonderen Zusammenhang verwendet er die anscheinend speziellere Formulierung „la Payenne", II 2; 70.

chenden Stelle „pietas" bevorzugt[44]. Charron gebraucht jedoch ausschließlich für das Verhalten der Menschen Gott gegenüber bereits von Anfang an „religion". Er übernimmt auch nur die zeitliche Einteilung, jedoch keine genaueren Bestimmungen, die sich bei Vives finden. Dieser war nämlich davon ausgegangen, daß die anfänglich gute „pietas" in der Reihenfolge der Nachkommen immer mehr zugrunde gegangen war, bis dieser Zerfallsprozeß in Noe eine Ausnahme fand. Konsequent läßt Charron auch den bei Vives markierten Neuanfang außer acht.

Im wechselseitigen Vergleich, in dem die einzelne „religion" sich zu verteidigen und zu autorisieren sowie als die rechte und maßgebliche herauszustellen sucht, verweist die „naturelle" zwar auf ihren Ursprung, ihr Alter und ihre Einfachheit, zu denen alle anderen nur noch Ergänzungen hinzufügen konnten[45]. Doch weist Charron sie als vage, unsicher, ohne Gebot und nicht geordnet zurück[46], da sie keine Offenbarung oder Weisung besitzt und keine rechte Erkenntnis und da sie angesichts der Verderbnis der menschlichen Natur ihr Übel nicht sehen kann und kein Heil zu bringen vermag[47]. Nach dieser knappen Charakterisierung und Widerlegung läßt Charron die „naturelle" im folgenden so gut wie immer außer acht[48]. Man geht nicht fehl in der Folgerung, daß sie im Grunde völlig bedeutungslos bleibt und eigentlich nur wegen des Schemas von fünf „religions" erscheint. Eine genauere Abgrenzung insbesondere von der „Gentile" fehlt denn auch.

Diese zweite der „religions" ist nach der Sintflut und, wie Charron hinzufügt, nach dem Turmbau zu Babel und d.h. zweitausend Jahre nach der „naturelle" zuerst in Chaldäa in Erscheinung getreten[49]. Wie bei den anderen „religions" und mehr als bei ihnen gehören zu ihr mehrere und verschiedene Aspekte: Sie ist aufgrund ihrer großen Verbreitung und langen Dauer geteilt in verschiedene unterschiedliche „sectes", „Gefolgschaften". Mit Kol 3 unterscheidet Charron drei Hauptgruppen, nämlich Griechen, Barbaren und Skythen. Dabei charakterisiert er die der Barbaren – ähnlich wie die „naturelle" – dadurch, daß sie nicht über Gesetze, Regeln, sichere Zeremonien und anderes verfügt und darüber hinaus jeden nach seiner Phantasie Gott verehren läßt. Die Skythen speziell bezeichnet er als sehr grausam. Die Griechen hält er für besonders politisch. Im Zusammenhang mit ihnen nennt er dann andere Völker wie Ägypter, Gallier, Römer, Perser und Inder, wenig später auch noch die Äthiopier, Syrer,

---

[44] Vgl. o. 1. zu Vives Anm. 96ff.
[45] P. Charron, Les Trois Veritez II 2; 69. – Charron nimmt zwei Durchgänge vor, zuerst charakterisiert er die einzelnen der Reihe nach und dann kritisiert er sie. Im folgenden werden die zwei Reihen zusammengenommen.
[46] Ebd. 70.
[47] Ebd. 71.
[48] Nur ebd. 5; 80. Bei der ersten Argumentation für die Richtigkeit der „Chrestienne" nennt Charron sie kurz, im folgenden spricht er dann gegebenenfalls nur noch von den „autres religions".
[49] Ebd. 1; 67.

Armenier und Moskoviter[50], ohne daß ihm an irgendwelcher Strukturierung liegt. Es scheint eine Konsequenz der üblichen Berufung auf die Tradition zu sein, wenn Charron sich an den Kolosserbrief hält und hier neben den gesondert zu behandelnden Juden, die eine eigene „religion" darstellen, jene drei anderen Gruppen nennt und es dabei bewenden läßt. Auch vermag Charron diese „Gentile" nicht mehr einfach negativ zu bewerten, gibt es in ihr doch Wissenschaft und gute Diskurse, sittliche und politische Regelungen und Tugenden[51]. Freilich steht dem gegenüber, daß sie Menschenopfer praktiziert, auch Dinge anbetet, eine infame Menge und Genealogie von Göttern annimmt und sich folglich einer groben Vernachlässigung des „vray Dieu souuerain" schuldig macht[52]. Schließlich kennt sie diesen Gott nicht. Charron spart denn auch nicht mit drastischer Herabsetzung[53].

Die unter den „religions" an dritter Stelle genannte „Iudaique" führt Charron auf Abraham zurück; sie entstand ungefähr hundert Jahre nach der „Gentile" in Palästina, vor allem verkündigt von Mose in der arabischen Wüste[54]. Sie wird gerühmt wegen ihres Alters und Adels, ihrer Wunder und himmlischen Gunsterweise sowie ihrer Propheten[55]. Darüber hinaus verweist sie auf die Offenbarung, wogegen Charron jedoch geltend macht, daß diese im Schatten verbleibt[56]. Ferner kritisiert er ihre Grausamkeit gegen die Propheten, ihr götzendienerisches Verhalten und ihren Haß gegen alle Nationen[57].

Die „Chrestienne" entstand nach Charron gemäß damaligem Wissen ungefähr viertausend Jahre nach der Entstehung der Welt in Palästina[58]. Sie verband

---

[50] Ebd. 68: „La Grecque (ainsi appelle l'on d'vn nom particulier, mais le plus celebre, toute autre secte hors la Barbare et la Scythique) les a plus politiques humains: et celle là encores diuersement, selon les nations et leurs autheurs: les Grecs en particulier instruicts par leurs Poëtes et philosophes, les Egyptiens par leurs Prestres, les Gaulois par leurs Druydes, les Romains par leurs liures des Sibilles et les loix de Numa, les Perses par leurs Mages, les Indois par leurs Brachmanes et Gymnosophistes."

[51] Ebd. 2; 69: „Particulierement chacune se veut preualoir contre les autres de quelque droict et prerogatiue. La naturelle de son origine, antiquité et simplicité, laquelle estant suffisante, dict tout le reste n'estre qu'addition et surcharge, matiere de disputes et debats".

[52] Ebd. 70.

[53] Ebd. 70f: „Desia en tous les deux poincts est deffaillante la Gentile, qui ne cognoist aucunement le vray Dieu. Et ainsi ayant des l'entré e failly dans l'objet de religion, ne peut que tousiours plus se fouruoyer aux moyens de le seruir. La Gentile ou n'a point de but certain, ou bien (ce qui reuient tout à vn) si elle en a, il est faux, ambigu et incogneu, soit-il vn, comme à la Payenne, ou diners, comme l'idolatrique. Bref les Dieux des Gentils estoient pour la pluspart hommes et quelquefois tres-meschans: qui pour quelque raison publique ou priuee, bonne ou mauuaise estoient consacrez à la posterité: et sous le nom de ses hommes se faisoient adorer les diables. Voila pourquoy s'en sont ensuiuis des seruices de mesme, ridicules, scandaleux, infames et meschants. Dont aussi les sages d'entre eux s'en mocquoient, et les condamnoient, encores qu'au dehors et en public ils fissent comme le vulgaire."

[54] Ebd. 1; 67f.

[55] Ebd. 2; 69.

[56] Ebd. 71.

[57] Ebd. 70.

[58] Ebd. 1; 68.

unter der gemeinsamen Fahne ihres Herrn, unter dem Namen Jesus Christus über die heidnische hinaus die verschiedensten Nationen miteinander, die Griechen und Lateiner, Äthiopier, Syrer, Armenier, Inder, Moskoviter und viele andere aus Häresien und Gefolgschaften sowie viele äußere Zeremonien und Sitten[59].

Im gegenseitigen Vergleich wird ihr die Trinität und die Wesensgleichheit des Sohnes mit dem Vater vorgehalten[60]. Doch schon an dieser frühen Stelle, an der Charron die einzelnen „religions" kurz charakterisiert und auch ihre wechselseitigen Vorwürfe nennt, läßt er keinen Zweifel daran, daß alle anderen nicht mit dieser „Chrestienne" konkurrieren können, weil nur sie aufgrund ihrer eigenen Instruktionen Gott wahrhaft dient[61]. Zu vermerken bleibt lediglich, daß er in diesem Vergleich auch die christliche nur jeweils adjektivisch „la Chrestienne" nennt; „Religion Chrestienne" verwendet er erst vom dritten Kapitel dieses zweiten Buches an, in dem er apologetisch ihre singuläre Vorzüglichkeit herausstellt.

Als letzte beschreibt Charron die „Mahumetane", die sechshundert Jahre nach der christlichen in Arabien entstanden ist[62]. Als zuletzt gekomme vermochte sie sich aufgrund ihrer Prosperität und ihrer großen Siege zu entfalten[63]. Ihr wird ihre Nichtigkeit, ihr kriegerisches Gebahren entgegengehalten[64], aber auch der bei ihr wie bei der „naturelle" vorhandene Mangel einer Offenbarung; deswegen vermögen diese beiden auch aufgrund der Verderbtheit der menschlichen Natur nicht zum Heil zu führen[65]. Speziell für die „Mahumetane" vermerkt Charron, daß sie ganz menschlich und fleischlich ist, von einem Menschen stammt, keine Originalität besitzt und folglich sich aus Stücken anderer „religions" zusammensetzt[66]. Für sich in Anspruch nimmt sie mit der „Iudaïque" die Einfachheit Gottes gegenüber der Trinität der „Chrestienne" und der Vielheit der „Gentile"[67].

Auf diese Charakterisierung folgt nun im weiteren Verlauf des zweiten Buches die Begründung für den Vorzug der „Chrestienne". Uns interessiert dabei, welches Licht diese Apologie auf das Verständnis von „religion" wirft. Wie schon die Tradition, so hält auch Charron das Alter für ein wichtiges Argument für die Wahrheit einer „religion". In diesem Zusammenhang bezeichnet er die „Gentile" als einer vergangenen Zeit zugehörig und überdies die „Chrestienne" in ihrer Fundierung als ebenso alt wie die „naturelle"[68]. Mit dieser Kombination

---

[59] Ebd. 68f.
[60] Ebd. 2; 69f.
[61] Ebd. 71.
[62] Ebd. 1; 68.
[63] Ebd. 69.
[64] Ebd. 2; 70.
[65] Ebd. 71.
[66] Ebd.
[67] Ebd. 69.
[68] Ebd. 3; 74: „En quoy la Chrestienne est tres-excellente: combien qu'elle aussi ait ses fondemens

erleichtert er sich seine Aufgabe, braucht er nun doch die Bedeutung des Alters nicht mehr zu Ungunsten der Christen in Betracht zu ziehen.

Das zweite wichtige Argument, nämlich das des Erfolgs, versucht Charron zu entkräften, indem er die Siege der freilich vergangenen „Gentile" und der „Mahumetane" nicht als solche für die und durch die „religion" bezeichnet[69]. Mit anderen Gründen tut er sich dann leichter, so demjenigen, daß nur die Christen sich auf überzeugende Wunder und Prophetien stützen können[70]. Den Vorzug der „Chrestienne" begründet er mit dem Argument, daß diese „religion pure" sich auf der ganzen Welt siegreich ausgebreitet hat[71].

Die übrigen Gründe für den Vorzug der „Chrestienne", die Charron näher ausführt – die prophetischen Ankündigungen, die sich auf Jesus Christus beziehen, die zwei Naturen Jesu Christi, die Vorzüglichkeit ihrer Lehre in Theorie und Praxis, ihr Sieg über Götzen, Teufel und Orakel, Mittel und Umstände ihrer Veröffentlichung und ihrer Annahme in der Welt sowie schließlich die Rechtfertigung und Vollendung des Menschen[72] –, und auch die von ihm vorgelegte Widerlegung einiger Gegenargumente[73] müssen hier nicht im einzelnen diskutiert werden. Sie laufen sämtlich darauf hinaus, daß einmal der Rang Jesu Christi[74] und zum anderen die Ehre für den Menschen herausgestellt wird. Dabei besteht letztere darin, daß der Mensch in der „religion Chrestienne" Dinge empfängt, die über sein Fassungsvermögen hinausgehen[75].

Hierzu paßt die schon eingangs erwähnte Bestimmung der „vraye religion", daß sie die Mittel lehrt und bereitstellt, Gott zu ehren und dem Menschen zu nützen[76]. Diesen ursprünglich nicht zur spezifischen Bestimmung der „religion" gehörenden Doppelaspekt dürfte Charron hervorgehoben haben, um seiner Apologetik größeren Nachdruck zu verleihen.

Er will nachweisen, daß die „Chrestienne" nicht als „religion nouuelle" gegenüber den „anciennes" begriffen werden kann[77], sondern als die wahre, dergegenüber die anderen „religions bastardes" sind[78]. Zuletzt bestätigt ihr Erfolg ihre Wahrheit, was Charron zugleich für einen Erweis der Vernunft hält[79].

(bien que secrets et non publics) aussi anciens que la naturelle, ayant esté promise, reuelee, gagee et figuree des le commencement du monde, comme se dira puis en son lieu."

[69] Ebd. 73f.

[70] Ebd. 73, vgl. 5; 80ff. – Daß die „naturelle" demgegenüber keine anderen Instruktionen als die Natur hat, wiederholt Charron, 71; für die „Gentile" wendet er keine große Mühe auf, wenn er ihre Mirakel als vage Orakel bezeichnet, die natürlich oder magisch sind, 72.

[71] Ebd. 74.

[72] So jeweils in einem der Kapitel 5–10; 80–104.

[73] Ebd. Kapitel 11f; 105–114.

[74] Ebd. 11; 105–107.

[75] Ebd. 12; 110.

[76] Ebd. 7; 94.

[77] Ebd. 5; 83.

[78] Ebd. 12; 113.

[79] Ebd. 10; 103.

Die dieses zweite Buch bestimmende Konzeption von den fünf „grandes et capitales religions" zeigt somit, daß „religion" hier zweifellos als Oberbegriff fungiert, dem verschiedene „genres souverains" scheinbar gleichberechtigt untergeordnet sind. Die Wahl dieser fünf Hauptarten bleibt freilich ohne Begründung. Charron hält diese Zahl von „religions" aber insofern nicht aufrecht, als er die früheste, die „naturelle", nur zu Beginn charakterisiert, sie dann aber faktisch außer acht läßt und somit nur jene vier behandelt, die etwa auch Cardano erörtert hatte. Damit verläßt Charron im Grunde auch das ursprünglich geschichtlich-heilsgeschichtliche Schema, indem er nur solche „religions" vorstellt, die in historischer Zeit noch nebeneinander existiert und beträchtliche Relevanz behalten, gegenseitige Auseinandersetzungen nicht selten mit Waffengewalt betrieben und apologetische Bestätigungen ihrer eigenen Wahrheit vertreten haben.

Indem Charron jedoch jene „religion" als „naturelle" ansieht, die zu Beginn existiert hat, faßt er diese als zeitlich bestimmte, zugleich aber überholte und nicht mehr aktuelle auf. Sein Verständnis differiert somit von jenem, das sich bei Cheffontaines findet, der freilich ohne genauere Bestimmung als „religio naturalis" jene – möglicherweise am Anfang praktizierte und zu seiner Zeit weiter existierende – philosophische „religio" ansieht, die im Grund auf das gleiche hinausläuft wie die wesentlichen Aspekte der christlichen. Wenig nach Cheffontaines und gleichzeitig zu Bodin und in gewisser Parallelität zu ihm findet sich also bei Charron eine eigenwillige Konzeption, die das Moment des hohen Alters zwar aufnimmt, aber einmal dahingehend entschärft, daß in der „Chrestienne" die wesentlichen Momente des Anfangs aufgenommen sind, die ursprünglich alte „naturelle" aber gar nicht mehr existiert, sondern längst der Vergangenheit angehört.

In diesem zweiten Buch Charrons zeigt sich aber noch ein anderes wichtiges Ergebnis: Die auch von ihm vertretene Annahme, daß die „religion" allen Völkern und Menschen gemeinsam ist, so daß man sie als „naturelle et universelle" bezeichnen kann, bedeutet eben etwas anderes als die von ihm präzise bestimmte „naturelle". Die These, daß die „religion" dem Menschen natürlich ist, meint folglich noch keine ‚religio naturalis'.

Im dritten Buch weist Charron dann die Wahrheit der einen „religion Chrestienne" nach, ausgehend von dem Argument, daß es nicht viele Meinungen und entgegengesetzte „sectes" geben darf, da es doch nur den einen Gott und nur eine Wahrheit gibt[80]. Hier spricht er von „sectes" wohl noch neutral im Sinn von „Gefolgschaften". Anschließend setzt er diese eine „religion" von den „religions fausses et bastardes" ab, wobei er auch hier vier Gruppen nennt, aber nicht jene üblichen wie zuvor, als er die christliche noch mitzählte, sondern die „Gentile, Payenne, Iudaïque, Mahumetane"[81]. Im folgenden identifiziert er die hier eigens

---

[80] Ebd. III, 1; 130.
[81] Ebd.

genannte „Payenne" wohl mit der „religion" der Philosophen. Merkwürdig erscheint, daß er die eine wahre „religion" nicht näher benennt. Die Notwendigkeit ihrer Einheit begründet er zunächst mit einem Hinweis auf die negativen Folgen der Vielheit der „religion" für die Ordnung und das Gemeinwesen. Nachdrücklich hebt er hervor, daß die Streitigkeiten in der Christenheit unter dem Titel des Eifers und der Zuneigung zur „religion" geführt werden und ein entsprechendes Ärgernis darstellen, weil jede Gruppierung die andere haßt und alle Untugenden ihnen gegenüber für berechtigt hält[82]. Eine so tiefgreifende Spaltung mit der Folge entsprechender Feindseligkeiten hält er für ein Spezifikum der christlichen „religion".

Angesichts der Spaltung der „Chrestienté" in zwei große Teile nimmt Charron als Beweis für die Wahrheit der „Catholique Romaine", daß dieser eine in hundert Stücke und unendlich viele Teile zerspaltene Vielheit gegenübersteht, die er nur mit der Sammelbezeichnung „schismatique" oder „anticatholique" zusammenfassen kann[83].

Die Fülle weiterer Argumente zugunsten der „Catholique" ergeben für unser Thema keine neuen Gesichtspunkte, sondern nur die Bestätigung der bisherigen Charakterisierungen. Charron wiederholt die wesentlichen Bestimmungen, daß die „religion" ein Gott Erkennen und ihm Dienen meint[84], daß sie sich auf Glauben und Tun bezieht[85], daß der Glaube und die Wahrheit, die auf die Offenbarung Gottes zurückgehen, mit dem einen Wort „Religion" bezeichnet werden können[86]. Er hebt hervor, daß in ihr die Ordnung der Natur bewahrt ist, die von den sichtbaren zu den unsichtbaren Dingen führt[87]. Jedoch wählt er in diesem

---

[82] Ebd. 131: „Car nous regardons aux effects qu'ont produict les diuisions de la Chrestienté, c'est chose effroyable. Premierement touchant la police et l'estat, il en est aduenu souuent des alterations et subuersions des republiques, des Royaumes, et des races, diuisions d'Empires, iusqu'à vn remuement vniuersel du monde, auec des exploicts cruels, furieux et plus que sanglans au tres-grand scandale, honte et reproche de la Chrestienté: en laquelle sous titre de zele et d'affection à la religion, chaque part hayt mortellement toutes les autres, et luy semble qu'il luy est loisible de faire tous actes d'hostilité. Chose qui ne se voit és autres religions. Il est permis aux seuls Chrestiens d'estre meurtriers, perfides, traistres et s'acharner les vns contre les autres par toutes especes d'inhumanité, contre les viuans, les morts, l'honneur, la vie, la memoire, les esprits, les sepulchres et cendres, par feu, fer, libelles trespiquans, maledictions, bannissemens du ciel et de la terre, deterremens, bruslemens d'os et monumens, moyennant que ce soit pour la seureté ou auancement de son party, et reculement de l'autre".

[83] Ebd. 133.
[84] Ebd. 138.
[85] Ebd. 134.
[86] Ebd. 136: „Dieu a reuelé, dressé et establi au monde vne creance, vne verité, auec vn reglement de vertu, que nous pouuons hardiment appeler tout en vn mot, Religion. Or pour occasion humaine, comme dit est, elle rencontre et endure à tous propos mille trauerses, tant d'heresies, tant de superstitions, tant de sectes, d'opinions erronees, qui s'esleuent, se mutinent contr'elle, l'attaquent de toutes parts."
[87] Ebd. 139: „C'est l'ordre de nature: il faut par les visibles et sensibles, comme plus certaines à nous et plus apparentes, venir à la cognoissance des insensibles. Cest ordre est gardé en la religion. Par les visibles creatures ... l'on vient à la cognoissance de Dieu et des choses inuisibles. Aussi par

Buch nicht „religion", sondern „Eglise" als Leitbegriff. Gleichwohl verwendet er häufig „religion Chrestienne", innerhalb deren es viele Teile, Meinungen und „sectes" gibt[88]. Es dauert lange und bleibt die Ausnahme, bis er einmal „religion Catholique" sagt[89]. Unmittelbar bevor er diesen Terminus wohl erstmalig verwendet, spricht er von ihr als der „Eglise et religion Chrestienne et Euangelique la plus ancienne"[90]. Die Dominanz der „religion Chrestienne" zeigt sich auch darin, daß er ihr durchweg wie im zweiten Buch die „Gentile, Iudaïque, ou Mahumetane" entgegensetzt[91], freilich zum Zwecke des Nachweises der „vraye Eglise" gegen die Häretiker und Schismatiker, gegen die „fausses Eglises"[92]. Die also auch hier durchgehaltene Bestimmung der „vraye religion"[93] bedeutet, daß sie als die „ancienne religion"[94] den Vorzug verdient vor jeglicher „religion nouuelle"[95].

Besonders aufschlußreich in diesem dritten Buch ist der Hinweis auf die Streitigkeiten, die gerade unter Berufung auf den Dienst an der „religion" durchgeführt werden. Die bislang zu Rate gezogenen Autoren haben diesen Grund entweder nicht oder nicht mit gleicher Ausdrücklichkeit hervorgehoben. Verbunden ist dieser Hinweis jedoch mit der Herausstellung der Bedeutung, die die „religion" insbesondere auch für das Gemeinwesen besitzt. Charron tritt nachhaltig für deren Pflege ein.

„Pieté" und „religion"

Ein Blick in Charrons philosophisches Hauptwerk „De la Sagesse" gibt die höchst willkommene Möglichkeit, den Befund aus „Les Trois Veritez" zu überprüfen[96]. In dieser Abhandlung, die acht Jahre nach seinen und Bodins Überlegungen über die „religion" erschienen ist, kommt Charron im Rahmen einer umfassenden Erörterung über den Menschen auch auf unser Thema zu sprechen. Dabei ist schon die Einordnung von großer Bedeutung, die sich bereits aus

---

l'Eglise visible, et sa parole sensible, l'on vient à la cognoissance de Iesus Christ, qui nous est inuisible et insensible. Et suiuant cest ordre, il nous a donné les moyens et instrumens externes de nostre salut."

[88] Ebd. 2; 150; vgl. 1; 146 und 147, vgl. „sectateur", II 9; 101.
[89] Ebd. III 7; 336, vgl. 335, ferner 11 Advertissement; 470, sowie 14 Advertissement; 621, 624.
[90] Ebd. 7; 335. Hier findet sich auch das Argument vom Alter als Wahrheitsbeweis wieder.
[91] Ebd. 11 Advertissement; 445; hier auch wieder parallel „Paganisme, Iudaïsme, Mahumetisme".
[92] Ebd.
[93] Ebd. 11; 433.
[94] Ebd. 14; 552, 555.
[95] Ebd. 588.
[96] Pierre Charron, [Trois Livres de la Sagesse (1601)], Toutes les Oeuvres. Dernière édition, reueues, corrigées et augmentées, Paris MDCXXXV, ND: Oeuvres, Dernière édition, I, Genève 1970, III 5; 62. – Hier wie im folgenden werden, soweit erforderlich, das Buch in römischer, das Kapitel in arabischer sowie nach einem Semikolon die Seite in arabischer Ziffer angegeben. Zu beachten ist, daß in dieser Ausgabe die drei Bücher jeweils separat paginiert sind.

dem Aufriß der drei Bücher ersehen läßt. Im ersten Buch behandelt Charron nämlich das Selbstbewußtsein und die menschliche Verfaßtheit, im zweiten speziell die „sagesse" und im dritten die vier moralischen Tugenden, d.h. die Kardinaltugenden. Für deren Darstellung nimmt er das traditionelle Tugendschema auf und erörtert folglich an zweiter Stelle die „iustitia"; zu Beginn dieses Abschnitts nennt er ihre drei Teile, die Gerechtigkeit gegen Gott, gegen sich selbst und gegen den Nächsten[97]. Als genauen Gegenstand der ersten Untertugend der Gerechtigkeit nennt er „pieté et religion", wobei er aber gleich hinzufügt, daß er diesen Abschnitt nicht mehr zu erläutern braucht, da er ihn zuvor im zweiten Buch bereits eingehend behandelt hat.

Daraus ergibt sich zweierlei: Einmal nimmt Charron das traditionelle Schema der Kardinaltugenden zustimmend auf und mit ihm auch die ursprüngliche Zuordnung der „religio" als Untertugend zur Gerechtigkeit, wie dies für Jahrhunderte wirksam bei Cicero und systematisiert etwa bei Thomas von Aquin der Fall war. Damit gibt Charron zugleich sein Wissen zu erkennen, daß es sich bei „pieté et religion" um Tugenden handelt. Zum anderen aber behält er die ihm vertraute Anordnung nicht mehr bei, sondern weist diesen beiden freilich eng miteinander verbundenen Tugenden einen anderen Ort zu, an dem er ihr bereits nachgegangen war[98].

Eine genauere Durchsicht ergibt, daß das erste Buch dieser Abhandlung „De la Sagesse" für unser Thema keine Hinweise enthält. Auch dies erscheint aufschlußreich, weil Charron hier die Konstitution des Menschen, Leib, Seele und die verschiedenen Folgen aus der Einheit beider darlegt, einen Vergleich mit den Tieren anstellt, die Grundlagen der Moralität der Menschen, ihre Besonderheiten und hier vor allem ihre Verschiedenheiten, den Staat und die unterschiedlichen Gemeinschaftseinrichtungen erörtert und schließlich einige Auszeichnungen des Menschen, seine Freiheit, seine Noblesse und die Wissenschaft behandelt. In dieser Grundlegung sieht Charron also keinen Anlaß gegeben, auch das Thema ‚religion' zu entfalten. Ob sich daraus schon eine geringere Einschätzung oder gar eine Trennung zwischen ihr und grundlegenden Themen über den Menschen ersehen läßt, wird man schwerlich entscheiden können. Dies anzunehmen, wäre mindestens zunächst nur ein argumentum e silentio.

---

[97] Ebd. – Wenn G. Abel, Stoizismus und Frühe Neuzeit, 173, meint, „Religion ist eine besondere Tugend", und daraus folgert, daß damit „Naturalisierung und Immanentisierung der Moral und der Weisheitsvorstellung eigentlich vollständig" ist, so übersieht er die Tradition mit ihrem Schema der Kardinaltugenden, welches von Thomas von Aquin bis hin zu dem noch später als Charron schreibenden Suárez in Geltung blieb, nach dem die „religio" immer zur iustitia gehört hat. Nur weil die klassische Bedeutung von „religio" unbekannt blieb, kann man sagen, daß Charron „Religion als eine der Ethik nachgeordnete Größe" begreift, als „erste Pflicht der Tugend der Gerechtigkeit", 173. Damit verkennt man, was es bedeutet, daß Charron die „pieté" und „religion" eben nicht in diesem Tugendschema abhandelt. Es trifft also das Gegenteil der Annahme von Abel zu.

[98] P. Charron, De la Sagesse II 5; 51–67; die Doppelformulierung vgl. 57; 59 auch in der Reihenfolge „vraye religion et pieté", den Wechsel zwischen beiden 51; in einer Aufzählung 63; „pieté" allein 61, als „vraye pieté" 57.

Es bleibt also für unser Thema das zweite Buch. Hier legt Charron die verschiedenen Aspekte der „sagesse" dar, die Freiheit des Geistes, die „prud'hommie" sowie Zweck und Ziel des Lebens als Fundament der Weisheit. Darauf läßt er die Darstellung der „vraye pieté" als erster Pflicht der Weisheit folgen, an die er weitere Pflichten anschließt, nämlich die Begierden zu zügeln, den Gesetzen zu gehorchen, sich dem anderen gegenüber oder in den verschiedenen Situationen des Lebens gut zu verhalten. Schließlich behandelt er die Früchte solchen Verhaltens gemäß der Weisheit, nämlich sich immer in Todesbereitschaft und in Geistesruhe zu halten. Gerade die letzten Themen zeigen neben anderem, wie sehr Charron von der Stoa beeinflußt ist.

Als selbstverständlich darf nun auch nicht das Thema gelten, dem er das uns am meisten interessierende fünfte Kapitel des zweiten Buches widmet, nämlich die „vraye pieté" zu studieren, und dies als erste Pflicht der Weisheit[99]. Wenn Charron hier „pieté" allein in der Kapitelüberschrift nennt, während er sie im dritten Buch mit „religion" zusammen als Titel gewählt hatte, so entspricht dies den folgenden Ausführungen keineswegs; denn in ihnen überwiegt eindeutig „religion", gegen Ende überdies meist „Religion" geschrieben, auch dies ohne ersichtlichen Grund. Die Doppelformulierung kommt dagegen ebenso selten vor wie „pieté" allein[100]. Auf diese wohl nicht einfach zufälligen Besonderheiten kommt Charron nirgends zu sprechen. Es läßt sich somit nur folgern, daß er das tradierte Tugendschema stillschweigend verläßt, daß er „pieté" und „religion" nicht nur in gleicher Funktion, sondern faktisch synonym verwendet, daß er sie weiterhin als Tugenden ansieht, jedoch höher bewertet, indem er sie nicht mehr als Teiltugenden einer anderen Kardinaltugend behandelt[101]. Allerdings bleiben

---

[99] Ebd. 51–67.
[100] Vgl. o. Anm. 98.
[101] P. Charon, De la Sagesse II 5; 64f; der wichtige Text lautet: „Ie viens aux autres qui ne different gueres de ces premiers, qui ne se soucient que de Religion. Ils peruertissent tout ordre, et broüillent tout, confondans la preud'hommie, la Religion la grace de Dieu (comme a esté dit cy dessus) dont ils n'ont ny vraye preud'hommie, ny vraye Religion, ny par consequent la grace de Dieu, comme ils pensent, genstant contens d'eux mesmes, et si prompts à censurer et condamner les autres, *qui confidant in se et aspernantur alios*. Ils pensent que la Religion soit vne generalité de tout bien et de toute vertu, que toutes vertus soient comprises en elle, et luy soient subalternes, dont ne recognoissent autre vertu ny preud'hommie que celle qui se remuë par le ressort de Religion. Or c'est au rebours, cat la Religion qui est posterieure, est vne vertu speciale et particuliere, distincte de toutes les autres vertus, qui peut estre sans elles et sans probité, comme a esté dit des Pharisiens, et Religieux, et meschans: et elles sans Religion, comme en plusieurs Philosophes, bons et vertueux, toutesfois irreligieux. Elle est aussi comme enseigne toute la Theologie, vertu morale, humaine, piece appartenant à la Iustice, l'vne des 4. vertus Cardinales, laquelle nous enseigne en general de rendre à chacune ce qui luy appartient, gardant à chacun son rang. Or Dieu estant par dessus tous, l'autheur et maistre vniuersel, il luy faut rendre tout souuerain honneur, seruice, obeyssance, et c'est religion, subalterne et l'hypothese de iustice, qui est la Thèse vniuerselle plus ancienne et naturelle. Ceux cy veulent au rebours que l'on soit religieux auant preud'homme, et que la Religion qui s'acquiert et s'apprend de dehors, *ex auditu, quomodo credent sint pradicante*, engendre la preud'hommie, laquelle nous auons monstre deuoit ressortir de nature, Loy et lumiere que Dieu a mis au dedans de nous dés nostre origine, c'est vn ordre enuersé."

Schwankungen der Bewertung bestehen: Einmal können in dieser Tugend die anderen zusammengefaßt und ihr untergeordnet sein, sodann gilt sie als eine Spezial- und Teiltugend, ferner als ein Teil der „Iustice", wie Charron eigens zum Ausdruck bringt, und schließlich als solche, die – wie bei Paulus der Glaube – *„ex auditu"*, also vom Hören, aus der Verkündigung der Botschaft herrührt, die ja Offenbarungs- und Heilsbotschaft ist. Unter diesen verschiedenen Möglichkeiten erscheint die „Religion" nach Charron nun auch als eben jene Heilswirklichkeit, die für den Menschen schlechterdings zentral ist, indem er die „prud'hommie", die kluge Menschlichkeit als aus dem Geist der „religion" entstammend charakterisiert. Denn wahre „prud'hommie" und wahre „pieté" sind miteinander verbunden und bilden eine Einheit nach Art der Ehe[102].

Charron meint es also ernst, wenn er einleitend in diesem für unser Thema zentralen Kapitel die besondere Verpflichtung und den besonderen Rang von „religion" und „pieté" herausstellt[103]. Natürlich beschäftigt ihn als Apologeten, der an der Wahrheit interessiert bleibt, die große Verschiedenheit der faktisch existierenden „religions". Nicht von ungefähr führt er sie auf den Teufel als den Affen Gottes zurück[104]. Doch die Entstehung der „religions" in Palästina und Arabien, zwei benachbarten Gegenden, brachte den Glauben an einen Gott, den Urheber aller Dinge, an seine Vorsehung und Liebe zum Menschengeschlecht, an die Unsterblichkeit der Seele und damit die Anrufung, Verehrung und den Dienst Gottes[105] hervor. Als Beglaubigung verweist Charron auf Offenbarungen, Erscheinungen, Prophetien, Wunder u.a.m. Langsam aber verfielen diese von Charron nur adjektivisch als „vrayes" bezeichneten „religions", es bildeten sich „absurdes" heraus; ein Zeichen für sie sind die verbreiteten Menschenopfer vor der Geburt der Christenheit[106]. Wenn die – hier immer wieder nur durch ein Adjektiv, also etwa nur „la Iudaïque", oder durch „toutes" bezeichneten – „religions" sich also sehr voneinander unterscheiden und sich zugleich jeweils für die wahrste halten, so läßt Charron keinen Zweifel daran, daß er diese Einschätzung nur für die „Chrestienne" akzeptiert, dergegenüber alle anderen fremd und schrecklich sind[107]. Er nennt hier neben der „Iudaïque" und „Mahumetaine" gleichsam als Vertreter der dritten die „gentile Egyptienne", womit er die Vierzahl aufrechterhält.

In diesem Zusammenhang findet sich eine merkwürdige Formulierung. Charron weist darauf hin, daß die „religions et creances" sich nicht mit menschlichen Mitteln erreichen lassen, sondern auf eine Offenbarung angewiesen

---

[102] Ebd. 66f.
[103] Ebd. 52.
[104] Ebd. 52f.
[105] Ebd. 52.
[106] Ebd. 52 u. 53.
[107] Ebd. 54f; hier erwähnt Charron auch als Gründe für die Verkehrung dieser „religions" etwa, daß sie aus Stücken zusammengesetzt sind oder daß der menschliche Geist nichts als mittelmäßige Dinge erfassen kann.

sind[108]. Er unterscheidet hier auf merkwürdige Weise die „fausses religions" von den „vrayes", was ihm den Vorwurf eingetragen hat, er spreche nachlässig auch von letzteren im Plural, als ob es mehrere von ihnen gäbe[109]. Aus dem Kontext dürfte jedoch hervorgehen, daß er mit diesen „vrayes" nur die Juden und die Christen meint; denn die „religion", die den Anspruch erheben kann, wahr zu sein, beruht nicht auf unserer Wahl, sondern auf der Gabe Gottes und dem Zeugnis des Heiligen Geistes[110].

Daß Charron sehr wohl die Wahrheit einer „pieté et religion" für unerläßlich hält, zeigt er in deren Abhebung von der „superstition", die den Menschen Schaden und Gott Unrecht zufügt[111]. Gerade hier wird deutlich, daß er „religion" durchaus noch in der konkreten Fassung versteht, nämlich als sorgfältige Beachtung aller Vollzüge, die Gott gegenüber gerechterweise auszuführen sind. Sonst könnte nicht der ebenso konkrete Götzendienst ihr Gegenteil sein[112]. Für diese Konkretion spricht auch, daß Charron keine Trennung von innen und außen zuläßt; im Christentum sieht er die Verbindung beider gegeben, die aus dem Zusammen von Seele und Körper resultiert[113].

In diesem Kapitel des zweiten Buches hält Charron, wie sich zusammenfassend sagen läßt, seine hohe Bewertung der „religion" durch, die er schon in „Les Trois Veritez" zum Ausdruck gebracht hatte. Lediglich in der Einbeziehung von „pieté" bzw. im Wechsel zwischen beiden geht er über seine frühere Arbeit hinaus, ohne daß dies eine sachliche Ausweitung oder Weiterführung bedeutete. Nirgends läßt sich sehen, daß Charron eine Trennung zwischen „religion" und Ethik vornimmt, ohne die Selbständigkeit beider aufzuheben[114]; im Gegenteil,

---

[108] Ebd. 55.
[109] Vgl. G. Abel, Stoizismus und Frühe Neuzeit, 167; es findet sich freilich nicht, wie Abel sagt, die Formulierung ‚vrayes religions', sondern nur die bei Charron überhaupt häufige rein adjektivische Formulierung, s. die folgende Anm. Irreführend erscheint, daß Abel diese „religions", die Charron eben nur adjektivisch als „vrayes" charakterisiert, nicht näher spezifiziert, so daß der Eindruck entsteht, es handle sich um beliebige.
[110] P. Charron, De la Sagesse II 5; 55f: „Mais à dire vray, sans rien flatter ny desguiser, il n'en est rien; Elles sont, quoy qu'on die, tenuës par mains et moyens humains, ce qui est vray en tous sens de fausses religions, n'estans que pures inuentions humaines ou diaboliques, les vrayes, comme elles ont autre ressort, aussi sont elles et receuës et tenuës e'vne autre main, toutefois il faut distinguer. Quant à la reception, la premiere et generale publication et instalation d'icelles a esté, *Domino cooperante, sermonem confirmante sequentibus signis*, diuine et miraculeuse, la particuliere reception se fait bien tous les iours par voye, mains, et moyens humains, la nation, le pays, le lieu donne la religion: l'on est de celle que le lieu et la compagnie où l'on est né, tient; l'on est circoncis, baptizé, Iuif, et Chrestien, auant que l'on sçache que l'on est homme, la religion n'est pas de nostre choix et eslection, l'homme sans son sçeu est fait Iuif ou Chrestien, à cause qu'il est né dedans la Iuiferie ou Chrestienté, que s'il fust né ailleurs dedans la Gentilité ou le Mahumetisme, il fust esté de mesmes, Gentil, ou Mahumetain." Es folgt dann der Hinweis auf den Hl. Geist.
[111] Ebd. 57f.
[112] Ebd. 58f.
[113] Ebd. 60; Charron verhandelt diese „vraye religion et pieté", 59f, auf dem Hintergrund der „diuerses religions et manieres de seruir Dieu, qui sont ou peuuent estre au monde", 59.
[114] Ebd. 63: „Voila sommairement pour la pieté, laquelle doit estre premiere recommandation,

die Verbindung beider läßt er so eng wie in der Ehe sein, wenn er „preud'hommie" und „vraye pieté" als „mariee ensemble" bezeichnen kann[115] bzw. die „Religion" die „prud'hommie" erzeugen läßt[116]. Beide, „pieté" und „religion", bedeuten, Gott zu lieben und zu ehren[117], Gott und sich selbst zu erkennen[118]. Auch hier hält Charron an der einen wahren „religion" fest, die er insbesondere gegen die schon früher genannten Kontrahenten abgrenzt und verteidigt, nämlich gegen Juden, Heiden und Mohammedaner. Auffällig erscheint, daß er die früher miteinbezogene erste „religion", nämlich die „naturelle", nun mit keinem Wort mehr erwähnt, so, als ob er sie nicht kenne.

Die besondere Bedeutung Charrons liegt zum einen darin, daß er mehr als zuvor die Kriege bzw. Bürgerkriege auf die Spaltung der Christenheit zurückführt, ohne jedoch deswegen die „religion" zu neutralisieren. Sie liegt zum anderen in der Verwendung sowie in der besonderen Konzeption einer der fünf „religions" als „la naturelle", wie er ständig sagt. Da sich kein Beleg für ‚religion naturelle' hat finden lassen, darf man davon ausgehen, daß er diesen Sprachgebrauch nicht zufällig vermieden hat. Man wird daraus als seine Intention erschließen können, daß er „religion" faktisch, aber nicht ohne Vorbehalte als Oberbegriff verwandt hat; denn offensichtlich scheint er „religion" den einzelnen konkreten Arten dieser Gattung nicht uneingeschränkt zuzubilligen. Keineswegs zufällig dürfte er ständig nur die Formulierung „religion Chrestienne" bzw. „Religion Chrestienne" gebraucht, die anderen Überzeugungen, von verschwindenden Ausnahmen abgesehen, nicht „religions" und die einzelnen nur adjektivisch als „la naturelle", „la Gentile", „la Judaïque", „la Mahumetaine" bezeichnet haben (sofern er nicht neben „Christianisme" etwa „la Gentilité", „Judaïsme" oder „Mahumetisme" bzw. entsprechende Bezeichnungen wählt).

---

contemplant tousiours Dieu d'vne ame franche, allegre, et filiale, non effarouchee ny troublee, comme les superstitieux. Pour les particularitez, tant de la creance qu'obseruance, il se faut tenir à la Chrestienne, comme la vraye, plus riche, plus releuee, plus honorable à Dieu, profitable et consolatiue à l'homme, ainsi qu'auons monstré en nostre seconde verité, et en icelle demeurant, il faut d'vne douce submission et obeïssance s'en remettre et arrester à ce que l'Eglise Catholique à de tout temps, vniuerfellement tenu et tient, sans disputer et s'embroüiller en nouueauté ou opinion triee et particuliere pour les raisons déduites en nostre troisiesme verité, specialement és premier et dernier chapitres, qui suffiront à celuy qui ne pourra, ou ne voudra lire tout le liure.
Seulement ay je icy à donner vn aduis necessaire à celuy qui pretend à la sagesse, qui est de ne separer la pieté de la vraye preud'hommie, de laquelle nous auons parlé cy dessus, se contentant de l'vne; moins encores les confondre et mesler ensemble: ce sont deux choses bien distinctes, et qui ont leurs ressorts diuers, que la pieté et probité, la religion et la preud'hommie, la deuotion et la conscience, ie les veux toutes deux iointes en celuy que i'instruis icy, comme aussi l'vne sans l'autre ne peut estre entiere et parfaite, mais non pas confuses. Voicy deux escueils dont il se faut garder, et peu s'en sauuent, les separer se contentant de l'vne, sans les confondre et mesler, tellement que l'vne soit le ressort de l'autre."

[115] Ebd. 66.
[116] Ebd. 65.
[117] Ebd. 58, vgl. 61, 62.
[118] Ebd. 60, 61, die Gotteserkenntnis im Zusammenhang mit „pieté".

Darüber hinaus aber hat Charron die uns besonders interessierende „naturelle" historisiert und an den inzwischen völlig überholten Anfang verwiesen, so daß er sich diesbezüglich von der Bedeutung, die Cheffontaines für „religio naturalis" annimmt, grundsätzlich unterscheidet, insofern letzterer sie aktuell gegeben sieht.

Daraus folgt, daß dieser Terminus abgesehen davon, daß er sehr selten bleibt, keineswegs eine eindeutige Verwendung findet. Charron nennt „la naturelle" einfach diejenige, die vom Beginn der Welt die erste Zeit bestanden hat, ohne daß sie aus einer Offenbarung stammt. Abgelöst wurde sie durch die Sintflut, nach der eine neue „religion" beginnt, nämlich die „Gentile". Es wird nicht ersichtlich, warum Charron eine solche Unterteilung vornimmt. Bei Vives hatte es immerhin noch den an die Genesis angelehnten Grund gegeben, daß Gott nach der Sintflut eine neue Phase der Geschichte einleitet, indem er mit Noe einen Bund schließt und so die erste Abfallgeschichte überwindet.

Wer Charron eine Distanzierung von der Theologie unterstellt, stützt sich auf ein Argumentum e silentio und macht aus einer Quaestio facti, daß nämlich Charron sich nicht ausführlich zu innertheologischen Themen äußert, ein Sachargument. Charron aber argumentiert apologetisch und geht dafür von der zu seiner Zeit selbstverständlichen Annahme aus, daß dem Menschen von Natur her die Erkenntnis Gottes möglich ist und daraus die Notwendigkeit resultiert, Gott zu ehren. Von hierher sieht er auch die „religion", die nur als christliche zugleich die wahre ist.

Zusammenfassung des Befundes im 16. Jahrhundert

Je weiter die Untersuchungen zum 16. Jahrhundert voranschritten, je tiefer sie in die Vorstellungen zur „religio" einzudringen suchten, um so weniger zeichnete sich ein eindeutiges Ergebnis ab. Insbesondere ließ sich keine auch nur einigermaßen kontinuierliche Entwicklung aufweisen. Insofern unterscheiden sich die vorausgegangenen Ausführungen nachhaltig von einer Auffassung, als ließen sich die wichtigsten Positionen im Rahmen einer Gesamtentwicklung in wenigen Merksätzen zusammenzufassen[1]. Überhaupt scheint die Möglichkeit einer Zusammenfassung im Maße genaueren Zusehens abzunehmen. Es geraten dann selbst Beurteilungen, die sich auf eine detaillierte Analyse stützen, ins Wanken. Ein um so größeres Unbehagen stellt sich ein, wenn man verbreitet ein Hantieren mit großräumigen Zuweisungen beispielsweise zu Aristotelismus, (Neo-)Platonismus, Averroismus, Stoizismus, Epikureismus, Pyrrhonismus o.a.m. findet; denn damit erfolgen lediglich scheinbar klärende Etikettierungen[2]. Nur ausnahmsweise findet man eine Bemerkung, die sie in Frage stellt[3].

Hinzukommt ein ziemlich freizügiger Umgang mit der ursprünglichen Terminologie unter Gesichtspunkten der Entwicklung seit dem 19. Jahrhundert. So kann man in der Sekundärliteratur von einer „docta religio" schon für das 15. und auch für das 16. Jahrhundert lesen[4], ohne daß sich bei allen Nachforschungen bis jetzt dieser Terminus hat nachweisen lassen. Daß nur zu leicht „Religion" in Abhandlungen oder Übersetzungen dort gewählt oder eingefügt wird, wo man es unter diesen spätneuzeitlichen Bedingungen für angemessen hält, wurde schon im Zusammenhang mit Cardano deutlich hervorgehoben[5]. Diese Hinweise zeigen, daß auch die Arbeiten seit dem Entstehen eines genaueren historischen Bewußtseins im 19. Jahrhundert bis heute zur Klärung unserer Frage viel zu ungenau sind[6]. Abgesehen von wichtigen und materialreichen Studien

---

[1] M. Despland, La Religion en Occident, 539, vgl. die Merksätze nr. 16–20.

[2] Vgl. statt vieler in ihrer Art wichtiger Arbeiten vor allem die von H. Busson, Le Rationalisme, aber auch G. Abel, Stoizismus und Frühe Neuzeit.

[3] Vgl. dazu Sem Dresden, The Profile of the Reception of the Italian Renaissance in France, in: Itinerarium Italicum. The Profile of the Italian Renaissance in the mirror of its European Transformations (= FS Paul Oskar Kristeller), hg. von Heiko A. Oberman mit Thomas A. Brady, Jr. (= Studies in Medieval and Reformation Thought 14), Leiden 1975, 119–189, 169, mit der Frage, ob die Poesie Frankreichs und insbesondere die Gedichte von Leone Ebreo für „Platonic or Petrarchan" angesehen werden sollen.

[4] Ebd. 177ff, vgl. Lewis W. Spitz, The Course of German Humanism, in: ebd. 371–436, 412.

[5] Vgl. Geronimo Cardano, s.o. 1. mit Anm. 24f.

[6] So kommt M. Despland, La Religion en Occident, zu seinen nicht hinlänglich präzisen Ergeb-

über größere Entwicklungsräume[7], die wenigstens auf einschlägige Autoren aufmerksam machen, konnte daher für unsere Untersuchung nur eine Analyse der Originaltexte eine Klärung ergeben.

Die Heranziehung der Quellen blieb somit die einzige Möglichkeit, das Verständnis von „religio" in diesem Jahrhundert des Übergangs zu eruieren und möglicherweise erfolgte grundlegende Variationen oder Innovationen aufzuspüren. Freilich mußte diese Analyse der Originaltexte über die Maßen fragmentarisch bleiben. Dies liegt an der bereits im 16. Jahrhundert so sehr anschwellenden Flut von Publikationen, daß sie jeden Versuch einer auch nur einigermaßen vollständigen Verarbeitung von vornherein zum Scheitern bringt.

Hinzukommt, daß damals mehr als zu anderen Zeiten schriftliche Äußerungen zu Schwierigkeiten führen konnten und folglich persönlichen Kontakten eine besondere Bedeutung zukam. Paradigmatisch hierfür ist der Kreis um den Humanisten Jean Morel, der sich um 1555 in Paris gebildet hatte, sowie der nachfolgende Kreis um Jacques-Auguste de Thou (1553–1617) und Claude Dupuy (1545/50–1594), der über Konfessionsgrenzen hinweg bis ins 17. Jahrhundert hinein als geistiges Zentrum für Paris und ganz Europa angesehen wurde[8]. Bekannt und vielfach gewürdigt ist der Kreis um Marguerite von Navarra (1492–1549), auf den in der Literatur immer wieder hingewiesen wird[9]. Außenstehende wie Michel de Montaigne oder Justus Lipsius pflegten zu diesen Kreisen enge Beziehungen[10].

Das fiktive Gespräch Jean Bodins zur Klärung eines der wichtigsten Gegensätze des 16. Jahrhunderts, nämlich der verschiedenen Glaubensüberzeugungen, dürfte somit durchaus damalige Gepflogenheiten wiedergeben. Angesichts dieses Sachverhalts mag die Feststellung von Henri Estienne über Postels nur mündlich geäußerte Intention der Union dreier „religions" an Glaubwürdigkeit gewinnen.

Wesentliche Voraussetzung solcher Kontakte war freilich die im 16. Jahrhundert teils freiwillige, teils durch politische Wirren bedingte intensive Mobilität. So kannte, um nur auf diese Beispiele hinzuweisen, Justus Lipsius Rom wie Jena und natürlich die Niederlande[11]. Giordano Bruno (1548–1600) bewegte sich

---

nissen, da er sich viel zu sehr auf Sekundärliteratur stützt, die zu großzügig mit der Verwendung von „Religion" umgeht.

[7] H. Busson, Le Rationalisme, vgl. ebenso J. Lecler, Geschichte der Religionsfreiheit, bes. II. Hinzu kommen Arbeiten zu einzelnen Schriftstellern, etwa Lucien Febvre, Le problème de l'incroyance au XVIe siècle. La religion de Rabelais (= L'évolution de l'humanité. Synthèse collective 53), Paris 1942.

[8] Roman Schnur, Die französischen Juristen im konfessionellen Bürgerkrieg des 16. Jahrhunderts. Ein Beitrag zur Entstehungsgeschichte des modernen Staates, Berlin 1962, 28f.

[9] Vgl. H. Busson, Le Rationalisme, 306–310.

[10] Vgl. R. Schnur, Die französischen Juristen, 30; zu Lipsius vgl. bes. G. Oestreich, Justus Lipsius als Theoretiker; ders., Justus Lipsius in sua re; beide Arbeiten befinden sich in: ders., Geist und Gestalt des frühmodernen Staates, 35–79; 80–100.

[11] Vgl. G. Oestreich, Justus Lipsius in sua re, 90.

ebenso wie Guillaume Postel oder Julius Caesar Vanini durch fast alle Länder Europas. Daß auf diesem Wege ebensoviele Innovationen aufgenommen wie weitergegeben werden konnten, liegt auf der Hand. All diese Begegnungen fanden freilich nur indirekt schriftlichen Niederschlag in den publizierten Werken[12].

Schließlich muß auf den weiten Bereich politischer Verhandlungen hingewiesen werden. Eine Einsichtnahme in überlieferte Texte ergab, daß sie viel zu umfangreich sind, als daß sie einbezogen werden konnten. Hingewiesen werden soll hier nur auf die mit vielen Dokumenten versehenen Memoiren von Louis I., Fürst von Condé (1530–1569), des wichtigen Führers der Hugenotten[13], sowie auf die Werke des Kanzlers Michel de L'Hospital (1507–1573), des humanistisch gebildeten Politikers, der sich nachhaltig um eine friedliche Einigung im Glauben bemühte[14]. Es versteht sich von selbst, daß zwischen diesen politisch Handelnden und den diesbezüglich interessierten Intellektuellen intensive Wechselbeziehungen bestanden. Es kann nicht verwundern, daß sich zwischen L'Hospital und Lipsius eine beträchtliche Nähe nachweisen läßt[15]. Es bleibt also zu berücksichtigen, daß möglicherweise eine mündliche Verwendung von „religio" weitergeführt hat, als sie in Texten zutage tritt. Doch konnten diesbezüglich keine weiteren Untersuchungen in Briefen oder politischen Texten vorgenommen werden.

Außer Betracht bleiben mußte auch der literarische Bereich. Dabei wäre es reizvoll gewesen, nach Autoren zu forschen, die nur zu leicht im Verdacht mangelnder Rechtgläubigkeit und damit nicht selten bereits im Verdacht des Atheismus standen – hier vielleicht besonders Poeten des 16. Jahrhunderts. Unter ihnen hatte François Rabelais (1494–1553) besonderes Gewicht[16]. Doch die zur Kenntnis genommene Forschungsliteratur oder auch gelegentliche Stichproben ergaben keinen direkten Befund.

Nicht hinreichend untersucht werden konnte schließlich die Frage, ob etwa über Geronimo Cardano hinaus weitere Spekulationen zur Astrologie angestellt wurden und welche Aspekte sie zu unserem Thema ergeben hätten. Denn schließlich hatte dieses Thema bei Roger Bacon und dann im Humanismus des 15. Jahrhunderts eine besondere Bedeutung erlangt, und wenn auch nur im Mo-

---

[12] Es mußte darauf verzichtet werden, zeitgenössische Briefe zu untersuchen, so aufschlußreich sie auch sein dürften.
[13] Memoires de Condé, 6 Bde., London 1743.
[14] Michel de L'Hospital, Oeuvres, hg. von Pierre J. Dufey, 5 Bde., Paris 1824–1825; aus dieser und der zuvor genannten Schrift hat in umfangreichem Maße zitiert J. Lecler, Geschichte der Religionsfreiheit, II.
[15] G. Oestreich, Politischer Neustoizismus und Niederländische Bewegung in Europa und besonders in Brandenburg-Preußen, in: ders., Geist und Gestalt, 101–156, 107 Anm. 9 im Hinblick auf die einschlägigen Kapitel bei Justus Lipsius, Politica IV 1–3. – Daß kirchliche wie weltliche Akten noch wichtige Informationen enthalten dürften, hat sich am Beispiel des Deismus gezeigt, vgl. H. Busson, Le Rationalisme, 534. Aber Versuche, hier weitere Informationen zu erhalten, scheiterten.
[16] Lucien Febvre, Le problème de l' incroyance, bes. 271–276, 361–400, 491–501.

Zusammenfassung des Befundes im 16. Jahrhundert 337

dus der Negation wie etwa bei Giovanni Pico della Mirandola, der die Entstehung der „religiones" bzw. „sectae" aus Sternkonstellationen ablehnt[17]. Es scheint, daß Albertus Pighius grundsätzlich diese Linie beibehält[18]. Wenn dem so ist, dürfte bei Geronimo Cardano insofern eine Änderung vorliegen, als er den Terminus „religo" nicht in diesen Zusammenhang hineinnimmt. Hier bleibt also noch ein Forschungsbedarf[19].

Unter Berücksichtigung der hiermit angedeuteten offen gebliebenen Aspekte bleibt festzustellen: Der Terminus „religio" hat im Verlauf des 16. Jahrhunderts in den in diesem Band vorgestellten Schriften keine deutliche Entwicklung genommen. Es bleibt die Zurückhaltung in der Interpretation von „religio" gerechtfertigt. Bis zum Ende dieses Jahrhunderts und darüber hinaus hat sich zweifellos jene ursprüngliche klassisch-römische Bedeutung erhalten, die noch keinen Übergang zu einem neuzeitlichen Verständnis bietet, wie immer dieses näherhin bestimmt werden mag.

Dem antiken Verständnis folgend, behält „religio" den grundsätzlich konkreten Charakter einer Sorgfalt für Handlungsweisen Gott gegenüber. Daraus resultiert eine besondere Nähe der „religio" zu äußeren Manifestationen und folglich auch zum politischen Bereich, wie sich bei einigen Verfassern einer „Politica" sowie bei protestantischen Schultheologen zeigen ließ. Hierin unterscheidet sie sich von der „pietas" als Bezeichnung jener mehr persönlichen Einstellung, die fern jeder neuzeitlichen ‚Innerlichkeit' doch jene Haltung des Respekts bezeichnet, welche der Mensch den Eltern, Höherstehenden und schließlich und

---

[17] Vgl. E. Feil, Religio, 208–213, mit der Kritik Picos an Bacon und Pierre d'Ailly, 209.
[18] Albertus Pighius, Astrologiae defensio, ad Augustinum Nyphum Suersanum philosophorum nostrae aetatis principem, et Astrologiae synceriosis restauratorem, Parisiis MDXVIII, 7vf, mit den astrologischen Spekulationen von Albumasar und anderen „fabulatores", die auf Konjunktionen von Saturn und Jupiter besondere Effekte zurückführen, darunter „dogmata, sectae, religiones" und auch den „Antichristi adventus, fines religionum omnium"; dem setzt Pighius die „sanctissima Christiana religio" gegenüber. Und er fährt fort: „Haec et multa alia impiissima contra deum et nostram sanctam religionem blasphema fabulantur: inter quos maximopere admiror dominum Petrum Aliacen.(sem) Cameracensem cardinalem: qui hiis tam impiis fabulis, in sua senectute, et iam Episcopus Cardinalis factus subscripsit. Sed his omnibus Astrologia constantissime contradicit: neque unquam tam impiis istorum fabulis, contra deum et religionem Christianam se consensisse palam protestatur, falso sibi haec adscripta: paratam se ab omni haereseos suspitione purgare."
[19] Die Überprüfung von Thomas Erastus, De Astrologia Divinatrice Epistolae, iam olim ab eodem ad diuersos scriptae, et in duos libros digestae, ac nunc demum in gratiam ueritatis studiosorum in lucem editae, opera et studio Ioannis Iacobi Grynaei, Basileae MDLXXX (am Ende der Einleitung datiert auf 1564), sowie von dems., Defensio Libelli Hieronymi Sauonarae de Astrologia Diuinatrice, MDLXIX (am Ende der Einleitung mit der Ortsangabe und Datierung „Heidelbergae MDLXVIII") ergaben keine weiteren Hinweise. Auch bei Petrus Gregorius Tholozanus, De Republica XXI 6–9; 775b-803b (s. dazu o. 4. Zusammenfassung Anm. 2) ließen sich keine Hinweise zu den astrologischen Spekulationen und den hier wichtigen terminologischen Konsequenzen finden; einschlägig war lediglich die Formulierung zu drei Kometen von 1399, in deren Gefolge „sectae" entstanden sind, nämlich die „sectae in religione Christianae Hussitarum, Adamitarum, et Orebitanorum, seu Orphanorum in Bohemia, Abbatorum in Italia"; Gregorius weist einen solchen Einfluß entgegen der Absicht Gottes zurück, 794bf.

nicht zuletzt Gott erweisen soll, wie sie beim Aeneas Vergils in klassischer Weise hervortritt. Von Privatisierung oder gar Verinnerlichung kann bei beiden nicht die Rede sein.

„Religio" dient auch noch nicht hauptsächlich und erst recht nicht ausschließlich als Sammelbegriff für alles, was Menschen Gott schulden. Dies tritt auch darin zutage, daß dieser Terminus gern mit anderen zusammen verwandt wird wie etwa mit „pietas" oder „cultus". Aus solchen Doppelformulierungen folgt, daß „religio" die anderen Verhaltensweisen und Vollzüge noch nicht schlichtweg umfaßt.

„Religio" fungiert bei den zuvor untersuchten Autoren auch noch nicht als der normale Oberbegriff für verschiedene Weisen, die Gott geschuldeten Vollzüge auszuführen. Einmal wechselt dieser Terminus auch hier mit anderen ab, zum anderen aber findet er sich wie jene selten im Plural und nicht eben sehr häufig in direkter Anwendung auf solche Überzeugungen, die von der eigenen Einstellung her abgelehnt werden. Und wenn einmal Heiden, Mohammedaner, Juden als „religiones" oder genauer als „sectae et religiones" bezeichnet werden, wie dies ganz zu Beginn des Jahrhunderts bei Stamler der Fall war, so sind direkte Bezeichnungen wie „religion Payenne" doch überraschend selten.

Faktisch bleibt denn auch die Annahme einer „religio vera", d.h. der Anspruch auf die ausschließliche Wahrheit nur der eigenen Überzeugung maßgeblich. Damit bleibt jene Tradition erhalten, die bei den Kirchenvätern begann, als diese den Römern die „religio", die von diesen noch nicht als die wahre verteidigt werden mußte, streitig machten und erstmalig entschieden die „religio vera" für sich reklamierten. Dabei benötigten sie „religio" zur Bezeichnung ihrer eigenen Sache im Grunde gar nicht.

So bleibt auch im 16. Jahrhundert grundsätzlich jene Apologetik erhalten, welche die Wahrheit der einen „religio" sich selbst zuschrieb und alle anderen ablehnte, woraus folgt, daß es nicht verschiedene einigermaßen gleichberechtigte Spezies der einen Gattung ‚religio' gab. Wie dezidiert diese Einstellung vertreten werden kann, zeigt sich allen voran bei Cardano, der grundsätzlich über den christlichen Bereich hinaus nur „secta" und mehr noch „lex" gebraucht, um die vier großen, für die Geschichte und seine Gegenwart bedeutsamen Überzeugungen gemeinsam zu benennen. Damit bleibt in vollem Umfang jener Sprachgebrauch erhalten, der sich bislang erstmalig bei Roger Bacon nachweisen ließ, als dieser eine gemeinsame Bezeichnung für die meist angenommenen sechs differenten Weisen der Gottesverehrung benötigte und diese „sectae" oder „leges" nannte. Und wenn dieser Sprachgebrauch in der Renaissance aufgelockert wurde, so daß nun auch, aber noch keineswegs dominant die Bezeichnung „religiones" hinzukam, so hat Cardano diesen Sprachgebrauch wieder strikt auf den des Hochmittelalters zurückgeführt und grundsätzlich „leges" verwandt. Mindestens zunächst folgt ihm hierin noch Vanini. Unmerklich hat sich dieser Sprachgebrauch dann verloren.

Nicht also in Struktur und Bedeutung unterscheiden sich die bisher behandelten Autoren, sondern lediglich in der Ausdrücklichkeit und im Umfang ihres Rückgriffs auf die Tradition. Während Suárez sich noch strikt an die mittelalterliche Konzeption hält und seine eigene Weiterführung nirgends explizit deutlich macht und eher nebenbei vornimmt, erwähnt ein beträchtlicher Anteil der Autoren des 16. Jahrhunderts die Zu- bzw. Unterordnung der „religio" zu jener Kardinaltugend der „iustitia" nicht mehr, die bei Platon wie bei Thomas gleichermaßen herausragende Bedeutung besitzt. Auch findet sich auf weite Strecken kein Hinweis mehr auf die antike Etymologie, die freilich schon von Anfang an wenig Aufschluß über das Verständnis dieser Tugend gab. Dies zeigt sich mit am meisten bei jenen Autoren, die um politischer Fragestellungen willen auch von „religio", nicht selten aber mehr noch von „pietas" oder „cultus" sprechen wie etwa Lipsius bzw. Althusius. In der Spanne zwischen Autoren wie diesen und Suárez verbleibt das Verständnis von „religio" und wird aufgrund ihrer oft gelesenen Schriften weiterhin zur Kenntnis genommen. Doch darf man aus dieser Beobachtung kein Argument ableiten; denn es bliebe ein argumentum e silentio. Wie sich bei Charron zeigt, dürften alle Autoren den ursprünglichen Sachverhalt einer Zuordnung der „religio" zur „iustitia" – selbstverständlich – gekannt haben.

Autoren politischer Schriften halten sich innerhalb des bisherigen Verständnisses von „religio". Sie kreisen um die Frage, wie zu verfahren sei, wenn es denn in einem Gemeinwesen zwar hinsichtlich der Wahrheitsfrage keineswegs gleichwertige, wohl aber faktisch gleich starke Gruppen oder Parteien mit einer verschiedenen Auffassung von der erforderlichen Gottesverehrung gibt. Und hier scheiden sich die Geister je nachdem, ob es angehe, verschiedene Weisen der Gottesverehrung nebeneinander bestehen zu lassen, wenn es nicht möglich sei, eine einzige zu erreichen. Dabei trennen sich noch einmal die Wege, ob man beim Versuch, eine einzige, die allein wahre „religio" oder „pietas" zu realisieren, Gewalt anwenden dürfe oder nicht. Es ergibt sich ein gewisser Überhang für die Annahme, daß in Fragen der „religio" Gewalt fehl am Platze ist. Als Bestätigung und Bekräftigung dient dann vielfach das bei Cassiodor überlieferte und auf Theoderich zurückgeführte Zitat, in der „religio" sei nichts zu befehlen[20].

Verbreitet ist somit von Toleranz im Grunde nicht eigentlich die Rede, sondern eher von Verzicht auf Gewaltanwendung, sei es, daß diese keinen Erfolg verspricht, sei es, daß man sie in dieser Hinsicht grundsätzlich ablehnt. Eine „neutralitas in religione" wird nicht bei ihnen gefordert, sondern bei dem Theologen Leonhard Hütter abgelehnt. Ob sie also im 16. Jahrhundert schon positiv vertreten wurde, muß in weiteren Untersuchungen geklärt werden.

Es mag sein, daß aufgrund politischen Sprachgebrauchs „religion" im Französischen in gewisser Weise zurücksteht. Denn hier gilt die Maxime „Une Foy,

---

[20] Vgl. J. Lecler, Geschichte der Religionsfreiheit, II, 139.

une Loy, un Roy"[21]. Nach dem Scheitern des letzten Unionsgesprächs von Poissy 1561 mußte L'Hospital, der an der Einigung des Glaubens so intensiv interessiert war, die Hoffnung auf sie aufgeben und eine Versöhnung angesichts der Glaubensspaltung suchen[22]. In dieser nunmehr hinfälligen Aktion hat „Foy", und dies ja wohl nicht nur aus sprachlichen Gründen, nämlich des Gleichklangs der drei Bezeichnungen wegen, eine bevorzugte Rolle gespielt. Daneben gibt es – neben anderen Termini wie „piété" – „religion" als französisches Lehnwort, wobei freilich aufgrund der noch immer sehr präzisen humanistischen Kenntnisse die ursprüngliche lateinische Bedeutung als maßgeblich gelten muß. Wer immer schon hier eine Bedeutung von ‚Religion' im Sinne des 18. und erst recht des 19. Jahrhunderts annehmen will, kann diese Fassung des Begriffs nicht voraussetzen oder gar als selbstverständlich unterstellen, sondern muß sie nachweisen.

Diese Vorsicht gilt auch und erst recht für die bislang erstmalige Formulierung einer „religio naturalis". Bei Christophe de Cheffontaines läßt sich eine genaue Bestimmung dieses Terminus noch nicht erkennen; denn die Nähe zur Philosophie, wie sie dann neuzeitlich grundsätzlich vollzogen wurde, ergibt zu seiner Zeit noch keine theologische Alternative bzw. Antithese; es gibt nämlich noch keine ‚religio revelata', die als von der Offenbarung abhängende grundlegend in den Bereich der „fides" gehört. Und Jean Bodin wie auch Pierre Charron bezeichnen als „religio naturalis" diejenige Sorgfalt für die Verehrung Gottes, die zu Beginn des Menschengeschechts geübt wurde, ehe Gott nach ihrem stetigen Verfall mit einer Offenbarung eingriff. Eben diese Konzeption einer „religio" des Anfangs hatte schon Juan Luis Vives vertreten, ohne zweifelsfrei den Terminus ‚religio naturalis' zu verwenden und nicht nur zu sagen, daß die „religio" dem Menschen „naturalis" ist. Die eindeutig nur im letzteren Sinne zu interpretierende Aussage findet sich bereits bei Marsilio Ficino[23]. Überhaupt war Ficino wohl schon einer neuzeitlichen Konzeption näher mit seiner kaum temporal angesetzten „communis quaedam religio", die dem Menschen „naturalis" ist und die er als „instinctus ipse omnibus Gentilibus communis naturalisque" beschreibt[24]. Die Autoren am Ende des 16. Jahrhunderts aber haben, soweit sich bis jetzt ersehen läßt, die „religio naturalis" historisiert und damit grundsätzlich keine dem Menschen allein von Natur eigene „religio" bezeichnet. Dies gilt selbst dann, wenn Bodin Toralba diese „religio" des Anfangs noch vertreten läßt, die aber dann faktisch lediglich in der Erfüllung der Gebote be-

---

[21] So in einer Rede von M. de L'Hospital vom 13.12.1560, in der er dieses Wort als altes Sprichwort bezeichnet, vgl. J. Lecler, Geschichte der Religionsfreiheit, II, 63f, unter Verweis auf Michel de L'Hospital, Oeuvres, I, 396–398.
[22] Vgl. J. Lecler, Geschichte der Religionsfreiheit, II, 87f.
[23] S.o. 1 Juan Luis Vives mit Anm. 99.
[24] So Marsilio Ficino, De Veritate II, vgl. XII, den Beleg s. bei E. Feil, Religio, 194 mit Anm. 14–16 und 198 mit Anm. 43, s.o. 1 Juan Luis Vives mit Anm. 95, sowie Marsilio Ficino, Theologia Platonica XIIII cap. 9; den Beleg s. E. Feil, Religio, 202 mit Anm. 73.

steht – gedacht ist dabei mindestens an die Gebote der zweiten Tafel des Mose –, die der Mensch von Natur aus erfassen kann. Eine wesentlich andere Interpretation der „religio naturalis" wird sich im folgenden Band unserer Untersuchung bei Tommaso Campanella nachweisen lassen, der unter ihr die Weise der Gottesverehrung durch die immaterielle Kreatur versteht. Gerade von hierher erweist sich die methodische Vorsicht als unerläßlich, Aussagen des 16. Jahrhunderts nicht schon nahtlos mit unserem Verständnis aufzufüllen, das sich erst viel später ergeben hat.

Wenn aber „religio" einmal mit der Liebe in Verbindung gebracht wird und als Vereinigt-Werden interpretiert wird, wie dies bei Cheffontaines der Fall ist, darf darin noch keine grundsätzliche Innovation gesehen werden. Denn diese hätte Schule machen müssen. Tatsächlich aber ließ sich nirgends eine Bezugnahme auf Cheffontaines finden.

In diesem Zusammenhang muß auf eine Entdeckung verwiesen werden, die sich bei den Untersuchungen zur „religio" und zu einer noch keineswegs neuzeitlichen „religio naturalis" ergeben hat. Es geht um den „Deismus", den man ganz selbstverständlich allenthalben im 16. Jahrhundert beginnen läßt. Es gilt nämlich als selbstverständlich, daß dieser Terminus jene Auffassung von Gott bezeichnet, derzufolge Gott „nach der Schöpfung keinen Einfluß mehr auf den Lauf der Welt nehme"[25]. So wird der Deismus als das „System einer natürlichen Religion" dargestellt, „die sich als kritischen Maßstab für alle positive Religion wertet"[26]. Aufschlußreich erscheint, daß dieses auch in der Fachwelt aufrechterhaltene Konzept, und zwar auch dann, wenn es sich um eine historisch genaue Situierung handelt[27], dennoch in seinem Ursprung nicht exakt nachgewiesen wird. Bis jetzt läßt sich nämlich kein früherer Beleg für diesen Terminus nachweisen als jener bei Pierre Viret, der denn auch immer wieder zitiert wird[28]. Er findet sich jedoch nur im Vorwort, das Viret wie üblich am Ende seiner Arbeit geschrieben haben dürfte; dabei hebt er hervor, daß diese Bezeichnung erst jüngst entstanden ist. Aus dieser Situation hält er allerdings den Terminus für so eindeutig, daß er auch nicht mit einem Nebensatz erläutert, wen er mit diesen „Deistes" bezeichnet. In der Forschungsliteratur findet sich auf diesen Sachver-

---

[25] So Brockhaus Enzyklopädie V, Wiesbaden [19]1988, 207, ähnlich Gustav Mensching, Deismus I. Religionsgeschichtlich, in: RGG³ II 57f.

[26] So Joseph Thomas Engert, Deismus, in: LThK² III 195–199, 195; vgl. Michael Kessler, Deismus, in: LThK³ III 60–62.

[27] Günter Gawlick, Deismus, in: Historisches Wörterbuch der Philosophie, II, Darmstadt 1972, 44–47, 44f.

[28] Vgl. neben Günter Gawlick, aaO., H. Busson, Le Rationalisme, 517f. Vgl. vor ihnen schon Heinrich Scholz, Philosophie. Zur ältesten Begriffsgeschichte von Deismus und Pantheismus. Ein Nachtrag, in: Preußische Jahrbücher 142 (1910) 318–325, 322, mit einem Verweis auf Rudolf Eukken, Beiträge zur Einführung in die Geschichte der Philosophie, Leipzig ²1906. Auch Scholz meint bereits, daß der Deismus selbst sich als rationaler Monotheismus in die Geschichte eingeführt hat, ebd.; Christof Gestrich, Deismus, in: TRE VIII 392–406. – Vgl. dazu die Lit. o. 5. Pierre Viret Anm. 5.

halt kein Hinweis in der ungeprüften Annahme, daß der Terminus zu Beginn bereits dieselbe Bedeutung hatte wie in der Folgezeit.

Jedoch läßt sich nach allem, was sich bislang abzeichnet, der Terminus „Deistae" ursprünglich lediglich als eine Bezeichnung der Leugner der Trinität erweisen, die in Südfrankreich und in Polen beträchtliche Bedeutung erlangen konnten, wobei die Rolle, die Fausto Sozzini (1539–1604) dabei gespielt hat, noch genauer Klärung bedarf. Diese Bedeutung hat wenige Jahre nach Viret Gabriel Prateolus Marcoßius (1511–1588) in einem differenzierten Abschnitt über „Deistae, seu Trinitarii" dargelegt[29]. Demnach glauben diese zwar an den Vater, den Sohn und den Geist, aber nicht, daß diese Bezeichnungen auch drei Personen meinen; es gibt vielmehr nur eine „Natura" oder „Deitas", so daß man eigentlich den Sohn und den Geist nicht den einzigen Gott selbst nennen kann. Deswegen werden diese Antitrinitarier, auch „Arriani novi" genannt[30]. Von einer besonderen Relation Gottes zur Welt und insonderheit von Gottes mangelnder Fürsorge für sie läßt sich hier nichts sehen. Die ursprüngliche Bedeutung des Terminus „Deistae" mitsamt der Rückführung auf die Sozinianer blieb immerhin noch bis ins 18. Jahrhundert, nämlich bis zu Johann Heinrich Zedler bekannt[31]. Es bietet somit auch dieser Terminus ein Beispiel dafür, wie genau die Quellen daraufhin geprüft werden müssen, welche Bedeutung jeweils ein Begriff in einem bestimmten Kontext besitzt.

Wie schwierig, wenn nicht unmöglich es vielfach in der frühen Neuzeit ist, die gemeinte Bedeutung genau zu erfassen, zeigen auch die Bezeichungen „Athei" und „Atheismus", die in der zweiten Hälfte des 16. Jahrhunderts verhältnismäßig plötzlich ziemlich verbreitet auftreten. Denn sie finden sich weithin bei Kontroverstheologen, die hiermit ihre Gegner bezeichnen, ohne zum Ausdruck zu brin-

---

[29] Vgl. Gabriel Prateolus Marcoßius, De vitis, sectis, et dogmatibus omnium haereticorum, qui ab orbe condito, ad nostra usque tempora, et veterum et recentium authorum monimentis proditi sunt, Elenchus Alphabeticus, Coloniae MDLXIX, 139. – Zu Prateolus vgl. Johann Heinrich Zedler, Grosses Vollständiges Universal-Lexicon XXIX, Halle und Leipzig 1741, ND Graz 1961, 200.

[30] Die Lehre dieser „Deistae, qui et Trinitarij, seu Arriani noui, in Polonia" beinhaltet nach der grundlegenden Aussage, daß Vater, Sohn und Geist nicht drei Personen sind, nach G. Prateolus, ebd.: „Vnam esse naturam seu Deitatem, communem tribus illis, sed non esse vnam essentiam." Und weiter heißt es: „Vnum esse DEVM, sed tantum Patrem dici vnicum et verum DEVM: filium vero et spiritum sanctum, non dici vnicum illum DEVM." Später, 479b, wiederholt Prateolus: „Hi a plerisque Deistae, ab alijs noui Arriani appellantur", bzw. 481b, „Trinitarij, seu noui Arriani, quos nunc vulgo Deistas nuncupamus".

[31] Johann Heinrich Zedler, Grosses Vollständiges Universal-Lexicon VII, Halle und Leipzig 1734, ND Graz 1961, 436f, der unter dem Stichwort „Deiste" verschiedene Bedeutungen aufführt, so mit Bayle zur Bezeichnung der Antithese zu den Atheisten, sodann zur Bezeichnung derer, die Gott leugnen oder falsche Ansichten über ihn haben, drittens die üblich gewordene Bedeutung: „Nach dem besondern Verstande aber bedeutet es diejenigen, welche zwar den wahren GOtt aus der Vernunft erkennen, die Offenbarung aber darbey verachten." Und dann folgt als letztes der Hinweis auf die Bedeutung in „noch absonderlichen Verstande", nämlich die nur an Gott, den Vater, glauben; und Zedler fügt einen Verweis auf den sozinianischen Prediger Gregorius Pauli († 1591) bei. Unter dem Stichwort Pauli, Gregorius, in: ebd. XXVI, 1449, findet sich nur, daß dieser seit 1555 Prediger bei und später in Krakau und schließlich in Rackau war und gegen die Dreifaltigkeit predigte.

gen, wen sie nun eigentlich meinen. Selbstverständlich können sie auf erklärte Atheisten in der Antike hinweisen, so etwa auf Diagoras, den melischen Dichter des 5. Jahrhunderts v. Chr., der die Götter leugnet[32]. Doch bereits Sokrates wehrt sich gegen die Anklage und verteidigt sich, daß er keineswegs „ἄθεος", d.h. gänzlich ohne Götter sei, daß er vielmehr sehr wohl an Götter glaube, wenn auch nicht einfach so, wie dies die Anklage als geboten unterstelle[33]. Schon hier zeigt sich, daß der erstmals bei dem Tragiker Aischylos[34] geprägte Terminus bereits früh ein erhebliches Bedeutungsspektrum aufweist, nämlich angefangen von denen, die überhaupt nicht an Götter glauben, bis zu den vielfältig verschiedenen, oft auch nur verleumdeten oder verdächtigten Gegnern, die sich nicht an die in einem bestimmten Gemeinwesen gebotenen Götter halten. In diesem Sinne galten ja die Christen den Römern als „ἄθεοι", wie der bekannte Vorwurf lautete[35]. Eben in diesem letzteren Sinne einer falschen Gottesauffassung oder aber allenfalls im Sinne einer impliziten Gottesleugnung wird der Terminus nun im 16. Jahrhundert so verbreitet aufgenommen, daß es ein leichtes war, als Atheist verdächtigt, im äußersten Fall auch zum Tod verurteilt und hingerichtet zu werden[36].

Jedenfalls zeigen diese Hinweise auf Deismus und Atheismus als Termini des 16. Jahrhunderts, welchen Grenzen unsere Erkenntnis unterliegt und welcher Vorsicht die Interpretation damaliger Texte bedarf.

Die Bedeutung der „religio" nicht zu überschätzen, mahnt eine andere Beobachtung, daß nämlich gerade ein Autor wie Giordano Bruno, wie eine erste Durchsicht ergab, so gut wie nicht von ihr spricht[37]. Dies kann deswegen überraschen, weil man bei einem solchen Theologen Innovationen wohl hätte vermuten können, der mehr als andere sich von tradierten Bindungen frei gemacht und einer Konzeption von der Unendlichkeit des Universums den Weg geebnet hat, in der dieses einen neuen Stellenwert einnehmen konnte. Aber gerade er schenkt dem Thema „religio" allem Anschein nach keine Aufmerksamkeit.

---

[32] Zu Diagoras als Atheisten vgl. die Hinweise bei G. Prateolus, De vitis, 70bf, wo er Diagoras, Theodot, Euemerus, Callimachus, Podicus (sc. Prodicus), Caeus, Plinius, Lucianus, Lucretius anführt, ehe er dann für seine Zeit Dolet und dann pauschal „alii" nennt.

[33] Platon, Apologie des Sokrates, 26c.

[34] Aischylos, Perser 808, vgl. Walter Burkert, Griechische Religion der archaischen und klassischen Epoche (= Die Religionen der Menschheit 15), Stuttgart 1977, 411. Gleichzeitig zu Aischylos (525–456 v. Chr.) findet sich der Terminus auch bei Pindar (ca. 517–446 v. Chr.), Pythien 4. 162.

[35] Adolf von Harnack, Der Vorwurf des Atheismus in den drei ersten Jahrhunderten, Leipzig 1905.

[36] Zu diesem Komplex vgl. die materialreiche und instruktive Studie von Hans-Martin Barth, Atheismus und Orthodoxie. Analysen und Modelle christlicher Apologetik im 17. Jahrhundert (= Forschungen zur systematischen und ökumenischen Theologie 26), Göttingen 1971. Besonders aufschlußreich ist, daß auch hier im Grunde nur die Apologeten zu Wort kommen, wobei sich zu wenig abzeichnet, wen sie präzise meinen, ganz abgesehen davon, ob die Betroffenen die jeweils ihnen zur Last gelegte Position überhaupt vertreten haben.

[37] Giordano Bruno, Opera, hg. von F. Fiorentino u.a., Neapel-Florenz 1879–91; Dialoghi italiani, hg. von G. Gentile u. G. Aquilecchia, Florenz 1958; Le opere latine, hg. von R. Sturlese, Florenz 1991ff.

Daß die überkommene Bedeutung von „religio" tatsächlich bis gegen Ende des 16. Jahrhunderts maßgeblich geblieben ist, wie die vorstehenden Untersuchungen ergeben, zeigt sich einmal daran, daß sich bei niemandem jene Konzeption hat finden lassen, die Melanchthon in dem in der Einleitung genannten Zitat formuliert hat. In diesem von 1540 stammenden Text wird der Streit um die „Religion" als „Wortgezenck" abgetan und konstatiert, daß „alle Religion" bei allen Völkern und zu allen Zeiten „ein religion" gewesen ist, „allein die Namen sind geendert". Die Suche nach einer solchen Aussage blieb ergebnislos.

Daß eine Innovation nicht erfolgte, zeigt zum anderen mehr als anderes und ausdrücklicher als sonst eine Zusammenfassung, die sich bei Sebastian Cattaneus (1545–1609) findet. Dieser zeitweilige Bischof von Chiemsee hat in seiner „Summula" von 1586 eine vierfache Bedeutung von „religio" angenommen, nämlich einmal im Sinne von „cultus veri Dei", der die ganze Christenheit umfaßt, dann von „cultus veri Dei" durch Glauben und gute Werke, der die Gesamtheit der guten Christen umfaßt, dann drittens als „status clericalis", und viertens schließlich als jener Stand, der durch die drei Gelübde sein ganzes Leben Gott weiht[38]. In dieser sehr instruktiven Definition bleibt keinerlei Platz für eine Spur jener Variationen, die für einen neuzeitlichen Begriff die unerläßlichen Voraussetzungen bilden.

Diese Feststellung darf freilich nicht zu dem Schluß führen, „religio" sei undifferenziert oder simplifiziert verstanden worden. Der Humanist Étienne Dolet (1509–1549)[39] bestimmt sie als „cura" einer höheren, als göttlich bezeichneten „natura", der gegenüber Pflichten wahrzunehmen sind; von hierher ergibt sich die Bedeutung der „religio" als Bedenklichkeit des Gewissens, der Furcht oder des ängstlichen Eifers[40]. Der grundlegende Aspekt bleibt eine ängstliche Besorgnis, gegenüber einer bedeutsamen – so auch profan im juristischen Bereich – oder höheren – nämlich göttlichen – Wirklichkeit die gebührenden Pflichten zu erfüllen.

---

[38] Sebastian Cattaneus, Summula, Casus Conscientiae, summa breuitate atque facilitate complectens, Patauiae MDLXXXVI, 184. Religio „quadrupliciter sumitur. primo pro cultu veri Dei, quo ad fidem, et sic compraehendit totam christianitatem. secundo pro cultu veri Dei, et per fidem, et bona opera, et sic compraehendit vniuersitatem bonorum christianorum. tertio pro statu clericali, Deo magis dedito. quarto religio sumitur strictissime, pro illo statu, qui professione trium votorum scilicet obedientiae, paupertatis, et castitatis, se praelati imperio subijcit, et se totum Deo dedicat." Unmittelbar anschließend wendet sich Cattaneus (den) vier „religiones" zu, nämlich denen, die Basilius, Benedikt, Augustinus und Franziskus begründet haben.
[39] Vermerkt sei, daß Étienne Dolet nach manchen Auseinandersetzungen dann mit der Inquisition in Konflikt geriet und, ohne formeller Häretiker zu sein, als Ketzer verbrannt wurde.
[40] Stephanus Doletus, Commentariorum linguae Latinae, II, Lugduni 1538, 1434: „Religio autem est, quae superioris cuiusdam naturae, quam Diuinam uocant, curam, cerimoniamque affert. Est etiam Latine loquentibus id, quod uulgo debitum officij, hoc est, iustam numeris (wohl fälschlich statt: muneris) functionem appellant. Vel pro eo ponitur, quod uulgo dicitur conscientiae scrupulus, aut conscientia recta, uel fides. Accipitur praeterea pro metu, uel solicitudine anxia. Ex qua significationis uarietate ducuntur locutiones, quas, post simplicia exempla, singulatim annotabimus."

Literaturverzeichnis

1. Quellen und Primärliteratur

Al-Coranus, Mohammedis Filii Abdallae Pseudo-Prophetae Fides Islamitica I. E. Al-Coranus ... Latine Versus Per Ludovicum Marraccium ..., Praemissa brevi introductione et totius religionis Mohammedicae synopsi ... congesta, cura et opera M. Christiani Reineccii, Lipsiae MDCCXXI.

Althusius, Johannes, Politica. Methodice digesta atque exemplis sacris et profanis illustrata (1603), Arnhemii 1610.

Aretius, Benedictus, S.S. Theologiae Problemata Hoc est: Loci Communes Christianae Religionis, methodice explicati, Bernae Helvetiorum MDCIIII.

Beaux-amis, Thomas, Histoire des sectes tirees de l'armee sathanique, lesquelles ont oppugné le sainct Sacrement du corps et sang de Iesus-Christ, depuis la promesse d'iceluy faicte en Capernaum iusques à present, Paris 1576.

Benbellona de Godentiis, Antonius, Ad pragmaticam Constitutionem De Pace Religionis, in Comitiis Augustanis Anno 1555, ab vniuersis Sac. Romani Imperii promulgatam Commentatio iuridicopoliticahistorica. Pro Defensione Autonomiae et conscientiarum libertate, Imperiique Romani dignitate, Ad normam edicti Imper. Diocletiami ... con scripta In gratiam eorum, qui iniquissimo odio et persecutioni S. Fidei ergo sunt obnoxii, Francofurti MDCXII.

Boucher, Jean, De Iusta Henrici Tertii Abdicatione e Francorum regno, libri quatvor, Parisiis MDXXCIX.

Bodin, Jean, Colloquium Heptaplomeres de rerum sublimium arcanis abditis (1593), hg. von Ludovicus Noack, Suerini 1857, ND Hildesheim 1970.

– De la démonomanie des Sorciers, Paris 1581.

– Les six Livres de la République, Paris (Erstausgabe 1576) 1583, ND Aalen 1961.

Bruno, Giordano, Opera, hg. von F. Fiorentino u.a., Neapel-Florenz 1879–91.

– Dialoghi italiani, hg. von G. Gentile u. G. Aquilecchia, Florenz 1958.

– Le opere latine, hg. von R. Sturlese, Florenz 1991 ff.

Buddeus, Ioannes Franciscus, Theses theologicae de Atheismo et superstitione variis observationibus illustratae et in usum recitationum academicarum editae, Traiecti ad Rhenum 1737.

Cardano, Geronimo, Opera omnia, Lugduni MDCLXIII, ND Stuttgart-Bad Cannstatt 1966.

Cassander, Georg, De officio pii ac publicae tranquillitatis uere amantis uiri, in hoc Religionis dissidio, o.O. MDLXI.

– De articulis Religionis inter Catholicos et Protestantes controversis consultatio, Coloniae MDLXXVII.

Cattaneus, Sebastian, Summula, Casus Conscientiae, summa breuitate atque facilitate complectens, Pataviae MDLXXXVI.

Charron, Pierre, Les Trois Veritez contre les Athées, Idolatres, Iuifs, Mahumetans, Here-

tiques, et Schismatiques (1593), Dernière édition, reueuë, corrigée, et de beaucoup augmentée, Paris MDCXXXV, ND in: ders., Oeuvres. Dernière édition, II, Genève 1970.
- [Trois Livres de la Sagesse (1601)], Toutes les Oeuvres. Dernière édition, reueues, corrigées et augmentées, Paris MDCXXXV, ND in: Oeuvres. Dernière édition, I, Genève 1970.

Cheffontaines, Christophe [Christoforus de Capite-fontium], Novae illustrationes Christianae Fidei adversus impios Libertinos, Atheos, Epicureos, et omne genus infideles, Parisiis 1586.

Chemnitz, Martin, Examinis Concilii Tridentini, ... Opus integrum, quatuor partes vno Volumine complectens: Ad Veritatis Christianae et Antichristianae falsitatis cognitionem, perquam vtile et necessarium, Genevae MDCLXVII.
- Loci Theologici ... Quibus et Loci communes D. Philippi Melanchthonis perspicve explicantur, et quasi integrum Christianae doctrinae corpus, Ecclesiae DEI sincere proponitur, Editi opera et studio Polycarpi Leyseri D., Editio novissima ..., Francofvrti et Wittebergae MDCLIII (erstmalig postum 1591 von P. Leyser ediert).
- Theologiae Jesuitarum Brevis ac Nervosa Descriptio et Delineatio: Ex praecipuis capitibus Censurae ipsorum, quae Anno MDLX, Coloniae edita est, Francofvrti et VVittebergae MDCLIII.

Choul, Guillaume du, Discours de la Religion des anciens Romains, Lyon MDLVI; lat.: Veterum Romanorum Religio, Castrametatio Disciplina militaris ut et Balneae, Ex antiquis Numismatibus et lapidibus demonstrata, Amsteldami 1685.

Chytraeus, David, Oratio de statu Ecclesiarum hoc tempore in Graecia, Asia, Africa, Vngaria, Boëmia, etc., VVitebergae MDLXXXII.

Cromerus, Martinus, Monachus, siue Colloquiorum de Religione Libri quatuor, binis distincti dialogis, Coloniae 1568.

Curio, Caelius Secundus, Christianae Religionis Institutio, et breuis et dilucida: ita tamen, ut nihil quod ad salutem necessarium sit, requiri posse uideatur, o.O. 1549.

Danaeus, Lambertus, Politices Christianae libri septem, o.O. MDXCVI (diese Ausgabe trägt in der Staatsbibliothek Augsburg die handschriftliche Ortsangabe: Genf).

De Tribus Impostoribus Anno MDIIC. Von den drei Betrügern 1598 (Moses, Jesus, Mohammed), hg. von Gerhard Bartsch (= Quellen und Texte zur Geschichte der Philosophie), Berlin 1960.

Duplessis-Mornay, Philippe, De Veritate Religionis Christianae liber; Adversus Atheos, Epicureos, Ethnicos, Iudaeos, Mahumedistas, et caeteros Infideles ..., Gallice primum conscriptus, nunc autem ab eodem Latine versus (1581), Antverpiae MDLXXXIII.
- Traicte de l'eglise, auquel sont disputées les principales questions menuës sur ce poinct en notre temps, Frankfurt 1582.

Erastus, Thomas, De Astrologia Divinatrice Epistolae, iam olim ab eodem ad diuersos scriptae, et in duos libros digestae, ac nunc demum in gratiam ueritatis studiosorum in lucem editae, opera et studio Ioannis Iacobi Grynaei, Basileae MDLXXX (am Ende der Einleitung datiert auf 1564).
- Defensio Libelli Hieronymi Sauonarae de Astrologia Diuinatrice, MDLXIX (am Ende der Einleitung mit der Ortsangabe und Datierung „Heidelbergae MDLXVIII").

Estienne, Henri, L'introduction au traite de la conformité des merueilles anciennes auec les modernes. Ou traité preparatif à l'Apologie pour Herodote, MDLXVIII.

Ficino, Marsilio, De Christiana religione et fidei pietate, in: ders., Opera omnia, hg. von Paul Oskar Kristeller (= Monumenta politica et philosophica rariora I 7), I 1, Basel 1576, ND Turin 1959.

Literaturverzeichnis

- Theologia Platonica de immortalitate animorum ac aeterna felicitate, in: ebd. I 1.
- Gentillet, Innocent, Apologie pour les chretiens de France de la religion euangelique ou reformee, o.O. MDLXXXVIII.
- Commentariorum de regno aut quovis Principatu recte et tranquille administrando, Libri tres, ... adversus Nicolaum Macchiauellum Florentinum, o.O. MDLXXVII.
- Discours, sur les moyens de bien gouverner et maintenir en bonne paix un Royaume ou autre Principauté. Divisez en trois parties: asouoir, du Conseil, de la Religion et de la Police que doit tenir un Prince. Contre Nicolas Machiauel Florentin, o.O. MDLXXVI.
- Les discours de Nic. Machiavel ... Sur la premiere decade de Tite Liue, dez l'edification de la ville, Paris 1571.
- Gerhard, Johann, Loci Theologici cum pro adstruenda veritate tum pro destruenda quorumvis contradicentium falsitate per theses nervose solide et copiose explicati, ed. Fr. Frank, VI, Lipsiae 1885.
- Locorum Theologicorum cum pro adstruenda Veritate, tum pro destruenda quorumvis contradicentium falsitate per Theses nervose, solide et copiose explicatorum, I, Jenae 1610.
- Methodus studii theologici Publicis praelectionibus in Academia Jenensi Anno 1617 exposita, Jenae MDCXXII.
- Gyraldus, Lilius Gregorius, De Deis Gentium varia et multiplex Historia, in qua simul de eorum imaginibus et cognominibus agitur, vbi plurima etiam hactenus multis ignota explicantur, et pleraque clarius tractantur, Basileae MDXLVIII (die Datierung findet sich am Ende des Buches).
- Hemmingius, Nicolaus, De Methodis Libri Duo, quorum prior quidem omnium methodorum uniuersalium et particularium, quarum usus est in Philosophia breuem ac dilucidam declarationem: Posterior uero Ecclesiasten siue methodum theologicam interpretandi, concionandique continet, VVitebergae MDLXII.
- Hütter, Leonhard, Compendium Locorum Theologicorum (1610), hg. von Wolfgang Trillhaas (= Kleine Texte für Vorlesungen und Übungen 183), Berlin 1961.
- Libri Christianae Concordiae: Symboli Ecclesiarum γνησίως Lutheranarum, novissimo hoc tempore, longe augustissimi, VVitebergae MDCVIII.
- Loci Communes Theologici, ex Sacris Literis diligenter eruti, Veterum Patrum testimoniis paßim roborati, et conformati ad methodum Locorum Philippi Melanthonis, adeoque singulari dexteritate ita explicati, ut divina veritas ex iis facile cognosci, et adversariorum sophismata sufficienter refutari poßint, Wittebergae MDCXIX.
- Hyperius, Andreas, Elementa Christianae Religionis, Marpurgi MDLXIII, hg. von Walter Caspari, Erlangen und Leipzig 1901.
- Methodi Theologiae, siue praecipuorum Christianae religionis Locorum communium Libri tres, Basileae 1567.
- Topica Theologica, Tiguri MDLXIIII.
- Keckermann, Bartholomaeus, Systema Disciplinae Politicae, publicis praelectionibus Anno MDCVI propositum in Gymnasio Dantiscano, Francofurti MDCXXV.
- Der Koran. Kommentar und Konkordanz, von Rudi Paret, Stuttgart ²1977.
- Der Koran, übers. von Rudi Paret, Stuttgart ²1982.
- Der Koran. Aus dem Arabischen übertr. von Max Henning (= Universal-Bibliothek 4206–10), Stuttgart 1960, 1987 (Abdruck einer 1901 erstmals erschienenen Übersetzung).

Der Koran, übers. von Adel Theodor Khoury, Gütersloh ²1992.
Doletus, Stephanus, Commentariorum linguae Latinae, II, Lugduni 1538.
Lessing, Gotthold Ephraim, Die Rettung des Hier. Cardanus, in: Werke, hg. v. Herbert G. Göpfert in Zusammenarbeit mit Karl Eibe u.a., VII (Theologiekritische Schriften), Darmstadt 1976, 9–32.
Lipsius, Justus, Admiranda, siue, de magnitudine Romana libri quattuor, Antverpiae ³MDCV.
– De Vna Religione adversus Dialogistam, Lugduni Batavorum MDXCI.
– Monita et exempla politica. Libri duo, Antverpiae MDCV.
– Politicorum sive Civilis doctrinae libri sex, Lugduni Batavorum, MDLXXXIX.
L'Hospital, Michel de, Oeuvres, hg. von Pierre J. Dufey, 5 Bde., Paris 1824–1825.
Louis I., Fürst von Condé, Memoires de Condé, 6 Bde., London 1743.
Machumetis Saracenorum Principis, Eius'que Successorum Vitae, Ac Doctrina, Ipseque Alcoran, quo ... D. Petrus abbas Cluniacensis per uiros eruditos, ad fidei Christianae ac sanctae matris Ecclesiae propugnationem, ex Arabica lingua in Latinam transferri curauit. Haec omnia ... redacta sunt ... studio Theodori Bibliandri, o.O. u. o.J. [Basileae MDXLIII].
Mirandola, Giovanni Pico della, Disputationes in Astrologiam, in: ders., Opera omnia I, Basileae o.J. (1572), ND hg. von Eugenio Garin, I, Torino 1971.
Molina, Luis de, Commentaria in Primam Divi Thomae partem, Lugduni MDXCIII.
– De Caritate. Comentario a la 2–2, qq. 23–25, in: Archivo Teologico Granadino 28, Granada 1965, 199–290.
– De Caritate. Comentario a la 2–2, qq. 26–29, in: Archivo Teologico Granadino 29, Granada 1966, 181–248.
– De Iustitia et Iure, I-II, Moguntiae MDCII.
– Liberi arbitrii cum gratiae donis, divina praescientia, providentia, praedestinatione et reprobatione, concordia, Antverpiae MDXCV.
Montaigne, Michel Eyquem de, Essais, ed. par Albert Thibaudet, Paris 1953; dt.: Auswahl und Übersetzung von Herbert Lüthy (= Manesse, Bibliothek der Weltliteratur), Zürich 1953.
Neander, Michael, Compendium doctrinae Christianae, VVitebergae MDLXXXII.
Osiander, Lucas, Gründtlicher Vnderricht/auß Heyliger Göttlicher Schrifft/von allen Articuln vnser Christlichen Religion, Tübingen 1582.
– Institutio Christianae religionis, Tubingae MDLXXXII.
Osorius, Hieronymus, In Gualterum Haddonum, Magistrum libellorum supplicum apud clarissimam Principem Helisabetham Angliae Reginam, de Religione libri tres, Dilingae 1569.
Pamelius, Jacobus, De Religionibus diuersis non admittendis in vno aliquo vnius Regni, Monarchiae, Prouinciae, Ditionis, Reipublicae, aut Ciuitatis loco, Antverpiae MDLXXXIX.
Pezelius, Christophorus, Argumentorum et Obiectionum, De praecipuis articulis doctrinae Christianae, cum Responsionibus, quae passim extant in scriptis Reuerendi viri Domini Philippi Melanchthonis ... Collecta studio et industria Christophori Pezelii ..., I-VI, Neostadii MDLXXX-MDLXXXIIII.
Pighius, Albertus, Astrologiae defensio, ad Augustinum Nyphum Suersanum philosophorum nostrae aetatis principem, et Astrologiae syncerioris restauratorem, Parisiis MDXVIII.

- Controuersiarum, qvibus nunc exagitatur Christi fides et religio diligens et luculenta explicatio, Ingolstadij MDXLI (Orts- und Jahresangabe finden sich am Schluß der Einleitung).
- Ratio componendorum dissidiorum, et sarciendae in religione concordiae, Coloniae MDXLII.

Pindar, hg. von O. Schroeder, Leipzig 1914, 339, Fr. 216; ders., hg. von H. Maehler, II, Leipzig 1989.

Pistorius, Joannes, Wegweiser vor alle verführte Christen/Das ist/Kurtzer/doch gründtlicher/warhaffter/auß einiger H. Schrifft genommener bericht/Von vierzehen fürnembsten zwischen den Catholischen und den Newglaubigen in der Religion streitig gemachten Articulen/so nach der Praefation verzeichnet sein. Darauß ein jeder frommer Christ die Christliche warheit der Catholischen Kirchen/und die blindtheit und unwarheit deß Gegentheils mit Handen greiffen kan, Münster in Westph. MDXCIX.

Postellus, Guilelmus, De Etruriae Regionis, quae prima in orbe Europaeo habitata est, Originibus, Institutis, Religione et Moribus, imprimis de aurei saeculi doctrina et uita praestantissima quae in Diuinationis sacrae usu posita est, Florentiae MDLI.
- De orbis terrae concordia, o.O. u. o.J. (Basel MDXLIV).

Prateolus Marcoßius, Gabriel, De vitis, sectis, et dogmatibus omnium haereticorum, qui ab orbe condito, ad nostra usque tempora, et veterum et recentium authorum monimentis proditi sunt, Elenchus Alphabeticus, Coloniae MDLXIX.

Ramus, Petrus, Commentariorum de Religione Christiana, Libri qvatuor, Francofvrti MDLXXVI.

Rivius, Ioannes, De Spectris et Apparitionibus umbrarum, seu de uetere superstitione Liber, Lipsiae MDXLI.
- Tractatus De Erroribus Pontificiorum, seu de abusibus Ecclesiasticis o.O. u. o.J. (am Ende, 54b, datiert: Misenae MDXLVI).

Rossaeus, Guilelmus, De iusta Reipublicae Christianae in Reges impios et haereticos Authoritate, Antuerpiae MDXCII.

Scaligerus, Iulius Caesar, Exotericarum exercitationum Liber quintus decimus, de Subtilitate, ad Hieronymum Cardanum, Lutetiae MDLVII.

Sonnius, Franciscus, Demonstrationum Religionis Christianae ex verbo Dei Libri tres, Antverpiae MDLXIIII.

Soto, Domingo de, De Iustitia et Iure, Lugduni MDLVIIII.
- De Natura et Gratia, Parisiis 1549.
- Relectio de haeresi, in: Archivo Teologico Granadino 26, Granada 1963, 223–261.
- Summulae, Salmanticae MDLIIII, ND Hildesheim-New York 1980.

Stamler, Iohannes, Dyalogus Iohannis Stamler Augustensis De diversarum gencium sectis et mundi religionibus, Augustae MDVIII.

Stapleton, Thomas, Principiorum Fidei doctrinalium Demonstratio methodica, Per Controuersias septem in Libris duodecim tradita. In quibus ad omnes de Religione Controuersias diiudicandas sola et certissima Norma, et ad easdem semel finiendas sola et Suprema in terris Authoritas, Via et Ratio demonstrantur, Parisiis MDLXXIX.

Stephani, Joachim, De Iurisdictione Iudeorum, Graecorum, Romanorum, et Ecclesiasticorum Libri quatuor, Francofurti ²MDCIV, ND Aalen 1978.
- Institutiones Juris Canonici, in tres Libros secundum tria Iuris obiecta partitae, et ad praesentem Ecclesiarum Germaniae statum directae; nunc secundo editae, Francofurti MDCXII.

Suárez, Francisco de, De legibus (= Corpus Hispanorum de Pace), hg. von Luciano Pereña, XI-XV, Madrid 1971–1975.
- Defensio fidei catholicae adversus Anglicanae sectae errores, cum responsione ad apologiam pro juramento fidelitatis, et epistolam ad principes christianos Serenissimi Jacobi Angliae Regis (1613), in: ders., Opera omnia, hg. von Carolus Berton, XXIV, Parisiis MDCCCLIX.
- Opus de virtute et statu religionis, in: ders., Opera omnia, hg. von Carolus Berton, XIII, Parisiis MDCCCLIX.
Taurellus, Nicolaus, Philosophiae Triumphus, hoc est, Metaphysica philosophandi methodus, qua Divinitus inditis menti notitijs, humanae rationes eo deducuntur, ut firmissimis inde constructis demonstrationibus, aperte rei ueritas elucescat, et quae diu Philosophorum sepulta fuit authoritate, Philosophia uictrix erumpat, Basileae MDLXXIII (die Datierung findet sich am Ende des Textes, 375).
Tholozanus, Petrus Gregorius, De Republica Libri sex et viginti, Editio Germaniae tertia, Francofurti MDCXLII.
Vanini, Julius Caesar, Amphitheatrum Aeternae, Providentiae, Divino-magicum, Christiano-Physicum, nec non Astrologo-catholicum. Adversus veteres Philosophos, Atheos, Epicureos, Peripateticos, et Stoicos, Lugduni 1615.
- De Admirandis Naturae Reginae Deaeque Mortalium Arcanis, Libri quatuor, Lutetiae, 1616.
Vázquez, Gabriel, De cultu adorationis libri tres, Moguntiae MDCI.
- Commentariorum, ac disputationum in primam partem S. Thomae, tomus primus (STh I 1–26), Ingolstadii MDCIX.
- Commentariorum, ac disputationum in primam secundae S. Thomae, tomus primus (I-II 1–21, 71–89), Ingolstadii MDCVI.
- Commentariorum, ac disputationum in tertiam partem S. Thomae, tomus primus (III 1–25), Ingolstadii MDCX.
Viret, Pierre, Instruction Chrestienne en la doctrine de la loy et de l'Euangile: et en la vraye philosophie et theologie tant naturelle que supernaturelle des Chrestiens ..., I: Briefs et diuers Sommaires et Catechismes de la doctrine Chrestienne ..., Geneve MDLXIIII; II: Exposition de la doctrine de la foy Chrestienne, touchant la vraye cognoissance et le vray seruice de Dieu ..., Geneve MDLXIIII.
Vitoria, Franciscus de, Comentarios a la Secunda secundae de Santo Tomás, IV: De Justitia, qq. 67–88, q. 81: De religione, hg. von Vincente Beltrán de Heredia, Salamanca 1934.
- De Indis recenter inventis et de Jure Belli Hispanorum in Barbaros Relectiones. Vorlesungen über die kürzlich entdeckten Inder und das Recht der Spanier zum Kriege gegen die Barbaren 1539, hg. von Walter Schätzel (= Die Klassiker des Völkerrechts in modernen deutschen Übersetzungen 2), Tübingen 1952.
Vives, Juan Luis, De Veritate Fidei Christianae (1543), in: ders., Opera omnia, hg. von Gregorius Majansius, VIII, Valentiae MDCCXC, ND London 1964.
Wicelius, Georgius, Via Regia Sive De controversis religionis capitibus conciliandis sententia ... H(ermannus) Congringius ... in unum omnia volumen redegit, atque in singula praefatus est, Helmestadii MDCL.
Wigandus, Ioannes, Nebulae Arianae. Per D. Raphaelem Ritterum Londinensem sparsae: Luce veritatis diuinae discussae, Regiomonti Borußiae 1575.
Winzetus, Ninianus, Flagellum Sectariorum, qui Religionis Praetextu Seditiones iam in

Caesarem, aut in alios orthodoxos Principes excitare student; quaerentes ineptissime quidem Deone magis, an Principibus sit obediendum?, Ingolstadii MDLXXXII.

Würzbach, Constantin von, Bavaria Inclyta (Bayerische Staatsbibliothek München CGM 5084).

2. Sekundärliteratur

Abel, Günter, Stoizismus und Frühe Neuzeit. Zur Entstehungsgeschichte modernen Denkens im Felde von Ethik und Politik, Berlin 1978.

Barth, Hans-Martin, Atheismus und Orthodoxie. Analysen und Modelle christlicher Apologetik im 17. Jahrhundert (= Forschungen zur systematischen und ökumenischen Theologie 26), Göttingen 1971.

Baumhauer, Otto, Garasse, François, SJ, in: LThK² IV 516.

Behler, Ernst, Pomponazzi, Pietro, in: LThK² VIII 604f.

Betts, Christopher J., Early Deism in France. From the so-called ‚deistes' of Lyon (1564) to Voltaire's ‚Lettres philosophiques' (1734) (= Archives internationales d'histoire des idées 104), The Hague 1984.

Betzendörfer, Walter, Glauben und Wissen bei den großen Denkern des Mittelalters. Ein Beitrag zur Geschichte des Zentralproblems der Scholastik, Gotha 1931.

Jean Bodins Colloquium Heptaplomeres, hg. von Günter Gawlick und Friedrich Niewöhner (= Wolfenbütteler Forschungen 67), Wiesbaden 1996.

Brockelmann, Carl, Geschichte der arabischen Literatur, I, Leiden ²1943.

Buhl, F., Bosworth, C. E., Milla, in: Encyclopédie de l'Islam, Nouv. Edition, VII, Leiden-Paris 1993, 61.

Burkert, Walter, Griechische Religion der archaischen und klassischen Epoche (= Die Religionen der Menschheit 15), Stuttgart 1977.

Busson, Henri, Le Rationalisme dans la littérature française de la Renaissance (1533–1601) (= De Pétrarque à Descartes 1), (Paris 1957) Paris ²1971.

Denzer, Horst, Bodin, in: Klassiker des politischen Denkens, hg. von Hans Maier, Heinz Rausch, Horst Denzer, I: Von Plato bis Hobbes, München ²1968, 321–350, ⁶1986, 245–265.

Despland, Michel, La religion en occident. Évolution des idées et du vécu (= Héritage et projet 23), Montréal 1979.

Dilthey, Wilhelm, Das natürliche System der Geisteswissenschaften im 17. Jahrhundert (1892/93), in: ders. Weltanschauung und Analyse des Menschen seit Renaissance und Reformation (= Gesammelte Schriften II), Stuttgart ¹⁰1977, 90–245.

Dresden, Sem, The Profile of the Reception of the Italian Renaissance in France, in: Itinerarium Italicum. The Profile of the Italian Renaissance in the mirror of its European Transformations (= FS Paul Oskar Kristeller), hg. von Heiko A. Oberman mit Thomas A. Brady, Jr. (= Studies in Medieval and Reformation Thought 14), Leiden 1975, 119–189.

Dülmen, Richard von, Entstehung des frühneuzeitlichen Europa 1550–1668 (= Fischer Weltgeschichte 24), Frankfurt 1982.

Elorduy, Eleuterio, Suárez, Francisco de, in: LThK² IX 1129–1132.

The Encyclopaedia of Islam, New Edition, Leiden 1981.

Engert, Joseph Thomas, Deismus, in: LThK² III 195–199.

Ersch, Johann Samuel, Gruber, Johann G., Allgemeine Encyklopädie der Wissenschaften und Künste, I.-III. Sektion, Leipzig 1818–1889.

Faltenbacher, Karl Friedrich, Das Colloquium Heptaplomeres, ein Religionsgespräch zwischen Scholastik und Aufklärung. Untersuchungen zur Thematik und zur Frage der Autorschaft (= Europäische Hochschulschriften XIII 128), Frankfurt 1988.

Febvre, Lucien, Le problème de l'incroyance au XVIe siècle. La religion de Rabelais (= L'évolution de l'humanité. Synthèse collective 53), Paris 1942.

Feiereis, Konrad, Die Umprägung der natürlichen Theologie in Religionsphilosophie. Ein Beitrag zur deutschen Geistesgeschichte des 18. Jahrhunderts (= Erfurter theologische Studien 18), Leipzig 1965.

Feil, Ernst, Religio. Die Geschichte eines neuzeitlichen Grundbegriffs vom Frühchristentum bis zur Reformation, Göttingen 1986.

– Die Deisten als Gegner der Trinität. Zur ursprünglichen Bedeutung und speziellen Verwendung des Begriffs „Deistae" für die Sozinianer, in: Archiv für Begriffsgeschichte 33 (1990, erschienen 1992) 115–124.

– Deismus, in: Dictonnaire Européen des Lumières, Paris (im Druck), ebenso in: Lexikon der Aufklärung, Stuttgart (in Vorbereitung).

Gandillac, Maurice de, Nikolaus von Cues. Studien zu seiner Philosophie und philosophischen Weltanschauung (frz. 1942), Düsseldorf 1953.

Gardet, L., Din, in: Encyclopédie de l'Islam, Nouv. Edition, II, Leiden-Paris 1965, 301–304.

Gawlick, Günter, Deismus, in: Historisches Wörterbuch der Philosophie, II, Darmstadt 1972, 44–47.

Gericke, Wolfgang, Das Buch „De Tribus Impostoribus" (= Quellen. Ausgewählte Texte aus der Geschichte der christlichen Kirche NF 2), Berlin 1982.

Gestrich, Christof, Deismus, in: TRE VIII 392–406.

Goedeking, Friedrich, Die „Politik" des Lambertus Danaeus, Johannes Althusius und Bartholomäus Keckermann. Eine Untersuchung der politisch-wissenschaftlichen Literatur des Protestantismus zur Zeit des Frühabsolutismus, (Diss. masch.) Heidelberg 1977.

Graf, Paul, Ludwig Vives als Apologet. Ein Beitrag zur Geschichte der Apologetik, (Diss.) Freiburg 1932.

Hadrossek, Paul, Einleitung, in: Franciscus de Victoria, De Indis recenter inventis et de Jure Belli Hispanorum in Barbaros Relectiones. Vorlesungen über die kürzlich entdeckten Inder und das Recht der Spanier zum Kriege gegen die Barbaren 1539, hg. von Walter Schätzel (= Die Klassiker des Völkerrechts in modernen deutschen Übersetzungen 2), Tübingen 1952.

Harnack, Adolf von, Der Vorwurf des Atheismus in den drei ersten Jahrhunderten, Leipzig 1905.

Heckel, Johannes, Cura religionis, Ius in sacra, Ius circa sacra, in: Kirchenrechtliche Abhandlungen 117–118 (= FS Ulrich Stutz), Stuttgart 1938, 224–298.

– Cuius regio, eius religio, in: RGG³ I 1888f.

Heckel, Martin, Staat und Kirche nach den Lehren der evangelischen Juristen Deutschlands in der ersten Hälfte des 17. Jahrhunderts, in: Zeitschrift der Savigny-Stiftung für Rechtsgeschichte KAN.ABT. 42 (1956) 117–247; 43 (1957) 202–308.

– Staat und Kirche nach den Lehren der evangelischen Juristen in der ersten Hälfte des 17. Jahrhunderts, München 1968.

– Theodor (Dietrich) von Reinkingk, in: RGG³ V 949f.

Hegyi, Johannes, Vanini, Lucilio, in: LThK² X 613.
Heinz, Gerhard, Divinam christianae religionis originem probare. Untersuchung zur Entstehung des fundamentaltheologischen Offenbarungstraktates der katholischen Schultheologie (= Tübinger theologische Studien 25), Mainz 1984.
Honecker, Martin, Cura religionis Magistratus Christiani. Studien zum Kirchenrecht im Luthertum des 17. Jahrhunderts, insbesondere bei Johann Gerhard (= Ius Ecclesiasticum 7), München 1968.
Index Bio-Bibliographicus notorum hominum, Pars C, Sectio generalis, XXXVI, Osnabrück 1985.
Jöcher, Christian Gottlieb, Allgemeines Gelehrten-Lexicon, fortgesetzt v. Johann C. Adelung und H. W. Rotermund, Leipzig 1750–1897, ND Hildesheim 1960–1961.
Jüttner, G. R. v., Chester, in: Lexikon des Mittelalters VII, München 1995, 902.
Kaulbach, Friedrich, Natur. V. Neuzeit, in: Historisches Wörterbuch der Philosophie, VI, Darmstadt 1984, 468–478.
Kessler, Michael, Deismus, in: LThK³ III 60–62.
Kors, Alan Charles, Atheism in France, 1650–1729, I: The orthodox sources of disbelief, Princeton N.J.-Oxford 1990.
Lau, Franz, Orthodoxie, in: RGG³ IV 1727f.
Lecler, Joseph, Geschichte der Religionsfreiheit im Zeitalter der Reformation, I-II, Stuttgart 1965.
Maliske, Friedrich, Charron, Pierre, in: LThK² II 1032.
Margolin, Jean-Claude, Cardano, in: Dictionnaire des Philosophes, hg. von Denis Huisman, I, Paris 1984, 468–471.
Matz, Ulrich, Vitoria, in: Klassiker des politischen Denkens, I: Von Plato bis Hobbes, hg. von Hans Maier, Heinz Rausch, Horst Denzer (= Beck'sche Sonderausgaben), München ²1968, 274–292.
Mauthner, Fritz, Der Atheismus und seine Geschichte im Abendlande, ND der Ausgabe Stuttgart 1920–1923, II, Frankfurt 1989.
Mayer-Tasch, Peter Cornelius, Einführung in Jean Bodins Leben und Werk, in: Jean Bodin, Sechs Bücher über den Staat, übers. von Bernd Wimmer, hg. von Peter Cornelius Mayer-Tasch, I–III, München 1981–1986.
Mensching, Gustav, Deismus I. Religionsgeschichtlich, in: RGG³ II 57f.
Miskotte, Kornelis Heiko, Natürliche Religion und Theologie, in: RGG³ IV 1322–1326.
Moltmann, Jürgen, Ramus, Petrus, in: RGG³ III 777f.
Niemann, Franz-Josef, Jesus als Glaubensgrund in der Fundamentaltheologie der Neuzeit. Zur Genealogie eines Traktats (= Innsbrucker theologische Studien 12), Innsbruck 1983.
Niewöhner, Friedrich Wilhelm, Veritas sive Varietas. Lessings Toleranzparabel und das Buch Von den drei Betrügern (= Bibliothek der Aufklärung 5), Heidelberg 1988.
– Als Friedrich in den falschen Apfel biß. Der Augsburger Mathematiker F. Podamicus im „Colloquium Heptaplomeres" des Jean Bodin, in: Augsburg in der Frühen Neuzeit. Beiträge zu einem Forschungsprogramm, hg. von Jochen Brüning und Friedrich Niewöhner (= Colloquia Augustana 1), Berlin 1995, 435–444.
Ochman, Jerzy, Les horoscopes des religions établis par Jérôme Cardan (1501–1576), in: Revue de Synthèse 96 (1975) 35–51.
Oestreich, Gerhard, Der römische Stoizismus und die oranische Heeresreform, in: ders., Geist und Gestalt des frühmodernen Staates. Ausgewählte Aufsätze, Berlin 1969, 11–34.

- Justus Lipsius als Theoretiker des neuzeitlichen Machtstaates, in: ebd. 35–79.
- Justus Lipsius in sua re, in: ebd. 80–100.
- Politischer Neustoizismus und Niederländische Bewegung in Europa und besonders in Brandenburg-Preußen, in: ebd. 101–156.

Pannenberg, Wolfhart, Systematische Theologie I, Göttingen 1988.

Popper, Karl, Die offene Gesellschaft und ihre Feinde II: Falsche Propheten. Hegel, Marx und die Folgen (= UTB 473), München [4]1975.

Presser, J., Das Buch „De Tribus Impostoribus" (Von den drei Betrügern), Amsterdam 1926.

Roellenbleck, Georg, Offenbarung, Natur und jüdische Überlieferung bei Jean Bodin. Eine Interpretation des Heptaplomeres (= Studien zu Religion, Geschichte und Geisteswissenschaft 2), Gütersloh 1964.

Rose, Paul Lawrence, Bodin and the great God of Nature. The Moral and Religious Universe of a Judaiser, Genève 1980.

Schnur, Roman, Die französischen Juristen im konfessionellen Bürgerkrieg des 16. Jahrhunderts. Ein Beitrag zur Entstehungsgeschichte des modernen Staates, Berlin 1962.

Scholz, Heinrich, Philosophie. Zur ältesten Begriffsgeschichte von Deismus und Pantheismus. Ein Nachtrag, in: Preußische Jahrbücher 142 (1910) 318–325.

Smith, Wilfred Cantwell, The Meaning and End of Religion. A new Approach to the religious Traditions of Mankind, New York 1963.

Spitz, Lewis W., The Course of German Humanism, in: Itinerarium Italicum. The Profile of the Italian Renaissance in the mirror of its European Transformations (= FS Paul Oskar Kristeller), hg. von Heiko A. Oberman mit Thomas A. Brady, Jr., (= Studies in Medieval and Reformation Thought 14), Leiden 1975, 371–436.

Stabile, G., Natur. IV. Humanismus und Renaissance, in: Historisches Wörterbuch der Philosophie, VI, Darmstadt 1984, 455–468.

Stolleis, Michael, Arcana Imperii und Ratio Status. Bemerkungen zur politischen Theorie des frühen 17. Jahrhunderts (1980), in: ders., Staat und Staatsraison in der frühen Neuzeit. Studien zur Geschichte des öffentlichen Rechts (= stw 878), Frankfurt 1990, 37–72.

Ursinus, M. O. H., Millet, in: Encyclopédie de l'Islam, Nouv. Edition, VII, Leiden-Paris 1993, 61–64.

Wolzendorff, Kurt, Staatsrecht und Naturrecht in der Lehre vom Widerstandsrecht des Volkes gegen rechtswidrige Ausübung der Staatsgewalt, Breslau 1916.

Zanier, Giancarlo, Cardano e la critica delle religioni, in: Giornale critico della Filosofia Italiana 54 (1975) 89–98.

Zedler, Johann Heinrich, Grosses Vollständiges Universal-Lexicon, Halle-Leipzig 1733–1750, ND Graz 1961–1964.

Zirker, Hans, Der Islam als Religion, Gesellschaft und Kultur, in: Christentum in der Begegnung. Der Islam als Anfrage an christliche Theologie und Philosophie, hg. von Andreas Bsteh (= Studien zur Religionstheologie 1), St. Gabriel bei Wien 1994, 345–353, mit anschließender Diskussion, 354–400.

Namenregister

Abel 37, 193, 291ff, 295, 302, 304, 307, 309f, 328, 331
Abel, Günter 177, 187, 223, 314, 328, 331, 334
Abenzagel, Haly 85
Abraham 29, 40f, 112, 193, 262, 266f, 291f, 302, 304, 309f, 313, 322
Abraham Aben Esra 292
Abû Tâhir 43
Agamemnon 297
Aischylos 343
Albumasar 337
Alexander Severus 296
Althusius, Johannes 177, 195ff, 339
Ambrosius 163
Anastasius 256
Andradius 92
Anselm von Canterbury 15, 81
Aquilecchia, G. 343
Aretius, Benedictus 112f
Aristoteles 83f, 105, 125, 157, 201, 229f, 274, 298, 305
Arius 174, 192
Arndt, Johann 102
Arnestes 212
Arnobius 194
Athanasius 108, 141f, 192
Augustinus 42, 75, 92, 100, 129, 142, 162, 180f, 183, 187, 229, 255, 272, 286, 337, 344
Augustus 167, 169
Averroes 82ff

Bacon, Francis 131
Bacon, Roger 8, 73, 136, 240, 336f
Banosius, Theophilus 223f
Bardesanes 240
Barth, Hans-Martin 21, 343
Bartsch, Gerhard 43, 270
Basilius 344

Bayle, Pierre 342
Beaux-amis, Thomas 252ff
Bellarmin, Robert 95, 97, 99, 107
Beltrán de Heredia, Vincente 126
Belus 297
Benbellona, Antonius 98
Benedikt 344
Berengar von Tours 253
Bernhard von Clairvaux 181, 263
Berton, Carolus 131, 137
Betts, Christopher J. 21, 221
Betzendörfer, Walter 15
Bianchi, Hugo 8
Bibliander, Theodor 263ff
Bodin, Jean 86, 131, 149ff, 177, 187, 207ff, 215, 219, 269f, 277ff, 283, 287, 295, 298, 305f, 309ff, 320, 325, 327, 340
Bosworth, C. E. 262
Boucher, Jean 258
Brady, Thomas A. 334
Brockelmann, Carl 59
Brüning, Jochen 278
Brunner, Otto 11
Bruno, Giordano 131, 335, 343
Bsteh, Andreas 262
Buddeus, Ioannes Franciscus 82
Budé, Guillaume 25
Buhl, F. 262
Burghardus, Franciscus 198
Burkert, Walter 343
Busson, Henri 21, 315, 334ff, 341

Caeus 343
Cajetan 135
Callimachus 343
Calvin, Johannes 25, 89, 94, 101, 130, 142, 161, 178, 192, 214, 220, 228, 241, 243, 273
Campanella, Tommaso 341

Cardano, Geronimo 7, 8, 49ff, 83ff, 87f, 159, 214, 241, 262, 325, 334, 336ff
Caspari, Walter 90
Cassander, Georg 247f
Cassiodor 158, 185, 207, 339
Cato 154, 181
Cattaneus, Sebastian 344
Charron, Pierre 314ff, 340
Cheffontaines, Christophe de 271ff, 325, 340
Chemnitz, Martin 91ff, 95, 176
Choul, Guillaume du 79f
Chrysostomus, Johannes 142
Chytraeus, David 113
Cicero, Marcus Tullius 16f, 37, 39, 75f, 105, 132f, 171, 178ff, 183, 328
Conze, Werner 11
Coornhert, Dirck Volkertszoon 110, 180, 183f
Cranius, Henricus Andreas 176
Crassus, P. 298
Crockart, Petrus 126
Curio, Caelius Secundus 112
Cyprian von Karthago 180, 272

Danaeus, Lambertus 161ff, 177, 201, 208, 210
Denzer, Horst 117, 149f, 154
Denzinger, Heinrich 126
Descartes, René 14, 32
Despland, Michel 7, 21, 279, 334
Diagoras 343
Dilthey, Wilhelm 269, 278
Diodor 179
Dolet, Etienne 343f
Dresden, Sem 334
Dülmen, Richard von 279
Dufey, Pierre J. 336
Duns Scotus, Johannes 120
Duplessis-Mornay, Philippe 230ff, 314
Dupuy, Claude 335

Ebreo, Leone 334
Eibe, Karl 67
Elia 291
Elisabeth I. 248
Epikur 229

Erastus, Thomas 176, 337
Ersch, J. S. 189
Estienne, Henri 214, 218ff, 260f, 279, 335
Eucken, Rudolf 341
Euemerus 343
Eusebius 240, 272

Faltenbacher, Karl Friedrich 278
Farel, Guilliaume 220
Farnesius, Alexander 254
Febvre, Lucien 335f
Feiereis, Konrad 20
Feil, Ernst 16, 34, 36f, 41ff, 47, 73, 89, 136, 221, 229, 237f, 240, 272, 337, 340
Ferdinand I. 247
Ficino, Marsilio 18, 25f, 36f, 41f, 47ff, 237, 241, 269, 272, 340
Fiorentino, F. 343
Florisz, Adrian 242
Frank, Fr. 104
Franziskus 344
Friedrich von Sachsen 18

Gandillac, Maurice de 263
Garasse, François 82, 314
Gardet, L. 262
Garin, Eugenio 43
Gawlick, Günter 278, 341
Gelasius 256
Gellius 75
Gentile, Giovanni 343
Gentillet, Innocent 187ff, 208f
Gerhard, Johann 102ff, 115, 176
Gericke, Wolfgang 270f
Gestrich, Christof 341
Goedeking, Friedrich 177
Göpfert, Herbert G. 67
Graf, Paul 25, 48f
Granvella, Antoine Perrenot de 177
Gratian 163
Gregor I. 122
Grotius, Hugo 131, 146
Gruber, J. G. 189
Gründer, Karlfried 11
Gruet, Jacques 271
Gryllus 191
Gyraldus, Lilius Gregorius 75f

Namenregister

Haddonus, Gualterus 248
Hadrian VI. 242
Hadrossek, Paul 117, 126
Hagar 29
Harnack, Adolf von 343
Heckel, Johannes 175f
Heckel, Martin 175f
Hegel, Georg Wilhelm Friedrich 12
Heinrich II. 76
Heinrich III. 106, 149f, 258
Heinrich IV. (siehe Heinrich von Navarra) 150f, 166, 190, 230, 258
Heinrich VIII. 25, 140, 142f
Heinrich von Guise 258
Heinrich von Navarra (siehe Heinrich IV.) 150, 230
Heinz, Gerhard 26f, 314
Hemmingius, Nicolaus 112
Henning, Max 266f
Herodot 219
Hieronymus 29, 56, 144
Hilarius 247
Hobbes, Thomas 117, 149
Honecker, Martin 110
Horaz 120
Hünermann, Peter 126
Hütter, Leonhard 95ff, 115f, 339
Huisman, Denis 49
Hunnius 95
Hyperius, Andreas 89f

Ijob 291f, 302, 304, 309
Iphigenia 297
Isaak 291f, 304, 309
Isidor von Sevilla 146

Jakob, Sohn Abrahams 41, 291f, 304, 309
Jakob I. 137ff, 143f
Jephtha 297
Jeremia 32, 299
Jesaia 185
Johannes der Täufer 100
Josephus 229
Jovinian 163
Julian 184
Justin 272

Kain 291
Kambyses 259
Kant, Immanuel 16
Karl V. 117, 125
Kaulbach, Friedrich 270
Keckermann, Bartholomäus 177, 200ff, 209
Kelsos 296
Ketton, Robert 263f
Khoury, Adel Theodor 267
Konstantin 171
Kors, Alan 21
Koselleck, Reinhart 11
Kristeller, Paul Oskar 26, 237, 334
Krolzik, Udo 270
Kromer, Martin 250f

Laktanz 75, 106, 132, 163, 179, 181, 183, 187, 207, 235, 290
Las Casas, Bartholomé de 117
Lecler, Joseph 21, 149f, 154, 158, 180, 183, 223, 230, 258, 335f, 339f
Leibniz, Gottfried Wilhelm 84
Lentulus, Cornelius 298
Lessing, Gotthold Ephraim 43, 50, 67, 69, 280
Leyser, Polycarpus 91
Lipsius, Justus 23, 158, 177ff, 195, 206, 208f, 315, 335f, 339
Livius 180
Lot 309
Louis I., Fürst von Condé 336
Lukian von Samosata 39, 343
Lukrez 221, 343
Luther, Martin 18, 25, 91, 95f, 113, 141f, 192f, 244, 246, 263ff, 294
Lykurg 44, 193
Lythy, Herbert 76
L'Hospital, Michel de 336, 340

Machiavelli, Niccolò 25, 44, 70, 84, 149, 157, 187ff, 258, 347
Maehler, H. 183
Maier, Hans 117, 149
Majansius, Georgius 27
Margolin, Jean-Claude 49
Marguerite von Navarra 314, 335

Maria Stuart 138
Marillus 105
Marracci, Ludovico 263ff
Marx, Karl 12
Massurus Sabinus 75
Matz, Ulrich 117
Mauthner, Fritz 83
Maximilian II. 106, 247
Mayer-Tasch, Peter Cornelius 149f
Melanchthon, Philipp 18f, 25, 74, 89, 91, 93, 95f, 114, 263, 344
Melchisedech 112
Methusalem 302
Minos 44, 193
Mirandola, Giovanni Pico della 42f, 48f, 72ff, 136, 240f, 269, 337
Mittelstraß, Jürgen 8
Mohammed 30f, 33, 43ff, 55, 61, 68f, 160, 186, 192f, 219, 265f, 270f, 287f, 290, 294f, 299, 304, 309
Molina, Luis de 128f
Montaigne, Michel Eyquem de 76ff, 314, 335
Morel, Jean 335
Morus, Thomas 25
Mose 43f, 54, 114, 193, 270f, 291f, 294f, 297, 299, 303f, 309ff, 322, 341
Müller, Johann Joachim 270
Musculus, Wolfgang 176

Neander, Michael 113
Niemann, Franz-Josef 26, 43, 48, 231, 314
Niewöhner, Friedrich Wilhelm 43, 271, 278, 280
Nikolaus von Kues 18, 263, 268, 279
Nimrod 297
Nizâm Molk 43
Noack, Ludovicus 279
Noe/Noah/Noach 38ff, 193, 291f, 302, 310, 313, 321, 333
Noemi 309
Noëmus 304
Numa 78f, 167, 192f

Oberman, Heiko A. 334
Ochman, Jerzy 55f, 61, 64, 70

Oestreich, Gerhard 177f, 335f
Origenes 272, 279
Osiander, Andreas 93
Osiander, Lucas 93ff
Osório, Jerónimo 248f

Pamelius, Jacobus 254ff
Pannenberg, Wolfhart 89
Paret, Rudi 262, 267
Pareus, David 176
Paul III. 125
Pauli, Gregorius 342
Paulus 15, 78, 96, 107, 133, 170f, 278, 285, 290, 299, 303, 330
Pereña, Luciano 145
Petrus 170
Petrus Lombardus 126
Petrus Venerabilis 262ff
Pezel, Christoph 113ff
Philipp II. 254
Philo 104, 292
Pierre d'Ailly 136, 337
Pighius, Albertus 242ff, 337
Pilatus 228f
Pindar 183, 343
Pisecius 107
Pistorius, Johannes 257
Platon 105, 112, 117, 133, 149, 180, 183, 235, 279, 316, 339, 343
Plinius 113, 180, 183, 221, 343
Plutarch 183f, 191
Pomponazzi, Pietro 20, 25, 34, 49, 82ff, 86, 223, 272, 274
Popper, Karl 12
Porphyrius 238
Postel, Guillaume 154, 211, 214ff, 260, 279f, 313, 335f
Prateolus, Gabriel 342f
Presser, J. 43, 270f
Prodicus 343
Proklos 284, 287, 306
Protagoras 84
Ptolemäus, Claudius 42, 56ff, 71f, 85
Pythagoras 78

Rabelais, François 335f
Raimundus Lullus 272

Raimundus von Sabunde 78, 238, 272
Ramus, Petrus 195, 211, 215, 223ff, 260f
Rausch, Heinz 117, 149
Reineccius, Christian 265
Reinkingk, Theodor 176
Ritter, Joachim 11
Ritter, Raphael 113
Rivius, Ioannes 92, 111
Robert von Chester 263
Rodoa, Haly Heben (Abu l-Hassan Ali Ibn Ridwan) 56, 59
Roellenbleck, Georg 280, 313
Romulus 192
Rose, Paul Lawrence 280
Rossaeus, Guilelmus 189ff, 207f
Rudolf II. 257
Rudolph, Kurt 8

Samuel 291
Samuel von Remching 106
Savonarola, Hironymus 272
Scaevola 92
Scaliger, Julius Caesar 64
Schätzel, Walter 117
Schleiermacher, Friedrich 16, 22
Schmitt, Carl 206
Schneeweiß, Gerhard 39
Schnur, Roman 149, 152, 206, 335
Scholz, Heinrich 341
Schroeder, O. 183
Scipio Africanus 157
Sem/Semus 291, 302
Seneca 178, 180f
Sepulveda, Juan Ginés de 117
Set(h) 302, 304, 309
Sleidanus, Johannes 96
Smith, Wilfred Cantwell 7, 211
Sohm, Rudolph 176
Sokrates 100, 343
Soliman 107
Sonnius, Franciscus 249f
Soto, Domingo de 117, 127f
Sozzini, Fausto 100, 342
Spitz, Lewis W. 334
Stabile, G. 270
Stamler, Iohannes 211ff, 280, 338
Stapleton, Thomas 260

Stephani, Joachim 166ff, 172ff, 210
Stuart, Maria 252
Sturlese, R. 343
Stutz, Ulrich 176
Suárez, Francisco de 128ff, 298, 328, 339

Tacitus 180f, 183, 192
Taurellus, Nicolaus 81
Tertullian 100, 102, 272, 290
Theoderich 158, 181, 207, 339
Theodosius 108, 207
Theodot 343
Thibaudet, Albert 76
Tholozanus, Petrus Gregorius 337
Thomas von Aquin 117, 126, 128f, 131, 133ff, 147, 270, 272, 298, 328, 339
Thou, Jacques-Auguste de 335
Tiberius 298
Trillhaas, Wolfgang 96

Uriel da Costa 314
Ursinus, M. O. H. 262

Vallée, Gérard 7
Vanini, Julius Caesar 81ff, 336, 338
Vergil 338
Vio, Thomas Cajetan de 133, 137
Viret, Pierre 211, 214, 220ff, 260, 341f
Vitoria, Francisco de 117ff, 148
Vives, Juan Luis 25ff, 74, 88, 272, 280, 310, 313, 315f, 320f, 333, 340
Voltaire, François 221
Vázquez, Gabriel 128ff

Wigand, Johann 113
Wilhelm von Oranien 230
Wimmer, Bernd 149, 152f
Winzet, Ninian 252
Witzel, Georg 111
Wolzendorff, Kurt 258
Würzbach, Constantin von 212

Xerxes 259

Zanier, Giancarlo 55
Zirker, Hans 262
Zwingli, Huldrych 25, 89, 93f, 113, 142

Sachregister

Aberglaube 159, 161, 320
Achäer/Achaei 120, 284, 287
achten 37, 166, 241
Adam 37f, 90, 238, 291, 302, 304, 309f
adiaphora 96f, 113
adorare/adorer (frz.) 56, 129, 234, 275, 288, 290, 302, 304, 317, 322
adoratio/adoration (frz.) 79, 113, 128ff, 161, 251
Ägypten/Aegyptia 41, 60, 172, 281, 291
Ägypter/Aegyptius/Aegyptii 40f, 61, 73, 160, 168, 179, 184, 214, 241, 293, 321
ägyptisch 16, 58, 179
Äthiopien 60
Äthiopier 321, 323
Agareni 27, 43, 45, 47, 303
Amerikaner/Americanus/Americani 191ff, 297
Anglikaner 141f
anticatholique (frz.) 326
Antichristiani 191
Antitrinitarier 100, 342
Apollo 297
Apologet(en) 343
Apologetik 21, 250, 338, 343
apologetisch 275, 277
Apologie 343
Apostat/apostata 191, 212, 222
Araber/Arabes 44f, 59, 85, 160, 304
Arabien 323, 330
arabisch 43, 59, 136, 262, 264ff, 322
Arianer/Ariani 155, 158, 160, 253, 288, 342
aristotelisch 200
Aristotelismus 149, 200, 215, 223, 334
Armenier 322f
Arriani novi 342
Astrologen 50, 59, 61, 65, 240

Astrologie/astrologia 17, 43, 57f, 73, 85f, 91, 115, 136, 159, 336f
astrologisch 18, 42, 50, 55, 58, 65ff, 85, 240f, 337
Astronom 58
Astronomie/astronomia 91
Atheismus/atheismus/athéisme (frz.) 21, 81ff, 88, 157ff, 189, 192f, 199, 206f, 210, 229, 241, 258, 284f, 287, 306, 317f, 336, 342f
Atheist(en)/atheus/athei/athéés (frz.)/athéiste(s) (frz.) 52, 82, 84, 87, 155, 157f, 188f, 191f, 194f, 215, 221ff, 229, 231, 271f, 288, 299f, 306, 314ff, 319, 342f
ἄθεοι 16, 114, 241
ἄθεος 343
Aufklärung 270f
αὐτονομία 100
Autonomie 7
Averroismus 15, 81, 334
averroistisch 223

Barbaren/barbari 117ff, 127, 148, 193, 284, 321
Burgunder 190

Calvinismus 98, 140, 190, 192, 194, 230, 257
Calvinist(en)/Calvinisti/Calviniani 97, 102, 139, 155, 191f, 209, 253
c(h)aritas 64, 134, 226
catholicus/catholici 82, 248
catholique (frz.) 326, 332
Chaldäa 321
Chaldäer/Chaldaeus/Chaldaei 160, 214, 313
Chinese(n) 184
Christ(en)/Christianus/Christiani/chrestien(s) (frz.) 16ff, 25, 27ff, 45, 47f, 50,

Sachregister

52f, 60ff, 66ff, 71ff, 75, 77, 80, 82, 85, 90, 97, 115, 118, 120f, 123, 125ff, 136f, 139, 148, 155, 158f, 164, 169, 171, 184, 189ff, 192ff, 209, 213f, 219, 223, 226, 229, 239, 241f, 249, 253, 257, 259f, 264f, 273f, 277f, 280f, 283, 285ff, 294ff, 299f, 303, 311, 320ff, 330ff, 343f
Christentum/christianisme (frz.)/chrestienté (frz.) 62, 231, 252, 262, 287, 315, 331f
christlich 7, 15ff, 20f, 25, 48f, 54, 64, 68f, 73, 77, 82, 92ff, 97, 100, 111, 116, 118ff, 132, 136, 139ff, 149, 155, 158, 160, 162f, 166f, 173, 179, 185ff, 192ff, 210, 212, 214, 216f, 219, 225, 230, 232, 239, 241, 255, 257, 259, 272ff, 277f, 280, 287ff, 315, 317, 319, 323, 325f, 333, 338, 343
colere 17, 31, 35, 38f, 43f, 46, 56, 58, 61, 71f, 75, 129, 132ff, 183, 192, 197, 242, 274f, 277, 289, 295, 302, 306
confessio Helvetica 288
confessio/confession (frz.) 253, 279, 290, 319
confession Catholique (frz.) 253
confession Chrestienne (frz.) 253
Confession de Geneve 155
créance (frz.) 77f, 154, 156f, 326, 330, 332
créance reformée (frz.) 77
cuius regio, eius religio 166, 174ff, 210
cultus 16f, 32, 36, 38ff, 44, 46, 50ff, 58, 60, 62, 66, 68f, 71, 75, 91ff, 96f, 99, 104ff, 113f, 128ff, 132, 134, 162ff, 170ff, 178, 197, 199, 202ff, 206, 208, 210, 224, 226f, 232f, 236f, 239, 251, 270, 275, 284, 287f, 290f, 294ff, 302ff, 306ff, 315, 338f, 344
cultus Christianus 71
cultus Dei 146f, 270, 275
cultus deorum 168
cultus divini 202, 251
cultus divinitatis 167
cultus divinus 146, 165, 172, 198f, 270
cultus idololatricorum 106
cultus idololatricus 105
cultus naturalis 191

cultus rectus 208f
cultus veri 91
cultus verus 32, 40, 90, 92, 99, 112, 163ff, 194, 199, 203, 239, 309
cura religionis 167f, 171

Deismus/deism (engl.) 215, 220f, 269, 336, 341, 343
Deist(en)/deista(e)/deiste(s) (frz.) 100, 220f, 316, 341f
deitas 342
devotio/dévotion (frz.) 79, 259
din (arab.) 262, 267
dinikum (arab.) 267
disciplina 92, 171, 173, 182, 286
disciplina catholica 264
diversitas religionis 121
divinatio 136, 218
doctrina Christi 114
doctrina Christiana/doctrine Chrestienne (frz.) 27, 90f, 113f, 171, 220, 243, 253
doctrina Machumetis 265
doctrina Mahometica 114
doctrina vera 91
doctrina/doctrine (frz.) 17, 46, 86, 90f, 93, 96, 113ff, 133, 141, 163f, 166, 171, 173, 178, 199, 202, 218, 220f, 224f, 233, 237, 243, 250f, 253, 263f, 272, 301
doctrine Catholique (frz.) 253
dogma 251, 259, 337
Donatist(en) 253
douleia (griech.) 129
δουλεία 76, 129
droit (frz.) 153
droit des gents (frz.) 153
droit divin (frz.) 152f
droit humain (frz.) 152f
droit naturel (frz.) 152f

ecclesia 90, 99, 139, 142, 167, 171, 173, 176, 243, 293f
ecclesia catholica 250, 286
ecclesia Helvetica 279, 288
ecclesia Romana 82f, 87, 139, 286
église (frz.) 253
église Catholique (frz.) 253
église Chrestienne (frz.) 254

Ehre 108f, 112, 129, 166, 251, 277, 318, 324
Ehrerbietung 74
(ver)ehren 35, 37f, 40, 45, 60f, 68, 75, 78, 88, 123, 125, 127, 129, 132, 159, 161, 164, 191f, 198, 209, 226, 235, 237f, 251, 274f, 284, 288, 298ff, 302, 304, 306, 309, 311, 321, 324, 332f
(Ver)Ehrung 54, 60, 68, 129, 132, 134, 147, 159, 163, 186, 192, 197, 202, 206ff, 210, 214, 222, 284, 290, 295, 298, 302, 306, 309ff
εἰδωλολατρεία 216
Epikureer/Epicureus/Epicurei/epicurien(s) (frz.) 82, 84, 114, 215, 221ff, 231, 271, 286, 316
Epikureismus 334
Erkennen 81, 272, 274, 326
Erkenntnis 132, 213, 218, 316, 333
ethnicismus 189
ethnicus/ethnici 27, 92, 112, 114, 193, 231
Etrurien/Etruria 218
Etrusker/Etruscus/Etrusci 218
Evangelicus/Evangelici 191, 194
Evangelismus 191, 193
ἐξουσία 166
εὐλάβεια 17, 183
εὐσέβεια 17, 76, 129

factio Machumetica 264
faction (frz.) 157
fidelitas 137
fides 15, 17f, 26f, 30, 33ff, 37, 46, 48, 53f, 64f, 71f, 84f, 90, 94, 96ff, 105ff, 110, 112, 114, 120ff, 124ff, 132, 134, 137ff, 148, 162, 164f, 169ff, 181f, 186f, 190f, 196, 199, 202, 204f, 212ff, 218, 224ff, 228, 230, 233, 239f, 243ff, 256, 259f, 264f, 271, 273, 286, 289, 297, 301ff, 340, 344
fides Anglicana 140f
fides antiqua 141
fides apostolica 212, 227
fides Calviniana 190
fides Catholica 83, 107, 131, 137ff, 169, 174f, 190, 213, 227, 243, 252, 256, 271, 288

fides Christi 71, 120, 242f
fides Christiana 26f, 46f, 72, 115, 120ff, 124, 127, 139f, 169, 172, 174, 190, 194, 213, 227, 239, 243, 252, 256, 263, 265, 271, 283
fides Christianorum 191, 291
fides Eslamitica 265
fides ethnica 190
fides evangelica 243
fides indemonstrabilis 218
fides Iudaeorum 191
fides Iudaica 240
fides Lutherana 244
fides Mahometana 190
fides naturalis 218
fides nova 141
fides orthodoxa 213, 243, 246
fides recta 243
fides Romana 83, 140, 143
fides salvifica 167
fides vera 47, 138, 143, 165f, 213, 243, 252
fiducia 225f
forma 48, 194
foy (frz.) 77f, 79, 153f, 254, 339f
foy Apostolique (frz.) 254
foy Catholique (frz.) 254
foy Chrestienne (frz.) 80, 220
foy vraye (frz.) 254
Frankreich 19, 334
französisch 18, 161, 335, 340
Frömmigkeit 16, 54f, 62, 64, 247, 267f
Frühabsolutismus 177
Fürst(en) 118ff, 138, 151f, 155, 161, 164, 173, 175ff, 179f, 183, 185, 188, 200, 203ff, 209f, 276
Fundamentaltheologie 26
fundamentaltheologisch 26

Gallia 194
Gallier/Gallus/Galli 190f, 194, 298, 321
Gefolgschaft(en) 17, 31, 72, 142, 144, 155, 213, 253, 290, 321, 323, 325
Gefühl 12, 16
Gehorsam 234
Genfer Konfession 155
gentes 114, 232, 278

gentil (frz.) 320ff, 327, 330ff
gentiles 29, 43, 72, 112, 136, 191, 213
gentilité (frz.) 331f
genus religionis 281
genus religionum 286, 295, 308, 312
Gerechtigkeit 17, 62, 64, 120, 126f, 159, 163, 166, 222, 247, 273f, 293, 328
Germane(n)/Germanus/Germani 160, 297, 300
Gesetz 30, 32, 54f, 57, 59, 62f, 67, 72, 79, 96, 99, 104, 106, 109, 114, 117, 138, 144f, 151ff, 157ff, 162, 166, 169, 190ff, 196, 200, 203, 206, 213f, 225f, 236, 277, 283, 285, 289, 292, 294f, 297, 300f, 303f, 306, 312, 321
Gesetz der Natur 152f
Gesetz Gottes 152f
Gesetz, göttliches 153
Gesetz, menschliches 153
Gesetz, natürliches 153
Gesetz, positives 153
Gewissensfreiheit 204
gläubig 267
Gläubige 198, 267
Glaube(n) 7, 8, 11, 12ff, 20, 22, 25, 34, 44, 48, 54, 62, 64, 77f, 81, 94, 96, 99f, 102, 116, 118, 120ff, 124ff, 133, 137, 139ff, 143, 145, 149, 154ff, 158, 160f, 177, 181, 190f, 193ff, 207, 210, 212, 215, 217, 224ff, 230, 242ff, 247f, 256f, 260, 267f, 272ff, 277f, 280, 301, 307, 309, 314, 318, 326, 330, 335f, 340, 344
Glaube, calvinischer 257
Glaube, christlicher 257
Glaube, katholischer 257
Glaube, lutherischer 257
Glaube, wiedertäuferischer 257
glauben 121, 133, 193, 317f, 343
Glaubenskriege 156
Glaubenssachen 257
Glaubenswahrheit 11, 15
Glaubenszustimmung 244
Gnostiker 253
Götter 16f, 36, 40, 60, 62f, 68, 70, 74ff, 80, 127, 158, 167, 169, 171, 183f, 192, 222, 231, 236, 259, 284, 287, 298, 304, 306, 309, 322, 343

Götterdienst 60
göttlich 13, 34, 37, 46, 60, 67, 83f, 99, 104, 108f, 134, 144f, 153, 156, 160, 162f, 178, 182, 226, 248, 277, 284f, 287, 292, 295, 304ff, 312
Götze(n) 62, 68, 298f, 324
Götzenbilder 60, 231
Götzendiener 53, 61f, 67, 71, 112, 163, 255, 267, 307
Götzendienst 60f, 99, 106, 163f, 172, 186, 207, 222, 255, 299, 331
Götzenverehrer 60, 63, 68, 72
Gott 13ff, 17, 19, 26, 28, 31f, 34ff, 44ff, 50f, 60ff, 67f, 70, 74f, 78f, 81, 83ff, 92f, 96, 98f, 101, 103ff, 108f, 111f, 114, 120, 122f, 125ff, 129ff, 145ff, 150ff, 169, 173, 177ff, 182, 185f, 188, 190ff, 195ff, 200, 202ff, 213, 217, 224, 226ff, 231ff, 241f, 244ff, 251, 255, 259ff, 267, 271ff, 282ff, 286, 288ff, 314, 321ff, 328, 330ff, 337f, 340ff, 344
Gottesbeachtung 57
Gottesdienst 222
Gotteserkenntnis 103, 112f, 114, 125, 238, 271, 316, 332
Gottesfurcht 103, 162, 177, 197, 217, 222, 267
Gotteslästerung 82, 257
Gottesleugnung 343
Gottesverehrung 16f, 54, 57, 73, 93, 123, 125, 127, 134f, 148, 155f, 159, 161, 164, 181, 192, 197, 202, 205ff, 217, 222, 229, 238, 242, 289, 310ff, 339
Gottheit(en) 217, 241, 244, 282, 296, 315ff
gottlos 16, 59, 156
Gottlose 197f
Gottlosigkeit 159
Gottseligkeit 22
Grieche(n)/Graecus/Graeci 17, 166f, 168, 170f, 183, 193, 214, 241, 284, 321, 323
griechisch 16, 158, 191

Häresie/haeresis/hérésie (frz.) 60, 62f, 66, 68, 81, 88, 107, 122, 128, 139f, 142, 144, 193, 199, 204, 213, 220, 245f, 253, 256, 291, 323, 326

haeresis Ariana 142
haeresis Saracenorum 264
Häretiker/haereticus/haeretici/hérétique(s) (frz.) 33, 52, 87f, 106, 113, 118, 122, 132, 139, 190, 229, 244f, 252f, 255, 314f, 327, 342, 344
häretisch 137, 189, 191, 256
Hebräer/Hebraeus/Hebraei 72, 103, 191, 193f, 213, 290 292, 296
hebräisch 293
Heide(n) 17, 29, 31, 50, 62, 69, 72, 112ff, 127, 132, 136, 141, 145, 161, 190ff, 212f, 217, 223, 231, 241, 255, 259, 278, 286f, 296, 299, 315, 332, 338
Heidentum 191
heidnisch 113f, 118, 133, 136, 171, 193, 230f, 233, 278, 290, 296, 309, 323
Helvetici 300
Hochmittelalter 15
hochscholastisch 137
Hoffnung 133
Hugenotten 190, 195, 336
Humanismus 18, 25, 49f, 115, 126, 149, 262, 270, 336
Humanist(en) 18, 49, 54, 177, 214, 218, 246, 268, 335, 344
humanistisch 14, 25, 75, 88, 149, 151, 187, 208f, 218, 259, 265, 336, 340
Hussiten 213
hypocrisis 275

idolatria/idololatria/idolatrie (frz.) 41, 85, 92, 106, 122, 136, 163ff, 199, 213, 221, 229, 236, 240f, 244, 257
idololatricus/idolâtre (frz.)/idolâtrique (frz.) 222, 276, 314, 319, 322
impietas/impiété (frz.) 28, 41ff, 66, 86, 93f, 109, 115, 124, 156f, 186, 229, 240, 244, 248, 253, 258, 281, 283, 288, 297f, 301, 306
impius 45, 91, 96, 99, 165, 190, 199, 229, 281, 298, 337
Inder/Indi 36, 87, 117ff, 126, 171, 299, 309, 321, 323
Indifferentismus 278, 300
indisch 43
infidelis/infideles 122, 231, 266, 271

innerlich 16, 78, 194, 228, 280
Innerlichkeit 12f, 32, 228, 299, 337
interreligio 96
irrational 12f
Irrationalität 7
Irreligiöse(r)/irreligiosus/irreligiosi/irreligieux (frz.) 229, 315ff, 329
irreligion (frz.) 317
irreligiositas 136
Irrglaube 40
Islam 17, 49, 59, 184, 212f, 219, 262f, 265, 267, 278, 280, 282, 293, 295
islamisch 281
Ismaelitae 287, 294f, 300
Israelitae 293f
Iuifuerie (frz.) 331
ius divinum 124
ius emigrandi 177
ius gentium 145, 147, 251
ius humanum 124
ius naturae 204
ius naturale 124, 147
ius reformandi 175
iustificatio 225
iustitia 17, 64, 85, 129f, 133ff, 147, 183, 186, 199, 224, 227, 245f, 304, 312, 316, 328, 339

Japaner 184, 186
Jude(n)/Iudaeus/Iudaei/juif(s) (frz.) 17, 25, 27ff, 40, 43, 45, 47f, 50, 52f, 60ff, 67ff, 71f, 75, 77, 92, 95, 101, 112, 132f, 136, 141, 145, 155, 158ff, 166ff, 184, 191, 193ff, 198, 212ff, 217f, 222f, 226, 228f, 231, 239, 242, 259, 264, 271, 278, 284ff, 295f, 299f, 303, 310, 313ff, 319f, 322, 331f, 338
Judentum 212
Judentum/iudaisme (frz.) 25, 280, 290, 308, 313, 320, 327, 332
jüdisch/iudaique (frz.) 16, 25, 48, 63, 69, 158, 189, 219, 280, 285, 313, 323, 325, 327, 330, 332
Jupiter 299, 304
justice (frz.) 329f

Sachregister

Karthager 297
Katholik(en) 138, 144, 150, 155, 160, 188f, 191, 247, 257, 278, 281, 284ff
katholisch 26, 77, 82f, 133, 138ff, 143f, 150, 160, 177, 189, 194, 224, 230, 242, 247, 249, 252ff, 256ff, 277, 281, 307, 314, 319
Katholizismus 138, 150
Ketzer 344
Ketzerei 89
Kirche 20, 25, 42, 90, 98, 105, 114, 133, 138ff, 143f, 164, 167, 169ff, 173, 176, 193, 198, 202, 247f, 252, 254, 257, 277, 281, 287, 289
Kirchenväter 16f, 241
kirchlich 14, 21, 166f, 170, 173
Konfession(en) 20, 96, 102, 154f, 175, 177, 224, 230f, 247, 255ff, 280
konfessionell 163, 177, 210
Konstantinopel 170
Koran 215, 262ff
Kultus 224

Lateinamerika 117, 145
lateinamerikanisch 117
Lateiner/Latinus/Latini 75, 284, 297, 323
lateinisch 16f, 19, 24, 265, 340
latreia (griech.) 129f
λατρεία 76, 129
leges 42ff, 49, 52f, 56ff, 71ff, 85, 123, 144, 146f, 234, 241, 265, 286
leges Christianae 66
leges Iudaicae 66
leges naturae 289, 294
leges naturales 295
leges novae 301
leges Turcarum 265
lex 17ff, 29f, 32f, 53f, 56f, 60ff, 68f, 71ff, 85, 87f, 94, 99, 115, 127, 131, 133, 144ff, 170f, 193, 213f, 216f, 225ff, 236f, 240, 243, 249, 251, 256, 264, 274, 277, 287, 292ff, 300, 304, 307, 312f, 338
lex Abrahae 29, 264
lex aeterna 145f
lex Antichristi 73
lex Christi 18, 29, 54, 72, 86, 216
lex Christiana 18, 54, 56, 61f, 65f, 71f, 85, 87, 194, 240, 294
lex Christianorum 56, 61, 67f
lex Dei 174f
lex divina 145f, 292f, 295, 307, 312
lex ethnicorum 216
lex gentilium 85
lex Hebraeorum 85
lex humana 145
lex idololatrica 56, 66
lex idolorum 67f, 73
lex Iudaeorum 56, 61, 67f
lex Iudaica 18, 48, 56f, 61, 66, 85, 240
lex iurisdictionis 174f
lex Mahumetanorum 67f
lex Mosaica 84, 85, 87, 191
lex Mosis 18, 29, 53, 194, 213, 216, 297
lex Muhametana 18, 57, 61, 69, 85, 213, 216, 240
lex Muhammedis 17, 29, 56, 61, 66, 72, 114, 216, 294, 307, 313
lex naturae 88, 134, 146, 191, 194, 201, 292ff, 297, 302ff, 306f, 309f, 312
lex naturalis 145ff, 292, 307, 312
lex Nazarenorum 29
lex pietatis 62
lex Saracenorum 263f
lex vera 30
Lexwissenschaft 19
libertas 255
libertinus/libertini/libertin(s) (frz.) 271, 316
Liebe 41, 62, 64, 133, 182, 212, 247, 272ff, 277, 316, 318, 330
loi judaïque 55
loy (frz.) 55, 153f, 157, 161, 220, 340
loy civile (frz.) 152f
loy de Dieu (frz.) 152f, 161
loy de nature (frz.) 152f, 161
loy divine (frz.) 152f, 157f
loy humaine (frz.) 153, 158
loy naturelle (frz.) 152f
Lutheraner/Lutherani 96f, 253, 278f, 282, 284, 286, 300
lutheranismus 98
lutherisch 91, 93ff, 177

Sachregister

Magistrat/magistratus 70, 91, 94f, 99, 104ff, 108, 110, 114, 123, 151, 157ff, 161ff, 168, 170f, 173, 195ff, 207
mahumetisme (frz.) 320, 327, 331f
Marrane 271
μηδὲν ἄγαν 183
Menschenrecht 13
mescreans 315
Metaphysik 81f, 201
milla (arab.) 262, 267
Minos 44, 193
Mittelalter 11, 15, 17, 21, 131
mittelalterlich 263f
Mohammedaner/Mahumetanus/Mahumetani/mahumetain(s) (frz.) 24f, 27ff, 33, 47ff, 53, 57, 60ff, 64, 66ff, 71ff, 92, 141, 145, 158, 160, 191, 214, 217, 223, 229, 231, 253, 259, 285, 287, 300, 314f, 319f, 323ff, 327, 330ff, 338
mohammedanisch 158
Monotheismus 233, 341
mores 53, 62, 64, 68f, 90, 92, 126, 249
mosaisch 193
Moskoviter 322f
Moslem 17, 280, 286
moslemisch 158

natürlich/naturalis/naturel (frz.) 17, 35, 37ff, 45, 47f, 64, 78f, 103, 112, 120, 127, 132, 134f, 145f, 153, 191, 194ff, 201, 210, 222, 232, 234, 238, 244, 249, 269f, 272, 274f, 277f, 292f, 295, 299, 309, 312f, 315ff, 317, 319ff, 322ff, 324, 329, 332f, 335, 340
Natur/natura/nature (frz.) 13, 33ff, 39ff, 45f, 64, 76f, 81, 86, 88, 103, 123ff, 128, 131, 134, 137, 152f, 161, 181, 183, 191, 193f, 200f, 203, 205, 209, 218, 222, 234f, 238f, 242, 249, 251, 269f, 272ff, 275, 277, 280, 286, 289, 292ff, 298, 300, 303ff, 309ff, 312, 318, 321, 323f, 326, 329, 333, 340ff, 344
naturaliter 36, 40ff, 64, 134, 193f, 234, 236, 238
Naturen 324
Naturgesetz 76, 124, 152f, 193, 235, 285, 289, 291f, 295, 302ff, 311

Naturphilosophie 82, 86f
Naturrecht 13, 99, 124, 145, 152f, 258, 312
naturrechtlich 13, 131
Neugläubige 257
Neustoizismus 177, 187, 336
neutralitas in religione 98, 102, 116, 339
Neuzeit 7, 8, 11, 12, 16, 19ff, 26, 334, 342
neuzeitlich 12f, 15f, 18, 20, 337, 340
Nichtchrist(en) 122, 209, 214, 259, 281
nichtchristlich 122, 127, 187, 212, 214, 255, 280
niederländisch 336
numen 38ff, 43ff, 60, 167, 178, 193, 233, 239, 244, 249, 284ff, 294, 296, 299, 302, 307

ob(o)edientia 146, 197, 234
obligatio 234f, 242
obligatio naturalis 235
obsequium 234, 242
offenbaren 94, 237f, 312
Offenbarung 12, 79, 97, 114, 236ff, 242, 249, 270, 280, 321ff, 326, 330, 333, 340, 342
Offenbarungswahrheit 15
officium 132, 191, 234f, 247
opinio 115
Orden 17, 128, 131, 137, 160, 172, 192
Orden, Deutscher 173
ordo 172ff
Orthodoxe(r) 155, 158, 160
Orthodoxie 21, 83, 102, 343

Paganismus/paganisme (frz.) 191, 320, 327
Paganus/Pagani 191f, 194, 229, 278, 287, 296, 303
Pantheismus 341
pantheistisch 82
Papist(en)/papistus/papisti 198, 223
payen (frz.) 320, 322, 325f
περδουλεία 76
peripateticus/peripatetici 82
Perser 283, 285, 295, 297, 321
persuasio 216f

Pharisaeus/Pharisaei 92
Philosoph(en) 264, 272
philosophia naturalis 250, 272f, 277
Philosophie/philosophia/philosophie (frz.) 11, 25, 81, 83f, 95, 102, 113, 128ff, 149, 156, 191, 195, 220f, 223, 230f, 262f, 270, 272ff, 277, 340f
philosophisch 34, 67, 82, 84, 88, 130, 162, 212, 215f, 223f, 230ff, 235, 263, 273, 280, 305, 309, 314, 325, 327
Phlogiston 22
pietas 16ff, 22, 26ff, 43ff, 54, 56, 58, 64ff, 71, 74, 76, 85, 90ff, 98f, 102ff, 109, 111ff, 129, 138, 143, 147, 162ff, 166ff, 172ff, 176, 178f, 182f, 185ff, 193ff, 199, 201ff, 208ff, 217, 224, 226ff, 232, 235, 239, 242, 247ff, 251f, 258f, 264, 281ff, 289ff, 296, 298, 303ff, 312, 315f, 321, 337ff
pietas Christi 28
pietas Christiana 28, 54, 72, 90, 111f, 115, 136, 169, 174, 190, 204, 227, 249
pietas naturalis 40
pietas sancta 30, 43
pietas summa 138
pietas vera 30, 49, 58, 94, 111f, 116, 136, 138, 162, 164ff, 193, 204, 224, 228, 285, 289f, 307
pietates 31
pius 94, 103, 106, 108ff, 124, 162, 197, 204, 247, 277
piété (frz.) 80, 161, 254, 327ff, 340
piété vraye (frz.) 328f, 332
(Neu-)Platonismus 334
politia 201, 205
Polytheismus 214, 217, 233, 241, 284, 287, 306
Polytheist(en) 161
polytheistisch 310
Pontificii 92, 96f, 102
preud'hommie 330, 332
princeps 167ff, 174f
Protestant(en)/Protestantes 142f, 155, 160, 190, 247f
protestantisch 89, 160, 193, 337
Protestantismus 20, 161, 177, 191, 231
Puritaner 269

Pyrrhonismus 334
Pythagoreer 305

raison (frz.) 156, 160
Ramismus 200
ratio 15, 27, 32ff, 36, 38f, 44, 56, 58, 64, 66, 81, 84, 86, 114f, 123, 127, 129, 134, 141f, 157, 191, 194, 230, 234, 237f, 244, 250, 270, 272, 289, 296, 302f, 305, 307, 312
Rationalismus/rationalisme (frz.) 7, 12, 21, 315, 334ff, 341
Recht 13, 153, 176, 195ff, 203f, 269, 312
Recht, bischöfliches 174ff
Recht, göttliches 152
Recht, menschliches 152
Recht, natürliches 152
Reformation 7, 16, 19, 21, 25, 93, 115, 117, 149, 161, 180, 211, 214, 220, 223, 228, 230, 242, 245, 248, 250, 259, 269, 334
Reformator(en) 18, 25, 111, 141, 246
reformatorisch 81, 225
reformiert 161, 177, 189, 195, 202, 215, 220
Reformiert(e) 188, 278, 284, 291
religio Abrahae 264f
religio Aegyptica 241
religio Anglicana 190
religio Antichristiana 241
religio antiqua 139
religio apostolica 86
religio Arabica 294
religio Calviniana 98, 191
religio Catholica 86, 96, 137, 143, 190, 194, 252, 256, 271, 286
religio Chaldaeorum 288
religio Chaldaica 241
religio Christi 90, 92, 194, 242f
religio Christiana 18, 26, 28, 37, 42, 54, 65, 71, 85ff, 89f, 92ff, 96ff, 110ff, 115, 120ff, 124f, 127, 132f, 136, 139, 144, 166f, 169, 171f, 174, 190ff, 197, 199, 203f, 211ff, 216, 223f, 227, 231, 233, 239ff, 243, 248ff, 255f, 265, 271, 273f, 281, 283, 286, 288f, 291, 293f, 296, 311f, 337
religio Christianorum 114, 289

religio communis 37
religio deformata 143
religio Dei 35ff, 252, 265
religio Deorum 171
religio diversa 165
religio divina 52, 167, 180, 212
religio dyabolica 214
religio Eslam 265
religio Eslamitica 265
religio ethnica 87, 92, 98, 101, 189f
religio ethnicorum 86f, 98
religio evangelica 106
religio fallax 214
religio falsa 18, 73, 94, 97f, 105f, 110f, 132, 144, 163, 186, 194, 245, 250ff, 256, 265, 272f, 275, 288, 298f
religio Gallicana 190
religio gentilis 167, 171
religio gentilium 216
religio graeca 17
religio haeretica 257
religio Hebraeorum 313
religio Indica 216
religio infinita 275
religio interior 110
religio interna 110
religio Iovis 241
religio Ismaelitarum 294, 313
religio Israelitarum 94, 313
religio Israelitica 92, 94, 239
religio Israëlis 239
religio Iudaeorum 288, 313
religio Iudaica 85, 98, 204, 241
religio iudicis 16
religio iurisiurandi 92, 114
religio Lutherana 98
religio Mahumetana 65, 71, 111, 190, 216, 241, 265
religio Mahumetanorum 107, 294, 313
religio Mahumeti 71, 266
religio mixta 98, 100, 116
religio Mosaica 28, 42, 85, 87, 216
religio Muhammedistarum 288, 313
religio mutata 167, 212
religio naturae 281f, 297, 302, 304, 308ff

religio naturalis 36, 39f, 86, 147, 194, 210, 238, 269ff, 277, 279, 281f, 295f, 303f, 308ff, 314, 325, 333, 340f
religio nova 100, 121, 139, 228, 243, 256, 270, 296f
religio optima 266, 308
religio orthodoxa 97, 99, 197f, 252
religio pagana 190
religio paganorum 294, 296f, 313
religio perversa 265
religio philosophica 212
religio Pontificia 96, 98, 224
religio privata 110
religio profana 259
religio Protestantica 190
religio pura 97, 197, 199f, 202, 204
religio purior 97, 99, 101
religio purissima 201
religio recta 266
religio reformata 224
religio revelata 40, 340
religio Rochellensis 191
religio Romana 86, 143f, 171, 292f
religio Romanorum 80
religio sacrosancta 204, 250
religio salutifica 167
religio salvifica 97
religio sancta 30f, 46f, 167, 212, 337
religio summa 30, 296
religio summa et singularis 194
religio superstitiosa 127, 144
religio syncera 94
religio Theutonicorum 173
religio Turcarum 265
religio Turcica 85
religio universa 266
religio vana 184f
religio vera 30ff, 45ff, 73, 94, 97ff, 104ff, 111ff, 121, 132f, 146, 148, 162ff, 167f, 171, 174, 184, 190, 194, 197ff, 202ff, 207f, 216, 224, 233f, 236ff, 241, 245f, 250, 252, 256f, 259, 265f, 272ff, 281f, 284ff, 294f, 297, 299ff, 306ff, 311, 338
religio veri Dei 146
religio verior 99, 121
Religion 18f, 95, 267
Religion Abrahams 266

religion ancienne (frz.) 327
religion ancienne des Romains (frz.) 80
religion Catholique (frz.) 77, 160, 188, 254, 327
religion Chrestienne (frz.) 55, 80, 160, 188f, 219, 222, 254, 319f, 323ff, 327, 332
religion de Bacchus (frz.) 188
religion de Mahumet (frz.) 55, 77
Religion der Leute 267
religion des payens (frz.) 188
religion des Turcs (frz.) 219
religion du Diable (frz.) 188
religion evangelique (frz.) 188f, 327
religion fausse (frz.) 80, 221f, 254
religion Gentile (frz.) 319f
religion Iudaique (frz.) 55, 188, 219, 319f
religion Mahumetane (frz.) 55, 219, 319f
religion naturelle (frz.) 222, 260, 319f, 332
religion nouvelle (frz.) 160, 324, 327
religion papale (frz.) 188, 222
religion payenne (frz.) 55, 188f, 208, 222, 338
religion pure (frz.) 188
religion reformée (frz.) 160, 188f
religion Romaine (frz.) 188, 222
religion superstitieuse (frz.) 80
religion Turquesque (frz.) 219
religion vraye (frz.) 157, 161, 188, 220ff, 254, 318, 320, 324, 327ff, 331
Religion, absolute 12
Religion, christliche 85
Religion, katholische 257
Religion, natürliche 269, 314, 341
Religion, wahre 165
Religionen 17, 31, 48f, 58, 132, 136, 158, 184, 222, 240, 242, 343
religiones 30f, 39f, 42f, 47, 67, 71, 76, 85, 96ff, 100f, 106ff, 111, 114, 137, 145, 163, 183ff, 192ff, 198, 204, 208, 211ff, 216f, 232, 236, 238ff, 255f, 259f, 264, 273, 282ff, 286ff, 293ff, 303f, 306, 309, 311ff, 337f, 344
religiones antiquae 144f
religiones ethnicae 264
religiones Ethnicorum 114

religiones falsae 33, 216
religiones novae 192, 301
religiones primariae 216
religionis actus 128
religionis caput 170
religionis cultus 53, 170, 172
religionis cura 176
religionis dissidium 247
religionis exercitium 110, 176
religionis forma 44, 193f
religionis libertas 101, 110, 194, 203, 205, 255
religionis Monasteria 172
religionis mutatio 176
religionis mysteria 169, 172, 250
religionis natura 193
religionis ordo 172
religionis pacificatio 100
religionis pax 100, 106, 203ff, 225
religionis professio 169, 172
religionis propaganda 172, 260
religionis reformatio 175
religionis secta 213
religionis species 45, 123, 299
religionis unitas 202
religionis vnitas 202
religions (frz.) 55, 78f, 155, 157f, 160, 188f, 219, 222f, 260, 317, 319ff, 325, 330, 332, 335
religions bastardes (frz.) 324f
religions estrangeres (frz.) 188
religions fausses (frz.) 325, 331
religions payennes (frz.) 188
religions vrayes (frz.) 331
Religionsfreiheit 21, 149, 180, 183, 205, 223, 230, 258, 335f, 339f
Religionsfrieden 205
Religionsgespräch 223, 257
Religionskriege 153
Religionsphilosophie 12, 18, 20f
Religionssachen 95, 106
Religionswechsel 176
Religionswissenschaft 19
religionum genera 184ff, 208
religionum libertas 107, 184
religionum mixtura 102
religionum varietas 293

Religiosität, natürliche 278
Renaissance 25, 269f, 315, 334
Riten 159f, 173, 267, 293, 295, 303f, 306f, 311
ritus 16f, 32, 43ff, 47, 60ff, 66, 71, 73, 92f, 96, 107, 122, 146f, 158, 178, 185, 191f, 198, 202, 213, 224, 232ff, 239, 251, 292f, 297, 299, 303
ritus haereticus 139
ritus Iudaeorum 71
ritus novi 301
ritus religionis 146
ritus sacrilegi 139
Römer/Romanus/Romani 16f, 40, 52, 68f, 71f, 75, 79f, 96, 159, 163, 166ff, 178f, 187f, 192f, 228, 241, 296, 298, 300, 321, 343
römisch 7, 16, 70, 92, 97, 131, 133, 138ff, 158, 164, 167f, 171, 191ff, 241, 255, 319, 337

Samaritarismus 98
sanctificatio 225
Sarazene(n)/Saracenus/Saraceni 27, 29, 121, 136, 190, 212f, 229, 263
schisma 140, 197ff
schisma Anglicanum 140
Schismatiker/schismatique(s) (frz.) 314f, 327
schismatisch/schismatique (frz.) 140, 326
Scholastik 15, 84, 133, 135
scholastisch 133, 135, 306
secta 17ff, 27, 31, 33, 65f, 72f, 85, 87f, 107, 115, 121f, 137, 139ff, 184, 211ff, 217, 240, 246, 256, 264ff, 280, 283, 285f, 289, 313, 337f, 342
secta Abrahae 266
secta Anglicana 137, 139ff
secta bona 264
secta Calvini 190
secta Calviniana 142, 190
secta Christi 113
secta Christiana 300
secta falsa 142
secta Gentilium 85, 142
secta haereticorum 141f
secta Iudaeorum 142

secta Lutheranorum 72
secta Mahumetica 66, 72, 87
secta Mahumetis 27, 66, 72
secta mala 264
secta nova 142
secta Paganorum 142
secta perniciosa 264
secta Turcica 85
secta vera 142
sectae (Pl.) 29, 31, 43, 47, 75, 108, 111, 114, 208, 212f, 246, 255f, 266, 289, 337
sectae haereticorum 142
sectari 31, 234, 246
sectarii/sectatores/sectateur(s) (frz.) 31, 141f, 191, 246, 252, 327
sectarum diversitas 312
secte (frz.) 155, 157f, 188, 252ff, 321f, 325ff
Sekte 17, 72, 144, 253f
Sekten 155
Sektenwissenschaft 19
simplicitas 64
Sitte(n) 168
Skeptizismus 79
Skythe(n) 160, 321
Sozinianer 221, 342
sozinianisch 342
Sozinianismus 269
Spätscholastik 117, 127, 130f, 147f
Spanier 117ff, 123ff, 148, 190, 280, 314
spanisch 117, 119, 127, 130f, 148
Spezies/species 39, 41, 48, 114, 123, 184, 186, 217, 234, 244, 284, 291, 338
status religionis 172
Stern(e) 42, 50, 58ff, 63f, 66, 73, 83, 86, 115, 240
Stoa 314, 317, 329
Stoicus/Stoici 82
stoisch 177, 182f, 187, 223
Stoizismus 177, 187, 223, 314, 328, 331, 334
supernatural/supernaturalis/supernaturel (frz.) 13, 79, 134f, 146f, 220, 316
superstitieux (frz.) 221f, 332
superstitio 18, 43, 45, 47, 52, 56, 65f, 71, 74, 76, 82, 85, 92, 111, 136, 144, 183, 186, 199, 207f, 213, 224, 229, 232, 236,

Sachregister

240f, 245f, 252, 258, 260, 265, 281, 283, 285f, 288f, 304, 307
superstitio ethnica 189
superstitio Turcica 85
superstition (frz.) 80, 158, 221, 320, 326, 331
superstitiones 92, 106, 163
superstitiosus 58, 60
Syrer 321, 323

Tartare(n)/Tartarus/Tartari 191, 193f, 212f, 299, 309
Theologe(n) 161, 272, 343
theologia naturalis 20, 78
Theologie, natürliche 20
Theologie/theologia/théologie (frz.) 7, 12, 20, 54, 57, 81, 84, 89, 91f, 93, 95, 97, 101ff, 111f, 115, 128ff, 160f, 177, 195, 220, 223ff, 247, 258, 262, 269, 305, 314, 316, 329, 333
théologie naturelle (frz.) 220
theologisch 17, 20, 34, 65, 67, 82, 84ff, 91, 94f, 101, 115f, 126, 128ff, 133ff, 147, 150, 154, 186, 189, 201, 211, 216, 230f, 243, 270, 274, 301, 314, 318, 340
θεοσέβεια 76, 129
θεράπεια 17
θρησκεία 76, 129
timor 75, 179, 183f, 208, 217
Toleranz 101, 160, 165, 198, 207, 339
Toleranz/tolerantia 100, 107, 112, 207, 255f
Trinität 68, 188, 221, 238, 273f, 277, 282, 290, 323, 342
trinitarii 342
Türke(n)/Turci/Turcae/Turc(s) (frz.) 87, 96, 100, 158, 184, 190ff, 194, 212, 220f, 223, 250, 252, 265, 283, 285, 295
türkisch 219
Tugend(en) 17, 36f, 44, 51, 54, 65, 71, 74, 79, 85, 103f, 114, 126ff, 147f, 163, 165f, 173, 177ff, 182, 186f, 196, 200ff, 205, 222, 227f, 234, 274f, 283, 293, 301, 316, 318, 322, 328f, 339
Tugendlehre 178

übernatürlich 79, 135, 316f

ungläubig 267
Ungläubige(r) 122, 132, 231, 267, 271
Unglaube(n) 118, 267
unsterblich 34f, 112, 234, 273
Unsterblichkeit 20, 32, 34ff, 82ff, 222f, 232, 238, 272ff, 279, 281, 300, 330
Unvergänglichkeit 35
unvernünftig 123

varietas religionum 312
veneratio 178f
Verehrer 68
Verherrlichung 104
veritas 99, 244
veritas Catholica 139, 244
veritas orthodoxa 244
Vernunft 7, 8, 11, 12ff, 20, 22, 27, 32ff, 44, 76, 79, 119, 123ff, 127, 145f, 152, 156, 160, 191, 231f, 238, 271, 273f, 297, 302f, 305, 311, 324, 342
Vernunft, natürliche 13, 34, 79, 84, 270, 272, 277
Vernunftargument(e) 33
Vernunftbegabung 123, 126
vernunftlos 119
Vernunftwahrheit 11, 15
Verpflichtung 132, 152, 195, 209, 235, 283, 317, 330
Verstand 67
Vertrauen 41
virtus/virtutes/vertu(s) (frz.) 36, 42, 44ff, 51f, 126, 129, 131ff, 177, 182, 186, 201, 234f, 281, 298, 301ff, 316, 326, 329
Vorsehung 44, 83f, 145, 163, 232, 234, 273, 316ff, 330
vérité (frz.) 326

Wahrheit 11, 12, 14f, 27, 30, 32ff, 46, 51, 61, 68f, 74, 78f, 82, 101, 141, 157, 161, 164f, 217, 220, 231, 233, 239, 256f, 265, 267, 269f, 272f, 282, 286, 288f, 294, 297, 305, 311f, 315, 323ff, 330f, 338
Wahrheit, doppelte 11, 15
Wissen 15, 34, 45, 156f, 192, 301, 305, 311, 322, 328

Wissenschaft(en) 67, 157, 189, 277
Wortgezenck 18, 344

zelus pius 251
Zeremonien/ceremoniae/cérimonies (frz.) 16, 32, 54, 63, 73, 80, 93, 114, 129, 144, 167, 173, 178, 192f, 228, 232, 251, 289, 292f, 295, 297, 303f, 306, 321, 323
Zeus 304
Zwinglianer/Zwingliani 253, 300